U0946685

2015

中国企业集团财务公司年鉴

ZHONGGUO QIYE JITUAN
CAIWU GONGSI NIANJIAN

中国财务公司协会　编

中国金融出版社

责任编辑：张 铁
责任校对：张志文
责任印制：程 颖

图书在版编目（CIP）数据

中国企业集团财务公司年鉴（Zhongguo Qiye Jituan Caiwu Gongsi Nianjian）. 2015/中国财务公司协会编. —北京：中国金融出版社，2015. 12
ISBN 978 -7 -5049 -8239 -1

Ⅰ. ①中… Ⅱ. ①中… Ⅲ. ①企业集团—金融公司—中国—2015—年鉴 Ⅳ. ①F279. 244 -54

中国版本图书馆 CIP 数据核字（2015）第 277431 号

出版发行 中国金融出版社
社址 北京市丰台区益泽路 2 号
市场开发部 （010）63266347，63805472，63439533（传真）
网 上 书 店 http：//www. chinafph. com （010）63286832，63365686（传真）
读者服务部 （010）66070833，62568380
邮编 100071
经销 新华书店
印刷 北京松源印刷有限公司
尺寸 210 毫米 ×279 毫米
印张 39. 25
插页 32
字数 966 千
版次 2015 年 12 月第 1 版
印次 2015 年 12 月第 1 次印刷
定价 398. 00 元
ISBN 978 -7 -5049 -8239 -1/F. 7799

助增長
促轉型

2014 年 5 月 5 日，国务院国有资产监督管理委员会副主任孟建民在全国企业集团财务公司 2014 年年会上发表讲话。

2014 年 5 月 5 日，时任中国人民银行副行长刘士余在全国企业集团财务公司 2014 年年会上发表讲话。

2014 年 5 月 5 日，中国银行业监督管理委员会主席助理杨家才在全国企业集团财务公司 2014 年年会上发表讲话。

2014 年 5 月 5 日，中国银行业监督管理委员会主席助理杨家才出席全国企业集团财务公司 2014 年年会。

2014 年 9 月 4 日，上海市委常委、常务副市长屠光绍莅临上海汽车集团财务有限责任公司调研。

2014 年 5 月 5 日，时任国务院国有资产监督管理委员会财务监督与考核评价局局长沈莹在全国企业集团财务公司 2014 年年会上发表讲话。

2014 年 11 月 28 日，时任中国银监会非银部主任李伏安在中国财务公司协会 2014 年会员大会上发表讲话。

2014 年 5 月 5 日，时任中国银监会非银部副主任张电中在参加全国企业集团财务公司 2014 年年会时接受采访。

2014 年 12 月 5 日，中国银监会非银部副主任毛宛苑等莅临北京汽车集团财务有限公司调研。

2014 年 9 月 28 日，时任中国银监会非银部副主任张电中、中国财务公司协会专职常务副会长王岩玲一行到广西交通投资集团财务有限责任公司考察调研。

2014年6月20日，中国财务公司协会专职常务副会长王岩玲、中国银监会非银部财务公司非现场处处长金淑英、浙江银监局非银外资处处长胡晓辉一行5人莅临浙江省能源集团财务有限责任公司指导工作。

2014年11月19日，中国银监会、广东银监局领导莅临珠海格力集团财务有限责任公司调研指导。

2014年5月28日，中国银监会非银部及北京银监局领导到西门子财务服务有限责任公司现场调研。

2014 年 12 月 5 日，福建银监局局长赵杰、龙岩银监分局局长黄俊一行到紫金矿业集团财务有限公司调研指导。

2014 年 3 月 5 日，时任浙江银监局局长韩沂到海亮集团财务有限责任公司调研。

2014 年 10 月 29 日，北京银监局副局长逯剑到北京首都旅游集团财务有限公司调研。

2014 年 12 月 24 日，上海银监局副局长蒋明康到上海浦东发展集团财务有限责任公司调研。

2014 年 4 月，上海银监局非银处处长张伟菁出席日立（中国）财务有限公司 2014 年度董事会第一次会议。

2014 年，甘肃银监局领导到酒钢集团财务有限公司监管调研。

2014 年 5 月 5—6 日，全国企业集团财务公司 2014 年年会在武汉举行。

2014 年 11 月 27—28 日，中国财务公司协会 2014 年会员大会暨资金管理国际研讨会在北京召开。

2014 年 7 月 30 日，中国财务公司协会专职常务副会长王岩玲会见国际财资管理人士协会总裁兼首席执行官詹姆斯·凯茨先生一行。

2014 年 11 月 1—5 日，中国财务公司协会牵头共 4 人参加美国财资管理专业人士协会（AFP）在美国华盛顿举办的第 35 届年会。

2014 年 12 月 22—24 日，中国财务公司协会在江苏省南京市举办了 2014 年第二期财务公司高管研修班。

2014 年 6 月 26—27 日，中国财务公司协会第八届理事会调研组分别在北京和上海进行专题调研。

2014 年 1 月 17 日，中国财务公司协会专职常务副会长王岩玲一行赴华联财务有限责任公司调研。

2014 年 7 月 18 日，中国财务公司协会专职常务副会长王岩玲一行赴云南云天化集团财务有限公司走访调研。

2014 年 2 月 25 日，中国财务公司协会组织举办 2014 年宏观经济形势及企业运营环境研讨会。

2014 年 9 月 26 日，中国财务公司协会在北京组织召开同业业务座谈会。

2014 年 1 月，马钢集团财务有限公司召开年度职工大会。

2014 年 1 月 21 日，国联财务有限责任公司召开股东会暨二届五次董事会、监事会会议。

2014 年 1 月 24 日，西电集团财务有限责任公司召开 2014 年度工作会议暨三届八次职工大会。

2014 年 2 月 28 日，潞安集团财务有限公司召开首届一次职工大会。

2014 年 2 月 28 日，南山集团财务有限公司召开第二届董事会第三次会议。

2014 年 3 月，中国航空集团财务有限责任公司召开第五届董事会第二次会议。

2014 年 3 月，中化工程集团财务有限公司召开第二届董事会第七次会议暨第一届监事会第三次会议。

2014 年 3 月 15 日，保利财务有限公司召开股东会暨第二届董事会、监事会 2014 年会议。

2014 年 3 月 25 日，三峡财务有限责任公司召开 2014 年第一次股东会暨三届四次董事会、三届三次监事会。

2014 年 3 月 26 日，美的集团财务有限公司召开第二届董事会第六次会议、第二届监事会第三次会议暨 2013 年度股东会。

2014 年 3 月 27 日，中国华电集团财务有限公司召开 2014 年第一次股东会暨第四届董事会第五次会议、第四届监事会第三次会议。

2014 年 3 月 28 日，亿利集团财务有限公司召开 2014 年度股东会暨第一届董事会第六次会议。

2014 年 3 月 31 日，中电投财务有限公司召开 2014 年股东会、董事会、监事会。

2014 年 4 月 16 日，中国移动通信集团财务有限公司在北京召开第一届董事会第十二次会议。

2014 年 4 月 22 日，中国重汽财务有限公司召开 2013 年度股东大会。

2014 年 4 月 24 日，陕西延长石油财务有限公司召开第一届董事会第二次会议。

2014 年 4 月 28 日，四川长虹集团财务有限公司召开第一届董事会第五次会议。

2014 年 4 月 30 日，国投财务有限公司 2014 年度股东会、第二届董事会 2014 年第一次会议、第二届监事会 2014 年第一次会议在北京召开。

2014 年 5 月，河北建投集团财务有限公司召开第四次董事会暨一届四次股东会。

2014 年 6 月 30 日，青岛啤酒财务有限责任公司召开第二届董事会第一次会议。

2014 年 7 月 15 日，红豆集团财务有限公司召开第二届董事会第七次会议。

2014年8月7日，北京汽车集团财务有限公司董事、监事参加第一次董事会第十二次会议。

2014年8月27日，陕西煤业化工集团财务有限公司召开党支部成立大会。

2014年9月23日，北京金隅财务有限公司召开第一届董事会第三次会议暨各专门委员会会议。

2014 年 10 月，五矿集团财务有限责任公司召开第四届董事会第一次会议。

2014 年 12 月 19 日，中材集团财务有限公司召开第一届董事会第十一次会议。

2014 年，鞍钢集团财务有限责任公司召开第一次党员大会。

2014 年，江铃汽车集团财务有限公司举行职工大会颁奖仪式。

2014 年，开滦集团财务有限责任公司召开股东会第三次会议、董事会一届三次会议。

2014 年，中国北车集团财务有限公司召开第一届董事会第九次会议。

创新合作

2014 年 3 月 11 日，安徽省能源集团财务有限公司到访新希望财务有限公司进行交流座谈。

2014 年 3 月 15 日，中国电子财务有限责任公司召开业务合作研讨会，讨论多样化金融和提升核心竞争力等课题。

2014年3月18日，云南云天化集团财务有限公司到宁波港集团财务有限公司交流。

2014年3月26日，国家外汇管理局广东省分局领导及企业同仁莅临TCL集团财务有限公司开展全球资金池调研。

2014年4月17日，大同煤矿集团财务有限责任公司与交通银行共同举办融资租赁座谈会。

2014年5月，上海电气集团财务有限责任公司与中国南方电网签订新能源合作协议。

2014年5月18日，国机财务有限责任公司提供国内买方信贷支持的彩色镀锌板生产线项目。

2014年6月7日，东风汽车财务有限公司发布2014—2018年中期事业计划（F3.0卓越计划）。

2014年6月9日，中交财务有限公司与徐工集团财务有限公司签署战略合作协议。

2014年6月26日，中国财务公司协会组织17家理事单位到中化集团财务有限责任公司调研。

2014年7月2日，中广核财务有限责任公司多级资金池系统项目启动会顺利召开。

2014年8月27日，中兴通讯集团财务有限公司与深圳市前海金融控股有限公司签署全面战略合作协议及成立融资租赁公司合作备忘录。

2014年9月，申能集团财务有限公司作为全国首家入驻上海自贸区的企业集团财务公司，全面推进各项业务，与客户企业签订自贸区金融服务合作协议。

2014年9月26日，广东粤电财务有限责任公司参加广东粤电电白风电有限公司能效电厂循环资金贷款项目签约仪式。

2014 年 10 月 20 日，中国航油集团财务有限公司开展同业交流。

2014 年 11 月 27 日，国投财务有限公司赴神华财务有限公司调研。

2014 年 12 月，冀中能源集团财务有限责任公司组织召开河北省国资系统票据业务研讨会。

2014 年，吉林森林工业集团财务有限责任公司与同业开展交流活动。

公司风采

2014年1月1日，中国电财资金调控中心正式投入运行。

2014年1月1日，武汉钢铁集团财务有限责任公司组织全体员工开展迎新年登山活动。

2014年1月3日，晋煤集团财务有限公司召开矿处级领导干部综合考核评价会。

2014 年 1 月 3 日，中冶集团财务有限公司邀请专家以财务分析为主题对全员进行业务培训。

2014 年 2 月 24 日，通用技术集团财务有限责任公司召开党的群众路线教育实践活动总结大会。

2014 年 3 月，河南能源化工集团财务有限公司召开党群活动动员大会。

2014 年 3 月 7 日，东方电气集团财务有限公司组队参加集团公司组织的集团总部健美操比赛。

2014 年 3 月 7 日，中航工业集团财务有限公司获“中航工业 2013 年度纳税先进单位”称号。

2014 年 3 月 18 日，贵州盘江集团财务有限公司召开深入开展党的群众路线教育实践活动启动大会。

2014 年 3 月 31 日，首都机场集团财务有限公司召开全体职工大会审议通过企业年金实施方案。

2014年4月，中国铁建财务有限公司组织党的群众路线教育实践活动“根在基层”，全体员工在清砂机前合影。

2014年4月3日，中海石油财务有限责任公司金融服务团队。

2014 年 4 月 18 日，太钢集团财务有限公司邀请专业讲师对员工进行相关业务培训。

2014 年 4 月 23 日，华能资本公司督导组李进组长一行莅临中国华能财务有限责任公司，召开民主评议会。

2014 年 4 月 30 日，天津渤海集团财务有限责任公司举办庆“五四”青年员工座谈会。

2014 年 5 月 4 日，湖北宜化集团财务有限责任公司组织户外拓展活动。

2014 年 5 月 17 日，厦门海翼集团财务有限公司全体员工参加第二届“海翼好声音”歌手大赛。

2014 年 5 月 17 日，航天科工财务有限责任公司开展稻盛和夫所著《活法》为内容的读书会。

2014 年 5 月 19 日，京能集团财务有限公司全体员工赴鹿鸣山官厅风电场调研。

2014 年 5 月 24 日，包钢集团财务有限责任公司组织健步行活动。

2014 年 5 月 29 日，江苏交通控股集团财务有限公司举办内控制度知识竞赛活动。

2014 年 5 月 30 日，中国大唐集团财务有限公司举行“沟通与商务礼仪”主题培训，通过内部培训不断强化业务能力与提升综合素质。

2014 年 6 月，兵工财务有限责任公司开展 360 沟通培训。

2014 年 6 月，江苏国泰财务有限公司员工大会合影。

2014 年 6 月 5 日，山东重工集团财务有限公司成立两周年合影。

2014 年 6 月 12 日，江苏省国信集团财务有限公司党委班子及纪委委员开展党风廉政建设暨作风建设知识测试。

2014年6月18—21日，福建省能源集团财务有限公司参展第十二届中国·海峡项目成果交易会。

2014年6月25日，中远财务有限责任公司组织党员干部到国防科工局重大专项工程中心观摩嫦娥三号仿真系统，开展增强爱国情怀主题实践活动。

2014年6月28日，北大方正集团财务有限公司举办2014年生日会。

2014 年 7 月，海马财务有限公司领导与新员工参加拓展培训。

2014 年 7 月，深圳能源财务有限公司工会参加集团组织的“惠州燃气杯”乒乓球赛。

2014 年 7 月，松下电器（中国）财务有限公司召开会议，总经理介绍第一季度松下集团整体经营、运行情况。

2014 年 7 月 2 日，珠海华发集团财务有限公司组织七一建党节慰问横琴钢八连。

2014 年 7 月 3 日，山东黄金集团财务有限公司举行庆祝开业运营一周年仪式。

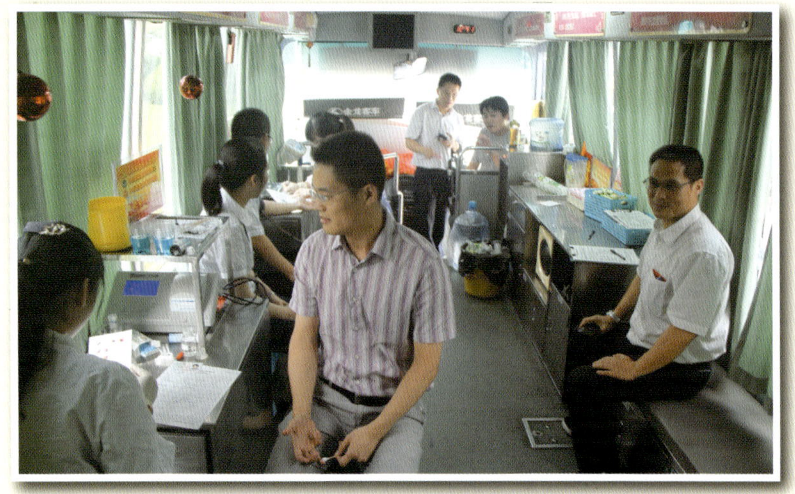

2014 年 7 月 11 日，浙江省交通投资集团财务有限责任公司董事长傅哲祥带领公司职工为杭州“7·5 公交纵火案”中的受伤群众献血。

2014 年 8 月 2 日，郑州宇通集团财务有限公司组织全体员工开展拓展训练。

2014 年 8 月 6 日，海航集团财务有限公司全体员工参加公司成立十周年总结大会暨 2014 年中情况通报会。

2014年8月20日，国电集团公司总会计师、党组成员陈斌赴国电财务有限公司调研。

2014年8月29日，中国石化财务有限责任公司参加集团第一届青年辩论赛。

2014年9月1日，山西焦煤集团财务有限责任公司开展“金融知识进万家宣传服务月”活动。

2014年9月18日，东方集团财务有限责任公司参加黑龙江首届金融系统职工羽毛球比赛。

2014年9月25日，亨通财务有限公司举办供应链金融讲座。

2014年9月26日，深圳市有色金属财务有限公司全体职工参加集团公司组织的“庆国庆　迎重阳”海滨栈道徒步活动。

2014 年 9 月 26 日，中国南航集团财务有限公司在白云山举办登山比赛活动。

2014 年 9 月 27 日，山东钢铁集团财务有限公司参加山东金融系统首届职工运动会。

2014 年 10 月 11 日，中核财务有限责任公司部分员工参加中核集团“核电杯”职工羽毛球比赛。

2014 年 10 月 26 日，海信集团财务有限公司全体员工参加集团运动会。

2014 年 11 月，创维集团财务有限公司举行员工莽山秋游拓展活动。

2014 年 11 月，天津港财务有限公司组织全体员工参加羽毛球比赛。

2014年11月，中海集团财务有限责任公司举行团队拓展训练。

2014年11月13日，徐工集团财务有限公司承办的江苏省企业集团暨财务公司业务创新座谈会在徐工集团举行。

2014 年 11 月 16 日，海南农垦集团财务有限公司下基层开展“金融知识进万家”金融知识宣传服务月活动。

2014 年 12 月，港中旅财务有限公司团队风貌。

2014 年 12 月 6 日，中开财务有限公司组织员工开展“深圳湾徒步走”活动。

2014 年 12 月 26 日，宝钢集团财务有限责任公司在 2014 中国金融机构金牌榜颁奖现场领取“最具创新力财务公司”奖项。

2014 年 12 月 31 日，安徽省能源集团财务有限公司年终清算工作合影。

2014 年 12 月 31 日，云南冶金集团财务有限公司员工迎新春合影。

2014 年，湖南华菱钢铁集团财务有限公司党支部民主生活会。

2014 年，锦江国际集团财务有限责任公司计财部荣获“上海市青年文明号”。

2014 年，南车财务有限公司举办庆祝公司成立两周年羽毛球比赛。

2014年，中国化工财务有限公司举行年度工作会。

2014年，中国能源建设集团葛洲坝财务有限公司举办“快乐工作 快乐生活”职工运动会。

2014年，中信财务有限公司开展环境志愿服务活动。

2014 年 1 月 23 日，伊利集团领导为伊利财务有限公司成立揭幕。

2014 年 3 月 16 日，中铁财务有限责任公司开业仪式。

2014 年 3 月 26 日，中煤财务有限责任公司开业揭牌仪式。

2014 年 4 月 29 日，淮北矿业集团财务有限公司揭牌仪式。

2014 年 5 月 6 日，湖南出版投资控股集团财务有限公司创立暨文化金融战略合作签约仪式。

2014 年 5 月 16 日，安徽省皖北煤电集团财务有限公司揭牌仪式。

2014 年 5 月 20 日，四川省宜宾五粮液集团财务有限公司开业座谈会。

2014 年 7 月 26 日，青岛港集团全体领导班子成员参加青岛港财务有限责任公司开业启动会。

2014 年 7 月 31 日，中节能财务有限公司开业仪式。

2014 年 10 月 16 日，上海上实集团财务有限公司开业仪式。

2014 年，重庆市能源投资集团财务有限公司揭牌仪式。

《中国企业集团财务公司年鉴》编辑委员会

陈月明（锦江财务公司）
单　纯（中节能财务公司）
邓文杰（海南农垦财务公司）
邓香全（四川宜宾五粮液财务公司）
邓晓博（陕西煤业化工财务公司）
丁险峰（华联财务公司）
董养利（开滦财务公司）
都兴开（鞍钢财务公司）
窦广清（天津港财务公司）
杜　娟（TCL 财务公司）
段建勋（晋煤财务公司）
方　闽（浙江能源财务公司）
方平凡（中集财务公司）
方泰峰（淮南矿业财务公司）
冯　强（重庆力帆财务公司）
冯益民（中国化工财务公司）
冯　勇（东方电气财务公司）
傅哲祥（浙江交通投资财务公司）
傅志芳（万向财务公司）
龚旭东（安徽能源财务公司）
郭　涌（太钢财务公司）
韩留卿（西部矿业财务公司）
韩维平（神华财务公司）
韩文杰（中国重汽财务公司）
何慧平（东航财务公司）
洪毅俊（深圳有色金属财务公司）
侯文捷（中国电力财务公司）
胡国梁（红豆财务公司）
胡义军（北京首旅财务公司）
黄必烈（中外运长航财务公司）
黄天珊（铜陵有色财务公司）
黄　巍（国药财务公司）
冀　涛（中国铁建财务公司）
姜建平（东方财务公司）
姜在国（北京金隅财务公司）
蒋　宁（淮北矿业财务公司）
金　镭（中国南航财务公司）
经长忠（上海浦东发展财务公司）
孔　骞（亿利财务公司）
孔卫湘（中建财务公司）
赖　强（深圳华强财务公司）
郎晓华（山西焦煤财务公司）
李朝坤（中船财务公司）
李飞月（郑州宇通财务公司）
李海东（航天科技财务公司）
李虎俊（通用技术财务公司）
李慧玲（国机财务公司）
李　军（天津天保财务公司）
李旻昊（云南冶金财务公司）
李　明（安徽皖北煤电财务公司）
李荣荣（北京汽车财务公司）
李文艳（吉林森工财务公司）
李艳芳（冀中能源财务公司）
李占国（海尔财务公司）
李宗英（中核财务公司）
廉志伟（中铝财务公司）
梁开卷（中广核财务公司）
梁庆云（百联财务公司）
梁玉丰（中电投财务公司）
廖　伟（中国航空财务公司）
林　鑫（中铁财务公司）
令狐建强（振华财务公司）

吴志军（贵州茅台财务公司）
伍生林（马钢财务公司）
肖　华（湖南高速财务公司）
肖京喜（天津渤海财务公司）
谢　峰（三峡财务公司）
谢美玲（包钢财务公司）
谢沃德勒夫（伊利财务公司）
徐伟锋（南车财务公司）
徐振声（青岛啤酒财务公司）
许继莉（珠海华发财务公司）
杨东旗（重庆能源投资财务公司）
杨建林（潞安财务公司）
杨　璐（南方电网财务公司）
杨　楠（中海石油财务公司）
杨　倩（青岛港财务公司）
姚卫东（新奥财务公司）
银　红（中材财务公司）
尹新全（贵州盘江财务公司）
印　凤（兵器装备财务公司）
游　华（中交财务公司）
于　平（一汽财务公司）
余清海（中国平煤神马财务公司）
虞金华（江苏华西财务公司）
张爱兵（江苏国泰财务公司）
张保龙（中国石化财务公司）
张蓓蕾（珠海格力财务公司）
张汇臣（河南能源化工财务公司）
张　磊（中油财务公司）
张　芊（申能财务公司）
张　伟（京能财务公司）
张云亭（中信财务公司）
张芷芷（供销财务公司）
张志强（山东商业财务公司）
赵洪武（诚通财务公司）
赵　晋（保利财务公司）
赵玉芳（中国华能财务公司）
赵玉福（鄂尔多斯财务公司）
周　竞（中化工程财务公司）
周雪松（河北建投财务公司）
周亚栋（上海上实财务公司）
周志坚（广东粤电财务公司）
朱文波（国联财务公司）
朱　毅（中国移动通信财务公司）
邹定波（中国能建葛洲坝财务公司）
邹宏英（中冶财务公司）
邹　正（湖北能源财务公司）

《中国企业集团财务公司年鉴》编辑部

何晓君（百联财务公司）
贺玲玲（宁波港财务公司）
黄书寒（中材财务公司）
贾媛媛（五矿财务公司）
贾　峥（天津天保财务公司）
江丽华（江铜财务公司）
江　洋（贵州盘江财务公司）
姜曼玲（中国电子财务公司）
姜　艳（河北钢铁财务公司）
姜元亮（中国能建葛洲坝财务公司）
蒋宝仪（海亮财务公司）
金　戈（中广核财务公司）
金　镭（中国南航财务公司）
金　玲（美的财务公司）
黎　萍（浙江交通投资财务公司）
李　昂（江苏国信财务公司）
李发光（云南云天化财务公司）
李　飞（兵工财务公司）
李航行（贵州茅台财务公司）
李丽君（华联财务公司）
李　睿（中远财务公司）
李　伟（中国大唐财务公司）
李文馨（海南农垦财务公司）
李晓灵（TCL 财务公司）
李晓霞（重庆能源投资财务公司）
李　昕（中国石化财务公司）
李　雪（晋煤财务公司）
李　峥（中外运长航财务公司）
李志平（天津渤海财务公司）
李中良（大同煤矿财务公司）
李宗泽（哈尔滨电气财务公司）
郦伟民（苏州创元财务公司）
连　波（广西交通投资财务公司）
廖丹丹（新希望财务公司）
廖绪文（三峡财务公司）
林名涛（福建能源财务公司）
刘江华（青岛啤酒财务公司）
刘　力（东方电气财务公司）
刘　力（兵器装备财务公司）
刘莅祥（湖南华菱钢铁财务公司）
刘其贵（中国重汽财务公司）
刘欣杨（国药财务公司）
刘新杰（中国平煤神马财务公司）
刘彦华（中交财务公司）
刘　志（湖北能源财务公司）
罗兴鹏（中化工程财务公司）
吕丽华（包钢财务公司）
吕　雯（中国化工财务公司）
马德华（吉林森工财务公司）
马德永（申能财务公司）
梅　艳（武汉钢铁财务公司）
孟令奇（河北建投财务公司）
宓小婷（山东钢铁财务公司）
莫晨栋（中国移动通信财务公司）
倪建峰（亨通财务公司）
潘建荣（国机财务公司）
潘义平（金川财务公司）
齐建寨（中船重工财务公司）
齐　骏（中电投财务公司）
钱　程（北京控股财务公司）
乔光莉（中建财务公司）
乔国峰（开滦财务公司）

乔永喜（西部矿业财务公司）
邱　荭（中国航空财务公司）
瞿　文（中信财务公司）
曲先耀（青岛港财务公司）
任　莅（航天科技财务公司）
申慧敏（中铁财务公司）
师率杰（神华财务公司）
施　暄（中化财务公司）
石翰伦（中国华能财务公司）
宋　杨（大唐电信财务公司）
孙　洁（酒钢财务公司）
孙　蓉（重庆机电财务公司）
孙志远（马钢财务公司）
邰桂忠（山东重工财务公司）
唐要斌（振华财务公司）
田欣媛（航天科工财务公司）
汪　恒（中海石油财务公司）
王　成（安徽皖北煤电财务公司）
王凤艳（重庆化医财务公司）
王　欢（珠海格力财务公司）
王　磊（江苏交通控股财务公司）
王立伟（深圳有色金属财务公司）
王龄莹（中航工业财务公司）
王　锐（国电财务公司）
王胜德（南车财务公司）
王涛峰（中国一拖财务公司）
王晓菲（中冶财务公司）
王兴友（四川宜宾五粮液财务公司）
王一夫（保利财务公司）
王　毅（中铝财务公司）
王　莹（天津港财务公司）
王莹玥（亿利财务公司）
王　咏（中开财务公司）
王　志（铜陵有色财务公司）
魏红杰（中兴通讯财务公司）
吴青玲（徐工财务公司）
吴小姣（阳煤财务公司）
吴　莹（海尔财务公司）
吴　咏（国联财务公司）
武传德（中国电力财务公司）
夏云岩（安徽能源财务公司）
夏震乾（日立财务公司）
谢　放（宝钢财务公司）
邢　程（一汽财务公司）
熊雯雯（港中旅财务公司）
胥　娜（山东商业财务公司）
徐岚平（北京首旅财务公司）
徐丽萍（江苏国泰财务公司）
许亚东（首都机场财务公司）
许彦彬（珠海华发财务公司）
闫铁红（东方财务公司）
杨　涵（湖南出版财务公司）
杨　桦（南方电网财务公司）
杨家况（诚通财务公司）
杨　兴（中节能财务公司）
杨　逸（东航财务公司）
杨　翊（广东粤电财务公司）
叶美芳（红豆财务公司）
应　尚（上海电气财务公司）
于丽梅（海信财务公司）
翟玉峰（兖矿财务公司）
张　波（云南冶金财务公司）

张　辰（中海财务公司）
张劲松（湖北宜化财务公司）
张　凯（松下电器财务公司）
张荣华（中煤财务公司）
张　锐（上海华谊财务公司）
张　雪（中国电子科技财务公司）
张永光（鄂尔多斯财务公司）
张又胜（创维财务公司）
张　韫（潞安财务公司）
赵　斌（西电财务公司）
赵成涛（锦江财务公司）
赵　强（郑州宇通财务公司）
赵　瑞（中核财务公司）
郑晓辉（河南能源化工财务公司）
郑　寅（深圳华强财务公司）
仲　巍（中国华电财务公司）
周蓓莉（上海上实财务公司）
周　健（浙江能源财务公司）
周　茜（万向财务公司）
周伟忠（江苏华西财务公司）
朱春会（淮北矿业财务公司）
朱　婷（中集财务公司）
朱　挺（北京金隅财务公司）
朱志通（伊利财务公司）
邹　勇（海航财务公司）

编辑说明

一、本卷主要收录2014年度监管机关领导讲话、行业监管和自律工作情况、各财务公司的经营管理状况、重要法律法规以及行业和机构的业务经营统计数据等内容。

二、本卷"特载"及"监管与自律"部分的内容由中国银监会非银部和中国财务公司协会提供；"机构概览""统计资料"及"附录"部分的内容由各财务公司提供；"文件与规章""大事记"部分的内容由中国财务公司协会收集整理。

三、本卷各财务公司按照其获得监管部门开业批准文号的顺序进行排列；"文件与规章"部分按照各发文机关公布的日期进行排列。

四、本卷"机构概览"部分收录中国境内的依《企业集团财务公司管理办法》设立的正常经营的企业集团财务公司，本年山东能源集团财务有限公司、大冶有色金属集团财务有限责任公司、巨化集团财务有限责任公司、山东晨鸣集团财务有限公司、河北港口集团财务有限公司、广东省交通集团财务有限公司、光明食品集团财务有限公司、忠旺集团财务有限公司未提供相关资料。

五、本卷各部分的行业整体数据因统计机构和统计口径不同，会出现不一致，请使用时注意甄别；"统计资料"篇中由于四舍五入，总计数据与分项、不同表格的数据也可能存在误差；业务统计部分只列示了开展相关业务的公司。统计表格中，"空格"表示该项统计指标数据不详；"—"表示无该项数据。

六、本卷照片部分除"关怀指导"和"共谋发展"两部分之外，其他是以事件发生时间进行排序。

七、本卷“附录”部分的行业受表彰情况收录了财务公司的“集体荣誉”“部门荣誉”及“个人荣誉”，“个人荣誉”部分未出现具体人名，行业社会责任情况单独列示，部分公司提供的资料未能录用，敬请谅解。

八、本卷在编纂过程中得到中国银监会非银部领导的关心和指导，得到全国各财务公司的大力支持，参加编写的财务公司 187 家。各位组稿编辑、编写人员为本卷年鉴的出版付出了辛勤的劳动；各财务公司的其他工作人员也给予了大力协助；在此一并表示衷心的感谢！

九、本卷在编纂过程中难免存在错漏之处，敬请广大会员和读者批评指正。

《中国企业集团财务公司年鉴》编辑部

二〇一五年八月

目　　录

特　载

监管与自律

机构概览

文件与规章

统计资料

大事记

附　录

特　　载

领导讲话

中国银行业监督管理委员会主席助理杨家才在全国企业集团财务公司2014年年会上的讲话

中国银行业监督管理委员会主席助理　杨家才

(2014年5月5日)

这次年会是财务公司行业的一次重要会议。人民银行、国资委、湖北省等方面的负责同志出席会议并讲话，对财务公司取得的成绩给予充分肯定，寄予殷切期望。请大家认真学习、深刻领会、全面落实。借此机会，我谈谈关于财务公司稳健发展的机制问题。

财务公司是金融业中让人省心的一类机构，风险低、资产质量高、抗风险能力强。截至2013年末，财务公司行业平均资本充足率为25.97%，比年初上升0.2个百分点；行业平均不良资产率0.1%，比年初下降0.02个百分点。在当前复杂严峻的形势下，财务公司“风景这边独好”。之所以能够取得这样的好成绩，是因为党中央、国务院的正确领导，人民银行、国资委等部门的悉心指导，以及在座各位的大胆工作和谨慎经营。在此，我对大家取得的成绩表示热烈祝贺！向各方对财务公司稳健发展给予的支持和帮助表示衷心感谢！

财务公司现在看起来不错，未来的发展是否就可以高枕无忧了？当然不是！防控风险是金融业永恒的主题，大家依然要如履薄冰、高度警醒。当前我国经济发展进入增长速度换挡期、结构调整阵痛期、前期刺激政策消化期，加上我国银行业正处于金融风险“水落石出”期、资产负债结构变化期，“五期叠加”使经济金融风险可能加速暴露，风险隐患增多。要防控好风险，守住系统性区域性风险底线，就必须夙夜在公。财务公司是防范金融风险的责任主体、落实主体和推进主体。虽然当前财务公司的风险相对小一点，且背靠企业集团，但是风险也不容小视，得时刻警惕。作为服务企业集团主业的内部金融平台，财务公司要优化资源配置、强化金融服务、细化风险管控，促进企业集团转型发展和竞争力提升。如何使财务公司稳健安全较快发展，切实发挥好应有功能，当务之急是完善以下六项机制。

一、战投合作机制

财务公司的稳健发展要靠企业集团，经营管理要靠企业集团，风险化解处置也要靠企业集团。无论是从股东的角度，还是从实际控制人的角度，财务公司都是在企业集团统一领导下运作的，要服从和服务于企业集团的核心主业。但财务公司具有金融属性，不能完全办成企业集团的依附者，否则一点活力都没有、一点创新力都没有、一点市场竞争力都没有，其存在的价值和意义就大打折扣了。这就需要解决好财务公司的独立性问题。要解决好这个问题，一个非常重要的途径，就是引进合格的战略投资者，并强化战略合作。好比一个孩子长大成人，怎样才能从父母身边独立出来，通常的办法就是结婚生孩子，然后分家。他所找的另一半，在公司治理上，就相当于战略合作伙伴。财务公司的董事长、总经理等都接受企业集团的领导，很多时候不太敢说话，特别是发表不同的意见。如果引进了战略投资者，进入董事会，并由他们推荐一些独立董事，发表独立专业意见，在很多问题上就有了回旋的余地。这样一来，财务公司的董事会也才有可能建成健康的董事会，而不是“举手董事会”。监管方面是有要求的，前些年设立财务公司时，强调要引进战略投资者，全国大概有20家财务公司引进了合格战略投资者，但是后来发现推进这项工作有一定难度。一方面战投机构的选择面不是很宽，另一方面企业集团和财务公司本身也存在认识不到位问题。下一步，财务公司要把这个功课补起来，完善制度和机制，能引进战投的要引进，已引进战投的要强化战略合作，暂时无法引进战投的也要找好战略合作伙伴。

财务公司如何才能更加专业化呢？企业集团的董事长、总裁、总经理等在做企业方面都是行家里手，但是他们可能因为路径依赖，继续沿用做企业的办法办财务公司，带着实业经营的思维做金融，缺少应有的金融思维和套路，财务公司的市场价值可能发挥不充分。这个问题怎么解决呢？就是要引进专业的队伍。这一点，大家在形式上基本做到了，但是在实际效果上还不是很好。千万不要搞“武大郎开店”。财务公司本来就是要通过开发创新金融服务，推动、带动和促进企业集团发展，不能“一代不如一代”。下一步，每个财务公司都要把引进专业人才队伍，特别是引进专业高管团队这件事做起来，加快引进管理经验、制度机制和技术方法，提升财务公司的经营管理水平和金融服务能力。

二、产业约束机制

古今中外，搞金融就是要依托产业，产业兴则金融兴，产业衰则金融衰。企业集团财务公司属于公司金融范畴，业务主要集中在企业集团内部，是在产业和实业基础上发展起来的，业务更不能跑偏，必须由所属企业集团的产业来约束。财务公司要坚持“以产入融，以融促产”的基本导向，咬定实业不放松，牢牢扎根产业中。不同的行业、不同的企业集团、不同的主业，有不同的生产经营特点，财务公司要围绕所属企业集团的生产经营特点来开发金融产品、创新金融服务，不能一味地去照搬其他行业的东西。比如说，所在产业是做石油的，财务公司就要围绕石油来做公司金融，而不能搞成汽车金融那一套。

在这方面要注意纠正一种不好的倾向，就是用打造利润中心的目标来发展财务公司，用一般金融机构经营目标的模式来要求财务公司。可谓是，“年初下任务时，上层压下层，层层加码，马到成功；年底报业绩时，下级骗上级，级级加水，水到渠成”。当然，追求业绩的压力可能来源于企业集团，也可能是因为财务公司自己好大喜功造成的。说实话，搞实业的很难做假指标，而金融就相对容易做。比如说，企业生产了20万台机器设备就不能报21万台，因为这些东西直观，能看得见、摸得着。可是金融要做假，只要动动账目关系、做做对敲交易、改改合同条款，就可以做到要业务量有业务量、要利润率有利润率，只是这样做出来的业绩都是海市蜃楼，甚至是饮鸩止渴。当前，为什么有的金融机构搞那么多表外业务，不少都是被逼出来的，是“高指标、大压力”下的扭曲行为。如果这样做下去，财务公司的行为完全异化，本来让人放心的行业就变得不让人放心。所以，一定不要拔苗助长，弄一些不切实际的指标，把财务公司逼到邪路上去。财务公司一定要根据自身特点，在业务量上能做多大就做多大，在业务范围上需要做多宽才做多宽，用产业和风险来约束业务行为，配合集团战略谋求发展。

在这里，我给大家分享一下美国通用电气财务公司的案例。这家财务公司 1932 年成立，主要是为解决大危机、大萧条时期通用电气的家电产品销路问题而设立的。该公司成立以后的 20 多年时间里，一直专注于电器分期付款业务，就是现在说的消费信贷，到 20 世纪 50 年代就已经成为企业集团重要的盈利子公司。到 20 世纪 60 年代，由于通用集团企业战略发生变化，提出产业整合一体化战略，财务公司也就跟随这一战略作相应调整，将业务范围拓展到了租赁和保险等领域，做买方信贷、财产保险等业务，推动企业集团成长得更快。到了 20 世纪 80 年代，著名的通用电气 CEO 杰克·韦尔奇开始推行多元化战略，财务公司继续紧随这一战略做金融并购、杠杆收购，成就了杰克·韦尔奇的一世英名。同样发生在通用电气财务公司身上的深刻教训是，该公司由于后期发展逐渐脱离企业集团主业，进入次级房贷领域，导致在 2008 年爆发的国际金融危机中一度遭受重创。所以，财务公司要坚定自己的道路自信，跟随企业集团产业走，企业集团主业做到哪里，金融服务就跟到哪里，不盲目跟风，也不改旗易帜。

三、复合定价机制

发挥市场在资源配置中的决定性作用，至关重要的就是充分运用金融市场机制，特别是利用价格杠杆来提高资源配置效率。近年来，在银行市场化改革过程中，我们比较注重推动银行提高风险定价意识和能力，也取得了一定成效。财务公司在这方面总体还比较薄弱，需要向商业银行学习，按照内外有别的原则做好复合定价，也就是做好对外统一定价和对内差别定价。对外统一定价，就是整个企业集团与外部金融机构发生业务往来时，包括存款、融资和筹资等，由财务公司统一谈判，提高议价能力。对内差别定价，就是财务公司对集团成员企业的金融资源与服务，要根据其实际风险等状况实行差别定价和风险定价策略。成员企业状况好的，资金和服务价格就便宜；成员企业状况差的，资金和服务价格就贵一点。这既是一个风险控制机制，也是一个资源优化配置机制。只有这样，企业集团才能在对外的金融活动中形成“拳头”的力量；在企业集团内部兄弟单位之间强化“指头”的功能，降低企业集团的财务成本，提高金融资源使用效率。

在差别定价的基础上，还要学会综合定价。即财务公司对集团成员企业所需的金融资源与服务进行定价，要根据资金集中度、结算集中度等，评定成员单位对财务公司的综合金融贡献，并将其作为定价依据之一，对于贡献高于平均水平的，给予适当优惠；低于平均水平的，相应实施风险定价。由于财务公司的业务范围比较宽，通过评估客户综合收益率对成员单位综合金融服务进行统一定价有较大的空间和余地，这也是提高财务公司在企业集团内部地位，更好发挥财务公司功能作用的关键。现在有些财务公司还存在“等、靠、要”思想，总希望企业集团的领导强调提高资金归集率，提高财务公司服务功能等。由企业集团出面推动固然不可或缺，但仅靠行政手段还远远不够。财务公司自身还要更多地发挥主观能动性，多创新市场手段，多培育产品优势，多打造正向激励，这样才会在企业集团内部更受欢迎。

四、产品创新机制

“春江水暖鸭先知。”财务公司是企业集团旗下的金融机构，对企业集团及成员企业的核心主业、实业项目和市场变化趋势，应该说是最清楚的，是企业集团及成员企业金融需求及需求变化的先知先觉者。银行找项目需要对企业和项目做尽职调查，财务公司参与企业集团及成员企业的项目，属于“一家人不说两家话”，可以充分做到“了解你的客户”，更容易为客户量身定制金融产品，形成产品优势，实现提供贴身金融服务的目标。

要实现这一目标，财务公司必须紧紧抓住企业集团及成员企业的产权链、产业链和资金链，打造独具特色的产品创新链条。围绕产权链，在筹资方式、咨询顾问等方面，为企业并购、项目融资等设计和创新一些适应性产品，提高企业并购投资成功率。围绕产业链，在卖方信贷、消费信贷、融资租赁等方面，为企业畅通销售渠道、加快存货周转、减少资金占压等设计和创新一些针对性产品，加速企业资产周转，提高企业经营效率。围绕资金链，在加强资金集中管理、盘活存量资产等方面，为企业实现集中统一支付结算、全球业务本地管理、商业信用深度开发、信贷资产证券化等设计和创新一些特色化产品，提高资金运用效率。

财务公司是盘活资金存量最有优势的一类金融机构，可以利用先天的信息优势，准确地知道企业集团内部资金的盈余和缺口具体分布时点、期限、结构，以及变化特征等，更容易设计出有针对性和匹配性的产品。当前，我国企业集团负债率普遍偏高，突出问题是一边大量在银行存款，一边又大量从银行贷款，既增加了资金成本、降低了资金使用效率，又增大了管理难度、加重了风险压力。对此，财务公司要坚持问题导向，有所作为、有所创新，自身能力不够时可以借助银行的力量。

财务公司在做好常规性产品创新的同时，还要围绕提高便利性做文章，使物流、资金流、信息流能够更加畅通，坚决避免因为财务公司的介入增加企业集团内部流通的环节、降低流通速度。目前，有一些企业集团及成员企业在银行的开户数量远远超过在其财务公司的开户数量，这可能主要是因为有些财务公司的服务跟不上，服务水平没有银行高。对此，财务公司可以依托资金结算平台，做好扣税、缴费、汇兑、保险等“一条龙”服务，让企业集团及成员企业能够得到更方便、更舒心、更快捷的金融服务。再比如，财务公司可以围绕企业集团资产流动性问题，探索建立产品登记系统，探索开展内部资产流动转让等服务。

五、稳健薪酬机制

做金融业务是复杂的脑力劳动，完善薪酬机制以充分调动从业者的主观能动性，对于提高金融效率至为关键。目前，财务公司的创新能力不足，满足企业集团及成员企业金融需求的能力不够，一个重要原因就是企业集团财务公司在薪酬机制建设上多数走的是实业路子，使财务公司与其他金融同业相比激励明显不足。财务公司要补上这一课，还得好好地研究。

一是建立有吸引力的薪酬机制。企业集团财务公司不仅是企业集团的子公司，同时也是金融公司。金融高端人才对搞好金融服务不可或缺，而金融高端人才往往是企业集团的短板，并且很难通过内部培养来补充。金融人是白领，收入太低难以吸引市场上的高端人才。所以，财务公司要设计有吸引力的薪酬机制，比如具备什么条件的人才、签约服务多少年就可以给多少安家费，什么级别就可以获得多少固定底薪等，这样才有利于在市场上找到比较好的人才。

二是强化正向激励薪酬。“又要马儿跑，又要马儿不吃草，马儿瘦得不得了，你让马儿怎么跑。”企业集团要让财务公司有社会金融那样的服务便利和服务水平，就需要充分发挥金融高端人才的创造力、能动性和专业性，不是拿来当摆设、充门面。因此，对金融高端人才，必须持续激励，经常性地“喂点草料”。

否则，即便人才来了，也可能是“小和尚念经——有口无心”，没有积极性。

三是善用风险约束薪酬。金融业激励不足不行，但是激励过度也容易出问题。激励过度可能导致行为短期化，使得一些“金融精英”这边拿着高工资，那边使企业积累着一大堆不良资产和风险。因此，财务公司在强化正向薪酬激励的同时，必须建立起相应的稳健薪酬机制。这不是说不涨工资，而是说要对绩效进行风险调整，然后才能作为薪酬依据。比如，不良率高，就要增提拨备；拨备多了，就会减少利润；利润少了，自然就会影响奖金，但是也有金融机构“玩花招”，在年底时把不良贷款卖出去，并相应做一个回购，一天也行、一周也行，反正年终时点的不良率好于同行业平均水平，就可以得奖金。对这些注水行为和作假行为，必须有所约束，这就是稳健薪酬机制要研究和规范的范畴，也是巴塞尔委员会、金融稳定理事会针对2008年国际金融危机教训提出的重要监管改革内容之一，核心就在于不能让贪婪的银行家拿走了奖金，留下了不良资产。这个机制我们已经开始在银行推行，也建议国资委首先研究改进央企财务公司薪酬激励机制问题，将风险调整后的绩效水平作为薪酬激励的依据，逐步健全和完善符合财务公司特点的稳健薪酬机制。

六、风险管控机制

这也是财务公司要补课的内容，甚至需要“恶补”一下。我们的财务公司也有风险管理，但多数是属于财务方面的，这远远不够，财务公司必须在当好企业集团的司库守门员的同时，还要为企业集团及成员企业提供信贷、中间业务和对外融资等服务，这就必须靠健全完善的风险管理体系来支撑。

财务公司的风险管控体系，一定要突出稳健特征。银行业是一个严谨的、保守的、可持续的行业，真正的银行家是最稳健的。在欧美，银行家一定要打领带、穿系鞋带的皮鞋，就是标志要有风险约束意识。我们财务公司不仅承担着管控好自身金融风险的首要责任，还肩负着管理企业集团的汇率风险、利率风险、财务风险等职责，各位董事长、总经理等也要“穿有鞋带的皮鞋”，扎住风险点，培养严谨细致的风险约束意识，培养谨慎稳健的经营风范。当前至少要抓紧推进以下四方面工作：第一，审贷放要三分离；第二，前中后台要三分设；第三，对风险监测、暴露和处置要有预案；第四，对机构要有拨备、核销和资本三大约束。只有这样，财务公司才能在金融行业中继续保持让人放心的形象，守住不发生系统性区域性风险的底线。

监管与自律

监 管 报 告

中国银行业监督管理委员会非银行金融机构监管部企业集团财务公司2014年监管工作回顾

2014年，银监会按照党中央、国务院统一部署，依法履行监管职责，不断提升监管有效性，引导企业集团财务公司（以下简称“财务公司”）坚持“依托集团、服务主业”的功能定位，优化资源配置、强化金融服务、细化风险管控，为企业集团加快资金融通、节约资金成本、实施集约管理作出了应有贡献，有力支持了实体经济发展。

一、行业基本情况及存在的问题

2014年，财务公司全行业面对复杂的经济金融形势，准确把握企业集团金融需求，在加强集团资金集中管理，提高资金配置效率，保障集团资金安全等方面发挥了重要作用，为促进企业集团化运作、集约化发展和精益化管理作出了重要贡献。

截至2014年末，全国已批准开业的财务公司共196家，较年初新增20家（其中，新批准开业22家，另有2家财务公司因集团重组分别解散和转作分公司），另有15家已批准筹建。全行业表内外资产总额5.53万亿元，同比增长24.3%；所有者权益4 529.68亿元，同比增长23.0%；全年实现净利润536.15亿元，同比增长25.2%。

2014年，各财务公司不断完善法人治理结构，加强内部控制，改善经营管理，提升风险管理精细化程度，行业整体各项风险均处于可控水平。截至2014年末，行业平均资本充足率21.22%，比年初上升0.14个百分点。196家财务公司资本充足率全部达到10%的监管标准。行业平均不良资产率0.11%，比年初增加0.01个百分点，但远低于银行业平均水平，168家财务公司无不良资产。行业平均资产损失准备充足率301.17%，贷款拨备覆盖率995.58%，行业整体拨备充足，抵御风险能力较强。财务公司是银行业金融机构中各项风险较低、资产质量最好、抗风险能力较强的一类机构。

随着财务公司机构家数不断增多、业务规模不断壮大、行业领域不断扩展，差异化、特色化的发展趋势日益明显。行业持续健康发展还需要关注和解决以下问题：一是行业平均资金集中度仍需进一步提升。截至2014年末，行业平均全口径资金集中度37.38%，同比上升3.98个百分点，但仍有进一步提升空间。特别是部分企业集团内部资金管控能力较弱，对商业银行依赖较强，财务公司的资金集中管理受限，全口径资金集中度有待切实提高。二是部分财务公司在集团内定位尚不明确，影响其功能作用发挥。如部分企业集团过于偏重财务公司的创利功能，从导向上放大了财务公司的经营风险；部分企业集团未能正确处理财务公司与集团财务部门、金融控股平台以及成员单位之间的关系，影响了财务公司功能作用的发挥。三是财务公司发展面临的产业风险和外部挑战不断加大。经济新常态下部分企业集团面临结构调整和转型升级压力，产业风险加大，此外受金融改革创新不断深化，特别是利率市场化进程加快、利差收窄等因素影响，财务公司发展面临的外部形势日益严峻。四是金融专业人才和信息科技运用不足对财务公司发展的制约逐渐显现。部分财务公司员工缺乏金融从业经验，同时受集团薪酬激励机制限制，难以吸引高端金融人才，制约财务公司提升专业服务能力。在信息科技方面，部分财务公司起步较晚，业务系统在控制、管理和分析功能以及客户体验等方面还需进一步提升，信息安全管理有待进一步加强。

二、主要监管工作

2014 年，银监会非银部重点从以下四个方面开展财务公司监管工作。

（一）支持符合条件的企业集团设立财务公司，财务公司行业进一步壮大

2014 年，银监会积极贯彻落实国务院关于加快民间资本进入金融业的有关政策精神，结合产业发展实际需要，对具备准入条件、符合产业发展方向的企业集团申请设立财务公司给予大力支持，全年共批准 22 家企业集团筹建财务公司，其中包含 6 家民营企业集团；批准 22 家财务公司开业，其中包含 4 家民营企业控股的财务公司。财务公司行业背景进一步丰富，机构数量和资产规模持续增长。

（二）综合运用多种监管手段，着力提升监管有效性

2014 年，银监会继续扎实做好财务公司日常监管的各项基础工作，持续加强对财务公司非现场监管报表、指标的跟踪监测和统计分析，对数据指标异常变动、违反审慎监管标准等问题，及时进行风险提示和窗口指导；通过不定期现场走访、审慎监管会谈等方式，及时掌握财务公司经营动态，传达监管政策意图和导向；做好年度风险评价工作，全年对 100 家财务公司进行了风险评价；加大现场检查工作力度，全年对 50 家财务公司开展了现场检查，查出违规问题 392 个，提出监管意见 241 条，对发现问题的财务公司采取暂停业务等审慎监管措施，督促财务公司强化合规意识和加强内控管理。

（三）注重发挥监管合力，完善财务公司规范发展的体制机制

一是会同国资委印发《关于进一步促进中央企业财务公司健康发展的指导意见》，推动发挥央企财务公司的行业引领作用，进一步明确财务公司在集团内的功能定位，优化财务公司发展的内外部环境。二是加强与各部委和地方政府的协调配合，常态化向财务公司所属集团和集团相关主管部门通报监管情况和要求，强化财务公司发展的外部约束。

（四）支持财务公司稳步创新，提升其服务实体经济能力

一是选择部分财务公司开展延伸产业链金融服务试点，充分发挥产融协同效应，有效降低产业链中小微企业客户融资成本、提高融资效率，助推集团主业发展，增强服务实体经济能力。二是审慎推进财务公司发行金融债券试点。批复中国电力财务有限公司发行 130 亿元金融债券，用于补充其中长期资金，改善资产负债期限错配情况，支持国家电网基础设施建设。三是积极支持 25 家财务公司从事所属集团公司总部的外汇资金集中运营管理试点业务、支持 9 家财务公司开展衍生产品交易业务，更好地服务企业集团国际化发展战略。

协会工作报告

中国财务公司协会第八届理事会2014年工作报告

中国财务公司协会会长　张　华

（2014年11月28日）

各位代表：

中国财务公司协会（以下简称“财协”）第八届理事会履行职责已满三年。现在，受第八届理事会委托，我向大会做工作报告，请予审议。

第八届理事会履职期间，恰逢国家对实体经济支持力度不断加大、金融对实体经济服务不断深化。财务公司作为出身实业、服务实体的金融机构，在监管部门的大力支持下，行业得到空前发展。截至2014年9月末，全国共有财务公司法人机构192家，较三年前增加74家；表内外资产总额4.78万亿元，所有者权益达4 298亿元；行业平均资本充足率28.93%，较三年前上升4.59个百分点；净资产收益率13.29%，较三年前上升1.41个百分点；不良资产率0.06%，较三年前下降近65%。财务公司行业已成为金融大家族中越发有影响力的重要一员。

伴随着行业的迅速发展，三年来，财协在政府主管部门的指导帮助下，在理事会、常务理事会的集体领导下，在广大会员单位的支持配合下，在秘书处全体工作人员的共同努力下，按照第八届理事会工作设想和整体安排，紧紧围绕“自律、维权、协调、服务”八字方针，以自律为基础、以机制建设为重点、以服务为中心，进一步解放思想，积极创新服务理念，转变服务方式，认真务实地推进各项工作，全面实现了第八届理事会工作的各项目标。

一、配合监管目标，引领行业规范发展

在“三期叠加”的复杂形势下，财协积极配合监管部门，推动财务公司“六项机制”落地实施，着力引导财务公司优化资源配置、强化金融服务、细化风险管控，促进企业集团转型发展和竞争力提升。

（一）功能定位进一步强化

为了进一步提升财务公司的管理水平，促使财务公司更好地发挥服务集团、服务实体经济的作用，财协组织行业研究力量，积极配合国资委、银监会完成了《关于中央企业进一步促进财务公司健康发展的指导意见》（以下简称《指导意见》）。《指导意见》强化了央企财务公司的核心功能和其在集团中的职能定位，提出了中央企业对财务公司管理体系方面的明确要求，理顺了央企财务公司与集团内相关部门及机构的关系，为央企财务公司坚持立足集

团、服务主业、充分发挥“四个平台”功能提供了政策指导。《指导意见》的发布是央企财务公司发展进程中“具有历史意义的事件”，为央企财务公司乃至整个行业的发展树立了新的里程碑，并必将在未来发挥龙头引领作用，推动整个行业科学健康发展。

（二）分类管理体系建设稳步推进

财务公司所属企业集团的行业属性、经营理念、发展阶段各不相同，造成各个财务公司所呈现的运营模式、组织体系、资金管理、主营方向等公司要素更加多样化，差异性越来越显著。为探索对财务公司进行多维度评级分类，财协在银监会的指导下，组织起草完成了《企业集团财务公司行业评级指引》（试行稿），统筹兼顾财务公司行业发展的规律性和不同产业、集团背景下的特殊性，全面评价财务公司经营管理情况，为财务公司行业对标提供服务，为分类监管提供参考，将对推动财务公司行业差异化定位、特色化发展起到积极作用。

（三）全面风险管理制度框架初步形成

财协在课题研究成果的基础上，配合银监会起草了《财务公司全面风险管理指引》（以下简称《指引》），收集汇总会员单位和各银监局意见修改完善后已上报银监会。《指引》作为财务公司防范风险的基础、稳健运行的核心、科学发展的保障，通过指引财务公司运用审慎的风险管理方法，实施风险管理的基本流程，培育良好的风险管理文化，建立健全风险管理体系，引导树立严谨细致的风险约束意识，促进财务公司构建全面风险管理体系，提升风险管理水平，确保财务公司风险可控并与成本、收益相匹配，服务于企业集团整体利益最大化，从而提升财务公司核心竞争力。

二、加大协调力度，营造良好发展环境

三年来，财协坚持代表会员单位的共同利益，积极协调会员与监管部门及其他相关主体之间的关系，积极向政府部门反映行业诉求及行业改革发展面临的问题，加大对行业影响较大、问题突出、反映集中事项的协调沟通力度，努力推动相关问题解决。

（一）降低存款准备金率取得初步成效

针对存款准备金率过高，影响财务公司资金集中和集团资金使用效率的问题，财协组织成立了由政策制定部门、专家学者、财务公司共同组成的专题研究小组，撰写完成“调整财务公司存款准备金政策支持实体经济发展”的调研报告；在此基础上起草了“关于提请中国人民银行降低财务公司存款准备金率的建议”和“降低财务公司存款准备金率 支持企业集团发展”的提案，组织发动几十位政协委员和人大代表联名向“两会”提交提案议案；与此同时，借助全国企业集团财务公司 2014 年年会，进一步反映诉求，并向国办秘书二局提呈报告，国务院领导作出重要批示。在财协和广大会员的不懈努力下，在相关政府部门的大力支持下，2014 年 6 月，人民银行将财务公司的存款准备金率下调 0.5 个百分点，按照 2014 年 6 月末的数据测算，为财务公司释放资金 100 多亿元，显著增强了财务公司对企业集团和实体经济发展的支持力度，促进了企业集团的发展。

（二）电子商业汇票线上清算获得重大进展

人民银行开通电子商业汇票系统以来，财协在推动财务公司广泛开展电票业务的基础上，大力推进财务公司电子商业汇票线上清算试点工作。通过积极跟进，有效沟通，2013 年，人民银行批准 7 家财务公司作为第一批电子商业汇票线上清算试点单位。线上清算业务赋予了财务公司票据业务与商业银行同等的资金清算权限，有助于财务公司提升自身结算能力和资金周转效率，进一步降低财务成本，对

于财务公司清算业务来说是“一大突破”，也为财务公司步入人民银行资金清算系统迈出了坚实的一步。

（三）争取债券承销资格工作稳步推进

针对直接融资在企业集团融资中的比重逐渐增大，国内企业集团在银行间同业市场发债数量、种类迅速增多，财务公司开展集团债券承销业务的意愿强烈的实际需求，财协通过前期摸底、数据测算，研究相关标准，就财务公司开展债券承销业务的可行性和必要性向有关部门多次反映和积极争取。在监管部门的大力支持下，目前已与中国银行间市场交易商协会就财务公司承销集团发行的债券达成了共识，决定选择部分条件成熟的公司先行试点、逐步推进。符合条件的财务公司取得债券承销资格，将有助于其发挥产融结合优势和提升专业金融服务水平，进一步强化在企业集团的功能定位，深化和延伸财务公司加强集团资金归集和提高资金效率的基本功能，将推动财务公司积极满足企业集团日益多元的金融需求，更好地服务集团、服务实体经济健康发展。

（四）外汇集中运营管理试点全面推开

随着企业集团“走出去”步伐不断加速，财务公司实现外汇资金集中运营管理的需求日益强烈。财协在国家外汇管理局推进跨国公司总部外汇资金集中运营管理试点的过程中顺势而为，积极沟通协调，适时反映财务公司行业诉求，推动试点企业集团依托财务公司开展跨国公司总部外汇资金集中运营管理，积极推动扩大试点范围，实现了分 3 批 70 多家财务公司成为试点企业。财务公司通过参与外汇资金集中运营管理试点，打通了企业集团国内外两个账户，显著促进和提升了与集团境外成员单位的合作深度，为财务公司国际业务提供了新的发展空间，促进了财务公司国际化服务能力的提高。

此外，财协通过前期深入调研，积极推动产业链金融服务试点工作在财务公司行业落地。2014 年 7 月，银监会正式启动产业链金融服务试点工作后，5 家财务公司顺利成为第一批试点单位。同时，财协还积极推动突破资产证券化、发行金融债、信贷规模控制、关联交易等制约行业发展的政策瓶颈。

三、加强自律建设，助推行业健康发展

为进一步规范财务公司行业行为，充分发挥行业自律对监管的补充作用，促进财务公司行业健康发展。三年来，财协通过完善制度、积极引导和自律检查等多种方式，不断深入推进行业自律工作。

（一）建立健全自律规则

三年来，财协按照社团管理部门的要求，紧密结合财务公司行业特点，组织修订了《中国财务公司协会章程》，进一步完善了财协的组织架构、管理机制；在此基础上，先后制定了《财务公司履行社会责任公约》《企业集团财务公司行业自律公约》，初步构建了分类别、多层次的自律规则体系，为履行行业自律职能奠定了坚实的制度基础。

（二）组织实施自律规章

自律是行业成熟的重要标志，也是行业自我发展能力的重要体现。为引导会员单位将自律规章转化为自觉行动，财协组织会员单位共同签署了《财务公司履行社会责任公约》和《企业集团财务公司行业自律公约》，积极行动、认真落实，自觉维护财务公司行业声誉形象，并采取多种形式引导和促进财务公司积极履行社会责任。两个公约的签署对于加强行业建设，保护财务公司合法权益，提升财务公司行业形象起到了积极的作用。

（三）检查监督自律成效

三年来，财协组织了对会员单位执行相关自律公约的监督和检查，先后对 15 家会员单

位开展了自律检查，完成了对《企业集团财务公司行业自律公约》《企业集团财务公司从业人员职业行业规范指引》执行情况的检查，促进了自律规章制度的贯彻落实，推动了行业自我约束、自我规范和内部建设，取得了良好效果。

四、扩大调研交流，推动行业务实合作

财协紧密联系各会员单位和政府部门，协调各方力量，持续加强对全局性、前瞻性、战略性问题的调查研究，为监管部门和财务公司提供有价值的信息和决策依据。财协还注重加强会员单位与政府、监管部门之间的纵向交流和不同市场主体之间的横向沟通，形成监管部门、社会组织、市场机构的三方良性互动机制。

（一）求真务实，行业调查研究扎实开展

面对复杂多变的经济形势和日新月异的金融环境，财协以监管部门工作重点和行业实际诉求为切入点，凝聚力量，扎实工作，调查研究工作的针对性和有效性明显提升。在研究方向上，既有财务公司职能定位与战略、公司治理、利率市场化等战略性、前瞻性的问题研究，又有存款准备金、信贷调控管理、发行金融债券、资产证券化、延伸产业链金融服务等热点、难点问题研究；在组织实施上，三年来，财协先后成立了21个课题组，抽调行业精干力量组织了41家机构的58人次参加课题研究，邀请了监管部门领导和外部专家学者参与、指导相关研究，共形成19个重量级专题研究报告。在成果运用上，三年来，财协一方面努力借助研究成果形成政策意见建议上报相关政府部门，共形成上报银监会非银部、人民银行支付结算司等相关部门9份报告，为监管部门制定相关政策提供有价值的咨询意见；另一方面，密切配合监管需要，努力将研究成果转化为行业规范性文件，如“财务公司行业评价体系研究”、“财务公司全面风险管理调研报告”等研究成果已实现转化提升；与此同时，财协还将研究成果编辑成册，出版了财务公司改革发展25周年获奖作品合集《回顾与前瞻》和《探索与创新：财务公司经营管理成功案例》等，向社会展示财务公司行业改革发展的成就。此外，财协还运用行业统计分析系统，组织专业力量，连续三年发布行业年度经营分析报告，对行业内部和相关政府部门全面认识、深入了解财务公司行业发挥了积极作用。

（二）互利共赢，行业交流深入推进

财务公司之间同业但无竞争，行业内交流合作具备良好基础和条件。为了更好地满足广大会员单位扩大交流合作的需求，三年来，财协通过组织召开理事会、监事会，深入会员单位调研座谈，举办由监管部门、会员单位参加的研讨会，创新性地召开业界高级别、高层次行业年会，搭建了全方位、多层面、立体化的多方良性互动交流平台。三年来，共召开2次行业年会、3次会员大会、2次高峰论坛、25次专业交流会，共组织35家会员的128人次赴75家财务公司开展了交流活动，为行业互动和交流搭建了广阔平台。

（三）共谋发展，务实合作卓有成效

财协在推进行业合作方面进行了有益的探索。一是财协秘书处设立了交流合作部，专门负责行业交流合作工作的策划、实施，为提升会员交流合作工作的专业化、精细化水平提供组织保障；二是积极探索行业合作，就会员单位反映集中的联合异地灾备问题，搭建了财务公司与灾备厂商之间的平台，组织财务公司集中竞价，推动集合灾备工作，为财务公司提升信息科技管理水平和防控风险能力奠定了基础；三是为探索运用行业信息平台推进财务公司做活市场融资、做实资产交易、做长服务链条，财协在广泛了解行业需求的基础上，组织

开展了财务公司资产登记交易平台可行性研究工作。

五、深化服务职能，提升行业综合实力

财协紧紧围绕服务职能，进行大胆实践，坚定做好“监管部门的助手，会员单位的帮手，行业服务的能手”，在提高行业队伍专业化水平、增强行业合规经营意识、扩大行业社会影响等方面发挥了重要作用。

（一）优化培训管理，提高培训质量

财协不断创新培训理念、改进培训方式，培训的针对性、专业性和实效性进一步提高，培训效果和培训质量进一步提升。一是分层次培训格局已形成。三年来，共举办6期高级管理人员培训班，450余人次参加了培训；11期中层业务骨干培训班，1 269人次参加了培训；10期基础业务培训班，2 573人次参加了培训。二是培训渠道进一步拓宽。三年来，共组织境外培训7批，赴美国、瑞士、加拿大等5个国家和地区，近190人次参加。为业界高管拓宽国际视野、提升领导决策能力、引领企业发展发挥了重要作用。三是培训基础工作已启动。财协组织业内骨干力量编写完成了“财务公司结算业务培训讲义”，开始启动“财务公司信贷业务培训讲义”的编写工作。与此同时，为使培训工作成体系、可持续，财协已经着手制定行业培训规划。

（二）加大宣传力度，扩大行业影响

三年来，财协宣传工作立足行业特点，围绕财务公司服务企业集团、助推实体经济发展这一主题，通过不断深化已有渠道，拓展媒体合作，紧抓重大活动，多层次、多角度、多形式的展示行业发展成果，反映行业诉求，引导社会舆论，推动监管决策。一是深化已有渠道，升级服务水平。三年来，会刊先后完成了版式设计、栏目调整、内容规范等工作，增设了刊首语、高端访谈、本期关注等特色栏目，围绕行业关注的问题进行精心策划，实现了年年有创新，期期有重点，会刊的专业性更高，服务性更强。三年期间，会刊共刊登74家财务公司各类稿件266篇，成为行业应用理论研究和业务实践报道的重要平台。网站进行了两次改版升级，增设行业聚焦、政策监管、会员风采、在线视频等栏目，信息内容更丰富，发布更及时，社会关注度更高。二是拓展对外合作，树立行业形象。财协与《金融时报》开始战略合作，每月刊发一期财务公司专版。专版突出展现财务公司“立足集团、服务集团”的特点，多角度报道财务公司在服务企业集团、促进实体经济发展方面作出的贡献；与《经济日报》达成战略合作协议，通过图片新闻、走进财务公司等栏目，以贴近民生的视角展示财务公司行业发展情况及社会责任。

（三）举办大型活动，展示行业成就

以财务公司诞生25周年为契机，通过有奖征文、图片展览、高峰论坛、专题报道、宣传片、出版专著等形式，集中展示了行业改革发展25年来在服务企业集团、促进实体经济发展方面的成就。特别是在银监会大厅举办的“财务公司行业改革发展25周年成就展”得到会领导的高度重视，银监会领导集体出席开展仪式并共同揭幕，中国银监会主席尚福林发表了重要讲话；两届“全国企业集团财务公司年会”均被中央电视台、《人民日报》、新华社等十几家主流财经媒体争相报道。

六、强化自身建设，提高财协服务能力

财协积极探索行业组织的运行规律，围绕以会员为中心的管理职能，以建立健全组织管理体系和运行机制为基础，以推进行业管理科学化为抓手，以提升行业发展的水平为目标，打造行业协会品牌，提升协会品牌价值。

（一）完善治理体系，理顺运行机制

一是健全决策体系。通过定期召开理事会、常务理事会和专业委员会会议，对财协工作和财务公司行业发展中的重大问题进行集体研究讨论。三年来，组织召开了6次理事会和9次常务理事会，财协议事、决策和日常管理机制不断完善；涉及行业重大规制出台，财协都通过多种形式广泛征求会员单位建议，确保规制制定遵循行业发展规律，代表行业整体利益。二是完善组织体系。增设预算委员会，负责对预算制定及执行情况进行监督检查，保证了会费按照会员大会决议和实际工作需要支出，会费管理更加规范、严谨、公开、透明。三是规范制度体系。修改《中国财务公司协会理事会、监事会换届选举办法》，突出了理事和监事选举新老结合、兼顾规模、行业均衡、区域分配和兼顾所有制的特点，充分调动广大会员参与协会工作的积极性，体现了财协民主办会的理念；修订常务理事会和理事会议事规则，进一步规范理事会和常务理事会的议事活动，提高了议事质量和效率。

（二）强化自身建设，加强内部管理

财协秘书处是财协的日常办事机构，其工作效率和质量直接影响到协会各项决议和工作计划的执行效果。三年来，财协秘书处不断强化自身建设，加强内部管理。一是加强组织建设。聘请外部专业机构，结合秘书处工作实际，对人力资源进行立项研究，提出改进方案，对内设机构和岗位进行科学整合和优化，增设了交流合作部，理清了研究发展部和统计分析部职责，提出分设方案。二是健全机制建设。建立了员工职业成长双轨制；健全绩效考核体系，加大了绩效考评；形成了与岗位职责、绩效考核相对应的薪酬体系；实行了中层管理人员定期轮岗与竞聘上岗，进一步推进了人力资源管理工作的制度化、科学化、民主化。三是完善制度建设。以健全制度、规范管理、提高效率为工作主线，对秘书处的有关规章制度进行了全面梳理，补充完善了绩效考核、费用支出等9个内部管理制度，初步形成了较为完整的制度体系。四是推进系统建设。在银监会信息中心的帮助下，秘书处开始着手建设办公自动化系统，通过办公自动化系统实现秘书处内部办公和管理的信息化。五是加强队伍建设。秘书处采取多种渠道和多种形式培养和锻炼人才。一方面“引进来”，通过公开招聘和与财务公司人才交流的方式引进外部人才，进一步优化了干部队伍的年龄层次和专业结构；另一方面“派出去”，定期派出工作人员到财务公司和监管机构交流学习。与此同时加强员工培训力度，充分挖掘员工潜能和创造力，着力打造一批政治上靠得住、工作上有能力、专业上过得硬的一流团队。六是促进文化建设。依托党组织和工会，秘书处组织参观银监会成立十周年纪念展览、公益植树、拓展训练和工间操等丰富多彩的文体活动，不断增强员工的责任感和荣誉感，进一步提高财协的凝聚力和战斗力。

（三）转变工作作风，践行群众路线

财协党支部严格按照党中央要求和银监会部署，认真组织学习，普遍开展谈心，广泛征求意见，认真对照检查问题，扎实深入开展党的群众路线教育实践活动，做到了规定动作有力度、自选动作有特色、整个活动有成效。活动开展以来，财协党支部严格践行中央八项规定，加强会议管理、提高公文质量、规范出差出访和公务接待，取得了显著成效，得到了银监会系统党的群众路线教育实践活动领导小组办公室的充分肯定。通过教育实践活动，秘书处党员群众思想水平进一步提高，工作作风进一步转变，党群关系进一步密切，服务会员单位和监管部门的能力和水平得到了明显增强。

各位代表：

过去三年，财协工作取得了令人鼓舞的成

绩，面向未来，财协承载着行业发展赋予的神圣使命。党中央、国务院对包括行业协会商会在内的社会组织高度重视并寄予厚望，党的十八大提出了“加快形成政社分开、权责明确、依法自治的现代社会组织体制”的目标，十八届三中全会提出了“创新社会治理体制，激发社会组织活力，正确处理政府和社会关系，推进社会组织明确权责、依法自治、发挥作用”，十八届四中全会提出了“发挥社会组织在法治社会建设中的积极作用。支持行业协会商会类社会组织发挥行业自律和专业服务功能，发挥对其成员的行为导引、规则约束、权益维护作用”的明确要求。这些政策开启了现代社会组织发展的新篇章，为社会组织发展带来了前所未有的机遇。让我们在民政部、银监会等政府部门的监督指导下，在新一届理事会的坚强领导下，在企业集团和财务公司的支持帮助下，以“促进会员单位实现共同利益，推动财务公司行业规范、稳健发展”为宗旨，以“发展成为具有较强号召力、凝聚力和影响力的一流的综合性行业协会”为愿景，以“行业自律平台、政策协调平台、研究发展平台、宣传交流平台、教育培训平台、业务合作平台”为目标，齐心协力，开拓进取，扎实工作，努力为我国财务公司行业健康可持续发展作出新的贡献！

中国财务公司协会第八届监事会 2014 年工作报告

中国财务公司协会监事长　刘传东

（2014 年 11 月 28 日）

各位代表：

中国财务公司协会（以下简称“财协”）第八届监事会履职已满三年。现在，我受第八届监事会委托，向大会做工作报告，请予审议。

一、监事会三年来的工作情况

三年来，第八届监事会围绕促行业发展这一核心目标，尽职尽责，踏实工作。

（一）制定行业规范制度，推进自律与诚信建设

2012 年，监事会组织起草《财务公司履行社会责任公约》，初稿形成后面向全体会员单位征求意见，并根据会员反馈意见形成终稿。有 143 家会员单位签署了《财务公司履行社会责任公约》，该公约的签订有助于推动财务公司积极承担社会责任，树立行业良好的社会形象，提升可持续发展能力。

2013 年，按照民政部《关于开展行业协会行业自律与诚信创建活动的通知》精神，监事会组织起草了《财务公司行业自律公约》。其间，听取了民政部领导、财协理事会自律委员会委员等专家的指导性意见，并赴部分财务公司调研听取意见和建议形成终稿。有 173 家会员签署了《财务公司行业自律公约》，该公约的出台，从制度层面上约束和保证了财务公司行业依法合规经营，推动了行业自律与诚信建设。

（二）依照章程赋予的职责，做好本职工作

监事会按照职责要求列席理事会议和常务理事会议，听取工作汇报，及时掌握、监督理事会、常务理事会执行会员大会决议、实施工作计划的情况。本年度为换届选举年，监事会参与了理事会、常务理事会关于换届选举方案及有关重要事项的决策过程，确保了换届选举工作按照章程规定有序进行。

本届监事会共召开了六次监事会议，对 2011 年、2012 年、2013 年三个年度的会计报表进行了审计，分别形成了年度审计报告。监事会通过对财协的财务会计报告和财务收支情况的审计，监督财协会费收支以及财务预决算的执行情况，对财务会计核算、费用开支管理、各项财务管理制度和执行进行了检查。在审计检查中，监事会提出了进一步完善内部流程和健全规章制度的建议，促进了财协财务管理工作的规范和提高。

（三）积极开展调研检查，为行业发展建言献策

2012 年至 2014 年，监事会先后赴山西、河北、湖北、上海、广东、黑龙江及吉林等省对部分会员单位执行相关制度规范进行监督和检查，针对存在的不足提出改进措施和建议，促进了自律规章制度的贯彻落实。在监督检查过程中，监事会与会员单位深入沟通交流，了解财务公司经营情况、困难和需求，并以书面报告形式提出建议，为行业发展和财协相关工作的决策与实施提供了参考。

二、对财协工作的评价

监事会认为，三年来，在监管领导的关心指导下，在第八届理事会、常务理事会的领导下，在全体会员的支持配合下，财协在工作作风、服务能力和自身建设上有了明显提升。

（一）坚持协调沟通，助推行业多项政策落实

财协以“自律、维权、协调、服务”为宗旨，始终把促进财务公司行业持续健康发展作为己任，对政府关注、会员需要、行业发展最迫切的问题和困难，不遗余力地推动解决。三年来，通过与政府主管部门充分沟通协调，有力地推动了存款准备金率、电子商业汇票线上清算、外汇集中运营管理试点等若干影响行业发展重点问题的解决和多项政策的落实。

（二）参与规章制定，引导和规范行业发展

三年来，财协配合有关政府部门起草完成了一系列行业规范性文件，为行业发展营造了良好的氛围。一是组织行业研究力量，配合国资委、银监会起草完成《关于中央企业进一步促进财务公司健康发展的指导意见》，进一步明确了央企财务公司在集团中的功能定位，理顺了财务公司与集团相关部门和机构的关系，对财务公司行业起到了引领作用；二是在银监会的指导下，起草完成了《企业集团财务公司行业评级指引》，在为财务公司行业对标提供服务的同时也为分类监管提供了参考，对推动财务公司行业差异化定位、特色化发展将起到积极作用；三是配合银监会草拟《财务公司全面风险管理指引》，财协在课题研究成果的基础上，广泛征求银监局和会员单位意见，形成了正式稿上报银监会，为推动指引的出台做了大量有益的工作。

（三）深化服务职能，开创协会工作新局面

三年来，第八届理事会围绕服务职能，在加强调查研究、推动合作交流、强化培训工作、扩大宣传方面采取了一系列措施，进行了大胆实践，取得了较好成效，使服务功能得到了进一步提升，财协的凝聚力得到了进一步的增强。一是高度重视行业研究，发挥行业人才队伍的优势，认真筹划组织，精心设计选题，形成了一批高水平的研究成果，为行业发展提供了指导和参考，成为协调沟通和争取有利政策的依据；二是拓展行业交流领域，探索合作新途径，研究应对新形势下行业发展策略与思路，开展全方位、多层面的调研和交流活动，促进财务公司谋合作、共发展；三是创新完善教育培训体系，在培训理念和管理方式上不断改进，形成了境内外培训相结合，基层、中层、高层和专题培训相呼应的分类型的培训格局，使教育培训工作在行业人才队伍建设方面发挥了重要作用；四是宣传工作立足行业特点，深化媒体合作，紧抓重大活动，多层次、多角度地展示行业发展成果，财务公司行业的认知度和影响力得到进一步提高。

（四）加强内部管理，自身建设成效显著

规范管理是财协自身建设的核心工作。三年来，财协从思想建设、制度建设、队伍建设、系统和文化建设等方面，努力提升服务能力和工作水平。秘书处以党的群众路线教育实

践活动为契机，加强了党员队伍建设，改进了工作作风；完善了内部管理制度，形成了规范的制度体系；通过人才引进交流、考核激励、业务培训等方式，着力打造一支思想觉悟高、业务能力强的专业队伍；完善行业统计分析系统和办公自动化系统，服务会员能力进一步加强，服务效率明显提升。

三、对财协财务管理工作的评价

2014 年 11 月，由中电投财务公司等 4 家监事单位组成的审计小组对财协三年的财务报表及财务收支情况进行了审计和检查。监事会认为：第八届理事会期间，财协的会计核算符合《民间非营利组织会计制度》和相关会计制度的有关规定，账务处理程序符合相关规定，账账、账证、账实、账表相符，会计资料保存良好，费用开支管理严格。财务报表公允反映了第八届理事会任职期间的财务状况和业务活动情况。

（一）财协各项收支真实、合理

本届理事会期间，财协总收入 6 614.12 万元，总支出 5 359.20 万元，各项收支真实、合理。为进一步加强预算管理，第八届理事会专门设立了预算委员会，负责督导财协预决算的编制、调整和执行。财协的收支预算、调整和最终执行情况都报经预算委员会、常务理事会和理事会审批。财协的支出主要用于为会员提供服务成本、财协办公用房租金、日常管理及人员费用，在课题研究、统计分析、信息宣传、教育培训、行业交流等重点工作和重点研究项目上加大了投入支出，为财协圆满完成各项工作和财务公司行业发展提供了支持和保障。

（二）财务制度日趋完善

为强化自我约束，规范财务管理制度，财协内部重新细化、补充、修订了印章管理、固定资产、资金、会费、差旅费、招待费等一系列财务管理制度和办法，并根据会计师事务所和监事会的审计检查意见，进一步健全完善了相关财务管理制度和流程。此外，按照银监会的统一部署与要求，向监管部门定期报送财务报表。通过内外部的审计检查和监管部门的监督指导，财务制度日趋完善，财务管理更趋规范。

各位代表：

三年来，监事会的工作得到了各级领导的关怀和指导，广大会员单位的支持和帮助，在此，我代表第八届监事会，向关心、支持财务公司行业发展和监事会工作的各级领导表示衷心的感谢！向支持、配合监事会工作的各家会员单位，向第八届理事会和常务理事会致以衷心的感谢！

当前财务公司行业已经进入了新的历史时期，面对未来经济增长下行的压力，影响财务公司行业发展的因素也更加复杂，我们要进一步完善行业自律制度和自我约束机制，努力提升防范风险的能力。让我们在中国银监会的指导下，在广大会员的支持配合下，抓住机遇、开拓创新，努力为财务公司行业可持续发展作出新的贡献！

谢谢大家！

重要会议

中国财务公司协会2014年重要会议

【第八届监事会第六次会议】2014年2月28日，第八届监事会第六次会议在北京召开，刘传东监事长主持了会议。会议审议通过了《中国财务公司协会第八届监事会2014年工作计划》，听取了秘书处关于“中国财务公司协会2014年工作计划”和“中国财务公司协会2013年度财务收支情况及2014年财务预算”的汇报，通报了监事会对中国财务公司协会2013年度财务收支情况的审计报告。

【第八届常务理事会第九次会议】2014年2月28日，第八届常务理事会第九次会议在北京召开。张华会长主持了会议。会议审议通过了“中国财务公司协会2014年工作计划”、“中国财务公司协会2013年度财务收支报告”、“中国财务公司协会2014年财务预算”、“关于理事会、监事会换届选举工作的实施方案”和“关于提名部分已连任两届理事单位继续成为候选理事单位的议案”，同意将上述议案提交理事会审议；听取了秘书处近期工作情况和“关于重汽财务公司股权处置情况”的汇报，并讨论了秘书处借调财务公司人员交流等事宜。

【第八届理事会第六次会议】2014年2月28日，第八届理事会第六次会议在北京召开，张华会长主持了会议。会议审议通过了“中国财务公司协会2014年工作计划”、“中国财务公司协会2013年度财务收支报告”、“中国财务公司协会2014年财务预算”、“关于陕西延长石油财务有限公司等4家财务公司加入协会的议案”和“关于提名部分提名已连任两届理事单位继续成为候选理事单位的议案”；听取了“关于理事会、监事会换届选举工作的实施方案”和财务公司行业建立云会议系统的汇报，并讨论了秘书处借调财务公司人员交流事宜。

【全国企业集团财务公司2014年年会】2014年5月5日至6日，全国企业集团财务公司2014年年会在武汉举行。这次会议在参会成员数量、会议规格、讨论主题和成果方面创下财务公司行业近年之最。中国人民银行副行长刘士余、国务院国资委副主任孟建民、中国银监会主席助理杨家才发表重要讲话。相关政府部门和来自各地方银监局、同业协会、企业集团、财务公司、媒体的400余名代表出席会议并参加分组讨论。

【第八届常务理事会第十次会议】2014年11月14日，第八届常务理事会第十次会议在北京召开，张华会长主持了会议。会议审议通过了“中国财务公司协会第八届理事会工作报告”、“关于中国财务公司协会2014年收支预算调整方案的议案”和“关于四川省宜宾五粮液集团财务有限公司等5家财务公司加入协会的议案”以及各选区推荐的第九届候选理事、监事单位，并推荐新奥财务公司、兵工财务公司、江苏国信财务公司和河南能源化工财务公司作为候选理事单位；听取了秘书处近期工作情况的汇报。

【第八届监事会第七次会议】2014 年 11 月 26 日，第八届监事会第七次会议在北京召开，刘传东监事长主持了会议。会议审议通过了“中国财务公司协会第八届监事会工作报告”和“中国财务公司协会第八届理事会换届审计报告”，同意提交 2014 年会员大会审议。

【第八届常务理事会第十一次会议】2014 年 11 月 26 日，第八届常务理事会第十一次会议在北京召开。张华会长主持了会议。会议审议通过了“中国财务公司协会 2014 年会员大会议程”、“中国财务公司协会理事会财务工作报告”、“关于提名总监票人、监票人、唱票人和计票人的议案”、“关于增补张电中同志为换届领导小组成员的议案”，并同意上理事会审议。

【第八届理事会第七次会议】2014 年 11 月 26 日，第八届理事会第七次会议在北京召开，张华会长主持了会议。会议审议通过了《中国财务公司协会 2014 年会员大会议程》、“关于对参与 2014 年度行业课题研究的会员单位及突出贡献个人进行表彰奖励的议案”、“关于对 2014 年度财务公司行业优秀通讯员进行表彰奖励的议案”和“关于皖北煤电集团财务有限公司等 3 家财务公司加入协会的议案”；审议通过了《中国财务公司协会第八届理事会工作报告》和《中国财务公司协会第八届理事会财务工作报告》，同意提交会员大会审议；通报了第九届候选理事单位、监事单位及理事、监事名单。

【第九届监事会第一次会议】2014 年 11 月 28 日，第九届监事会第一次会议在北京召开，会议由换届领导小组成员王岩玲同志主持。会议选举陈宇为第九届监事会监事长。

【第九届理事会第一次会议】2014 年 11 月 28 日，第九届理事会第一次会议在北京召开，换届领导小组组长张华和第九届理事会会长孔庆军主持了会议。会议审议通过了“关于提名会长、副会长和常务理事会组成人员的议案”、“关于提名李茅斗同志为理事、秘书长的议案”和“关于提名邓学明同志为副秘书长的议案”。

【中国财务公司协会 2014 年会员大会】2014 年 11 月 28 日，中国财务公司协会 2014 年会员大会在北京召开。会议审议通过了《中国财务公司协会第八届理事会工作报告》《中国财务公司协会第八届监事会工作报告》和《中国财务公司协会第八届理事会财务工作报告》；选举产生了第九届理事会、监事会和由孔庆军、张电中、王岩玲、刘蓉、李占国、李海东、张蓓蕾、沈根伟、孙宝东组成的常务理事会；选举孔庆军为会长，张电中为常务副会长，王岩玲为专职常务副会长，刘蓉、李占国、李海东、张蓓蕾为副会长；选举陈宇为监事长；审议通过了李茅斗为秘书长，邓学明为副秘书长；通报表扬了参与 2014 年行业课题研究和重要报告起草的会员单位及作出突出贡献的个人和 2014 年财务公司行业优秀通讯员。

银监会非银部主任李伏安出席本次会议并发表了重要讲话，李伏安主任充分肯定了第八届理事会的工作和取得的成绩，对新一届理事会、监事会提出了明确要求，对财务公司在新常态下科学发展提出了新思路和新要求。

机构概览

东风汽车财务有限公司

【经营概况】东风汽车财务有限公司（以下简称“公司”）以依托东风汽车集团、服务东风汽车集团为经营宗旨，秉承“专业、效率、创新、服务”的经营理念，主要开展东风汽车集团资金集中管理服务和汽车金融业务。为进一步完善服务功能增强服务能力，2014年2月28日，湖北银监局批复了公司增加注册资本申请，东风汽车集团股份有限公司对公司增加21.81亿元人民币现金出资，增资后公司注册资本变更为35亿元人民币。

2014年公司以回归集团为契机，紧紧围绕攻坚克难，勇于担当，以更高的标准打造“东风金融”品牌年度工作主题，将“应对11项挑战、加快6个转变、落实5项要求、推进7项工作、达成5项指标”作为工作主线贯穿始终，取得较好成绩迈上新台阶。2014年末东风汽车集团直属及控股单位资金集中度达75.41%，商用车金融业务主要拓展东风商用车、东风股份、东风柳汽及其他商用车子公司全系列产品消费贷款，乘用车金融业务主要拓展东风风神、东风本田、东风悦达起亚、东风裕隆、东风风行、东风小康等多品牌全系列产品的消费贷款，公司发展成为东风汽车集团资金集中管理平台和汽车金融事业单元。截至2014年12月31日，公司实现营业收入16.71亿元，同比增长59.32%；实现利润总额7.22亿元，同比增长31.32%；资产规模达299.77亿元，同比增长54.86%，全面完成董事会下达的年度经营指标，各项银行业监管监测指标全部达标。

【信贷业务】2014年，公司围绕推进东风汽车集团资金集中一体化管理，深化建立集团成员单位金融服务工作机制，加大上门服务频次，将提升与成员单位协同服务满意度列入公司年度KPI。认真贯彻贷款三查制度，优化业务流程，缩短审贷周期，推进信贷业务系统优化升级。累计发放自营贷款9.56亿元，发放委托贷款418.59亿元，开展应收款转让业务5.44亿元。

【产品销售信贷业务】2014年，公司汽车金融业务保持持续较快发展，“商乘并举”双轮驱动。创新开发金融产品，深化分品牌、分品系市场拓展和产品开发，协同主机厂（品牌）拓展汽车金融业务。深化营销服务理念，广泛开展产品宣传及营销推广活动。以庆祝东风商用车消贷十周年为主题，组织开展系列宣传及营销活动，回馈消贷合作经销商及新老客户，有力促进了东风商用车销售。启动乘用车分品牌营销拓展活动，定期制定有针对性的商务政策支持配合营销推广，积极拓展各品牌消贷业务。商用车金融“1+2”格局构架趋于成熟，业务保持持续发展；乘用车金融突破“1+5”格局构架成形，业务再上新台阶。全年实现贷款促销汽车112 689台，同比增长42.63%，其中促销商用车31 336台，同比增长4.43%；促销乘用车81 353台，同比增长66.03%。

【票据业务】2014年，公司加强与东风汽车集团业务协同，推进成员单位东风鸿泰公司、东风特种商用车公司、东风南斗六星公司等实施票据集中管理，将票据集中管理纳入集团资金一体化管理整体设计，已对13家成员单位的票据进行委托集中管理。累计办理票据贴现21.96亿元，同比增长24.29%。同时加大财务公司电子承兑汇票的推广和使用，创新管理模式针对深圳东风汽车公司等制定电子承兑汇票服务方案，并积极拓展买方信贷和存货融资业务。

【资金和投资业务】2014年，东风汽车集团将东风汽车财务有限公司纳入集团资金一体化管理，从体制上、制度上、资金上大力支持公司全面加强资金集中管理，新增集团直属和控股单位8家加入资金集中管理系统，资金集中管理范围扩大至141家成员单位，2014年12月末资金集中度提升至75.41%。全面提升资金集中管理服务水平，强化市场服务针对东风鸿泰公司、东风特种商用车公司等板块运营情况制定差别化资金集中管理方案，进一步延伸资金集中管理服务功能和扩大资金集中管理服务优势。加强同业合作，创新资金营运渠道和方式，探索信贷资产证券化，进一步提升资金运营效率和效益。

【风险管理和内部控制】2014年，坚持风险底线思维，深入推进全面风险管理。着力提升客户经理、中审人员、行业客户调查人员风险识别能力和责任意识，导入中国人民银行征信系统、公安部公民身份查询信息系统、全国企业信用信息系统等风险识别工具，完善逾期贷款分类催收制度和机制，严格考核汽车金融前3~6期还款成功率，加大贷后催收处置力度。强化措施加大月供款催收力度，外包委托第三方催收成效明显。创新法务催收管理，加强司法清收，创新试点贷款车辆逾期处置事前仲裁，进一步防范和降低逾期风险，风险管理保持较好水平。推进完善内控体系建设，围绕“建立价值增长型内审新模式”的工作目标，完善审计流程，强化审计发现问题的整改落实，全年完成11项专项审计、7项离职离任审计以及各项日常审计，提出整改建议44项。以建立完善分级授权管理体系为中心，共修订制定管理制度和业务规程33项，进一步提升了精细化管理水平。

【人力资源管理】2014年，健全完善员工招聘、培训及薪酬绩效管理体系。参加东风汽车集团校园招聘，聘用应届毕业生35人。分期分批组织开展内训，与武汉大学培训中心合作开展外训。聘请韬睿惠悦咨询公司对员工职位体系、薪酬体系、绩效体系进行全面优化，以岗定级，优化薪酬构成，完善绩效指标体系，强化绩效管理。

【信息化建设】2014年，制定了信息技术系统未来五年总体架构体系，加大投入推进信息技术系统升级换代。完成公司金融系统开发上线，推进汽车金融系统第5批次升级开发逐月完善发布，开发并实施人行个人征信报告自动解析和公安身份认证查询自动接入。2014年4月完成资金集中管理系统硬件升级，启动资金集中管理系统软件升级开发。开发建设了东风金融门户信息网站，于2014年12月11日正式上线运行。

【企业文化建设】2014年开展管理创新课题立项攻关和先进科室建设，确定了12项公司级管理创新课题攻关项目，组织开展科室建设，提升科室能力，建设学习型、创新型、专业型、管理型、和谐型统一的“五型”科室。加强党员学习教育和开展主题实践活动，加强干部员工队伍建设，推进建设“双培工程”和“五好党支部”。积极开展文体活动，丰富员工业余生活，增强员工体质，倡导“快乐工作，快乐生活”。宣传塑造合规经营的东风金融文化，规范管理，廉洁从业，打造出一支优良的领导班子和员工队伍。

中国重汽财务有限公司

【经营概况】2014年，中国重汽财务有限公司（以下简称“公司”）坚持“依托中国重汽、服务中国重汽”的功能定位，充分利用金融平台，助推重汽产品营销，为成员单位及产业链上下游客户提供金融服务支持，对集团发展及汽车销售起到了重要作用。2014年，公司实现营业收入3.98亿元，比上年的2.77亿元增长43.68%；实现利润2亿元，比上年的1.88亿元增长6.38%；资产总额115.07亿元，较年初增加57.96亿元，增长101.49%。成员单位贷款大幅增加，汽车金融业务稳步发展，银企直连上线运行，跨国资金集中管理资格获批，产业链金融顺利启动，资金运作能力、盈利能力、风险管控能力、科技支撑能力增强，全面完成了年度经营目标。

【信贷业务】2014年，公司加强成员单位贷款业务营销，强化与集团公司、成员单位沟通力度，深入成员单位了解贷款需求，简化审批流程，制定了灵活的利率、期限、还款政策，成员单位贷款规模大幅增加，资金使用效率大幅提高。全年累计发放成员单位贷款25.85亿元，同比增长3倍，贷款余额21.75亿元，较年初增加14.35亿元。成员单位贷款业务的有效拓展，对降低成员单位融资成本，提升集团资金使用效率发挥了重要作用。

【产品销售信贷业务】2014年，公司充分发挥汽车金融专业优势，大力开展汽车消费信贷、汽车融资租赁、汽车保理、汽车周转贷款等多层次汽车金融业务，有效满足了重汽集团汽车销售金融需求，全年累计发放汽车消费贷款17.49亿元，贷款车辆同比增加16.12%。坚持业务量与业务质量并重，继续强化风险管理，一是细化贷前、贷中、贷后管理职责，加强监督落实；二是坚持定期召开贷审会制度，保证审贷独立；三是定期开展从业人员廉政教育和从业道德教育，提高员工风险意识和职业道德；四是根据市场和业务变化，修订完善了多项管理制度；五是加强了现场考察、合同审核、放款收款、资料复核等业务合规操作。

【资金和投资业务】2014年，公司大力提升资金收益议价能力，使得公司资金运营收益率大幅提升。一是充分与集团公司沟通做好资金预算，积极与各银行询价，利用闲置资金做好短期竞价业务，与商业银行进行定期存款合作；二是积极参与同业拆借市场，提高公司资金使用灵活性，全年短期资金拆入15.90亿元，资金拆出58.10亿元，极大地缓解了公司资金头寸需求。

【票据业务】票据业务一直是公司的主要业务。为了支持集团公司的生产经营，公司的票据贴现业务从制度制定到业务操作已更加完善。2014年办理票据贴现25.28亿元，出具电子票据92.18亿元。为集团成员单位提供的票据贴现方便、快捷、安全，成本合理，不高于市场价格。办理的集团成员单位出具的商业票据贴现，根据当日 Shibor 6M 的利率制定财务公司当日的贴现指导利率，同时针对票面金额及票据种类不同，区别确定贴现利率。对数额较大的客户分别给予了不同的利率优惠政策，尽量保证随到随贴，24 小时划款。随着公司电子商业汇票使用环境的改善，电子商业汇票结算替代纸质票据的进度已逐步得到认可，并大幅度加快。

【外汇业务】 2014 年 11 月 26 日，公司作为主办企业申报的跨国公司外汇资金集中管理运营资格获国家外汇管理局山东省分局批复，12 月 16 日实现第一笔美元跨境集中业务落地操作，公司外汇业务的开展，进一步提升公司资金管理平台作用，有利于提高集团公司外汇资金集约化管理和风险控制。

【资金集中】 2014 年，公司继续加强与集团公司沟通，配合做好数据预测，资金集中工作得到了集团公司的大力支持；银企直联系统上线运行，为集团公司资金归集、下拨提供了平台，将过去人工归集变为自动归集，有效地提高了集团资金管理水平和资金使用效率。2014 年公司全口径资金集中度保持在 50% 以上，剔除口径资金集中度一直保持在 80% 以上，居全省各家财务公司前列，受到了监管部门的好评。

【业务创新】 2014 年，公司产业链金融顺利起步，业务实现落地操作，极大地缓解了集团产业链上游小微企业“融资难、融资贵”困境，巩固集团与供货商战略合作关系；创新推出了保兑仓电子商业汇票业务，极大地满足了经销单位票据回款需求，降低了集团公司票据回款风险，全年累计开出保兑仓电子商业汇票近 100 亿元。

【风险管理和内部控制】 2014 年，公司加强了风险管理和内控工作。以银监局现场检查为契机，对公司各项管理制度、业务流程、风险控制流程进行了全面梳理，制定、修订各项制度流程 20 多项。进一步完善信贷审查委员会工作细则，根据公司领导班子变化及时调整了贷审会人员组成，贷审会工作效率、审议能力得到明显提升。充分发挥稽核审计部、风险管理部等部门的职能作用。汽车金融业务部的管理更加规范。为了加强信贷资产的管理，及时处置业务经营中出现的不良资产，保证金融资产质量，减少经营风险损失，公司资产管理部职能进一步强化，形成了问题贷款分析会机制，加强了对问题贷款的清收、化解、处置效率，有效地避免了金融资产的损失和实际风险的发生。

【人力资源管理】 2014 年，公司加强了对人力资源的合理配置和有效管理，充实了业务岗位和中层管理岗位，积极加强业务人员和干部培训，加强了人员素质和业务能力的提高，保证了不同岗位人才的需要。为进一步提高公司人员素质和文化专业结构，从大学毕业生中补充了金融、财务会计等专业的 6 名大学生。在人员的使用上，充分发挥专业特长，发掘内部人员长处并善加利用，充实到不同的岗位，使公司人员能够更好地发挥各自职能，保证了人力资源的合理使用。公司十分重视年轻人员的培养，注意从德、能、勤、绩、廉五个方面考察和培养干部，大胆使用年轻人员充实到关键岗位，为公司的长远发展储备了人才，也为集团金融产业的发展储备了人才。

【信息化建设】 2014 年，公司及时招聘科技人才补充到信息科技室，强化公司 IT 人才队伍建设，加强了信息科技工作的系统更新升级和新系统上线工作。一是完成消费信贷系统升级 30 多项，提升了系统的服务能力；二是完善了与资金结算系统的自动对接，进一步提高了与软件供应商的对接能力；三是按进度推进资金管理系统的升级工作；四是完成银企直联系统测试工作，为银企直连工作进度提供了良好的系统环境和技术支撑。

【企业文化建设】2014 年，公司在企业文化建设方面十分注意将企业文化与金融文化的有机结合，并取得了一定的成效。

公司规范化的管理、积极向上的精神风貌，体现了良好的企业文化。年度开展的优秀员工评比、工会积极分子评选、集团劳动模范的推荐等体现了公司积极向上的精神状态。根据员工特点经常组织乒乓球赛、台球赛、羽毛球赛等一系列文化体育活动，活跃了职工文化生活。同时，公司注意组织职工参加社会公益活动，如提倡环保无车日出行活动、办公环境禁烟、慈心一日捐等公益活动，培养了职工关心公益、奉献爱心的公德意识，也提升了公司的企业文化内涵。公司的新变化、新拓展、新面貌在集团树立了良好的新形象。

中国华能财务有限责任公司

【经营概况】2014 年，中国华能财务有限责任公司（以下简称“公司”）深入落实创一流公司方案，充分研判内外部新形势，适应经济增长进入的新常态，及时调整工作部署，在提前两年实现创一流业绩阶段性目标的基础上，实施了稳固经营业绩、着力深化服务和管理创一流的新策略，取得了新的业绩，全面完成各项考核和经营任务。公司 2014 年实现利润 10.60 亿元，完成考核指标的 117.87%，实现营业收入 12.18 亿元，完成预算的 116.99%，各项监管指标均符合监管部门要求。截至 2014 年末，公司资产总额 296 亿元，负债 229 亿元，所有者权益 67 亿元。

【信贷业务】在货币政策变化较快、存款开年大幅下滑、变动幅度前所未有的情况下，公司积极应对，预调微调了信贷规模，避免信贷的大幅波动。根据年初预定目标，通过增加循环贷款和短期信贷，控制信贷规模，既适度增加信贷规模，避免对客户信贷的大放大收，又为资产负债调整、保证年末流动性预留了充足的空间。相对稳定的信贷为实现全年业绩目标奠定了大局，全年信贷利息收入占营业总收入的 84%。

【资金集中管理】在外源融资比较困难的情况下，集团公司高度关注资金集中度问题，加大了资金集中管理力度，公司进一步加大服务力度，资金集中管理效果明显，全年结算量 2.10 万亿元，同比增长 10%。公司根据客户需求及时调整优化资金集中服务，完善 ERP 系统功能，提供各种延伸性服务，努力打造深度的资金结算服务体系。自开通交通银行实名收款功能以来，经过一年多的业务推广，截至 2014 年末，已有 173 家客户使用了此项功能，这不仅提高了来账处理的效率和准确率，而且增进了客户体验，提高了客户满意度。

【外汇业务】2014 年，公司继续加大外汇业务宣传与拓展力度，全年办理结售汇 1.79 亿等值美元，累计向成员单位让利 188.84 万元。此外，国家外汇管理局批准集团公司开展外汇资金集中运营管理业务，公司作为此项业务的主办企业，可以开展境内外外汇资金集中管理等五项业务，外汇服务平台功能更趋完善。

【信息化建设】公司提供金融服务的信息化平台，已初步具备了持续开发利用价值。为逐步实现实时监控系统内企业的货币资金流动情况，在集团的统一部署下，公司利用自身信息系统建设经验，着手推进集团资金账户监管系统建设，届时将为资金集中管理决策提供实时、准确的资金信息。同时，公司还利用自身的信息优势，借助互联网技术及时推送政策、行业和市场信息，及时传递资金变动信息；通过对信息系统监测平台运行数据的分析，提出并完成了系统软件和核心设备的性能优化，大大提高了系统的处理效率，很好地支撑了结算和网银业务处理；将公司内网站在集团内网上进行服务推介；利用远程处理技术及时解决客户在网银使用中的技术问题。

【业务创新】推广和拓展电子银行承兑汇票业务是公司践行“创一流”目标的重要举措。在公司的大力推介下，2014 年签发电票规模达到 75 亿元，是上年的近 2 倍。业务模式从签发、承兑发展到贴现、转贴现、银行代理贴现、票据质押、换票重开等。电票的应用性与背书率逐步提高，作为融资功能的完整性得以实现。借助公司在商业银行的信用和授信额度，已签发电票为成员单位节省财务费用 1.50 亿元，为集团成员单位降低融资成本作出了积极贡献。

【风险管理和内部控制】公司积极落实年度风险管理策略，加强流动性日常管理，继续强化信贷业务、证券投资合规风险和信用风险管理，完善内部控制机制，聘请专业机构开展内部控制制度执行情况梳理，认真分析检查中出现的风险点、管理弱项和类似问题，制定整改方案和进度表，尽最大努力以最高标准完善公司内部控制和风险管理机制。持续进行制度修订和完善；对公司风险管理进行审计；开展信息系统管理和证券投资管理、分公司高管等离任经济责任内部审计，开展招标管理和中央八项规定落实情况效能监察。严把信贷、证券投资合规审查关；发挥法律审查的作用，维护公司合法权益；进一步细化董事会对经营管理层的授权和业务审批权限，梳理和明确了部门职责和管理流程。同时，公司狠抓安全责任制落实，强化安全责任，加大各类安全事件的检查和控防力度，实现了安全经营。借鉴国内、特别是银行业的信息安全事件案例，公司引以为戒，开展信息系统技术和管理的对照自查，网络安全、商用密码安全管理自查，核心服务器处理能力的升级和 CFCA 系统升级，网银用户证书到期换发；重视机房巡检、维护保养和专项检查，及时处置设备故障和网络攻击，进行灾备及应急演练，排除公司机房和信息系统的安全隐患。强化重点措施落实，注重事前风险和过程管理，有效防控信息科技系统、市场等重要风险，全年公司未发生风险损失事件。

【人力资源管理】2014 年，公司根据业务发展的需要和人事调整的情况，修订了部门的工作职责，调整了高级管理人员的分工，启动了岗位分析说明书编制工作，为清晰管理界面、明确管理责任、落实管理措施打下了基础。同时，规范实行了中层干部和员工的聘任管理方法，使公司人力资源管理步入正规化、科学化、制度化的轨道。

【党建工作】公司深入开展党的群众路线教育实践活动，公司党组以为民务实清廉为主题，以“照镜子、正衣冠、洗洗澡、治治病”为总要求，深入开展党的群众路线教育实践活动。公司党组注重思想发动，坚持把教育学习贯穿始终。开展反腐倡廉警示教育、中心组学习、通过微信发布清廉信息；听取专题辅导系列讲座；观看系列专题辅导片；组织班子成员召开了专题学习讨论会、民主生活会和党员干部的专题组织生活会；组织中层以上干部全员参加习近平总书记系列重要讲话轮训班。通过批评与自我批评，公司领导班子和班子成员深刻查找剖析了“四风”方面的问题，结合“八项规定”的要求，细化了整改方案措施，规定了专项整治任务，明确了各级职责，落实责任到人，明确整改时限。年内已经基本落实了班子整改和专项整治各项工作任务，初步形成了贯彻群众路线、改进作风的长效机制。

【企业文化建设】公司继续深入开展创先争优活动，全年涌现出了在各方面表现突出的优秀员工和先进集体。举办书法、摄影展览、乒乓球比赛、健身健走运动等各类兴趣小组等活动，推动职工文化建设和企业文化建设相融共进；“三八”节慰问女职工、组织职工防癌体检、为困难职工申报了帮扶救助资金、为职工购买了重大疾病保险、重大节日慰问离退休干部等，密切了与职工群众的关系，集中反映了华能财务人的共同价值和精神风貌，是公司继续发挥好功能定位、创一流财务公司和持续健康发展的宝贵财富。

锦江国际集团财务有限责任公司

【经营概况】2014 年，锦江国际集团财务有限责任公司（以下简称“公司”）以集团战略为工作核心，进一步提高公司治理水平，圆满完成了各项目标任务，实现了公司平稳发展。

2014 年，公司共实现营业收入 1.20 亿元，投资收益 0.07 亿元，净利润 0.52 亿元。截至 2014 年 12 月底，公司注册资本 5 亿元，所有者权益 6.70 亿元，总资产 50 亿元，总负债 43 亿元。

【完善法人治理结构】2014 年，公司多次组织召开了董事会战略与投资委员会和风险控制与审计委员会，全年召开了四次董事会会议。7 月底，第四届董事会成员任期届满，在集团党委的推荐下，完成了第五届董事会董事的选举及董事长的聘任等工作。

【信贷业务】2014 年，公司共发放人民币流动资金贷款金额 42.50 亿元，发放委托贷款金额 13.30 亿元。公司吸收集团内企业存款余额为 22.70 亿元，发放人民币贷款余额为 14.40 亿元，委托贷款余额为 10.40 亿元。信贷资产质量继续保持无后三类贷款水平。

【资金集中】公司积极开展存款业务营销，充分利用网银加强资金集中管理。加强成员企业资金归集服务，公司在锦江之星原有的直营门店资金归集的基础上，进一步开展了锦江都城门店和时尚之旅门店的资金归集工作。此外，加大对锦江国际集团和锦江股份公司的资金管理和融资管理的支持力度，2014 年千方百计保证存款、贷款与资金调度的平衡协调。

【投资业务】截至2014年12月31日，公司自营投资业务投资额为1亿元，共计实现收益约850万元，年化收益率约为8.50%。截至12月底，公司申购6只可转债，已抛售转债实现收益约270余万元，浮动收益为100余万元。2014年6月，认购新股重新启动，公司积极申请网下申购资格，做好投研工作。

【业务创新】2014年，公司根据昆明锦江大酒店的中央空调机组改造工程方案，制定了运用融资租赁模式提供融资支持的金融服务方案。公司在相关部门配合下，解决了会计处理、税务、制度、合同文本及业务流程的实施方案细节，并实地拜访了昆明锦江大酒店，进行贷前调查。最后，公司发放了昆明锦江大酒店的中央空调机组融资租赁，为支持酒店的节能改造项目及其他项目的融资租赁奠定了基础。

积极开拓委托现金管理业务。2014年公司为集团、成员企业开拓了委托现金管理业务。截至2014年12月31日，共开展67笔委托现金管理业务，累计发生额为198亿元，余额为9亿元，累计实现管理收益约2 964万元。

【风险管理和内部控制】公司2013年年度报告由普华永道审计，并对公司经营管理出具无保留意见审计书。2014年，公司获得中国人民银行上海分行2013年度上海市非银行金融机构企业征信系统建设工作A等考评。2014年，公司进一步完善管理制度和新业务操作流程设计，修订或制定了9项管理制度。

【人力资源管理】2014年，随着业务发展及员工到龄退休，公司及时做好新老交替，员工岗位调整、员工引进等工作，配齐了各管理部门的人员缺口。

【信息化建设】2014年，公司加强对信息系统软硬件建设和维护，有序推进多个IT建设项目实施。首先，完成了业务流程开发平台的建设，这是公司信息科技自主研发转型的重要一步，包括二次开发平台、在线的可视化流程设计、外部数据库连接、图表和报表自动生成功能。其次，开发完善电子回单的新需求，经客户四个月的试用及确认，完全满足了其要求，并且格式经过德勤会计师事务所认可。网上银行电子回单功能的使用，可极大地提高成员企业的财务记账工作效率，降低人力成本。

2014年，公司着手开发锦江信息平台，锦江信息平台包括中国人民银行金融标准化、各类业务台账、报表、监管报送信息管理、预算管理、指标预警等功能，已完成模块的设计、开发测试工作，大部分模块已上线使用。公司完成了保管箱库管理软件开发、调试、上线工作，这是公司完全自主开发研究的软件，拥有源代码，便于公司进一步优化管理系统。此外，公司积极联系电商公司，落实了公司信息系统数据异地灾备工作，并于下半年实施了异地灾备演练，演练达到了预期目标。

一汽财务有限公司

【经营概况】2014年，一汽财务有限公司（以下简称“公司”）开启精准营销模式，深挖主要存款资源，实现日均存款规模跨越式增长，为实现全年经营目标奠定基础。同时，在信贷规模增长受限的情况下，公司主动调整业务结构和经营策略，扩大信贷业务收入来源。一方面，加大对贴现利率的市场化管理，抢占票据贴现市场；另一方面，扩大对一汽汽车金融有限公司的同业借款，保障其汽车贷款的发放，实现对实体经济的间接金融支持。截至2014年末，公司资产总额达431亿元，较年初增长2.12%，全年共实现利润总额9.50亿元，较上年增长39.45%，资产规模与盈利能力大幅提高，圆满完成全年经营目标。净资产利润率21.95%，总资产利润率1.78%，各项指标持续向好。不良贷款率0.84%，资本充足率为14.08%，资产质量持续优良，风险监控执行有力，资本实力不断充实。

【信贷业务】2014年，公司集团信贷业务（自营+贴现）投放148.38亿元，季均投放37.09亿元，月均投放12.37亿元，月均同比增长108.16%。年末自营贷款余额32.47亿元，同比增长12.82%，贴现业务余额13.36亿元，同比增长47.79%。集团信贷业务全年实现收入2.41亿元，完成年度预算进度107.50%，超预算0.17亿元，较上年增长0.87亿元。其中，自营收入占比为78.38%，贴现收入占比为21.62%。中间业务收入165.50万元。2014年度，公司积极优化信贷资产结构，捕捉和跟踪成员单位中长期贷款和项目性贷款的融资需求，全年中长期贷款投放新增4.71亿元。持续加大高风险贷款和不良贷款的压缩、清收和核销力度，优化授信管理流程和决策体系，保证信贷业务健康长远发展。

【资金和投资业务】2014年，公司在资金运用方面坚持安全性、流动性和收益性原则，对资金运用业务进行组合管理。在投资管理过程中，坚持原则和标准先行，规模和价格联动，逻辑与数据并重，风险与收益平衡，每一项投资业务的开展均要求研究先行、投研互动、风控参与全流程，最大限度地防范风险、创造效益。在策略上，通过调整投资组合期限结构和品种结构，充分发挥价格比对机制作用和规模优势，提高公司资金运用组合收益率。全年资金运用收益为13.50亿元，组合收益率为5%。

【票据业务】2014年，公司票据业务快速发展。一方面，成立票据业务室，为成员单位提供托管、托收、贴现、电票等“一站式”专属票据服务。另一方面，积极推进电票业务，针对客户个性化管理需求进行系统功能开发，完成一汽大众公司个性化电票系统功能优化、测试、验收和推广；为零部件企业进行电票业务点对点培训及一对一服务。年内电票业务客户已达到51家，年电票承兑4.17亿元，电票贴现0.76亿元，电票接收5.84亿元，电票托收2.03亿元。

【资金集中】2014年，公司多手段提升资金集中度。在模式改造方面，启动集团35家全资公司厂内结算业务模式，通过定向支付、日间透支、资金上收与下拨等资金管理功能实现集团资金的闭环管理，实现资金的准确划拨和实时监控。厂内结算模式运行以来，付款合计3 036笔，金额180亿元；资金上收下拨4 439笔，金额累计863亿元。在效率提升方面，基于影像系统建立前后台分离模式，由前台服务专柜受理客户申请，后台处理中心统一处理结算。同时，网银处理流程由经办、复核、审批“三步走”优化为接收、清算“两步走”，着力提高业务效率，提升客户服务满意度。在产品创新方面，公司调研客户需求，对标同业，适时推出了智能通知存款，帮助客户实现资金的保值增值，为公司在客户资金沉淀方面带来更多收益。通过上述手段，实现日均存款348.38亿元，同比增长27.89%。

【业务创新】2014年，公司实时推出智能通知存款产品，既满足客户资金的保值增值的需求，又实现公司资金沉淀。上线电子对账服务，免去了纸质对账单中间的取送环节，并为客户提供了查询、打印、多用户选择等多种对账工具，无论从内部结算效率，还是外部对账服务水平都显著提升。逐步建立核心客户专属化的服务模式，初步运行一汽大众和天津夏利的专属化服务模式，效果显著。

【风险管理和内部控制】2014年，公司遵循全面风险管理与重点风险管理相结合原则，持续推进风险管理和内控体系升级工作。一是优化风险管理制度体系建设。根据外部监管及内部管理需要，在对标商业银行风险管理实践的基础上，结合自身业务规模及发展阶段，不断优化风险管理制度体系，形成了涵盖集团信贷业务、结算业务、票据业务、资金运营等各业务板块的专业风险管理政策制度体系。二是完善风险管理技术体系建设。推进使用自主研发的信用风险管理模型，满足一汽集团客户群体的风险管理特征要求，有效区别客户，减少人为因素，提高公司决策效率与科学性。建立具有公司特色的操作风险管理工具方法体系，梳理建设完成覆盖公司主要业务领域的操作风险全景图谱和监测指标库，在财务公司同业中处于前列。三是综合运用现场和非现场方式定期开展风险监测及报告。形成了较为完善的检查制度体系和管理体系，以及业务部门自查、风险管理部门监测检查、审计部门专项检查三位一体的监测管理模式。四是建设风险管理的监督评价机制。积极强化内部审计体系独立性，以“风险导向”的审计思想，开展对公司各项业务制度的建设情况、制度的运行情况及内部控制情况的监督、后评价。同时，建立并逐步完善公司问责机制，加强尽职调查，形成风险管理的执行驱动力。

【人力资源管理】2014年，公司完成了从构建新型人力资源管理体系到支撑战略转型的集团化人力资源管控的跨越。在人才配置方面，优化校园招聘模式，构建标准化评价指标体系；引入评价中心测评手段，完善内部竞聘方法；借助OA办公系统实现人员异动的系统审批流程。在人才管理方面，持续优化设计经理人员招聘选拔、试用期考核流程，提高经理人员管理水平并促进经理人员能力提升。在人才开发方面，引入“体验式学习”理念及在岗培养（OJD）模式，并在践行培训模式转型、跟踪培训效果转化、组建培训师资队伍以及强化学分机制管控方面作出积极尝试。在人才激励方面，以“统一管理模式、实现体系对接、强化激励功能”为目标，持续推进薪酬管理体系建设；发展基于平衡计分卡的绩效管理理念，强化以绩效管理拉动业绩管理、促进员工发展、推动战略实现的功效。

【信息化建设】2014 年，按照年度工作方针，公司持续优化了 IT 建设规划，并推进 IT 建设。在业务系统建设优化方面，完成影像柜面系统建设，利用影像及工作流传输技术，实现前后台分离的业务处理机制。全面实施筹融资平台建设，实现公司信贷的授信额度全面控制及银团贷款产品的研发。技术实现客户电子对账，并启动完成智能通知存款系统建设。在系统安全建设方面，全面实施桌面安全管理项目，涵盖网络准入、上网行为管理、打印管理、机房环境监控，并持续实施文件加密，进一步提升公司信息安全管理水平。在信息系统基础管理方面，全面推行系统版本管理机制，规范常规需求的开发流程。建立主动运维机制，使信息系统运行产生的风险，从事后处置变为事前防范，确保系统运行的稳定和连续。

【企业文化建设】2014 年，公司党总支部将企业文化建设工作与思想政治工作有机结合共同解决员工思想配置问题。结合企业发展实际开展企业文化调研，修订并发布新版《企业文化手册》。开展“做五好榜样、树五优形象”主题实践活动，以故事大赛、出彩班组 VCR 等活动为载体，持续传递榜样的力量，弘扬正气，促进文化传承。

西电集团财务有限责任公司

【经营概况】截至 2014 年末，西电集团财务有限责任公司（以下简称“公司”）资产总额达到 122.75 亿元，同比增长 15.10%，营业收入同比增长 35.28%，利润总额同比增长 19.45%。同时，资产质量和结构进一步优化，按照谨慎经营的要求合规经营，风险控制良好，全年不良贷款率、不良资产率等指标也控制在最低限度。

【信贷业务】公司多渠道加强与成员企业间的沟通，及时深入了解企业信贷需求，通过业务的拓宽和优惠政策的出台，为企业生产经营提供了有力的资金支持。一是考虑企业综合情况，2014 年综合授信额度同比增长 8%；二是在金融政策许可范围内，采取优惠措施，包括继续下浮贷款利率、下浮入池票据贴现利率、扩大商票（含电票）、保函签发额度与范围、降低或免除相应的保证金、手续费等，进一步降低企业融资成本，支持企业生产经营；三是不断加大各项信贷业务量，其中，累计发放自营贷款同比增长 17.35%，累计发放委托贷款同比增长 18.68%，累计签发各类票据同比增长 17.3%，累计办理票据贴现同比增长 19.14%，票据贴现总量中有 74% 都来自集团外部企业，累计办理各类担保同比减少 10.35%。

【资金和投资业务】公司严格把控业务开展的规模和方向，审慎稳健是业务开展的前提，风险零容忍是业务开展的底线，2014 年，未发生过业务风险。同时，公司抓住一切有利机会加大资金运作力度，合理配置资产、灵活运作资金，努力提高资金运营效益，资金外部收益同比增长80.20%，占比达到77%。

【票据业务】2014年，公司继续推进票据归集工作。“票据池”业务主要包括：票据入池存放、取回、到期托收以及票据融资等。通过代办票据到期托收、免除各项手续费、深入企业宣传培训、上门收票、跟进服务等方式，集团“票据池”不断壮大，收效明显。截至2014年末，集团有21家成员企业与公司签订了“票据池”业务合作协议，累计入池票据同比增长超过200%，年末票据集中度34.39%。同时，通过对入池票据进行盘活和再利用，实现了较好的收益。

【外汇业务】公司先后取得多项业务准入资质，对集团加强外汇资金管理和境外投融资起到了极大的促进作用。一是取得了国家外汇管理局陕西省分局批复的3 000万美元短期外债余额指标，年内全部用于集团成员企业，利率相对较低，进一步降低了企业的融资成本；二是取得了跨境外汇资金集中运营管理资格，也是陕西省唯一一家获批该项业务资格的企业集团。另外，公司还积极推进各项外汇业务，全年累计归集外币资金以及结、售汇业务量同比均有所增长，同时打通了外币贷款通道，实现了外币贷款业务零的突破。全年实现外汇业务收益同比增长125%。

【资金集中】一是继续加强成员企业账户管理。严格执行集团《账户管理办法》的要求，严密开销户手续。截至2014年末，集团成员企业在公司开立本币、外币账户175户，已归集成员企业在外部银行账户开立的本、外币账户150户。二是资金结算量不断递增，资金集中度不断提高，进一步壮大了集团“资金池”。全年完成结算交易同比增长3.68%，结算金额同比增长7.11%，资金集中度达到96%，在2013年末财务公司行业相对资金集中度排名中，公司排名第29位。三是根据业务发展和管理需要，先后多次对系统进行了升级完善，满足了集团资金管理的需要。已实现与4家银行直连，企业绝大部分资金业务均通过该平台完成，满足了集团资金管理的需要，提高了集团资金管控能力。

【融资租赁】2014年，公司一方面积极推进现有租赁业务，满足企业需求；另一方面拓展产业链金融业务，结合集团成员企业实际需求，申请“成员单位产品融资租赁”业务资格。先后完成了同业学习调研、制度流程制定、系统的搭建、人员培训等工作，并顺利通过了相关审批程序等。其间，与监管机构进行了多次深度沟通，反复修改完善相关材料。2014年12月23日，中国银监会下发文件，正式批复公司新增成员单位产品融资租赁业务资格，业务范围的拓宽为下一步延伸西电集团金融产业链和产品价值链奠定了基础。

【风险管理与内部控制】一是不断完善法人治理结构和风险管理架构，明确经营层、风控层及业务层的职责，充实风险管理力量，监督层级进一步明确；二是建立健全各类规章制度，不断完善业务操作流程，重新制定了《制度汇编》及《业务流程操作手册》；三是围绕内控体系建设，完成了《内控评价报告》，并对公司层面所面临的风险进行了梳理，建立了公司风险事件库，为风险的预警提供了保障；四是积极培育和强化员工的风险合规意识，自觉主动防范风险，同时注重发挥风控人员作用，确保公司制度执行落实到位；五是坚持重点业务重点稽核，发现问题限期整改到位，坚决防范任何风险事故的发生，确保业务开展有序、资金安全有效。2014年，公司获得由金融时报社和中国社科院金融研究所联合举办的“2014中国金融机构金牌榜——年度最佳风险管理财务公司”奖项。

【人力资源管理】一是结合企业实际需求和自身业务发展需要，坚持理论与实践相结合的原则，组建金融课题研究小组，确定了8项研究课题，年内落地实施3项，取得了较好效果。通过研究学习与实践，更好地锻炼队伍，逐步落实集团提出的关于金融人才培养的要求，也为金融业务的拓展奠定基础。二是积极踊跃参加西安市金融学会征文活动，2014年共组织投稿20篇，占总投稿比例的16%，其中有7篇征文获奖，占获奖比例的13%，同时还被西安市金融学会以征文数量和质量的优势继续评为优秀组织奖，这也是公司连续四年获得该荣誉。三是加强各类学习培训，设立“金融大讲堂”，围绕金融热点及新业务拓展等，定期组织内部培训或业务研讨，为员工搭建起学习与成长的内训平台，不断提升员工的研究实践能力。

【信息化建设】一是不断完善核心业务系统模块功能，满足业务和管理需要；二是做好系统日常管理，包括系统数据的集中、备份、安全以及灾备等，确保系统稳定运行，2014年未发生客户信息泄露事件；三是做好安全管理，切实防范系统的各类科技风险，及时排查网络安全隐患，为业务数据提供了一整套完备的安全保障和灾难恢复系统，同时加强信息化基础设施建设，为系统平稳运行及业务发展提供技术支撑；四是做好数据管理，确保数据连续、及时、准确，按月收集整理，编写《金融报告》，为集团领导提供较为完整的经营情况汇报；五是按照集团信息化“登高计划”的要求，不断提升IT治理水平和IT持续服务能力，对标同行业先进，进一步改进、优化信息化管理的不足，不断提升公司信息化建设及管理水平。

【企业文化建设】一是全面学习贯彻习近平总书记系列重要讲话精神及中央、国资委等领导同志讲话精神，积极贯彻运用，时时处处在思想上、政治上、行动上同党中央保持高度一致；二是以集团下发的《基层党支部工作手册》为指导，不断提升党建工作规范化水平。同时推进党内民主建设和党务公开，使党员更好地了解和参与党内事务；三是敬终如始搞好教育实践活动总结，坚持不懈抓好整改落实，认真制定整改方案，严格按照时间节点和任务目标，确保整改落实到位，2014年已完成了中短期目标的整改清零；四是全面贯彻落实党风廉政建设责任制，牢固树立“勤俭办企业”的思想，坚决执行中央八项规定精神和集团相关要求，对照集团《经理人十戒》《经理人守则》等规定，强化纪律约束，恪守党员本色，认真履行个人事项报告制度，自觉接受上级和职工群众的监督，全年未发生任何违纪违规事项。

中国石化财务有限责任公司

【经营概况】2014年，中国石化财务有限责任公司（以下简称“公司”）坚持诚信为本、服务主业、规范高效、开拓创新，为中国石油化工集团公司（以下简称“集团公司”）提供优质高效的内外部结算、存贷款、资金运营等金融服务。公司防范风险，精打细算，精心操作，有效应对内外部环境变化带来的各种挑战，取得了较好的经营成效。全年实现营业收入42.16亿元，实现利润34.03亿元，年末资产总额1 240亿元，所有者权益186亿元，资产负债率85%。全年通过提供委托贷款、直接购付汇、优惠贴现与贷款等各项服务，累计为集团公司降本增效、节约财务费用贡献超过20亿元。

【资金集中】2014年，公司不断改进提升服务集团资金集中管理水平，全力保障集团资金结算平台安全平稳高效运行。一是按照集团公司做实事业部、专业化改革发展等工作部署完成相应分账户调整及资金池建立工作，为油品销售混合所有制改革和工程服务板块改革提供了及时有力的支持保障。二是不断优化完善系统功能性能，强化日常运行监控和“异常”管理，保障集团公司资金集中管理平台安全平稳运行。三是进一步提升结算服务质量和效率，优化操作流程，保持了连续多年的“录入零差错、收付零损失”的服务质量目标。四是全年优质高效地完成结算量2 403.20万笔，结算资金规模达到45.30万亿元，分别同比增长12.95%和4.89%，有力保障了集团公司生产经营运行顺畅，促进提高了集团公司整体资金使用效益。

【资金管理】2014年，公司全年累计从外部市场融入资金1.54万亿元，日均116.35亿元，连续14年成为全国银行间本币市场交易100强单位。一是加大交易所市场债券回购融资力度，全年累计开展债券回购融资业务365笔2 335.20亿元。二是积极开展外币拆借业务，拓宽外币融资渠道。三是坚持从市场降本增效，综合比较不同市场融资成本，不断降低经营成本。四是坚持从管理上降本增效，加强与集团财务部、股份财务部及成员企业沟通协调，不断提高资金计划准确率，科学合理调度头寸，尽力降低备付资金。

【信贷业务】2014年，公司进一步加强信贷支持服务，在有限的信贷能力和信贷增量范围内不断提高信贷业务水平，优化信贷资产结构和质量。一是围绕集团生产经营建设需要，优先保障集团公司资金周转，重点支持增效创效项目，持续跟进并适度参与集团公司重大项目融资工作，全年累计提供各类信贷支持2 319.75亿元，日均规模393.20亿元。二是积极挖掘企业票据需求，大力拓展票据业务，全年办理票据贴现106.10亿元，开立财务公司承兑汇票25.13亿元，有效支持帮助企业加快结算和降本减费。三是配合集团公司资金管理需要，便利快捷开展委托贷款业务，全年委托贷款日均规模738.15亿元，同比增幅25.40%，为成员单位节约财务费用约15亿元。四是进一步健全完善信贷管理制度，加强信贷风险防范，大幅提升信贷客服工作水平，全年四个季度报送数据均以100%的准确率排名第一，获得监管部门高度评价。

【外汇业务】2014年，公司积极应对市场复杂变化，进一步完善汇率定价模式，推广实时询价定价方式，跟踪把握市场有利时机，精心稳健操作，积极主动支持配合成员企业防范汇率风险，促进降低整体汇兑成本。积极克服汇率风险加大和盈利空间压缩等不利因素，综合把握市场时机，精心灵活交易，全年售汇规模大幅增加。全年累计完成结售汇517.20亿美元，收付汇578.44亿美元，为成员单位直接节约购汇成本超过5亿元。

【投行业务】2014年，公司密切跟踪宏观经济和金融市场动向，加强市场分析、信息收集等金融研究工作，为集团和财务公司生产经营资金管理决策提供有效智力支持。主动做好债券发行财务顾问服务，2014年两次参与股份公司共300亿元债券发行工作。加强资本市场跟踪研判，灵活开展股票滚动交易及趋势性波段交易，有效开展股票定向增发及债券配置业务。积极实施低效基金资产的结构性调整。围绕公司短期资金头寸管理，有效开拓利用短期理财产品，进一步提高公司资产收益水平。

【风险防范和内部管理】2014年，公司积极适应市场化转型发展的风险考验，不断健全风险管理制度，优化拓展信贷/客服业务管理系统功能，完善提升信贷客户评级体系，进一步提高公司风险管理水平。一是修订完成2014年版《内部控制管理手册》，定期开展内控执行情况自查，进一步提高公司内控管理水平。二是顺利完成法律综合管理系统上线运行，新版标准合同文本广泛应用，法律合规风险管理实现新提高。三是健全完善公司财务管理制度体系，推进财会信息化建设，顺利实现产品盈利分析模块上线运用，推动财务分析能力取得新提升，公司连续多年被集团公司评为财务管理先进单位。四是配合银监会现场检查组完成对公司的现场检查工作，积极运用检查结果促进提升经营管理水平。做好日常非现场稽核与分析，认真开展七项现场稽核，强化内部稽核监督与服务职能。

【信息化建设】2014年，公司全力保障集团公司资金集中管理信息系统安全平稳高效运行，持续进行系统功能升级。在集团公司信息部统一组织下，完成南京灾备搬迁，顺利开展灾备系统和业务应急演练工作。完成公司经营决策及报表管理系统正式上线使用，一批应用系统成功上线并平稳运行，基本实现无纸化办公，公司信息化建设取得新的成绩。

【企业文化建设】2014年，公司认真落实集团公司从严管理要求，结合公司实际，积极开展“转型发展当标兵、创建一流立新功”活动，营造从严氛围，夯实管理基础。一是健全严格的管理制度体系，完善安全应急预案，印发《公司制度管理办法》，完成制度库建设应用，基本实现了制度信息化管理。二是强化员工岗位责任制，加强岗位练兵和应知应会培训，全员进行金融财会知识网上测试，举办业务技能竞赛。三是持续推进“四学四赶”和“比学赶帮超”工作，广泛开展“创建服务型机关”活动，全年成员企业和外部服务对象的服务满意度达到99.03%。四是严格考核约束，完善综合考核与专项考核体系，初步建立责任追究机制，进一步把从严管理要求落实到岗位和个人。

公司三项管理创新成果荣获集团公司第二十三届管理现代化创新成果奖，一项成果荣获第二十一届全国企业管理现代化创新成果二等奖，管理工作取得了新的成绩。

【人力资源管理】2014年，公司深入开展十八届三中、四中全会和习近平总书记系列重要讲话精神学习和集中轮训，不断加强各级领导干部思想作风建设。继续推行基层管理岗位公开竞聘，推进领导班子和干部考评工作创新，进一步发挥考核评价的功能作用。加强劳动用工管理，做好毕业生招聘，严格劳动纪律，规范劳务派遣工作，逐步建立规范完备的劳动用工管理体系。加大教育培训力度，培训方式内容更加丰富。健全全员绩效考核管理，强化考核激励约束，努力争取员工收入合理增长，进一步激发了广大员工积极性和创造性。

【党群工作】2014年，公司抓好党的群众路线教育实践活动整改落实工作，进一步巩固和拓展活动成效，建立长效机制。持续落实中央八项规定精神和集团公司《实施细则》，细化完善相关制度规定，加强常态化监督检查。深入学习贯彻集团公司党建工作“两个细则”，配合完成集团公司党建工作现场考核检查。及时进行基层党支部换届选举，举办专兼职党务人员专题培训班，加大党员教育、管理和服务力度。贯彻落实集团公司党风廉政建设“两个责任”办法，强化党风廉政建设责任制，扎实推进业务公开和效能监察工作，进一步发挥纪检监察的监督保障作用。加强党风廉政宣传教育，开展反腐倡廉知识答题活动，筑牢党员干部廉洁从业思想防线。大力弘扬石油石化优良传统作风，广泛开展第二届“传承铁人”人物评选推荐，组织开展丰富多彩文体活动，进一步营造了和谐氛围，增强了广大职工群众的凝聚力和向心力。

东方电气集团财务有限公司

【经营概况】2014 年，东方电气集团财务有限公司（以下简称“公司”）紧紧围绕“创新 转型 发展 质量”主线，承压前行，强服务，控风险，统筹谋划，综合施策，保持了良好的经营发展局面。一是业务资格取得重大突破。经过不懈的努力，推动集团公司进入集团跨国公司总部外汇资金集中第三批试点单位。二是反哺集团企业能力提高。在有效满足内部金融服务需求的情况下，本着收益最大化原则，通过深挖潜力，充分发掘市场良机，提高投资收益，适时调整期限与结构，实现外部收入近 5.20 亿元，占比 74%，增强了为企业让利能力。三是助力集团降本增效能力增强。公司通过借力金融手段，发挥金融效能，全年为集团节约财务成本近 4.50 亿元。四是创新工作稳步推进。首次建立了《金融产品创新管理办法》，对产品分类、组织架构、管理原则等进行了规范，对于加快产品创新，提高工作质量和效率起到了极大的推动作用。2014 年，公司资产总额 212 亿元，增长 4%。所有者权益 25 亿元，增长 7%。收入近 7 亿元，增长 21%。利润总额 2.60 亿元，增长 41%。

【信贷业务】公司坚持“减费让利”原则，通过贷款、票据贴现、买方信贷、帮助企业设计融资和应收账款保理方案、推动电子商业承兑汇票全面开展等手段积极支持企业发展，有效解决企业实际困难，赢得了企业的肯定与赞誉。2014 年，公司全年共发放日均自营贷款近 47 亿元，增长 21%；办理日均票据贴现近 19 亿元，增长 26%；办理买方信贷近 4.70 亿元。

【资金和投资业务】2014 年，公司投资业务在资格、种类、操作策略上取得突破。一是业务资格上取得证券业协会网下申购资质，首次参与网下申购业务；二是业务品种上，首次开展银行间市场买断式回购业务，购买同业存单，申购次级债券，在兼顾流动性前提下，提高资金收益水平；三是操作策略上，调整投资思路，顺势而为操作，投资收益率稳步提升。

在资金运作方面，公司一方面精细资金预算，尽可能减少银行头寸备付；另一方面，发挥资金规模优势，获取较好资金收益。

【票据业务】一是根据票据市场和公司情况，调整票据贴现利率，从而紧跟市场行情，保持利息收入稳定；二是根据企业票据贴现余额量的大小确定重点客户，给予利率优惠，从而稳定住对公司贡献较大的客户；三是合理安排贴现人员计划表，根据业务量大小补充第三人进行办理，提高了办理效率；四是成功开展550万元商业承兑汇票再贴现业务，从中央银行融资成功，为全面打开融资渠道，获取低成本资金打开了通道；五是对贴现业务流程和资金进行了优化建议，使得流程更加规范，资料更加简化；六是优化票据贴现电子化流程。全年共办理票据贴现近52亿元，增长10%。

【外汇业务】一是抓住时机，通过利用市场汇率波动，尽可能向企业提供最优报价，吸引企业到公司进行即期结售汇。全年办理结售汇近9.10亿元，增长68%，创历年来新高；二是执行不留隔夜头寸的安全风险政策，除掉对冲头寸外，所有结售汇委托均通过银行间即期外汇市场进行平盘处理；三是在美元汇率节节走高的情况，主动为企业服务。一方面根据企业支付需求设计融资方案，另一方面主动为企业测算和比较购汇和贷款融资的成本，稳定了现有的美元贷款业务。截至2014年末，外汇贷款余额近0.33亿美元，发放的贷款均能按时收回本息。

【资金集中】一是完成归集账户阶段性清查工作，通过与相关银行和企业充分沟通，发现和解决问题，并及时上报；二是根据集团批复，完成6个新增归集账户的协议签订、银行办理、归集跟踪和反馈企业工作，归集账户数量达到138户；三是充分争取并推动集团公司进入国家外汇管理局跨国公司总部外汇资金集中运营管理全国第三批试点，财务公司同时取得国家外汇管理局四川省分局批准的主办企业资格，并顺利开展外汇资金集中结算业务。2014年资金集中度为近79%。

【风险管理和内部控制】在风险管理方面，一是变静态管理为动态管理，变贷前贷后管理为信贷全流程管理；二是强化重点企业风险管控，做到服务与风险并重，风险管控能力有效提升。在内部控制方面，“台塑”经验生根落地，全面实现了“管理制度化、制度表单化、表单电脑化”，强化了流程控制，提高了内控效能。

【人力资源管理】一是持续规范和加强劳动用工和收入分配的管理。对公司“部门职责”和“岗位职责”进行了重新梳理、编制，明确了各部门和各岗位的职责和要求，对定岗和定员进行了对应，加强了用工规范管理；按照岗位要求和实际需要，引进真正急需的、高素质的人才，用工总量得到有效控制；严格实行工资预算管理，坚持效益导向，建立了薪酬全口径预算管理。二是从全员绩效考核入手，推行公司新的薪酬制度的落地。三是将人才强企战略与继续深化“三项制度改革”有机结合，持续加强职工队伍建设。

【信息化建设】一是开展业务制度信息化，建造制度执行“守护神”。达到了表单信息化和审批信息化的效果，发挥了制度功效，增强了内控手段，延伸了服务手段，提高了金融服务质量、效率和管控能力。二是研发金融决策分析平台，打造管理决策“驾驶舱”。能够及时、准确、完整地获取业务数据、财务数据、风险数据，并深入进行数据挖掘、数据分析，使之形象化、直观化、具体化，为公司高层提供“一站式”决策支持，提升决策及时性和科学性。三是编制网上银行系统用户手册，使得用户手册更加完善、合理，操作性更强。四是加强日常运维管理，有效保障了金融服务系统持续稳定运行。五是公司门户网站安全升级，构造企业形象“明信片”。使得网站在形式、功能、操作、安全保障上有了很大提升，版面更加清晰、色调更加简约、内容更加丰富，安全保障更加牢固，达到了展示企业形象，升华企业价值的效果。

【企业文化建设】一是普及健康和环保理念，举办“春天·在路上”骑游活动。本次活动锻炼了身体，拉近了员工距离，舒缓了平时的工作压力，并向大家宣传了环保出行的意义，得到了广大员工的好评。二是增设宣传阵地——公司宣传黑板报创刊。创刊的目的旨在加强对集团和公司经营战略、管理要求和重大事件的宣传力度，同时提供更新金融知识的信息平台和集中展示公司员工精神面貌的分享媒介。三是策划并组织年度品牌活动——“2014财司读书年”系列活动，成立了“青年读书会”、设立“财司书库”、编制和发放“我们的书香生活”推荐书目，激发了员工的学习和读书热情。四是积极组织员工参加集团总部直属工会和团委的各类群众活动，参加了“三八”妇女节庆祝活动、希望小学募捐活动、水上趣味运动会、乒乓球比赛，以及青年联谊活动。

宝钢集团财务有限责任公司

【经营概况】2014年，宝钢集团财务有限责任公司（以下简称“公司”）紧密围绕产融结合，不断进行业务创新，在深化票据管理、探索互联网金融、延伸产业链金融服务等方面逐渐形成特色。2014年内实现利润总额2.10亿元，净资产收益率为8.86%，自营资产规模131亿元，委托业务规模49亿元，各项监管指标均符合银监会要求，整体风险水平低，资产质量优良。

【信贷业务】以服务为目的，提供优惠贷款利率和票据贴现利率，支持集团成员单位降本增效；以过桥贷款形式支持成员单位完成外部银行的贷款到期周转，全年累计发生16亿元；试点营改增背景下的售后回租业务，通过税务筹划降低整体税赋，提高资金收益86个基点；积极争取人民银行再贴现资源，引入集团外低成本资金，全年再贴现累计发生金额14亿元，提高了融资服务能力。

【供应链融资业务】针对钢铁上下游产业链客户资金紧张情况，发挥公司贴近核心企业、产融协同、风控严格的优势，依托主业购销两端价值链的延伸，积极拓展“一头在外”的供应链金融业务，服务钢铁主业。以真实贸易为背景，围绕核心主业向上游供应商提供票据贴现和保理业务，并积极推进票据贴现由线下向线上转移；与宝钢电商平台和仓储系统协同，向下游购买宝钢产品的买家提供现货质押融资业务（“宝融通”），增强客户黏性，活跃平台交易，促进宝钢产品在线销售。全年上下游供应链融资业务累计发生44亿元。

【资金和投资业务】模拟市场化基金的管理方式，内部建立三个基金化运作的资产组合，提升流动性管理能力和资金运作效益。债券类基金取得11.86%的年化收益率，投资业绩跑赢市场上同类基金；低风险固定收益类基金发挥安全性和收益性优势，配合流动性管理基金，在保障整个集团结算流动性的前提下，有效提高短期资金的配置效率。与金融同业进一步稳固合作关系，投融资渠道畅通，交易能力提升。

【票据业务】经人民银行批准作为首批试点财务公司之一，于2014年6月实现电票线上清算，进一步加快票据资金清算效率；在宝钢股份的统一安排下，与宝钢国际、共享服务中心等单位相互配合，大力推进票据信息共享和异地实物票据有条件托管，支持集团深化票据管理、提高票据使用效率、降低风险和财务成本，全年累计托管票据2.10万张，金额257亿元。

【结算和资金集中】作为集团的结算主渠道，发挥“万向节”式电子化结算平台快捷、高效、低成本的优势，年结算流量2.94万亿元，业务量125万笔，金额同比增长11%，业务量同比增长131%；资金集中管理平台覆盖成员单位220家，归集资金余额258亿元，内部融通资金77亿元，协助集团、股份提高了资金的整体使用效率。

【业务创新】公司加入人民银行大额支付系统后，获得了查询查复业务资质，自7月以来共向全国多家商业银行发起1.70万笔查询，约80%的查询报文发出后在T+0日即收到银行查复，显著提高了工作效率。线上查询查复具有全流程线上操作，高效便捷、查询速度快、自助批量打印查询结果等优势，成为成员单位降低纸票风险的有力工具。

【外汇业务】有序推进集团货币类衍生品集中交易平台的搭建和运营工作，累计办理代理远期结售汇业务79笔，折人民币50亿元。积极推进衍生金融产品交易资质的申请工作，稳步推进集团外汇集中管理平台的功能优化工作，参与集团外汇风险策略研究小组；密切关注自贸区政策变化，研究自贸区金融服务的可行性和业务模式，为拓展自贸区金融服务创造条件。

【风险管理和内部控制】在“创新驱动，风控先行”的理念指导下，风险管理工作做深做细做实。为保障新业务发展，强化在线风控，提高业务运营效率，通过流程梳理和再造，提高业务处理效率，降低操作风险；通过完善“闭环结算、在线风控”的供应链融资风险管理模式，借助信息技术实现财务公司、电商平台、仓库间信息流、资金流、物流的数据交互与运营监测，为电商融资业务奠定坚实的基础。

【信息化建设】严格按照信息安全等级保护国家3级标准进行，并顺利通过了验收，从技术层面和管理层面升级安全防护能力。加大基础设施建设，完成机房基础改造，完善开发、运营、运维的常态化运作机制，完成人民银行征信系统转接口；2014年升级了电票模块，对接人民银行大额支付系统，确保电票线上清算顺利上线运行；推进与贸易体系企业ERP的接口功能改造，实现在线查询查复和票据托管全流程在线操作，为深化票据服务提供强有力的技术支撑。

中国一拖集团财务有限责任公司

【经营概况】2014 年，中国一拖集团财务有限责任公司（以下简称“公司”）在面临行业竞争日趋激烈、利率市场化步伐加快的影响下，采取有效措施积极应对，大力拓展各项业务，努力降低经营成本，不断提高经济效益，取得了良好的经营成绩。截至 2014 年 12 月 31 日，公司资产规模 37.90 亿元；负债总额 30.82 亿元；所有者权益 7.08 亿元；累计实现利润总额 0.91 亿元，同比增长 29.60%；全年集团平均资金集中度达到 68.97%，同比增加 3.43 个百分点；不良资产率和不良贷款率为零；资本充足率、流动性比率等各项监管指标均符合中国银监会的监管规定，各项业务健康发展。

【信贷业务】随着国家对“三农”工作支持力度持续加大，农机装备企业的责任也更加重大，作为中国农机制造企业集团的财务公司，支持中国一拖集团有限公司（以下简称“一拖集团”）成员单位的生产经营更是责无旁贷。一是信贷业务及票据贴现业务。2014 年，公司向一拖集团成员单位累计发放贷款 35.17 亿元；实现贷款利息收入 0.48 亿元。截至 2014 年 12 月 31 日，贷款余额 7.63 亿元，全部为正常类贷款，全年未发生不良贷款。

【票据业务】2014 年，公司为一拖集团成员单位累计办理票据贴现 12.99 亿元，同比增长 11.50%；实现贴现利息收入 0.35 亿元，同比增长 33.35%，一拖集团成员单位贴现业务集中度 100%。公司的贷款和贴现业务为一拖集团成员单位生产经营提供了有效的资金支持。

电票线上清算及承兑业务方面，公司成功于 2014 年 6 月接入人民银行大额支付系统；创新地把电子承兑汇票融入农机产品买方信贷业务中。2014 年，公司直接办理电票和通过农机买方信贷办理电票累计 12.32 亿元，年末余额 5.83 亿元；办理商票累计 5.52 亿元，年末商票余额 2.54 亿元；累计获得保证金存款 17.72 亿元，年末保证金存款余额 2.58 亿元。

此外，公司还将电票业务的承兑、兑付、贴现应答及电票保管纳入“票据池”集中管理，搭建一拖集团票据管理平台。截至 2014 年 12 月 31 日，公司票据管理业务开户 48 家，累计保管票据金额 61.45 亿元，同比增长 0.36%；办理业务 1.97 万笔，同比增长 20.86%；成员单位委托收款累计 15.27 亿元，同比增长 16.74%；办理业务笔数 3 795 笔，同比增长 11.09%；全年累计盘活托管票据 1.33 亿元，同比增长 73%；年末托管票据余额 7.34 亿元。公司票据保管及票据盘活业务的开展，为一拖集团成员单位票据的安全管理与使用提供保障。

【产品销售信贷业务】2014 年，由于受国机集团业务板块整合及关联交易限制，公司无法继续开展工程机械产品融资租赁业务，而受煤炭行业市场下滑影响，矿用车买方信贷业务处于停滞。为此，公司深入企业产业链下游的产品销售前沿，积极拓展农机产品融资租赁及买方信贷业务。

【投资业务】2014 年，公司在满足一拖集团成员单位资金需求的基础上，充分利用暂时闲置资金，坚持“有则做，无则不做”的稳健投资策略开展投资业务，同时加强风险控制，提高资金使用效率。截至 2014 年 12 月 31 日，公司累计实现投资收益 0.33 亿元，同比增长 146.98%，公允价值变动收益约 0.05 亿元，同比增长 1 543.03%。

【结算及资金集中】2014 年，公司为一拖集团成员单位累计办理结算金额 937.48 亿元，同比增长 16.13%；办理结算笔数 8.72 万笔，同比减少 9.18%。全年平均吸收存款 19.74 亿元，平均资金集中度达到 68.97%，同比提高 3.43 个百分点，平均资金集中度较 2013 年有大幅提高，提升了一拖集团资金整体管理水平。

【金融同业业务】2014 年，公司抓住人民银行支持“三农”工作的有利政策，再次扩大再贴现业务规模获取更多低成本资金。同时利用自身金融机构优势与外部金融机构广泛合作。2014 年，公司在人民银行办理再贴现累计 4.18 亿元，同比增长 17.09%；在其他金融机构办理转贴现累计 2.48 亿元；通过银行间同业市场拆入资金累计 14.50 亿元，同比减少 51.01%；拆出资金累计 44.60 亿元，同比增长 29.28%。年末再贴现余额 1.53 亿元，拆入资金余额 3.50 亿元，转贴现、拆出资金余额为零。

【业务创新】2014 年，为协助一拖集团解决战略采购准时化付款过程中产生的资金紧缺问题，公司加大金融业务创新力度。一是利用人民银行“中征应收账款融资服务平台”盘活应收账款存量的作用，推动开展符合农机企业特点的应收账款供应链融资业务；二是尝试开展订单贷款业务，一拖集团成员单位在生产经营过程中因订单而产生季节性或临时性的物资采购资金需求时，以订单对应的产品销售收入作为还款来源，便可获取公司低利率资金支持。

【风险管理和内部控制】2014 年，公司认真开展案件防控风险排查，及时排除案件风险隐患。同时，制定内控体系运行宣贯培训计划，并结合内部控制手册组织宣贯培训，使员工了解业务管理流程、熟悉工作职责权限，将内控措施嵌入内控制度和操作流程之中，筑牢“不能违规”、“不敢违规”的制度环境和“规则牢不可破”的执行机制，使各项内控制度及流程全方位覆盖各个管理过程和业务环节。在经营管理中，公司认真执行监管部门和一拖集团的各项管理规定，各项业务严格按照内控制度执行；各专业委员会对各类业务的开展集体审议、内控管理部门坚持每个工作日对财务部门及业务部门进行日清日结核查，确保“账账相符”；每月都不定期对现金及票据进行盘库，确保“账实相符”。

2014 年，公司风险管理及内部控制取得了良好的效果，不良资产率、不良贷款率及发案率为零，全面杜绝重大实质性违规，实现了安全、稳健运行。

【人力资源管理】2014 年，公司继续深化人力资源改革、实施人力资源精细化管理以及努力建立人力资源管理的三个机制，即以科学设置职位和双向选择相结合的岗位聘任机制，员工薪酬水平与岗位职责和贡献密切挂钩的收入分配机制；组织机构的动态调整与业务发展相适应管理机制。

截至 2014 年 12 月 31 日，公司在岗员工 43 人，拥有银行业从业资格证书（过两门以上）的员工达到91%，同比增加2个百分点，包括公司经营层在内的19名员工顺利通过了银行业资格全部的五门考试。全年公司人力资源培训参培人数达1136人次，整体员工队伍的年龄结构继续优化，文化素质和专业技术水平不断提升。

2014年，公司以优异的经营成绩获得一拖集团“创效优胜杯”称号，这也是公司自2010年来第四次获此殊荣；公司在法制建设、信息化管理和人力资源管理方面，分别获得一拖集团“落实2012—2014年法制工作目标先进单位”、“信息化优秀项目二等奖”和第一拖拉机股份有限公司“人力资源人工成本管控第一名”称号。公司资金管理部获得一拖集团“年度优秀职业化团队”称号；总经理及四名员工分别获得一拖集团“优秀经营管理者”、“先进工作者”、“优秀工会积极分子”、“优秀共青团员”和洛阳市“女职工标兵”称号。

【信息化建设】2014年，公司加大信息化建设力度，以加入人民银行二代支付系统为契机，对公司信息系统、网络和数据安全进行优化和加固。同时，电票线上清算业务的成功实施，加快了公司票据、资金回流，并有效规避因“票款两条线”所导致的违约风险发生，线上清算业务赋予了公司与银行同等的资金清算权限。并且通过电子票据的大量使用，将进一步推动一拖集团所属成员单位签发电子商业汇票与系统外单位之间的流转，不断提高一拖集团和公司票据的市场认可度，为一拖集团票据集中管理发挥应有作用。

【企业文化建设】公司十分注重企业文化建设和社会责任，始终坚持以人为本的方针，按照“发展为了员工、发展依靠员工、发展成果与员工共享”的基本要求，落实“以人的发展带动公司发展，以公司发展促进人的发展”的工作目标。同时，公司积极参加各项集团活动、社会活动及公益活动，并通过日常的宣传教育，增强员工作为一拖人的荣誉感和社会责任感，并以实际行动来回报一拖、回报社会。2014年，公司号召全体员工及党员加入到爱心帮扶活动中来，再次向“国机爱心基金”注入捐款19430元和一个月党费，通过爱心捐助活动的不断开展，将爱心传递下去，关心更多需要帮助的人。

五矿集团财务有限责任公司

【经营概况】2014年，五矿集团财务有限责任公司（以下简称“公司”）面对集团公司三大核心主业经营效益巨幅下滑的极端困境，圆满完成年度经营任务；优化调整，外汇试点业务取得新突破，资产质量达到历史最优水平，内部管理再上新台阶；进一步发挥财务公司平台功能，全面提升服务深度和服务质量。

截至2014年末，公司资产总额131.05亿元，负债总额85.88亿元，所有者权益45.16亿元。2014年公司完成营业收入3.15亿元，利润总额 3.03 亿元；全年人民币结算规模达 2 245.11亿元，国际结算规模 27.23 亿美元；通过开展外汇资金集中运营管理试点业务，累计吸收境外企业存款 11.37 亿美元、2.21 亿元人民币及 1.56 亿港元；累计发放人民币自营贷款 32.24 亿元，美元自营贷款 2.82 亿美元，委托贷款 17.12 亿元；人工成本利润率达 2 691.82%。

【信贷业务】2014 年，公司合理配置信贷资源，调整信贷结构，优化客户结构，提高对经营环境变化的敏锐性，贯彻集团公司“稳健、审慎、灵活”的风险管理方针，完善内部控制，提升服务水平，促进产融结合。截至 2014 年末，公司人民币自营贷款规模 38.92 亿元，美元自营贷款规模 0.05 亿美元，人民币委托贷款规模 32.67 亿元，美元委托贷款规模 1.10 亿美元。

公司强化信贷档案管理，严格开展贷后检查工作，防范信贷风险；进一步加强信息系统建设，提升信息化管理水平；参加各类培训和讲座，与商业银行及财务公司同行开展业务交流。

【结算业务】2014 年，公司持续增强结算服务力度，在为成员单位提供优质结算服务的同时，为成员单位提供各类增值服务，最大限度地降低集团财务成本。2014 年，公司全年人民币结算量 2 245.11 亿元，进口结算量 21.50 亿美元，出口结算量 5.73 亿美元。

公司除日常为集团成员单位提供多种类结算及金融信息咨询服务外，还帮助成员单位逐笔核对银行手续费、结汇返点等，并及时与银行沟通，更正或追回错漏款项数万元；与银行协商，降低结算手续费，2014 年9 月1 日，工商银行北京市分行同意将信用证议付手续费减半，为集团成员单位节约了财务成本；另外，开通了外汇资金不同户名划款通道，大大缩短了美元到账时间，提高了资金周转效率。据不完全统计，公司全年为集团整体节约利息、汇兑、手续费等财务费用超过 1.50 亿元。

【资金和投资业务】在投资业务方面，截至 2014 年末，公司投资总规模为 5.97 亿元，其中，一级市场申购及定向增发股票投资总额为 0.93 亿元；二级市场投资总额为 1.34 亿元；基金及专户理财投资总额为 2.50 亿元，信托投资总额 1.20 亿元。2014 年下半年，资本市场出现一轮难得的结构性“牛市”行情，公司调整投资策略，累计实现投资收益 0.79 亿元，较上年同期增长 0.91 亿元，在手证券浮盈 0.27 亿元。

在资金业务方面，2014 年公司通过多种融资手段，确保集团在整体信贷规模没有大幅度增加的基础上，有效补充了公司流动性。公司全年累计拆入资金 143 笔，金额 729.30 亿元。

【票据业务】2014 年，公司累计代成员单位开立银行承兑汇票金额 169.24 亿元；并且为进一步提升对成员单位的结算服务，探索新的资金归集模式，与有色中心合作开展银行承兑汇票代保管业务。截至 2014 年底，公司累计为有色中心办理代保管票据业务 580 笔，金额 5.33 亿元。

【外汇业务】2014 年，公司在推进外汇资金集中运营管理试点业务上，取得以下进展：一是积极拓宽跨境资金调入、调出通道，通道规模较年初扩大近四倍，继 2014 年 1 月申请增加试点项下可集中调配外债额度（境内外资金通道调入、调出额度）至 4.84 亿美元获国家外汇管理局批准后，3 月，公司第三次向国家外汇管理局提交了增加外债额度申请，并于 6 月获批。公司总外债额度增至 7.60 亿美元（较年初扩大近四倍），提高了集团可从境外融入资金的上限。二是积极推动境外资金的归集和引入。到 2014 年末，公司累计通过国际主账户归集集团境外成员单位资金 11.37 亿美元、2.21 亿元人民币及 1.56 亿港元；利用跨境资金通道累计引入境外资金 8.24 亿美元；利用吸收的境外资金累计为集团成员单位发放贷款4.65 亿美元，为集团节约了大量的财务成本。三是积极发挥外汇试点平台功能。公司为成员单位提供外债借入及直贷、外债结汇等协同服务。到 2014 年底，公司协助境内境外企业办理跨境外债直接借款业务 2.50 亿美元及2.16 亿元人民币，办理外债结汇 0.50 亿美元。另外，还办理境内外成员单位间美元委托贷款业务，金额 1.70 亿美元。

【资金集中】2014 年，公司采取多种举措进一步加强资金集中：一是灵活运用业务工具，以提高存款利率，为成员单位办理协定存款及提供较银行理财产品更安全、灵活的定期存款，加大存款吸引力。自 2014 年 2 月 1 日，公司上调各期限人民币存款利率至人民银行浮动上限。二是与集团财务总部沟通，配合推进资金集中管理工作相关策略和方案，寻求集团在资金集中和结算集中方面的支持与合作。三是与京外成员单位深入交流，了解其经营情况、资金情况及业务需求。截至 2014 年末，公司全口径资金集中度为 30.72%，扣除不可归集因素后的资金集中度为 46.42%。

【业务创新】2014 年 4 月，公司随集团财务总部两次赴上海自贸区、一次赴深圳前海地区学习了解相关政策，与当地银行、五矿当地公司进行了深入研讨。初步设计了关于财务公司如何利用政策参与集团的资金优化管理计划，为集团在上海自贸区或前海地区的布局提供相应配套代理结算服务的方案。

第二季度以来，公司相关部门与银行、成员企业探讨开发应用“银财保”、“银企财”产业金融合作产品；参加 2014 年长安信托财信合作业务研讨会，探索新业务合作路径；与银行、业务中心交流有关集团内产业链上下游成员单位间商票融资问题。另外，与黑流中心交流探讨票据结算合作新模式，即集团内成员单位使用财务公司承兑汇票与供应商结算，供应商将取得的票据向与公司有授信业务的银行办理贴现，取得现金。

【风险管理和内部控制】公司狠抓全面风险管理和内控建设，管控水平再上新台阶。一是强化日常风险管控。通过风险稽核部出具风控意见书，审贷委员会和投资委员会审查，对每一笔信贷业务和投资业务进行事前风险控制；实时监测公司各项监管指标的变化及达标情况，并通过监测指标的变化情况分析原因，每月形成风险管理报告。二是进一步提升资产质量。对资产进行了全面梳理，进一步优化资产结构，消化历史浮亏，提升资产质量，公司资产质量已达到历史最优水平，无不良贷款，不良资产为零，投资资产总体由浮亏变成了浮盈数千万元。三是按计划开展内部稽核工作，落实事后监督。2014 年完成对公司第一季度所有付款业务、进出口结算部门及资金部的稽核工作，并对稽核中发现的问题进行了整改，优化了业务流程，防治了操作风险。四是规范开展反洗钱工作，严防洗钱风险。完成了对所有客户的洗钱风险等级评定和资料登记整理工作，并根据工作开展情况再次对制度进行了完善；2014 年 8 月，还在整个集团范围内开展了反洗钱宣传活动，使员工的反洗钱意识进一步深化。五是进一步加强内控建设。按照集团风险管理部要求，制定 2014 年度内控自评价工作方案，扎实开展内控自评价工作，进一步完善内控防御体系。2014 年末发现新增内控缺陷。

【人力资源管理】公司于2014 年2 月正式启动2014 年业绩管理工作，落实全员业绩考核制度，严格落实任务目标分解。4 月完成了公司副总经理、各部门及一般员工（包括新调入员工）2014 年度业绩考核任务书的制定与签订工作。业绩考核任务书签订后，还通过总经理办公会、部门经理周报等，对各部门业绩指标的分解、落实情况进行了跟踪和督促。年底通过任务书对副总经理、各部门及一般员工进行考核及结果反馈。

公司组织员工参加由银监会、人民银行、中国财务公司协会、集团公司以及金融中心举办的各类培训30多次，组织员工与外部金融机构、同行业以及集团内部成员单位业务交流和调研学习20余次。

【信息化建设】2014年，公司继续协调集团信息管理部完善信息系统日常运维工作流程。一是协调好资金集中结算系统的日常运维及新需求开发工作。一方面，协调集团信息管理部组织相关人员进行系统实时监测，处理日常发生的系统问题；另一方面，根据各部门汇总的业务需求，年初制定系统优化开发计划，并敦促技术人员逐步实施。在这个过程中，每周组织各部门核对日常运维及新需求开发工作统计表，跟踪需求处理的进度。二是组织开展电票系统测试环境搭建、银企直联系统认证服务器维修及运维续期、集中结算系统兼容性测试等专项工作。由于人民银行测试环境变化，2014年联系中联软件公司重新搭建了电票系统测试环境，完成了票据再贴现登记人民银行报文报送测试工作；银企直联系统认证服务器运维到期，联系硬件公司续签运维协议；集团公司办公电脑将统一切换到WIN7系统，为此提前协调集团信息管理部组织技术人员对集中结算系统与WIN7系统的兼容性进行全面测试，并对系统做相应调整。三是了解市场上资金管理系统产品相关信息。组织相关人员参加了中联软件公司新系统方案发布会和九恒星客户价值提升及产品服务研讨会，了解业内资金管理系统最新产品信息和发展动态。

【企业文化建设】2014年，公司积极组织员工开展植树、爬山、羽毛球、篮球、足球、培训等活动，并积极参与了集团公司和中心举办的各项比赛，另外，多次组织公司内部的党团活动等丰富员工生活。为帮助员工纾解工作压力，加强心理建设，提升综合素养，2014年9月19日至20日公司邀请中国协和医院杨霞医生举办了关于“阳光心态，快乐工作”的员工集中培训。2014年，公司进一步增强宣传工作力度，充分利用公司网站和金融中心网站、《五矿金融》月刊、《五矿报》等内部平台，在集团范围内宣传公司的经营管理动态、专业分析及研究成果等。

武汉钢铁集团财务有限责任公司

【经营概况】2014年，武汉钢铁集团财务有限责任公司（以下简称“公司”）针对钢铁行业经济下行，集团公司销售回笼不理想的现状，对内保持较高的资金归集度，对外积极争取政策拓展融资渠道，把握金融改革机遇，在合规前提下开展服务和产品创新，有效克服了经营性资金来源紧张的突出矛盾。资产负债结构更趋合理，截至年末，高流动性的资产配比保持在30%；盈利模式进一步优化，累计实现总收入12亿元，完成利润7.50亿元；年末资产规模552亿元，贷款损失准备100%；重大设备、火灾、治安事故继续保持为零。

【信贷业务】2014年，公司全年日均人民币贷款规模约123亿元，日均外汇贷款2.90亿美元。全年为钢铁主业投放信贷资金超150亿元，为助力集团发展转型，公司还加大了对相关产业的支持力度，在风控前提下，持续增加对相关产业信贷支持，累计信贷投入占总体投放的40%以上，确保了成员单位大型建设的顺利推进，为钢铁主业渡难关、为相关产业拓市场提供有力的金融支持。

【外汇业务】公司充分发挥跨国公司总部外汇资金集中运营主办企业作用，积极与多家境内和跨境银行开展合作，建立境内外资金池，获得外部银行融资授信约5亿美元。利用跨国业务通道，吸收境外成员单位资金1亿美元，累计融入外部机构资金2.67亿美元，用于境内成员单位资金周转，资金成本较境内低1~2个百分点。结售汇业务实现大幅增长，为异地成员企业开展结售汇业务量较上年度增长了两倍，基本包揽了主要购汇客户的境内购汇业务。公司全年开展结售汇业务13.68亿美元。

【投资业务】公司不断完善自营投资模式，准确预判利率下行趋势，适度提高类固定收益业务中的资产投资久期，缩短负债久期；深入研究新股开闸政策，积极参加询价和申购，建立了新股、二级市场的跟踪机制，投资业务取得较好收益。

【资金集中】公司利用系统数据资源，剖析内部存款集中度现状，多种措施稳定内部存款，如运用代开银票等方式增加保证金存款来源；加大股份公司销售回笼资金归集频次；做好合资公司开户营销，增加8家开户单位，带来一定增量资金。2014年归集成员单位人民币存款日均114亿元。同时，公司不断拓展外部资金来源，争取到人民银行再贴资金约9亿元；利用债券质押式回购融入资金43.88亿元；通过开展拆借、转贴、回购等业务融入资金，同时做好短期与中长期负债衔接转换；申请到人民银行金融支持签发商票额度125亿元；运用信用增级为成员单位融入外部银行资金26亿元；争取短期外债指标1.15亿美元。

【业务创新】公司结合金融市场和钢铁行业现状，发挥票据集中管理优势，积极申请“一头在外”产业链金融业务资格，并获批，成为全国首批获得此项资格的5家财务公司之一。业务获批后，公司为上游客户办理代理贴现17亿元，促进了集团商票的推广使用，降低了集团成员单位财务成本，为稳定集团公司原燃料、备品备件等生产原料的供应作出了贡献。

【风险管理和内部控制】公司进一步补充和完善了制度体系，新增制度12项，修订制度13项，对跨部门业务流程进行了梳理及优化，提高了部门间协同运营效率。优化了票据管理流程，票据查询查复率提高到95%以上，逾期票据比年初下降了近50%，发现并拦截合计474万元的假票2张，有效规避了资产损失。加强了对成员单位信用风险管理，特别是贷后跟踪及风险敞口管理，运用不动产抵押等担保方式实现风险的分散。

【人力资源管理】公司不断健全法人治理结构，定期召开监事会，对董事会履职履责情况进行评议打分，公司董事2013年度履职全部称职。公司以党的群众路线教育实践活动为契机，开展内部对照检查，进一步整顿工作作风，提升了内部管理水平，完善了公司内民主决策机制。根据集团人事制度改革精神，完善了《全员绩效考核评价实施办法》，薪酬分配向业务部门、重点工作倾斜。

【信息化建设】公司积极做好各业务系统的优化升级和应用推广，并完成了公司信息系统全面的安全评估。公司开通网银总数达到260家（以单位代码为标准统计），开通电子票据系统总数达到91家，为公司进行大数据背后的信息资源挖掘创造了条件。为满足异地客户对账需要，开发上线了电子回单功能模块，实现了业务回单的异地传递。根据跨境业务需要及外汇业务监管要求，调通了外汇报表申报系统专线链接，实现相关数据的线上报告。

【企业文化建设】2014年，公司继续深入开展党的群众路线教育实践活动，多次组织召开专题民主生活会，对不符合八项规定的问题及存在的“四风”现象进行自查自纠。利用团、工会平台在业余时间，组织职工开展羽毛球比赛、扑克牌比赛，参加集团组织的“学雷锋”、“梦想秀”等活动。公司在集团公司2014年度“三文明”评比中获“红旗单位”称号。

中远财务有限责任公司

【经营概况】2014年，中远财务有限责任公司（以下简称“公司”）全面落实集团年度工作部署，坚持“稳健经营”和“党政融合”理念，着力推进资金集中管理，积极探索金融服务创新，不断拓展经营渠道，加强和改进党建工作，保持各项工作稳步推进。集团资金的安全性、流动性、服务性和盈利性得到提升，取得了公司成立21年以来第二好的经营业绩。公司全年实现营业收入12.30亿元，实现利润总额11.48亿元。

【公司金融】2014年，集团总公司延续了严控资本开支、努力降低资金成本的政策，集团内部成员企业没有新增贷款需求。公司人民币自营贷款规模20.95亿元，同比增长18.83%；利息收入0.90亿元，同比增长17.72%。美元为0.20亿元，美元自营贷款受自有资金限制，在规模和收入上均少于上年同期；人民币委托贷款规模41.76亿元，同比增长4.17%。公司通过降低委托本币、外币贷款服务费用等措施，优化为成员企业的金融服务，委托贷款额度大幅增加，降低了成员企业的运营成本，更好地践行了“依托集团、服务集团”的经营宗旨。

【投资业务】2014年，公司投资业务主要从两方面开展工作。一是有价证券投资方面，公司认真贯彻年初确定的“用足投资额度，合理配置资产”、“加强市场调研，拓展安全性盈利空间”的原则，早动手、早筹划，努力寻找优质投资项目和投资机会。公司全年的有价证券投资分为配置部分和交易部分。配置部分主要为固定收益类产品投资，投资品种包括债券、信托计划等，该类投资的主要目的是获取稳定收益，为交易端操作形成安全垫。交易部分则主要为权益类产品投资，公司2014年抓住新股恢复发行和二级市场走强的机会，一级市场年化收益率62.47%；二级市场年化收益率68.46%，超越上证指数和沪深300指数涨幅。值得一提的是，2014年新股投资业务收到显著成效。公司密切关注发行信息和发行规则的变化情况，对新股项目进行认真细致地分析研究，报价精准度高，报价成功率在同业中位居前列。二是金融股权投资方面，完成了泰康人寿保险股份有限公司股权转让工作，成交金额为5.70亿元，转让获利5.12亿元，得到集团总公司肯定。公司还积极推进安鹏财险股权投资项目，稳定金融股权投资权重，为公司发展打下基础。

【结售汇业务】公司稳步推进结售汇业务，2014年1月至12月公司累计代理北京、上海、天津、大连、广州、青岛六地辖内112家成员单位办理结汇业务1 038笔，合计美元6.86亿元，同比小幅下降。为16家客户办理售汇业务73笔，合计金额1.02亿美元，同比小幅下降。通过公司办理结售汇业务，为成员单位节约财务成本约人民币0.08亿元。

【资金集中】强化账户管理，提高资金归集度。公司定期对账户进行统计筛查，确保成员单位新开立的外部银行账户及时纳入集中管理范畴。同时，加强对成员单位未归集账户对账单审核及款项收付监控，进一步规范募集资金账户使用、严格资本性支出审核流程，资金集中管理工作取得了良好效果。

【风险管理和内部控制】从构建长效机制入手，进一步完善全面风险管理体系建设，公司通过“全面风险管理手册”进一步规范风险管理行为，努力构建适合公司本部和五地延伸柜台的风险防控体系。2014年度，公司内部稽核共审计项目数为4个，查出各类问题7个，提出审计建议12条。

【人力资源管理】一年来，公司按照“中远财务公司2014—2016年发展规划”研究确立了中长期人才队伍建设的基本思路，着力培养企业领导人才、经营管理人才、高技能专业人才和党务工作人才。公司积极安排人员参加集团和监管机构组织的综合性培训，充分利用内部培训资源，组织各业务单元轮流培训，组织全体员工进行强化团队意识的拓展培训，针对企业发展需要，与培训机构密切合作，组织24名员工开办了长周期、持续性金融市场及外汇业务培训，为业务创新和全面拓展企业发展空间奠定人才储备基础。

【信息化建设】2014年，公司结合五地延伸柜台工作对OA系统功能进行了全面梳理，提出五地延伸柜台使用OA办公系统的解决方案。根据方案，公司对OA的部分功能进行了二次开发，并完成OA系统在各延伸柜台的上线工作。同时，为了拟申请外汇衍生品资格，公司成立了专门小组制定项目方案、业务流程，对于外汇衍生品交易信息进行选型，确定业务系统到COMSTAR数据迁移流程和标准。

【党建工作】2014年，公司党委深入贯彻党的十八大和十八届三中、四中全会精神，按照中央统一部署和集团党组具体安排，扎实开展党的群众路线教育实践活动，紧紧围绕公司年度目标任务，突出工作重点，聚焦经营热点，进一步加强企业党的建设，全面贯彻中央八项规定和集团“十不准”要求，深入落实党委和纪委“两个责任”，作风建设不断改进，员工队伍综合素质得到提升，企业文化建设取得积极成果，党的群众工作得到加强，为全面完成年度各项任务目标提供了有力保障。

【企业文化建设】公司坚持依靠职工办企业，落实职工人会各项权利，积极推进厂务公开，维护职工合法权益；工会共青团组织公司本部及五地延伸柜台员工开展书法、篮球、乒乓球、扑克比赛等，丰富了职工生活。同时，公司密切关注离退休人员、长期休病假员工以及家庭出现重大变故员工的生活情况，积极开展了走访慰问和送温暖活动，公司向三位失去直系亲属的员工发放抚恤金各5 000元。

江铃汽车集团财务有限公司

【经营概况】2014年，江铃汽车集团财务有限公司（以下简称“公司”）面对集团公司提出的战略目标，化机遇为机会，紧密围绕集团成员企业、代理商客户的产业链和资金链，在做好传统业务的基础上，积极开拓消费信贷业务、稳健创新开展投资银行业务。2014年，营业收入同比增长21%，利润总额同比增长20.10%，资产总额同比增长23.40%，不良资产率为零，贷款收息率为100%，支持成员企业各类贷款同比增长14.27%；支持买方信贷贷款同比增长26.72%；支持消费信贷贷款同比增长3倍，各项监管指标均符合银监会的监管规定。

【信贷业务】2014年，公司对集团内成员企业的新动向保持密切关注，及时了解企业的全面情况及资金需求，加强跟踪，做到心中有数，早计划，早安排，提方案，及时为企业提供所需的金融服务。全年运用新增信贷融资、委托贷款、法人账户透支、票据、保函等，满足了企业技改、产能投入、项目融资需求。2014年为集团合计新增发放融资同比增长16%。

【产品销售信贷业务】2014年，随着集团主机厂股份、控股销售渠道建设的细化，公司加强各品牌销售公司的联系，及时了解渠道建设规划与进展，积极跟进，拓展了买方信贷业务发展空间，提高了业务的覆盖面。2014年全年支持的代理商总数占比51%，支持的各类车型总销量占代理商销量的48%。支持的长期客户家数同比增长36%，买方信贷融资同比增长26.72%。

2014年，汽车金融业务稳健发展，全年累计促销集团各品牌销量同比增长9.93倍，消费信贷网络覆盖率同比增长51%，消贷渗透率同比增长2倍，有力支持了江铃汽车集团各类品牌营销。

【资金和投资业务】2014年上半年证券市场持续低迷，公司及时减少证券市场投资。下半年，随着市场逐步向好，确定了以可转换债券和新股网下申购为突破口的策略，积极介入证券市场，超额完成全年投资目标。同时，公司积极拓展融资新渠道，孵化新业务：一是开展资产证券化业务。顺利完成公司首单资产证券化业务，成功融资超过2亿元，以标准化产品设计、低信用风险溢价、最优质的企业形象获得资本市场高度认可，创新性地完成了财务公司资产证券化第一步，开拓了公司融资的新渠道。二是根据新股发行的改革要求，完成证券业协会资质备案，获得新股网下申购资格，并成功开展新股网下申购业务，为公司创收提供了新途径。三是根据公司的投资需求，拓展银行间市场业务。

【票据业务】2014 年，公司通过梳理集团主业产业链的上下游贸易端，挖掘出内外部贸易模式，与票据融业务相结合，延伸票据业务链至上下游贸易端，对企业成本的控制产生积极的影响。同时将纸质商业汇票和电子商业汇票相结合，通过票据的承兑、贴现、转贴现、再贴现等业务的全面开展，保障票据融资渠道的通畅，2014 年票据业务同比增长 57.18%，新增授信开票企业 4 家，银行承兑汇票保证较上年同期增长 3.13%。

【资金集中】2014 年，不断优化服务企业方案，根据企业特点，提供结算免费，透支利率优惠等策略，公司合理安排协定、活期等存款组合政策，为保证客户充沛的现金流做保障，为企业提高综合财务收益提供优质金融理财服务。2014 年存款余额同比增长 31.13%。

【风险管理和内部控制】2014 年，公司确立了年度全面风险管理策略，风险监管坚持日常化管理，及时开展风险指标的预测和预警，保证了各项业务合规、持续、稳健开展，全年没有风险损失。一是根据业务要求新增了《全国银行间市场管理办法》等质量管理体系文件 32 个，修改制度 93 次。二是内审部按计划推进员工行为整治年活动，有序开展打击非法集资宣传和风险排查活动。三是开展了固定资产、消费信贷业务、物业经营收入等专项审计工作，有效发挥审计与风险的联动效应，促进了业务风险点识别、风险评价与审计重点的有效结合。四是充分发挥合规风险管理委员会、贷款审查委员会、投资决策委员会及内部审计部门的作用，负责各业务的风险识别、评估、控制、监督，通过事前审查、事中控制、事后检测的全流程参与，并实施定期检查和专项检查，ISO 质量管理体系正常运行。

【人力资源管理】2014 年，公司全面提升人力资源管理水平，提升全员综合素质。一是为支撑公司发展需要，及时通过校园专场招聘及内部配置等方式调配人才，及时梳理优化招聘流程，2014 年新入职 32 名大学生。二是完善岗位系数的设定，形成较为规范的人事管理制度，进行了岗位系数评定认定，建立了有效的激励约束机制，提升了绩效考核的科学性和全面性，对实现审慎经营起到了良好的推动作用。三是鼓励员工提升职称水平和取得相关证书，2014 年共有 36 名员工取得各类证书 58 项。四是开展分层次培训，通过开展中高层管理技能培训、基层员工会计、税务、金融专业知识系列培训、新员工入职教育、集中拓展训练等，提高员工的素质和能力，不断增强公司的竞争能力。

【信息化建设】2014 年，公司始终坚持信息化引领业务发展，加快信息化建设步伐。一是服务器虚拟化项目的实施，有效防范了服务器硬件故障带来的风险，同时提高了新服务器的部署效率。二是启动汽车金融项目，拓展了“逐车贷”业务品种，为推动汽车销售助力。三是升级九恒星核心业务系统，优化公司网银系统，使其更加便利、稳定、个性化。四是安全管理不放松。根据实际情况不断完善安全策略，增强网络的安全性。对数据库、服务器每日、每周、每月采取不同的备份策略进行备份，提高防范风险的能力。

【企业文化建设】2014 年，公司倡导职工爱本职、敢争先、有作为、作贡献的进取意识，激励员工建功立业。2014 年共有 7 名员工分别被评为集团十佳模范员工、业务标兵、五四青年奖章、优秀团干、团员等。不断丰富企业文化内涵，关心员工生活，帮助解决员工难点。公司党总支、工会、团支部、企业文化小组定期开展各类文娱活动，注重员工品德及素质教育，通过互相交流协作的方式活跃工作气氛，增强集体凝聚力。积极响应集团号召开展各种主题活动，促进员工在和谐、高效的工作环境中发扬“江铃人”精神。

中国航空集团财务有限责任公司

【经营概况】2014 年，中国航空集团财务有限责任公司（以下简称“公司”）夯实资金管理中心地位，树立资金结算中心品牌，提升筹融资重要渠道认知度，严格实施全面风险管理，有效拓展业务空间，不断提升资金使用效率。截至 2014 年 12 月底，公司资产总额 63 亿元，全年共实现总收入 2. 19 亿元，利润总额0. 85 亿元。公司党委第九次被集团评为“四好”领导班子。

【信贷业务】2014 年，公司信贷业务主要从三个方面开展工作：一是深耕内部需求，保持主业信贷规模稳定，密切关注客户生产经营和资金安排情况，不断加强沟通和服务，在保持存量稳定的基础上，积极挖掘增量需求；二是办理委托贷款，服务成员单位，配合集团公司为有资金需求的成员企业发放委托贷款，有力支持了集团内企业间的资金调剂；三是加强风险防控，确保信贷业务合法合规。

【资金业务】2014 年，公司资金业务主要从四个方面开展工作：一是积极保持存款规模稳定，以既有客户存款作为公司资金平稳运行的基本保障，在此基础上全力挖掘潜在客户资金；二是推进头寸精细化测算，做好流动性管理，在保证安全的前提下进一步降低备付水平；三是有效实施短期资金运作，利用资金沉淀周期，通过不同市场间操作，提高资金使用效率及收益水平；四是保持外部融资畅通，保证资金链条安全。

【结算业务】2014 年，公司牢牢把握“资金结算中心”的定位，紧密围绕公司的经营和发展，制定工作目标，坚持为客户提供优质服务。在做好日常结算业务的同时，加强与集团企业间的协调沟通，不断开拓新客户；积极协调配合，推进公司外币业务；修订完善业务制度，依法合规开展结算业务；开展满意度调查，提升服务质量；加强员工培训，提高业务素质。通过员工的共同努力，各项结算业务工作顺利开展，确保了集团成员单位资金及时安全顺畅运行。

【投资业务】2014 年，我国货币政策趋于宽松，市场流动性充裕，债券收益率全年呈现趋势性下降。公司坚持稳健投资原则，扩大债券投资规模，提高投资收益。从控制风险出发，坚持稳健投资、分散投资、少量投资的原则，以锻炼队伍为目标少量参与股票投资及部分新股网上申购；金融股权投资主要是对 2004 年参股的航联保险经纪公司保持跟踪了解，基于企业的经营情况、市场影响力、业绩等方面展开分析，提出相关经营建议。

【外汇业务】2014 年，公司外汇业务主要从三方面开展工作：一是多部门联动，完成外币存款业务重启；二是积极筹备即期结售汇业务资格申请；三是适时向集团提出建立跨境双向人民币资金池方案建议，并力争担任主办企业。

【中间业务】2014 年，公司的咨询业务、研发业务、保险代理业务实现稳步开展。咨询业务以集团融资项目为依托，不断丰富业务内涵，提高金融服务水平。在融资项目方面，公司共完成六期超短期融资券发行及七期超短期融资券的兑付工作，并配合集团完成信息披露工作和集团中期票据、超短融主承销商遴选准备工作。在企业年金项目方面，配合集团召开年金工作相关会议，监督年金管理机构履职情况，上报年金基金业绩情况，监控资金缴费和划拨到位情况，与受托人共同编制投资月报和年报，定期向集团年金管委会汇报。

2014 年，公司在不断完善刊物内容的同时，重点对发送形式进行创新，并积极开展原油、外汇、利率、民航等专题研究，为集团效益分析会提供研究支持。面对财务公司发展瓶颈，公司立足集团内部金融需求，围绕航空产业链特点，探索集团产融结合路径，提出投资建议。公司保险代理业务主要从三方面开展工作：一是进一步完善业务制度和信息化建设；二是提高服务质量，积极维护客户利益；三是加强风险教育，强化业务人员风险意识。

【销售支持业务】2014 年，公司累计完成代理收款共计 23.20 亿元，累计退支票 9 634 张，共计 4.05 亿元；为中航三星结算保险 23 298张，共计 46.60 万元；上交国航结算部各类账表 6 104 份。与此同时，在工作中严格遵守相关制度规定，保证了各种款项的安全。

【风险管理和内部控制】2014 年，公司一是加强内外部沟通，及时传达监管精神，不断优化风险管理体系，完善风险管理制度，加强对风险管理信息系统的日常维护；二是在风险自查的基础上，重点对公司面临的流动性风险、投资风险和信息系统风险，制定相应的风险管理策略和防范性措施；三是加强对各项监管指标的监督管理，初步确定各项指标监测频率，并对波动较大的流动性指标建立日志监测；四是制定并下发《规章制度管理规定》，对公司规章制度进行合规性审核，实现现行制度的无纸化共享；五是在公司内部组织开展内控指标测评，针对制度缺陷不断改进完善。

【人力资源管理】2014 年，公司全力推进人力资源基础管理工作，一是根据发展战略和岗位需求，通过内部竞聘和校园招聘，有计划的招聘和选拔所需人才；二是根据业务需求，积极组织开展内外部培训工作，如对新员工进行入职培训，选派人员参加集团公司、上级监管机关、行业协会等组织的培训，不断提升员工技能；三是实行以岗位价值为基础，以绩效贡献为核心的岗位绩效工资制度，实施全员逐级绩效考核机制，将员工的业绩薪酬与企业整体业绩紧密挂钩。

【信息化建设】2014 年，公司一是为适应业务发展需要，实施财务管理系统个性化项目，进一步完善系统功能实现精细化管理；二是制定具体措施加强对各软硬件供应商管理，对所有供应商的资质进行整理，提升运维管理水平；三是在公司基于易用、实时、节省的管理思路在核心机房内增补了三个网络摄像头，通过网络传输音频、视频信号，结合网络摄像头数字化、网络化、智能化的特点，与现有监控设备互为补充，有效监控机房设备，实现安全管理务实不留盲区死角；四是为健全安全管理制度，完善安全防护措施，提升自主可控水平和安全防护能力；五是为清晰岗位职责，统一制定密码设定标准，加强内部密码权限管理，降低网络风险隐患。

【企业文化建设】2014 年，公司深化了企业价值理念体系建设，制定下发《财务公司企业文化建设总体方案》，指导公司企业文化建设工作的开展；组织开展企业核心价值观、企业精神和企业愿景挖掘、提炼工作，完成了《企业文化手册》草拟工作；组织开展企业文化理念研讨工作，进一步明确公司使命、企业愿景和核心价值观，初步搭建具有公司特色的企业文化制度体系；以《财务公司企业文化建设总体方案》为指导，组织开展《员工守则》的研讨和草拟工作；以“回顾・展望”为主题，通过征文、摄影等形式，开展公司成立20周年系列庆祝活动，营造积极向上的文化氛围。

天津渤海集团财务有限责任公司

【经营概况】2014年，天津渤海集团财务有限责任公司（以下简称“公司”）秉承服务集团的宗旨，面对错综复杂的市场环境，以存量业务为基础、票据业务为核心，加强风险防控，积极探索创新金融产品，全面完成了公司的经营目标和任务。截至2014年末，公司资产总额为34.51亿元（含委托资产3.24亿元）；实现营业收入1.67亿元，利润总额1.30亿元，净利润1亿元，不良贷款率继续保持余额为零。

【信贷业务】2014年化工行业市场前景低迷，环保政策持续收紧，成员企业普遍面临着资金紧张的局面。公司立足集团整体，结合自身特点，以存量业务基础，积极发挥票据作用，截至2014年末，累计业务笔数1 621笔，金额195.89亿元，与上年同期相比，业务笔数增加204笔，业务金额增加52.78亿元；自营贷款余额为22.21亿元，较2013年的22.60亿元相比下降了0.39亿元，降幅为1.73%；银行承兑汇票贴现余额为1.06亿元，较2013年的0.12万元增加了0.94万元，增幅为783.33%。

【票据业务】电子银行承兑汇票作为公司的特色金融业务，自推出以来受到了成员企业、特别是中小企业的青睐。2014年，公司积极拓宽同业授信的范围，稳步推进电子银行承兑汇票业务。截至2014年末，全年累计开立电子银行承兑汇票18.77亿元，较2013年的15.26亿元增长了3.51亿元，增幅为23%；电票余额为8.88亿元，较2013年的7.40亿元增加1.48亿元，增幅为20%，有效地缓解了成员企业资金紧张的局面，在促进成员企业、特别是中小企业节能减排、转型发展方面取得了良好的成效。

【资金集中】2014年，公司继续加大资金集中管控力度，积极开展成员企业账户清理工作；在加大服务水平和能力的同时，通过资金集中日管理、月考核等方式督促成员企业积极配合资金集中管理工作。

【业务创新】以票据安全为前提，票据收益为突破，提升集团公司整体资信水平为目的，“票据池”系统已经建设完毕，从最初酝酿到初步运行经历了五年时间，以票据池系统建设为基础，公司开始着手“票据池”推广业务。为了防范风险，公司采取“试点企业为中心，小范围操作”原则，通过提升服务、加强与银行协作力度，稳步推进票据池建设。

【同业交流】 为了学习同业成功经验和先进理念，公司坚持“走出去”和“引进来”相结合原则，加大与同业之间的沟通、交流和学习。2014 年，公司先后前往上海华谊财务公司和江苏交通控股集团财务公司进行学习，就资金归集、业务创新和推广、制度化建设以及信息化安全等方面进行了交流，取长补短、拓宽工作思路和方法，积极打造学习型企业。

【风险管理和内部控制】 2014 年，公司继续加强内部控制和制度建设，完善风险管理。以《商业银行内部控制指引》为依据，积极完善部门设置，成立风险管理部门，实行贷前、贷中和贷后的全流程风险管控。完善制度建设，以集团公司制度标准化建设为契机，以“废、改、立”为基本原则，“标准化、表单化、流程化”为措施，对公司的各项业务制度和核心流程进行梳理，将公司核心业务纳入到标准化制度和规范化流程的体系。

【信息化建设】 为加强系统安全建设、提高信息系统风险防控意识和力度，公司开展了信息化系统升级改造工作。2014 年，以资金池为基础、票据池为核心的信息系统升级改造工作已经初步完成。核心业务系统、票据池系统已经正式上线，进入运行状态。除了加强业务信息化建设，公司还将办公系统信息化纳入公司信息化建设整体框架，升级 OA 办公系统，增加手机审批、移动办公以及手机寻呼等功能，提高办公效率，建立与公司业务发展匹配的综合信息化系统。

【党建工作】 2014 年，公司在发展业务的同时，注重加强党的建设。继续发挥和巩固党的群众路线教育实践活动的成果，顺利完成党总支、团总支换届选举工作，加强基层党建工作；完善和加强民主生活会制度，以制度规范管理、以流程强调秩序，树立积极向上、清正廉洁的工作氛围，为公司持续健康发展提供扎实的政治保障。

深圳市有色金属财务有限公司

【经营概况】 2014 年，深圳市有色金属财务有限公司（以下简称“公司”）合规经营，稳健发展，取得了较好的经营业绩。公司累计实现营业总收入 0.60 亿元，实现利润总额 0.42 亿元，税后净利润 0.33 亿元，超额完成集团及公司董事会下达的全年净利润 0.30 亿元任务目标。截至 2014 年末，公司资产总额为 11.75 亿元，总负债为 6.34 亿元，净资产 5.41 亿元。

【信贷业务】 2014 年，公司累计新增贷款净额 1.05 亿元。尽管面临利息收入减少不利局面，公司仍然在中央银行降低基准利率时第一时间下调利率，或以低于同期市场利率水平向成员单位提供贷款，协助集团降低资金成本。公司在努力增加贷款规模的同时，也注重防控信贷风险。在内部，持续对信贷制度和操作流程进行完善；在外部，定期前往成员单位调研，及时了解企业经营情况，加强贷款五级分类管理，一旦发现可疑情况，及时采取预警措施。对于风险较高贷款，公司采取转变保证方式、提取坏账准备等风控措施，做到既保持对成员单位的支持，也较好地控制风险。2014年末发生新不良贷款，不良资产率为零，拨备覆盖率达到100%。

【投资业务】2014年，在IPO时启时停，申购新股业务受到较大影响的情况下，为控制投资风险，根据对宏观经济形势、股票市场走势的深入研判，公司将2014年投资重点放在参与上市公司定向增发和继续持有可转债两方面，实现了较好的投资收益。截至2014年末，参与定向增发账面投资收益率为38%，持有的可转债账面投资收益率为20%。

【资金业务】2014年，公司受资金来源限制，总体资金情况仍然偏紧。为满足成员单位资金需求，公司合理调度资金头寸，综合利用票据转贴现和再贴现、信贷资产转让等融资方式，努力增加贷款规模，及时为成员单位发放新增贷款，还利用同业拆借方式帮助成员单位调剂资金头寸，衔接贷款续期，体现了公司的金融服务职能。

【票据业务】2014年，公司为成员单位办理票据贴现1.47亿元，开展票据转贴现1亿元，票据再贴现0.47亿元。为充分利用电子商业汇票的优势，提高集团资金使用效率，降低资金成本和票据风险，公司于2014年申请以直连方式接入人民银行电子商业汇票系统。

【业务创新】公司推进境外保险代理工作，实施金融服务“走出去”。将集团全资控股的澳大利亚佩利雅公司纳入代理范畴，首次将保险代理范围拓展至境外，不仅为佩利雅节省保费和税费支出折合人民币约200万元，保费同比降低18%，切实维护了集团整体利益，还增加公司代理佣金收入约35万元，同比提高约78%，使公司成为少数开展境外保险代理业务的财务公司之一。此外，为进一步提高集团资金集中度和管理效率、降低资金成本、简化人民币收付办理手续，公司向人民银行深圳市中心支行提交了《中金岭南集团人民币资金跨境集中运营的申请报告》等申请文件和资料，等待人民银行深圳市中心支行批复。

【风险管理和内部控制】2014年，公司利用推行标杆管理契机，设立专项课题研究内部稽核工作优化改善。经过课题组成员调研对标改进，对稽核制度、工作文书、工作底稿等进行了全面修订，将稽核重点由查错补漏向风险监督转变，在风险评估中引入定量分析，有效提升了公司稽核规范性、科学性和风险管控能力。

【人力资源管理】2014年，公司组织内部标杆培训共12次，观看顾问团队培训视频，介绍各课题情况，员工累积参加超过310人次，宣贯覆盖率达到100%，使全体员工对标杆管理的重要性和主要内容有了深刻的认识和了解。公司还多次参加了集团组织的标杆辅导员培训和交流活动。

【信息化建设】2014年，公司启动电子商业汇票系统建设。截至2014年末，电票项目已按计划完成了供应商选择、软硬件采购、网络连通、系统模拟测试等工作，正在等待人民银行的接口验收。

【企业文化建设】2014年，党总支联合工会积极组织员工参与各种有益身心健康的文体活动，强化企业文化建设，增强公司凝聚力，包括：开展打羽毛球活动，日常定时定场锻炼；组织员工参加集团的文艺汇演、十大好声音、羽毛球赛、足球联赛、徒步活动、主题摄影展等。这些活动在员工中进一步强化了“做不到，没有理由”的核心价值观和“鹰文化”企业文化，营造了健康向上、爱岗敬业的工作氛围。

中国南航集团财务有限公司

【经营概况】2014 年，中国南航集团财务有限公司（以下简称“公司”）面对利率市场化的挑战，集中利用集团内部金融资源，积极把握市场机遇，努力提高资金使用效率，扎实完成各项重点工作，同时优化资源配置，在资金运用与创新业务方面取得较大突破，业绩指标再创新高，实现了整体经营业绩的持续增长。截至 2014 年末，公司资产总额为 65.63 亿元，负债总额为 56.22 亿元；全年共取得营业总收入 3.42 亿元，同比增长为 6.54%；实现利润总额 1.53 亿元，增幅为 13.33%。在降本增效方面，公司采取多项措施落实费用压缩责任，依托全面预算管理，并结合中央八项规定要求，厉行勤俭节约，从严从紧控制间接费用开支。全年成本费用收入比为 49.25%，同比下降 5%。

【信贷业务】2014 年，公司累计发放贷款 13.95 亿元，委托贷款 1.05 亿元。全年信贷业务开展情况良好，不良贷款率保持为零。一方面密切跟进重点客户固定资产项目及流动资金方面的需求，以高效、优质的服务，为客户提供有力的资金支持；另一方面围绕企业的个性化需求，研究制定解决方案，协助成员企业推进项目工作。同时，根据项目开发进度，合理安排信贷资金投放，为项目开发及时提供贷款资金。

【资金和投资业务】2014 年，公司在保障资金安全的前提下，通过关注市场机会努力提高短期资金收益。一是争取较高活期存放利率。公司坚持同业合作原则，通过资金优势和银行竞价获得较高的活期存放收益。2014 年，公司金融企业往来收入较去年同期增长 9.13%，剔除准备金后的可支配存放收益率达 4.26%，较大程度地提高了公司资金短期收益。二是积极开展定期存放。在加强资金计划准确性的基础上，降低备付，提高定期存款的比例；并根据资金计划合理安排定期存款的起存及到期日，使资金回流与支付需求相匹配。三是积极开展同业授信，持续加强流动性管理。截至 2014 年 12 月 31 日共获得 11 家银行同业授信，为公司资金业务拓展、维护外部融资渠道打下了良好的基础。投资业务在稳健投资的原则下，抓住年内流动性不断放松、整体利好的市场机会，加强证券投资组合管理。通过加大债券及可转债投资力度，增加高收益信用债配置；通过新增短期资产管理计划投资品种，使投资收益较快速增长。全年实现投资收益 0.38 亿元，同比增长 29%。

【资金集中】2014 年，公司持续推进资金集中管理。南航集团所属专业公司、股份公司及部分股份公司的二级公司均纳入公司资金集中管理范围，资金集中管理账户达119个，日均存款余额为54.27亿元，同比增长13%。公司完善服务与系统功能，巩固资金集中管理工作建设成果。一是每个季度向集团公司提供资金集中度数据，提出提升资金集中度的措施建议，促进资金集中规模的稳步增长；二是加强与银行方面的协调，保证资金归集及时准确；三是以客户需求为导向，持续优化信息系统功能和业务流程，满足客户需求，新开发网上对账、客户交易信息短信通知等新功能，加强对客户的培训与指导，主动帮助客户解决系统使用问题；四是加强信息系统建设，完善业务系统功能和内部管理功能。截至2014年底，系统实现了支付结算、定期和通知存款业务办理、账务核对、回单打印一体化功能。提高了工作效率，节约了成本费用，促进了资金风险管控能力的提升。

【业务创新】2014年，公司积极关注政策走向及市场动态，深入研究业务创新。一方面开展集团产业链金融服务调研，了解上游、下游产业链情况，深入分析调研数据，草拟相关办法，为业务开展做好制度准备；另一方面结合客户需求以及市场对企业定期存单推出的预期，思考应对措施，着手研发提升资金收益的相关产品。

【风险管理和内部控制】2014年，公司一是增强对主要业务环节和关键风险点的控制，持续完善内部控制体系建设。公司制定、修订规章制度共计52项。二是继续推进内部控制自我评价和风险评估工作，通过围绕公司层面和流程层面关键控制点开展有效性测试，对设计和执行的有效性进行评估，并提出相关管理建议，督促落实整改工作。三是强化法律事务管理，进一步完善法律风险防范机制。公司对照央企法制工作的要求，提出和落实各项法律事务工作改进措施，梳理修订了《法律事务管理办法》和《合同管理办法》等相关法律管理制度，实现规章制度法律审核率和存档率100%，完成中央企业法制工作新三年目标的验收工作，并在集团法律事务管理考评中获得第二。四是加快推进不良资产处置工作。根据董事会决议，2014年公司对中关村证券破产案的不良债权进行了核销，核销后，公司各项监管指标均符合监管要求，实现不良资产率十年来首次达标。

【人力资源管理】2014年，公司一是为员工建立新企业年金。2014年1月南航集团正式实行新年金计划，公司积极协助并参与缴纳。二是组织开展多层次、多形式的内外部培训。全年共组织员工参加外部学习48次，114人次外出学习交流；开展内部培训16场，累计参加人员达507人次。三是面向全体员工开展人力资源风险防控知识讲座，详细介绍干部任免提拔、干部年度考核、薪酬绩效管理等过程中存在的风险点以及应对措施。四是开展公司中层管理人员档案专项审核工作，全面整理干部人事档案，确保人事档案信息真实、完整、清晰。

【信息化建设】公司以客户需求为导向，开发了网上对账、客户交易信息短信通知等25项新功能，努力提高客户使用的体验度。通过同业对标查找财务信息化建设薄弱环节，制定提升方案，推动公司信息化建设上台阶。一是将分散的业务数据整合到一个系统中，实现公司监管数据报送由手工报送向系统自动报送的转变、由零散数据汇总向集中数据平台报送方式的转变。二是实现业务数据、财务数据和银行交易数据的自动获取，减轻了银行对账工作量；通过搭建业务系统和财务系统的数据库平台，实现了贷款到期还款提醒、自动导入日记账等功能，减少手工核对工作量。三是在核心系统开发关联方信息维护、关联交易数据信息统计发布功能，实现系统自动统计、发布关联交易数据信息功能，切实提升交易数据的准确性与统计工作效率。四是部署了两台存储设备，提升核心系统的安全及稳定性，实现了数据双存储实时同步，化解了系统存储的单点隐患。

【企业文化建设】2014 年，公司加强学习型组织建设，从培养员工学习兴趣入手，提高知识应用能力。一是深入学习党的十八届三中、四中全会及党的群众路线教育实践活动精神，重点学习习近平同志系列重要讲话精神；二是举办纪律教育学习月知识竞赛活动，将纪检监察、安全管理、内部控制与风险管理、反洗钱等知识与工作实践结合起来，努力提升员工的知识应用能力；三是开展着装礼仪的培训，提升员工职业素养和公司整体形象；四是弘扬中华民族“扶贫济困、乐善好施”的传统美德，组织开展“扶贫济困日”爱心捐款活动；五是组织开展登山运动、举办羽毛球比赛、趣味跳绳比赛等活动，在保障职工权益的基础上营造健康向上的企业文化，提升企业凝聚力。

上海汽车集团财务有限责任公司

【公司概况】2014 年，上海汽车集团财务有限责任公司（以下简称“公司”）成立 20 周年，全年实现营业收入 61.15 亿元，年末资产总额 1 031 亿元，净利润 24.53 亿元，在近五年连续高速增长的基础上继续保持 25% 以上的增幅，以优异的业绩为公司 20 周年华诞献礼。公司实行董事会领导下的总经理负责制，设十八个部门。

【产品销售信贷业务】第一，重大突破。2014 年，公司成为全国首批五家试点产业链金融的财务公司之一，2014 年 7 月中旬获批对集团外供应商开展保理业务、对经销商开展建店融资业务、对汽车消费贷款客户开展维修贷款业务、对汽车消费贷款客户开展延保和保养贷款业务、对汽车消费贷款客户开展车辆保险贷款业务、对集团成员单位所属品牌的二手车零售贷款业务六项试点。第二，发展成就。2014 年，公司汽车金融业务已覆盖全国 351 个城市 1 700 多家经销商，汽车金融信贷融资余额同比增长 16%，资产质量依然保持业内最优。第三，产融协作。公司继续提供最优金融利率，全力支持集团自主品牌发展，覆盖自主品牌 7 种车型；配合集团“车享网”推广，开展个贷业务 O2O 模式尝试，打造可为集团所有企业服务的集成公共支付平台方案；配合商用车公司大通城市速递车定向采购，为其提供业内最优金融方案。第四，产品创新。公司借助“阶梯还款”产品实现区域定价，满足不同地区经销商的个贷业务发展需求；为上汽乘用车量身定制个贷新产品“新生贷”；将互联网企业中广泛应用的 PCI 总线闪存卡产品，应用在汽车金融系统的 UAT 实测环境，使数据的读写性能提升几十倍。

【公司金融】第一，发展成就。2014 年，公司企业日均存款额达 802 亿元，最高峰值超 900 亿元。全年结算业务笔数稳步提升，同比增长 16%；银行间外汇市场交易量继续保持财务公司上海地区第一。第二，产融协作。2014 年 6 月，公司作为牵头行的上汽通用五菱首期 60 亿元人民币银团贷款协议成功签署。2014 年 9 月，上海通用 180 亿元人民币银团启动，公司再次担任银团牵头行。第三，产品创新。2014 年，公司与人民银行大额支付系统直连，实现电票线上清算；在此基础上，公司进一步开发完成电票在线贴现系统，有力推动了电票业务的发展。此外，公司首单企业“资金池”业务签约，并在年内建立了以公司为主导的企业间跨银行、多渠道支付平台的系统开发。

【资金和投资业务】第一，投资。2014 年，公司在确保流动性的前提下自营投资总回报率达到了较高水平，其中投资的非货币类资产收益率超过了 10%，比同类产品指数回报率高出一半以上，显示出公司投资团队优秀的投研能力。第二，融资。公司发行的首单资产证券化产品——“上元一期”优先级本息顺利兑付完毕，未发生任何违约事件。此外，公司继续积极探索开放式基金受益权转让，通过转让基金份额获得流动性，创新实现基金流动性由 T+2 变成 T+0。第三，股权投资。增持上汽通用汽车金融有限公司股权事项收官，公司持有其 45% 股份，成为控股股东。2014 年，上汽通用金融继续保持良性增长，2014 年全年完成零售合同近 44 万笔，同比增长 29.46%；全年实现净利润达 17.33 亿元。

【风险管理和内部控制】2014 年，公司积极开展内部审计质量评估，不断强化内审基础建设，全面提升工作质量。在 8 月实施的上汽集团首次内审质量评估工作中，公司在 15 家参评成员单位中位列第一。与此同时，公司还制定了《信用体系建设工作方案》和《信用体系管理指引》，对信用体系建设进行了系统性安排，不断加强和完善信用评价指标体系建设，运用于汽车金融、公司金融及投融资各项业务中，进一步控制业务风险。

【人力资源管理】2014 年，公司加速引进急需的创新业务人才，重点招募互联网电商平台等专业人才。在人员培训上重点组织了《互联网思维与金融创新》专项培训、汽车金融营销团队在职培养项目、会计结算部和信息技术部专项工作课程等内容。此外，公司在实践的基础上进一步完善绩效考核体系，根据绩效考核反映的情况，进一步修订了《年终绩效管理办法》，进一步提升绩效考核的合理性。

【企业文化建设】2014 年，公司继续从内外两方面大力发展企业文化建设工作。对外，公司着重提升企业公共形象和雇主品牌形象，创造良好外部环境。公司上线了全新官网，开发“好车 e 贷”电商平台，改版了官方微信；在校园招聘活动中，运用企业形象片全面展示公司形象，广招专业人才，并选派高管担任上海财大 MBA 导师。对内，公司则立足提升员工凝聚力和战斗力，营建和谐企业氛围。公司通过 20 周年回顾展、司庆征文活动和“民星才艺秀”20 周年艺术作品征集活动将员工的公司荣誉感推向高峰；外勤员工家属 24 小时就医服务热线、“外勤太太俱乐部”系列活动、端午慰问湖南驻守人员则使常年奔波在外的外勤员工感受到浓浓暖意；一线员工劳动竞赛、中后台员工的先锋号创建活动，以及明星员工评选活动又极大激发了全体员工的工作热情。

振华集团财务有限责任公司

【经营概况】2014 年，振华集团财务有限责任公司（以下简称“公司”）坚持“依托集团，服务集团，稳健经营，持续发展”的经营理念，认真贯彻执行国家金融方针政策，规范运作，依法经营，扎实推进各项经营管理工作，基本完成了各项经营目标。2014 年公司实现营业收入 3 610 万元，比上年增长 3.32%。其中利息收入为 3 522 万元，比上年增长 3.41%；手续费及佣金收入为 85 万元，比上年减少 0.35%。实现利润总额 1 478 万元，比上年下降44.71%。全年创税575 万元，比上年下降60.47%。

【信贷业务】2014 年累计发放贷款 69 笔，发生额46 990 万元，贷款余额为49 867 万元；全年累计办理银行承兑汇票贴现业务 145 笔，发生额10 394.94 万元，贴现余额 4 791.68 万元；全年办理委托贷款业务 57 笔，发生额共计46 619 万元，委托贷款余额 43 019 万元。期末各项贷款余额为 97 678 万元（含委托贷款），比上年增加 7 729 万元，增长 8.59%。

【票据业务】2014 年，公司为成员企业托管银行承兑汇票227 笔，金额13 045 万元，总共为企业担保开票 873 笔，总额达 11 191 万元。

【资金集中】2014 年末，公司吸收存款余额为57 170 万元。信息化升级全面完成并安全运行。实现了工商银行及建设银行的资金异地归集。2014 年12 月31 日，振华财务公司资金集中度为80.49%（不考虑不能归集的振华科技定向增发资金）。全年累计办理结算 24 226笔，累计结算金额 2 328 226 万元。

【风险管理和内部控制】2014 年，公司进一步加强案防工作，防范化解金融风险，确保全年未发生任何案件。公司领导与各部门负责人签订《风险防控责任制目标责任书》《案件防控工作责任书》，各部门负责人又与部门员工签订防控目标责任书，将风险防控责任层层分解、层层下达，营造人人肩上有担子，个个心中有责任的风险防控氛围，增强员工的责任意识、合规意识和风险意识；风控部对贷款、委托贷款和票据业务进行逐笔审查，每一季度出具风险分析报告。公司结合案件防控暨“双线”风险防控工作需要，修订完善了《案件防控工作制度》《案件防控工作流程》及《信息网络事件应急预案》等制度。在内部控制日常监督和专项监督基础上，对公司截至 2014 年12 月31 日（内部控制评价报告基准日）的内部控制有效性进行了评价。在 2014 年度内控评价工作中，未发现重大缺陷，均为一般缺陷。制定相应的整改意见，督促各部门及时整改到位。

【人力资源管理】2014 年，公司加强员工培训，鼓励员工参加学历、职称及资格考试等各种有助于提高自身素质的学习考试。员工参加的业务培训涉及基础业务、新会计准则应用、贷款新规、法律合规、内控制度、风险管理、人事管理。11月组织人员在北京“中国外汇交易中心”进行同业拆借交易员资格培训，考试合格取得交易员资格证。全年培训人员366人次，共3 250学时。同时公司加速人才培养，2014年引进信息化专业人员1名，培养在职硕士研究生3名。

【信息化建设】公司于2014年1月1日正式运行新的财务核算信息化系统，老系统同时并行运行。经过上半年的并行测试运行，新系统已稳定独立运行。2014年9月公司完成了与工商银行的银企直连，实现工行资金池异地归集，归集账户36户；2014年12月完成与建设银行银企直连的建设与测试工作，实现建设银行资金池异地归集，归集账户20户。两家银行银企直连的上线有效促进了资金的集中管理。票据管理和风险管理的信息化也在同步推进。

东方集团财务有限责任公司

【经营概况】东方集团财务有限责任公司（以下简称“公司”）着力把握宏观经济形势变化，在加速发展中深化经营，进一步强化风险管理与内部控制管理，积极推进集团资金集约化管理工作，加快资金结算管理系统推广应用，创新业务产品以满足集团成员单位需求，为集团产业提供优质金融服务，各项工作取得了良好成效。

截至2014年末，公司资产总额21.84亿元，负债总额11.29亿元，所有者权益10.55亿元，全年实现营业收入1.33亿元，利润总额0.30亿元，同比增幅为100%。

【信贷业务】公司紧随集团产业布局的变化，通过贷款发放和票据贴现支持了集团粮仓和矿业、金融业等重点产业发展，各项工作指标顺利完成。在信贷业务管理方面，一是在业务开展中按照《企业集团财务公司管理办法》等监管制度的要求办理业务，严格审核贷款主体资格，实现合规经营；二是建立完善的内部管理机制，规范内部管理流程，切实防范风险，积极提高工作效率，推进信贷业务发展。

【资金集中】公司持续将集团资金集中管理工作作为重点：一是积极创新结算服务，在传统结算服务基础上，充分了解集团业务发展方向及金融服务需求，适时开展电商结算业务，为集团成员企业提供了全方位的结算服务支持，全年共为集团成员单位办理结算业务金额1 192亿元，增幅为17%；二是通过制定规则，引导集团成员企业将资金集中存放在公司，有效提高资金集中度；三是进一步强化资金结算系统建设，在资金划付过程中进行风险防范，运用商业银行的资金集中管理模式实现对成员企业银行账户的资金归集，同时增加了资金监控环节，保障资金安全运营。

公司充分利用资金筹集和运用方面的优势，通过资金集中管理平台将各成员企业资金集中统筹、调度、管理和运用，在保持适度比例流动性的前提下，降低了成员企业的运营风险和财务成本，从集团整体利益最大化出发，通过集中管理提高了资金使用效率，同时降低了金融风险。

【业务创新】2014 年，公司旨在为集团成员单位提供外部融资咨询服务，以及针对集团各子公司业务特点设计产融结合一体化服务方案。公司通过把集团实体产业与金融资本有机结合起来，在集团发展中提供专业的咨询、财务顾问等职能服务，有效促进了集团与信托公司、基金公司、证券公司、商业银行等金融机构的沟通与合作，尤其作为纽带推动了集团企业东方粮仓与华润银行、华润五丰的全面合作，利用提供担保及创新业务“信付通”等手段，协助东方粮仓向华润五丰销售成品大米，有效推动了集团实体产业的快速发展。

【风险管理和内部控制】公司进一步完善风险控制体系建设：一是强化对经营层的监督考核，集团对公司下达了经济指标（包括融资规模、融资综合成本、资产负债管理规模、管理费用控制等）及重点工作指标（包括风险管理、制度建设、团队建设等）并按季度进行考核；二是全面深化合规经营管理，公司对原有 70 余项制度进行了全面梳理，对财务、结算、资金监控等内控制度进行了修订与完善，并对财务状况与经营成果、高级管理人员履职评价、员工异常行为排查及管理费用等事项进行了专项检查和审计；三是公司重视提高核算人员的合规操作意识，在人民银行账务核对、规范会计凭证填制、缴存款业务等方面，做到报送及时、准确，获得了人民银行调统处金融统计工作“先进集体”与“先进个人”荣誉称号，以及人民银行 2014 年第四季度“全年核算工作中表现突出的单位”荣誉称号；四是发挥集团内风险控制作用，一方面利用财务公司自身优势开展对集团粮仓体系客户授信评级工作，控制成员企业在贸易过程中的交易风险，另一方面利用结算平台发挥资金监控作用，有效控制集团企业资金划付风险。

【人力资源管理】公司加快推进人力资源管理工作步伐，一是组织实施多方位绩效考核，并对考核结果进行全面总结和分析，将集团整体战略目标融入到绩效考核当中，使公司的战略得以实施，根据绩效考核结果来确定员工的薪资、奖金以及员工的晋升；二是协调推进公司团队化建设，通过多种方式进行招聘，以满足人员需求。本年度共招聘各岗位人员 7 人，保障了公司各项业务的正常运营；三是积极开展培训工作，重点加强基础性培训和实践性培训，建立考核、评估及跟踪等全方位、多角度的培训流程，强化培训效果。2014 年，公司培训 14 次，课时达 56 小时，共计培训 120 人次。

【信息化建设】在制度建设方面，公司完善了信息科技风险管理制度，结合实际情况新增 6 项制度，通过制度的执行和检查有效控制了科技风险，实现公司信息科技工作制度化、管理规范化；在系统建设方面，完成计划考核系统、OA 系统上线以及本币交易系统 3G VPDN 线路切换；在系统运维方面，公司对各业务信息系统运行进行维护管理，及时对系统升级及监测，同时做好办公设备管理与维护工作。2014 年，公司各系统共升级与维护 32 次，实现系统、网络全年无故障运行。

【企业文化建设】公司进一步营造积极、和谐的工作氛围，倡导互帮互助、团结友爱的工作理念。在构建企业文化方面，一是充分利用集团内部《东方人报》宣传平台，深入挖掘业务一线典型事迹，展现一线业务人员吃苦耐劳、甘于奉献的敬业精神，在集团内反响良好。全年累计投稿 38 篇，全面展现了公司一年来的经营管理动态，并在集团宣传工作年度排名中名列前茅，获得“优秀通讯员”与“年度优秀稿件”荣誉。二是参加了黑龙江省首届金融系统职工羽毛球赛，取得了良好成绩。公司员工凝聚力和团队意识给整场比赛留下了深刻印象，在同行业中树立了良好的企业形象。三是制作企业文化宣传板、员工风采板及记载公司重大活动照片墙等，生动展现公司精神及文化风貌。

东航集团财务有限责任公司

【经营概况】2014 年，东航集团财务有限责任公司（以下简称“公司”）继续围绕集团公司和板块战略改革目标，充分发挥集团资金归集、结算、监控、运作的一体化平台功效，以服务集团为基础，拓展业务空间，提供全方位的金融服务。

【公司金融】本着为集团各成员单位提供优质服务的宗旨，公司把服务集团成员单位作为重要工作，严格遵守各项规章制度，注重资金安全，严控金融风险。根据年度经营计划及资金的安排，公司合理调整信贷政策，力求以更合理的资金结构发放各类贷款，并且严格按照公司信贷管理制度和业务操作规程办理各类信贷业务，做好贷款三查工作，加强贷后管理，及时了解客户企业经营、财务状况，切实防范信贷风险。截至 2014 年 12 月 31 日，公司共发放人民币自营贷款 20 笔，贷款金额 35.71 亿元，美元自营贷款 1 笔，贷款金额美元 0.12 亿元；发放人民币委托贷款 30 笔，委托贷款金额 12.48 亿元，发放美元委托贷款 2 笔，金额 4 亿元。新增开户单位 15 家，开户单位总数达到 191 家。根据年内安排，2014 年，公司积极开展了消费信贷、买方信贷以及融资租赁三项新业务的筹备工作，多方走访了开展这几项业务的同行业佼佼者，学习到了不少经验。

【资金和投资业务】2014 年，公司加大与集团内成员企业的沟通协调，在保证资金适度流动性的前提下，充分利用闲置资金，提高资金运用效率，实现了资产负债的动态合理均衡配置，为公司贷款、投资两大资金运用提供了保障。在市场资金价格水平上升和存放同业利率上升的情况下，公司积极与银行协商，使公司的存放同业利率水平处于较高水平。而在 2014 年利率水平大幅下行并保持极度低位的情况下，公司抓住了市场资金价格与存放同业之间的利差机会进行套利操作。截至 2014 年 12 月末，共拆出资金 43 笔，累计拆出资金 130 亿元，利息收入 164.66 万元；拆入资金 6 笔，累计拆入资金 18 亿元，利息支出 87.85 万元。2014 年，证券市场呈现前低后高格局。为此，公司加大了参与新股申购的力度，整合金融板块的各项资源，调整投资策略，完善决策流程，并及时抓住下半年的一波上涨行情，在稳定收益的基础上，取得了一定的增值收益。截至2014年末，公司通过投资证券、基金、理财产品、债券获利计入利润表投资收益部分0.85亿元。其中证券盈利0.23亿元，基金（含专户类）整体盈利0.59亿元，债券类盈利247.53万元。

【外汇业务】公司外汇跨境资金池于2014年进行了卓有成效的探索和实践，成效明显。自试点以来，公司利用资金池通道调入资金使用，已累计完成外债项下资金流入6.80亿美元，经常项下集中收付汇2 169笔，金额13.40亿美元，有效地加强了集团境内外资金的使用效率。与向银行申请结售汇相比，为成员单位节约了可观的资金成本，保证资金衔接发挥了重要作用。为进一步提升外汇服务的深度和广度，在拓展新业务品种的同时，公司积极推进外汇衍生产品交易申请，取得了较大的成绩。4月，国家外汇管理局正式批准公司开办外汇衍生品业务。公司在技术操作环节，进行了前期精心准备，包括扩大交易对手，申请授信额度，交易权责确认和合同签署等各项细节，确保新业务稳妥开展。截至2014年12月末，公司衍生品业务牌照及准备工作已全部落实，为成员企业外汇服务的力度大幅增强，为满足利率市场化、汇率市场化进程中企业的综合金融需求奠定了坚实的基础。为更好地提升服务效率，促进传统外汇业务服务水平，公司对系统前台操作进行了梳理，基本搭建了前台、中台、后台一体化业务操作系统、国际收支申报系统，建立了各项外汇业务的标准化操作和管理流程，为公司结售汇业务拓展打下良好的基础，也为业务长远发展提供了保障。

【业务创新】为提升对集团的服务能力，提升业务的广度与深度，促进良性发展，公司于2014年向股东方申请增加注册资本金15亿元，增资后注册资本金达到20亿元。截至2014年12月末，增资各项工作顺利推进。增资完成后，将进一步提高公司的资本实力，提高公司抵抗风险能力和综合竞争能力，能更有效地发挥财务公司的功能作用，加强服务集团的核心实力。

【风险管理和内部控制】2014年，公司积极开展风险管理，加强规章制度建设。为强化管理和经营，最大限度地防范风险，依据“废、改、立”的思路，公司对各项管理制度进行全面、系统的梳理，并开展制度执行力检查，对照制度、流程检查执行力落实情况。公司坚持做好风险排查和日常风险监控工作，规范投资操作行为，加强内控管理，确保投资安全。同时，公司根据《合同管理暂行办法》的要求，对各部合同管理工作进行指导、监督、检查、考核，加强了合同管理。

【人力资源管理】根据公司人才战略部署及上级公司对人才考核的相关指导意见，公司于2014年6月起，全面启用了财务公司绩效考核管理方案，制定了《东航集团财务有限责任公司员工考核办法操作细则》，结合用友人力资源系统中360度绩效考核模块与PBC考核模块的功能，从多方位科学评判员工月度工作绩效情况，并将员工的绩效评分作为薪酬分配、工资晋升、职务晋升、岗位调整、员工培训和荣誉评比等的依据，起到了科学考核、有效激励、提升绩效、加强沟通等良好的差别化管理效果。为加强人才储备，2014年，公司完善了员工的培训与轮岗工作。在上年的基础上，着重以提高员工实际岗位技能和工作绩效为重点，加强业务培训，鼓励员工参与职业资质的学习，安排员工轮岗至不同部门，提升综合能力。根据上级单位《关于鼓励员工报考“职业资质”的通知》，公司对取得业务相关各项职业资质证书的员工发放相应奖励。截至2014年10月末，公司获得相关岗位证书的员工达80%以上，本年员工轮岗率达到20%。不仅建立了公司积极良好的学习氛围，也为公司人才储备工作打下了良好的基础，促进了员工业务水平的提升。

【信息化建设】2014年，公司围绕信息化建设战略及监管要求，有条不紊地开展了信息技术工作，顺利完成了财务结算信息系统（以下简称“FIS系统”）的全面升级，搭建完成FIS系统一期。该系统搭建完成后，实现了公司各管理领域的全面集成。同时，成员单位也可以足不出户，通过互联网完成结算、存款、查询、对账、电子回单打印等业务，为公司信息化办公奠定了坚实的基础，也为提升成员单位的服务效率水平、提供了有力的技术支持。在此基础上，公司现已开展了FIS系统二期一阶段需求的研讨工作，确定了二期第一阶段目标。进一步完善各项业务流程，全方位保障信息系统的支持力度。

中油财务有限责任公司

【经营概况】2014年，中油财务有限责任公司（以下简称“公司”）应对复杂多变的内外部形势，扎实工作、稳步推进各项业务。特别是针对银根收紧、资金紧张等现实情况，不等不靠，强化以融促产、价值创造和风险管控，不断提高服务能力，质量效益明显提升和增强，圆满完成了各项经营目标和工作任务。

截至2014年12月末，公司总资产6 405亿元，比年初减少87亿元，下降1.34%。其中，自营资产3 803亿元，比年初减少148亿元，下降3.75%；受托资产2 602亿元，比年初增加60亿元，增长2.36%。全年实现营业收入161.30亿元，同比增加7.20亿元，增长4.67%。实现利润总额66.50亿元，同比增加1.80亿元，增长2.78%。公司资产质量进一步提升，年末贷款损失准备充足率和不良贷款率等指标均优于监管标准。公司通过成员企业降息、免收结算手续费、免收委贷手续费等手段提供金融服务，创造账外价值共48.50亿元，占公司账面效益的72.90%。公司服务主业、强化产融结合的功能进一步增强，支持集团国际化发展能力充分显现。

【结算业务】司库结算系统上线工作有序开展和推进，2014年累计签约银行总分联动账户上线830家，限额账户上线532家，财企直连企业45家。与近千家客户逐一联系获取信息，为建设客户资源信息库奠定基础。截至12月底，公司共管理结算账户2 226个。全年累计办理本外币结算427.80万笔，同比增长17.30%。结算金额24.60万亿元，同比下降6.19%。

【信贷业务】积极消化国储油、商储油、大连西太、昆仑能源等11家企业大额还款的不利影响，努力争取股份公司贷款，稳定信贷规模。积极挖潜增效，加大客户拜访力度，新增四川石化、昆仑控股等9家客户贷款69亿元，新增昆仑租赁贷款33亿元。强化贷款定价机制，改善贷款结构，强化落实贷款担保制度和贷后检查，加强信贷资金监管，确保信贷资产安全。截至2014年12月末，自营贷款余额1 110亿元，委托贷款余额2 493亿元，全年人民币信贷业务实现经营利润32亿元。

【证券业务】积极挖潜增效，抢抓市场机遇，提高资产收益率，通过结构调整，增加分级基金、可转债等高收益率资产配置。同时把握股市机会进行申购新股，较好对冲了规模持续下滑的不利因素。紧跟市场变化，把握市场机会，积极配置货币市场基金，全年平均总额达到116亿元。借助股票二级市场好转，结束多年股票平均浮亏2个多亿的局面，实现账面浮盈2.20亿元，浮动收益率超过70%。为企业做好债券托管、本息兑付、市场走势分析等服务工作。截至2014年12月末，人民币自营证券资产规模562亿元，全年实现利润总额23.60亿元。

【外汇业务】拓宽融资渠道，外部融资余额196.30亿美元，包括成功首发15亿美元欧洲中期票据并续发15亿美元债，将美国商票发行额度由40亿美元提高至60亿美元，设立20亿美元欧洲商业票据额度，增加银行授信额度达到186.90亿美元。千方百计降低融资成本，同比下降23个基点。紧跟集团海外项目，全年完成16个贷款项目，新签自营贷款合同102.60亿美元，自营贷款平均规模达到230.40亿美元，同比增加81.70亿美元，增长55%。累计办理外汇交易779.40亿美元，同比增加64.10亿美元，增长9%，为集团节约汇兑成本12.87亿元人民币。

截至2014年12月末，外汇资产余额295.30亿美元，较年初减少32亿美元，下降9.78%，其中，自营资产280.40亿美元，较年初增加4.50亿美元，增长1.61%；自营资产平均规模达到277.10亿美元，同比增加59.80亿美元，增长27.52%。全年实现利润4.35亿美元，同比增加1.50亿美元，增长52.63%。

【资金管理】加强头寸计划性管理，确保资金周转，抓住市场波动，加强回购操作，全年证券回购交易累计1.80万亿元，增加边际贡献1.46亿元。全年短期资金运作实现收益9.03亿元，同比增加5.88亿元，增长186.80%，相当于降低人民币资金成本34个基点。

【分支机构管理】各分公司、子公司加大结算、吸存服务的力度，优化资产结构，降低资金成本。四家分公司结算量达213.30万笔，同比增长15.20%，结算金额5.70万亿元，同比下降5%，分别占公司业务总量的49.80%和23.20%。全年吸收存款平均余额80.80亿元，实现经营利润1.70亿元，同比下降8.60%，完成预算考核目标的77.20%。香港公司金融服务能力进一步提升，海外平台功能得到强化。2014年末资产总额286.50亿美元，同比降低7.50%；实现利润3.74亿美元，同比增长58.80%，为国际业务实现效益大幅增长提供了强有力支持。新加坡公司进一步拓宽服务覆盖面，年末资产余额23.40亿美元，发放贷款余额22.40亿美元。迪拜公司发挥税收政策优势，统筹贷款安排，全年新发放贷款65.90亿美元，占全部外汇贷款的73%，贷款余额达到94亿美元。

【业务创新】成功首发15亿美元欧洲中期票据，设立20亿美元欧洲商业票据额度，获得衍生产品交易资格，为集团公司国际业务发展提供更有利金融服务与支持。

【风险管理和内部控制】加强风控部门制度建设，强化职责分工和岗位培训，规范业务审查流程，依规严格执行业务审查，风控管理更加合理、科学。全年累计审查各类材料1 670余份，提出审查意见和建议超过500份，信贷风险提示8次，否决投资项目3个。强化依法依规意识，推进制度汇编修订工作，按计划完成内控自测及风险管理年度报告，风险管控能力进一步提升。

【信息化建设】顺利完成电子商务系统整体升级，对业务信息支持能力有较大提升，新版网银系统上线运行，系统功能进一步丰富，配合集团完成内部交易平台建设，推进综合报表业务管理系统前期调研及分析设计，完成综合业务报表管理系统建设方案规划，信息安全和信息化内控管理得到强化。

【企业文化建设】深入推进党的群众路线教育实践活动，积极落实中央八项规定和集团公司党组二十条要求，组织专项自查，建立整改台账，定期反馈，巩固教育实践活动成果。深化“四好”班子建设，发挥领导班子表率作用，全年围绕十八届四中全会精神等专题组织了集中学习，促进班子思想政治建设。组织专题党课，开展专题活动，培育社会主义核心价值观，做好群团工作，提高队伍凝聚力。

上海电气集团财务有限责任公司

【经营概况】2014 年，上海电气集团财务有限责任公司（以下简称“公司”）积极推进金融服务和产品创新，以服务集团转型发展为目标，发展综合金融服务，并在经营效益和管理水平上都取得了良性发展。其中，资产规模首次突破了 400 亿元；净利润超过 5 亿元；资金集中度达 77.84%，超过上年同期；贷款拨备提前达到了监管机构的要求；吸收存款和信贷规模均创下历史新高。公司启动了新金融业态建设，推进了电气金融的产业化发展，在成功迁址进入自贸区的基础上，搭建起全球资金集中平台，在多项业务领域取得创新突破。同时，以管理促转型，在各项管理方面都取得了一定的进展。

【信贷业务】公司一方面积极应对宏观环境变化，认真着手研究对策，形成对重点客户融资需求密切跟踪的应对方案；另一方面大力拓展业务，为输配电合资企业设计综合授信方案，给予贷款额度，用于置换外部商业银行贷款。同时，大力拓展外汇贷款业务，运用吸收的集团企业美元存款向集团内企业放贷，不仅为集团企业降低了融资成本，也进一步丰富了财务公司产品品种；此外，还探索出一条支持企业经营发展与防范过大风险兼备的新路，为成员企业搭建银团贷款，成功地在为企业解决资金需求的同时防范了金融风险。

【产品销售信贷业务】公司一方面沿集团产业链加快发展保理、买方信贷等资产类业务，积极拓展同业合作，成功与同业财务公司签署《金融合作协议》，实地调研其与本集团的多个合作项目并完成授信。同时，加大对供应链融资业务的拓展，针对保理业务进行了专项调研，并成功为集团企业办理保理业务；另一方面，通过专业化的项目融资服务帮助集团企业获取订单，为产业提供支持，提高集团整体竞争能力。全年为集团成员企业的 30 个项目提供不同阶段的项目融资服务，国内外项目各占一半。此外，还在有偿服务上实现了突破，将服务拓展到了外部，为集团成员企业的项目业主后续银行融资提供具体的咨询服务。

【资金和投资业务】在资金业务方面，公司深入推行“跨市场、多机构综合询价，进行收益成本测算”的大类资产配置模式，将同业存款、拆借回购、货币基金、理财等诸多低风险业务有效联动，通过持续动态调整部门配置结构来提升整体资金效率，尤其是抓住2014年末市场资金价格出现难得一见的大幅上涨的短暂机会，大量配置收益率水平最高的中短期同业定存。此外，公司积极进行业务创新，与券商合作购买其固定收益理财产品，借助理财产品配置城投债的方式，曲线投资城投债中较好的品种，获得稳固收益；积极拓展同业定存的交易对手，有效地提升了同业资金配置收益率；开展了第一笔以人民银行作为交易对手方的同业回购式再贴现业务，盘活公司的票据资产，开启公司全新的流动性管理渠道等。

在投资业务方面，公司遵循积极稳妥原则，年初开始抓住新股等绝对收益机会，后续不断加强资产配置和市场判断，充分把握市场上涨机会，取得了良好的效果。

【投行业务】2014年，公司几乎包揽了集团所有并购项目，并首次承担海外项目牵头财务顾问。在多个项目中承担海外项目牵头财务顾问，为集团兼并收购决策提供了有效的支持。

【风险投资业务】2014年，公司的风险投资取得积极进展，新增项目151个，其中完成投委会项目立项13个，并在产业和科技VC方面均实现投资突破。

【业务创新】2014年，公司迁入自贸区，成功开展了跨境人民币借款、跨境人民币借款资金向自贸区内企业放款、跨境人民币集中收付以及跨境双向人民币资金池境外资金归集四项自贸区创新金融业务，使集团的全球司库功能进一步完善与加强。一是公司从境外借入跨境人民币资金，在该笔借款下，分别办理了首笔经常项下跨境人民币集中收付业务和首笔向自贸区区内企业发放贷款业务。跨境人民币借款业务的突破使得公司新增一条低成本的中长期外部融资渠道；二是公司跨境人民币双向现金池已正式开始运作，对集团下属两家香港公司实现人民币资金的跨境归集，这也意味着公司人民币资金集中管理范围从境内拓展到全球，对于推进集团境外资金集中管控，提高境内外资金配置效率具有重大意义。

【风险管理和内部控制】公司一方面通过加强制度管理，组织制定新业务开展的相关制度，严控业务创新风险，把握风险管控要求；另一方面深入业务需求，全程提供风险管理支持。在金融产业化发展的道路上严把风险关，形成了更加全面、更加深入的管控体系。

【人力资源管理】公司员工队伍建设走上了良性循环，能进能出的良性流动机制以及绩效考核对于员工的激励与约束发挥了积极作用，公司员工队伍的整体结构也进一步得到优化。

【信息化建设】公司在2014年启动了新核心系统的建设工作。经过一年的开发工作，一期、二期系统均已上线运行，新核心系统使得系统架构更加合理，覆盖业务更全面，公司整体系统也一跃进入行业前列。

中国能源建设集团葛洲坝财务有限公司

【经营概况】 2014年是中国能源建设集团葛洲坝财务有限公司（以下简称“公司”）深入贯彻集团《关于促进集团战略实施的指导意见》，大力推进改革创新，努力实现巩固提升的重要一年。公司围绕集团整体效益最大化的终极目标，坚持以服务促发展，努力克服宏观经济金融形势变化带来的不利影响，取得了较好业绩：全年实现营业收入首破4亿元，达到4.21亿元；利润首破2亿元，达到2.22亿元，再创历史新纪录，均保持了30%的增长速度。

【存款业务】 2014年，公司继续开展“全面提升服务质量”活动，坚持执行低贷款利率、低手续费率、存款利率上浮到顶、网银结算手续费减免等让利集团成员单位的政策，进一步加大业务信息系统推广运用工作。自系统运行以来，开通公司网银的客户已达181个，累计归集资金83亿元，累计办理结算7.73万笔，结算金额994亿元。截至年末，公司各类存款余额为112.60亿元，其中自营存款43.05亿元，委托存款69.54亿元。

【贷款业务】 2014年，公司累计发放贷款56.53亿元。截至年末，公司贷款余额45.63亿元；委托贷款余额62.24亿元。开展了信贷结构调整工作，在稳定传统信贷业务的同时，大力发展结售汇业务和票据业务，努力拓展信贷服务的广度和深度。

【结算业务】 2014年，公司累计办理内部转账结算9.80万笔，累计结算金额2 877亿元；其中，通过网银累计办理结算2.46万笔，占总结算笔数的25.15%；累计结算金额407亿元。

【投资业务】 2014年，公司抢抓市场回暖行情，累计实现收益0.25亿元，同比增加0.18亿元；实现公允价值变动收益0.86亿元，同比增加0.61亿元。

【业务创新】 一是基本完成即期结售汇业务的全部报批工作，获得开办即期结售汇业务资格。二是加快票据业务推广工作，截至2014年底，公司已为集团成员单位办理商业承兑汇票承兑业务2.31亿元，办理票据贴现业务2.30亿元，余额1.50亿元，票据业务逐渐形成规模。三是通过创新开展买入返售信托收益权的方式配合集团股份公司完成10亿元的信托贷款融资，创新和丰富了公司金融服务品种。四是在2014年11月22日人民银行调整利率后，公司立即将成员单位存款利率由上浮10%调整为上浮20%，维护成员单位利益。

【资产质量】 2014年，公司不良贷款率继续保持为零；不良资产率为0.45%，贷款利息回收率继续保持100%；各项资产减值准备均足额提取，抗风险能力得到增强。

【战略管理】 一是开展战略思路调整工作，制定2014—2018年战略发展规划。二是开展组织结构调整工作，拟订《职能部门设置及职责调整方案》对公司的组织结构作出规划调整。三是开展绩效考核调整工作，通过引进一系列既有促进性又有约束性的指标，进一步强化责任制。

【管理提升】一是不断完善制度约束体系，全年新制定制度25项，修订制度42项，累计形成制度112项，基本涵盖了管人、管财、管物的各个方面。二是加强财务管理工作，持续开展管理提升活动，通过制度管财管物、严格审批、稽核检查、集中采购、开源节流等方式，有效降低非经营性支出，全年除职工工资保持合理增长外，其他管理费用累计减少115万元，同比下降8个百分点。三是严格贯彻落实《作风建设十三条》和《管理禁令十六条》，建立和重申公车使用报批制度，严格执行物资集中采购制度，严格业务招待和会议程序及规模，全年物资采购费同比减少35%，车辆使用费同比减少18%，业务招待费同比减少77%，会议费同比减少73%。

【风险管理和内部控制】一是加强资产负债管理，加大利率市场化研究，密切关注市场流动性风险。二是进一步提高季度风险评估报告水平，增强风险预警能力。三是全年通过审计监督提出整改建议17条，提升管理效能。四是不断加强职工责任意识教育，强化差错倒扣考核机制。业务信息系统平稳运行，内部结算、资金调度、数据统计保持零差错，客户对账率首次达到100%，1104报表准确报送工作得到监管系统表扬。高度重视征信工作，被人民银行评为“企业征信系统数据质量工作优秀机构”。

【党群建设】一是优化调整基层党支部；二是推动完成领导班子“四风”问题整改落实工作，截至2014年底，公司党总支和领导班子都按照时限要求整改落实；三是加大对集团《作风规定十三条》和《管理禁令十六条》的执行落实，强化党委负主体责任、纪委负监督责任的党风廉政建设责任制的检查考核工作，建立制度巡查机制，认真落实个人重大事项报告制度、职代会述职述廉制度、对新提拔任用干部进行廉政谈话制度，开展对干部职工收受现金（礼金）、有价证券和支付凭证（购物卡）及土特产情况的检查活动，对领导干部和职工的作风、纪律进行有效监督；四是建立职工思想分析会制度，组织开展“积极、向上、健康、阳光”系列活动，努力完善各项民主管理机制，充分发挥出党依靠群众、密切联系群众的作用。

西门子财务服务有限责任公司

【经营概况】2014年西门子财务服务有限责任公司（以下简称“公司”）实现了自身业务稳定增长，各项监管指标全部达标。截至2014年末公司资产总额接近300亿元。

【信贷业务】根据集团内部规定，公司的贷款发放对象主要为西门子（中国）有限公司和/或德国西门子股份有限公司持有其50%以上股份的在华成员单位，且集团母公司提供支持。按照西门子全球内部惯用的10级风险分类，西门子控股成员单位的信用风险等级为零。授信主体相对集中，最大的5家客户贷款总余额占2014年末公司贷款余额的71%。

【票据业务】公司仅向西门子集团控股企业提供贴现业务，且公司接受的均为全国性商业银行承兑的银行承兑汇票，并事先对票据要素和贸易背景的真实性进行了严格审核，已经将风险降至可控范围。

【外汇业务】2014年，公司外汇业务主要为吸收西门子在华成员单位的外币存款、外汇资金集中运营管理试点业务、即期结售汇业务和即期外币对业务。

【资金集中】公司致力于减少集团成员在外部银行的存款，提高资金集中度，为集团的稳健发展提供最好的保证，资金集中度保持在90%以上。

【风险管理和内部控制】建立健全各项规章制度，严格遵守内控制度，坚持稳健发展和合规经营的原则，实现健康经营。将风险管理作为日常工作的重要组成部分，着重关注信用风险、流动性风险、市场风险、利率风险及资本充足率水平。同时认真学习并执行监管机构的各项监管指标，保证公司的合规经营和稳健发展。

【人力资源管理】公司按照集团要求，通过西门子（中国）有限公司的人力资源共享服务部门实现公司的人力资源管理，包括人员招聘、培训管理、劳动用工制度、薪酬体系、绩效考评管理等，完善公司人力资源基础建设，实现目标管理与激励机制的有机结合。同时根据外部监管要求，公司亦结合自身行业特点，安排或组织相关部门员工进行形式多样且有针对性的岗位培训，丰富员工的职业技能和综合素质，在促进个人职业发展的同时，也提高了公司的经营效率。

【信息化建设】公司应用德国总部开发的Finavigate系统作为公司的业务处理系统和财务核算系统。2014年，公司的Finavigate系统仍在不断完善和改进的过程中，系统的报表功能已经实现对资本充足率的日常监测，系统对融资协议额度的使用情况也可以进行刚性控制。公司在总部协助下于2014年完成了Finavigate系统票据贴现业务模块的改进，以支持对票据贴现、转贴现、托收和承兑行额度管理的全面自动化。

【企业文化建设】公司提倡和营造和谐团队，通过组织各类活动激发团队活力和提升凝聚力，包括户外旅游、健身锻炼、新春联欢等。同时西门子集团工会也定期组织面向员工的文体活动，如音乐会、艺术展、各类体育运动，内容丰富多彩，得到员工的积极响应和普遍欢迎。

兵工财务有限责任公司

【经营概况】2014 年，兵工财务有限责任公司（以下简称“公司”）以中国兵器工业集团（以下简称“兵器集团”）产业发展为依托，深入推行全价值链体系化精益管理战略，以“结构调整、精益管理、金融创新、文化培育”为工作主线，着力提升金融服务能力与价值创造能力，全力做好金融服务，经营发展取得新成绩，对兵器集团产业发展的支撑能力与服务力度进一步增强。

2014 年，公司为兵器集团及下属各成员单位提供金融服务总量平均规模 283.12 亿元，同比增长 5.87%；全年实现利润总额 8.68 亿元，同比增长 40.23%；平均资产规模达到 526.56 亿元，同比增长 6.22%；期末资产规模达到 690.15 亿元，同比增长 25.08%；全年结算业务量达到 8 030.72 亿元，同比增长 32.46%；结算存款日均规模达到 185.30 亿元，同比增长 6.73%。

【信贷业务】2014 年，公司服务兵器集团发展战略，明确政策导向，将兵器集团着力发展的产业作为资源配置重点，优化信贷资源配置。通过调整增量、优化存量、合理控制担保业务规模等措施，调整资源配置结构，全力保障军品（军贸）科研生产，加大对汽车零部件、铜材、铁路产品、民爆等重点支柱民品产业的支持力度，大力支持产业园建设、科研立项、资源开发等重点项目，对兵器集团重点产业新增授信 62.62 亿元，新增金融服务总量 120.44 亿元，压缩对兵器集团退出业务的各类融资 8.23 亿元，资源配置更加合理。同时，为多家困难企业提供融资 7.37 亿元，保障企业的正常生产经营。

【资金和投资业务】2014 年，公司加强头寸管理，灵活调剂资金，保持合理备付资金规模，确保流动性绝对安全；加强资金统筹管理，密切银财关系，通过多种同业手段提高备付资金的收益水平。

2014 年投资工作创新思路，综合平衡风险收益关系，优化投资业务结构。对风险与收益进行综合考量，根据市场走势确定配置目标，进行动态调整。以定向增发为核心，采用差异化竞争策略挖掘投资标的，增加安全边际较高产品比重；加大二级市场、开放式基金的配置力度，战略性配置量化基金；密切关注并严格控制信托产品风险，创新信托合作模式，保证收益及时兑付；积极参与新股申购；增加债券类固定收益产品配置规模。全年投资收益同比增长 106.79%，为公司效益水平的提升作出了重要贡献。

【票据业务】2014 年，公司大力拓展票据业务。一方面，拓展票据业务手段，利用票据支持军品结算、物资集中采购等重要事项，与鞍钢、太钢、包钢等大型企业集团研究开展票据采购，与航天科技、兵器装备、航天科工等财务公司签订了45亿元的互认协议，推动票据走出系统外，扩大票据应用范围。另一方面，作为北京地区唯一试点财务公司，成功参与了人民银行电票线上清算试点工作。全年票据业务量达到221.61亿元，同比增长38.51%，票据业务已经成为提升金融服务能力的主要手段。

【外汇业务】2014年，公司努力扩大外汇业务规模，持续推进外汇资金集中管理试点工作和异地结售汇业务开展，成功开展了资本项下代客结售汇业务，增加英镑等币种，实现结售汇业务币种多元化，全年共办理结售汇业务6.47亿美元，同比大幅增长。

【资金集中】2014年，公司深度推进资金集中管理工作，将客户经理团队工作与结算中心职能发挥有效结合，做好网银系统等平台工具的推广使用，开展全面的账户设置与授权查询工作，及时进行资金集中度统计分析，掌握大额资金动向，协助兵器集团严格执行资金预算支付制度，发挥兵器集团资金池功能，全年结算存款日均规模达到185.30亿元，同比增长6.73%。

【业务创新】2014年，公司将“一户一策”的金融服务方式与产业链金融服务相结合，着力推进金融服务模式创新。根据每个客户的特点，提供个性化的金融服务，有针对性地解决客户需求。认真分析军品总装及配套、物资集中采购、原油石化、大宗商品贸易等产业链条所涉及单位的特点，开发了“厂商财”、商票鉴证、“银财租”等一系列具有特色鲜明的产业链金融产品，将金融服务向整条产业链延伸，以综合授信、专项贷款、商业票据等金融手段支持产业链发展。

【风险管理和内部控制】2014年，公司全面推进制度建设，梳理现有制度体系，按照分级分类、分层管理的原则，拟定制度建设计划，通过“废、改、立”，完善制度体系，全年共废止制度18项，修订65项，新立76项，初步形成了完整的经营管理与业务发展制度体系，对保障公司高效规范运营将发挥重要作用。

公司开展全面风险管理工作，完成了风险数据库建设，确定公司主要风险类型以及防范重点，开展动态监控；加强了与监管机构的沟通交流，保证业务合规开展；进一步完善了内控制度体系，针对部分业务开展了专项稽核检查，业务规范运作水平明显提高。

【人力资源管理】2014年，公司加强人力资源管理工作。开展了职称评审工作，促进员工职业发展能力提升；制定培训方案，强化培训内容的实用性与针对性，全面开展了员工培训工作，提升员工价值；补充调整了客户经理队伍，开展了中层年轻干部的选拔任用；继续推进职位分析工作，聘请咨询机构开展人力资源管理制度体系优化，制定了初步方案，完善岗位职责体系及薪酬绩效激励机制，为后续薪酬激励机制改革奠定了基础。

【信息化建设】2014年，公司持续加强信息化建设，建成电票线上清算系统与人民银行二代支付系统，工商银行直联新接口、财企直联第二批接口成功上线，三代核心业务系统完成项目前期调研工作，信息管理平台、财智管理系统得到快速推广运用，机房设备系统升级项目、证券估值系统建设稳步推进，OA系统模块建设完成，综合管理平台功能进一步增强，公司信息系统平稳运行，运维保障能力进一步提高。

【企业文化建设】2014年，公司深入推进党的群众路线教育实践活动整改落实，做好活动成果转化，构建转变作风的长效机制。加强兵器文化理念教育，倡导负责任、讲担当、重执行的工作文化与简单、务实的工作风格，鼓励创新、包容失败，为各项工作开展筑牢思想基础与制度保障。

三峡财务有限责任公司

【经营概况】 2014年，三峡财务有限责任公司（以下简称“公司”）提升金融服务水平，抓住资本市场投资机遇，进一步优化资产配置，有序推进重点工作，票据业务取得阶段性成果，三峡财务（香港）公司设立工作如期完成，保险经纪业务覆盖面进一步拓展，党建工作取得实效，认真落实“两个整改”，入选“2012—2014年度首都文明单位”，较好完成年初预定的经营目标和工作任务。截至2014年12月31日，公司自营资产余额215.78亿元，日均规模188.21亿元；负债余额170.27亿元，日均规模151.05亿元；公司实现总收入9.70亿元，总支出2.36亿元；利润总额7.34亿元，同比增加1.02亿元，增长16.14%，完成预算的100.42%；净利润5.65亿元，同比增加0.83亿元，增长17.22%，完成预算的103.02%；全年实现经济增加值（EVA）3.66亿元，同比增加0.66亿元，完成考核目标值的105.90%。

【信贷业务】 2014年累计发放自营贷款64.70亿元，累计回收自营贷款51.35亿元。信贷资产日均规模75.51亿元，年末余额84.82亿元，较年初增加13.74亿元。贷款余额中，短期贷款比例为24%，期限结构进一步改善。全年累计实现贷款利息收入4.37亿元，贷款平均收益率5.80%。2014年累计发放委托贷款454.36亿元，回收委托贷款351.26亿元。累计为八个项目新发放搭桥贷款7.01亿元。成功新增四个贷款银团（内蒙古京能巴音风电项目、内蒙古国宏克旗风电项目、辽宁开原威远风电项目、江苏响水海上风电项目），存续的银团达到15个，银团贷款合同金额累计达118亿元，协助成员单位提取银团贷款外部银行部分11.16亿元。

【资金和投资业务】 2014年共研究30个上市公司的定向增发项目，并成功参与章源钨业、东方雨虹上市公司的定向增发。截至2014年末，权益类产品投资实现收益0.39亿元。同时，定向增发项目还实现较大的浮盈。固定收益类产品投资方面，全年实现收益1.37亿元，收益率约7%。全年短期资金日均规模48.52亿元，短期资金收益率达到4.42%，同比提高12个基点，高于市场全年7天、14天平均Shibor84个基点和39个基点，创历史最高水平，远高于对标的其他七家财务公司；全年银行间业务实现收益2.57亿元（含金太阳A理财产品、备付金、准备金收益），合计占公司总收入28.56%。

【票据业务】 商业汇票业务取得阶段性进展。公司积极完善票据业务的基础性服务功能，丰富票据业务品种，拓宽票据业务渠道，抓好推广应用，电子商业汇票业务、商业汇票银行承兑业务和人民银行商业汇票再贴现业务均取得零的突破。集团成员单位全年累计开具各类商业汇票28.66亿元，同比增长近一倍。

【外汇业务】结售汇业务增长较快，汇率风险管理成效初显。针对集团公司外汇业务的特点，协同集团资产财务部向北京外汇管理部提交了跨国公司外汇资金集中运营管理业务备案报告，获得主办企业业务资格。全年为成员单位办理结售汇共5.43亿美元，同比增长107.25%，累计节省用汇成本近0.02亿元。协助集团进行汇率风险管理，按照集团外汇偿款安排，在二级外汇市场累计购汇2.83亿欧元用于偿还贷款，购汇成本8.08元，与2013年底记账成本相比，节约成本0.96亿元。

【资金集中】2014年，人民币结算业务量继续保持增长态势，资金集中度保持较高水平，全年公司共办理成员单位资金结算8 065亿元，增长22.51%；累计办理成员单位结算业务笔数224 821笔，同比增长8.30%，继续保持零差错，零延迟，无资金损失。截至2014年末，一般性存款余额167.76亿元，比上年同期增长34.88亿元，资金集中度为96.43%。2014年，溪洛渡和向家坝电厂全面投产，电费结算量增长70%。公司协同长江电力、川云公司完善电费回收工作机制，加强与购电方沟通交流，全年回收大水电电费521.14亿元，电费回收率103.58%，电费现金结算率100%，电费回收进度比合同约定提前约10天。

【保险经纪业务】2014年，建立“一主导、多协调、共联动”的工作模式，即以三峡保险经纪公司为主导，多个承保公司相互协调配合，上下联动的保险服务团队。全年完成三峡、葛洲坝、溪洛渡、向家坝、呼蓄电站营运资产和工程保险安排，集团雇主责任险保险安排，溪向移民代建工程续保安排等一系列保险安排和服务，做好集团各大型水电站风险管理前移工作。协助三峡新能源公司划分投保资产区域，以“大协议、小保单”的形式打包区域内资产，协助落实保险专管员制度，建立集团新能源板块保险集中管理体系。完成希腊光伏、巴基斯坦风电等十几个海外项目保险安排，推动集团海外项目保险服务落地。截至2014年底，保险经纪公司资产余额0.61亿元，实现营业收入0.11亿元，利润总额0.07亿元。

【专题研究】2014年，公司在前期金融规划研究工作基础上，继续协助集团研究资本公司设立方案，提供智力支持，2014年末资本公司基本完成方案设计。金融与产业发展专题研究，全年开展28个专题研究，完成65篇研究报告或建议报告。

【股权管理】截至2014年末，公司管理的金融类金融股权项目共8个，投资金额共41.57亿元。全年各项目累计召开股东会、董事会、监事会及各类临时会议60次。公司结合项目经营管理情况，针对会议260余项议案提出表决建议，为集团决策提供参考依据。2014年，8个项目投资继续保持较好的投资回报水平，总体预计可实现投资收益4.90亿元。按照集团公司对参股股权“分类管理，强化分红”的总体要求，公司积极落实各项目现金分红，共收到现金分红1.90亿元，超过年初1.50亿元的预算，整体分红收益率（现金分红/投资成本）为4.57%。

【业务创新】2014年，完成香港公司注册设立。按照年初集团公司关于设立三峡财务（香港）有限公司要求，公司组建专班抓紧推进相关工作。选取已开展境外相关金融服务的企业集团实地调研，结合外部调研和集团实际情况，草拟香港公司设立方案提交集团公司。同时，加紧推进外部审批工作，先后通过发改委、商务部备案审核，完成外管局外汇登记，12月4日香港公司完成注册登记，12月16日注册资本金（1 500万美元）汇至香港。2014年香港公司实现盈利2.30万元。与此同时，起草香港公司主要业务管理制度并制定相关业务操作流程，配合资产财务部起草境外资金管理相关制度，并积极与集团相关部门和单位协商境外资金池运行相关事项，做好境外资金池建设前期相关准备工作。

【风险管理和内部控制】2014 年，根据《三峡财务公司风险管理体系优化建议书》，构建由公司董事会、高级管理层（风险控制委员会）、风险管理部以及各业务部门组成风险管理组织架构，明确公司风险管理三道防线职责，完成了公司全面风险管理组织框架、业务流程和规章制度的设计与完善。2014 年 7 月，公司召开风险控制委员会第一次会议暨公司风险管理体系实施启动会，进入全面风险管理体系试运行阶段，逐步实现以内部控制为基础的公司治理向以风险管理为基础的公司治理转换。

【人力资源管理】2014 年，公司努力建立科学的人力资源管理体系。制定《三峡财务公司人岗匹配实施方案》《三峡财务公司薪酬管理办法》《薪酬套改实施细则》，对人岗匹配工作程序、人员安置、薪酬绩效等方面进行设计安排。出台以个人绩效承诺（Personal Business Commitment，PBC）为中心的绩效体系。考核方式从“注重任务结果”向“能力考查”转变，从“考核控制”向“发展导向”转变，并启动绩效管理信息系统建设，截至 2014 年末，考核管理系统已进入全面测试阶段。

【信息化建设】2014 年，三峡新能源资金池系统运行平稳。自 2013 年 7 月上线运行以来，公司从风险控制、信息技术、人力资源等多方面给予充分保障，持续优化三峡新能源资金池系统。2014 年，三峡新能源资金池系统的覆盖范围进一步扩展，新增 17 家下属公司，累计已有 87 家下属公司加入资金池系统。全年资金池委托贷款累计发放 31.83 亿元，累计归还 25.48 亿元，年末余额为 14.09 亿元，较年初增加 6.35 亿元，全年为三峡新能源公司节省财务费用 0.80 亿元。

【企业文化建设】2014 年，公司党委积极参加国资委组织的在京中央企业“首都文明单位标兵”和“首都文明单位”的申报评比和验收工作。梳理了大量的文件和资料，相继提交了五万多字的文字材料和近三十幅相关照片，并开展了问卷调查等活动。最终，公司从多家候选单位中脱颖而出，入选“2012—2014 年度首都文明单位”，成为集团公司在京二级单位中首家获此殊荣的企业。年末，经集团党组推荐，公司已积极投入到第四届全国文明单位的创建申报工作之中。2014 年，公司积极履行社会责任，送温暖送爱心，资助宜都贫困女童、为困难员工捐款等合计达 9.30 万元。深入开展企业精神文明建设，全年培养集团级“青年岗位能手”7 人，创建中央企业级“青年文明号”1 个、集团级“青年文明号”2 个。

中广核财务有限责任公司

【经营概况】 2014 年，中广核财务有限责任公司（以下简称“公司”）充分发挥金融服务平台的作用，积极践行“一次把事情做好”的要求，扎实做好内部金融服务，对集团资金保障提供支持，同时积极推进“走出去”项目融资发展并进一步创新金融产业，各项重点工作均取得良好的成绩。2014 年，公司实现营业收入 8.67 亿元，利润总额 4.24 亿元，净利润 3.18 亿元，净资产收益率为 14.38%；实现 EVA1.94 亿元，资产总额（不含委托资产）231.66 亿元，净资产总额 26.85 亿元（以上为合并报表数据）。

【信贷业务】 为满足集团发展迅速增长的资金需求，针对 2013 年底以来由于信贷规模调控和互联网金融冲击等原因导致的严峻信贷形势，公司提前布局、积极谋划，千方百计加强集团资金保障。一方面利用集团冗余资金为成员企业提供贷款，2014 年共为成员企业办理了 129 笔自营贷款业务，发放自营贷款人民币 297.56 亿元；共为成员企业办理了 64 笔委托贷款业务，发放委托贷款人民币 346.54 亿元。截至 2014 年 12 月 31 日，公司自营贷款余额为等值人民币 113.19 亿元，委托贷款余额为等值人民币 182.79 亿元，有力地支持了集团战略发展计划。另一方面，积极向集团成员公司提供融资咨询服务，组织策划并参与集团项目融资工作。2014 年组织完成台山核电项目 20% 以内超支贷款银团融资协议签署和红沿河二期项目融资银团协议签署，利率达到市场最优水平；海外信贷也取得突破，湖山项目矿建贷款完成首笔提款；制定完成罗核项目不同工程模式下融资方案，并与相关银行取得初步达成协议，取得重大阶段性进展；英国风电项目设计搭桥贷款加项目融资组合方案，融资成本控制在较低水平。

【投资业务】 公司在资本运营服务、发债顾问服务、集团年金管理和公司自营投资等方面持续优化和提高，及时满足集团服务需求。在自营投资方面，公司坚持“控风险、保增长”的投资方针，不断优化投资的品种、数量、期限等组合，积极参与新股申购业务，积极拓展定向增发业务，取得较好投资业绩。截至 2014 年 12 月 31 日，公司年度投资收益率达 60% 以上。在集团年金管理方面，公司根据实际情况一方面在较高利率区间抓紧增加协存、定向债、保险债权计划等稳定收益产品；另一方面积极把握市场机会，适时进行债券、股票仓位调整，并积极参与新股申购，2014 年年金收益率创业绩新高。在发债顾问服务方面，公司指派专人参与集团美元债发行筹备、境内债券注册及发行工作，为集团提供高效、优质的服务工作，积累了美元债、中票、超短融的注册及发行经验，提高了公司自身的投行服务能力。

【资金业务】2014 年，公司从优化资产负债结构和渠道入手，在进一步提升集团整体资金安全性和流动性的基础上通过高频率、跨市场运作模式，建立流动性分层管理体系。该体系同时兼顾了资产端和负债端的流动性，通过动态管理并调整各类流动性资产储备的总量和结构，开拓新型业务模式，确保以合理的市场价格和较高的效率实现资产变现，有效提高了集团资金的整体使用效率。2014 年度公司提前一个季度完成年度资金业务收入任务，资金业务收益提高约 32%、成本降低约 9%。

【外汇业务】2014 年，公司在外汇业务方面取得良好进展：2014 年 2 月 28 日，成为外汇交易中心人民币外汇远期、外汇掉期、货币掉期和外币对远期的会员。7 月，公司代客金融衍生品交易资格完成了包括银监会、国家外汇管理局、中国外汇交易中心、中国银行间市场交易商协会等所有机构的市场准入，成为获批业务范围最广的央企财务公司之一。2014 年 11 月 10 日顺利开展了首笔代客远期交易。2014 年，公司作为主办企业分别获得国家外汇管理局批准开展跨国公司资金集中运营管理业务及人民银行批准开展跨境双向人民币资金池业务。

【资金集中】2014 年，公司全年完成结算笔数合计约 36.80 万笔，结算量折合人民币约 8 861 亿元，全年集团日均资金集中度超过 97.40%（全口径资金集中度为 37.40%），结算支付率 100%，导致损失的支付差错案件为零。在境外资金归集方面，公司积极推进境外资金集中管理平台建设，截至 2014 年 12 月 31 日，境外资金（含归集类和监控类）的整体监控覆盖率达到 96.85%，资金集中度为 42.61%，可归集口径资金集中度达到 56.33%。境外资金集中的初步完成，也让境外资金管理工作步入了新的阶段。

【业务创新】2014 年，公司在加强原有业务管理基础上，在满足合法合规前提之下积极求变创新。一是发债顾问服务创新突破。2014 年 5 月 12 日，公司开展前期研究，作为财务顾问参与方案设计的国内首单碳债券——中广核风电公司附加碳收益中期票据 10 亿元在银行间交易商市场成功发行，实现发债顾问服务的新突破。二是取得政策试点，通过人民币跨境双向资金池实现境外资金回流。2014 年 4 月，中广核集团获人民银行深圳市中心支行批准 20 亿元人民币跨境双向资金池额度，公司积极推进后续工作，通过此资金池成功向境内有需求的成员公司发放贷款 17 亿元，有效利用了境外低成本资金回流到境内使用。

【风险管理和内部控制】2014 年，面对复杂多变的经济金融形势以及不确定性风险，公司严守风险底线，风险管理聚焦于公司目标的实现，与战略规划、经营管理活动深度融合，围绕企业经营，实行分层次、有重点的风险管理配置策略，通过对重大风险进行专项管理、推进风管建议的落实、事前审查新业务风险、加强风险的动态监控和提示、及时分析和应对风险事项以及开展公司风险管理改正工作等措施进一步强化全面风险管理，提升了公司风险管理有效性，在严峻复杂的环境中保持了资产质量的稳定和各类风险的可控，不良资产率持续保持为零，同时，各项风险管理政策和管控措施均得到了有效的落实，未发现风险管理存在重大缺陷，未发生重大风险事件，风险管理工作取得了良好的成效，为经营目标的实现提供了支撑。2014 年，公司各部门严格按公司全面风险管理的规定和流程开展部门风险管理工作。制定了本部门 2014 年度风险管理策略方案和关键风险指标，对风险进行持续的跟踪监控，对潜在风险事项进行评估分析，及时预警、提示风险，适时采取风险应对措施，并按月分析、报告日常风险监控指标运行情况，按季报告本部门风险管理情况，对风险进行管理并及时预警和应对。

【人力资源管理】2014 年，公司围绕“吸引人才、留住人才”的方针政策持续加强人力资源管理，对完善员工薪酬机制进行了重点跟进。一是优化绩效分配机制。为打破薪酬“大锅饭”，实现有效激励，公司对日常和年度绩效考核及奖金分配方法进行优化，绩效奖金分配打破职级限制，完全与业绩挂钩，并在此前提下，在工资总额预算范围内预留部分奖金额度，用于专项激励，与员工贡献相挂钩。二是开展市场化薪酬机制尝试。为适应金融板块发展需要，积极开展市场化薪酬机制尝试，结合金融板块业务发展状态和市场先进经验，提出板块内多家公司的市场化薪酬方案。薪酬方案主要包括完全市场化、挂钩市场水平；效益导向、自负盈亏；简化薪酬项目、隐性收入变显性；板块内全局考虑，横向平衡等内容，有利于满足公司人才引进和激励的需要，保障业务顺利开展。

【信息化建设】2014 年，根据公司业务发展和经营管理的需要，信息化工作以公司信息化总体实施方案为目标，主要开展三个方面工作：第一，为适应集团板块化运作要求，对公司资金结算管理系统进行升级优化，更好服务于集团资金结算管理；第二，持续优化 ISO27001 信息安全管理体系，对关键系统开展三级等保测评，保障公司信息系统安全稳定持续运行；第三，不断强化数据机房基础设施设备、信息系统及系统客户端运维服务，为成员单位系统用户提供稳定、可靠服务。

【企业文化建设】2014 年，公司通过组织开展集团企业文化全员培训、“寻找‘一次把事情做好’最佳实践”主题活动、“二次创业”主题教育活动及发布“企业文化共识”等，传承和传播集团及公司核心企业文化理念、宣传公司金融服务价值，促进了集团企业文化基本价值观、员工守则和行为规范等在公司良好落地，激发了员工二次创业激情并提升了服务品牌。通过在集团内体现公司服务价值和在集团外传播集团和公司企业文化理念，公司的凝聚力得到进一步增强，士气得到进一步鼓舞，公司的金融服务价值也更上一层楼。

中船财务有限责任公司

【经营概况】2014 年，中船财务有限责任公司（以下简称“公司”）紧密围绕中船集团的发展战略，坚持服务集团资金集中管理的基本定位，以产融结合为手段，贯彻落实“激情进取、勇于创新、深耕服务、严控风险”的工作思路，加强公司治理，强化业务创新，提高经营管理水平，努力打造成为中船集团的结算中心、融资中心和理财中心。截至 2014 年末，公司资产总额 521.79 亿元，同比增长 21.36%；全年实现营业收入 21.42 亿元，同比增长 14.48%；实现利润总额 10.42 亿元，同比增长 23.02%，各项指标均符合监管标准。

【信贷业务】2014 年，公司充分运用归集资金，满足成员单位金融需求，全年日均贷款同比增长 14%。公司将贷款利率在同期基准利率的基础上下浮 5% ~10%，减少成员单位利息支出，将各类人民币存款利率在同期存款基准利率的基础上上浮到“顶”，增加成员单位利息收入。2014 年，公司与浦发银行合作开展了国内首单双保理暨银财宝业务。同时，2014 年底公司联合商业银行、租赁公司，为成员单位提供了固定资产售后回租服务，双保理和售后回租业务开辟了协助成员单位从商业银行获取低成本融资的新模式。此外，2014 年公司扩大了信用评级范围，调整评级指标，完善评级方法，加强授信管理，为利率市场化打下基础。

【资金管理】公司高度重视资金集中管理工作，不断加强资金集中力度，2014 年按可归集口径计算，资金集中度达 96.1%。2014 年，公司加强资金预算管理和营运分析，建立资金日计划、周计划和月度滚动计划制度，加强与成员单位的沟通联系，主动掌握成员单位资金使用计划，合理安排资金头寸，灵活调剂资金余缺，提高资金使用计划性。2014 年公司积极开展人民币同业拆借业务，借助同业拆借工具，保障成员单位的短期资金需求。同时，公司最大限度利用闲散资金，严格执行同业存款竞价制度，择优选择同业存款业务合作银行，取得了较好的业务收益。

【票据业务】2014 年，公司继续扩大票据业务规模，全年贴现业务同比增长 75%，全年电票承兑同比增长 111%，公司将金融服务延伸到上下游企业，打造供应链金融新模式。2014 年公司首次开展了再贴现和转贴现创新业务，再贴现、转贴现业务的开展改善了公司的负债结构，为公司增加了新的低成本融资渠道。

【外汇业务】2014 年，公司外汇业务取得重大突破，成功获得外汇衍生品交易业务资格，是军工第一家、全国第七家取得衍生品交易资格的财务公司，并在年内完成了首笔远期结售汇业务。同时，公司还获得跨国公司外汇资金集中运营管理试点资格，是第一家取得外汇资金集中运营管理试点资格的军工企业财务公司。在日常工作中，公司加强与集团成员单位的沟通联系，了解成员单位外汇业务需求，在集团内部寻找外汇买卖对冲单位，2014 年公司即期结售汇规模同比增长 140.51%。

【投资业务】2014 年，公司继续坚持稳健谨慎的投资策略，不断优化投资组合，改善投资结构，开展了债券、基金和新股申购等投资业务，进一步降低风险资产的配置。2014 年，下半年，公司集中资金优势加大网下新股申购力度，取得了较好的投资收益。

【保险业务】2014 年，公司的保险业务取得了较大发展，一方面统保险种范围继续扩大，在 2013 年统保船舶建造险等四个险种的基础上，新增机器损坏险等四个险种；另一方面通过公开招标确定了 2015—2017 年度保险集中管理的险种基准费率和保险供应商的名单，保险费率普遍在原有基础上下降 10%，进一步降低了成员单位的保费支出。

【风险管理和内部控制】2014 年，公司推进全面风险防控管理体系建设，树立全面风险责任意识，强化合规意识，创建科学高效的内部控制环境，以内控责任制为主线，建立条块结合的内控组织架构，实施过程控制与精细化管理，提升风险防范与控制能力。制定了《资产管理类投资业务指导原则》和《有价证券投资业务实施细则》，对非标准化投资业务设置高门槛准入制度，对权益类投资业务严格执行止盈止损等相关制度。重点关注新扩展业务板块和核心业务板块的合规性及风险管理，将稽核审计重点从常规业务稽核向内部控制稽核延伸。进一步细化了信贷资金全流程管理要求，包括严格执行贷前调查制度，明确贷款风险预警体系，合理分配和控制授信额度及强化贷后跟踪管理。同时，加强资金计划管理，关注期限结构匹配，建立流动性风险上报及处置预案，提高防范和抵御流动性风险的能力，确保流动性安全。

【人力资源管理】2014 年，公司对组织架构和员工岗位责任制进行了全面梳理和优化。加强人才队伍建设，加大优秀专业人才的引进力度，通过内部培养和外部引进方式提升人才队伍整体素质水平。加强员工培训，建立专业技能、职业素养和引进外部培训等多样化培训体系。2014 年，公司与各业务部门签订《经营业绩责任书》，与所有部门签订《管理目标责任书》，将责任制以制度形式层层分解落实，并探索建立符合自身特点的绩效考核制度，设计制定公司绩效考核办法，将公司经营和管理目标有效分解到部门和个人，确保实现公司年度任务目标。

【信息化建设】2014 年，公司编写了《信息科技风险管理办法》和《信息系统应急管理制度》等信息系统安全管理制度。进一步加大信息化建设投入力度，重建数据中心和灾备中心，对公司原有老化的软硬件系统和网络进行全面升级。完善优化公司资金、投资、外汇、信贷等核心业务系统，加强信息系统在风险控制中的作用。

中核财务有限责任公司

【经营概况】中核财务有限责任公司（以下简称“公司”）着力深化中国核工业集团公司资金管理平台、金融服务平台“两个平台”建设，充分发挥中核集团“财务管理职能延伸”和支持服务的作用。公司积极应市场环境变化，开源节流，超额完成集团公司制定的各项经营指标，实现了经济效益稳步提升。截至 2014 年 12 月 31 日，公司资产规模 392.18 亿元，全年实现营业收入 13.77 亿元，利润总额 6.16 亿元，经济增加值（EVA）2.60 亿元。

【信贷业务】公司严格按照集团公司投融资政策发放贷款，助推集团主业发展。在公司贷款规模稳健增长的同时，深入开展信贷业务筛查，保持贷款质量，不良贷款余额继续保持为零。截至 2014 年 12 月 31 日，公司各类贷款余额合计 371.60 亿元，同比增长 18.76%。公司日均存贷比为 58.58%，完成“不低于 58%”的考核目标。

【资金和投资业务】公司通过加强资产负债管理和资金计划管理，运用调控贷款规模、债券逆回购等手段，在确保流动性前提下，资金使用效率进一步加强，资金收益水平持续提升。公司按照高低风险资产配置的方法构建投资组合，采取以低风险投资为重点的投资策略，并根据市场走势灵活调整低风险资产结构，有效控制投资业务整体风险，提高投资组合整体收益率，所有投资方案均实现盈利，全年实现投资收益1.09亿元，浮盈0.22亿元。

【债务管理】公司负责承建的中核集团债务管理信息系统历时7个月建设，于2014年12月正式上线。系统覆盖集团所有板块和成员单位的债务信息，使集团公司总部及各板块单位能及时、准确、高效地收集和处理成员单位的债务信息，实现了集团债务信息的动态管理。

【集团化保险】公司协助完成福清、方家山项目国际核风险检验，使两个项目的首年核保险综合条件分别实现福建省最优、国内最优。公司积极跟进“华龙一号”项目进度，协助福清核电开展5号、6号机组主体工程建安工险准备工作，为项目建设提供了优质保险保障。公司提供服务的集团运行核电项目保险再创佳绩，保障条件大幅优化，保险成本有效降低，为进一步探索群堆型保险模式奠定基础。

【票据业务】继2013年成功推出首笔纸质票据业务并成功上线人民银行电子商业承兑票据业务系统后，公司于2014年再度成功开展电子商业承兑票据业务，提升了公司金融服务的安全性，同时也为成员单位提供了更大的便利。

【外汇业务】公司跟进成员单位涉外资金业务，积极跟进最新外汇政策，开展跨境外汇资金集中研究，完成境内外汇集中准备工作。公司2014年完成代理结售汇业务158笔，为成员单位节约财务费用430万元。

【资金集中】公司新增资金集中单位12家。全年集团日均集成资金279.97亿元，可归集口径资金集成率96.69%，日平均备付金99.77亿元，同比降低17.01亿元。

【金融研究】公司2014年共发布《货币市场利率预测周报》50期、《金融市场双周简报》24期、《金融市场研究（双月刊）》6期、《铀价走势分析报告（半年刊）》2期，利率、汇率走势相关的专题研究报告4期，为集团公司及成员单位进行决策提供参考，发挥公司作为集团金融智库的功能。

【风险管理和内部控制】2014年，公司进一步优化制度建设，修订发布了新版《业务与管理规程汇编》，为各项工作规范开展提供保障。公司严格执行费用支出与报销制度，控制成本费用，强化投资管理风险监控，确保公司经营合法合规。同时，稳步推进内控体系建设，编写《内部控制手册》并初步完成内部控制体系搭建。

【人力资源管理】2014年，公司积极开展人才招聘工作，新招聘优秀应届硕士研究生2人，为公司发展注入新活力。公司稳步推进“市场化薪酬对标工作”，借助专业咨询机构力量对公司部门职责、岗位设置、岗位价值评估、薪酬体系等方面进行优化，推动管理提升。

【信息化建设】2014年，公司对投资业务系统进行了改造，信息系统全面覆盖主营业务。核心业务系统实现了升级，结算业务更加灵活。公司持续加强基础设施、信息科技安全方面建设，在系统运维、终端安全管理、安全产品测试、网络安全改造规划等方面开展大量工作，保障了各系统平稳运行。全年未发生网络中断、信息系统瘫痪等重大信息安全事件。

上海浦东发展集团财务有限责任公司

【经营概况】2014 年，上海浦东发展集团财务有限责任公司（以下简称“公司”）坚持稳健发展、审慎经营、合规操作、风险可控的经营理念，积极应对错综复杂的外部形势，强化内控管理，各项工作有序、健康、平稳发展，较好地完成了年度目标任务。截至 2014 年末，公司资产总额 129.26 亿元，所有者权益 22.31 元，实现净利润 2.39 亿元，净资产收益率为 11.06%，总资产收益率 2.53%。资产质量保持良好，各类监管指标和重要经营资产质量指标均符合监管机构的监管要求。

【信贷业务】2014 年，公司积极践行“一切为了浦东发展”的使命，努力为新区市政项目建设提供融资支持：牵头完成滨江森林公园二期、东西通道（浦东段）拓建工程、申江路和中环线等银团项目的组建、签约及提款等工作；为金桥地铁上盖项目提供全程融资顾问服务，参与城中村项目融资洽谈和方案设计，参与 16 号地铁周浦站周边建设项目的银团贷款。同时，公司在加强对贷款资金监督检查的基础上，积极为集团及成员企业提供资金支持，全年累计发放各类贷款 58.59 亿元，年末贷款余额 32.14 亿元；日均存贷款规模分别为 83.67 亿元和 24.33 亿元。

【资金业务】2014 年，公司密切跟踪集团资金计划安排，加大对沉淀结算资金和大额闲置资金的合理配置，在有效确保集团资金需求的前提下，通过分段计收活期存款利息、扩大同业定期提支的合作对象、开展同业存单质押融资等方式，实现资金业务收入 2.87 亿元，收益率为 4.64%。

【投行业务】2014 年，公司在确保资金安全性和流动性的基础上，为集团、成员企业和自身创造较好的投资收益：一是合理配置货币基金、理财产品等固定收益品种，完成 0.72 亿元的税后投资收益，收益率约为 5%；二是完成两期共计 20 亿元的产业投资基金的委托投资，实现委托投资收益 0.11 亿元；三是协助集团完成总量为 1.20 亿元左右的权益类资产处置，确保资产的保值增值。

【资金集中】2014 年，公司加大资金集中管理力度，全年平均资金归集率达 80%：一是通过不断提升服务水平，降低资金使用成本，全力做好资金集中度高的成员企业的维护工作，确保年度资金归集目标的实现；二是通过梳理各账户的资金来源和构成，合理安排及控制资金拨付，挖掘资金集中度低的成员企业潜力，做好年度资金归集任务的保障；三是通过协助新加入成员企业及时开户，分析部分三级企业归集率低的原因，提高资金集中管理意识，寻求资金归集率的提升空间。

【业务创新】2014 年，公司积极应对市场竞争，以金融创新为突破，着眼于集团及成员单位的个性化需求，不断提升金融服务功能，打造多元化的金融服务平台：设计现金管理委托投资方案，积极开展现金管理业务，提高成员企业资金收益；启动“传统物业管理升级与转型”的课题研究，提升集团物业板块的管理能力；组织开展经济与产业年会、搭建“浦发财智”微信公众平台、做实金融信息日报及召开各类研讨会，进一步提升和完善公司咨询服务能级。

【风险管理和内部控制】2014 年，公司继续围绕“内控对标、制度建设、风险监控、信息报告、法务合规”五个方面，积极推行风险嵌入式管理，切实保障公司各项业务的持续、健康、稳定发展。同时，公司以“专项稽核有精度，专项检查有深度，专项抽查有广度”为目标，以强化稽核监督职能为抓手，持续开展各项稽核检查工作：一是对主营业务和重点项目加大检查深度，对新业务加大抽查力度，保证稽核事项全面及时；二是持续跟踪稽核整改情况，确保稽核成果有效实施；三是将稽核工作和案件防控、内控测评及监事会监督职能有机结合，提高稽核质量，完善内控评价机制，保障公司业务稳健开展。

【结算业务】2014 年，公司在提升服务集团资金管理能力的同时，通过改进结算系统和优化支付结算流程，使结算业务操作更趋安全和便捷。截至 2014 年末，集团所属的 112 家成员企业，在公司开立了 245 个资金结算账户；全年累计完成结算 2.10 万笔，结算资金量为 1 258 亿元人民币，满足了成员企业的资金支付需求。

【人力资源管理】2014 年，公司主要从制度、招聘、薪酬和培训四个方面着手，进一步加强人力资源管理：一是通过梳理现行人力资源管理制度，修改和完善相关制度内容及格式化表单，规范了人力资源管理指引性文件；二是引入“招聘测试系统”，完善人才甄选的专业工具，提升招聘能效；三是完成《任职资格管理办法》的方案设计，编制 2014 年度《组织结构及部门职能汇编》和《职位说明书汇编》，推进薪酬管理建设；四是开展“内部培训师队伍建设”课题研究，组织设计新员工入职培训体系，完善标准化培训课件系统。

【信息化建设】2014 年，公司进一步加强信息化建设：一是加强数据同步及应用切换的研究，积极做好灾备项目实施前的准备；二是完成新操作系统的切换及内外网隔离，确保信息数据安全；三是结合需求完成系统二次开发，既规范管理又提升操作实用性；四是完成移动办公建设，进一步提高管理效率。

【企业文化建设】2014 年，公司开展自贸区、互联网金融等学习探讨，积极尝试涉及转型创新发展的前瞻性研究；通过编撰《内控手册》和推进穿行测试，构建全面风险管理和控制体系；通过实施廉政风险防控机制建设，建立健全廉政惩治及预防体系；通过群教活动和道德讲堂的开展，强化宗旨意识和理想信念；通过扶贫帮困和同创共建等活动的开展，提升责任意识和团队凝聚力。

鞍钢集团财务有限责任公司

【经营概况】2014 年，鞍钢集团财务有限责任公司（以下简称“公司”）拓展金融业务服务品种，深挖外部市场盈利空间，圆满完成全年经营任务。年末资产 213.92 亿元，贷款 419.93 亿元（其中委托贷款 289.10 亿元），存款 153.67 亿元，实现利润总额 6.90 亿万元，其中总公司实现 5 亿元，分公司实现 1.90 亿元。各项监管指标全面达标。

【鞍攀财务公司整合工作】树立“执行力就是生产力”的理念，严格执行鞍攀财务公司整合时间安排。2014 年 10 月 28 日，中国银监会批准鞍钢财务公司吸收合并攀钢财务公司并设立四川分公司。鞍攀财务公司整合后，注册资本为人民币 20 亿元，其中外汇资本 500 万美元。鞍钢集团、鞍钢股份和攀钢钒钛分别持有公司 70%、20% 和 10% 的股权。2014 年 12 月 23 日，鞍钢集团财务有限责任公司四川分公司正式挂牌成立。

【信贷业务】在集团整体资金平衡前提下，服务成员单位融资需求。总公司为鞍钢集团、鞍山钢铁攀枝花分公司等成员单位发放自营贷款 186 亿元，实现贷款利息收入 4.80 亿元；分公司为攀钢集团公司、成都钢钒等成员单位发放自营贷款 48.70 亿元，实现贷款利息收入 1.90 亿元；总公司为鞍凌公司、蒂森发放委托贷款 69.40 亿元，实现佣金收入 0.13 亿元；分公司为西昌钢钒、攀钢矿业等成员单位发放委托贷款 151.50 亿元，实现佣金收入 0.15 亿元；总公司为鞍钢股份、重机办理纸票贴现 9.30 亿元，办理电票贴现 8.57 亿元，实现贴现利息收入 0.32 亿元；分公司为攀钢矿业、攀钢国贸等成员单位办理纸票贴现 36.70 亿元；为攀钢钒办理电票贴现 0.16 亿元，实现贴现利息收入 1.20 亿元。

【资金和投资业务】树立“效率就是效益”的理念，主动向外部市场要效益。购买货币基金 3 亿元获利 0.02 亿元；开展债券逆回购业务 723 亿元，获利 0.14 亿元；购置债券获利 0.38 亿元；投资鞍汇联保险经纪公司，实现中间业务收入 0.35 亿元；在确保支付能力的前提下，尽量压缩备付金占用，与商业银行协商，争取较高的同业存放价格，开展高息存款业务，增加了利息收入 0.59 亿元。全年外部市场累计收益 2 亿元。

【资金集中】在不断完善 N9 系统基础上，细化资金结算服务工作，完成板块账户的开立及银行账户的挂接工作。全年资金结算总额 1.90 万亿元，结算业务量 24.09 万笔，其中，总公司资金结算总额 1.10 万亿元，结算业务量 14.26 万笔；分公司资金结算总额 8 000 亿元，结算业务量 9.83 万笔。

【票据业务】制定票据集中管理方案，研发票据集中管理系统，实现了与建设银行票据系统的对接，为下一步实现票据集中管理、安全保管和传递、内部使用和开展票据池业务奠定了基础。同时，在新系统全面上线前，继续做好成员单位的票据代保管业务，全年代保管票据41 208张，金额达662.63亿元，其中总公司代保管票据35 259张，金额达564.34亿元；分公司代保管票据5 949张，金额达98.29亿元。

【外汇业务】 树立“市场标准就是工作尺度”的理念，在人民币资金集中的基础上，启动外汇集中管理工作。研究制定外汇资金集中管理方案，选派人员进行外汇业务资格考试，完成境内外主账户的设立，并已取得外管局外汇资金集中管理的批复。

【业务创新】 树立“创新才有竞争力”的理念，积极拓展金融服务品种。一是筹集低成本资金，支撑产业资本发展。通过加强与人民银行的沟通，固化再贴现业务成果，融入年化利率为2.25%的低成本资金6.76亿元。二是充分发挥电票功能，解决成员单位融资难的问题。为鞍攀两大区域公司下属八家成员单位共开出590笔电子银行承兑汇票，金额27.73亿元，分公司为攀钢国贸、攀钢钒等成员单位开出电子承兑汇票19.77亿元。三是产业链金融服务实现零的突破。对重机公司上游的19家产业链供应商开展“一头在外”的票据贴现业务，金额达0.17亿元。四是平衡集团整体资金收益，在上浮活期存款利率的基础上，全面开放三个月定期存款、通知存款及协定存款业务，让利成员单位超0.80亿元。五是加强同业合作，委托中国银行为鞍钢重机开具银行承兑汇票0.53亿元。

【风险管理和内部控制】 针对内控环境、风险合规管理、信息与沟通机制及内部控制效果进行风险识别，排查新业务风险点，共识别出273个风险事件，将14个风险事件列为年度重大风险进行管理。构建总分公司制度体系，完成152个制度、46个流程的梳理。

【人力资源管理】 落实“学习与成长指标”，共有76人次参加鞍钢集团组织的各类专业培训。建立和畅通专业技术人员职业发展通道，制定专业人才等级序列实施方案，确定会计审计和金融经济两个序列和三个层级。加大改革力度，完成三项制度改革实施方案初稿。按照总分公司岗位设置，分公司由原来11个部门整合为6个部门，并组织中层干部竞聘上岗，原部门正职由8人减少为6人，部门副职由6人减少为4人，实现了干部能上能下。

【信息化建设】 信息化建设不断完善。固化资金管理系统升级成果，对系统扩建项目进行验收。提高信息系统业务覆盖率，增加协定存款、法人账户透支、授信评级等新业务模块。整合总分公司信息管理系统，完成应用级灾备系统方案设计。

【党群工作】 2014年11月28日，中共鞍钢集团财务有限责任公司第一次党员大会顺利召开，会议选举第一届委员会委员、第一届纪律检查委员会委员，并明确公司一段时期的指导思想、工作措施及奋斗目标。党组织基础建设不断加强。完成党支部换届选举，做好党的群众路线教育实践活动收尾工作。建立党员活动室，健全党支部各项工作制度。围绕扭亏增效、转型升级，开展共产党员工程活动，申报两项活动主题。开展纪念建党九十三周年系列活动，对广大党员进行爱国主义教育。坚持领导人员集中学习制度，不断提高党性修养。

2014年，工会、共青团作用凸显。工会注重发挥组织、引导、服务广大职工的作用，深化民主管理，组织登山活动，积极参加工会组织的各项文体活动，丰富职工业余生活。参加鞍钢集团（鞍山地区）首届运动会，荣获体育道德风尚奖。开展“献爱心，送温暖”捐款帮困活动，共捐款2.50万元，走访救济困难职工23人次，发放救济款2.60万元。共青团坚持服务企业发展，服务青年成才，成为推动企业发展的新锐力量。

中国电力财务有限公司

【经营概况】2014 年，中国电力财务有限公司（以下简称“公司”）积极服务国家电网公司财力集约化管理大局，保持了健康稳健的发展态势。2014 年，公司资产规模 1 835.30 亿元，实现利润 38.70 亿元，经济增加值（EVA）为 18.10 亿元，存款日均余额为 1 572 亿元，贷款日均余额为 768.80 亿元，主要经营指标再创新高。不良资产清收处置取得重大突破，实现不良贷款清零。在国家电网公司的大力支持下，成功发行 130 亿元人民币的财务公司金融债券。创新开展流程型财务公司建设，持续加强依法治企，全面构建大安全风险管理体系，未发生八级及以上安全风险事件。各项监管指标符合银监会监管要求。连续三年获得国家电网公司企业负责人年度业绩考核 A 级，连续四年荣获“金龙奖”年度最佳财务公司称号，当选中国财务公司协会新一届理事会会长单位。

【结算业务】结算业务是公司的基础性业务，为国家电网公司及其所属单位资金管理提供强有力的结算业务支持和优质高效服务。2014 年，公司进一步规范银行集团账户管理，提升结算服务质量，累计结算资金量 23.36 万亿元，同比增长 11.57%；创新资金集中调度模式，在线开展大额预约，没有发生任何延迟支付事件，结算服务实现全年零事故。

【存款业务】存款业务是公司的主要负债业务，也是向成员单位提供融资服务的主要资金来源。2014 年，公司全力开源、提质增效，建立“前端预算模型—中端预警监控—后端统计考评”的存款管理体系，资金归集成效显著，存款规模屡创新高，全年存款日均余额为 1 572.03 亿元，同比增长 20.62%，为完成全年效益目标奠定了坚实基础。前瞻研判利率市场化对财务公司存款走势和存款定价的可能影响，向人民银行提出财务公司存款利率市场化试点建议。

【信贷业务】信贷业务是公司的主要资产业务，也是向成员单位提供融资服务的主要业务形式。2014 年，公司在满足监管要求的同时，努力提高信贷业务管理水平，实现了信贷规模稳步增长，贷款日均余额 768.82 亿元，同比增长 8.53%。开展利率市场化研究工作，建立市场利率定期监测体系，制定《贴现业务定价指导原则》，以票据贴现业务定价为切入点，开展信贷利率市场化建设工作。

【资金业务】资金业务是公司实现成员单位资金体内循环的主要业务形式。2014 年，公司积极推进资金调控中心二期建设，构建流动性风险监测模型体系，国家电网公司账户监控和境外资金监控专项功能同期上线。发挥利率引导作用，加强资金滚动配置，日均运作短期资金 170.99 亿元，累计实现利息收入 8.81 亿元，累计融入资金 420 亿元，保障了关键时点备付安全。

【投资业务】在有价证券投资方面，公司始终坚持价值投资和组合投资理念，以谋求中低风险的稳定收益。2014 年，公司稳健开展投资业务，全年实现投资收益 6 亿元。成功发行 130 亿元财务公司金融债券，实现了多项创新。投资业务信息化建设工作取得重要进展，实现投资管理业务交易系统零突破。

【资金集中】2014 年，公司资金归集服务不断加强，积极拓展资金归集的深度和广度，带动存款规模不断增长，为公司经营发展提供了有力支撑。通过进一步加强资金归集管理，不断深化资金集中服务工作，截至 2014 年 12 月末，按可归集口径，实现国家电网公司系统资金集中度 99.96%；按全口径，资金集中度为 76.91%。

【国际业务】2014 年，为更好地服务国家电网公司国际化发展战略，公司建立经营单位拓展国际业务的激励机制和国际业务信息滚动更新机制，简化京外成员单位购汇结汇的办理流程，开发境外资金监控系统，推进境外资金监控落地试点，全程参与国家电网公司境外发债工作。

【风险管理和内部控制】2014 年，公司始终坚持将风险管控和依法治企摆在突出重要的位置，严格依法合规经营，有效监控各类经营风险，持续提升风险管控能力，为实现年度经营目标保驾护航。大力解决历史遗留问题，全年收回不良资产及利息 8.72 亿元，不良贷款实现清零。经营管理各类风险得到有效防范，全年未发生八级以上安全风险事件。开展信息系统安全风险管理专项工作，优化系统运行基础及检修方式，加强系统隐患排查和应急演练。近年来经营管理合规稳健、情况良好，对历次审计检查发现的问题，狠抓整改落实，积极构建长效机制。开展“一本制度”建设，实现核心业务规章制度一贯到底。

【人力资源管理】2014 年，公司坚持依法治企，积极落实人力资源专项审计整改，进一步夯实了人力资源规范管理及基础工作。进一步加强劳动用工规范管理，全年全员全口径用工人数控制在国家电网公司下达的计划指标内，规范系统各单位劳务派遣用工。全面加强岗位体系建设，梳理人力资源管理企业级业务架构，编制人力资源管理“五位一体”手册，制定岗位管理办法，开展岗位工作量测量。强化干部员工队伍建设，拓展与国家电网公司总部、分部、省公司，中国财务公司协会、人民银行等建立人员交流渠道，积极选派优秀员工对外交流；加强干部管理与考核，依法合规开展干部管理；先后有 12 人获得国家电网公司级“十大”领军人才候选人称号、3 人获得国家电网公司级优秀专家人才称号，成绩名列国家电网公司金融单位前茅。进一步加强薪酬绩效管理，加强培训统筹管理，大力开展全员轮训，参培员工覆盖各级单位各层级员工。人力资源管理基础和管理水平得到明显提高。

【信息化建设】2014 年，公司以全面加强信息系统安全生产为重点，积极推进信息化项目建设。全面加强信息系统安全运行管理，系统运行可靠率 100%。完成流程型财务公司信息化保障体系建设任务，实现信息化建设新突破。严格落实国家电网公司依法治企要求，进一步强化信息化专业规范管理。积极开展信息化重大项目研究论证，谋划信息化发展新动力。资金调控中心建设项目在国家电网公司信息化建设优质项目评审中名列直属单位第一；课题论文荣获电力行业信息化优秀论文一等奖。

【企业文化建设】2014 年，公司建设和弘扬“五统一”企业文化，组织开展企业文化传播、落地重点工程建设，大力传播卓越文化。深化“我与公司共精彩”企业文化落地实践，推动企业文化在公司精彩落地。公司

"深化流程型财务公司建设，力促企业文化落地生根"被评选为"电力行业企业文化优秀案例二等奖"。建设社会主义核心价值观，推进《员工文明手册》落地实践，号召广大员工"八小时之内做优秀员工，八小时之外做优秀公民"。深化"中国梦·国网情"主题活动，组织开展"我身边的榜样"推荐活动，积极选树立足本职、敬业奉献的先进典型。积极开展文明单位创建活动，公司总部被授予"首都文明单位"荣誉称号。

神华财务有限公司

【经营概况】2014 年，神华财务有限公司（以下简称"公司"）围绕集团清洁能源发展战略，以"建设国内一流财务公司"为愿景，以加强神华集团资金管理和提高资金使用效率、完善金融服务、创造协同效应为目标，巩固和发展传统业务，探索产品创新和服务创新，统一思想，坚定信心，超额完成全年各项经营任务，经营业绩再创历史最好水平。全年实现营业收入 24.44 亿元，实现利润总额 11.30 亿元。公司资产规模达到 1 931.17 亿元（含委托资产 1 463.51 亿元）。

【信贷业务】密切关注集团十大重点建设项目的年度投资计划，为重点投资项目做好资金保障。2014 年已同三个重点项目签订贷款合同，贷款金额共计 35 亿元；签订 11 亿元银团贷款，其中公司承担 1 亿元。及时调整贷款利率，执行人民银行下调基准利率后再下浮 10% 的优惠政策，大幅降低成员单位融资成本。在认真做好贷后跟踪检查的同时，调研成员单位新业务需求，提供个性化服务，探索新业务开展。

【票据业务】积极筹备人民银行电票直连系统建设工作，已完成人民银行首次现场验收，并取得人民银行批复，为系统上线创造了有利条件。协调解决银行通道和系统的各种困难，顺利完成公司承兑全部电票的兑付和纸票托管的资金托收工作。截至 2014 年 12 月末，电子承兑汇票兑付 833 笔，金额共计 19.33 亿元。

【资金集中】持续加强与两总部财务部的沟通与协调，及时了解大额资金使用的安排及流向，提供实时周到的资金服务。公司全年日均吸收存款为 460.70 亿元，同比增长 15.68%；截至 2014 年 12 月末，集团全口径资金集中度达 43.04%。通过提高向商业银行询价频次、优化同业存款期限结构，克服资金价格不断下降的不利因素，资金收益率保持较高水平。

【业务创新】积极筹备外汇业务和融资租赁可研工作，提升价值创造能力。结合前期调研结果，51 家成员单位有外汇业务需求，公司启动外汇业务前期工作，初步形成外汇业务开展思路，并梳理出外汇业务流程。积极推进开展外汇业务、即期结售汇、跨国公司外汇集中运营管理资格的报批工作。配合集团境外融资，在广泛调研的基础上，起草成立融资租赁公司的调研报告，为集团提供了有力的决策依据。

运用财务公司在商业银行的综合授信额度为财务公司电票持票人办理贴现业务；启动“提升主动负债能力，打造集团融资平台”的研究工作，做好发行金融债券、低风险委托投资业务的可行性分析。先后开展了发挥金融专业优势支持集团改革、公司对集团价值贡献分析、碳金融项目、上海自贸区综合政策、天津滨海新区金融优惠政策等多项研究工作，为公司发展提供了有力的决策依据。

【风险管理和内部控制】建立全面风险管理体系，为资金安全保驾护航。坚持“完善制度、优化流程、强化执行、严格监督”的工作方针，从风险治理体系、风险制度体系、风险监控体系、应急处置体系四个方面不断加强全面风险管理体系建设。根据银监局企业集团财务公司风险评价要求，提出高标准和对标创优的目标，梳理风险管理各个环节和流程，查缺补漏，提出整改目标、计划和措施，为监管评级创优打下坚实基础。

全面稽核审计，稳固最后防线。强化现场稽核和内控审计工作。本年共完成稽核项目15项，提出建议30条；本年度除完成对相关业务部门的现场稽核外，还加强了对电子票据业务、信息内部控制执行情况的专项稽核、案件防控专项排查和专项普法工作。开展原董事长任职中期审计自查、2014年内控自评等工作，梳理历年外部审计中发现问题并完成31项整改。

【人力资源管理】人才建设和管控能力不断增强。建立健全人事管理制度，加强对中层管理人员的考核和管理，开展中层管理人员年度述职，加强中层管理人员因私出国（境）管理，完善监督机制；按照集团统一部署圆满完成企业年金相关工作，规范企业年金管理；制定培训管理办法，组织各类培训8次，共计350人次，提高了员工的业务能力和综合素质；组织公司年度先进个人评选和表彰，营造积极进取、学习先进的良好氛围，促进公司健康向上发展。

【信息化建设】科学有序地组织开展信息化总体规划建设。向优秀同行学习信息化建设经验，结合集团和公司实际，从公司管控模式设计，公司业务模式梳理，公司业务流程分析与设计，公司管理能力提升等方面，利用现代信息化手段，逐步建成一体化信息平台，实现信息化与金融业务融合发展。2014年成功完成公司信息化立项工作，为公司信息化发展打下良好的基础。

中国电子财务有限责任公司

【经营概况】2014年中国电子财务有限责任公司（以下简称“公司”）以集聚集团内外

部金融资源、助推集团产业发展为使命，结合中国电子的产业特点，在夯实传统贷款、担保等业务的基础上，积极创新金融业务，不仅开展了财富管理和外汇业务，还大力推广了电票业务，取得了较好的成绩，为集团和集团成员企业较好地提供了金融服务。

2014 年，公司全年营业收入 5.65 亿元，同比增长 15.43%；利润总额 3.15 亿元，同比增长 4.98%；对集团收益贡献 7.23 亿元，同比增长 40.77%；集中资金占集团货币资金的比重 51.36%，管理费用贡献比为 15.17，比上年同期提高 36%，各项经营指标再创新高。同时，公司也面临着较为复杂严峻的发展形势，自身发展受到制约：一是利率市场化等国家政策变化冲击传统信贷业务，利差缩小，业务转型势在必行；二是面对经营市场化趋势和企业多元化要求，增加了金融服务难度，影响了资金归集度；三是人才队伍的能力素质与集团公司发展要求之间存在差距，整体经营能力和服务水平亟待提高。

【信贷业务】2014 年，公司克服企业经营形势严峻、归集资金波动较大等不利因素，充分运用资金，满足成员企业金融服务需求。2014 年，公司通过对成员企业总体经营情况的分析和项目的提前介入，为成员企业提供个性化金融服务方案，增加多品种的担保业务，提高为企业提供金融服务能力。经过充分调研、沟通，初步形成了与中国软件进一步加深金融合作的预案；在中电熊猫支持下，与南京相关金融机构建立合作关系，撬动银行资源，参与集团公司一号工程筹融资工作；针对东莞产业园建设前期资金需求，推进与瑞达集团的整体合作，探索符合国际总部需求的金融服务模式；协助中电控股境外资金回流境内使用，协助中电科技进行境内资金安排；通过建设银行与北京中电广通完成了第一笔内保外贷业务，并向其他相关成员企业推广；代开银行保函、信用证业务在中软、通广公司使用，用户反映良好，开始全面推广；加大对设计施工企业从银行取得工程类保函的担保，在协助企业业务发展的同时，吸引了企业的存款。截至 2014 年底，金融服务日均规模达到 147.52 亿元，同比增长 43.54%；委托贷款日均余额 26.76 亿元，同比增长 18.51%；信贷规模 69.77 亿元，与上年基本持平；担保余额 7.96 亿元，同比增长 33.27 倍。

【资金和投资业务】加强银行同业合作，增加银行授信品种和授信额度，取得授信额度 130 亿元，同比增加 39.78%。随着结算资金增加，提高了在银行取得资金收益，在保证企业资金需求的前提下，尽量将企业沉淀资金做活做宽，资金安排灵活多样，定期资金活期使用，活期资金最高收益化，适度开展多品种的低风险投资，资金运作收益较上年同期大幅提高。

为加快集团信贷资产证券化和企业筹资渠道的多元化，公司将财富管理作为业务转型的重点之一，通过行业调研，梳理业务思路，根据成员单位特点设计匹配财富管理方案，提高成员企业资金收益。2014 年，公司初步聚集起一定的投资渠道和业务品种，建立起为成员企业财富管理的运作模式，为重点打造专业化的团队和精细化的管理运行模式打下了良好的基础。2014 年委托理财日均余额 51.44 亿元，较上年 25.75 亿元增加 25.69 亿元，增长 99.77%，提高了成员企业的资金收益。

【外汇业务】为适应中国电子国际化发展进程和人民币国际化进程，公司积极拓展外汇业务，开通了中电进出口、中电熊猫液晶、中电器材等 10 家企业的结售汇业务。2014 年，公司不断完善外汇业务资质，取得了现汇交易资格；优化结售汇管理信息系统，提高结售汇服务能力；利用场内交易的价格优势，显著降低了开展结售汇业务的成员企业的成本。截至

2014年12月末，为成员企业办理结售汇业务1 192笔，是上年同期的18.92倍；结售汇人民币32.87亿元，是上年同期的4.49倍，为成员企业节约汇兑成本近0.07亿元，公司结售汇业务进入全面推广阶段。

【资金集中】公司通过提升服务质量，推进资金集中。根据集团考核工作办法和安排，公司配合集团总部完成了对成员企业2013年度资金集中考核工作，并对表现突出的成员企业给予专项奖励。2014年，公司继续依靠转变服务方式、提升服务质量拉动资金归集，建设优质高效的结算平台，不断提高服务意识和水平。分两期完成了对核心业务系统查询、流程等20余项功能的升级改造，提升用户体验，强化平台服务功能。吸收存款方式由过去的以闲置资金为主转变为以结算归集为主，同时探讨与企业合作建设区域性结算平台推动集团整体资金归集。积极准备参加跨境外币资金池项目，与农业银行、建设银行、中国银行协商了筹备方案，设计了以公司为主的跨境资金池建设方案。2014年资金集中规模达211.10亿元（含企业存款、委托贷款和委托理财），与上年同期基本持平。

【业务创新】2014年，公司大力开展电票业务，专门成立了票据业务工作小组，通过以下方式有效推进各项工作：一是拓展战略合作银行，取得了银行33亿元保贴额度，使公司所承兑的电子票据能够在战略合作银行的各分支行进行直接贴现，为电子票据的推广和流通创造了有利条件；二是更新电子商业汇票系统，实现了电子商业汇票系统与资金结算平台、人民银行营业管理部网络及企业客户端的无缝集成；三是积极宣传推广，使集团成员单位逐步认识到电子票据的优点和给企业带来的效益，票据业务规模同比大幅度增长。越来越多的集团成员企业正采用以公司电子票据支付为主的支付方式，取得了良好的效果。2014年，公司共为43家企业办理承兑、贴现票据787笔，累计金额32.20亿元，同比增加120%，取得直接经济效益0.52亿元。

【风险管理和内部控制】2014年，公司进一步完善了全面风险管理体系，加强了风险评估分析，梳理了授信业务主要集中领域，评估了流动资金贷款、房地产贷款类风险，紧盯流动性风险，防范信息科技风险，评估市场风险及其他风险。2014年，公司信贷规模69.77亿元，新增贷款贴现全部为正常类，均未出现逾期；对较高风险业务要求集团成员单位提供第三方担保或抵质押，以减少贷款风险；注重资金计划，加强流动性管理，2014年流动性比例为87.45%，资金流动性较为充裕；全年未发生操作风险事件，操作风险引致的资产损失为零。2014年，公司各项业务平稳运行，风险控制成效显著，资本充足情况良好，各项监管指标符合监管要求。

2014年，公司继续推进内控建设工作。梳理了近年来新制定、修订的制度流程，形成了综合授信类、综合类和风险管理类三卷汇编；同时，根据《内控制度管理暂行办法》相关规定，结合国家法律法规的变化及实际业务需要，制定了制度流程修订计划并有效落实，截至12月底新制定、修订制度11项，并对相关流程进行了修订。通过制度流程的修订与完善，并进一步规范了业务，加强了风险管理。

【人力资源管理】2014年，公司着力加强全员考勤和绩效考核工作，强化人力资源管理。年初起实施全员打卡制考勤制度，经过持续监测，员工从上到下能够严格执行考勤制度，形成了良好的工作秩序，精神面貌焕然一新，工作效率得到了显著提高。加大考核评价工作力度，以月度、季度和年度工作计划的完成情况为基础，加强全员绩效管理，全面提升绩效水平。全员制定月度工作计划，分管领导对下属团队的工作绩效进行月度考核和业绩反馈，构建了完整的考核体系，加强了对全体员工的业绩考核，督促工作目标的实现。选人用人及考核机制逐步市场化，人员的进出上下和考察严格按照岗位职责要求和工作实绩执行。新的考核体系充分调动员工的积极性和创造性，进一步强化公司考核约束和目标管理工作，也提升了公司内部管理。

【信息化建设】公司重视信息化建设工作，2014 年进一步加强了网络管理，防范信息系统运行风险。加强运维保障，保证结算、信贷等金融业务顺利开展，为推进一二级账户联动、电子商业汇票等重点工作提供技术支撑；逐步完善资金管理系统业务品种、优化票据系统功能，不断提高业务处理能力。重点对电票系统和核心业务系统进行升级改造，已完成按月计提利息、担保保函业务保证金自动冲回、T+1、T+2 代客结售汇、五级分类线上审批等 25 项功能的开发测试，完成了电票系统的升级，编制《电票简明操作手册》，加强员工操作培训，为客户提供上门服务，解决系统及操作问题。信息系统的不断完善为公司业务发展提供了有力的保障。

【企业文化建设】2014 年，公司继续以开展党的群众路线教育实践活动为载体，积极建设阳光、和谐、透明的企业文化，树立“务实高效、勤俭节约”的企业作风。以丰富的形式组织员工学习、讨论，开展业务知识和管理知识培训，鼓励青年职工加快成长，勇挑重担，逐步建立业绩导向、积极进取、有朝气、有活力、有战斗力的专业团队。坚持开展丰富的文体活动，搭建职工交流沟通的平台，增加了团队的融合和向心力，使员工队伍的精神面貌积极向上，创造了和谐的企业文化氛围。

航天科技财务有限责任公司

【经营概况】2014 年，航天科技财务有限责任公司（以下简称“公司”）积极稳健推进董事会下达的年度经营计划，全年实现业务收入 25.20 亿元，实现利润总额 12.90 亿元。公司资本充足率、不良资产率、资产损失准备充足率、流动性比例等各项监管指标符合监管要求，全年无新增不良资产，存在问题：一是需要进一步培育新的经济增长点，二是内部管理的精细化程度有待进一步提升，三是金融服务水平有待进一步提高，四是团队专业能力有待进一步提升。

【公司金融】以助推集团公司产业发展、保障成员单位资金需求为目标，积极开拓集团内部信贷市场，2014 年末信贷余额达到 218 亿元，公司贷款在集团金融负债中的占比达到 50%，较 2013 年的 45% 提高 5 个百分点。一是积极拓展自营贷款规模，日均信贷规模为 196 亿元，同比增长 47.40%；二是积极置换集团内外部融资，完成集团中期票据、委贷、上市公司短期融资券的到期置换安排共计 26

亿元。

【产品销售信贷业务】加大对集团重点产业差异化金融服务需求的跟踪力度，为成员单位量身设计了共计19项综合金融服务方案，充分发挥财务顾问服务作用。针对211厂信贷规模日益扩大、短贷长投等问题，提供资金风险分析报告；针对529厂存货、应收款两金占用较高的问题，设计了综合性财务短板指标解决方案；为帮助深圳航天高科投资管理公司解决广场建设工期拖延造成的融资问题，继续与工商银行、中国银行联合推出银团贷款服务方案，增加了公司的银团贷款额度，解决了项目融资难的问题；为帮助十一院降低应收账款、提高资金使用效率，设计了包含买断式应收账款保理在内的综合金融服务方案。

【资金和投资业务】努力捕捉债券市场交易性机会，实现债券投资收入1.23亿元；把握利率高点时机，积极配置同业存款，并持续挖掘股份制银行与城商行的报价优势，积极进行短期资金套利，实现同业存款利息收入8.92亿元；深入开展股票研究并实地调研了30多家上市公司，完成海格通信、中科金财、炼石有色等25只股票的入池，实现股票投资收入2.24亿元。针对利率市场化后公司息差收窄、盈利空间缩小及未来收入、利润增长放缓的问题，公司积极推进金融股权投资，减缓公司盈利压力。充分参与对参股公司北京信托、信达财险、中信建投基金的公司治理，并积极与中信建投基金开展债券专户投资业务合作，年化债券专户投资收益率提高近4个百分点，实现了金融资源的优势互补。

【票据业务】一是大力推广票据承兑与贴现业务，累计办理票据承兑56.60亿元，办理票据贴现43.74亿元，均创公司历史新高，满足了成员单位上下游的采购支付、优化经营现金流量等需求；二是继续推广应收账款保理、融资租赁业务，累计办理应收账款保理共计10.46亿元，降低了成员单位的应收款占用，发放融资租赁款0.92亿元，满足了成员单位项目建设周期内大量长期资金需求。

【资金集中】为有效解决长期存在的跨行支付到账速度慢等问题，对工商银行银企直连代理支付系统进行了更新改造，优化了网银服务功能，2014年末实现了跨行支付到账时间由2天缩短至2小时内；网银结算金额达到1 391亿元，同比增长12.59%，为集团节省结算手续费约0.02亿元；与合作银行进行沟通协调，完善了资金集中业务规则，将新增账户归集工作频度由季度缩短至一周；积极解决资金集中问题，配合五院，与有关部门开展了充分地沟通，2014年末五院资金集中度显著提高；深入分析低价值、不活跃账户资金归集状况，协助集团向成员单位提出资金管理建议，推动账户与资金集中的闭环管理。

【业务创新】坚持“创新引领发展”的理念，加快创新业务与产品的推广力度，进一步拓展金融服务范围。一是积极开展买方信贷业务，帮助成员单位加快应收款回收；二是积极开展卖方贴现业务，解决了公司票据流通性不强的问题，丰富了成员单位材料采购的支付手段；三是积极推广集团统保业务，帮助集团减少保费支出，车险、非车财产险参保范围覆盖北京、保定、西安地区；四是积极推广外汇业务，累计为7家单位办理结售汇业务约3.80亿美元，为成员单位节省超过0.11亿元人民币结售汇费用。

【计划管理】加强战略研究，完成2014—2016年三年滚动计划编制并上报集团，提出的“要尽早布局金融机构股权投资”等战略举措均得到落实和推进，充分发挥了战略对公司工作计划的牵引作用；积极推动深化改革，查找了结算、信贷、投资业务的主要问题，为制定2015年工作计划及“十三五”规划提供参考；将公司“十三五”及未来发展的10项重大问题列入 2014 年度课题研究计划，强化预先研究，为编制“十三五”规划做好准备；定期召开总经理办公会、计划推进会和经济运行分析会，跟踪推进重点事项，完善规划—计划—预算—考核的闭环管理，确保公司年度经营计划的圆满完成。

【风险管理和内部控制】梳理形成了五大类工具组成的风险管理工具库，大力推动信贷、投资“审核流程清单化”，设计了非标产品综合评价及持续跟踪机制，建立了全口径资产质量五级分类管理机制及监管信息报送集中管理制和主报送联系人负责制，建立了资产配置模型，优化资产结构，进一步提升了风险管理专业化水平。积极推进内外部审计意见整改落实检查，整改落实速度和效果明显提高；完成自营投资管理等专项审计 6 项，提出审计意见和建议 31 项，整改完成率达 70% 以上；规范《内部控制手册》，深化内控体系建设，针对各类风险控制的特性提出内控差异 161 项，完善了内部控制工作。

【人力资源管理】根据公司战略发展重点，优化组织机构，部门数量由 14 个缩减为 11 个，减少部门协调成本，提高工作效率；开展全员岗位公开竞聘，安排业务骨干跨部门交流，人员配备向符合公司战略发展的重点业务倾斜，营造了科学用人的良好氛围；完善绩效考核，加大了业务部门对管理部门服务满意度、外部客户对业务部门服务满意度的考核，加大了对业务部门的激励力度，提高了全员服务意识，促进了公司各项任务指标的完成；结合公司战略发展对员工能力的需求，制定分类培训计划与方案，提升了金融服务团队的专业水平；建立了内部培训师制度，完成了内训师的申报与培训工作。

【信息化建设】完善核心业务系统的信贷、票据业务流程，搭建电子验印系统，构建企业征信系统，持续完善 1104 系统、数据仓库系统，开展数据库优化，进一步提高了业务处理效率；实现移动办公平台正式上线运行，提供了更便捷的业务处理方式；建设了项目管理平台，提升了项目管控水平；开展信息安全等级保护测评与专项整改、信息安全管理与系统应急管理工作，保障公司信息系统安全稳定，提升突发事件应对能力。

【企业文化建设】以开展企业文化主题实践活动为载体，全面总结公司企业文化体系建设。研究公司企业文化体系建设工作，为“十三五”企业文化体系建设提供依据；围绕中心任务，开展企业文化主题活动，组织航天传统教育、履行社会责任、员工团队拓展等活动。通过编印《2015 年企业文化全员手册》和《航天金融》，向全体员工宣贯公司企业文化理念、员工行为规范、公司以及集团公司发展动态，普及航天知识及金融知识。

【党建工作】组织完成了党风廉政建设责任制落实、领导人员廉洁从业情况检查、集团八项规定现场检查，跟踪检查公司贯彻落实国资委、集团党组“七个严禁”规定情况；制定了《2014 年党委工作要点、工作总结及 2015 年工作思路》；加强基层组织建设，扎实召开领导班子民主生活会、支部组织生活会，开展中层领导干部作风建设；公司纪委开展反腐倡廉教育讲座，召开廉洁教育谈话会，发放公司廉洁文化理念宣传册，编写廉洁理念宣传板报、专栏、文章并在金融服务点宣贯，廉洁文化理念进一步深入人心。

航天科工财务有限责任公司

【经营概况】 2014 年，航天科工财务有限责任公司（以下简称“公司”）实现收入 13.35 亿元，同比增长 18.98%；利润总额 8.41 亿元，同比增长 26.09%；总资产报酬率实现 1.90%；经济增加值完成 5.06 亿元，同比增长 33.16%；年末资产总额 490.20 亿元，同比增长 23.84%。

【信贷业务】 截至 2014 年末，公司信贷业务规模 109.81 亿元（含分公司 47.13 亿元），同比增长 20.84%。全年信贷日均规模为 104.55 亿元，同比增长 4.91%，实现公司成立以来的最高日均贷款余额量。贷款集中度月均达到 54.83%。

【资金和投资业务】 2014 年，公司制定了《同业业务操作指导纲要》，优化了同业存款期限结构配置；同时积极抓住资金市场流动性波动造成的资金市场机遇，适时锁定高收益配置。

2014 年，公司完成了《投资业务资产配置指导纲要》和《投资业务专项提升方案》，积极处置历史投资套牢股票并取得显著成效。

【票据业务】 2014 年，公司票据承兑业务量剧增，全年票据业务量突破 63 亿元，其中，财务公司承兑票据金额近 40 亿元，进一步提升了公司金融服务水平。

【资金集中】 截至 2014 年末，公司吸收存款规模实现 451.69 亿元，同比增长 24.42%。全年公司继续加大客户走访力度，新开立各类账户 166 户，归集存款达到 47.55 亿元；资金集中度进一步提高，全年平均资金集中度实现 80.67%。

【风险管理和内部控制】 积极完善公司规章制度体系管理框架，在制度发布环节，加大了对审议修改后的制度的再次审核。2014 年全年共颁布制度 91 项，废止 4 项，暂停执行 1 项；合规审查方面新增合规审核意见书或法律审核意见书工作环节，对于审核过程中发现的问题，及时督促业务部门进行规范、改正；开展年度的风险评估工作，分类整理风险事件，重新修订、完善公司风险库和风险事件库；全年完成 29 个内部审计项目，做到部门及核心业务全覆盖。并按照整改归零的要求，跟踪整改结果，确保年末所有问题整改到位。

【人力资源管理】 2014 年，公司制定了年度绩效考核计划，对原有的考核指标、指标权重等内容进行了调整；实施开展了部门月度工作考评办法，层层分解、传递工作责任和压力，使公司的考核激励管理工作更具导向性、科学性和合理性；重新修订《教育培训管理办法》，制定全员培训计划，加强培训过程审批，建立员工参训档案，有效规范了员工培训工作。

【信息化建设】 2014 年，公司信息化工作持续助推业务发展：启动并完成了信息化三期论证工作；建设推广网报系统改变了传统报销流程；搭建运维预警平台有效提升了故障预警处理能力；建设武汉备份中心，搭建了一主一备的灾备框架，首次实现了数据异地存储。

【党建工作】认真开展党的群众路线教育实践整改活动，截至2014年末，公司各层级整改任务计划节点完成率实现100%，广大职工群众对活动效果总体满意；不断加强中心组学习，发布了《党总支中心组学习办法》，制定了年度中心组学习计划，全年党总支中心组共开展了9次学习活动；继续加强公司党的基层组织建设，本部党支部设立了3个党小组，积极开展了党员十八届四中全会知识答题活动，基层党组织的战斗堡垒作用得到进一步发挥。

【企业文化建设】企业文化建设围绕“有主题、有组织、有品牌、有平台”的“四有”方案逐步推进实施，通过党、工、团强化企业文化工作的组织保障，开展了丰富多彩的系列活动：2014年公司开设了“科工财务小讲堂”，举办了以走访学习航天文化示范单位南京晨光集团为主题的总分融合活动，开展了《活法》读书会、拔河比赛、女职工“优雅”活动和“同一个团队，同一个梦想，同心协力，永创辉煌”的主题趣味运动会，参加了集团公司庆“七一”歌咏比赛、第二届羽毛球赛，各类活动的开展极大地激发了职工工作热情；继续加大企业文化宣传力度，新闻宣传工作于2013年、2014年连续两年在中国财务公司行业中排名前十。

中船重工财务有限责任公司

【经营概况】2014年，中船重工财务有限责任公司（以下简称“公司”）面临资产规模波动大、市场不确定性增加等诸多困难。公司通过全面分析内外市场环境、明确经营思路、跟进优化经营策略、加强资产流动性管理、有效把握市场机会、推进改革调整计划，各项业务稳步推进，全年公司收入、利润和净利润全部创出成立以来新高。截至2014年末，公司资产规模460.30亿元，实现营业总收入（含投资收益）28.52亿元，同比增长27%；利润8.53亿元，同比增长18%；全年实现净利润6.63亿元，同比增长19%，收入和盈利指标均实现了较大幅度的增长。

【信贷业务】一是合理控制贷存比，优化贷款结构。公司制定了明确的年度信贷调整计划，通过逐季持续小幅度收缩、积极疏导成员单位融资需求，实现信贷规模的平稳回落。二是加快信贷资产周转速度。公司有意识、有计划地减少一年期及以上贷款投放量，更多地为成员单位提供3～6个月的短期贷款，并且通过降低贷款利率，直接减轻了成员单位的财务成本。三是做好委托贷款资金受托支付和管理工作。2014年5月集团公司成功完成中期票据融资后，公司随即积极免费承担了68亿元的委托贷款发放工作，截至2014年12月末，委托贷款余额达到186亿元，为集团公司和集团公司成员单位提供了优质的信贷服务。四是推进和拓展电子银行承兑汇票业务等中间业务。2014年，已有76家单位客户在公司开通了电子商业汇票业务系统，在使用户数大幅增加，一半以上的票据经过背书转让、贴现、转贴现，实现了多次流转；同时，实现在工商银行、农业银行、中国银行、建设银行、交通银行等主要商业银行的贴现和转贴现，得到市场的广泛认可，增强公司承兑汇票的流通性。五是加强信贷资产管理工作，做好客户信贷政策指导和授信工作。

全年公司累计发放贷款252.50亿元，其中短期贷款252亿元，年末自营贷款余额192.20亿元，实现贷款利息收入、节约集团财务费用12.95亿元，同比增长7.70%。

【资金业务】强化流动性管理，促进稳健持续发展。2014年，公司资金流动性管理面临着很大压力。在吸收存款规模下滑、成员单位资金持续流出、公司进行资产负债调整以及新股申购时点性占用资金量大等内外诸多不利因素交织影响下，对公司资产的安全性、流动性管理提出了更高的要求。

面对压力和困难，公司坚持早计划、多准备、防意外，把安全性和流动性放在第一位，加强资金的整体性和精细化管理，多渠道寻找合作伙伴、多手段开展业务、多层次配置资金。2014年末，公司资金管理不仅确保了各项业务资金支付需要，而且实现了较高的收益水平，全年资金收益率超过4%。

【投资业务】2014年，A股市场呈现前抑后扬的走势。在这种市场背景下，公司权益投资方面股票主要以新股投资、逢高减持、管理存量股票等为重点，基金以加强波段操作、跟踪研究手持基金及寻求新投资机会等方面为主，固定收益投资以融资回购、研究债券减持可行性、监控手持债券风险为主。

在市场疲弱期，公司一方面强调控制风险，谨慎操作；另一方面果断抓住年初高点机会，集中减持了股票型基金，收益水平明显强于市场同期水平。在市场上升和活跃期，公司坚持稳健的价值投资理念。一方面存量投资价值回升幅度十分明显，重点品种当年回升幅度超过80%；另一方面公司及时调整投资策略，将新增投资重心聚焦于热点行业和板块，增量投资同样取得了优于市场的表现。根据新股的发行节奏，公司全程积极参与新股的申购，取得了不俗的收益。2014年，公司实现投资收益4.99亿元，同比增加4.21亿元，盈利能力大幅提升。

【资金集中和结算业务】结算服务质量稳中有升，服务水平进一步提升。公司注重抓好结算业务基础服务工作。主动加强与各单位财务人员联络沟通，进一步加大内部转账结算的宣传力度。全年累计完成结算业务总量4 112亿元，较上年同期增长21%，完成结算笔数84 133笔，工作日均335笔，网上银行、电子回单等用户增加较快。

2014年末，公司吸收存款余额达到396.82亿元，虽然年末吸收存款规模同比增加26.10亿元，但是实际上公司吸收存款面临着严峻的下降压力。船市的持续低迷和企业资金消耗以及大客户存款的集中流出，导致公司年内月度吸收存款规模下降明显，最大降幅接近20%。

【风险管理和内部控制】强化基础管理。一是构建全新的全业务全条线制度体系。2014年，在外部专业会计师事务所的协助下，公司对各条线、各业务板块的制度、流程进行全新再造。新版制度体系共计148项，构建起较为完善、合规、更具可执行力的制度流程体系。二是建立公司内部控制手册。内控手册以风险和业务为主导，全面反映内部控制体系管理的主要内容，为公司内控体系建设、运行和维护提供政策依据、统一规范和行动准则。三是建立员工岗位操作手册。公司详细梳理部门各岗位工作，严格按照岗位、事项、流程、步骤，外加时间节点、对象、方法等要素完成了员工手册。四是调整职能，规范管理。2014 年，为防控风险，贯彻不相容岗位分离原则，公司将九恒星业务系统内部授权职能改由稽核审计部履行，职能划分更为合理、规范。

【人力资源管理】2014 年，公司坚持将公司发展与员工发展、公司利益与员工利益、员工长远利益与眼前利益有效结合，并不断完善基于员工工作业绩的考核和奖励制度。一是实施多层级的业绩考核。坚持从公司经营管理层、部门经理层到员工的多层级考核机制。公司经营管理层受董事会和集团公司的双向考核；员工实行季度和年度考核，员工自我评价与公司考评相结合。二是以制度规范员工业绩考核工作。公司业绩考核工作根据《公司领导班子副职业绩考核和薪酬管理（暂行）办法》和《公司业绩考核试行办法》开展；依据《公司奖惩管理办法》，对员工进行有关奖惩。三是推进人力资源管理制度流程的完善和再造。2014 年，公司人力资源管理制度再造基本完成，搭建起涵盖人员管理、薪酬福利、考核晋级、教育培训、休假奖惩等模块的人力资源管理制度体系。

【信息化建设】积极推进信息化建设。重点推进公司信息系统的安全性管理，完成了操作系统、业务系统身份认证体系的跨代升级工作，提升公司信息系统的安全防护水平。

【企业文化建设】2014 年，公司以迎接集团公司企业文化建设大检查大评比活动为契机，进一步深化企业文化建设。通过公司领导率先垂范、增强与员工之间的互动、深化团队意识培养等工作，营造出一种团结协作、蓬勃向上、求实创新的良好氛围。遵循“以人为本”的文化理念，构建和谐企业，营造以人为本、创新为本的企业文化。

中海石油财务有限责任公司

【经营概况】2014 年，中海石油财务有限责任公司（以下简称“公司”）克服利率市场化和内外部同业竞争压力，积极拓展各项业务，公司全年实现营业收入 28 亿元，同比增加 3%；实现拨备后利润 11.90 亿元，同比增加 1.39 亿元，增幅达到 13.22%。超额完成中国海油“保增长刚性利润”指标，取得了除 2007 年特殊市场环境之外的最好经营业绩。2014 年末公司资产达 1 082 亿元，存款达 576 亿元，均创公司开业以来同期最高纪录。

纵观全年，公司努力发挥专业金融服务机构职能，以结算、信贷为重点不断提高服务品质，以外汇为突破口积极拓展服务范围，在同业、投资市场通过专业操作捕捉机会。同时，公司继续保持不良资产、不良贷款为零的最优记录，内控风险管理水平不断提升，反腐倡廉工作持续得到加强，信息系统得到优化，人力资源基础不断巩固。

【信贷业务】公司面对人民银行贷款规模管控，为最大限度地发挥规模的价值，对贷款余额的时点数进行精细化管控。公司全年自营信贷投放2 162亿元，年末信贷余额203亿元，日均自营信贷余额达到187.94亿元，同比增长33%。公司信贷服务涵盖了集团八大业务板块的经营单位和重点项目，较好地满足了集团生产经营的正常融资需求。

公司不断提高信贷服务精细化水平，更加注重对客户特殊业务需求的响应，积极协助解决融资难题。在风险可控前提下，公司积极简化能源发展公司保函业务操作流程；及时为气电集团解决因理财投资产生的间歇性资金缺口；为进出口公司化解因合作银行无法如约提供贴息贷款而面临支付违约的风险；帮助泰州一体化项目实现票据与中长期贷款搭配使用，大大降低项目建设期综合融资成本。为集团成员单位在复杂形势下不断降低财务成本、提高经营绩效作出了贡献。

【资金和投资业务】在资金业务方面，公司在保证客户支付流动性前提下，尽力压缩备付金规模，把握市场时机，精心配置同业定期存款，争取同业存款收益。全年累计办理本外币同业协定存款175笔，金额1 453亿元。全年同业定活期加权收益率超过出现“钱荒”的2013年。

在投资业务方面，公司基于对全年货币政策走向及市场机会的把握，综合考虑债券、货币基金、逆回购的收益和流动性特点，建立合理的投资组合，全年取得较好的投资收益，实现投资业务收入5.62亿元。

【外汇业务】公司全年完成外汇结售汇业务49.45亿美元，同比增长55％（剔除2013年一次性90亿美元并购购汇）。2014年4月，公司正式面向成员单位办理远期结售汇业务，成为国内外汇服务范围最为全面的企业集团财务公司之一。2014年公司与三家集团成员单位签署外汇衍生品总协议书，共完成了外汇远期业务金额近0.22亿美元。

【资金集中】公司配合中国海油集团完善资金集中管理体系，维护集团内部资金秩序，同时不断提高金融服务水平，以此增强公司金融服务平台对于集团成员单位资金的吸引力。2014年公司全年全口径资金集中度平均为45.87%，相比2013年（42.53%）增加3.34个百分点。其中5个月度的月末集中度超过50%，屡创历史新高。

作为帮助集团集中资金的基础性工作，公司积极拓展服务网络，年内完成了宁波办公室、青岛办公室的筹建工作，建成包括5个代表处、5个办公室在内的金融服务终端体系，覆盖了集团沿海主要业务集中地区。截至2014年末，公司服务的客户单位达387家，账户494个，客户遍布全国27个省的103个城市。公司全年完成结算业务21.86万笔，同比增长6.69％；结算金额达2.81万亿元，同比增长5.15％；双双刷新历史最高纪录。

【业务创新】公司于2014年9月成功拿到了作为集团主办企业开展跨国公司外汇资金集中运营管理业务的资质，并获得8亿美元集中调配外债额度和20亿美元对外放款额度。公司利用这一平台为集团79家（境内52家，境外27家）成员单位办理境外外汇资金境内归集、境内外汇资金集中管理、外债和对外放款额度集中调配、经常项下集中收付业务。截至2014年底，已完成对外放款业务6.93亿美元。

【风险管控和内部控制】公司从建立标准合同文本库入手，夯实法律管理工作基础。截至2014年底，公司对涵盖信贷业务、外汇业务、结算业务、资金业务共计38类合同文本进行了标准化修订工作，并进一步明确了标准合同制定、审批、发布、使用以及修订等方面的流程。同时，公司于2014年开始按季度编制《风险管理报告》。报告中采用期限分析、敏感性分析、VaR分析等多种量化评估方法，并将流动性缺口模型和HP滤波法等数学模型应用于风险管理量化分析中，从信用风险、市场风险、操作风险、信息科技风险、流动性风险、法律风险和合规风险等多个维度对财务公司的整体风险进行分析，加强了对公司重大风险的量化评估和实时监控。

【人力资源管理】 绩效管理方面，公司启动绩效考核体系优化工作，以平衡计分卡理论为基础并参考其他理论和方法完善公司绩效管理框架，年内已完成面向11个部门和5个代表处的组织绩效考核方案设计。

培训方面，公司利用各种内外资源，完成员工培训627人次，培训总时间6 755小时，人均61小时，同比均有所增加。公司面向新员工开设12门入职内训课程，明确新员工“双导师”培训机制和相应的管理要求，组织37名新员工参加专项拓展训练，与原有的新员工轮岗机制相衔接，初步形成了比较完整的新员工入职培训体系。

【信息化建设】 为彻底解决原业务系统部分功能不完全、局部操作效率有待提高的问题，公司启动“金融专业系统建设项目”，于年内顺利上线，提高了信息系统对公司各类金融业务的支持水平，显著提高了业务操作效率，降低了操作风险，为公司金融业务的可持续发展创造了条件。

【信用评级】 基于严密高效的风险管控和稳健扎实的经营策略，财务公司在2014年继续维持国内最高信用评级。公司信用评级水准为标准普尔AA-、穆迪Aa3，与中国国家主权评级一致，高于工商银行、农业银行、中国银行、建设银行、交通银行五大国有商业银行。

海尔集团财务有限责任公司

【经营概况】 海尔集团财务有限责任公司（以下简称“公司”）经过十二年发展，截至2014年底，资产总额688.53亿元，营业收入23.95亿元，利润总额19.46亿元。注册资本金为人民币53亿元。

公司成立以来，始终秉承“立足集团、服务集团”的理念，以“承接集团网络化战略，通过创新虚实网融合的产融协同模式，为金融事业群商业生态圈的利益攸关方提供超值金融解决方案，成为互联网时代最具竞争力的金融服务增值平台”为战略目标，打造集约化金融服务、集团化金融管理、集成化金融协同三位一体的海尔全球化金融综合服务商和全球金融中心。

【产品销售信贷业务】 小微企业“融资难、融资贵”一直是制约其发展的重要问题之一，要从根本上解决小微企业融资难题，有效途径之一应当是大力发展普惠金融。2014 年度，公司不断加大对小微企业的支持力度，在原有“海尔小微信贷”基础上针对专卖店经营区域差异及其自身经营特点，量身定制个性化融资方案，广泛使用以房产抵押、担保公司担保、分期贷等模式，有效满足了经销商的资金需求，扩大了经销商的销售规模。例如，通过紧密配合单项产品销售淡旺季，整合内部资源推出的空调贷以及为客户提供纯信用贷款，紧密结合空调销售周期实现淡季还息、旺季按比例还本付息。海尔财务公司以专业、灵活、差异化的融资方案黏住专卖店/社区店客户，提升集团客户依存度，同时比较完整地构建了围绕集团下游产业链的金融支持体系，为集团巩固并扩大自主控制销售渠道的建设提供了业内先进的金融平台，在集团内部获得高度认可，受到了同业的广泛赞同，对当地经济起到拉动作用，具有良好的社会效应。

【票据业务】根据中国人民银行部署进度，经历总行需求调研、行内系统开发、清算总中心联调测、总行现场验收、内部制度建设及培训等过程，2014 年6 月9 日公司电子票据线上清算成功上线。为将线上清算的政策效果真正落地，票据团队大力推进市场流入票据电子化，票据电子化率达 50%。截至 2014 年 12 月 31 日，电票线上托收清算 101.25 亿元，电票线上解付 68.50 亿元。

电票线上清算支持票款即时兑付提速，实现资金增值收益 0.03 亿元。电票线上清算加速了电子票据票款兑付，释放了公司准备金账户的日间流动性，提高了集团资金运营效率。电票线上清算实现了票据结算渠道的优化，加速了海尔持有电票票款兑付资金的流入，增强了海尔电票在市场上的流通信用。

【外汇业务】随着海尔集团全球化步伐逐渐加快，海尔全球化的产业布局使集团面临多达16 种货币的汇率、利率市场风险。而研究显示，使用金融衍生品进行风险管理可以有效提升公司的价值，实现 5% ~30% 的溢价。在此背景下，公司积极探索开展金融衍生品业务，大力推广运用金融衍生品管理金融风险的风险管理理念。海尔财务公司通过内部整合以及专业优势迅速扩大在产业市场的外汇交易规模，2014 年共开展外汇交易 35.30 亿美元，同比增长189%，其中：即期结售汇总额14 亿美元，同比增长 44%；远期结售汇总额 20 亿美元，同比增长 12.30 倍；外币对远期 0.40 亿美元；外币对掉期 0.90 亿美元。2014 年，公司在银行间交易市场中远期交易量排名第 19 位，掉期交易量第 66 位，衍生品交易总量排名第 59 位，较 2013 年排名第 75 位上升 16 位，累计为集团节约财务费用 2 亿元人民币左右。

【业务创新】2014 年，公司作为延伸产业链金融服务的试点公司，依托海尔集团的产业链特色与需求，充分利用自身条件和优势，拓展产业链金融服务的深度与广度，以求打造出符合集团产业自身特色的产业链金融服务模式。

积极变被动支持为主动服务，设计了一系列的特色产品，针对各个产业链的金融服务需求提供金融服务。基于对集团业务的了解，公司信息系统与成员企业的信息系统契合度和集成度较高，通过开发建设完善的产业链融资管理系统，与集团的采购、销售等业务系统实现对接，通过系统固化产业链融资流程，在大幅提升效率的同时，保证风险管理措施和内控制度得到贯彻落实。

在延伸产业链金融服务试点阶段，公司主要开展了以下几个方面工作：一是根据实际情况及充分的可行性分析，有序推进“一头在外”的票据贴现、应收账款保理、“福费廷”、建店融资等产业链金融服务，梳理、优化相关的制度、流程，形成标准化的作业规范；二是完善相关的信息化系统，全面实现业务操作的信息化、互联网化，从基于B2B交易平台的经销商贸易融资模式切入，创新产业链金融的“信贷工厂”模式，真正实现产业链金融在虚实网中的融合；三是完善风险控制制度和政策，形成全流程风险控制机制，并利用信息系统实现风险控制的自动化。

【风险管理和内部控制】公司在2014年启动了“信贷工厂”项目，并进行了信息系统的设计及开发，完成流程建制及系统开发。依托先进的信息系统技术，尤其是实时、高效的现场信息采集、高度标准化、智能化的信贷评分卡系统和分段、集中式的审核审批模式，做到信贷业务的各个环节流水化运作、标准化管理，实现“高速批量作业、标准流程处理、精确风险控制”的管理目标，并复制模式到其他金融事业单元，实现标准化信贷业务产品的共享审批模式。2014年末，公司已进行信贷工厂试运行，经销商业务已经全面切换，实现经销商业务全流程的批量、高效作业，精准细致的风险控制，全面满足中小企业尤其是小微企业的融资需求。

吉林森林工业集团财务有限责任公司

【经营概况】2014年，吉林森林工业集团财务有限责任公司（以下简称“公司”）立足服务集团转型发展大局，更好地发挥公司的资金管理、资金融通和资金运营的核心作用，更好地实现集团资金管理金融化、金融业务内部化的目标。全年实现营业收入2.02亿元，同比增加0.30亿元，增幅17.44%；实现利润总额1.29亿元，同比增加0.05亿元，增幅4.03%；实现净利润0.97亿元，同比增加0.04亿元，增幅4.30%。

【公司金融】全年累计发放自营贷款65笔，共计58.30亿元，同比增加22.09%；截至2014年末，贷款余额为17.28亿元，日均贷款余额为16.10亿元，创历史新高。2014年，公司为成员单位办理委托贷款6笔，累计1.60亿元；为集团公司及成员单位累计办理了4笔担保业务，共计3.30亿元。

【资金和投资业务】2014年，公司每日对公司资金收支情况进行统计分析，在保证公司正常支付结算额的前提下，利用同业定期存款、同业投资及债券逆回购等业务期限不同的特性，对闲置资金合理匹配运用，提高企业资金利用率。全年开展同业拆借业务25笔，拆入资金36亿元，日均拆入额为0.10亿元；与光大银行、中国银行、兴业银行、招商银行开展同业存款与同业理财业务，累计收益0.08亿元。

2014年，公司加大了在二级市场的债券逆回购业务的投入，日均投资额达到0.27亿元，收益0.02亿元，并尝试性了开展了股票投资业务，收益97万元。

【资金集中】2014年，全年组织部门员工多次对吉林森工股份公司、吉林森工开发建设集团、吉林森工中盐银港人造板公司等集团支柱性企业进行实地走访调研或电话沟通协调，在了解企业的组织结构、产销模式、融资比例、现金管理及发展战略情况的同时，扎实开展资金集中工作，全年累计新增上线资金集中账户近60户，资金集中账户总量超过330户，年末资金集中余额19.23亿元，同比增加3.51亿元，增幅22.33%，全年平均资金集中17.38亿元，同比增加3.70亿元，增幅27.05%，全口径资金集中率超过70%，较上年增长近20%，扣除不可归集资金因素影响，资金集中率可达到90%左右，总体资金集中工作呈现良好态势。

【业务创新】2014年，公司积极探索创新业务，确定了“续贷通”贷款业务模式，即为成员单位发放期限在半个月以内信用贷款，帮助其在商业银行顺利获得续贷款，在取得商业银行贷款后，可提前偿还公司的贷款。如此在不占用人民银行月末考核贷款规模的前提下，不但简化了贷款手续，提高了放款效率，还增加了公司收益，同时调整了公司贷款结构，增加了公司资金流动性。公司全年累计为成员单位发放“续贷通”类贷款16笔，共计14.35亿元。

【风险管理和内部控制】在公司治理结构方面，增设了证券投资委员会，进一步完善了公司治理结构和风险控制机制。在业务流程上，将公司各部门不相容职责未分离及流程不清晰情况进行了全面调整，重新按部门职责和控制流程将公司前台、中台进行了严格划分，业务按流程进行了梳理和再造，实现了业务流程的规范化、科学化。公司制度方面，修订并完善相关制度共42项，覆盖公司全部经营领域。2014年6月，对公司经营过程中可能面临的合规风险进行了梳理，制定了54个业务流程，主要业务整理出138个合规风险点。同时修订每个部门、每名员工的岗位职责和权限，做到岗位间相互制衡，每项业务都设A、B角，做到不相容岗位相互分离。

在内控执行方面，充分发挥各专业委员会和职能部门作用，各专业委员会对各项业务和管理在授权范围内进行审批和决策。合规管理部嵌入结算和业务发展部事前审核和事中控制，使风险管理关口前移，通过执行相关的制度、流程、安排合适的岗位和人员，管理业务开展过程中的各类风险。法律事务部对公司签订的全部合同进行审核并规范合同内容。强化了对前台、中台、后台业务的合规管理职能。审计部门对各部门进行专项审查，从监督和事后检查的角度对风险控制措施的执行情况进行全面检查评价，保证了风险控制政策和措施的有效执行。

【人力资源管理】一是打破原激励机制，解决对员工绩效考评落实不到位、激励不足及可操作性差等问题。为加强机制建设，修订了《员工晋级及薪酬管理办法》《绩效考评管理暂行办法》，制定了考核、奖惩、业绩与薪酬挂钩的管理办法，充分调动了员工工作、创效的积极性，增强了团队活力、提升了凝聚力和向心力。二是结合党的群众路线教育实践活动，组织各种形式的学习，开展了讨论、自查自纠、考试等实践活动，有效解决了“四风”、不担当、不落实等问题，员工精神面貌焕然一新。三是加强员工培训，员工素质是公司发展的决定因素之一，多种形式的员工培训工作扎实、有序开展，成为公司建设的常态化工作，队伍整体素质逐步提升。

【信息化建设】公司系统建设上完成了客户端Windows7操作系统的升级安装，增强了系统的安全性；搭建了人民银行金融信息服务基础平台，为公司与人民银行之间提供了安全、高效、通畅的信息传输通道；部署了电子验印系统，简化了原手工验印的程序，提升了工作效率。强化日常运营管理，完善风险控制手段，加大了公司信息系统的巡视、巡检力度，保障了信息系统的稳定运转；修改和完善《计算机信息系统管理办法》、部门岗位规范及操作流程，保障了信息系统运行维护的规范性和制度性。

【企业文化建设】2014 年，公司深入践行集团公司文化，开展“公与私、对于错、荣与辱界限”专题大讨论活动，邀请集团领导讲解企业文化，让员工更加热爱工作、感恩公司；组织开展了羽毛球、乒乓球、排球等活动，增强了团队凝聚力，并参加集团公司组织的各项体育比赛、演讲比赛、文艺汇演等，展现了员工拼搏进取、积极向上的精神风貌；改造、扩建员工阅览室、文化墙，为员工搭配丰富多样的营养午餐等，体现了公司对员工的关爱，提升了员工幸福感。

万向财务有限公司

【经营概况】万向财务有限公司（以下简称“公司”）遵循集团“向着国际化目标坚实迈进”的指导思想，以“专业化、综合化、国际化”和创建“一流财务公司”为战略目标，致力于构建“资金集约管理中心、金融服务中心、信用增值中心、协同利润中心”四位一体的万向全球化金融服务中心。2014 年，公司秉承“务实、创新、卓越”的经营作风，坚持以筹融资为核心，确保集团资金管理体系安全性为前提，重点在“资金保障”、“金融服务”、“风险合规”和“经营创新”四个方面进行了探索和实践，尤其“资金集中”和“服务优化”两大功能日益强化，实现了公司平稳健康发展。截至 2014 年末，公司全年均超额、提前完成各项经营指标任务，经营业绩均较上年有不同程度增长，其中，营业收入、利润和净利润三项指标分别完成年度计划的 129.85%、111.01% 和 115.24%，分别较上年同期增长 14.69%、9.49% 和 12.05%。至 2014 年末，公司总资产较上年同比增长 4.13%。

【信贷业务】公司信贷业务围绕集团全产业链、全服务链战略，合理配置集团内部资源，为成员企业客户提供专业的信贷服务。公司在严格执行监管机构各项政策的同时，实行适度、合理的信贷政策，保证信贷业务健康安全发展，有效满足客户经营需求。截至 2014 年末，公司人民币贷款余额较去年同比增长 44.04%；美元贷款余额 4 300 万美元。累计发放各项贷款同比增长 70.03%；公司不良贷款为零，信贷资产业务运行良好。

【票据业务】公司在做好传统票据业务的基础上，加快推进集团票据统筹管理和电子商业汇票业务。集团的纸票系统经过公司相关业务部门的8个月奋战，于2014年8月启动实施，涵盖集团所有开展票据业务的单位。截至2014年末登记单位达61家。为实现集团票据集中管理，有效防范票据风险，针对集团内整体票据情况联合集团财务部起草《万向集团公司对银行承兑汇票的管理规定》，并于2014年12月12日下发实施。集团纸票系统的实施，标志着在实现现金集中管理的基础上进一步实现了票据的集中管理，至此公司的资金全面统筹集中管理已实现。自2011年开展电子商业汇票业务以来，公司大力推广和拓展业务规模，运行日趋成熟，截至2014年末，有70家单位开通了财务公司电票系统，累计电票承兑16亿元。

【外汇业务】公司已全面开展了境内外汇资金归集、集中收付汇业务和外债额度使用等试点业务；外汇结售汇业务也已在本地企业全面开展。这项业务的开展不仅为成员企业提供了便利，节约了成本，还使财务公司以银行间人民币外汇即期会员资格，在外汇交易市场中和各家银行的总行等交易对手进行外汇自营性交易，提高了财务公司在同业中的地位。

【资金集中】公司资金统筹功能进一步强化，重点加强了财务公司、银行、企业三方协作，扩大了资金归集面，有效提高了资金集中度；配合集团清查银行账户，巩固资金归集成果。至2014年末，财务公司存款余额同比增长87.80%；年末整个集团的资金集中度由31.77%上涨为51.60%，进一步提升了资源配置能力和效果。

【筹融资业务】深入推进“以司定行、以行配司、以事定责、以责定人”工作，积极贯彻落实“筹融资为核心”的目标要求。2014年完成集团企业在各家银行实际使用人民币授信余额较上年同比大额增长，代理融资余额较上年同比增长8.05%。资金管理结构不断优化、合理，并且较大幅度地为集团降低了财务成本。

【直接融资业务】公司的直接融资工作也开创了新局面，重点完成了万向三农发行中期票据及短期融资券发行的材料申报工作和顺发恒业中期票据的材料申报工作。此项直接融资工作的实质性进展进一步提高了集团成员企业在社会上的美誉度和信誉度。

【风险管理和内部控制】2014年，公司在原有基础上继续坚持以防范风险、审慎经营为出发点，强化风险内控体系建设。进一步巩固事前、事中以风险控制为核心，事后以稽核跟踪为导向的风险内控理念，健全合规风险制度和管理体系，强化和控制风险薄弱环节，不断实现合规和稽核在风险、控制与治理中的作用。

【人力资源管理】2014年进一步强化人力资源管理，重点开展了人员招聘、培养、配置、轮岗、考核、薪酬分配等人力资源工作。一是绩效考核工作。完善修订公司2014年度薪酬分配办法，进一步完善业绩考核与风险金提留制度相结合的分配模式，完善了员工激励机制。修订完善《各部门责任制考核办法》《各部门员工岗位考核办法》，层层分解落实年度经营目标，明确岗位职责和目标任务，健全公司目标与绩效考核机制。二是人员梯队建设工作。为了进一步培育公司复合型人才队伍，公司制定并下发了后备干部测评办法和评价方法，并具体组织了实施测评工作；今年通过校园招聘等途径，累计招聘到位6名金融、外汇等专业优秀人才。三是培训工作。第一，通过“送出去”和“请进来”相结合的方式，分业务、分部门组织骨干人员等累计开展财务公司外汇试点业务、电票业务专题讲座等25期培训。第二，在公司“学习型组织”建设活动的持续推动下，员工学习热情高涨，积极参加岗位任职资格、职称、学历等学习和考试。截至2014年12月末，公司中级职称人员占比为34%，本科学历以上人员占比为81%，人力资源结构保持优化状态。四是激励工作。为进一步健全公司激励机制，更好地鼓励员工全身心投入工作，根据《公司季度优秀员工评选办法》等积极开展季度优秀员工评选工作；组织开展年度优秀党团员评选工作，对党团工作中表现出色的员工给予表扬；在2014年度总结评比工作中，对本年度工作中涌现出来的2个先进部门、2名集团劳动模范和6名先进个人进行了表彰通报。公司在对优秀员工、先进部门给予精神和物质奖励的同时，对其先进事迹进行公布表扬、树典型，激励全体员工向优秀党团员及优秀员工学习，此项工作取得了实效。

【信息化建设】2014年，根据公司业务发展需要，公司重点完成了外汇资金集中管理试点业务系统、集团票据集中管理系统、电子回单和网上对账的开发上线工作，各系统运行较平稳；对公司结算、信贷、电票等业务系统进行了改进和完善，在很大程度上提高了公司的信息化建设水平。

2014年度公司的“大数据管理”分析工作实现从无到有，并每月定期开展实施。通过有效的数据分析，公司采取合理措施，在提高资金集中度等方面取得明显成效，为公司决策起到了较大参谋作用。

【企业文化建设】积极实施“凝聚力工程”建设，增进公司团队凝聚力、向心力和创造力建设。一是开展员工关怀工作。组织公司全体员工开展员工岗位、薪酬满意度调查谈话，与公司员工就所关心的利益及焦点问题进行一对一面谈，对部门经理、新进员工、轮岗员工等不同类型群体也单独展开了专访，及时把握员工心态，并及时进行意见反馈，促进员工沟通，促使员工以更好的心态投入工作，创造更加有利于公司经营和员工发展的和谐环境。2014年末，组织对春节留守员工进行团拜慰问等活动，并持续性开展对生病、产妇和生日员工的慰问活动，让员工充分感受到了大家庭的温暖，进一步激发了员工的主人翁意识。二是积极组织和参加各类文体娱乐活动，丰富员工工作和业余生活，促进员工身心健康。组织公司共青团员参加万向集团新年晚会和爬山朗诵、业务知识竞赛等活动，“三八”妇女节组织公司党团工妇同志开展业余文娱活动。

中粮财务有限责任公司

【经营概况】截至2014年末，中粮财务有限责任公司（以下简称“公司”）资产总额114.82亿元，比年初增加34亿元，增幅为42.07%；负债总额86.01亿元，比年初增加31.58亿元，增幅为58.02%；表外业务246.96亿元，比年初增加81.78亿元，增幅为49.51%；所有者权益28.81亿元，比年初增加2.42亿元，增幅为9.17%。扣除资产减值损失后，全年利润总额3.17亿元，比上年增加0.22亿元，增幅为7.46%；不良资产率为零。应计提拔备0.72亿元，实际计提0.72亿元，足额计提。

【信贷业务】公司自营贷款余额67.23亿元，其中，人民币余额63.44亿元，美元余额0.62亿美元。各项贷款全部属于正常范围，贷款收息率100%，没有逾期、不良贷款。截至2014年末，公司共为成员单位办理美元融资业务49笔，累计金额1.10亿美元，较2013年全年增长1%，为成员单位节省财务费用人民币0.03亿元；发放委托贷款共297笔，累计发放金额334.09亿元，与2013年相比增长69%。

【投资业务】公司有价证券投资合计1.53亿元，全年已实现投资收益0.49亿元、浮动盈利为0.26亿元。为有效提高成员单位资金利用效率，保证集团整体利益最大化，公司不断创新业务品种，拓宽业务渠道，与“我买网”开展委托理财业务，截至2014年末，委托投资资产余额为1.54亿元。

【外汇业务】第一，跨境通道业务。2014年6月至9月，公司通过外汇跨境通道分别办理中国粮油控股股东贷款2.50亿元人民币、中国食品过桥贷款8亿港元、中粮金融资本公司CP资金5.66亿元人民币的跨境资金调入，有效支持了境内成员单位运营，大幅降低融资成本。同时，公司通过跨境通道为集团办理48亿元人民币和2.56亿美元外债的还本付息业务。12月，公司通过跨境通道首次办理对外放款业务，境外借款人为中粮集团（香港）有限公司，放款总额为35亿元人民币。

第二，跨境双向人民币资金池业务。2014年11月，公司向人民银行营业管理部申请开展集团跨境人民币资金集中运营业务，申请资金池净调入限额66.34亿元人民币。12月19日，人民银行营业管理部正式下发《跨境双向人民币资金池业务备案通知书》。公司于备案当日完成北京地区首笔跨境双向人民币资金池境外资金归集业务。

第三境外资金集中。截至2014年末，集团共有49家境外成员单位加入试点，其中12家境外成员单位在公司开立结算账户。全年公司共吸收境外成员单位1.62亿元美元、8.16亿元人民币、10.10亿港元，并给予优于境外金融机构同期同类的存款利率。

第四，集中收付汇。2014年8月，完成首笔经常项下境内成员单位分红款集中付汇业务。全年为成员单位办理集中收付汇业务402笔，同比增长3%；金额共计5.40亿美元，同比增长202%。

第五，结售汇业务。2014年，公司完成外汇结售汇及外汇汇款系统的测试工作，并于9月上线，实现了结售汇业务系统化操作。全年办理结售汇总额折美元合计52.40亿元，同比增长98%。欧元结售汇较2013年同比大幅增长431%。公司坚持集团整体利益最大化的原则，以银行间外汇市场的成本价格为成员单位办理结售汇，汇价较银行平均优惠130个基点，累计为成员单位节省财务费用约人民币0.68亿元。

【资金集中】公司与多家商业银行建立银企直连系统，在提高集团资金使用效率、降低财务成本、防范资金风险方面取得显著成效。2014年，公司进一步发挥资金集中管理职能，拓展资金集中服务平台的深度和广度，共有616家成员单位在公司开立结算账户，1 488个银行账户与公司实现联网。2014年完成代理支付业务39 018笔，金额251.83亿元，同比增长382%，完成内部结算业务8 052笔，金额合计1 210.76亿元。

【个性化资金管理子平台】2014年，公司经反复调研各经营中心的资金管理需求和建议，在新的资金子平台服务方案设计中将现金管理系统、预算系统及网上结算系统打通，形成灵活的、可自由组合的，并能够满足不同管理需要的资金管理子平台。

第一，中国粮油控股资金集中子平台。截至2014年末，92家企业350个银行账户通过平台进行资金集中管理，2014年平台累计发放委托贷款38.67亿元，节省财务费用1.30亿元。

第二，中粮包装资金管理子平台。2014年10月，根据其资金管理的需求并结合其现金流特点，公司提供了个性化的资金平台解决方案，运用升级后的资金集中管理系统搭建内部资金池，采用委托存贷款与直接划转相结合的模式，将包装投资及下属13家公司纳入资金集中管理子平台，实现中粮包装“资金计划+集中支付+现金归集”的个性化管理。

第三，中粮肉食资金管理子平台。平台具备每周资金计划管理、每日资金支付审批、逐笔资金流向控制等功能，实现对利润点企业资金计划、对外支付的集中管理，满足肉食总部对运营层面现金流计划、流入、支出进行集中管控的要求。全年累计实现代理支付14 604笔，金额17.80亿元；累计发放委贷45笔，金额15.35亿元。

第四，中粮贸易提供个性化的资金归集、支付平台。2014年8月，新资金集中管理系统上线后，公司为保证秋粮收购工作，第一时间为中粮贸易单独开发了ERP接口，支持批量导入由中粮贸易ERP系统审批形成的付款指令，节省了利润点操作人员的工作量。中粮贸易下属各地区平台利用新系统试运行集中支付功能，保证中粮贸易ERP系统和公司支付系统在秋粮收购业务中实现一体化对接。

第五，中粮置地资金管理子平台。中粮置地总部利用资金集中管理子平台统一调配资金，2014年累计发放委托贷款20.17亿元，提高资金使用效率，加强了对下属企业资金集中管控力度。

【协助集团直接融资】2014年，公司作为集团对外债券直接融资业务的经办部门，利用自身金融机构优势，致力于利用市场上多种债券融资工具为集团融资，配合集团战略发展，改善集团融资和负债结构，保障集团整体财务安全，节省大量财务费用。2014年，集团共发行8期超短期融资券，累计发行金额385亿元，平均发行利率为4.70%，平均综合成本为4.90%，低于银行贷款利率。此外，公司作为财务顾问的角色全程参与了中粮置地蓝天项目，并就此次注资对中粮置地、中粮香港等财务指标的影响提出相关建议和方案。2014年11月10日，中粮置地控股5年期8亿美元公募债成功定价，本次发行共获得27个国家地区的超过260个投资者的美元债订单，总认购金额约为53亿美元。本次债券获惠誉国际评级有限公司A－评级，最终定为5年期8亿美元，票息率为3.625%。

【风险管理和内部控制】2014年，公司确定审慎稳健的风险偏好策略，提升风险管理的独立性、全面性和服务性，规范经营和业务合规有序开展。实际工作中，聚焦存款、信贷和投资等核心业务，通过持续监控重点风险指标保证各项业务合规开展。公司对有信贷业务需求的成员单位开展信用等级评定和综合授信工作，有效降低财务公司信用风险和操作风险，并密切关注贷款资金动向，保证信贷投放和使用合规。公司针对存放同业业务、信贷业务、存款准备金制度执行情况等重点业务和领域开展风险审查，未发现重大不合规行为和操作风险事件。

2014年，公司对现行规章制度体系进行全面梳理和修订。同时，总结规章制度管理经验，建立规章制度的制定、评估和修订的闭环管理体系，规范规章制度的起草、审核和发布程序，进一步提升制度管理水平，保障各项经营管理有章可循。

【信息化建设】公司全新的中粮集团资金集中管理系统于2014年8月25日正式上线运行。新系统形成了一体化的资金管理服务方案，是对不同经营中心量身定制的资金管理子平台的整合，打通了资金预算、网上结算、现金管理三个核心功能，并新增了主动上存、委托收款、定期存款、预约通知存款等多项网上结算服务。新系统能够帮助集团及各经营单位掌控现金流状况，并支持各级单位从不同维度查询企业资金情况，从而更合理配置可利用现金流，提高资金使用效率。同时，公司全面升级了7家直连银行接口，优化了运行逻辑和处理交互速度。新增3家银行的代理支付接口，使公司代理行达到6家，极大提升了公司代理支付业务的处理能力和到账速度。

公司对新结算系统进行了为期半年的系统测试，共完成了四轮业务模拟测试和两轮银行接口测试，并组织各业务单元开展系统培训，共享系统操作手册，为结算系统上线奠定了基础。公司采用无间断连续运行的方式完成了结算系统切换和初始化工作，实现了新老系统无缝过渡，保证了公司日常业务连续平稳运行。

截至2014年末，系统不仅为成员单位提供了个性化资金子平台、对外付款、在线结售汇、主动上存、在线定期和通知存款等便捷的服务，而且采用最新的负载均衡及虚拟化服务器方式，显著提高了硬件负载能力和运行处理效率。全年共完成系统修复41次，子系统更新15次，保证了各个业务系统平稳运行。

【企业文化建设】公司秉承“诚信，团队，专业，创新”的企业文化，努力建设学习型组织，提倡在工作中领会共同思考问题和做事的方法。公司将员工培训与职业激励相结合，通过对员工进行职业素质教育和专业技能培训等，全面提高员工的金融专业水平、风险管理意识和综合业务能力，有效增强了团队的凝聚力、向心力和创造力。

苏州创元集团财务有限公司

【经营概况】2014年，苏州创元集团财务有限公司（以下简称“公司”）实现营业收入0.63亿元、利润0.30亿元和净利润0.22亿元，全年存款余额9.82亿元，贷款余额8.14亿元，总资产规模13.58亿元，分别较上年同期增长16.12%、19.40%、15.71%、33.08%、-7.54%、11.33%，完成了董事会下达的各项目标任务指标。此外，中国人民银行苏州市中心支行对苏州市70多家银行业金融机构2014年度执行人民银行有关金融法律法规、管理规定及政策等情况进行了综合评价，公司荣获A类机构等，并在“村镇银行及其他金融机构”类别共11家银行业金融机构中排名第1名。

【信贷业务】针对2014年新形势和新情况，主动压缩自营贷款规模，增加流动性，守住风险底线。截至12月末各项贷款余额8.15亿元，同比下降7.54%。贷款总量较上年同期有一定幅度下降，主要是公司为配合集团做好中票到期兑付准备和增加流动性，主动为成员单位引入外部融资，转移部分信贷资产，并通过寻找外部存款资源以委托贷款的方式压缩贷款，充分提高了公司资金的流动性，为集团中票如期兑付提供了资金支持。全年累计发放贷款加权平均利率6.27%，基本维持上年同期利率水平。利率定价根据企业信用等级管理办法相关要求执行，对于信用等级较低，利率上浮的企业经与集团、企业三方沟通后实行利率优惠政策。现阶段公司贷款利率基本维持在基准利率水平，与商业银行上浮15%～20%相比，大大降低了企业的融资成本。经测算，全年共为成员单位降低财务费用约0.10亿元。

【产品销售信贷业务】一是推出商票回购式贴现，拓宽票据融资渠道。如针对创元大宗公司持有的未到期的商业承兑汇票以质押回购形式进行贴现。该商票贴现利率远低于行业平均水平，大大降低了中小企业融资成本，提高了资金使用效率，顺应了央行支持中小企业的方针政策。截至2014年12月末，共进行商票回购式贴现12笔，共计金额0.63亿元。此外，为缓解资金紧张的局面，加强流动性管理，公司充分利用人民银行再贴现平台，在符合政策导向的前提下向人民银行申请再贴现，现直贴的商票已全部完成再贴现，该举措开辟了公司贴现票据转出的新通道，增强了沉淀票据的变现能力。二是新增委托投资业务，提升行业竞争水平。为应对各金融机构吸储力度的增大，满足部分资金高回报要求，2014年公司正式推出委托投资业务，即通过财务公司承接企业存款对接银行同业结构性存款，使企业在无风险的情况下获取较高的收益。同时提高了公司的资金归集率，增加了公司中间业务的种类，提高了中间业务的收入比重，增强了公司综合业务的竞争力。截至12月末帮助成员单位委托投资0.31亿元。三是做活同业业务，从2014年4月起公司尝试着与中国银行、建设银行开展循环式的1天拆借和存取同业业务，通过此举为公司增加利润100余万元。

【资金和投资业务】公司继续持有0.20亿元“09汾湖债”（2009年苏州汾湖投资集团有限公司公司债券）。该债券发行规模10亿元，固定利率7%/年，8年期。2014年取得收益140万元。

【票据业务】公司开展了票据贴现（再贴现）、票据承兑（及代理承兑）、委托贷款、对外担保、同业拆借、自主银票、电子商票等业务，2014年累计自主签发电子商业汇票11笔，共计金额0.15亿元，代理签发银行承兑汇票10次，共计金额0.83亿元。代理签发保函23笔，共计金额0.27亿元，较好地解决了成员单位流动资金周转问题。

【资金集中】公司挖掘内部融资潜力，着力增加有效存款，突出重点，紧抓资金归集率增长较大的企业如苏净集团、一光公司、晶体元件厂、电梯厂、电瓷公司、高创特公司、资产开发公司、创元物业公司、爱能洁公司等，这些企业的有效存款增加，保证了公司存款规模的基本稳定。2014年全口径资金集中度为57.73%，可归集口径资金集中度为65.23%。

【风险管理和内部控制】在内控管理方面，成立公司合规工作领导小组，抽调部分骨干人员成立内控制度修订小组，按照内控制度框架对公司内控制度和内控风险点进行梳理修订，形成内控制度汇编、手册或风险点等。同时充实风控、内审和合规力量，选配青年大学生重点培养。

在风险管控方面，加强对集团行业研究分析，介入集团战略、重大投资、融资的论证和决策过程，提高风险预警能力，为有效防范风险和服务集团早做准备。积极参与集团的统一预算管理，夯实财务公司流动性管理基础，提高财务公司资金计划管理的精准度。风险管理以防范流动性风险为主，确保做到每日监测资金头寸，并通过压缩部分贷款，调整信贷结构，降低公司存贷比。

【人力资源管理】2014年，公司先后派员参加了银监局、中国财务公司协会、集团等组织的集团挂职锻炼、纪检工作、工会管理、安全生产等各项专业培训学习，全体员工的参训率达100%以上。

【信息化建设】根据银监会实施巴塞尔Ⅲ新资本充足率的新要求，公司在连续三年进行信息化系统升级的基础上，又开发完成了财务公司资金管理系统之固定资产子系统、银财直连子系统和1104报表管理子系统（巴塞尔Ⅲ），并全部平稳安全上线，2014年10月28日通过了专家组的验收。

【企业文化建设】一方面提升公司合规文化内涵，使“合规要从高层做起”、“主动合规和合规创造价值”和“聚、创、诚、稳、优、廉、智、信”的公司文化理念成为全体员工的共同价值观，并逐步成为每位员工的自觉行为和行动指南；另一方面，公司根据人民银行、银监会和集团的要求组织开展了“反洗钱”、“执行人民银行金融统计法规”、“执行人民银行政策评价”、“加快社会征信体系建设，促进征信市场健康发展”、“创建平安金融”、“金融知识进万家”、“金融行业员工管理主题年活动”、“强化红线意识，促进安全发展”等自查工作和宣传工作等。公司在安全生产方面，按照“狠抓基础、源头管理、明确职责、责任到人”的要求，制定了《企业安全生产责任追究暂行规定》《“六打六治”打非治违专项行动方案》等，并与每位员工签订了安全生产目标责任书，全年公司在安全生产方面投入逾2万元。

【党的群众路线教育实践活动】自活动开展以来，公司联合党支部高度重视，特别是联合支部的各公司领导带头做表率，高标准、严要求，统一安排这次活动的各项事宜，各位党员认真参加党课，合理安排自我学习时间，做好学习笔记，积极参加讨论，撰写心得体会。通过座谈会、意见箱、QQ群和民主测评、开设专栏等多种渠道，公司支部共收到21条意见，已及时整改。

珠海格力集团财务有限责任公司

【经营概况】2014年，珠海格力集团财务有限责任公司（以下简称“公司”）围绕集团发展战略，创新与拓宽金融服务渠道，充分发挥财务公司金融服务功能，为成员单位、产业链企业，特别是产业链中小企业提供金融服务。公司通过积极申办新业务范围，2014年8月成为全国5家试点开展延伸产业链金融服务的财务公司，通过对产业链企业提供金融服务，提升了核心企业的软实力，有效降低了产业链企业融资成本，对集团发展起到重要作用。

2014年，公司实现营业收入6.51亿元，同比增长60.46%；实现利润总额5.79亿元，净利润4.34亿元，同比分别增长62.09%、62.25%；总资产370.45亿元，同比增长69.16%。信贷资产运营良好，不良资产率和不良贷款率均为零。公司不断进行金融产品创新，资金集中度稳步提高，盈利能力、风险管控能力、业务拓展能力、IT保障能力提升，各项监管监测指标全部符合标准。

【信贷业务】2014年，公司通过业务创新、新产品开发等多种措施，将业务发展重点放在支持核心成员单位格力电器产业链实体经济的发展上，延伸产业链金融服务使公司信贷业务发展取得突破性进展，不仅缓解了格力电器产业链企业，特别是中小企业融资难、融资贵的问题，降低了产业链实体经济的融资成本，促进了格力电器产业链整体转型升级，亦促进公司信贷结构进一步优化。

2014年，公司累计信贷投放158.41亿元，同比增长68.40%，其中发放贷款27.49亿元，办理贴现95.82亿元；2014年延伸产业链金融服务业务71.67亿元，占比达到45.24%；对中小企业信贷支持达到34.03%。2014年末各项贷款余额合计73.30亿元，同比增长30.20%。产业链业务在公司信贷业务中的比重已达到73.56%，成为财务公司信贷收入的主要来源。同时，贷款不良率继续保持为零，收息率为100%，未出现逾期或欠息情况，所有贷款均属正常，信贷资产质量良好。与市场利率相比，2014年公司为成员单位、产业链企业节约融资成本超过0.50亿元。

【产品销售信贷业务】为满足经销商的融资需求，促进产品销售，公司通过创新业务形式、担保方式等，为经销商提供买方信贷、票据贴现、承兑等多种金融产品，有效满足经销商金融需求。截至2014年末，公司为近60家经销商提供了融资支持，全年累计向经销商提供59.89亿元资金支持，有效促进了产品销售。

【资金和投资业务】2014年，公司逐步完善资金预算机制，及时调整资金计划安排，在保证充足备付金的前提下，不断完善同业存款询价机制，合理配置同业定期存款的金额与期限，提高资金使用效率。2014年同业定期存款业务笔数、日均定期存款分别比上年增长23.92%、81.76%。2014年1月经银监会批准，公司进一步扩大投资业务范围，可以开展有价证券投资（不含股票二级市场投资）。2014年，公司投资业务主要开展了投资银行二级资本债、购买银行及证券公司理财等产品，平均收益率比上年增加37%。

【票据业务】2014年，公司进一步加强票据业务拓展，票据业务已涵盖电子票据和纸制票据的票据承兑、票据贴现、票据转贴现、票据再贴现。为提升格力的社会信用，2014年公司利用财务公司电票系统优势，加强了格力承兑的电子商业汇票在格力产业链结算中的应用，累计开出电子商业承兑汇票30.91亿元，进一步丰富了结算方式，提高了资金集中管理能力。通过不断宣传和推广，2014年电子票据在格力产业链得到了更加广泛的应用，公司累计为成员单位和产业链企业办理电子票据承兑13.14亿元，公司票据承兑业务全部实现电子化；累计为成员单位和产业链企业办理电子票据贴现60.74亿元，占公司票据贴现业务的63.39%。

【外汇业务】2014年1月，外汇业务正式获银监会批准，公司遵循制度先行的原则，结合同业先进经验，细化操作指引，制定《外汇结算账户管理办法》《外汇存款业务管理办法》和《收付汇业务管理办法》等制度，从源头保证业务的顺利进行。公司反复与清算行和国家外汇管理局沟通代客清算外汇资金的流程，已开立港币、美元的外汇清算账户，开通外汇账户网上结算功能，并在柜台领用美元及港币账户支票，从电子和柜台双渠道保证外汇业务畅通，为成员单位外汇资金清算搭建好渠道。

【资金集中】公司2014年资金集中度为52.28%，较上年增加9.37%，主要是公司各项业务全面发展，资金的安全性、流动性、效益性进一步提升，并通过金融板块对集团实体产业链加大支持力度，资金集中管理得到控股股东认同与支持。公司作为集团资金集中管理的核心平台，始终致力于加强集团资金集中管理和提高集团资金使用效益，为企业集团成员单位提供信贷与融资管理服务。

【业务创新】一是开展保理业务。2014年8月初，公司正式获准开展延伸产业链金融服务。公司将保理业务作为延伸产业链金融服务的主要方向，并出台保理业务管理办法及操作规程，同时制定了产业链业务拓展方案，实现保理业务一对多、跨区服务。截至2014年12月末，累计为供应商提供融资8.97亿元，保理业务的开展，有效缓解了格力产业链上游供应商融资难、融资贵的问题。

二是开展法人账户透支业务。2014年，公司根据成员单位需要新增临时资金使用，为成员单位量身定制了法人账户透支服务，并给予最高透支信用额度，全年累计为成员单位提供法人账户透支9亿元，有效缓解了成员单位临时性资金需要，节约了财务费用。

三是开展有价证券投资业务。为适应市场营商环境变化和公司投资业务实际需求，确保资产保值增值，经银监会批准，公司新拓展的业务主要包括投资银行二级资本债、购买银行及证券公司理财等产品。平均收益率比上年增加37%。

四是建立管理数据信息系统。自主开发建立管理数据信息系统，对财务公司整体经营情况进行监控，包括通过数据信息系统及时了解各项金融业务发展对流动性风险的影响、利率市场化对金融服务产品定价的影响；资金成本，信贷业务、金融投资业务利率执行情况，对盈利能力的影响，新业务拓展对资本充足率的影响等。

五是电子回单系统成功上线。公司电子回单系统于2014年8月正式投产，在公司开通网上结算及电票业务的企业，都可以使用电子回单系统进行自主回单打印和网上电子对账。系统的成功上线，缩短了对账时间，提高对账的准确性。已有61%的成员单位开通了电子回单系统，对账时间缩短75%。

【风险管理和内部控制】2014年度，公司坚持将风险管理作为企业核心竞争力之一，拟定了业务运营与风险管理并重的发展战略，建立了以风险管理为核心的事前、事中、事后的内部风险控制系统，健全了各项业务的管理制度和操作规程，将信用风险、市场风险、操作风险、流动性风险、声誉风险及其他风险纳入全面风险管理范畴，进一步明确了董事会、监事会、高级管理层、操作执行层在风险管理上的具体职责，形成了明确、清晰、有效的全面风险管理体系。

坚持定期风险管理工作报告制度，及时反映公司风险管理工作状况、已经识别的合规风险管理缺陷、建议及纠正措施，适时对公司风险管理状况进行监测与评估。坚持“内控先行”，根据业务发展情况、外部法律法规、监管理念的变化以及内控管理的新要求，及时对各项内控制度进行补充、修订，2014年修订制度53项，新制定制度11项。通过不断完善各项业务运作的制度和操作规程，保证制度和规程覆盖所有业务领域和产品，起到有章可循、防范风险的作用。

公司还注重审计部门的监督职能，内外部审计发现问题均能够得到及时的整改落实。坚持组织全体员工开展金融企业内部控制讲座，风控专题研究，职业道德教育，严格执行风险管理、业务差错考核，及时、有针对性地开展讲评工作，努力培养各级员工合规风险管理意识。

【人力资源管理】2014 年，公司对现有信贷业务组织架构进行优化改革，以信贷部为基础设立信贷客户部和信贷管理部，信贷客户部按照客户类型建立相关团队，实行客户经理制。根据信贷客户部组别分类，建立适配组别。严格按照前台、中台、后台分工设置，加强营销，提升管理，控制风险。优化绩效考核管理体系，加强了考核透明度和员工参与度，提高了风险控制、内部控制管理考核权重，有效促进全体员工努力完成公司 KPI 指标。

【信息化建设】公司信息系统二期项目，包含投资、风控、审计等模块，截至 2014 年 10 月底，经多轮测试，投资模块同业授信、同业拆借、存放同业达到上线要求，已上线运行。审计、反洗钱模块达到上线要求，逐步上线运行。2014 年，公司采购安装 IPguard 桌面安全管理软件并架设新一代防火墙，通过各项改造升级，提升公司防护网络威胁、恶意攻击、信息泄露等网络攻击能力。修订了《信息系统故障管理办法》《信息科技运行操作手册》《生产环境下设备软件强制评估办法》等相关制度，加强灾备测试，应急演练工作，完善了计算机运营与管理工作。

【企业文化建设】2014 年，公司深入开展党的群众路线教育实践活动，坚持贯彻落实中央八项规定精神，纠正“四风”问题，全面加强党的思想、组织、作风和制度建设，弘扬公司实干高效、勤俭节约的工作作风。为促进员工交流沟通，增强团体凝聚力，公司组织开展了全员“PTT 卓越展示”、户外拓展训练及趣味运动会、增加体育器材投入等多种形式活动，凸显人文关怀。公司还通过不定期召开民主生活会、女职工座谈会、青年员工座谈会、发放满意度调查问卷等方式了解员工需求、收集员工对公司管理、福利待遇、工作与发展等方面的意见和建议，力求为员工创造良好的工作、生活环境，不断增强员工的归属感，增强公司的凝聚力。

国机财务有限责任公司

【经营概况】2014 年，国机财务有限责任公司（以下简称“公司”）围绕“打造集团的产业链金融综合服务商”的功能定位和发展愿景，针对成员企业的行业特点，深度挖掘需求，努力创新金融服务，提升了公司服务价值的发现与创造能力，增强了金融服务能力和公司的持续发展能力，较好地完成了全年各工作任务及年度经营目标。全年累计实现营业收入

4.94亿元，利润总额1.69亿元，净利润1.37亿元。2014年末，公司资产总额为168.79亿元，所有者权益总额为18亿元。

【公司金融】不断扩大金融服务范围，实现了公司金融服务规模的持续增长，并通过努力丰富公司金融产品品种，稳步扩大中间业务规模，优化业务结构。2014年，公司实现了对集团二级企业的授信全覆盖，全年累计发放自营贷款85.54亿元，委托贷款47.49亿元，票据贴现22.48亿元，融资租赁2.52亿元，保函及各类担保22.46亿元。通过为成员企业提供产业链相关的各类金融服务，在助推成员企业提升价值创造能力的同时，巩固和深化公司与成员企业的合作关系。

【产品销售信贷业务】2014年，公司在“以客户需求为中心、以服务创造价值”的客户服务总目标下，继续坚持“一户一策”的营销策略，深度挖掘和快速响应客户需求，加快融入集团成员企业的生产经营链条，做精做细服务产品，积极推行包括转开函证、资金池、买方信贷、融资租赁、财务公司承兑汇票、厂商一票通在内的产业链金融产品，使公司金融服务逐步渗透到成员企业项目与产品研发、生产、销售、贸易等各个经营环节，在促进集团成员企业的产品销售、工程项目的承接与执行，推动集团内部合作等方面发挥了积极的作用。公司累计为成员企业办理转开银行函证业务36笔，金额总计13.25亿元；融资租赁和买方信贷业务41笔，金额总计4.81亿元；厂商一票通贴现和财务公司承兑汇票业务共计206笔。

【资金业务】公司通过制定和严格执行定期流动性监测制度、建立流动性预警机制和危机处理预案、健全内部协调机制、积极取得银行授信和申请再贴现业务的支持等有效措施，加大金融市场跟踪力度，及时研判市场价格水平和变动趋势，增强市场预判能力、定价能力、决策能力、同业资源运用能力和风险应对能力，提高资金运用计划的准确性和资金管理工作的精确度，充分利用市场机会合理调度资金，及时补充公司短期流动性缺口，在保障公司流动性的同时，提高短期资金的运用效率和效益，有效冲抵存款价格不断上升所带来的成本压力，使公司流动性管理和资产负债结构管理更加专业化、科学化，资金运营管理能力得到进一步的提升。

【票据业务】在票据业务方面，公司为多家成员企业间的合作项目提供厂商一票通业务支持，节省了企业的银行授信资源，提高了内部合作贸易结算的便利性，全年累计办理厂商一票通贴现业务143笔，金额共计9.81亿元，是2013年同期的3.22倍。2014年，公司进一步完善票据池业务功能，将成员企业闲置商业汇票集中到财务公司，由财务公司集中管理并代理成员企业进行票据托收，托收资金作为存款存入财务公司，不仅为成员企业消除票据管理安全隐患，同时也实现了由“票据集中”向“资金集中”的转化。

【外汇业务】2014年，公司充分利用银行同业资源，协助成员企业进行外汇业务的询价、议价，为成员单位寻找更加优惠的外汇业务产品；同时，与合作银行开展代开保函、信用证等业务，代开类业务币种涉及美元、欧元、日元等币种，为成员单位的涉外业务发展提供了有力支持。为进一步提升公司的服务能力创造条件，公司在充分调研集团及其成员企业外汇资源特点和金融需求的基础上，向国家外汇管理局北京外汇管理部、北京银监局等监管机关提出了集团外汇即期结售汇、跨国公司外汇资金集中运营业务的申请，2014年底前跨国公司外汇资金集中运营业务已获批准，外汇即期结售汇业务也已进入最后验收阶段。

【资金集中】2014年，公司全面分析资金集中的困难与障碍，稳步推进资金集中工作。

一是针对各家上市公司的业务特点和金融需求，研究和确定个性化金融服务方案和相应措施，与集团上市公司金融合作额度较上年增加42%；二是深化并推广网银服务功能，通过财企直联系统和财银直联通道，提高了公司资金结算平台功能的便利性、安全性与效率，较好地满足了成员企业各类结算业务需求，2014年网银开户数量达342户，较上年同期增长18%，网银结算量较上年同期增长33%；三是不断丰富金融服务与产品创新，进一步完善了票据池业务功能，实现由“票据集中”向“资金集中”的转化，通过开立保函、转开保函、信用证等创新金融业务品种，实现对成员企业转开函证项下项目资金封闭结算和管理，由此带动成员企业在财务公司的存款，保证存款规模的稳定，实现一定程度增长，为公司业务发展奠定更为牢靠的基础。

【业务创新】公司坚持以产品创新深化产业链金融服务。2014年，研发和推出了财企直联、电票系统、票据管理系统、代理收款、经销商票据融资、项目融资租赁、设备售后回租等新的服务手段和产品，使公司金融服务从提供单一信贷产品逐步扩展到介入企业经营的上下游链条，为客户财务管理提供增值服务，为客户的经营发展提供了更为全面、有效的金融支持。同时，为集团年金投资专项设计贷款信托项目，既解决了成员企业的融资需求，又使集团年金在风险可控的前提下实现了较高的收益，为深度再合作奠定坚实的基础。产业链金融服务和产品创新进一步提升了财务公司的金融服务能力和品质，增强了公司持续发展的能力。

【风险管理和内部控制】2014年，公司以提高风险识别能力，强化管控措施为重点，促进公司全面风险管理，保证经营平稳运行。在操作风险控制方面，通过完善制度、规范流程、强化培训等措施，进一步提高从业人员的风险意识，保证各类票证、硬件、密钥及资金收付的安全；在流动性风险控制方面，基于多年资金运行规律，始终保持较为合理的资金备付比率，积极开拓和保持同业拆借、人民银行再贴现等外源性融资渠道，确保公司流动性安全；在信用风险控制方面，密切跟踪企业经营动态和项目进展，采取项目资金封闭、资产抵押、资金主动扣划等保障措施，防范潜在信贷风险。2014年，公司对各部门进行了常规业务审计，对绩效、票据、高风险、机房改造、信息系统建设、同业业务进行专项业务审计，还对公司整体内部控制情况进行内控评价，发现并督促相关部门整改落实审计意见17条，通过强化内部审计监督，进一步提高公司业务合规管理水平及公司整体规范运营水平。

【人力资源管理】围绕公司人才战略，2014年着重开展如下方面工作，优化人力资源管理机制：一是抓好员工素质培养，确立以提高人才培养的针对性、有效性为目标，紧密结合公司业务需求，制定并实施培训计划，采取“走出去、请进来”等多种方式充实培训内容，通过邀请同业和集团的专家举办专题讲座、到同业实地调研学习等方式，使员工培训工作的成效得到提升；二是抓好规范化建设，通过细化并充实岗位职责，明确岗位考核标准，健全考核工作流程，使人力资源管理更加规范；三是完善激励机制，通过补充并完善行政、业务等专业职务序列的设置，进一步明确选拔用人标准和选拔培养工作程序，建立并实施岗位轮换制度，促进人才多层次、多渠道的发展，为员工特别是青年员工的成长成才创造条件，使人力资源管理更加规范。

【信息化建设】公司为提升业务发展的安全保障与技术支撑能力，按照国家有关计算机房B级标准，完成机房改造及存储、备份系统更新建设，彻底解决了影响公司业务高效稳定运行的风险隐患；开发完成“票据管理信息系统”及“银行代理收款信息系统”，并已在部分集团成员单位投入使用，大幅提升了集团成员单位票据管理及资金结算的便利性，进一步密切了集团成员单位与财务公司的业务融合度；开发完成网银指令自动接收功能，实现了网银业务自动化处理，进一步提高了财务公司服务水平和业务办理效率；开发完成电子票据直连及外汇即期结售汇等业务信息系统，为公司申请并成功开展这些新业务创造了条件。

【企业文化建设】 2014 年，公司对自身的功能定位、经营理念、运行机制和服务模式作出了一系列新的调整，通过对此进行宣贯，使公司的功能定位、经营理念等深入人心；通过领导率先垂范，在公司形成了爱岗敬业、拼搏奋进的企业精神。公司全体对内团结协作，共同解决发展中的困难，对外诚心服务成员企业，实现了与成员企业的共同发展，为公司圆满完成各项经营任务创造了良好的环境。

海航集团财务有限公司

【经营概况】 2014 年，海航集团财务有限公司（以下简称“公司”）坚决贯彻落实集团年度工作方针，积极开拓工作思路，全力推进业务全球化，全面开展集团外汇资金管理，同时积极突破创新型信贷产品，进一步加强与各类型同业机构间沟通，加强与各产业板块间的联系；深化风险管控，构建常态化内部稽核机制，并建立更为科学有效的人力资源体系，向着“精研创新”、“精湛服务”、“精细管理”、“精进运营”的专业化“精品”财务公司目标努力迈进。2014 年，公司各项经营指标持续优化，年末资产总额达 241.72 亿元（含代理业务资产 24.45 亿元），新资本充足率达 19.28%，核心一级资本充足率达 18.42%，实现营业收入 6.71 亿元，实现净利润 3.31 亿元。

【信贷业务】 2014 年，公司在保证原有信贷规模和质量的基础上，深入了解集团各产业金融需求，丰富信贷产品种类，优化了各产品的分配结构，有力支持了集团资金平衡和成员单位的发展。2014 年末，公司贷款规模为 173.81 亿元。

【资金业务】 2014 年，公司广泛而深入参与银行间与交易所债券市场、同业拆借市场和外汇市场，与全国各地的银行、证券、基金、保险、财务公司等机构开展密切业务合作，并与多家银行业机构建立了紧密的授信业务关系，通过债券交易、同业拆借等多种方式有效地加强公司日常短期资金管理。2014 年，公司各类债券交易总量累计达 155.29 亿元。

【票据业务】 2014 年，公司票据业务稳步发展，全年完成票据再贴现 0.90 亿元，有效地支持了中小微企业的发展，开展电子承兑汇票业务 4 亿元，满足了成员企业较长期流动资金需求。

【外汇业务】 2014 年，公司本着审慎合规的态度开展跨国公司外汇资金集中运营管理业务，从完善制度、严格审核、内部稽核等方式多角度规范业务操作，防范风险，并定期按监管规定报送业务开展情况。2014 年，公司全年操作跨国公司外汇资金集中运营管理业务累计金额共 16.76 亿美元，涉及业务包括集中收付汇、外债借入与归还、跨境放款、境外放款、吸收境外存款等，累计为集团及成员单位节约费用支出共 0.12 亿元人民币。2014 年，公司全年为集团成员单位提供了约 4.71 亿美元的结售汇服务。

【资金集中】2014 年，公司通过新增 10 家境内银企直连合作银行进一步扩大境内账户资金集中管理范围，境外引进 SWIFT 技术搭建完成境外账户查询监控平台。同时，整合境内境外管理模块，最终构建形成全球账户资金管理平台，实现集团账户资金管理的内外一体化。2014 年公司全年结算笔数为 29.99 万笔，较 2013 年增加 10%，结算金额为 38 300 亿元，较 2013 年增加 22%。同时，公司综合运用行政手段，从新增及修订业务制度、开展境内外账户清查、赴成员单位调研交流、组织开展系统培训等方面，多管齐下，进一步规范和深化全球账户资金管理。2014 年公司人民币账户查询监控率为 98.78%，较 2013 年新增 1 078个，境外账户查询监控率为 94.32%，较 2013 年新增 263 个。可归集账户归集率和内部可开立账户开户率为 100%。

【风险管理和内部控制】在风险管理方面，公司以深化内部控制、防范风险传导为主线，进一步加强风险识别、分析、监测与控制，健全合规管理体系，通过制定风险隔离措施、推动业务评审标准化、完善公司风险事件库等一系列工作，提高了风险管理工作的深度与精度，强化公司全员风险管理理念，切实保障公司合法合规稳健发展。

在内部控制方面，公司紧密结合发展战略，全面贯彻监管机构要求，以提升内审质量为核心，制定内审体系质量评估标准，提升内审工作精细化程度。根据年度审计业务计划，公司有序推进内部审计项目，逐步实现审计工作对公司业务的全面覆盖，确保各项业务合法合规开展。在年度审计计划外，公司开展内部控制检查类项目，进一步强化内部控制力度。通过开展半年度及年度后续审计工作，公司督促审计结果落实，确保审计监督职能的有效发挥，实现审计工作闭环管理。

【人力资源管理】在培训体系建设方面，2014 年公司在按照培训计划推进公司层面培训的基础上，加大了各部门自主管理的权限，将部分培训费预算划拨至部门管理，提高了各部门参与培训的积极性。同时，公司进一步改善培训开展形式，加大集中授课内训比重，提升培训效率，增强培训效果。公司全年共开展各类培训 40 余次，培训员工 200 多人次，总授课时长 600 多小时；继续鼓励员工进行自主学习，2014 年公司新增财务类中级职称 5 人，高级职称 2 人，公司持证上岗率达到 93.1%，英语达标率达到 91.9%，财务从业人员持证率为 85.71%。在人员招聘方面，公司提高人员引进质量，优化人员结构，严格校园招聘面试流程，从人员引进的第一个关口提高公司人员质量。2014 年通过校园招聘，公司共引进应届毕业生 13 人，其中，研究生 9 人，占比为 70%，人员知识结构层次进一步优化；引进的 13 名应届毕业生中，具备留学经验的人员 7 人，引进外籍成熟人员 1 名，公司的国际化水平进一步提升。

【信息化建设】2014 年，在制度建设方面，公司制定完成《公司信息化建设规划（2014—2016）》《公司信息科技外包管理规划（2014—2016）》，下发《海航集团资金结算管理系统灾难应急管理办法》，编写《海航集团资金结算管理系统灾难应急管理方案》，完善了公司信息化建设制度，进一步规范管理。在系统建设方面，公司完成海航集团资金结算管理系统项目（一期）终验工作及SWIFT系统建设工作，并开启海航集团资金结算管理系统项目（二期）建设相关工作，进一步推进、完善公司业务系统化建设。

【企业文化建设】 2014年，公司以成立十周年为契机，全面回顾十年发展历程，成立了以公司领导为组长的工作组，制定下发了《海航集团财务有限公司成立十周年系列活动方案》，以“感恩传承 筑梦未来”为主题，围绕内部文化建设、员工文体活动、社会公益事业、同业交流学习等方面拟定了多项活动。在公司全体员工的共同努力下，各项活动顺利开展，切实弘扬海航价值观，公司的团队凝聚力和品牌影响力得到显著提升。

中国华电集团财务有限公司

【经营概况】 2014年，中国华电集团财务有限公司（以下简称“公司”）实现利润13.83亿元，同比增长10.38%；月均资金归集率达到96.15%，同比提高3.53个百分点；净资产收益率完成15.65%；资产负债率为78.69%。截至2014年末，公司管理资产规模达672.11亿元。全年未发生对公司稳定和形象造成不利影响的事件，公司各项指标全面符合监管要求，不良贷款率和不良资产率持续为零。

【公司金融】 截至2014年末，公司管理资产规模达672.11亿元，比年初增长27.72%；日均存款223.31亿元，比上年增加15.29亿元；日均贷款205.82亿元，比上年增加1.30亿元，累计办理票据业务80.83亿元，比上年增加48.52亿元。根据集团发展战略，实施客户分层管理，让利核心客户，在支持集团重点发展区域和项目的同时，保证了公司收益稳定，全年实现信贷收入13.69亿元。

【资金集中】 及时办理新开账户入网，强化日常资金动态监控，紧盯网外资金，通过控制偏差率强化资金计划的准确度。为提高资金归集效率，与相关银行共同开发了公司账户直接收款功能，有效解决了当地银行对资金归集的限制，缩短资金入账链条，同时又为实现集中收付奠定了基础。外汇资金集中管理取得新突破，通过公司的艰苦努力，华电集团获准成为“跨国公司外汇资金集中运营管理”试点单位，并实现了华电香港公司的首笔境外资金归集业务。

【业务创新】 使用多种结算工具和内外部信用，尝试建立上下游产业链间合作共赢的生态圈，运用财务公司牌照功能和票据、保函、买方信贷等金融产品，将金融服务深度融入产业链条。在集团内，通过财务公司电票在电厂、煤矿、物资采购等环节之间进行支付结算；在集团外，通过与上下游企业集团财务公司的金融合作，尝试运用新的结算支付方式。

全年累计开立财务公司电票50.54亿元，为成员单位节省财务费用超过0.25亿元。

【风险管理和内部控制】2014年，认真落实《公司内部控制体系建设成果落地方案》，修订管理制度，完善业务流程。对票据、担保、外汇等业务流程重新进行梳理，提出优化建议，有效提升公司运营和管理水平。通过归纳整理公司上万个数据源，研究建立公司风险监测指标体系，实现风险自主监测的常态化、个性化、科学化和专业化。

【对标工作】将对标范围从五大发电企业财务公司扩大至九家发电集团财务公司，更深入中化、TCL等多家财务公司进行专项对标，进一步拓宽视野、寻找新的标杆，在战略管理、外币核算、票据集中管理等工作方面得到借鉴和启发。

【人力资源管理】通过修订《公司中层干部管理办法》、完善绩效考核机制、增加重点工作考核、引进专业人才、加强员工培训，实现人力资源科学规范管理。在人员培训上，结合集团改革发展和公司理念转变需要，将提升员工基本素质和创新技能作为2014年培训主线，采取线上、实战相结合的培训方式，从意识、方法和能力等方面提升员工整体素质。

【信息化建设】2014年，实现核心系统与集团公司ERP支付对接、搭建现金流量预算管理平台、单位账户二级管控及简化流程等20余项优化，提升了服务集团和成员单位的能力、提高了财务公司工作效率；实现小型机双机热备、增加短信预警等20余项信息安全整改和规范的信息化运维服务，提高系统运营的保障系数，提升安全运行能力。

【党建工作】扎实开展党的群众路线教育实践活动。党员干部认真学习、扎实开展活动，深入贯彻落实中央八项规定和集团“22项具体要求”，着力解决了“四风”方面的突出问题、员工群众反映的强烈问题和服务员工群众“最后一公里”问题，使党员干部的宗旨意识得到进一步增强，思想灵魂受到洗礼，凝聚了公司发展的正能量，形成了除“四风”、树新风的新气象。通过开展“党员示范岗”、“闪亮之星”、“冲刺年度目标、党员作先锋”等特色党建活动，充分发挥党员干部在“急难险重”工作中的先锋模范作用。

中国大唐集团财务有限公司

【经营概况】2014年，中国大唐集团财务有限公司（以下简称“公司”）在中国大唐集团公司（以下简称“集团公司”）的领导和支持下，经营管理各项工作扎实推进。公司利润总额历史性突破10亿元，达到10.22亿元，较上年度增长15.74%。公司继续保持集团公司资产经营考核A级企业，风险管理水平进一步提升，企业文化建设取得明显成效，各项工作获得集团公司充分肯定，荣获集团公司“2014年度先进单位”称号。

【信贷业务】公司2014年通过科学配置信贷资源提升资金服务能力。初步建立了差异化贷款定价体系，以价格为杠杆，促进存量资金科学配置，最大限度提升融资服务的价值。全年新增贷款平均利率稳中有升，不良贷款率为零。对集团系统内单位授信总额300亿元，日均贷款达161.20亿元。进一步强化信贷支持和保障能力建设，为集团成员单位提供了及时高效的搭桥和应急融资服务。

【资金和投资业务】公司继续加强对控股、参股金融机构的管理，运行有序，收益良好。公司积极稳妥地开展有价证券投资，取得了显著收益，抓住股票市场回暖机遇，梳理投资流程，适当增加股票投资，科学配置底仓，尝试网下新股申购，购买新股申购开放式基金，显著提高了短期内闲置资金的运作效益。其中股票二级市场坚持价值投资理念，踏准节奏、顺势操作，取得了较高的收益率。

【票据业务】围绕集团主业做大供应链金融服务，依托电煤产业链提高票据融资服务规模，积极开展电票营销推介工作，提升“大唐电票”在信贷融资中的比重，贸易链融资创新取得初步成果。2014年累计开展票据承兑、贴现53.11亿元，做强了“大唐电票”品牌。

【结算业务】通过创新入账模式，优化网银效能，扩大了结算覆盖面，提高了结算效率，强化了大唐网银结算主渠道的功能，为集团公司及成员单位提供安全、高效的结算服务。2014年成员单位统一结算率达91.88%。

【外汇业务】按照年初既定目标，公司认真调研集团外币资金状况，积极向国家外汇管理局申报结售汇资格并于2014年10月获得批复，开设了外币账户，梳理了结售汇业务流程，夯实了结售汇业务开展的各项基础工作，为逐步建立集团外汇资金池迈出了重要一步。

【资金集中】公司2014年资金集中度、存款规模再创新高。抓住集团资金调度中心建设的有利契机，以减少未归集资金为重点，采取多种方式传导压力、宣传政策，提高成员单位对资金集中管理的重视，资金集中度、存款规模跃上新台阶。年底资金集中度上升到84.74%，全年日均存款达到199亿元，为确保公司流动性安全和完成全年经营任务奠定了坚实基础。

【业务创新】2014年，公司加强中间业务开拓并取得了实效。积极取得集团公司支持，担任集团总部发债财务顾问，协助集团总部融资业务。2014年，委贷业务也取得了较大幅度增长。

【风险管理和内部控制】全面风险管理体系进一步健全。梳理识别公司主要业务风险点，持续修订完善公司风险管理手册。开展流动性压力测试。加强流动性日常监测，积极预防流动性风险。对公司授信项目及投资项目进行合规审查，进一步发挥风险管理的事前预防功能。修订颁布了制度管理办法，按计划扎实推进制度建设，取得了阶段性成果。做好内外部各级各类专项审计、检查的迎检工作，有力促进了公司“合规经营、规范运作”长效机制的建立健全。

【人力资源管理】为适应集团公司发展及金融市场变化的新要求，公司实施了组织机构优化工作，进一步强化了部门专业职能，优化了职责界面，突出了公司业务发展的新要求，夯实了公司创新发展的组织保证。同时，进一步加强干部人才队伍建设。开展了干部选拔工作，提拔了一批具有较强政治素质和专业能力，获得群众广泛认可的年轻干部，健全了公司干部梯队；结合公司组织机构调整，开展了全方位的干部交流和部分员工轮岗，促进了干部队伍培养和员工成长。不断加强全面责任管理，建立健全了定量考核与定性评价相结合的业绩考核指标体系，实施了全员考核，激励约束机制不断健全。加强培训，将外请专家和内训相结合，“大唐金融讲堂”有声有色，构建了学用相长的培训机制，促进了全员能力提升。

【信息化建设】信息系统全年实现安全稳定运行，没有发生重大责任事故，为公司经营管理提供了坚实的保障。着力推进调度中心系统、结售汇系统、移动办公系统等项目建设，核心系统效能进一步优化，日自动支付效率大幅提升。

【企业文化建设】党风廉政和廉洁从业文化建设不断强化，坚持从严治党、从严治企，落实党组的主体责任和纪检组的监督责任，落实惩防体系建设和党风廉政责任制建设，加强“四风”的监督，充分发挥“大监督”的整体协同作用，为公司发展提供有力保障。企业文化及宣传工作取得实效。新建公司网站对外展示了公司形象；结合中心工作，深入挖掘重点、亮点和创新点，开展了有效的新闻宣传；结合“大唐精神”宣贯，在员工中进一步树立、奉献、创新、奋进的文化氛围。

南方电网财务有限公司

【经营概况】2014 年底，南方电网财务有限公司（以下简称“公司”）资产总额 286 亿元，较年初增长 34.76 亿元，同比增长 13.84%；各项贷款余额 189 亿元，较年初增长 24.80 亿元，同比增长 15.10%；总负债 223.83 亿元，较年初增长 17 亿元，同比增长 8.22%；各项存款余额 222 亿元，较年初增长 18 亿元，同比增长 8.82%。资产质量优良，不良贷款率为零。2014 年全年，公司实现营业收入 17.90 亿元，较上年增长 2.50 亿元，同比增长 16.40%；全年实现利润总额 9.03 亿元，较上年增长 0.83 亿元，同比增长 10%；全年在货币市场开展资金运作 8 617 亿元。

【信贷业务】公司积极探索新的融资方式，开拓新的融资渠道，盘活存量资产，优化资产结构和质量。一是合理配置信贷资源，在优先保障重点项目建设资金的前提下，以调结构、保增长为目标，千方百计争取信贷额度，服务成员单位融资需求。“威马逊”等台风过后，公司迅速以最优惠利率发放贷款 4 亿元，支持海南电网灾后重建工作。大力推广开展额度贷款等新型融资服务，累计发放流动资金贷款 53.63 亿元，保证电网经营周转需要，降低电网融资成本。二是继续加大委托贷款服务力度，搭建系统内成员单位间资金桥梁，为基层单位开拓更广阔的资金来源渠道。全年发放委托贷款 46.76 亿元。三是为南方电网公司和成员单位提供更好的融资服务，加大贷款承诺函和保函服务力度，保函业务量屡创新高。全年开具贷款承诺函 3 份，合计金额 34.75 亿元，开具各类保函 130 份，合计金额 1.20 亿元。四是积极参与南方电网公司直接融资发行工作，协助南方电网公司在银行间市场成功发行了 6 期合计 300 亿元超短期融资券和 2 期合计

100 亿元中期票据。

【资金业务】强化资金运作力度，丰富投资业务品种。积极应对国际国内经济金融形势的变化，丰富资金运作手段，加大错配型资金运作力度，增加可运作资金来源，通过“以量补价”，缓解市场利率低迷对资金收益的影响。公司累计开展同业拆借、债券质押式逆回购业务及“定活通”业务 8 647.35 亿元，获取收益4.85 亿元，同比增长 18.29%，占全年收入的 27%，有效优化了公司的利润结构。深化同业授信管理，在保证资金安全的条件下，不断扩大交易对手范围，公司成功加入银行间交易商协会，合作的交易对手多达 91 家，同比增加 48 家。2014 年公司在银行间市场资金运作量排名全国非银行金融机构第二，同业市场的议价能力与影响力进一步提高。

【票据业务】积极贯彻落实南方电网公司《票据集中管理工作方案》的部署，推进票据系统开发和体系建设，协助集团构建全网统一的“票据池”，与各省电网公司等 14 家成员单位签订《票据集中管理服务协议》，委托代管全网票据 10 888 笔，金额合计 123.16 亿元。全年办理票据贴现 160 笔，合计贴现金额 8.54 亿元，开展票据转贴现4 笔，合计转贴金额 1.19 亿元。首次协助成员单位开立纸质商业承兑汇票，进一步丰富了成员单位结算及融资手段。

【资金集中】完善结算模式，扩大业务覆盖面。一是结算量和结算覆盖率稳步增长。结算网络覆盖五省（区）全部地市级供电局及部分县级供电企业，结算覆盖率达 53.23%，全年完成结算量 21 692.94 亿元，同比增长 11%，结算笔数 253 506 笔，同比增长 13%。二是沿电网主业价值链拓展业务，拓展上下游客户服务链空间。深化“西电东送”电费结算服务，通过与三峡财务公司开展同业合作，累计吸收资金共计 76.60 亿元。与深圳供电局、深能源创新开展了上下游供应链电子票据结算业务。三是严格把好资金安全关，制定支付结算业务指导书，对资金支付操作进行全流程管控。建立付款核对机制，对可疑支付，要求与成员单位进行全面核实，实现资金管控力度的全面升级，为成员单位资金安全收付提供可靠保障。

【业务创新】大力推进公司结算业务模式创新，积极探索实体账户结算模式。将南方电网成员单位银行账户引入到财务公司结算体系，成员单位银行账户与财务公司银行账户实现联动，通过银行实体账户直接办理资金结算，以提高资金结算效率，保证全网资金安全、高效运作。

协助集团构建全网统一的“票据池”，与各省电网公司等 14 家成员单位签订《票据集中管理服务协议》，委托代管全网票据 10 888 笔，金额合计 123.16 亿元。全年办理票据贴现 160 笔，合计贴现金额 8.54 亿元，开展票据转贴现 4 笔，合计转贴金额 1.19 亿元。首次协助成员单位开立纸质商业承兑汇票，进一步丰富了成员单位结算及融资手段。

创新资金运作方式。积极开展银行理财产品、交易所国债逆回购、同业存单等新业务研究，累计开展同业存单业务 20 亿元，进一步拓宽了公司资金运作渠道。

【风险管理和内部控制】公司把资金安全作为经营和运作的生命线，严防各类风险，最大限度保证资金安全。一是强化内控体系建设，以完善内部监督控制为重点，对面临的各类风险进行归类管理，滚动修编《内部风险控制管理手册》和《内部风险管理评价手册》，建立了前台、中台、后台相互制约的风险管理机制和覆盖全部业务的风险管理体系。二是创新流动性管理，积极配合南方电网公司做好内部现金流管理，在全公司范围内推广运用最优资金备付模型，全年公司资金备付率 20.85%，比去年同期降低 9.8 个百分点，在提高资金管理效益的同时，最大限度确保资金流动性安全。三是充分发挥审计功能，重点完成了国家审计署经济责任审计迎审工作。根据公司人员调整，及时开展了经济责任审计。结合金融机构特色，对信贷、结算、资金等重点领域和关键环节开展专项检查，进一步促进公司规范运作。四是积极配合监管部门的现场检查和风险评级工作，以监管促规范，以监管促发展，加强与广东银监局现场检查的配合与沟通，扎实开展风险评价自查自评工作，对公司关键风险点和关键领域开展内部检查7次，对检查出的问题进行了积极整改。

【人力资源管理】切实加强干部人才队伍素质能力建设，为公司战略发展提供坚实的人才支持。一是加强干部队伍建设，坚持“德才兼备、以德为先”的选人用人标准，提拔任用了11名科级及以上干部，增强了中层管理人员的力量，进一步优化了中层管理人员队伍结构。二是加大年轻干部实践锻炼力度，提升干部履职能力。加大公司干部岗位交流力度，今年共交流轮岗了15名科级以上干部，促进干部拓展视野，增加阅历。三是加强人才引进，充实和优化人才队伍结构。通过校园招聘及社会招聘，共引进管理人员和专业人才17名，进一步充实公司人才资源。四是切实加强员工培训，2013年公司共举办、参加各类培训65期，培训总人次755人次，培训总学时10 277小时，人均培训学时约75小时，员工参训率100%。五是扎实推进人力资源管理提升。根据新的组织机构设置方案，加强了干部的选拔配备和人员配置工作，确保了新机构的有效运转。不断完善岗位责任体系建设，完成了79份岗位说明书的编制工作，组织员工逐级签订129份岗位责任书，为有效开展绩效考核提供了科学合理的依据。

【信息化建设】不断研发和完善系统功能，加强信息系统对业务支撑能力建设。一是加强核心业务平台建设，完成票据集中管理、实体账户等系统建设，为集团票据业务开展、资金结算业务拓展提供信息化支持。二是深入研究电子支付功能建设模式，积极配合全网财务管理信息系统建设，提出以财务公司为资金结算平台的“资金支付通道”方案。三是大力开展新功能模块开发建设，按期完成了实体账户、自营额度贷款、电子支付效率统计等项目的需求分析、方案设计及软件开发等工作，有效地延伸了公司的金融服务，提高了服务效率和质量。四是立足系统安全，以“两地三中心”为基础，完成公司核心系统数据库容灾自动化项目建设，公司金融业务数据安全防护水平再上新台阶，异地容灾建设处于行业领先水平。全年公司核心业务系统可用率99.98%，信息系统实现全年安全零事故。

中电投财务有限公司

【经营概况】2014年，中电投财务有限公司（以下简称“公司”）积极应对利率市场化加快、金融债到期兑付等不利因素影响，进一步强化资金集中，积极提供信贷服务，继续严防严控风险，确保合规经营，超额完成了董事会下达的包括风险控制、盈利水平、经营管理、服务质量在内的各项经营业绩责任目标。全年实现利润总额10.88亿元，经营效益实现稳增长；归属母公司净资产收益率12.92%，超经营目标1.88个百分点；资金结算准确率100%，无不良贷款，各项监管、内控指标均符合要求。2014年，公司主要工作成就和特点：一是拓展业务收入来源、处置存量投资，经营效益实现稳增长。贷款利息收入实现11.15亿元。二是把握基本定位，加强资金管理，服务主业能力不断提升。三是加强资产负债管理，调整优化资产结构，流动性持续改善。四是实现体制分离，理顺管理关系，聚焦主营业务，各项管理得到加强。五是积极开展自查自纠，认真配合各项检查，优化风险内控体系，确保了公司依法合规。六是坚持围绕中心、服务大局，党建工作富有成效。

【信贷业务】2014年，公司为集团成员单位提供优质资金支持服务，积极安排信贷规模，全年实现日均贷款187亿元，年末贷款余额148亿元，为集团重点项目和紧急资金需求提供了高效的融资服务。一是全年累计向成员单位提供短期流动资金贷款292.50亿元，保证了成员单位紧急资金需求。二是发挥专业优势，协助集团大型项目融资工作，2014年新牵头组成贵州茶园和吉电东南2个银团，融资额66亿元，截至2014年末，代管银团30个，余额达698亿元，参与红沿河二期、海阳二期、蒙西煤制烯烃项目三大集团重点项目融资工作。同时，公司加强客户管理，强化客户经理主动营销和服务意识，全面提升公司客户服务质量。

【资金和投资业务】2014年，公司资金动态平衡积极运作，确保资金安全和效益。动态平衡资产负债安排，实现了50亿元金融债兑付和资金平衡的双安全。多渠道、多手段运作临时资金，与各银行就单笔大额资金、活期存款的利率进行逐一谈判，取得较为合理的存款利率。建立每日询价报价机制，抓住市场有利时机，进行资金运作，2014年资金同业实现0.81亿元收入。

【票据业务】2014年，公司积极推广电子票据业务，累计办理电子票据承兑3.88亿元，贴现2.10亿元。同时结合集团票据管理需求，积极探讨票据池管理模式，并提出了搭建“以票据池为前端操作，以票据贴现和银行保贴为流通支撑，以转贴现和再贴现为规模调节手段”的立体票据业务体系思路。

【外汇业务】2014年，公司召开了金融业务座谈会，与国家开发银行、工商银行、建设银行、农业银行、交通银行等11家银行机构就资金管理、外汇资金集中进行了交流、沟通。2014年11月与中国银行北京市分行深入研究讨论了集团公司外汇资金管理方案，以便启动外汇及境外资金集中工作。

【资金集中】2014年，公司重点协调解决资金集中难点问题，对贷款受托支付、共同控股等资金集中问题与各单位讨论具体解决方案，努力化解资金集中障碍。全年先后组织了受托支付资金、保证金账户、非上线账户的专项检查，进行了四家二级单位的现场检查，涉及三级单位283家，取得了较好的管理效果，2014年末全口径资金集中度达到59.20%，较2013年末增长15.45个百分点。

【业务创新】2014年，公司根据集团公司上下游产业链特点，积极探讨融资租赁和买方信贷业务，协调金融机构为成员单位办理代理国内信用证和应收账款保理业务，拓宽集团成员单位资金来源降低其财务费用。

【风险管理和内部控制】2014年，随着外部环境和政策变化，公司不断提升风险内控和依法合规运作能力，风险可控在控。一是关注金融形势，加强重点领域风险防控，各项指标符合监管要求。针对流动性风险上升的趋势，加强流动性风险监控预警，建立分析跟踪机制。制定信贷政策指引，强化贷前、贷中、贷后审查，规范内部审贷流程管理。制定利率政策和投资政策，科学利率定价机制，降低市场风险。多次进行信息安全风险排查，建立应急设备的备品备件库，完善信息科技风险的应急体系。提升全员风险合规意识，组织风控管理和法律合同管理专项培训，严防操作风险。二是在制度建设方面，完成11项基本管理制度和71项管理制度的修订和发布，公司现有制度共133项，通过重要岗位答卷、组织公司制度宣讲，加大制度宣贯力度，确保公司的管理运营始终有章可循、制度先行。三是在流程建设方面，按照内控优先原则，严守三道防线，强化事中风险管理和预警机制，前移风险关口。强化业务管控流程的审核，并配合信息一体化，组织业务部门对照新修订制度完善业务流程和岗位互斥，确保制度和流程的一致性。四是在风险管理与内部控制体系优化方面，聘请具有专业服务能力的风险咨询机构，制定工作方案，开展风险管理与内部控制体系优化咨询服务项目工作。通过本项目，将进一步量化各项风控目标和要求，确保成果的可落地可执行。五是合规管理情况，2014年，公司以建设合规文化为目标，完善合规管理机制，结合公司实际，编制与业务和管理相关的10项风险提示，为公司决策和合规运营提供保障。设立专业法律岗位，聘请常年法律顾问，加强对规章制度、经济合同及重大决策事项的合规审查，确保法律合规审核率达到100%。

【人力资源管理】2014年，经过统筹协调、周密部署，公司完成机构重整工作，并组织实施了岗位双向选择工作，优化了公司人力资源配置。同时，为建立健全效益导向的绩效考核体系，修订了公司《部门及个人绩效考核管理办法》，通过进一步细化评价指标，量化考核标准，优化了公司绩效考核体系。

【信息化建设】2014年，公司信息化建设重点围绕完善基础设施、深化信息系统建设与应用、强化系统运营管理、提升信息安全与风险控制四个方面开展工作，公司信息化建设与应用水平、信息安全管理能力进一步提升。一是针对公司的主要代理支付结算行建设了基于不同运营商的双专线网络，以保障公司主营业务的连续性运营要求。二是根据集团公司的统一部署建设了专用商密网网络，以适应公司的商密信息保护要求；部署专业VPN系统，满足公司出差用户的远程办公需求；继续推进公司一体化系统研发，并取得阶段性成果；对审批流进行梳理并通过协同办公系统进行固化，强化管理的规范化和流程化，有效落实公司有关按制度办事的管理要求。三是根据银监局加强信息化外包管理的相关管理要求，加强信息化运营管理，突出事前检查和风险预防措施，加强运维人员管理、开展运维评价，提升运维保障，公司运维工作更加专业化和系统化。四是在公司内网、外网分别部署了独立的桌面安全管理系统，安全管理措施更加完善；在公司办公网部署身份认证系统，实现公司业务系统与管理系统的一KEY授权和访问，公司信息安全的保障能力显著提升。

【企业文化建设】2014年，公司一是结合金融平台战略规划，提炼总结具有金融特色的企业文化体系，扎实推进企业文化建设工程，用文化进一步增强了员工的凝聚力、向心力和执行力。二是深入开展文明创建活动，以大力选树优秀典型作为文明创建活动载体，以部门为单位深入开展两优一先、青年文明号等创建活动，不断巩固和扩大文明单位创建成果。三是深化“映山红”青年志愿服务工作。开展青年志愿者集中注册，对口定点帮扶8名优秀贫困学生，开展捐款捐物、义工志愿服务等活动，参加了与河北省香河县优秀贫困学子“牵手·筑梦”联谊活动。四是构建职工关怀体系，建立“送温暖”长效机制，积极主动为困难员工解决工作生活中的困难。2014 年以来开展慰问帮扶员工活动 20 余次，发放慰问金 3 万余元。五是广泛开展各类群众性活动。组织公司部门参加以“奉献中电投、共圆中国梦”为主题的“最美一线工人”征文活动和“聚焦一线”摄影比赛；开展品读会活动，组织合唱、瑜伽、乒乓球、足球等活动项目，进一步丰富了职工业余文化生活。

国电财务有限公司

【经营概况】2014 年，国电财务有限公司（以下简称“公司”）全面推进“双提升”工作，按照“集团公司整体利益最大化”的原则，深化产融结合、融融结合。2014 年，公司利润总额首次突破 10 亿元大关，全口径资金归集率达到 85%。风险评级获优秀等级，成为 46 家在京财务公司中仅有的 5 家优秀企业之一。截至 2014 年 12 月末，公司本部实现营业收入 14.65 亿元，同比增长 27.06%；利润总额 10.52 亿元，同比增长 27.44%，圆满完成全年 10.50 亿元（不含石嘴山银行分红）利润目标；净利润 7.83 亿元，同比增长 25.28%。各项监管指标符合要求，资本充足率 31.26%，不良资产率为零，资产损失准备充足率 128.27%，流动性比例 34.17%，风险可控在控，继续保持全年零案件、零信访的良好局面。

【信贷业务】信贷业务规模大幅增长，结构更加合理。各项贷款（含贴现、融资租赁）日均规模 195.83 亿元，同比增长 20.38%。实现信贷业务利息收入（含贴现、融资租赁）12.19 亿元，同比增长 28.37%。电源产业项目贷款占比 80.30%，其中，单机规模超 60 万千瓦的大型火电占全部火电企业贷款额的 49.04%，有效服务了集团公司主业发展。

【产品销售信贷业务】融资租赁业务稳步推进。办理融资租赁业务 30.80 亿元，每亿元融资租赁业务每年可为集团公司节税 35 万元，全年共节税近 0.11 亿元，实现融资租赁手续费 0.59 亿元。

【资金和投资业务】投行业务实现近年来最好效益水平。公司投行业务在连年实现盈利的基础上，2014 年完成综合收益 0.96 万元，其中，投资收益 0.61 亿元，财务顾问收入 0.21 亿元，资金运作超额收入 0.15 亿元。为国电集团 4 期短融、8 期超短融发行、集团基础设施债权计划和成员单位短融、私募债发行提供了专业、满意的金融咨询服务。

【票据业务】电票业务持续推广。公司主要承担集团公司票据池建设中的国电电子财票业务和国电电子商票业务。截至 2014 年末，已为联合动力、谏壁电厂等 59 个单位办理了

400余笔，金额共计32亿元的电票业务。

【资金集中】各项资金结算管理指标明显提升，截至2014年12月末，实现全口径资金归集率85.52%，同比提高13.3个百分点；累计完成资金结算量2万亿元，同比增长32.80%；结算笔数35.12万笔，同比增长38.38%；归集资金日均规模200.82亿元，同比增长32.89%。海外上市公司资金归集和结算水平显著提高，完成广发银行直连正式上线，使公司直连银行数增加到13家，“国电网银”覆盖面进一步扩大。共有1 008家单位在公司开立了1 223个存款账户，监控银行账户数目达2 420个，继续保持“国电网银”全覆盖。坚持“零结算费用”优质服务，免费提供存款询证、资信证明、“国电网银”指纹U盾、网银专用打印机等服务，全年可为集团公司成员单位节省财务费用约0.50亿元，有效服务集团公司系统降低财务费用。

【业务创新】产业链金融业务积极开展。针对集团风机设备等制造业和多项产业链条，为客户办理应收账款保理、电子票据承兑等业务，积极提供个性化金融服务方案。与建设银行、中国银行、中信银行、浦发银行等多家大中型商业银行签订财务公司电子财票保贴协议。针对集团高端制造业客户量身定做贷款、票据、保函等金融服务方案，提高金融服务针对性。

【风险管理和内部控制】风险管理持续加强，得到高度评价。公司资金集中度较全国平均水平高出近35个百分点，经中国银监会批准获得风险评级优秀等级。开展资产风险分类，全面梳理管理制度，有序开展风险排查，严格执行业务合同和重大经营决策的合规审查工作，确保风险可控在控。按照《廉政准则》《廉洁从业规定》和《关于党员领导干部报告个人有关事项的规定》等制度，研究制定公司党组落实党风廉政建设主体责任和纪检组监督责任的意见，建立改进作风的长效机制，确保党风廉政建设责任制执行到位。深入贯彻中央八项规定和集团24条措施，八项费用支出管控效果显著。高度重视“国电网银”系统安全稳定运行，开展信息安全大检查，完成“国电网银”系统三级备案工作，开展“国电网银”两地三中心系统容灾演练，应急处理能力得到锻炼和提升。

【人力资源管理】员工培训和干部选拔进入良性循环。全面完善干部管理，创新选人用人工作措施。首次开展公推比选工作，选出风险管理总监一名。积极推进中层管理人员轮岗，2014年本部共有4名部门负责人实现轮岗，有效促进了人才交流，提升了中层管理人员综合业务能力。按照《国电财务有限公司职级管理办法》，完善经营管理人员和专业人员双上升通道的晋升模式，合理规划专业人才职业发展。鼓励员工坚持岗位学习，营造了比、学、赶、帮、超的浓厚氛围。

【信息化建设】信息化建设取得新成果，“国电网银”同城双数据中心于2014年4月成功上线投运并持续稳定运行，具有资源利用充分，服务能力强大，运行安全稳定等优势，在行业内处于技术领先地位。新增资金池业务回单功能、升级工商银行接口，规划设计“国电网银”业务在线申请功能、开发上线指纹库管理系统，安全认证优势进一步加强，为资金支付安全提供了更好的技术保障。2014年，“国电网银”荣获“中国电力信息化推进示范项目”称号，公司荣获“中国电力信息化推进示范单位”称号，“国电网银”品牌优势日益显现。2014年9月至11月，分别在武汉、西安和成都成功举办了“国电网银”培训暨金融产品推介会，共有来自集团公司华东、华中、西北和西南区域122家单位的280余人参加，获得了成员单位的热烈反响和良好评价。

【企业文化建设】扎实开展党的群众路线

教育实践活动，将活动与公司中心工作相结合，多种渠道认真听取意见，认真整改，构建行得通、指导性强、能长期管用的制度规定，打造风清气正、干事创业的良好氛围。坚持依靠员工办企业。牢固树立密切联系群众的宗旨意识，充分发挥工会组织的桥梁纽带作用，把群众关心的问题作为工作的出发点和落脚点，大力弘扬集团公司“家园文化”，加强职代会制度建设，深入实施“员工素质提升工程”和“惠民工程”，实施品牌建设战略，加强新闻宣传，活跃工作气氛，不断丰富职工文化生活，树立了良好的企业形象。

华联财务有限责任公司

【经营概况】2014 年，华联财务有限责任公司（以下简称“公司”）的资产规模和盈利水平均有稳步增长。截至 2014 年 12 月 31 日，公司资产总额 71.41 亿元，比上年同期增长 3.36%；负债总额 55.68 亿元，比上年同期增长 2.13%；所有者权益总额 15.74 亿元，比上年同期增长 8.03%；截至 2014 年 12 月 31 日，公司实现营业收入 3 亿元，比上年同期增长 1.35%；实现利润总额 1.44 亿元，比上年同期增长 7.48%；净利润 1.17 亿元，比上年同期增长 12.50%。

【公司信贷业务】截至 2014 年 12 月 31 日，公司为成员单位累计发放贷款 167.98 亿元，实现贷款利息收入 2.79 亿元。公司给予 21 家集团成员单位的授信总额为 76.95 亿元。2014 年，公司与成员单位及部分供应商就“融资租赁”和“小微贷款”等业务进行了前期沟通和交流。

【票据业务】截至 2014 年 12 月 31 日，公司办理集团内成员单位开出的商业票据贴现 72 笔，贴现金额 1.45 亿元（其中电子商业汇票 6 张，贴现金额超过 0.40 亿元）。公司还在 2014 年末与人民银行营业管理部开展了电子商业汇票再贴现业务。

【结算业务】截至 2014 年 12 月 31 日，公司吸收成员单位存款 45.39 亿元，较年初增长 0.69%，日均吸收存款 53.48 亿元，较上年增长 5.25%。截至 2014 年 12 月 31 日，集团成员单位及下属各门店共 206 家在公司开立代理支付账户，全年公司办理代理支付 103 万余笔，日均处理 4 000 余笔，全年代理支付金额 124.65 亿元，满足了成员单位的资金支付需求。

2014 年，公司组织结算部全体员工分批赴北京华联综合超市股份有限公司北京大区门店实习，了解门店经营模式和供应商货款结算业务流程。通过实地学习，加深了公司员工对集团主业的了解，推动公司进一步探索如何为集团成员单位提供更优质的金融服务，促进集团主业的发展。

【资金和投资业务】资金和投资部门每日跟踪市场资金面情况，根据央行公开市场操作、银行间拆借资金价格变化、交易对手拆借信息采集、新股发行节奏等情况，对市场资金面变化进行分析和预判，调整资金筹措和使用计划。2014 年，公司通过投资银行协定存款、银行理财产品、货币市场基金、可转换公司债券申购等安全性高、流动性强的金融产品，全年实现投资收入 0.29 亿元。通过开展投资业务，主要是无风险套利业务，既培养了一批专业化的人员队伍，又实现了公司资金的保值、增值。

【中间业务】公司年内为集团及成员单位在商业银行共计 4.30 亿元流动资金贷款提供连带责任保证；公司为集团下属各门店提供保险代理业务，为 378 家门店统一投保，办理了 246 笔保险理赔案件，理赔金额 153.13 万元，全年实现约 56 万元的保险代理手续费收入。

【风险管理和内部控制】2014 年，公司组织各部门针对公司所有制度进行了重新修订，以满足监管要求和业务开展需要；加强业务风险管控，对各部门近 3 年稽核审计出来的问题整改情况进行追踪审计，杜绝重复犯错的情况出现。

2014 年，公司以现场检查为契机，把握监管要求，学习政策法规，使业务开展更加规范；同时公司加强与同行的学习和交流。2014 年，公司调研、走访了部分财务公司，学习了解同行在电子商业汇票、业务授权体系、合规与风险管理和非现场统一监管报表系统等方面的先进做法和经验，拓宽了开展新业务的视野。

【人力资源管理】2014 年，公司开展了以内部讲师为主的内部培训。由公司管理层带头，将自身在工作中的经验，结合公司实际业务的开展情况，为全体员工进行集体面授，收到了良好的培训效果。

【信息化建设】2014 年，结合业务发展的实际情况和监管部门的要求，公司加大信息科技投入，设立信息部。年内重点对核心业务系统进行了整体升级，升级后的系统日处理能力从 8 000 笔提升至 20 000 笔，极大地提高了结算工作效率，能够完全满足集团结算业务 5 年内的发展需要。升级后的业务系统数据处理能力，在全国的财务公司业务系统中处于领先地位。公司年内配合集团 ERP 项目进行了接口开发，接口运行良好。公司还对主机房进行了部分改造，通过扩大机房面积、加装大功率排风装置等方法解决了机房空调宕机的隐患。

【企业文化建设】2014 年 4 月，公司工会举办了公司第二届羽毛球比赛；11 月，举办了第四届跳绳踢毽比赛。

兵器装备集团财务有限责任公司

【经营概况】2014 年，兵器装备集团财务有限责任公司（以下简称“公司”）新一届领导班子组建成立，全面贯彻集团公司工作会议关于打好“转型升级、做优做强、改进作风”

三大攻坚战的要求，扎实推进各项工作，有效保证了公司经营活动的健康稳健运行。

2014 年，公司实现营业收入 16 亿元，完成预算目标的 115.15%，同比增长 20.99%；实现营业利润 8.06 亿元，完成预算目标的 126.25%，同比增长 20.81%；实现利润总额 7.11 亿元，完成预算目标的 101.52%，同比下降 11.61%；实现净利润 5.93 亿元，完成预算目标的 102.22%，同比下降 13.03%；实现日均存款规模 233.80 亿元，完成预算目标的 111.33%，同比增长 7.58%；实现日均信贷规模 203.15 亿元，完成预算目标的 111.88%，同比增长 23.43%；实现经济增加值 4.44 亿元，完成预算目标的 102.77%，同比下降 18.78%；资金集中度为 44.04%，完成预算目标的 110.10%，同比下降 5.29%。

【信贷业务】2014 年，公司坚持“服务第一”的市场意识，以“差异化策略”推动传统信贷业务发展。一是增存款。按照“信贷业务”带动存款、“汽车金融”联动存款、“信息化手段”黏住存款、“二次分红”吸引存款、“结算服务”留住存款的路径，实现日均存款 233.8 亿元，同比增加 16.50 亿元，增长 7.58%。二是调贷款。面对天威系近 20 亿元贷款清理及昌河汽车 5.50 亿元、长安股份 15 亿元等大额贷款规模缩减的经营压力，秉承“稳定但有选择信贷增长”的经营策略，主动向军品和汽车板块优质企业增加信贷额度，优化贷款结构，保持了信贷规模的稳定，实现日均贷款规模 98.50 亿元，同比基本持平。三是抢票据。全力拓展具有“流动性高”、“风险低”特点的票据贴现业务，累计办理票据贴现 75.64 亿元，同比增加 20.64 亿元，增长 37.53%。四是促服务。继续发挥“优快活”的竞争策略，积极让利于集团企业，全年累计让利 1.57 亿元。

【产品销售信贷业务】一是 2014 年，汽车金融累计信贷投放 717.50 亿元，同比增长 32%。其中，零售信贷投放 60.50 亿元，同比增长 163%。2014 年末，汽车金融零售贷款余额 62 亿元，占汽车金融贷款余额的 52%，同比提高 15 个百分点。二是将自主、福特、日系、DS 品牌分列管理。自 2014 年 9 月起，公司个贷合同件单月突破 1 万单，月增万单成为“新常态”。全年实现个贷单数 94 000 单，同比增长 177%；其中，福特品牌 48 886 单，同比增长 92%；自主品牌 38 469 单，同比增长 416%。三是推出了小额速贷、基础产品、促销产品等 6 大产品系、数十款差异化产品，其中，公司自行研发推出的“长安速贷”荣获“2014 年度最佳汽车金融产品奖”。四是通过开展“浙中南”、“津鲁”、“辽沈”、“西北会战”等一系列市场拓展战役，福特品牌批售业务占比达到 41% 的新高点，同比提高 1.3 个百分点，实现了集团 6 大品牌、5 大区域的信贷业务全覆盖。2014 年末，汽车金融批售业务合作经销商达 560 家；零售业务 9 月首次突破合作经销商千家大关，年底达 1 311 家。基本覆盖国内主要省市自治区，汽车金融业务全国性战略布局基本成型。五是开通微信公共平台（订阅号、服务号），上线 APP“兵财小秘书”；与长安轿车天猫店开展联合促销，与易车网开展“O2O”联合营销，个贷申请链接植入长安汽车支付宝，全年实现订单 1 337 单。

【资金和投资业务】在资金业务方面，一是在资金头寸同比整体大幅趋紧的不利条件下，合理配比资金头寸，努力提高存放同业款项议价能力，关注市场动态，把握市场机遇。活期存款利率同比增长 32 个基点，增加收益 0.14 亿元；定期存款收益率 4.66%，实现超额收益 0.28 亿元，富裕头寸管理富有成效。二是投资避税实现超额收益 0.68 亿元，助推经营业绩。

在投资业务方面，2014 年，公司坚持中低风险套利为主的稳健投资策略，投资业务结算收益0.07亿元。一是加强渠道建设，搜集产品信息，筛选符合公司收益风险要求的优质项目。二是分类研究信托产品，启动信托产品投资，实现流动性管理投资收益0.05亿元。三是研究新股发行政策，积极参与IPO申购，表现位居同行前列。四是稳步开展股票定向增发及结构化产品研究。筛选并重点研究了6个定增项目。五是与南方资产进行深入沟通交流，探讨业务合作机会。六是对标南方资产、兵工财务、中核财务、航天科技财务的投资业务，发挥自身优势制定投资策略。

【票据业务】2014年，公司全力拓展具有“流动性高”、“风险低”特点的票据贴现业务。实时掌握票据市场最新行情，以市场化的手段，优惠的市场利率，深入挖掘集团成员企业的票据贴现资源。2014年累计办理票据贴现75.64亿元，同比增加20.64亿元，增长37.53%。

【外汇业务】一是公司于2014年10月25日成功办理了首笔结售汇业务。二是积极研究制定跨境资金归集方案。

【资金集中】2014年，公司发挥“优、快、活”的竞争优势，进一步加强服务职能，多渠道拓展存款。一是加强与股东单位的业务合作，以综合回报积极引导股东单位增加在财务公司的资金沉淀；二是通过服务驱动和业务带动，以优于金融市场同期价格的优惠贷款、票据等业务，对上市公司、合资合作企业进行业务拓展；三是通过创新业务模式，加强与重点客户的业务合作，确保存款规模稳步增加。2014年实现日均存款233.80亿元，同比增加16.50亿元，增长7.58%，资金集中度为44.04%。

【业务创新】一是成功办理了首笔结售汇业务，研究制定跨境资金归集方案。二是积极探索打通外源性融资路径。在“成本合理、模式合规”的基本原则下，就“非标信托”、“ABS模式私募”、“公募ABS”、“金融债”四种主要路径进行监管研究，并与20余家机构谈判。

【风险管理和内部控制】2014年，公司贯彻执行“一个基础、三道防线”的风险管控体系，坚持依法治企、合规经营。一是天威系企业系列法律诉讼案件得到有效处置。共收回贷款本金2.15亿元，利息及罚息近0.30亿元，诉讼费及保全费130万元。二是完善法律风险防控体系建设。第一，建立业务制度类文件合规性审查机制，对19项新制度、办法、业务进行合规性审查。第二，全面梳理修订公司常用制式合同，对55份常用制式合同进行修订。第三，修订完善汽车金融个贷审核标准。第四，密切关注业务动态，加强风险预警和提示，先后发布《汽车金融批售客户风险提示》《DS车辆召回风险提示》《滨州华诚风险预警》《长安微车经销商流动性风险提示》。第五，积极采取法律手段清收个人逾期贷款，对171位逾期客户进行法律诉讼。第六，顺利完成北京银监局现场风险评级检查工作。三是落实稽核审计，充分发挥第三道防线的作用。第一，2014年共开展季度稽核4次，专项稽核7次，风险自评和内控自评各一次。第二，2014年共开展盘点稽核六次，盘点稽核65家经销商。

【人力资源管理】2014年，公司进一步探索提高人力资源管理能力，夯实基础改进提升。一是做好人力资源基础工作。积极落实招聘计划；细化部门组织架构，梳理岗位人员职责。二是改进绩效薪酬体系。组织分解落实考核指标；优化完善考核流程，按期组织绩效考核，明确考核时间节点安排，简化考核会议形式，促进考核的正规化、流程化；深入调研学习对标，明确绩效完善方向，探索建立指标词典、优化评价方法、精简评价过程、突出考核重点；及时履行审批程序，落实高管年薪分配。三是优化公司培训管理体系。加强员工培训，全面提高员工素质，促进员工成长成才。分级分类地开展员工培训，激发员工学习的内在动力和潜能。四是完善人力资源管理体系。广泛调研了解政策，落实退休员工管理；明确人力资源系统建设需求，提升工作效率；分类梳理内部荣誉，初步搭建体系框架。

【信息化建设】 一是建设完成汽车金融系统。业务处理效率大幅提高，零售放款记账从3分钟1笔提高到3分钟200笔，零售还款处理6万笔从14小时减少到1.5小时。二是建设完成外汇业务系统。成功办理结售汇业务，有效支撑外汇业务开展。三是建设完成集团司库集中管理系统。完成了120家二级企业的推广上线工作，实现了与中国银行、农业银行、工商银行、建设银行、招商银行和光大银行6家银行的直连直通。四是建设异地灾备中心。将位于北京集团公司机房的全套业务系统和数据实时备份到中国电信在重庆的中心机房，公司信息系统安全保障工作迈上新台阶。五是建设完成微信及APP系统，互联网金融迈出探索性一步。

【企业文化建设】 2014年，公司进一步培育适应公司战略发展要求的企业文化，增强公司员工对企业文化的理解和认识。一是选出身边先进典型，充分提升榜样模范激励作用。评选先进党支部、优秀共产党员、优秀党务工作者等，评选“最美兵财人”，宣传报道《可爱的兵财人》。二是举办主题活动，广泛开展依法合规廉洁从业教育。举办“党风廉政教育月”活动，开展党委书记讲廉政党课、参观反腐倡廉警示教育基地、树立廉洁座右铭等。三是启动征集员工合理化建议活动，制定《合理化建议管理制度》，累计收到92条合理化建议。四是与《兵器报》合办“财务公司形象馆”专栏，连载7个月介绍财务公司。五是加强兴趣小组日常管理、为员工办理健身卡、开展五四青年节评优活动、举办信息系统界面设计比赛、举办北京地区、重庆地区联谊等活动，丰富员工业余生活，搭建员工沟通平台，增强员工对公司文化的认同感和归属感。

京能集团财务有限公司

【经营概况】 2014年，京能集团财务有限公司（以下简称“公司”）认真贯彻集团“稳中求进、深化改革、优化结构、强化管理、创新发展”的投资经营工作方针，整合金融资源，提升金融服务，各项工作取得成效。截至2014年12月31日，公司资产总额160亿元，所有者权益35亿元；吸收存款余额124亿元，自营贷款87亿元，代理业务资产（表外业务）127亿元。全年实现利润总额3.36亿元，净资产收益率9.40%，资本充足率25%，贷款本息回收率100%，不良贷款率为零，圆满完成集团经营考核任务。2014年，公司实收资本总额增至30亿元；保险代理业务实现了“零”突破；外源融资创新不断，全力实施的《资金改革方案》，提升了公司作为集团专业化平台的资金管控能力和金融服务水平。

【信贷业务】2014年，公司日均自营贷款及贴现规模为67.82亿元，较上年增加15.46亿元，增长29.53%。2014年累计发放自营贷款及贴现140.54亿元，发放委托贷款71.78亿元，回收自营贷款及贴现117.53亿元，回收委托贷款54.88亿元，贷款本息回收率100%。全年自营贷款利息收入4.22亿元，较上年增加31.37%，委托贷款手续费收入0.15亿元，较上年减少1.52%。

【资金和投资业务】2014年，公司存放同业业务日均规模为19.20亿元，实现同业存放利息收入1.17亿元，平均收益率为6.10%，有效提高了公司资金的外部获利能力。2014年，公司共参与银行间市场债券分销共计6.60亿元。其中成员单位短期融资券共计2.30亿元；证券公司短期融资券共计4.30亿元。2014年全部投资利息收入为0.25亿元。

【票据业务】2014年，根据公司管理和融资创新需要，经多次与人民银行沟通，创新开展了641.31万元的再贴现业务，实现了公司再贴现业务零的突破。公司全年累计开展票据承兑业务12笔，金额超过1.50亿元，既解决了成员单位资金紧张无力付款的难题，又有效提升了商业承兑汇票的信用等级，受到了集团成员单位好评。

【资金集中】2014年，公司克服不利影响，采取各种措施拓宽资金归集面，稳定可归集资金归集率，尽力扩大吸收存款规模，截至2014年底共有162家成员单位在公司开立了存款账户，其中152家实现资金归集；全年资金归集率保持平稳，可归集资金归集率均保持90%以上；年末资金集中度达到60.77%，超过行业平均水平。2014年全年日均存款达92.33亿元，较上年增长近24.82亿元，增幅达37%；2014年11月17日，公司吸收存款规模首次突破130亿元。

【业务创新】根据公司管理和融资创新需要，经多次与人民银行沟通，创新开展了再贴现业务，实现了公司再贴现业务零的突破；取得了建设银行、农业银行国内保理和国内保函的新融资品种；获得交通银行、招商银行、中国银行、民生银行、工商银行、浦发银行财票保贴创新授信品种，授信额度31亿元。为了进一步压缩结算头寸备付资金，为公司资产运作提供更多资金，结算部组织全员深入分析公司近5年吸收存款走势，学习研究预测理论及方法，创新建立了存款走势的预测分析机制，按季度预测分析存款走势并编制报告供公司决策参考，成效显著，2014年在公司吸收存款规模增长25亿元的情况下、结算头寸备付只增加2亿元，在吸收存款规模增幅37%的情况下，结算头寸备付率下降1.5个百分点。2014年，公司成功开展银团贷款业务，累计发放银团贷款6笔，共计1.54亿元。2014年，公司取得了保险代理业务的突破，先后为3家成员单位提供了保险代理服务，累计取得保险代理手续费收入8.45万元，咨询服务费收入10万元，为成员单位节约保费13万余元。

【风险管理和内部控制】2014年度完成保险代理业务、银团贷款业务的风险识别工作，识别出风险点99个，涉及业务和管理流程合计20项。另外，风险管理部开展了法律审核的专项风险识别工作，稽核部开展内审专项风险识别，做到“事前了解风险”，为有效预防风险事件的发生奠定良好的信息基础。2014年，公司不良资产率和风险事件发生率保持零记录，流动性风险控制在公司可承受范围。全年法律合规风险保持零事件，涉诉事项零记录。完成合同的合规性审查320笔。完成各类业务的合规性审查223笔，其中，自营贷款61

笔（含2笔贷款条件调整），评级授信55笔（含1笔额度调增），委托贷款76笔（含展期业务4笔），债券投资13笔，同业拆借9笔，票据承兑7笔，票据贴现2笔。

2014年，公司组织独立开展内控自评工作。由风险管理部牵头，风控小组成员作为评价人，在各部门预评基础上，采取各部门自评和交叉互评结合的形式对自评手册中的879个控制点进行了逐项检查，最终确认了75项内部控制缺陷，风险管理部组织各部门针对以上内控缺陷制定了详细的整改措施及时间计划。集团内控自评检查小组对公司内控自评工作进行了现场检查，集团内控自评检查小组肯定了自评工作组织工作及评价结果。

为指导2014年度标准化工作有序开展，公司拟定了《京能财务2014年标准化工作计划》，明确了2014年标准化工作思路、工作目标和工作措施。按照标准化工作计划，建立了标准管理台账；同时，结合集团公司达标验收报告，制定了《2014年标准修编工作计划》。2014年度，共计完成了公司76项管理标准、47项工作标准的修订工作。

【人力资源管理】公司研究和完善考核机制，在原考核机制基础上增加平衡性指标，实施分层级考核，细化、量化以及合理化各项考核指标，增加层级间考核指标的内部关联，改变考核结果与奖金挂钩模式，提升部门负责人评价权重，增强考核杠杆作用，提升团队凝聚力。创新培训理念，制定年度培训计划，规范“学习日”制度，倡导内训为主，培养员工素质和专业能力，跟进基础管理工作，制定培训记录实施表，提升培训参与度，注重培训效果。围绕公司人才梯队建设，实施2014年度人才培养计划，借调2名同志到集团综合计划部和董办工作，借调2名深圳钰湖人员到公司交流学习，内部实现1名同志跨部门的借调。2014年上半年招聘9名员工，下半年开展了两次招聘工作，通过市场化招聘了1名财务专业人员，充实了队伍力量，很好地推动和落实了公司的人才兴企战略。

【信息化建设】公司进一步明确信息化工作目标，依据六项原则全面推进信息化改革工作。明确了需求部室和管理机构职能，优化软件开发项目流程，完成公司核心业务系统升级，优化SAP系统和OA功能，强化各功能模块落地应用，提高了软件开发与硬件设施适配性。

【企业文化建设】将党群工作与企业文化建设有机结合，以新员工入职培训为契机，开展全员文化拓展活动，实现新老员工快速融合。公司积极组织国企楷模、七一评选、典型故事、摄影展、集团十周年寄语等各项评选和文体活动，多项活动取得优异成绩，将向上的企业文化内化于心、固化于行。开创宣传新渠道，推出微信公众平台，发布30多期100余篇文章，成为公司改革创新、管理服务、学习交流的高效信息化举措，提升了公司服务价值。

浙江省能源集团财务有限责任公司

【经营概况】2014 年，浙江省能源集团财务有限责任公司（以下简称“公司”）坚持以“立足集团，服务集团”为宗旨，紧紧围绕集团“大能源战略”和“三个一体化”发展思路，按照合规稳健经营原则，深化管控分析能力，增强服务创新能力，提高市场研究能力，以集团内部资金要素优化配置为核心目标，稳中求进、开拓创新，不断提升资金集约化管理水平，加强内部管理和风险防控，加大信息化建设和系统安全保障力度，扎实推进“司库型”财务公司建设，不断发挥公司金融和财务管理服务功能。截至 2014 年底，公司资产总额达 186.66 亿元。全年累计实现营业收入 5.70 亿元，净利润 3.63 亿元。

【信贷业务】2014 年，公司结合外部融资环境和成员单位实际资金需求，适时调整信贷策略和资金流向，优化信贷资产结构，切实履行内部信贷服务职能，发挥好集团资金池的作用，有效满足成员单位融资需求，有效支持集团内各重点建设项目和成员单位生产经营活动的开展。截至 2014 年底，公司共对 58 家成员单位提供授信，较 2013 年新增 6 家，授信总额为 174.50 亿元，较上年增加 21.30 亿元，增长 13.90%。

【资金和投资业务】2014 年，公司不断加强市场研究分析能力，利用备付闲置资金审慎开展资金和投资业务，在确保风险可控的前提下追求合理利润。一是不断提高资金计划的准确性，并依此稳健开展同业定期存款业务和债券质押式逆回购业务，全年累计实现同业定期存款利息收入 1.08 亿元，实现质押式逆回购业务利息收入 0.24 亿元。二是坚持“有所为、有所不为”的投资理念，积极参与新股路演和实地调研，加强与上市公司和券商的沟通与交流，不断完善投资研究决策分析信息系统，为集团和公司的有价证券投资决策提供可靠依据。全年累计实现投资收益 0.52 亿元。

【票据业务】2014 年，公司利用票据融资利率相对较低的有利时机，积极推广票据业务，拓宽成员单位融资渠道，降低集团整体融资成本。2014 年全年，公司共计办理 8 笔票据贴现，票面总金额为 4.15 亿元；办理转贴现业务 2 笔，票面总金额为 1.50 亿元。

【资金集中】2014 年，公司继续把资金归集作为重要工作，争取拓展资金集中覆盖面，提高集中度，现集团大部分二级企业已完成归集，归集度较高，大多数三级企业也纳入了归集范围，全年归集度一直保持在较高的水平。截至 2014 年底，公司吸收成员单位存款达 168.81 亿元，银监会口径资金归集度为 65.01%（剔除可转债及境外发债等不可归集因素后为 83.04%），集团系统共有 162 家成员单位在公司开立结算账户，其中 117 家实行“收支两条线”的资金管理模式，分别较年初增加19家和15家。

【业务创新】2014年，公司通过深入了解浙能集团和成员单位金融需求，加强金融创新，不断发挥金融服务平台功能。一是协助浙能集团开展海外评级、美元债发行、超短融注册发行等工作。海外美元债发行方面，集团海外评级结果穆迪为A1，惠誉为A，获中国发电企业海外最高评级，和地方国企最优评级，三年期2.351%的发行收益率也成为同类企业发行的最低利率；超短融注册发行方面，集团获得了中债资信AAA的优质评级。二是以集中代理支付为工具，加强资金全过程管控。建立统一的结算平台进行内转和对外支付业务。以预算和合同备案审查为手段，通过内部结算和代理支付实时掌握各单位的资金动向、经营状况和财务信息，发挥代理支付在集团资金管理中的“事中控制”作用，形成集团“事前预算、事中控制、事后监察审计”全过程的资金管理机制。2014年，浙能集团主要二级成员单位已全部纳入财务公司代理支付体系。

【风险管理和内部控制】公司按照全面风险管理的要求，跟进内控体系建设，坚持做到合规稳健运营。一是根据人民银行对反洗钱的工作要求，积极探索构建一套有效的反洗钱工作架构，及时做好反洗钱自查，防范洗钱风险发生；二是建立健全“双线”风险防控责任制，牢固树立“底线思维”、“前瞻思维”，以风险管控为主线，完善风险管理和内控机制，落实防范产能过剩风险、流动性风险、市场风险、科技风险、操作风险及其他风险的防控措施，不断提升风险防控能力，确保公司经营稳健发展；三是加大同业业务治理，规范同业业务开展，并定期向监管部门报送改革进展情况，将此工作长期化、常态化，促进公司同业业务稳健发展。同时，严格内部监督管理，增强内审工作效能。一是紧抓常规稽核，加强公司资金安全监督，全年以通知或突击方式共对财务制度执行情况和资金管理的风险环节进行排查共计10次；二是抓住重点，深入开展专项稽核，梳理各个工作环节，分析风险点，纸制稽核和电子审计同时进行的方式，力争将稽核发现的问题查深、查透，根据业务发展需要全年共进行4次专项稽核，累计提出改进建议10余条。

【信息化建设】2014年，公司不断加强安全检查、排查风险隐患，有效保障网络及信息系统安全、可靠运行，为公司业务开展提供保障。一是完善信息化各项规章制度，加强设备精细化管理和外包单位管理，及时消除安全隐患；二是定期开展应急演练，增强应急救援和应急处置能力；三是开展安全大检查和安全生产月活动，强化安全意识，巩固服务能力。

【企业文化建设】2014年，公司积极组织开展“生存与发展大讨论”活动和“善美”行动，推进公司与集团之间的母子文化的衔接，巩固和弘扬以“守规矩、负责任、重合作”为核心的企业文化理念，构建财务公司特色合规文化，推进企业文化在广大员工中内化于心，外化于形。

广东粤电财务有限公司

【经营概况】 截至2014年12月31日，广东粤电财务有限公司（以下简称“公司”）资产总额164.04亿元，同比增长22亿元；已开户成员单位100家，负债总额138.82亿元，同比增长24.77亿元；累计发放贷款（含贴现）210.21亿元，贷款余额109.70亿元，同比增长3.72亿元，委托贷款余额29.69亿元；实现利润总额3.89亿元，净利润3.07亿元，同比增长6.97%，净资产收益率为12.39%。

【信贷业务】 2014年，公司充分发挥金融运作功能，通过自营贷款调节实现了全年资金池的平稳过渡及集团整体资金链安全。随着第二季度资金池逐步回升，又以“做实规模、加大营销”为方向，多方挖掘单位融资需求，并通过提前介入项目融资、提供一揽子融资方案等方式，在提升信贷业务水平的同时实现了信贷规模的跨越，全年日均信贷余额首次突破百亿元大关，单日信贷余额最高值超111亿元，创历史新高；另一方面，为更好地满足成员单位融资需求，公司努力争取信贷规模，在年末监管部门严控规模的背景下，成功增加1.65亿元额度并在年末全部用满，切实提升了资金使用效率及对单位发展的支持力度。同时，充分发挥财务公司价格引导的功能作用，在费用可控的情况下实现外源资金的有效融入：挖掘亚洲开发银行“能效电厂”项目与集团项目切入点，并首创联合贷款模式，通过内部增信为项目争取免担保政策性贷款；坚持优惠利率机制，以此影响外部金融机构定价策略，使成员单位在第一季度外部资金紧张的情况下，仍能按时、按价格、按规模的完成银团贷款提款业务。

【资金和投资业务】 公司进一步加强同业运作的精细化管理程度：一方面充分发挥资金计划指导作用，做好做准每周头寸预测，通过降低备付提高可运作资金规模；另一方面紧抓特殊时点“利率高地”并通过提高期限较长同业定期存放比重保障收益的稳定。全年共实现同业定期利息收入0.52亿元，活期议价收入0.30亿元，较成员单位一般企业存款利息收入（协定存款）高0.48亿元。有价证券投资与同业定期议价是公司阶段性富余资金运作的重要手段，有针对性地加大货币市场基金投资比例，同时充分发挥投资领域专业优势，做好数据分析及基金备选池构建，以逐日盯市、动态调整等措施，实现了投资组合综合收益率的逆市上扬，全年累计实现投资收益0.32亿元，考虑税收优惠后年化可比收益率达6.085%。

公司持有珠海农商银行9.90%股权。截至2014年末，珠海农商银行总资产364.11亿元，存款余额276.51亿元，贷款余额184.46亿元，实现净利润5.65亿元。公司持有深圳天鑫保险经纪有限公司100%股权。2014年天鑫公司有效发挥保险理赔专业优势，共协助成员单位处理索赔案件160宗，实现赔付总金额1.32亿元，为集团公司抵御自然灾害及经营中的不可控因素发挥了积极作用。截至2014年末，天鑫公司资产总额0.35亿元，净资产总额0.26亿元，实现业务收入0.14亿元，净利润0.05亿元，净资产收益率为19.21%。

【票据业务】根据对全年资金池波动情况的预判及对成员单位融资需求的分析，2014年公司充分利用票据业务兼具产业链融资和流动性管理的双重特性，在第一季度资金紧张的情况下，加大推广力度，做大业务规模，为资金池的顺利运转打下了基础。随着成员单位融资需求的放缓及资金池的逐步补充，有计划地放缓票据业务步伐，提高自营贷款比例。截至2014年末，共办理贴现业务146笔，累计贴现金额15亿元，年末贴现余额2.26亿元，占总信贷规模的2.06%。

【资金集中】在集团公司强有力的政策支持和公司的努力下，公司资金集中度一直保持在较高水平，截至2014年12月末，公司资金归集率为97%，全年累计结算业务笔数70 858笔，结算金额5 690亿，结算集中度达90%。2014年公司围绕“保规模、保效益”的年度经营思路，牢抓“资金归集”这一立司之本，一方面以业务创新提高成员单位粘性，通过推广批量代付业务，改变了原有成员单位委托银行柜台办理员工款项支付的业务模式，以公司进行代发，从而减少基本户留存金额，提高资金归集程度；另一方面开展全系统内账户授权专项清理工作及非授权账户备案登记，新增授权账户较年初增加26%，有效防范异地资金“盲点”账户所带来的潜在风险，进一步确保集团公司资金安全。

【业务创新】2014年，公司成功开发代理支付功能，通过财务公司代理成员单位对外支付业务，改变了原有各单位网上支付模式，缩短对外支付业务处理路径，降低外部银行指令处理不成功的可能性，提高支付准确度，并为成员单位对外实名支付提供了技术支持。对企业而言，此项业务还能降低业务回单数量，提高对账效率，较好地实现了业务处理安全性与效益性的统一。公司通过梳理集团主业上下游合作方式，开发出“票据宝”贸易链金融服务，以票据融资的形式，打通各环节融资需求，做到资金流、信息流与物流的“三流合一”，并在现有监管框架内实现了“一头在外”票据融资服务的突破。2014年，公司通过开发批量代付业务，为成员单位提供员工款项支付业务，实现了中间业务的进一步延伸。

【风险管理和内部控制】2014年，公司积极开展全面风控体系建设，对开业以来的风险管理经验、成果进行全面梳理，并引入国内外先进的风险管理思想和手段，以此进一步提高风险管理框架体系的科学性、适用性和先进性，全面提升风控水平；积极开展内审外查工作，进一步提高各部门合规管理意识，克服长期经营中容易出现的麻痹松懈思想，防范风险事件产生，强化稽核监督效能；坚持制度先行，参照风控体系建设成果和业务实际，有针对性地新增和修订，实现了对新业务领域的准入把关和已有业务领域的持续完善。

【人力资源管理】为规范员工培训管理工作，提高培训效果，2014年公司加强员工培训计划性，通过对公司各部门、各岗位培训需求进行梳理和筛选，有针对性地组织员工参加业务及技能培训，并通过内部“分享·学习”交流平台进一步扩大培训的受众面，在控制培训成本的同时扩大培训效果。

【信息化建设】2014年，公司开展“粤汇通”资金集中管理系统三期项目建设工作，完成了包括批量代理、粤汇通移动APP、浦发银行接口在内的4大类31项功能需求。其中，批量代理业务通过整合集团ERP系统及各银行网银，实现了代发工资、代理报销等业务功能，使成员单位在办公室便可通过公司系统“一站式”办理金融和资金管理相关业务；粤汇通移动 APP 的开发，使各项业务实现了电脑端与手机端的双渠道办理，降低因关键岗位人员外出所导致的业务办理不及时，协助成员单位更为及时的完成业务流审批，提高工作效率。

【企业文化建设】公司努力营造“学习型企业”氛围，鼓励并引导员工参加业务及课题研究，2014 年牵头完成《基于资金安全与效益提升的集团资金流信息运用研究》研究课题，获粤电集团政研课题一等奖。

TCL 集团财务有限公司

【经营概况】2014 年，TCL 集团财务有限公司（以下简称“公司”）以“立足集团、服务集团”为宗旨，依托“资源配置、风险管控、价值创造”三大核心能力，以“聚合资源增值、聚焦客户突破、聚强平台提速”的主题全面开展工作，在集团重大融资项目保障、产业链支持运营、控制财务费用、拓展业务创新、提升行业影响力提升整体财务效益等方面取得良好成绩。2014 年末，公司资产总额为 141.90 亿元，同比增长 112.27%，总负债为 124.99 亿元，同比增长 150.03%；全年实现净利润 1.77 亿元，同比增长 90%；全年结算量 1.38 万亿元，同比增加 35.29%；信贷资产分类均为正常；年末资本充足率为 22.66%，流动性比例为 70.86%，均优于监管标准。

【信贷业务】坚持寓管理于服务的经营理念，发挥公司专业优势，提供多方位金融资源支持，充分保障集团各产业运营发展。全年提供信贷支持累计 97.43 亿元，年末贷款余额 31.32 亿元，票据贴现余额 34.02 亿元，年末信贷资产分类全部为正常，并已足额提取贷款损失准备。丰富信贷品种，优化企业信贷产品服务结构，满足成员企业业务发展需求。深入推广企业信保融资运用，改善企业现金流状况；通过全球资金池进一步盘活境内外外币资金，推出全球资金池下境外中长期外币贷款；成功设计开发公司代理信用证业务，提升成员企业融资业务效率，并有效节省整体融资成本，实现了财企双赢。

【产品销售信贷业务】依托集团核心产业，通过票据贴现、买方信贷等产品向上下游客户提供资金支持，并加强产业链产品创新能力，提升品牌知名度，有效促进成员企业产品销售。同时，携 TCL 财资团队成立“T 商智汇联盟”，以打造为 TCL 集团产业链上下游企业提供包括结算、融资、咨询、互动交流的综合金融服务平台。全年累计向产业链上下游企业提供资金 27.55 亿元，有效支持了产业链上下游企业的业务发展。

【资金和投资业务】公司利用非银行金融

机构平台，深度参与金融市场，在确保资金安全的前提下提升短期闲置资金使用效益。优化金融资产配置组合，抓住市场机会加大优势产品的资源配置，细化集团资金头寸管理，拓展新型高收益产品。深入开展同业定存等传统资金业务，匹配资金状况及市场情况积极参与银行间市场逆回购、货币基金、开发现券买卖等业务，累计实现收益1.16亿元。

【票据业务】深入推广电子票据业务，商票、电票结算额增长较快，全年为企业开票103.90亿元，同比增长54.89%，其中电票开票75.62亿元，占开票量72.78%，对比2013年同期增长82.88%，电票开票得到深入推广，保证了票据业务的高效安全。全年累计办理再贴现6.90亿元，为公司产业链业务开展提供充足的资金保障，有效地促进了产业链实体经济的发展。

【外汇业务】全球资金集中管理得到加强，资源整合能力进一步提升。积极落实全球资金池试点业务，推进各产业境外资金入存，累计入存达到13.40亿美元，并通过全球资金池发放贷款等业务，盘活境外资金，提升资源运用效益，优化内部资源配置效率。为成员企业提供快速高效的即期结售汇服务，全年代理成员企业进行外汇平盘交易10.56亿美元，为集团节省费用约87.41万元。针对美元汇率双向波动加剧的现象，出台外汇自营业务方案，抓住市场机会进行无风险套利操作，累计操作38笔合计0.38亿美元，积累了丰富的外汇交易业务经验，进一步拓展外汇业务收益。

【业务创新】开发终端结算及融资新产品，便利企业结算，并协助企业提升销售能力。结合成员企业及上下游客户需求，提供个性化服务，与合作银行开发“聚汇通”业务，继续深入推广“商务通”运用范围等，为各产业提供高效便捷的新型支付结算模式。公司还开发了“易可贴”、“买方付息贴现”、“批发贷”等针对中小微企业的新型融资便利服务，有效满足了中小微企业“短、平、快”的融资需求，促进其业务发展。

【风险管理和内部控制】持续深化“全面风险管理体系”建设工作，落地实施全面风险管理改善提升项目。梳理内部风险评级指标，规划一级财务公司建设方案，启动打造优秀财务公司改善项目，明确改善目标、责任部门，强力推进项目各阶段的改善实施；适应内部组织体系变革，满足操作风险、创新业务风险控制以及监管管理要求，开展了风险管理文化月活动，通过系统的规章制度培训学习及全面风险点专项排查，为财务公司风险地图提供最全面的原始数据，完成风险地图框架的搭建。同时，在提升员工风险管理意识、提高认同度和行为规范自觉度等方面起到重要作用。

强化各产业运营风险管控。参与集团对成员企业的内控检查，进一步完善企业的货币资金以及商业汇票的内控管理。开发征信系统数据对接、入存易、票据通系统，提升信息化控制水平。完善企业预警分析、贷后报告和五级分类管理，积极跟进授信企业非现场贷后管理，采取对部分企业付款进行监控等措施，全面监测企业贷后风险，提升贷后管理水平。

【人力资源管理】公司实施员工资格认证，加强培训管理，严格执行绩效考核管理办法激励员工，有效调动员工的积极性。

深入开展培训项目。组织开展“走进企业”系列培训、“风险管理培训”、“企业文化及专业技能培训”、“职场减压”一系列有针对性的培训。为不同层级、不同业务方向的员工提供了多层面的培训机会和内容，培训更加针对性和专业性，培训管理进一步提升，进一步丰富和拓宽了员工视野，促进了团队融合。

全力推进财务任职资格项目。从培训、动员、宣传、实施反馈等多维度组织推进财务公司财务认证，认证前期组织开展了内部评委认证前培训，组织开展了认证人员认证前辅导，高效完成财务认证资格二级及三级工作，协助员工进行全面的职业发展规划。

【信息化建设】继续深入开展信息化系统建设。年内与多家软件公司洽谈合作，进一步优化信息系统建设，规划了包括 TCS 信贷系统、微信平台、IT 咨询、系统集成等多个项目，信息化系统覆盖范围进一步扩大，有效提升了公司信息化水平，提升了数据处理能力及分析能力，对公司前台、中台、后台业务形成了更强的支持能力，加强了对信息系统的风险管控能力，有效支撑公司平稳运营。

【企业文化建设】公司通过多种形式组织员工参与各种有益身心健康的文体活动，强化企业文体建设，增强公司凝聚力。开展了有关文体、竞赛及员工关爱活动，营造相互沟通、团结协作、共同进步的人文环境；加强与银行、其他金融同业的沟通与学习，增加了业务交流合作机会。全年接待 8 家同业机构调研，参与中国财务公司协会论坛，提升了公司影响力和知名度。积极动员员工撰写通讯稿件，加强宣传力度。全年发表稿件共 48 篇，其中包括专题性稿件 10 篇，另有 18 篇通讯在集团动态、银行业通讯发布。

湖南华菱钢铁集团财务有限公司

【经营概况】面对错综复杂的国内外经济金融环境及严峻的钢铁行业形势，湖南华菱钢铁集团财务有限公司（以下简称“公司”）紧紧围绕集团“深化改革、转型发展”中心工作，坚持“立足集团、服务集团”的经营宗旨，团结一心，克难攻坚，坚持创新驱动，开拓业务范围，强化运营管理，突出风险防控，金融服务功能显著提高，全面完成各项目标任务，主要监管指标均到达银监会监管要求。2014 年公司实现营业收入 1.48 亿元，净利润 1.03 亿元，较 2013 年分别增加了 31.27%、39.24%和 39.36%。为成员企业创效 1.33 亿元。公司实现利润和为成员企业创效共计 2.36 亿元，较 2013 年的 1.64 亿元增长 44.34%，为集团创造了较好的整体经济效益。

【增资扩股】2014 年，公司完成增资扩股，注册资本从 6 亿元增加到 12 亿元。公司资本实力极大增强，行业地位大幅提升，可以更多地为成员企业提供贷款、贴现等金融服务，进一步为成员企业节约财务费用；同时，资本总额的增加也能够促进业务多元化发展，提高抗风险能力，为公司发展打下良好基础。

【信贷业务】公司继续加大对成员企业服务力度，集中资源满足集团生产经营和改革发展的资金需求，对成员企业的信贷业务总量创历史最高水平。2014 年，通过贷款、票据贴现、开具电子汇票等方式累计为成员企业提供资金支持 189.68 亿元，较 2013 年增长 50.32%。

【资金和投资业务】公司积极应对金融市

场波动，盘活存量、调剂余缺、加速周转，发挥资金的最大效率。加强资金预算管理，建立月度资金平衡会和周资金协调会制度，最大限度地进行资金平衡及运用，对于短期闲置资金，通过购买周末银行理财产品、债券逆回购等方式增加收益。在投资业务方面，坚持把握风险与收益的平衡关系，在风险可控、保证资金头寸正常使用的前提下，稳健开展投资业务，取得较好的投资收益。

【票据业务】2014 年，公司累计为成员单位开立电子银行承兑汇票 5.43 亿元，办理票据贴现 24.47 亿元，缓解了成员企业的资金压力。此外，通过转贴现和再贴现等方式进行票据转让，融入流动性，减少资金占压，并成功开辟了商业承兑汇票再贴现这一新的融资渠道。

【外汇业务】公司与中国银行湖南省分行合作，经国家外汇管理局湖南省分局批准，作为集团主办企业，成功取得湖南省首家跨国公司外汇资金集中运营管理资格，开展集团内境内外成员企业外汇资金集中运营，打通了境外各公司之间的外汇资金融通渠道，为降低集团公司融资费用，实现境内外成员企业之间的扎差交易，规避汇率风险提供支持。

【公司治理】注重提升规范化治理水平，建立健全公司法人治理结构。股东会、董事会、监事会、经理层各司其职，规范运作，有效制衡。2014 年，公司董事会认真贯彻落实国家政策和监管要求，勤勉敬业，忠实履职，对公司预算、业务策略、风险管理、薪酬管理、投资决策等进行认真研究和科学决策，指导公司实现持续健康发展。

【风险管理和内部控制】公司坚持以合规建设为主线，以加强风控管理为重点，以建立健全各项规章制度为保障，切实加强风险管理。一是强化内控制度建设。2014 年，全面梳理制度体系，制定制度 2 项，修订制度 3 项。更新内控手册，包括 8 个公司层面和 8 个业务层面控制流程结构，共 211 个控制点。二是加强内部稽核。稽核部定期对各部门的内控制度执行情况、业务和财务活动的合法性、合规性、风险性、准确性、效益性进行监督检查，每月出具稽核报告，针对发现的问题，进行严控考核并通报，各部门及时整改，次月进行跟踪复查。三是加强风险自查自纠。公司组织专门人员对会计制度、财务管理、财经纪律、合同的签订及三会治理方面进行自查自纠，出具专项业务自查报告，促进基础管理工作的完善。四是进行业务风险防控责任分解。对公司业务风险进行了梳理，确定风险等级、主要防控措施和目标，明确了第一责任人、部门责任人和分管领导责任人。

【人力资源管理】深入开展三项制度改革，通过对组织架构、职能分工和人员编制进行全面梳理和优化，推进人力资源有效运行、合理配置。一是建立健全薪酬、绩效考核制度。公司制定了一系列绩效考核管和管理制度，充分发挥激励功能，激发员工积极性。二是加强员工教育和培训。对全员进行国际结算、跨境外汇资金池、风险管理和控制等业务知识培训，派出重点岗位员工参加各类学习班，开展业务制度知识竞赛。三是加大人才引进力度，为公司发展提供人力资源保障。

【信息化建设】2014 年，公司完成信息系统升级改造。新系统解决了原系统硬件设备老化、银行接口不稳定、系统功能不稳定、信贷业务手工化、报表手工处理等问题，建立了统一的客户信息管理、价格管理、头寸管理、风险日常管理，保障了公司结算、信贷、同业、投资、中间业务的正常开展，同时搭建了所有成员企业已联网户的资金监控平台。

【企业文化建设】加强企业文化重塑和企业文化宣贯，营造氛围，大力弘扬和践行集团“以奋斗者为本”的主流价值观和文化理念，树立先进典型，增强团队凝聚力，为企业和谐发展提供文化保证；认真落实党风廉政建设责任制，健全惩治与预防体系，加强企业领导廉洁从业教育，弘扬廉政文化，促进企业稳定发展。

【党的群众路线教育实践活动】认真开展党的群众路线教育实践活动。领导班子针对查摆出来的问题，进行认真梳理和研究，积极整改落实，取得了积极成效，基本达到了“党员干部思想进一步提高，工作作风进一步转变，干群关系进一步密切，为民清廉务实的形象进一步树立”的预期效果。

江西铜业集团财务有限公司

【经营概况】2014 年，有色金属产品价格持续震荡下行，给江西铜业集团公司的生产经营带来一定影响，致使公司全年吸收存款日均余额较 2013 年度减少了 7.18 亿元。同时，受中央银行在每月关键时点采取常备借贷便利（SLF）和中期借贷便利（MLF）多种短期流动性调节工具进行微调、定向降准、不对称降息等放松流动性措施的影响，货币市场利率特别是同业定期存款利率较 2013 年出现较大程度下滑。在严峻的形势下，江西铜业集团财务有限公司（以下简称“公司”）加大了资金运作的力度，积极推动发展转型，在转折中求机遇，稳健中谋发展，顺利实现各项经营总体平稳：2014 年末资产总额 131.15 亿元，吸收存款余额 108.37 亿元，各项贷款余额 44.44 亿元，投资类资产余额 20.71 亿元。全年完成营业收入 4.54 亿元、实现利润 3.76 亿元，通过减免结算手续费、贷款利率下浮、存款利息上浮等方式让利成员单位 0.74 亿元；成功连任中国财务公司协会第九届理事单位，取得省国税局和省地税局授予的“A 级纳税人”资格，连续第三年被评为“南昌高新区先进企业”和“南昌高新区纳税重大贡献企业”，荣获江西铜业集团公司“双文明”建设先进单位；保持在有色财务公司行业中的领先地位，在全国 191 家财务公司中主要指标排名 40 位左右。

【资金集中】2014 年，公司从狠抓成员单位账户管理入手，加强资金集中管理。一方面，做好成员单位银行账户统计与清理工作；另一方面，严格控制成员单位新开户数量。全年，江西铜业集团公司所有成员单位共新增账户 189 户（新增账户 17 户、漏报账户 172 户），撤销账户 83 户。截至 12 月 31 日，全集团共有银行账户 656 户（不含境外成员单位和烟台鹏辉），基本完成了集团公司下达的 650 户的账户控制目标。

【信贷业务】2014 年，公司积极争取政策，不断扩大信贷规模，为成员单位尤其是实体企业提供充足资金支持。一是多次与中国人民银行南昌中心支行沟通，申请获得信贷增量规模 9.73 亿元。二是加大成员单位信贷需求调研力度，时刻掌握成员单位信贷资金的流向与用途，做到既支持成员单位发展又确保了信贷资金使用安全。三是配合集团公司完成公司与集团非上市成员单位关联交易工作，并于3月底获得通过关联交易协议。

截至2014年12月31日，公司累计为21家成员单位综合授信77.40亿元（其中，为7家集团非上市成员单位综合授信12.40亿元）。公司各项贷款余额44.44亿元，较年初增加2.92亿元。其中，非上市成员单位各项贷款余额8.83亿元，减轻了集团母公司的压力，缓解了非上市成员单位的部分融资困难。

【投资业务】2014年，公司投资理财业务再创佳绩。一是延续投资额度政策。在监管部门要求各家财务公司业务要回归资金集中管理的本源，纠正过分强化投融资业务、弱化资金集中管理功能的错误思路的不利情况下，公司仍成功延续投资余额按不超过资本净额120%控制的额度政策。二是用足用好投资额度。审慎开展投资业务特别是信托产品投资，2014年，公司新增债券型券商资管计划、融资融券方式信托产品等投资品种。为兼顾流动性和收益性，在月度中间开展了年化收益率高于同业定期存款利率的货币基金投资。要求投资理财产品必须当天起息，到期日当天回款到账，充分提高资金的使用效益。全年实现投资收益1.83亿元（含公允价值变动），占利润总额的48.8%，较上年增加0.37亿元。三是调整资产配置策略。为规避今年以来同业定期存款利率下行的不利影响，缩减同业定期存款业务规模。2014年末，公司同业定期存款余额40亿元，较年初减少12亿元。

【外汇业务】2014年4月，国家外汇管理局江西省分局大力推进省内跨国公司的外汇资金集中运营管理试点业务，该试点业务相关资格公司全部陆续获得批复：10月20日国家外汇管理局江西省分局备案同意江西铜业集团公司办理跨国公司外汇资金集中运营管理试点业务，江西铜业集团公司成为江西省率先获得开办外汇资金集中运营管理业务资格的两家企业之一，同时核定了江西铜业集团公司对外放款额度为200亿元人民币，同意由公司作为该试点业务的主办企业；10月22日江西省商务厅同意核定股份公司103亿元人民币的投资总额；11月25日国家外汇管理局核准股份公司68亿元人民币的外债额度；12月29日江西银监局批准同意公司开展该试点范围内的资金跨境业务。获批各项资质后，公司外汇业务进一步深入开展。

公司全年结售汇业务量得到较快增长，共发生自营业务和代客业务共14笔，累计办理结售汇量1.17亿美元，较上年增加0.72亿美元，增长156%，累计实现收入约16万元人民币，为成员单位节省财务费用146万元人民币。尤为值得一提的是，公司首次开办日元结售汇业务。业务量达到0.27亿日元。

【业务创新】2014年，公司以金融创新为着力点，尝试与德兴实业公司新增生产线开展了第一笔总额为184万元的直接融资租赁业务。

【风险管理和内部控制】2014年，公司以风险防范为落脚点，从制度修订入手，深化合规管理，内外联动，全面提升公司内控水平。一是启动制度全面修订工作。年初公司启动对现行2008年版《制度汇编》全面修订工作。先由各部门结合实际和业务需要，对各项制度进行梳理，逐条对照、逐条研究、逐条剖析，形成拟修订增补的制度初稿，然后抽调骨干对制度初稿展开多轮地毯覆盖式讨论，最终由领导审核定稿。修订后的新《制度汇编》共111项，已经公司董事会审议通过。二是稽核部对多项业务进行了现场和非现场检查：3月对投资部、信贷部的各项资产质量五级分类工作进行了专项现场检查稽核；4月至9月开展了“员工行为整治年”活动，对员工执行规章制度情况和员工是否参与民间信贷、非法集资、过度消费等情况组织开展了自查抽查工作；10月针对投资业务开展了党委稽核；11月至12月对公司整体业务进行了常规稽核。三是全年先后接受国资委监事会、集团风控内审部、银监局、外汇局、财政专员办等在内的多家机构对公司年度经营监督、投资业务、外汇业务、同业新规执行情况、会计监管等方面的多项检查。针对检查存在的问题及要求，公司严抓落实，逐条逐项认真组织整改，成效显著。

【人力资源管理】2014年8月通过社会公开招聘了三名新员工，10月三名新员工正式入职后，对其进行了相关司情教育与业务培训，12月安排到岗，进一步充实了公司人才队伍。2014年末，公司共有员工32人（女14人，男18人），平均年龄35岁，全部为本科及以上学历，硕士研究生（含在读）8人，取得中级以上资格有24人。此外，2014年，公司继续加大对员工的培训力度，为员工创造各种良好的学习条件和机会，全年共送员工参加各类期限的培训近十余次，员工参培率100%，培训内容涉及外汇、投资、债券、内部控制等各个方面。

【信息化建设】2014年，公司全面升级已有的九恒星资金集中管理信息系统至N6版本。在经多轮业务环境综合测试、演练，并组织成员单位进行N6系统上线推广会及业务培训，已于年底成功正式上线，全面提升了公司信息化水平。

【党建工作】2014年，公司党总支部围绕中心工作，主要做好以下几点：一是党委稽核工作贴近实际做到规范运行。根据2014年重点工作安排，将投资部“规范业务”列为稽核项目，制定了《投资业务党委稽核方案》，重点围绕投资业务制度检查、投资业务合规检查与投资业务风险检查三个方面开展稽核活动，并做好稽核意见的反馈、整改和落实，规范了投资业务，提高了员工风险防范意识和风险控制能力，解决了业务管理中存在的不足，确保了公司投资业务安全稳健运行。二是严格落实党风廉政建设。加强教育和监督，着力培育廉洁文化，加强各项规章制度的学习。根据集团公司纪委要求，开展了“红包”专项治理检查，对存在的问题进行整改；开展了“利益冲突排查”工作，对排查情况及时向上级纪委进行通报；对公司领导班子成员实行重大事项报告制度；对领导班子成员及中层管理干部进行领导干部亲属从业情况摸底、登记。一年来，先后6次组织党员领导干部集中学习、观看《四害之风》《管好身边人》等警示教育专题片，每次学习均做好会议记录，增强了党员干部廉洁自律意识，促进党员干部廉洁从业。坚持对入党积极分子、新提拔及转正的中层管理干部，实行任职前谈心谈话制度。全年共与8名同志进行谈话谈心。

天津港财务有限公司

【经营概况】2014年天津港财务有限公司（以下简称“公司”）紧密围绕集团公司金融产业发展规划，大力支持集团公司转型升级，在合规经营、防范风险的前提下，加强资金集中管理，优化资产负债结构，增强创新工作能力，拓展金融服务功能，确保公司各项指标顺利完成。2014年，公司实现收入总额3.53亿元，比上年同期4.04亿元减少了0.51亿元，降低了12.62%；实现利润总额2.63亿元，比上年同期2.91亿元减少0.28亿元，降低了9.62%；不良贷款率和不良资产率均为零。

【信贷业务】按照集团公司资金管理总体要求，公司合理把握国家货币政策，及时调整信贷策略和计划，支持上市公司重点产业、项目的发展和实施，提高集团整体议价能力。截至2014年末，公司共办理111笔贷款业务，金额达38.31亿元；办理2笔应收账款保理业务，金额0.80亿元；办理87笔保函业务，金额6.04亿元；办理71笔委托贷款业务，金额45.14亿元。全年实现贷款利息收入2.93亿元。

【产品销售信贷业务】为进一步提高公司中间业务收入，拓展业务范围，公司积极与外商融资租赁公司和商业银行进行业务探讨，并达成了合作意向，成功为集团成员单位办理了融资租赁业务，为其融得境外资金3.50亿元，进一步发挥了公司财务顾问的作用，同时也增加了公司中间业务收入。

【资金和投资业务】2014年，公司充分利用金融同业市场资源优势，把握季末、年末利率水平较高的良好投资时机，通过非标准化同业定存、期限错配、资金拆分等多种手段加强短期资金运作。2014年公司开展同业定期存款业务22笔，实现利息收入0.07亿元；与多家银行开展高收益长短期理财产品投资组合共计45笔，已实现投资收益0.31亿元；开展总额4.11亿元的银行承兑汇票转贴现业务，实现利息收入近0.03亿元；开展4笔委托定向投资业务，累计为集团公司代理投资15亿元，为集团公司带来高收益的同时增加了公司的中间收入。

【票据业务】2014年，为进一步提升集团公司票据使用效率，盘活闲置票据，公司成立了票据池业务研究小组，对如何采用票据池业务集中管理票据进行了深入调研。公司通过借鉴优秀同业企业宝贵经验，走访了解多家商业银行业务情况、编写制定票据池调研报告等方式，为后续票据池的建立及业务开展打下了坚实的基础。截至2014年末，公司共办理60笔票据贴现，金额为0.48亿元；为17家成员单位出具并承兑410笔电子银行承兑汇票，金额达7.84亿元。

【资金集中】公司不断规范资金管理，年初召开资金管理会议，部署年度资金集中管理工作的重点，定期召开专题会议，对工作实施效果进行跟踪。公司借助信息化手段开展资金管理工作，在实现数据采集、数据统计、数据查询等功能的同时，及时提出资金集中分析需求，使资金管理工作得到进一步规范；不断创新资金管理手段、拓宽资金归集渠道，发挥资金管理平台作用。截至2014年12月末资金集中度（监管口径）为55.29%。

【业务创新】构建公司网上金融门户，打造天津港金融服务平台。公司通过调研各财务公司网银使用情况，借鉴优秀管理经验，构建了公司网上金融服务体系，通过整合网上查询、电子回单、资金内部划转、电票、客户自助服务系统和法律法规库等功能，为客户提供更加便捷的业务功能。该项目还获得了集团公司2014年“工作创新奖”，有力地推动了公司信息化水平的提升。

【风险管理和内部控制】一是健全制度体系，强化公司内部管理规范。为提高公司制度管理的规范化水平，公司年度内制定了8项新制度，修订了44项制度，增加了公司2014年新制定制度对应的法律法规及2014年监管部门新颁布的财务公司相关法律法规，提高了公司规章制度的合规性与完备性。二是加大监测力度，保障企业运营安全稳定。根据银监会对财务公司各项监管指标的要求，并结合公司经营的实际情况，对重点指标进行每日监测，对日常资金结算业务单据及经营收支业务单据进行入账前的事中稽核，每日两次对公司结算专户余额进行核对检查，同时于每月末对各项指标进行全面监测，每季末对公司整体经营情况进行多角度、全方位分析，保障了公司资金结算与核算的准确性及资金安全，确保公司各项指标符合监管要求。公司全年各项监管指标均符合监管要求，不良贷款率和不良资产率均为零。

【人力资源管理】2014年，公司继续做好人为资源管理工作，不断提高绩效管理水平，加强了对绩效考核相关理论知识的学习，继续完善了绩效考核办法，结合公司考核指标完成情况及时修订。同时，公司还对现有的部门和岗位进行了梳理，进一步明确职责，合理配置人力资源，充分调动各个岗位人员积极性，通过合理、有效、科学的管理手段加速公司快速发展。

【信息化建设】2014年，公司持续加强信息化建设，组织完成了综合业务系统的升级改造，保障了公司业务操作系统的便捷和高效；自主研发了客户资料管理系统评级模块和公司法律法规库系统，保障公司核心业务系统数据的完备性、完整性；开展了构建网上金融门户的创新课题，实现金融业务的线上操作，进一步提高金融服务效率，提升整体服务水平。

松下电器（中国）财务有限公司

【经营概况】松下电器（中国）财务有限公司（以下简称“公司”）以实现在华成员单

位的资金成本控制和强化财务风险管理为目标，为在华成员单位节省融资以及资金运转等成本。公司业务以委托存贷款、本外币一般存贷款、票据贴现、同业拆借等业务为主。2014年，公司获批代理集中收付汇业务及代理集中远期结售汇业务。2014年末，公司资产总额为64.51亿元，同比增长33.31%；实现营业收入1.12亿元，同比增长0.36%；利润总额1.01亿元。

【信贷业务】2014年，公司信贷授信成员单位数与上年持平，仍为两家成员单位，其中一家为美元贷款业务。信贷资产规模与上年相比没有较大变动。全年累计发放自营贷款12笔，金额0.53亿美元。信贷业务全年及年末余额皆控制在授信额度内，不良贷款率为零。公司每季度召开信贷管理委员会，就贷款企业的资信、还款意愿、还款能力等进行分析，对信贷资产的五级分类结果进行投票表决。2014年末，委托贷款业务余额121.52亿元，较上年同期增长32.85%。公司开业以来，对在华成员单位的富余资金，主要以人民币现金池的业务模式进行资金的集中调配及管理，通过公司对整体富余资金的有效运用，很大程度上降低了资金的风险并减少了资金流动成本；通过资金的集中及有效使用，在利率方面也获得了一定的优势。2014年，委托贷款业务规模较上年有较大增长，通过委托贷款业务模式，使成员单位原需向银行交纳的手续费转至集团内部消化，为减少集团成员单位的融资成本作出了贡献。

【资金和投资业务】在资金运作方面，除缴存法定存款准备金外，以存放同业存款为主。公司以Shibor价格为基础，在各大商业银行间进行询价，力争取得最优惠的市场利率。2014年实现存放同业利息收入1.76亿元，同比增长15.71%。

【外汇业务】为更好地贴近集团、立足集团，2014年公司取得了国家外汇管理局上海市分局批准的代理集中收付汇业务及代理集中远期结售汇业务。截至2014年度末，公司2014年代理集中远期结售汇业务结汇1.43亿美元，结汇3.24亿日元。

【资金集中】2014年，公司主要依托集团的财务管理方针，将在华成员单位的富余资金进行有效集中，截至2014年末，公司吸收成员单位存款余额为53.78亿元，同比增长40.20%，实现了吸收存款的大幅上升。根据银监局口径统计的资金集中度约为32.47%，比上年末的28.31%亦略有提高。

【风险管理和内部控制】公司实行董事会领导下的总经理负责制。董事及高级管理层对于本公司的风险管理工作起主导作用，对公司的各项业务进行监督和指导，有效保证了公司各项风险管理政策的落实。公司把加强内控机制建设、规范经营、防范和化解金融风险放在各项工作的首位，以培养员工具有良好职业道德与专业素质及提高员工的风险防范意识作为目标。一是通过对内部管理规定的梳理，以及各监管制度的学习、贯彻，来强化员工的合规意识。二是通过季度定期召开风险管理委员会，分析公司内部存在的市场风险、流动性风险、信用风险、操作风险、系统风险及合规风险等，并对各项风险的风险级别进行判别，制定了风险对应策略，对下季度风险发生的趋势进行分析。三是对新业务进行事前的风险提示，描述重点风险的同时，详细制定了风险点的对应策略，提高了公司风险管理的水平，使高级管理人员能够更好的掌握公司风险管理情况。

在公司治理方面，公司最高权力机构为董事会，由董事会审议公司经营计划和重要政策。公司设有专门的内部审计人员，内部审计人员年度制定内部审计计划，对公司重点业务、风险较高业务、新规业务等进行内部审计。2014 年，公司内部审计人员针对 8 项业务，通过资料确认、数据核对、现场询问等方式进行了专项审计，并形成独立审计报告后将审计结果上报监事、高级管理层及相关部门。内部审计人员对内部审计时发现的问题点提出整改意见和整改期限，跟踪整改成效。公司内部审计人员相对独立且起到了规范公司内部业务操作的作用。公司 2014 年还接受了毕马威华振会计师事务所的年度法定审计和 J－SOX 业务审计，均无重大问题发现。

在风险指标管理方面，公司为加强主要风险指标的监测管理工作，公司坚持每天统计预测重要风险指标项目，并及时向高级管理人员及相关部门汇报。公司风险指标均按照《企业集团财务公司风险监管指标考核暂行办法》的规定进行严格控制，2014 年末的各项风险指标均在正常水平之上，均符合各监管当局的非现场监管要求。

【人力资源管理】2014 年，随着公司业务的发展以及业务操作的标准化推进，新增员工 2 名。为促进员工专业化知识的培养，公司加大培训力度，形成外部和内部培训相结合的模式，积极鼓励员工参加中国财务公司协会、母公司——松下电器（中国）有限公司及各商业银行提供的各类业务培训，每人每年参加各类培训平均达 2 次，以保证公司的人员配备、知识结构能及时跟上业务的发展。公司高级管理职层面，2014 年下半年公司董事及监事发生了变更，变更事项已在相关管理部门进行了申请或备案。

【信息化建设】2014 年，公司重点优化银监会与人民银行数据报送系统，通过细致的对相关报送业务、数据来源的梳理，公司于 2014 年底选定了外部系统开发公司，并签订了相关系统开发合同，计划实现数据报送的自动化，增强报送数据的总体质量。

【企业文化建设】2014 年是松下中国事业 35 周年，母公司——松下电器（中国）有限公司成立 20 周年，松下中国以“环境保护活动”、“儿童教育活动”、“公益活动”为中心，开展了一系列社会贡献活动，得到了社会的认可。

中航工业集团财务有限责任公司

【经营概况】2014 年，面对复杂多变的金融环境，中航工业集团财务有限责任公司（以下简称“公司”）认真落实集团总体要求，扎实推进各项工作，圆满完成了全年经营任务。一年来，公司按照集团公司“改革效益年”的总体要求，大力创新产品、不断拓展业务、持续改进服务、全面提升管理，倾力打造中航工业的贴身银行，全力支持航空产业发展。公司金融服务职能日益彰显，为集团战略的深入实施和航空金融产业的跨越发展作出了新的贡献。

2014 年，公司实现营业总收入 17.91 亿元，同比增长11.26%；实现利润总额9.53亿元，同比增长3.65%；年末总资产501.16亿元，管理总资产达1 091.84亿元。

【资金集中】2014年，公司积极配合集团公司制定并完善资金集中管理政策，整体资金集中管理不断向纵深拓展，全口径资金集中度得到有效提升。

公司配合集团制定并出台了《关于下发2014年度资金集中年度目标值的通知》《关于中航工业账户管理信息系统上线运行的通知》。同时，针对集团整体成员单位管理链条较长的特点，积极研究并深入开展资金集中管理的新模式，配合集团下发《关于开展四级及以下单位资金集中管理工作的通知》等政策，明确不同层级成员单位阶梯管理目标及归集策略，强化全口径资金集中度的考核；搭建集团账户模式归集平台，完成工商银行、农业银行、中国银行、建设银行、交通银行五大行集团账户系统开发上线，为资金集中管理的深入实施创造技术平台保障。

公司领导班子带队广泛走访客户，加强客户营销与服务，深入开展政策宣传，扎实做好配合政策落地的各项工作。

【信贷业务】2014年末，公司信贷资产余额823.81亿元，其中，自营业务余额233.13亿元，委托贷款余额590.68亿元，分别较年初增长9.50%和9.80%。

2014年，公司持续提升信贷业务科学化和专业化水平，配合集团公司财务部开展成员单位融资需求调查工作，以客户融资需求指导业务开展，增强工作的科学性和计划性。根据宏观经济变化、贷款利率走势以及公司流动性状况，在综合考虑客户融资需求的基础上，制定年度信贷投放指引，加强对集团重点领域和薄弱环节的信贷支持。

在流动性阶段性紧张情况下，公司大力开展银团业务，通过银团贷款、银团保理等业务，以20%的资金撬动商业银行80%的银团资金，最大程度满足成员单位融资需求，有力支持和保障集团重点项目的开展，同时实现了银团资金在公司的沉淀。

【投资业务】2014年，公司共实现投资收益1.81亿元，同比增长43.77%。

公司坚持研究创造价值的投资理念，不断加强外部金融市场研究，针对不同的投资产品市场形成了较完善的研发和管理体系。公司不断积累、总结，形成了符合自身特点的投资产品池，已设计开发了4条主产品线、14个产品维度，涵盖了短期、中期、长期投资业务品种，公司投资产品和供应商体系不断完善。

公司坚持稳健开展投资业务，先后建立了投资产品管理细则、投资业务评价制度、项目尽职调查和投后管理制度等，有效防范了投资业务风险。

【票据业务】2014年，公司完成了产品设计，选择了行业龙头企业作为试点单位，签订商票保贴协议，正式开展票据供应链融资业务。

公司加速推进票据池业务，组织完成了业务协议文本的拟订，业务办理流程及流程图绘制等前期准备工作，2014年12月与部分行业配套企业签订《票据池服务协议》，正式开展此项业务。公司与商业银行合作，签署《额度共享业务合作协议》，利用公司在商业银行的授信支持客户办理承兑、保函等业务，提高公司对客户的融资服务能力，促进票据池业务的开展。

【保险代理业务】2014年，公司充分发挥集团的保险业务集中管理运营平台职能，强化集团统保管理，全力维护客户利益，以财务顾问方式营销保险产品，科学专业安排了498家成员单位1 855.17亿资产和15.47万人次，在8家保险公司投保22项险种。实现保费收入1.57亿元，手续费收入0.25亿元。协助客户完成303项0.10亿元的财产险理赔和57项报案0.18亿元的估损工作。

为推动集团军机、民机和国际航空制造核心业务发展，公司创新军机试飞特种巨额风险保险模式，大力推进飞机保险；创新建立民机和转包生产的保障体系；创新制造商的航空产品责任保险产品。积极投入由财政部、工信部和保监会三部委牵头，对自主研发和创新的首台套重大技术装备保险的财政补贴工作，大力争取集团的Y12系列飞机、新舟系列飞机和大型燃机重机等项目纳入到补贴目录中，助推集团自主科技创新和首台套重大装备市场化、国际化、产业化发展。积极争取保监会对财务公司行业兼业代理保险业务纳入金融类兼业代理监管，并获得财产险、人身险、责任险全牌照经营许可，推进财务公司行业保险兼业代理机构的创新发展。

【外汇业务】公司多措并举，扩大外汇资金池规模，提高资金收益。一是开展外汇银团贷款业务，既满足成员单位资金需求，同时有效减少外汇资金池流动性压力；二是在中国银行、工商银行、中信银行、建设银行基础上，拓展交通银行为新的外汇资金池和外汇业务合作银行；三是加大银行同业合作力度，通过平滑型滚动存放同业7天定期存款的方式，有效提升外汇资金收益。

【风险管理】2014年，公司以加强全面风险管理信息化建设和客户内部信用评级体系落地应用为抓手，深入开展全面风险管理体系建设。

公司研发了客户内部信用评级模型，应用客户内部信用评级结果拟定2014年授信方案，制定并下发授信制度和信用评级制度，初步完成信用评级体系建设工作，并在业务中正式应用，提升了客户信用管理水平。公司全面风险管理信息化建设初现成效，实现了对监管指标的动态监测和预警。公司进一步改进贷后风险管理，加强对信贷资产的跟踪监控，一旦发现隐患立即着手研究最优化解方案。

【人力资源管理】2014年，公司聘请专业机构协助完善人力资源管理体系，完成完善方案的设计工作。在推进此项工作中，公司坚持“问题导向”和“文化引导”两条主线。通过“问题导向”明确改进内容，提升体系完善的针对性；坚持“文化引导”确定完善方向，确立了“以敬业者为本，向卓越者倾斜”的人力资源管理理念。

在制度层面，完善方案以建立科学、客观的绩效评价体系为轴心和基础，配套建立职级、薪酬及培训等一系列人力资源管理制度。其中，在绩效评价体系中引入“个人绩效承诺”评价机制，最大限度地保证对员工业绩评价的客观性，并依据绩效考核结果建立积分制，将之应用于职级和薪酬管理体系中，真正实现职级和薪酬的可上、可下，可高、可低的动态管理。

【信息化建设】以公司战略为指引，以系统优化完善为抓手，进一步完善与拓展系统功能，落实公司业务需求，完成集团账户管控系统、同业拆借、非现场监管管理（总部）、外币银团贷款、军品集中结算（委托收款）等多项系统或模块上线。按照集团公司要求，稳步推进人力资源、全面风险管理、合同管理、客户关系管理、财务一键式报表等系统的建设或对接，以及业务系统与集团集采系统对接，实现系统功能持续扩展和用户体验不断提升。

遵循“统一规划、分步实施”的原则，加强调研，充分借鉴和吸取行业内建设经验和教训，科学严谨制定公司灾备系统建设项目方案，扎实推进基础建设，稳步提升信息安全。

【企业文化建设】2014年，公司持续加强党的组织建设，带动团队和文化建设深入开展，提升了公司软实力，汇聚了助推发展的新动力。公司扎实深入地开展了党的群众路线教育实践活动，党员干部认真学习领会中央精神，公司领导广泛听取意见、深入查摆问题，班子成员坦诚相见，互相帮助，成功召开了民主生活会，研究制定了科学的整改方案，认真落实整改任务，在转变作风的同时，很好地促进了公司发展。

公司倡导员工“快乐工作、快乐生活”，党政工团密切配合，组织了三八妇女节主题关爱活动、趣味运动会、踏春登山赛、迎秋健步走等丰富多彩的文体活动；开展了五四青年讲座、革命传统教育、业务技能讲座、消防安全讲座等多样的教育活动，丰富了员工文化生活、提升了员工素质，激发和调动了员工的工作热情和创造性。

中冶集团财务有限公司

【经营概况】2014 年，中冶集团财务有限公司（以下简称“公司”）面对严峻的外部形势，上下团结一心，努力实现了资金运营的多项突破，全面完成了年初确定的全年运营目标，各项基础管理工作也取得新成效。截至 2014 年底，公司资产总额达 143 亿元，同比增长 20%；全年实现营业收入 5.20 亿元，完成全年预算的 107%；实现利润 3.20 亿元，完成全年预算的 107%，整体运营保持平稳。公司资产质量和效益指标处于行业中上等水平，各项运营指标均符合监管要求。

【信贷业务】2014 年，公司信贷业务适应集团经营发展和改革创新的需求，进一步优化统筹安排资金，通过降低备付比例、提高存贷比释放更多的信贷资金，聚焦主业、优化贷款资源配置，以集团利益最大化为目标进行定价机制改革，对经营指标完成较好的子公司给予利率优惠，信贷资金优先用于支持集团主业重点项目、新市场开拓及战略转型业务发展。全年日均贷款规模 76 亿元，累计收回贷款 62 笔，金额总计 129.06 亿元，累计发放贷款 54 笔，金额总计 134.44 亿元，实现利息收入 3.71 亿元，累计为子公司节约财务费用约 1.30 亿元。全年发放委托贷款 3 笔，金额总计 16 亿元。同时，对存量贷款进行分类管理，采取差别化的管控措施。

【资金和投资业务】公司进一步强化资金计划管理，在“年预算、季分解，月计划、周平衡”的预算管理体系基础上，建立了信贷业务滚动计划制度，加强了与总部资金池的联动，提高了资金使用效率。并且在保证结算备付、满足流动性管理要求的前提下，开展短期的资金投资运作，全年公司整体的资金运作效率稳步提高。全年累计拆入短期资金 53.80 亿元，保证了公司时点流动性的平衡。与商业银行开展短期限定存业务 176.50 亿元。

2014 年，公司主要通过开展同业资金业务和投资业务进行资金运作。

一是做实同业授信，确保利益最大化。投资部在日常授信管理工作中与银行方面保持着及时、有效地沟通，在同业授信、询价机制、同业存款利率和扩大金融同业合作范围上均较上年有所突破。截至2014年末，财务公司授信额度新增13亿元，授信总额达80亿元。

突破重点结算银行，提高备付资金收益。通过与重点结算银行的不断沟通，公司银行账户的活期利率由1.50%提高至2.30%，全年完成金融企业往来收入0.85亿元，完成年度计划的180%。通过认真分析利率市场走势，适时调整同业账户资金结构，以增加短期限协议存款收入，使备付金使用效率最大化。

二是投资业务在稳健投资中求效益。2014年，公司根据资金头寸和市场走势，对货币市场基金进行了持续投资，全年投资日均额为7.50亿元，实现投资收益共计0.35亿元，收入较上年提高43%。

【票据业务】截至2014年底，共为7家子公司办理贴现业务22笔，总金额8.03亿元，利息收入0.15亿元。办理承兑业务开票0.71亿元。办理转贴现1笔，金额0.70亿元。共为子公司节约费用约0.07亿元。为释放保证金、在风险可控的前提下满足子公司票据支付需求，财务公司与银行商定了托管票据池业务模式，已在武汉地区试点运行并取得了预期效果。

【外汇业务】一是抓住政策机遇，开展国家外汇管理局跨国企业外汇资金集中运营业务，完善外汇资金集中平台，拓展归集渠道。二是充分发挥公司在银行间外汇市场场内交易的优势，全年受理子公司即期结售汇18笔，总计1.30亿美元，累计为子公司节约财务费用124.80万元。三是根据国资委相关要求，继续严守套期保值原则，依据在手项目资金情况开展外汇保值业务。截至2014年末，3家子公司外汇保值业务持仓规模4.64亿美元，浮盈0.71亿元人民币，实际盈利0.38亿元人民币。

【资金集中】2014年，公司多策并举，提高资金集中度。第一，加强资金集中的考核管理力度，明确成员单位资金集中工作的责任人及要求。第二，加强账户审批、备案、授权、使用和撤销的管理力度。第三，紧抓重点单位，启动集团领导、财务公司领导和客户经理三级督促机制，分析成员单位实际情况，跟踪大笔付款，启动公司吸收存款三个月滚动预算机制，综合性提高成员单位存款及资金集中度。第四，整合资源、协调解决成员单位部分项目受限资金，推进集团票据池业务，减少票据保证金。第五，完善公司资金结算系统。

2014年，公司日均存款突破100亿元，同比增长20.50%，资金集中度较2013年提高1.10%，完成全年累计80%的目标，2014年底本外币存款117.14亿元，全口径资金集中度31.86%，比上年上升了6.8个百分点。

【业务创新】2014年4月，公司加入中国银行间市场交易商协会，并取得正式会员资格，正在积极准备中国银行间交易商协会意向承销类会员（财务公司类）市场评价工作，争取拿到债券承销资质，为集团筹融资降低成本。

【风险管理和内部控制】2014年，公司不断提高风险管理和内控建设水平，组织开展了制度修订、流程梳理、风险识别、内控监督和评价等工作。制定了指导风险管理工作总体框架的《全面风险管理手册》和规范具体业务流程、控制各流程风险点的《内部控制手册》，组织开展了对关键业务风险的排查、评估和应对工作。逐步形成了对风险进行事前防范、事中控制以及事后监督评价与纠正的风险与内控管理机制。在对风险管理手册、风险管理框架以及流程进行完善的基础之上，公司对票据业务、投资业务和信息科技工作展开风险排查、风险评估和风险应对工作。

【人力资源管理】公司不断完善提高人力

资源建设，加强人才梯队培养，努力提升员工专业化水平，着重培养高层次的财务资金专业人员。2014 年，公司按照现有业务范围及公司经营战略的五年规划发展要求，对现有部门和岗位进行了全面梳理，重新制定部门和员工工作职责；建立以业绩考核为导向，同时量化细化部门和员工两个层面的绩效考核体系；加强员工岗位培训和专业培训，积极鼓励并支持员工参加行业、协会组织的各类业务培训，通过继续教育、职称和资格考试等方式，提高员工的综合素质。

【信息化建设】2014 年，公司大力推进信息化建设，明确信息化建设目标，确定未来信息化建设方案，落实责任，同时夯实信息化建设基础工作，利用信息化手段提升资金管理水平。信息安全统筹规划，有计划分步骤实施，同时，强化信息安全日常管理工作，对内部的信息管理流程进行了梳理，并对相关的流程风险进行了评级，制定适合改进措施。举办了信息系统应急和灾备的应急演练，针对演练过程出现问题，制定详细的改进计划，并完善了应急预案。截至2014 年末，系统入网达1 600 余家，公司系统与 11 家银行建立了银企直连，信息系统内交易量6 000 亿元。

【企业文化建设】2014 年，公司以作风转变为中心，展现了崭新的精神面貌。公司聚焦作风建设，解决突出问题，深化专项整治，注重制度建设，从领导干部到基层职工，展现出了积极奋进、勇于担当的精神面貌。同时，在文化建设方面，公司组织了“摄影比赛”、“观影活动”、“长走活动”、“读书活动”等丰富多彩的文体活动，丰富员工业余文化生活。同时通过开展先进集体和个人评选表彰活动，树立典型，鼓励先进，创造了蓬勃向上的良好氛围。

申能集团财务有限公司

【经营概况】2014 年度，申能集团财务有限公司（以下简称“公司”）实现净利润 3. 10 亿元，总资产 136. 83 亿元，净资产 17. 36 亿元，吸收存款和发放贷款余额数分别为 112 亿元和 69 亿元，较好地完成年初预算，各项监管指标良好，均符合银监会要求。公司致力于打造“能源金融价值创造者 2. 0 版”，以创新引领转型发展。

公司全年重点在以下几个方面开展业务：第一，稳步推进各项业务，深化公司金融服务品质。一是加强“申财通”资金系统建设，优化存款结构，结算能力和服务质量持续提升；二是支持集团能源主业发展，提供专业化、个性化能源金融产品；三是深入研究政策变化，坚持创新引领业务升级；四是加强金融市场研究和内部资金管理，提高收益；五是适时开展财务顾问服务，拓展营销创新思路；六是加强信息化建设和风险控制，提升公司内控管理水平。第二，加强创新，转型升级，以改革创新引领公司新一轮发展。一是迁址自贸区，探索自贸区金融业务创新；二是加强与专业机构合作，探索绿色金融业务创新；三是深化“产融结合”，探索能源产业链金融创新试点；四是搭建移动金融平台，探索互联网金融创新。

【信贷业务】2014 年，公司累计发放贷款 104.05 亿元。年内公司针对外部经济金融环境、行业环境出现的较大变化，加强对重点客户的走访，了解客户需求，加强客户需求分析，并根据资金市场形势帮助客户做好资金安排，全力做好信贷投放，并致力于为客户企业提供个性化的一揽子筹融资解决方案。公司积极应对融资环境挑战，在银行信贷规模趋紧的不利影响下，充分利用自身专业优势，加强与各家银行谈判，及时调整银团组建方式，取得较好效果，银团业务再上台阶。

【资金和投资业务】2014 年，公司继续拓展外部融资渠道，一方面向中央银行争取低成本的再贴现融资，公司全年累计新增再贴现业务 14.20 亿元，年末余额 3.10 亿元。同时，还充分利用公司迁址自贸区的先行政策优势，开展了首单财务公司跨境人民币借款业务，累计借款人民币 2 亿元，用于境内外成员单位经常项下集中收付。上述外部融资的开展，为集团系统引入了外部低成本资金，有效发挥了金融资源支持能源产业实体经济发展的作用。公司在严控风险的前提下，通过证券市场的投资运作（以固定收益等低风险品种为主），抓住市场机会，提高资金收益。2014 年度投资收益率和同业运作收益率分别达到 21.78% 和 4.70%。

【票据业务】2014 年全年公司电子商业汇票累计出票量 27.17 亿元，贴现业务量 28.88 亿元。回购式再贴现累计达到 14.20 亿元。截至 2014 年末，公司未结清存量电票余额 27.30 亿元。2014 年，公司顺利完成人民银行全国系统及上海地区电子商业汇票系统线上清算配合联调测试及互联互通测试，使公司电子商业汇票的业务、技术专业团队得到充分锻炼，积累经验。同时公司以测试为契机优化原有系统，完成电票批量业务改造上线，进一步提高电票业务处理工作效率。2014 年 12 月 12 日，公司凭借近几年来在电子商业汇票业务、票据再贴现业务领域的快速发展和稳健经营，被上海市票据业务联席会议吸收成为第三家财务公司行业成员单位。

【外汇业务】2014 年，公司先后获得中国银监会、国家外汇管理局相关批复，取得外汇远期结售汇业务资格，成为全国第七家取得此项业务资格的财务公司。同期，公司还取得了外汇交易中心批准的外币拆借资格，正式成为其外币拆借会员。年内公司外汇即期结售汇业务稳步增长，全年办理结售汇业务 6.28 亿美元。并新增了农业银行、汇丰银行为即期交易对手。

【资金集中】2014 年存款保持稳定增长，全年吸收存款日均 113.57 亿元，较 2013 年增幅 17.40%。完成总结算量达 6 254.93 亿元，结算笔数 102 926 笔，结算量比上年同期增加 31.24%，日均结算量达到 25.99 亿元。公司的“申财通”系统功能日益完善，已成为集团系统内最重要的支付结算平台。2014 年“申财通”新版登录界面上线，完成批量业务月末计提和冲销合并记账改造、财企对账单合并改造等改造项目，全面提升客户使用体验。2014 年，公司“结算服务季”以“申 e 通”移动金融平台、自贸区金融创新为主要推介内容的同时，继续以满足成员单位金融服务需求为宗旨，不断提升服务质量。

【业务创新】2014 年，公司继续加强业务创新研究与探索，大力推进自贸区金融、产业链金融、绿色金融和互联网金融四大业务创新。一是迁址自贸区，探索自贸区金融业务创新。公司迁址自贸区，助推了集团主业发展和产融结合，实现了公司自身的金融创新。二是加强与专业机构合作，探索绿色金融业务创新。2014 年，公司与财政部清洁基金中心合作，为系统企业项目成功申请了 0.20 亿元低成本清洁基金委托贷款，成为上海市首个地方企业申请的清洁委贷项目。同时，作为全国首个金融企业试点，与清洁基金中心和上海市财政局合作探索 EMC（合同能源管理项目）创新贷产品开发。三是深化“产融结合”，探索能源产业链金融创新试点。2014 年，公司围绕集团能源主业上下游产业链业务需求，积极开展产业链金融创新探索，并根据监管部门关于产业链延伸业务试点的要求，完成了相应的《延伸产业链金融服务方案》。四是搭建移动金融平台，探索互联网金融创新。2014 年 11 月，公司历时一年自主开发的首款移动金融服务平台 APP“申 e 通”一期大众版和专业版正式发布。

【风险管理和内部控制】公司以风险控制和内部审计为抓手，通过完善风控流程，扎实开展各项内部审计和稽核工作，努力提高内控管理水平。2014 年，伴随公司改革创新工作的深入开展，创新力度的不断加大，对内控和风险管理都提出更高要求。公司秉持“业务创新，合规先行”的原则，在一如既往做好内部控制和风险管理的基础上，加强法务、风控、审计等中后台人员的业务学习，将自贸区案例汇编、合规政策解读等纳入常规工作，不断完善内部审计手册，确保创新业务内审标准化，为公司业务的稳健开展提供保障。

【人力资源管理】2014 年，为使公司的队伍建设适应发展创新需要，公司以集团下达的年度经营业绩考核指标为核心，以公司确定的年度重点工作及责任分工为轴线，立足公司发展战略规划和核心工作，确定重点工作考核指标，并以激励创新发展为目的，加大创新激励力度。

【信息化建设】公司年内完成了信息系统数据中心的搬迁托管工作，提升了公司生产中心的风控能力，进一步保障了信息系统的运营安全，并自主开发移动金融服务平台 APP“申 e 通”及“申盈通”多银行财商转账平台。

【业务研究】公司在打造学习型组织的基础上，紧密结合金融行业改革趋势和集团能源主业发展，倡导全员加强课题研究，深入思考业务。2014 年，公司继续推动课题研究工作，结合集团能源主业发展和金融行业改革趋势，完成了包括绿色金融、碳排放、产业链金融在内的 16 项课题，涵盖了公司金融、创新、资金管理、风险控制和内部管理等各条线内容，成为公司不断创新发展的源泉。

潞安集团财务有限公司

【经营概况】2014 年，潞安集团财务有限公司（以下简称“公司”）面对煤炭市场持续低迷、集团公司效益下滑的严峻形势，迎难而上破解发展难题，资金集中管理工作稳步推进；开阔思路创新金融工具，最大限度为成员单位降本增效；贴近市场发挥平台优势，积极提高集团资金使用效率；主动作为提升服务水平，全力助推集团建设具有国际竞争力的清洁能源品牌企业，圆满完成了全年主要工作任务。

截至2014年末，公司资产总额264亿元，同比增加35亿元，增幅15.28%；负债总额247亿元，同比增加33亿元，增幅15.42%；所有者权益17亿元；资本充足率为20.19%；流动性比率为44.46%；实现营业收入4.59亿元，实现利润总额3.06亿元；资本回报率为14.57%，资产回报率为2.36%；不良资产率和不良贷款率均为零。

【信贷业务】2014年，公司认真执行国家信贷政策，密切关注集团重点项目建设进度，主动调研成员单位资金需求，积极创新金融工具，合理配置信贷资金，以丰富的金融服务手段满足了成员单位多元化的融资需求。一是继续扩大授信覆盖面，共对52家成员单位完成授信，覆盖率达90%以上，为提供高效金融服务铺路架桥；二是创新性开展商业承兑汇票业务，为成员单位延长了付款期限、减少了资金占用，促进了企业的信用培育和开发，降低了融资成本；三是争取到人民银行0.20亿元再贴现政策支持，有助于加大对集团中小微企业支持力度；四是继续丰富信贷工具，开展了银行承兑汇票质押贷款业务，为成员单位提供了优惠利率和便捷性服务。2014年末，公司自营贷款余额达到62.79亿元。

【资金和投资业务】2014年，公司坚持“以集团内部市场为主、适度对接外部金融市场”的原则，在保证流动性和安全性的前提下，灵活调剂资金余缺，开展资金和投资业务，有效提高了闲置资金使用效率。一是加强与各成员单位的沟通力度，强化了资金预算管理，提高了资金配置效率。二是利用沉淀资金审慎参与货币市场和资本市场，除开展同业拆借、债券质押式回购等业务外，深耕“固定收益产品”投资运作，拓展了券商资管产品、交易所回购等多种场内固定收益产品，初步形成了短期固定收益投资产品备选库。全年日均运用资金约20亿元，收益超过1.50亿元，有效弥补了利差收窄造成的不利影响，增强了公司发展实力。此外，公司成立了“潞安资本”调研小组，完成了《关于打造“潞安资本”的调研分析报告》，为“潞安资本”建设建言献策。

【票据业务】在纸票贴现方面，继续发挥价格优惠和服务便利的优势，为成员单位办理票据贴现，在直贴基础上向人民银行申请低利率的再贴现业务，继续释放资金，增加货币供应，降低集团融资成本，2014年累计办理纸票贴现10.37亿元，再贴现0.20亿元。在票据承兑方面，在大力推广电票、代签银承的基础上，创新性开展商业承兑汇票业务，为成员单位延长付款期、减少资金占压、降低财务费用、提供增信服务，全年累计办理电票8.76亿元，代签银承0.12亿元，商票0.97亿元。

【资金集中】2014年，公司通过严抓账户审批报备，开展账户全面清理统计，提供安全快捷结算服务，稳步提升了资金集中管理水平。一是利用日常账户审批报备和专项账户联合检查两大手段，提升成员单位对账户和资金归集的重视度；二是电子回单系统上线和协定存款业务大范围推广，提高了成员单位对资金归集的主动性；三是协助集团加大成员单位银行账户全面清理力度，建立起规范的账户管理体系；四是按照集团“能归则归、应归尽归”的要求，与各成员单位及其开户银行反复协调、深入沟通，最大限度减少了成员单位在外部银行的资金留存额度。2014年末，成员单位在公司开立结算账户达246家，同比增加7家，开户率达到了99.59%；直连并授权账户

473 个，同比增加 64 个；全年日均归集资金 81.27 亿元，年末归集资金 84.14 亿元。

【业务创新】2014 年，公司加快业务创新步伐。一是与国有大银行合作创新性开展商业承兑汇票业务，以财务公司信用为基础签发的商票，突破了传统商业承兑汇票信用度低、流动性差等制约因素，促进了企业的信用培育和开发，进一步拓宽了融资渠道，降低了融资成本。二是公司抓住中央银行加大“支农、支小”力度，增加再贴现资金额度这一契机，申请并获得一年之内可循环办理 0.20 亿元再贴现业务的批复。

【风险管理和内部控制】在风险管理方面，一是持续推进风险管理关口前移，巩固事前防范、事中控制和事后监督相结合的三道防线机制。二是深入组织开展了违规放贷、信息系统风险、票据和人员岗位为重点的四项专题排查。三是修订下发了《全面风险管理手册(2014 年版)》，汇总各类风险点合计达到 445 个，并对员工的认知度进行了现场检查。

在内控管理方面，一是不断加强制度体系建设，全年新增修订制度、流程共 51 项，公司制度流程已达 178 项。二是严格落实贷前调查、贷时审查、贷后检查“三查”制度及前中后台的“三分离”工作机制，进一步突出了岗位制衡的刚性约束。三是通过日常稽核、现场重点稽核和专项稽核三大稽核手段的联合运用，持续开展稽核检查工作，并探索性开展了部门经理离任稽核工作。在案件防控方面，一是制定了公司案防管理办法等制度，进一步完善了案防工作长效机制。二是按季组织召开案防形势分析会，切实排除了案件风险隐患。三是在《突发事件总体应急预案》基础上，建立了一个总预案和九类专项子预案，进一步完善了对风险监测、暴露和处置的预案体系。四是深入开展“制度执行年”活动，显著提升了公司制度执行力。

【人力资源管理】公司努力将人力资源管理优势转化为公司持续健康发展的动力。一是适时修订了员工考评管理办法，考评范围更全面、考评指标更科学，有助于充分调动员工积极性，激发员工潜能。二是在制度考试的基础上，开展了员工岗位技能考试，是成立以来第一次集上机操作、岗位应知应会问答、主观认知测评于一体的综合性“大考验”。三是以送出去与请进来相结合的方式加大培训力度，员工外出参加各类专业培训达 49 人次，邀请九恒星技术专家、工商银行票据中心专家分别开展信息系统和票据真伪识别专项培训，促进了员工理论技能双提升。

【信息化建设】2014 年，公司继续保持了信息系统的安全不间断运行。一是完成了电子回单和电子对账系统的可研、研发、测试、上线、推广运用和集中培训工作，进一步提高了公司业务的科技含量，截至 2014 年末，上线单位达到 226 家，占开户单位的 92%。二是及时制定信息系统安全隐患排查制度，修订系统用户密钥管理办法等相关密钥管理三项制度，确保公司信息系统安全管理有章可循，提升了信息系统风险防控水平。三是先后对 6 家金融机构进行了现场考察调研，完成了调研报告，为信息系统升级提供了参考。四是积极参与由中国财务公司协会组织的行业集合灾备项目，为信息系统升级后的灾备建设提供了解决方案和决策依据。

【企业文化建设】2014 年，公司认真执行集团《潞安文化建设大纲》，着力打造具有财务公司特色的企业文化。一是扎实开展思想政治、文化管理和文明创建等工作，通过“形势与任务”活动，使全体员工及时认清了内外发展形势，明确了发展任务，自觉遵章守纪、主动干事创业，为公司完成全年目标任务提供了思想和行动保证。二是充分利用《潞安矿报》、中国财务公司协会网站等平台加大新闻宣传力度，全年对外报送各类新闻稿件38篇，在集团内外展示了公司的良好形象。三是积极组织员工参加各类纪念日、文体和志愿服务活动，搭建了员工交流平台、活跃了公司文化氛围。

淮南矿业集团财务有限公司

【经营概况】2014年，淮南矿业集团财务有限公司（以下简称“公司”）克服宏观经济增速放缓、煤炭市场持续低迷、金融市场波动加剧的不利影响，积极应对，坚持稳中求进，认真履责尽责，确保集团公司资金链安全，协助成员单位解决融资困难，有效控制融资成本；全面推进精细化管理，取得良好的经营效益。截至2014年末，公司资产总额86.91亿元，实现利润2.28亿元，全年累计为集团公司融资466.71亿元，平均利率6.14%。

【信贷业务】2014年煤炭市场持续低迷，集团公司煤款收入、现金流减少。公司吸收成员单位存款58.74亿元，较年初减少10.97亿元，下降15.74%。公司根据资金情况和保证流动性需要，适当压缩了贷款规模。2014年，公司自营贷款余额40.96亿元，同比下降28.27%，比年初减少16.14亿元。从期限看，中长期贷款比年初增加5.12亿元，占全部贷款比重为57.76%。

【资金和投资业务】公司紧随货币市场利率变动，调整投资方向，侧重投资产品的多样化，其中以超短期、短期投资为主，抓住利率高点，加大投资规模，提高投资收益。全年，通过提高资金集中度，扩大资产规模，优化资产配置，加强短期资金运作等方式，努力提升经营效益和资产盈利水平，累计实现投资及资金营运收益1.30亿元，较上年增长18.33%。

【票据业务】2014年，积极拓展电子票据业务，取得明显成效。成员单位新开通电票系统近十家，电子票据业务量、票据金额大幅度提高，共开出或收到电子票据达529笔，承兑金额11.10亿元，电票业务笔数和承兑金额较上年同期分别增长了14.25%和24.72%。

【资金集中】在对成员单位存款全面推行联动账户管理的基础上，大力巩固联动账户的运行，密切跟踪成员单位资金集中和存放情况，及时通过联动账户归集外行资金，保持较高的资金集中度。通过与合肥、淮南房产局有效沟通，成功取得淮南市首批开立监管账户的银行资格，并对淮矿地产相关项目在财务公司开立预收款监管账户，归集监管账户存款余额达0.80亿元。房地产监管账户开立取得显著效果，为进一步在其他地市推行开立监管账户打下基础。

【业务创新】借助中国人民银行征信中心中征应收账款融资服务平台，采用应收账款权利质押方式为成员单位发放流动资金贷款。通过此方式，有效的盘活成员单位应收账款存量，提高市场效率，一方面解决企业融资难问题，另一方面有效保障资金供给方的资产安全。

【代理融资】2014 年，公司克服不利局面，采取有效措施确保集团资金供应，降低融资成本。一是创新融资方式。在金融机构对煤炭行业授信收缩的背景下，公司加大使用私募、短融、超短融等直接融资工具，筹集资金。2014 年末，集团公司本部融资余额 615.69 亿元，较年初增加 63.69 亿元，其中直接融资规模达 417 亿元，较年初增加 137 亿元，占融资总额的 67.93%，较上年末提高 17.01 个百分点。二是增加新的融资渠道。2014 年大力使用融资租赁贷款，先后办理了多家融资租赁公司的贷款 6 笔，共计 32.17 亿元，还利用黄金租赁贷款等新的贷款方式为集团融资。三是高度重视银行贷款和银行授信的接续工作。公司努力争取银行贷款规模，维持银行授信额度，并新增进出口银行、华夏银行等银行授信。

【风险管理和内部控制】2014 年，公司深入推进合规建设年活动，组织开展合规政策培训、改进合规绩效考核，加大合规风险排查力度。结合公司业务发展和工作实际，修订完善《信贷审批管理委员会工作细则》《信贷业务审批规程》等 14 项管理制度、42 个条款，进一步优化风险管理制度体系，更符合公司经营管理和风险管控的要求；根据公司存贷款规模及成员单位行业变化情况，公司制定了信贷投放指导意见和 2015 年实施方案，确定了“以存定贷、规模适度、结构调整、敞口控制”的指导性原则；信贷审批委员会增设牵头审批人，牵头审批人和有权审批人同样具有信贷业务一票否决权。同时，要求风险管理部依照岗位职责和相关规章制度，独立进行合规和风险审查，提高风险审查独立性。

公司业务稽核部有序开展专项稽核检查，采取全面稽核和重点检查相结合的方式，对公司各类业务进行过程审查和事后核查，及时纠正偏差，督促提高内控管理的有效性。2014 年，业务稽核部完成年度工作计划中的全部 11 项稽核检查项目（超计划完成两项），提出管理制度有效性、操作流程缺陷以及工作人员操作失范等存在的问题共 378 条，提出综合性意见及建议 31 条。

【信息化建设】公司信息化工作整体平稳，全年信息系统未发生重大运行故障，联动账户业务和房地产资金监管系统运行顺利，公司硬件和网络系统平稳升级成功。通过与各业务部门的充分沟通，积极协调厂商，保证了各项信息化业务顺利实施。

【企业文化建设】认真贯彻落实群众路线教育实践活动中提出的要求，改进作风、促进管理，不断巩固和深化教育实践活动成果。有计划地学习党的十八大和十八届三中、四中全会精神，强化理想信念和宗旨意识。努力为职工做好事、办实事。认真安排落实了员工带薪休假、健康体检、大病救助、育才关怀等工作，开展各类文体活动，丰富职工文化生活，创造良好的人文环境。

日立（中国）财务有限公司

【经营概况】日立（中国）财务有限公司（以下简称“公司”）是由中国银监会批准成立的非银行金融机构，注册地在上海，注册资本金为人民币3亿元。公司由日立（中国）有限公司100%出资设立，以为成员单位提供金融解决方案、服务集团为宗旨，整合集团内各类资源，凭借专业的金融知识与尽责的服务理念，为集团企业客户提供融资、咨询、资金运营等多样的金融服务，以期达到调节成员单位间的资金供求关系，提高集团整体的资金使用效率目的，同时致力于加强以日立（中国）有限公司为核心的在华日立集团企业的资金集中管理力度与凝聚力。

2014年，在国内经济面临转型、增长压力加大，欧美发达国家经济发展状况各异，全球整体经济环境复杂不明的环境下，公司业绩稳中有升，业务规模也取得了一定的发展。公司坚持“依法经营、优质服务、提高效益、和谐发展”的经营方针，结合实际情况，紧紧围绕日立集团的主业和战略目标，积极拓展公司业务规模。本着公司设立之初既定的“稳健经营、服务高效、客户满意”的经营原则，不断构筑完善合规、稳健的经营管理体制，在日常经营中坚持“依托集团、服务集团”的宗旨，以风控合规为本，以客户利益为上，兼顾自身效益，很好地发挥了公司在集团中的集中资金管理、提升资金利用效率的作用。

截至2014年末，公司资产总额为246 525.61万元人民币，同比增长55.55%，负债总额为208 618.97万元人民币，同比增长70.02%，所有者权益为37 906.65万元人民币，同比增长5.94%；公司全年实现营业收入4 951.95万元人民币，比上年同比增长8.81%，最终净利润2 124.13万元人民币，比上年同比增长3.14%。资本充足率为30.09%，无不良资产。本年度资产质量优良，各项监控和监测指标均符合中国银监会规定。

【信贷业务】2014年度，公司在合法合规、风险可控的基础上，向成员单位发放人民币一般贷款，同时为成员单位之间办理委托贷款业务，从全年整体来看，信贷业务规模有了一定的发展。公司贷款期限均为短期贷款，截至2014年末，一般贷款余额99 220万元，比上年末增加了39.02%，均为正常类贷款，无不良贷款。在此基础上，公司根据新修改的《贷款风险分类管理办法》和银监会颁布的《中国银监会关于中国银行业实施新监管标准的指导意见》等文件规定以及信贷风险管理委员会会议的决定，继续对准备金计提比例进行修正，到2014年12月末计提比例为1.96%。同时，委托贷款余额18 000万元人民币，比上年末增加了8 000万元人民币。2014年全年共实现贷款利息收入4 272.59万元人民币，同比增长1.59%，委托贷款手续费收入

327.39 万元人民币，同比增长 24.58%。

【资金集中】2014 年，公司放宽成员单位认定标准的申请获得了银监局的批准，之后公司做了大量的工作，加强了与新加入成员单位的联系与沟通。由公司总经理牵头，以业务课为中心，主动出击、上门服务，分别前往北京、上海、苏州、广州、深圳、东莞、南通、天津、福州、厦门、武汉、合肥等地拜访了多家新老成员单位，了解成员单位的业务服务需求、生产经营状况，维护彼此良好的关系，解决其系统上接入问题，将其纳入公司的系统网络，为业务的深度开发奠定了基础。截至 2014 年末，公司新增成员单位 43 家，其中 27 家企业已经在公司开户，14 家成员单位已经在公司实际开展业务。受此利好影响，2014 年末，公司吸收成员单位存款余额为 206 905.37万元人民币，同比增长 69.85%。其中，共吸收新增成员单位存款 63 974.63 万元，发放新成员单位 3 000 万元的委托贷款，并办理了 3 842.41 万元的代理支付业务。

【业务创新】原先外资成员单位认定标准中要求的外资投资性企业持股比例必须超过 10% 的限制，在集团很多企业处无法实现，极大地制约了公司业务的发展，因此，根据公司的特性，公司向上海银监局提出了修改变更公司成员单位认定标准的申请，上海银监局于 2014 年中批准了公司的方案。随着公司成员单位认定标准的放宽，截至 2014 年末，公司成员单位由原先的 42 家增加到 85 家，极大地拓展了公司的业务规模，更加有利于公司发挥资金调节等作用，支持集团实体经济体的发展。

【风险管理和内部控制】2014 年，公司坚持风控为先、合规先行的原则，从完善制度着手，进一步强化和完善全面风险管理体制，不断健全相关管理制度，细化业务管理办法和操作流程。公司根据相关法规规章，结合公司实际情况，修改了《内部稽核管理办法》《固定资产管理业务细则》《反洗钱和反恐怖融资对策的管理办法》等公司业务管理办法，使得实际工作中各个岗位之间职权明确，相互独立、相互制约，进一步明确了其中各项权利义务与责任的分配，更加符合相关规章制度与实际工作需要的要求，保证了在合规、风险可控的前提下，业务能够顺畅地进行。同时，公司还积极做好内审及外部审计工作，定时接受内审及外部审计公司安永会计师事务所的审计，对于在审计中发现的问题公司都会及时予以纠正、解决。2014 年度公司各项监管指标均符合监管当局的非现场监管要求。

【人力资源管理】公司注重员工业务素质的培养，围绕公司经营宗旨，依托公司核心文化，强化员工的服务意识、风险意识和质量意识。2014 年度，公司在人力资源管理方面主抓培训工作和考核激励工作。在培训工作上，定期组织内部培训教育，通过对法律法规、行政规章以及公司内部管理办法的讲解，加强员工的合规意识及业务操作水平。同时，公司多次派员工参加集团总部以及中国财务公司协会等组织的外部培训，有效地拓展了培训知识面，丰富了培训内容，提高了员工的综合素质。在考核与激励工作上，公司实行 MBO 目标管理考核制度，从公司经营目标到个人目标，层层递进、环环相扣，将个人工作目标计划与公司目标计划有机结合，目标的设定客观、科学、真实，在具体实施考核时，本着公开、公平、公正的原则，合理地对员工进行绩效评价。在最终评价以及决定激励措施时，充分考虑考核结果，通过定岗定责，将员工升职加薪和年度奖金与绩效考核结果挂钩，进一步提升员工的工作积极性，进而提升工作效率。

【信息化建设】2014 年，根据业务发展需要，公司更换了两台数据库服务器，提高了业务系统的稳定性与安全性，完善了公司信息系统整体架构。此外，公司及时响应人民银行、银监会等监管部门非现场监管数据报送系统升级要求，确保非现场监管数据能够及时准确地传送到监管部门。公司还认真做好对成员单位的服务工作，及时处理成员单位资金管理系统发生的各类问题，保证了成员单位能够正常及时地使用资金管理系统进行业务操作。

【企业文化建设】公司在企业文化建设上，坚持以人为本，提倡“服务、合规、学习、效率、和谐”的企业文化，自上而下地贯彻培养企业文化，使企业文化得到了全体员工的认同。公司要求员工在工作中要将合法合规作为大前提，所有业务都要在风险可控的前提下开展。在面对成员单位时则强调服务意识与效率标准，尽可能为其提供高质贴心的服务。在内部员工培养方面，公司重视员工与企业的共同成长，为员工提供各种进修提升的机会，大力提倡员工自我学习、自我提升，形成了浓厚的学习氛围。同时，公司注重内部和谐管理，充分发挥工会等组织的作用，听取员工的心声，解决员工实际困难，改善员工福利。通过旅游以及新年联欢、工会文体活动等形式，提升员工的归属感，增强企业凝聚力，争建和谐企业。

保利财务有限公司

【经营概况】2014 年，保利财务有限公司（以下简称“公司”）知难求进，稳基础保增长、求创新谋发展：一方面稳固传统业务，千方百计提升存款规模，扎实做好贷款、结算等基础工作；另一方面力求有所创新，推出票据承兑并筹划开展外汇业务。

截至 2014 年底，公司总资产 101 亿元，净资产 13.82 亿元，资本充足率（《巴塞尔协议 Ⅲ》）27.70%。全年实现营业收入 4.20 亿元，利润总额 2.80 亿元，净利润 2.10 亿元。

【公司金融】公司积极发挥自身职能，支持集团主业发展，在存款规模下滑的情况下，保持融资规模继续增长，并在服务品种上有所突破，成功开展了票据承兑业务。截至 2014 年底，公司自营贷款余额 23.98 亿元，担保余额 1.50 亿元，全年信贷投放保持集团各板块间合理分布，并加大对房地产主业重点区域优质项目的支持力度，房地产信贷投放已覆盖 22 个城市、33 个项目；同时，为成员企业牵线搭桥发放委托贷款，年末委托贷款余额 24.08 亿元；此外，加强票据产品创新，在票据贴现基础上推出票据承兑业务，为成员企业提供 1.80 亿元授信额度，累计办理承兑及贴现业务 0.43 亿元。

【资金业务】2014 年，公司一方面受利率市场化影响，资金成本不断提升，另一方面受上市公司关联交易影响，资金规模出现大幅下滑，面对困难公司坚持稳健的经营策略，通过严控成本和扩大授信规模等多种措施，来稳定收益和增强资金流动性。

一是严控成本，稳定收益。面对利率市场化的提速，公司结合集团实际，建立适应市场变化的定价机制，压缩开支，控制成本，保持利率优势。同时密切关注央行有关政策变化，加强与商业银行的谈判力度，优选交易对手，积极争取最优同业价格，稳定公司资金收益。

二是扩大授信规模，增强资金流动性。通过扩大授信合作银行，公司共获得同业授信额度97亿元，利用已有的资金拆借资格，灵活调剂资金余缺，全年累计办理同业拆借347亿元，实现收益341万元。

【投资业务】2014年，公司坚持“严控风险，适度收益，与主业相契合”的操作原则，将投资重点聚焦在集团内部房地产、艺术品经营相关的金融产品，并根据货币市场形势灵活配置货币基金等固定收益类产品。在操作时严格遵循有关规定，控制投资总规模，取得了较好的投资回报，有效提升了资金收益水平。

【票据业务】针对成员企业开立银行承兑汇票限制多、额度紧、占压保证金等困难，公司在2014年创新推出票据承兑业务，对成员企业出具的商业汇票提供承兑担保，协助其提高资金使用效率，降低财务成本，拓宽支付手段，全年累计为成员企业办理票据承兑0.26亿元，实现了该业务的良好开端，为业务在房地产及其他板块广泛开展奠定了基础。同时公司将继续票据池、票据质押融资等其他票据相关业务，不断丰富票据业务产品线，助力集团主业发展。

【资金集中】受集团所属上市公司关联交易限制影响，公司年初存款规模一度大幅下滑，面对空前困难，公司化压力为动力，一方面依靠集团公司坚强领导，另一方面借助成员企业大力支持，加强与成员企业沟通，以服务促归集，加大融资服务力度，以贷款促归集，探索开展票据贴现和承兑业务，以创新促归集，归集规模逐月上升，年度日均存款规模最终达到87亿元。

【业务创新】公司推出票据承兑业务，对成员企业出具的商业汇票提供承兑担保，使其达到与银行承兑汇票相当的信用等级和支付能力。

公司结合集团现阶段外汇业务需求，制定了以即期结售汇为突破、先易后难逐步开展各项外汇业务的规划。已按计划向国家外汇管理局正式提交开办即期结售汇业务的申请资料。

【风险管理和内部控制】2014年，公司继续推进全面风险管理和内部控制评价工作，完成《内控评价手册》和《全面风险管理报告》。公司各中后台部门开展专项自查，全面查找业务制度、操作流程及系统运行中的问题与不足，及时进行整改。针对投资业务的高风险特性，对原有审批权限进行了调整，并修订相关制度。

全年新增、修订规章制度8项，基本实现经营管理的全覆盖，内控制度体系日益完善。

积极配合集团、北京银监局等开展现场检查工作，做好沟通协调，针对检查中提出的问题和意见，组织相关部分集中落实整改，夯实公司稳健发展的基础。

【人力资源管理】结合集团公司绩效考评办法，实行全员考核体系，通过对公司及公司领导、部门、员工三个层级实施，公司绩效考评工作覆盖全员，并将考核结果与薪酬挂钩。

公司加强员工培训，提高员工业务素质。为提高员工的综合素质，公司制定了详细的年度培训计划，分别针对中高级管理人员、业务人员组织了有针对性的培训。

【信息化建设】公司根据信息化五年规划逐步推进信息化建设。2014年完成“一体化”安全监控系统的调研、方案论证、合同签署。“一体化”安全监控系统建设完成后，可以对核心业务系统的软件、硬件、网络及机房环境各环节的运行状态和性能指标进行实时监控。

采用直观的图形界面展现各环节实时状态，一旦出现故障通过手机短信或电话及时报警提醒，全面掌握核心业务系统运行状态，建立“信息安全监控中心”。

参与中国财务公司协会组织的“集合”灾备项目，处于选型、技术论证阶段。

2014年信息化工作保障公司业务稳定运营、安全生产。

【企业文化建设】2014年恰逢保利集团公司成立三十周年，公司积极参与集团公司三十周年系列庆祝活动，增强了员工的集体荣誉感和凝聚力。

深圳能源财务有限公司

【经营概况】2014年，深圳能源财务有限公司（以下简称“公司”）坚持“依托集团、服务集团”的经营宗旨，加大资金归集力度，金融服务及保障能力进一步提升。2014年主要工作：一是重点保障集团新能源产业的贷款需求，全年为新能源项目发放新增贷款约12亿元；二是结合资金市场的新形势，主动调节资产结构及期限，通过票据及同业定存等业务的搭配运作，盘活了短期闲置资金，有效降低了集团整体财务费用；三是积极推进业务创新研究，继续开展应收账款融资、电费电票结算业务，研究国债质押式回购、前海融资租赁、跨境人民币资金归集、动力煤期货等新业务模式；四是研究落实集团碳排放交易方案。截至2014年12月31日，公司总资产79.20亿元，净资产13.69亿元，全年实现营业收入3.43亿元，实现净利润1.39亿元。

【同业业务】2014年，公司共获得综合授信额度71亿元，全年办理票据转贴现交易累计19.47亿元；通过同业市场存入银行定期存款，累计交易金额为76.50亿元。

【信贷业务】2014年，人民银行加强了信贷规模控制，商业银行纷纷提高贷款条件，公司充分发挥内部银行优势，灵活调剂内部信用资源。2014年，共为集团重点项目融资近32亿元，比2013年同比增长45%。资金主要投向风力发电、光伏发电、垃圾焚烧发电、水力发电等清洁能源产业。

【结算业务】截至2014年12月31日，结算业务量1 578.48亿元人民币，结算笔数28 929笔。

【风险管理和内部控制】按监管单位及集团公司内部控制管理要求及公司《风险控制与稽核监督管理》制度要求，公司于2014年上半年开展了一次对账及轮岗检查，并于2014年7月对公司内部控制有效性进行全面稽核检查。通过风险稽核及内部控制有效性自查工作，确保各项制度措施落实到位，规避操作风险出现，提高公司风险防控水平。为加强制度建设，公司2014年重新调整了制度建设组织机构，全年有《制度管理1+4》《资产准备金计提管理》《对外报送报表管理》《部门间数据信息交换管理》《办公用品管理》《车辆管理》等20项制度完成编发。以上制度均突出明确了业务条线中前台、中台、后台风险防控责任以及相应责任问责程序，为提高风险防控责任机制提供保障。

【岗位研究创新】2014年促进员工岗位业务研究，加强员工间交流，增进团队学习，组织开展员工内部讲习活动。员工进行业务研究，将岗位知识经验、创新想法等进行总结梳理，在公司内外通过内部公开课、专题讲座等方式开展交流和探讨。2014年，共组织开展56场内部讲习，参加听讲人次1221次，评定微创新鼓励奖10项，效益奖7项，扶持项目3项。

【廉政建设】深入贯彻党的十八大精神，认真贯彻习近平总书记系列重要讲话精神，保持政治定力，坚持全面从严治党、依规治党，严明政治纪律和政治规矩、加强纪律建设，深化纪律检查体制改革、完善党风廉政建设法规制度，落实“两个责任”、强化监督执纪问责，持之以恒落实中央八项规定精神。公司围绕集团“两个战略定位”，坚持“清简务本、行必责实”的作风，结合自身实际和金融特色，不断巩固和持续深化党的群众路线教育实践活动取得的成果。通过强化落实“三重一大”决策机制，监督领导班子决策程序，结合集团公司下发的《廉洁风险防控指引》范本，建立全方位、全过程防控廉洁风险的企业制度，为公司各项经营活动提供严格的纪律保障。

【信息化建设】为确保资金集中管理系统及电子商业票据系统等业务信息系统的安全运行，保障集团及成员单位资金安全及业务连续性，2014年，公司启动数据备份系统建设项目，通过升级现有数据存储设备，搭建安全、稳定、可扩展的同城数据备份平台，提高风险防范能力，确保信息系统安全运行。同时，公司机房UPS系统引入大厦柴油发电机回路，形成双回路供电，并将自动灭火系统警铃信号接入大厦监控室及集团24小时值班室，确保业务信息系统安全、稳定运行。

【企业文化建设】2014年，公司充分发挥党支部、工会、妇联、青联的作用，组织员工参加文体活动，充实员工业余生活，提高了员工的工作积极性，增强了员工归属感和凝聚力。

中化集团财务有限责任公司

【经营概况】2014年，中化集团财务有限责任公司（以下简称“公司”）面对复杂严峻的经营环境，坚持稳中求进、稳中有为，立足于服务集团主业，采取积极有效措施，进一步完善金融服务功能，提升金融创新能力和金融服务水平，圆满完成了年度任务目标。公司全年实现营业收入8.32亿元，实现税前责任利润4.59亿元，实现EVA 1.49亿元。

【融资业务】主动契合集团战略导向，坚持以服务集团核心业务板块为重点，有效发挥公司资金支持与融资保障功能。一是重点保障集团能源板块运营期流动资金需求；二是针对集团化工板块提升市场竞争力，不断优化金融服务框架协议，提升对上市企业各项金融服务；三是助力集团地产板块开发企业的融资需求，大胆尝试创新模式，提供个性化融资服务；四是继续参与优化集团金融板块外部负债环境，在拓宽外部融资渠道方面发挥协同效应；五是向农业投入品生产、贸易企业提供便捷、高效的融资服务，积极探索涉农金融服务创新。

【资金业务】以流动性安全为首要原则，切实保障集团及成员单位资金安全，同时结合利率市场化，不断提升资产负债管理水平。一是加强资金计划管理，搭建资金信息共享系统，研究资金属性及变动规律，平滑中短期余缺，满足成员单位短期流动性需求；二是努力降低资金错配风险，优化资产负债结构；三是综合运用市场和行政两种手段，围绕重点客户针对性地制定资金集中提升方案；四是精益调度资金，提高存放收益率，努力降低备付率，保障收益最大化。

【票据业务】以公司为平台，搭建集团票据托管池，完善票据流程，盘活集团票据资产，并于年内实现了北京地区纸质银行承兑汇票的统一托管。满足成员单位票据结算需求，大幅提高电子承兑汇票使用量，票据开立规模较上年增长超过30%。大力支持涉农企业票据业务，开展了第一笔种子行业承兑业务，涉农票据承兑业务量较2013年提高了400%，涉农电子票据贴现业务实现了“零”的突破。

【中间业务】公司着力强化委托贷款业务管理，严格贷前、贷中、贷后和专项审查，严肃委托贷款风险提示及处置，既满足了成员单位委托贷款业务需求，也显著提升了合规管理水平。公司委托贷款业务规模不断扩大，截至2014年底，同比增加了14.56%，达到272.95亿元。

【外汇业务】就跨国公司外汇资金集中运营管理政策，创新性地提出外债额度“部分集中”方案；截至2014年底，公司外债额度和对外放款额度规模持续扩大，位居北京地区同类业务前列。同时结合成员单位需求，充分开展境内外资金一体化运营，累计为集团节省财务费用超过2.80亿美元，有效加快了集团重要战略议题的推进。

【资金集中】公司积极拓展与上市公司、合资公司的全方位合作，不断提升资金集中度。一是继续优化上市公司金融服务框架协议，为其提供个性化服务方案；二是加速推进上市公司代理收付款进程，提高结算效率，降低支付成本；三是为上市公司提供优惠、便利的融资支持，主动解决其经营中遇到的融资及资金难题；四是为上市公司定制信用风险财务顾问及理财顾问，拓宽服务渠道及提升服务质量。

【业务创新】首次以涉农票据向中央银行申请再贴现额度，丰富了流动性管理手段，支持了集团农业板块发展。探索建立市场化利率定价机制，修订完成差异化贷款利率实施细则，初步设计出贷款利率差异化定价模型及内部转移定价模型，并确定了利率定价建设“三步走”实施战略。

【保险业务】突出围绕集团第三次创业期对险种需求多样化趋势，致力于满足不同行业客户个性化险种需求，持续加强承保能力体系、客户服务体系建设、保险供应商管理体系和经营保障体系建设。针对集团石化、化工、农药等业务板块特殊需求，嵌入前沿保险设计思路，搭建再保经纪渠道，整合国内国际资源为集团重点项目提供综合再保解决方案。

【投资业务】不断丰富金融市场投资品种、继续扩大投资规模，全面提升各类细分产品收益率，全年完成日均投资余额12亿元，全年投资回报率超过9.60%，获取收益1.18亿元。在充分研究政策法规、比较风险收益特征的基础上，参与国内首批优先股投资；探索通过公募基金形式参与央企混合所有制改革，分享投资中的改革红利。

【财务顾问业务】 在资本市场持续低迷，成员企业融资难、融资贵等问题未得到有效缓解的形势下，公司密切配合集团整体部署，深度介入成员单位直接融资工具的核心发行环节，在提升融资规模、扩展融资渠道和降低融资成本等方面发挥专业机构作用，提升了咨询服务的价值含量。同时，在投资并购、资金增值等领域继续防控项目风险，增强投资回报，公司综合金融服务的协同效应正在日益凸显。

【金融股权管理】 以理顺股权关系、促进参股企业规范管理为目标，进一步加强股权管理，为实现中长期资产增值、推动将来参股企业改制上市等重要议题打下良好的基础。通过加强投资企业日常管理，促进投资企业法人治理结构日趋完善；重点推进中宏保险改制、江泰保险期权激励等战略，提升股权投资价值。

【风险管理和内部控制】 开展了全面风险管理辨识，强化了风险管理监控与报告机制，并着手开发与构建风险量化管理模型。以全面风险管理为导向、以质量管理体系建设为基础，进一步加强内控体系建设，为公司形成质量管理、内控及全面风险辨识三大体系相互融合奠定了基础。

【人力资源管理】 以“提升能力、激发活力、强化聚力”为主线，推动公司人才队伍管理机制建设。一是实施了系统化人才培养、多通道发展路径、多样化激励体系三项重点工程，加大员工培养力度；二是开办“育财书院”，开展了外派选学和内训讲师评选，健全员工内训体系；三是进一步细分经营专业序列，完成经营专业序列角色说明书，开展任职资格标准建设，打通专业序列发展通道；四是通过开展管理者继任计划沟通、360度评估、人才盘点，提炼形成了公司年度人才盘点报告，为公司人才梯队建设奠定了基础。

【信息化建设】 围绕公司重要战略议题推进，着力发挥信息系统开发和运维保障作用。完成票据管理平台的搭建；移动办公平台顺利上线实现日常公文、CB、TC业务审批移动办工；持续优化完善核心业务系统实现CB系统自动开关机提高业务处理效率；积极研讨内部结算、中化支付、互联网金融等新业务，提升创新能力；持续加强信息系统安全建设，推进信息安全等保三级安全加固项目，顺利通过北京市内保局CB系统年度等保三级检查，进一步提高了信息系统安全防护能力。

【党群工作】 深入学习贯彻党的十八届三中、四中全会精神和习近平总书记系列重要讲话精神，围绕“融入中心促发展、进入管理起作用”的工作思路，促进党建工作与公司中心任务深入结合。继续推进党的群众路线教育实践活动整改落实，扎实开展“回头看”活动；制定《财务公司党支部工作考核评价管理办法》，开展了优秀党课评选、微型党课宣讲等系列主题活动，健全了体制机制，增强了党组织的凝聚力和战斗力。组织开展了“练技能、优服务、促发展”劳动竞赛，着力打造“成长”系列活动品牌，为员工开阔视野、强健体魄、修炼成长搭建了平台。

【企业文化建设】 秉承“亲情、服务、学习、创新”的文化理念，将文化建设与员工成长需要、与群众活动、与员工关爱相结合，组织青年员工开展橄榄球绩效达阵团队活动，举办了“情绪管理与阳光心态”培训、“横向领导力”专题培训，提升协作精神和团队意识。一年来，公司组织氛围显著提升，在2014年组织氛围调查中，各项一级指标得分均较往年有所提高。

海信集团财务有限公司

【经营概况】为有效满足集团成员单位发展过程中对金融服务的需求，海信集团财务有限公司（以下简称“公司”）持续完善业务功能，提升创新能力。2014 年，公司接入人民银行大额支付系统，顺利上线电票资金线上清算；开展外汇资金跨境集中运营试点，集中管理境内外外汇资金。截至 2014 年末，公司资产总额为 87.08 亿元，同比增长为 38.51%；2014 年累计实现利润总额 2.30 亿元，同比增长 25%；2014 年末资本充足率 75.81%，流动性比率 52.15%，各项指标均优于监管要求。通过升级结算系统、推行集中收付、完善结算功能等多措并举，公司资金归集率明显提升。集团全口径资金归集率达 85.40%，可归集口径资金归集率达 99.10%。

【票据业务】2014 年，公司继续大力推广海信电子商业汇票，提升海信品牌在金融市场的信誉度，改善整体现金流状况，提高集团对外支付能力。公司增大主动营销力度，提高电票在应付票据的比重，成员单位签发电票规模不断扩大，海信电票接受程度不断提高，2014 年各成员单位累计签发电票 99.27 亿元，较上年增长 22.23%。公司获人民银行批准成为电票资金线上清算七家试点财务公司之一，于 2014 年 6 月顺利通过人民银行验收上线，为进一步扩大电票规模提供有利条件。

【资金集中】2014 年，公司采取多种措施加强资金集中管理，大幅提高资金归集度。一是建立集团账户平台，为资金集中管理提供保障；二是持续推广资金集中收付，降低集团外存资金和资金汇划成本；三是取得外汇资金集中运营管理试点资格，实现集团境内外外币资金在外管批复的外债及对外放款额度内的自由划转。通过以上措施公司强化了对成员单位的资金管理，有效地提高了资金归集度。截至 2014 年末，公司全口径资金归集率为 85.40%，比上年同期提高近 10 个百分点；剔除不可归集因素后资金归集率达到 99.10%。

【外汇业务】公司积极开展即期结售汇业务，通过内部结售汇和外汇市场交易调剂集团内部外汇资金余缺，降低集团整体汇兑成本。2014 年公司累计为成员单位办理内部结售汇 192 笔，金额合计折人民币 105.55 亿元。

【资金业务】公司充分发挥同业业务议价优势，深入分析研究资金市场利率走势，不断完善同业利率询价机制，结合自身资金状况，灵活进行资金配置，有效提高资金收益。2014 年累计实现存放同业利息收入 2.03 亿元。同时，同业拆借业务相关的系统准备、制度制定、人员培训和交易对手授信等所需的各项准备已就绪。

【风险管理和内部控制】2014 年，公司持续加强内控建设，有效提升风险管理水平。一是对各业务条线进行全面的风险排查，开展岗位职责和业务流程梳理，形成了具有很强指导性的覆盖全部业务和风险环节的操作手册；二是通过完善制度和加强对制度执行情况的监督，进一步促进业务规范化；三是持续推进结算差错率考核，提高结算工作质量；四是推进业务管理的信息化和工作流程标准化，在保证传统业务高效开展的同时，提升各环节的风险管控能力。

【信息化建设】2014 年，公司持续推进信息化工作，提高工作效率，降低操作风险。在保证传统业务高效、安全开展的同时，有效支持如集中收付、房地产预售资金监管等关键业务的开展，并提升各环节的风险管控能力，提高业务处理和管理效率；正式通过人民银行电子商业汇票线上清算系统的验收，实现电子商业汇票线上清算，为提升海信电票的推广提供便利条件；进一步扩大系统直连合作银行的范围，进一步完善收付款及账务自动处理功能，扩大实时监控的外部账户范围。系统业务功能的完善，大幅提高业务处理自动化程度，有效降低操作风险，促进公司日常业务操作的标准化、规范化。

【企业文化建设】2014 年，公司通过组织内控制度培训、参观反腐倡廉展览、学习案防制度等方式推进以“诚实、正直、务实、向上”为核心的企业文化建设，提高员工合规意识；通过加强公司制度建设和制度执行力，营造良好公司文化；通过培养员工开拓进取、爱岗敬业的工作作风，营造积极向上的工作氛围，提升公司的向心力和凝聚力。

国联财务有限责任公司

【经营概况】2014 年，国联财务有限责任公司（以下简称“公司”）以“准确定位、合规经营、严控风险、稳健发展”为宗旨，除了做好资金归集工作、信贷资产经营工作和成员企业金融服务工作外，还努力拓展业务创新，进一步提升了公司综合竞争力和服务成员企业的能力。截至 2014 年末，公司实现利润总额 0.59 亿元，吸收存款余额 32.53 亿元，各项贷款余额 13.98 亿元，资本充足率 27.64%，流动性比例 63.50%，存贷比 42.96%。

【公司金融】随着集团转型发展步伐的加快，环保产业、新能源产业的新企业不断加入，公司积极跟踪相关企业的信息，通过实地走访、反复沟通，切实了解成员企业的融资需求，确保授信总额能够基本覆盖其融资需求。同时，公司启动方案化服务，通过将成员企业的发展、经营以及管理特点与公司的授信产品相结合，为企业量身打造个性化的金融服务。2014 年，公司累计发放自营贷款 14.80 亿元，办理贴现 3.31 亿元。

【产品销售信贷业务】2014 年，公司的新业务取得突破，成功为环保科技专门用于无锡锡山污水处理厂 110T/D 污泥脱水工程的固定资产提供融资租赁的支持。该项业务的开展，一方面帮助成员企业解决了项目资金短缺问题，确保项目能够按时推进；另一方面也充实了公司的业务品种，提高了公司的综合竞争优势，实现了成员企业与财务公司的双赢。

【资金业务】一是资金备付工作。2014年，公司与集团财务部密切配合，协同发展，不断完善集团资金预算管理体系，资金管理的计划性得到进一步提高。同时，公司充分考虑到成员企业在经营过程中存在的不确定因素可能导致资金的进出波动偏离预算情况，一方面做好成员企业的沟通工作，争取“早沟通、早准备”；另一方面，科学制定异常突发情况应急预案，配置部分短期资金作为应急资金，严防公司出现流动性风险。2014年，公司资金备付率为9.09%，比2013年全年下降了6.04个百分点。二是资金运作工作。2014年，公司在传统的信贷业务外不断寻找新的利润增长点，通过打造一套稳健不乏灵活的运作资金模式，提高了资金运作效率，实现了资金经营效益最大化。公司还充分利用金融牌照的资格，灵活运用同业拆借、票据转贴现等业务模式，拓宽公司融资渠道，发展新业务模式，不断挖掘公司新的利润增长点。

【票据业务】2014年，公司积极响应人民银行号召，与人民银行及集团内部信誉良好的企业进行协商，推动企业开具商票进行融资，在进一步丰富成员企业产品选择的同时，也拓展了集团企业的融资渠道，降低了企业融资成本。公司还继续加大电票业务的宣传力度，鼓励集团内部企业使用电票进行结算，同时针对部分企业回笼票据中小票增加、下游转出存在困难的情况，公司也予以一定的政策倾斜，主动上门为其提供小票贴现服务，帮助企业解决小票流转问题。公司全年办理商业承兑汇票贴现0.70亿元，电票贴现0.80亿元，小票贴现0.46亿元（最小面额5万元），帮助企业节约财务费用80万元。

【资金集中】2014年，公司与集团财务部一体化运作，科学调度资金，有效地做好对成员企业的资金预算管理工作，促进了成员企业资金归集效率的提高。此外，公司通过不断提升服务水平、增加金融产品品种、存款利率上浮到顶等手段，加大与成员企业的沟通，进一步提高了资金归集率。公司2014年资金归集效率较上年有较大提高，剔除不可归集的金融企业自有资金后，资金归集率为81.52%，比上年上升27.44个百分点。

【风险管理和内部控制】2014年，公司继续强化全面风险管理措施提高风险识别、风险监测能力。通过增加调研频度和转变调研视角，有效防范信用风险；通过完善集团资金预算管理体系，科学制定异常突发情况应急预案，有效防范流动性风险；通过制度建设与精细化管理提升有机结合，做到制度全覆盖、流程标准化、管理精细化，有效防范操作风险。在防范各类风险的同时，积极发挥审计监督作用，全年共开展10项常规稽核、4项重点稽核、4项不定期稽核、2项针对性稽核，稽核发现100项，提出稽核建议59条，使稽核工作真正起到防微杜渐的作用。

【人力资源管理】2014年，公司根据ABC人力资源管理法，对每位员工进行精准分析和定位，针对不同层级的员工有计划性、有针对性地进行有效经营和管理，力争做到让合适的人到合适的岗位上。并且，通过培训、沟通、考核等多种手段，不断提高员工综合素质和业务能力，保证公司各项经营管理活动的可持续进行。同时，公司还从大局出发，积极培养具备财务、金融、企业经营三个方面专业素养的复合型、实战型人才，为集团财务条线进行人才储备。

【信息化建设】2014年，公司通过引入科融非现场监管数据质量监测及分析软件，提高了对数据质量的准确性要求；通过升级建设银行直连银行接口，完成从重客系统到现金管理平台的转换；通过对公司管理信息系统的优化升级，使业务流程更加严密；通过更换主要服务器，提高了系统安全性。截至2014年，公司与工商银行、建设银行、中国银行、农业银行、交通银行、兴业银行、无锡农村商业银行在内的7家银行建立了直连平台，更好地对成员企业开展资金归集工作。

【企业文化建设】2014年，公司在党支部的领导下深入开展党的群众路线教育实践活动，扎实开展三个“深化年”活动，坚持党建带群建，凝聚团组织、妇女组织等力量，积极打造和谐向上的企业文化。2014年以来，公司制作了“员工墙”，陆续开展了“文明交通我参与”志愿服务活动、“无锡魅力行”徒步活动、职场礼仪专题培训、羽毛球比赛、朗诵比赛、读书征文活动、卡拉OK比赛等，增进了员工对公司的认同感和归属感。此外，公司主页、内刊构建起“一网一刊”的企业宣传平台，并坚持内容健康向上、题材活泼新颖、报道迅速及时的宗旨，坚持全方位展示公司发展历程以及员工风采的理念，为构建和谐企业文化打下了良好基础。

首都机场集团财务有限公司

【经营概况】2014年，首都机场集团财务有限公司（以下简称“公司”）一是持续加强资金管理。截至12月31日，资金管理系统上线成员企业250家，成功归集及监控成员企业账户861户，上线率继续保持双双100%。全年结算量为1 478.22亿元，同比增长6.91%。二是吸存总量大幅增长。2014年累计日均吸收存款94.83亿元，同比增长18.82%；12月末吸收存款余额为103.77亿元，同比增长16.62%。三是信贷规模不断扩大。截至2014年12月31日，公司共向成员企业发放62笔自营贷款，金额共计54.30亿元，较年初增加4.60亿元；共向成员企业发放100笔委托贷款，金额共计99.02亿元，较年初增加6.94亿元。四是投资收益稳步提升。全年拆出资金127亿元，实现利息收入0.10亿元，同比增长85.28%，全年存放同业办理定期存款401.60亿元，多增加利息收入约0.76亿元，开展首笔货币基金投资业务。五是财务预算圆满完成。2014年实现利润总额2.50亿元，完成预算的100.02%；实现净利润1.87亿元，完成预算的100.80%。

【信贷业务】2014年，公司一是大力开展银团贷款业务。根据天津机场及武汉机场扩建工程的用款需求，公司与银团成员行密切合作，为其提供1.36亿元银团贷款资金支持。二是积极助力北京新机场建设融资。公司走访北京新机场建设指挥部，对其项目进展及融资需求进行专项调研，向其推介公司信贷业务品种和提供专业融资建议。同时，根据调研反馈信息，公司制定北京新机场整体融资方案并提交集团公司，持续为其提供个性化金融服务产品。三是鼎力支持地产集团发展。根据地产集团项目开发计划，公司先后赴三亚投资、内蒙古首地等项目公司进行实地调研，协助地产集团通盘考虑，研究解决项目中存在的突出问题，为地产集团提供1.50亿元信贷资金支持，有效满足其融资需求。

【资金和投资业务】2014年，公司根据资金头寸实际情况，持续开展同业拆借业务，累计完成64笔共计127亿元的同业拆出业务，完成1笔2亿元同业拆入业务，还开展了首笔0.10亿元货币基金投资业务。同时，公司持续关注外部金融市场动态，结合对上海银行间同业拆放利率长短期走势的关注和分析，通过存放同业等不同的业务品种，对资产业务进行精细化配置，截至2014年末，在合作银行共计办理定期存款业务401.60亿元，预计多增利息收入0.76亿元。

【资金集中】2014年，公司继续推进成员企业账户清理和授权工作，成员企业和银行账户上线率保持双百。公司严格执行集团公司支出户限额及代理支付业务的要求，有效压缩成员企业银行账户资金沉淀。同时，公司大力推进专项资金归集工作，全年归集成员企业建设费返还及建设项目资金共计19.43亿元。2014年，公司持续优化完善资金管理系统，提高资金管理信息化水平，并不断优化对账工作，有效对账率达到100%。

【业务创新】公司开展了首笔货币基金投资业务。2014年11月，为拓展投资业务范围，丰富现金管理手段，公司采用机构客户直接申购的方式，购入0.10亿元工银瑞信货币基金，有效提高存量资金收益。

【风险管理和内部控制】一是全面梳理各项业务流程和各类风险，形成预警及风险指标体系，建立风险管理系统和数据库，形成集管理政策、制度、岗位职责和流程为一体的内控手册；二是走访航空企业，借鉴成熟先进的安全生产管理理念，结合实际情况消化吸收，进一步完善公司风险控制体系；三是制定2014年度案件防控排查工作方案并认真落实，不断完善公司的内部控制，提高风险管控能力，使公司持续保持“零发案率”的防控目标；四是加强法务管理工作，开展法律风险防控手册编制工作，有效推进法律风险管理体系建设；五是有序开展反洗钱工作，收集、制作反洗钱简报，开展反洗钱宣传月活动，在公司内部自行开展反洗钱岗位测试。

【人力资源管理】一是完成企业年金建设工作；二是优化绩效考核方案，完成公司2013年绩效考核工作，受到员工一致好评；三是加大培训力度，初步形成定期学习培训机制，学习氛围日渐浓厚，形成引进外部培训和内部人员培训相结合，统一组织培训和员工单独参加培训相配合等形式灵活多样的培训体系；四是起草公司奖惩办法和总经理奖励基金管理办法。

【信息化建设】一是启动更换现有资金管理系统的评估、选型立项工作，通过与行业同仁的交流沟通和对市场上主要的财务公司核心业务系统供应商进行的调研，完成核心业务系统更换选型的报告，为下一步信息系统建设奠定了良好的基础；二是通过梳理岗位职责、细化业务流程、识别各类风险、确定防范措施、建立预警及风险指标体系，结合各类风险政策，打造公司制度库、流程库、岗职库、风险库、指标库，建成公司风险管理的信息化平台。

【企业文化建设】2014年，公司党建群团工作卓有成效。班子建设持续加强，被评为集团公司四好领导班子；深入学习贯彻党的十八大和十八届三中、四中全会精神及习近平总书记系列重要讲话精神，形成定期学习机制；扎实推进党的群众路线教育实践活动整改落实及建章立制工作；开展严明纪律教育活动，纪律观念和纪律意识进一步增强；宣传工作切实加强，制定宣传管理办法，优化宣传管理架构，充分发挥党支部宣传作用，宣传稿件的数量和质量明显提高；开通微信平台，畅通员工交流渠道；修订完善《廉洁风险防控手册》；公司360结算班组被评为集团公司优秀班组；举办台球、扑克、健步走、登山等丰富多彩的文体活动，活跃员工业余生活。

红豆集团财务有限公司

【经营概况】2014年，红豆集团财务有限公司（以下简称“公司”）稳步发展，资产、负债和表外业务均增长较快。2014年末资产总额23.57亿元，较年初增长15.09%；负债总额17.12亿元，较年初增长19.22%，其中吸收存款余额15.88亿元，较年初增长23.87%；各项贷款余额15.92亿元，较年初增长14.12%；表外业务余额1.32亿元，比年初增长261.50%；结算金额1 767.26亿元，比上年同期增长41.08%。全年实现净利润0.53亿元，较上年同期增长10.91%。公司各项监控指标均符合监管要求，继续保持了“三无”目标，即无重大差错、无不良贷款、无案件发生。

【公司金融】公司严格按照人民银行信贷规模投放要求，2014年，累计授信单位24家，完成综合授信23笔共18.91亿元、发放贷款134笔共14.34亿元、融资租赁1笔0.5亿元、贴现81笔共12.40亿元、担保业务9笔共3.10亿元。2014年公司共召开贷审会10次，涉及23家单位23笔金额共18.91亿元授信。发放贷款共计人民币14.34亿元，贷款余额为12.91亿元，较年初增加4.15亿元；累计完成贴现12.40亿元，贴现余额2.51亿元。一年来，公司严格按照人民银行信贷规模投放要求，各项业务做好贷前调查、贷中审查、贷后检查工作，严格按照授权范围操作业务。无逾期贷款及托收不成功银票，各类信贷资产质量五级分类均为正常。

【产品销售信贷业务】2014年，公司大力协助成员单位开展供应链融资，做好供应链融资业务产品和服务。2014年，公司主动与多家银行沟通，寻找最贴合成员单位需求的供应链融资品种，如建设银行e贷款与保理业务、中国银行的融易达、华夏银行的融信通、浦发银行的商票保贴业务等。同时，公司结合成员单位实际需求，积极推动银行供应链融资产品创新。2014年，公司向各银行申请供应链融资授信额度7.05亿元，实际使用了2.17亿元供应链融资借款。通过供应链融资这个新平台，丰富了融资品种。2014年，为拓宽业务品种，公司还积极开展融资租赁业务，开展了南国电厂0.50亿元售后回租型融资租赁业务，为集团年度节约税收约50万元。

【资金和投资业务】公司利用闲散资金，提高资金使用效率，增加资金收益。充分利用闲散资金，做好资金存放业务。主要结算银行的存放同业利率均已争取到最高水平。经过和银行同业部的争取，工商银行存放同业利率提高至1.89%，建设银行2.00%，中国银行1.85%，农业银行1.82%。全年实现利息收益0.13亿元。做好资金预算。2014年初公司完成资金预算系统上线，实现周预算，准确率提高了10%，同时推动月预算的开展。通过预算系统的运行，合理安排了资金头寸，提高了资金使用效率。

【票据业务】做好电票业务的上线、推广。2014年5月底上线以来，公司积极组织业务人员参加电票上线培训，2014年6月18日公司组织了成员单位供应链融资产品推介会并在会上就电票的特点和优势进行了介绍推广。截至2014年末，已开立电票1.24亿元。做好成员单位商票保贴业务，拓展中间业务收入。2014年，公司充分利用商业银行的授信给成员单位提供承兑业务，承兑汇票业务取得比较大的发展，公司借助自身的信用额度为成员单位节约财务费用，受到成员单位的好评。截至2014年末，成员单位商票保贴的承兑余额为0.22亿元。

【资金集中】2014年，公司努力做大资金归集，通过内外地协调沟通，在上市公司资金归集方面取得突破进展，到2014年末实现集团成员单位上市公司红豆实业股份有限公司的资金归集，共归集资金0.36亿元，并为其发放贷款1.83亿元。公司实现资金归集度34%左右。

【业务创新】积极申请买方信贷、有价证券投资新业务。2014年10月20日收到银监会同意批复，之后联合业务部门对相关内控制度及合同文本进行了修订。

【风险管理和内部控制】公司通过新增内控制度，确保制度先行。根据发展需要及业务开展情况对现有制度进行梳理、完善。全年累计完成《章程》、“三会议事规则”、《信贷业务审批制度》、《融资租赁业务管理办法》等7项制度的修改，新增《代理融资管理办法》《电票业务实施细则》、《售后回租业务操作规程》、《人民银行征信系统管理办法》、《有价证券投资管理办法》等9项制度。加强稽核检查，严格检查制度的执行情况，确保每个部门做到有章可循、违章必究。一方面稽核部定期对各部门效益年工作质量考核进行跟踪考核评分，并出具相应考核评分报告；另一方面由综合管理部、稽核部、风险部组成的三方联合检查组，定期开展信息安全、合规工作检查，提出整改意见，督促落实。同时积极开展合规培训，强化道德意识。一年来，通过严格控制和防范金融风险，将风控过程融入组织治理的各个方面确保了“三无”。2014年，公司风险评价获得良好的评级。

【人力资源管理】2014年，公司通过人才引进、学习提升、开展活动等方面来提升团队整体水平和能力。年末公司员工总人数达到39人，公司的整个团队年轻、活泼、富有朝气。2014年公司共引进优秀专业人才9名，其中，引进硕士高级人才8名，充实了现有人才队伍。公司积极组织员工培训及资格考试，提升人才队伍专业化。2014年，公司人均培训积分达到77分，参训人次达到1 500次。到2014年末，公司共有17名员工获得银行从业资格，4名具有证券从业资格，2名具有法律从业资格。一年来共开展了29次学习会，主要是就相关金融资讯及业务知识进行交流学习。除了内部学习，公司还创新组织了9次“走出去”学习，包括走访、学习工商银行、招商银行、沙钢、创元等优秀同行。在交流中，学习和借鉴了其他金融机构的内控制度、资金预算、资金归集、融资租赁、电票系统权限分配及账务处理、系统建设等方面的成功经验和做法，提升了公司业务水平。

【信息化建设】2014 年，进一步完善信息安全管理方面的制度，对信息系统的运行情况开展定期检查和抽查，保证信息系统的安全与稳定，确保事故零发生率。公司抽调信息技术骨干，增设信息技术部门，强化了信息系统建设；积极上线人民银行征信系统并进行系统培训，防范信用风险；对当前信息系统运行进行全面分析和综合评估；组织相关软件商进行招投标，初步选定合作单位；组织信息系统建设的交流学习，实地察看了苏州创元财务公司、交通控股财务公司、亨通财务公司的信息系统。

【企业文化建设】公司通过开展丰富多彩的集体活动，推进党建、团建文化，提升团队凝聚力。如合理化建议活动、苏州三山岛的全员户外拓展训练、七夕公司一家亲、红豆弟子规朗诵比赛、宜兴自行车公园绿色低碳行、员工集体生日会、居家双十一志愿活动、当地交通维护社会志愿活动等，在内部营造有利于员工成长和企业共同进步的和谐发展环境与氛围，提高员工幸福感、责任感。

海马财务有限公司

【经营概况】2014 年，海马财务有限公司（以下简称“公司”）秉承“依托集团、服务集团”的经营宗旨，支持集团公司主营业务的发展，并紧紧围绕“对外提升效益，对内提升效率”的经营策略，全力提升自主盈利能力和内部管理水平，推动各项业务健康发展，圆满完成了全年经营管理目标。截至 2014 年 12 月 31 日，公司资产总额为 50.00 亿元，全年实现净利润 1.10 亿元，比上年增长 28.90%；各项贷款规模 27.30 亿元，比上年增长 39.70%，2014 年末在编员工共 111 人。

【信贷业务】2014 年公司信贷规模稳步增长，对公信贷全年累计放款 26.40 亿元，年末规模达到 9.40 亿元，同比增长 68.25%；汽车个人消费贷款全年累计发放 2.40 万笔，放款 14.80 亿元，年末个人消费信贷规模达到 17.90 亿元，同比增长 43.05%。

在对公信贷方面，一是积极推进产融协作，联合销售公司推出经销商贷款贴息产品，减轻经销商贷款成本，极大地促进了公司放款量和经销商的提车量，实现了厂家、财务公司和经销商的三方共赢。二是针对关联企业推出集团统一授信模式，加快授信速度，统一掌控授信风险，加强了与庞大集团、济宁集团等大型汽车经销商集团的合作。

在个人信贷方面，一是推出新产品，全力支持集团销售，除了推出“轻松贷 370”、“轻松贷 352”等贴息产品，还升级普通贷款，并根据经销商的需求，推出了个性化产品。多种新产品的推出，促进集团主业销售量，优化了产品结构，扩大了公司的贷款规模和影响力，提升了公司的盈利能力。二是提高公司在经销商中的影响力，于2014年3月策划、组织召开了年度金融工作会议，共计200家经销商参加，参会人数达300人。会议提高了经销商管理层对汽车金融的认识度和重视度，有效促进了公司信贷产品营销及推广工作的进行。三是开展金融专员培训，全年共组织6次金融专员培训，共169名金融专员参加培训，提高了服务质量和业务处理效率，保障了个人汽车信贷业务对外“两天调查、一天审批/放款”服务承诺的实现。

【投资业务】一是开展金融机构股权投资业务，参加海南省第一家法人银行——海南银行股份有限公司的筹建工作，成为海南银行最大的民营股东，提升了“海马金融”在海南金融领域中的知名度；二是积极开展债券、可转债等投资业务，提高资金使用效率。

【结算业务】全年资金结算总量2 404.10亿元，资金结算无差错无事故，保证了资金的安全，提高了集团及成员单位的资金结算效率。

【票据业务】公司开展票据贴现、再贴现等业务，同时正在积极申请加入人民银行电子票据直连系统，为实现票据统一管理，更方便地开展票据贴现、再贴现、转贴息业务奠定基础。

【风险管理和内部控制】在业务快速发展的同时，公司严格控制风险，保证资产质量，公司信贷不良率仅为0.31%，远低于监管要求。风险管理方面，一是提高风险识别能力，发布《海马财务有限公司信贷业务风险预警工作指引》，加强员工风险意识，发现异常及时报告，迅速处理，避免风险事故发生，减少风险损失。二是后端严格控制不良贷款，使用多种催收方式开展催收工作，并确立了适合公司的“自主催收和外包催收”相结合的不良资产管理模式。

在内部控制方面，一是全年共完成了信贷业务、同业业务、投资业务、人事部门等各项业务稽核，并督促业务部门对发现的问题进行整改，未发现重大风险问题。二是按监管部门要求，每季度及时组织各部门开展案件防控常规自查工作，并将反洗钱工作纳入内部稽核工作中，把反洗钱工作常态化。三是将风险关口前移，发现问题迅速反馈到业务端。加大对信贷审批质量的检查力度，根据检查情况与相关业务人员召开交流会，规范业务操作行为，提高业务操作水平，提升业务处理质量，防范审批风险。通过各项措施，进一步完善了风险管理体系，落实风险管理措施，有效提高了风险管理水平，全年未发生重大风险事件。

【人力资源管理】一是随着公司业务规模不断扩大，公司积极开展招聘工作，除参加社会招聘会外，还奔赴武汉大学、中南财经政法大学、西南财经大学等知名院校开展校园招聘工作。截至2014年12月底，公司员工总人数111人，其中，研究生7人，本科学历97人，本科以上员工占比达到93%，高学历高素质的人才队伍给公司的发展提供了有力保障。二是关心员工成长，针对各层级员工开展培训学习工作——组织了持续2～3个月的新员工入职培训；组织中高级管理人员开展课题研究学习；组织公司全体员工根据岗位性质进行相关制度学习，并进行考核。三是为员工提供公平、公开的考核体系，提升员工工作效率。完善考评与考核制度，制定《绩效考核管理制度》，完善KPI考核体系，使员工清楚岗位职责，明确考核指标及考核依据，清晰工作的要求和方向，做到公司考核有依据，员工工作有目标。四是开展了“十佳员工”、“优秀新员工”和各类业务专项奖励的评比，激励员工的工作积极性，激发员工爱岗敬业的热情和干劲。五是开展了羽毛球等多项体育及团队活动，加强对员工生活的关怀，提高团队的凝聚力。

【信息化建设】2014年，公司顺利完成了个贷二期系统的上线和资金管理系统的升级换代工作，系统自动化程度大幅提升，优化了业务环节，有效提高了业务效率。同时公司高度重视防范信息技术风险，组织了网络安全等多项自查工作，落实科技、系统方面的各类风险防范措施，包括数据备案、应急预案等，技术升级和信息安全两手抓，切实做好信息化建设工作。2014年，公司信息化建设在保证系统稳定、风险可控的基础上，有效推进了业务自动化、提高业务效率、提升服务水平。

南山集团财务有限公司

【经营概况】2014年，南山集团财务有限公司（以下简称"公司"）紧密围绕董事会的决策部署，准确把握复杂多变的经济金融形势，积极推进业务创新，强化内部管理和队伍建设，较为圆满地完成了各项工作任务。

截至2014年末，公司本外币总资产56.39亿元；负债44.91亿元；实现净利润2.25亿元，同比增长59.90%；资产收益率为3.58%，同比提高46.12%；资本收益率为21.01%，同比提高37.70%；资本充足率为33.21%，核心资本充足率为32.18%，流动性比率为33.77%，贷款损失准备率为360%，不良率为零，各项指标均符合监管要求。

【资金集中】2014年，公司紧跟集团发展战略，多渠道扩大"现金池"规模，壮大资金实力，全年日均存款达51.30亿元，同比增长8.45%；全口径资金归集度较年初提高15.63个百分点。强化与集团职能部门的协作，确保7日内为符合条件的企业及时提供账户及结算服务，年末账户数量达420个；采取信息技术手段和联动账户运作模式，克服地域、距离的障碍，及时回笼异地企业资金；强化对企业账户资金的监控和管理，确保资金及时归集；密切与青岛、烟台、龙口等地房地产监管部门的沟通，严格预售资金监管工作，稳定监管资金存量。

【金融服务】2014年，秉承"以服务求发展"的经营理念，不断提高服务能力与水平，服务网络覆盖北京、深圳、海南、青岛、烟台、龙口等地，业务覆盖率、服务满意度均为100%。充分调节资金，累计投放55亿元，同比增长12%，有力支持了集团产业发展；发挥资金枢纽，全年资金收付量达到12 159亿元，其中电子渠道结算占比85%以上，方便快捷；统筹集团保险事业，代理保险业务3 800多笔，保额290多亿元，与同期相比，不仅保额大幅增加、保障条件扩展优化，而且为集团降低了成本700多万元；发挥专业优势，采取授课、上门服务、设计融资方案等方式，为企业排忧解难，提供专业化的金融服务。

【**风险管理和内部控制**】2014 年，公司继续把风险防控作为重心工作来抓，不断完善“决策集体化、管理制度化、风控全程化、拨备充足化、应急系统化”五位一体的风险管控体系，实现了开业六年零案件的案防工作目标。做实以集体决策为核心的管理文化，年内先后召开股东会 3 次、董事会 1 次、监事会 2 次、风险管理委员会和信息系统管理委员会等各委员会会议 80 多次、总经理办公会及各类专题会议 60 多次，防范决策风险；结合最新监管法规，梳理存量制度250 多项，新出台40 余项，切实做到“用制度规范管理，用规则约束行为”；将风险管控贯穿事前、事中、事后全过程，先后梳理风险点 30 多个、制定 70 多项业务的审计手册、开展专项及全面检查 30 多次，所有业务进行二次输机复核，有效防控风险；超额计提拨备，总计超过 2 亿元，拨备率达 360%，一般风险准备金 0.72 亿元，提前两年达到财政部标准，增强抵御风险能力；以防为主，有的放矢，梳理可能发生的应急场景 163 个，相继制定出 50 多个应急预案，开展数据库服务器、WEB 服务器等主备系统切换 20 余次，保证了业务连续运行。

【**信息化建设**】2014 年，以打造安全、特色、实用的信息科技系统为目标，公司全力推进信息系统建设工作，进一步完善了与业务发展和风险管控能力相适应的信息系统管理架构。通过上线日志审计系统，实现了对各操作系统、网络设备、数据库等的日志实时收集、格式统一、分析、检测、报警等功能，提高了日志管理水平；架设了中国银行、工商银行两条备用线路，设计了公网连接方案，银财通讯实现了“1 主 +2 备”双备份模式，提高了系统的安全性；密切与服务商的沟通联系，确保系统高效运行，启动了核心业务系统大版本升级工作，新系统采取“松耦合”架构，功能更加全面，安全性更高；强化系统日常维护与管理，开展各类系统维护、监控等上千次，通过人防与技防相互结合，严防信息科技风险。

【**人力资源管理**】2014 年，公司以培养员工掌握金融知识，开阔视野，学会理论与实践相结合为目的，推行综合性人才培养工程，取得了较好效果。加强专业培训力度，营造“在学习中工作，在工作中学习”的氛围，全年累计培训200 余小时，开展业务技能测试 50 多次，员工银行从业资格考试通过率 100%；每周组织课题研究小组研究金融市场，对时事新闻、外汇市场、资金市场等进行解读，了解最新财经热点，扩宽员工视野；优化队伍结构，开展岗位轮换、交流 10 余人次、竞聘选拔干部 3 名；开展团队建设集体活动 8 次，努力提高队伍的凝聚力和向心力。

国投财务有限公司

【**经营概况**】2014 年，国投财务有限公司（以下简称“公司”）全体员工勤勉敬业、锐意进取，克服了经济下行、人民币利率市场化和流动性紧缩等严峻形势带来的困难，业务发展和公司建设取得了好成绩：服务与创新取得了新的突破，改革与转型有了新的进展，基础建设有了新的提升，盈利水平再上新台阶。截至2014年底，公司资产突破200亿元，营业收入突破10亿元，利润总额突破5亿元，当年为集团节约成本费用8.60亿元。

【信贷业务】公司遵循问题导向和需求导向，努力完善业务、服务中存在的不足，切实服务成员企业的需求。公司稳健开展信贷业务，主动服务和大力支持集团产业发展，日均贷款投放规模112.10亿元，当年发放人民币贷款174.90亿元，外币贷款0.36亿美元，应收账款保理0.44亿元，主要投向集团主力实业板块，支持了集团重点企业和重点项目，有力配合集团产业发展和结构调整；克服困难，安排大额贷款提前还款29.20亿元，积极配合成员企业优化负债结构；委托贷款放款54.60亿元，余额121.60亿元，同比增长25%，服务能力持续提升。

【资金和投资业务】公司实现短期资金运营收入1.80亿元，完成年度预算的170.60%；推进资金计划管理，动态配置短期资金，拓展资金运作渠道，日均备付保持合理水平，并保持畅通的同业拆借资金渠道。日均投资规模不断扩大，实现投资收益不断提高，年化投资收益率12.70%，盈利模式更加多样化，根据自身风险偏好设计交易结构的能力得到提升，储备了一些好的投资项目和投资品种；在加强与集团外投研机构沟通交流、合作的同时，与集团成员企业之间业务往来、协同支持形成常态，投研能力和投资协同能力进一步提高。

【票据业务】向10家成员企业发放票据贴现31.60亿元，票据池功能进一步强化；为12家成员企业开展票据承兑业务741笔，金额22.40亿元，同比增长245%，特别是为5家成员企业打通了低成本的上游供应商电子银行承兑汇票融资渠道，有力支持了项目前期工作。票据再贴现9.40亿元，转贴现0.60亿元，票据融资持续拓展。

【外汇业务】即期结售汇规模稳定增长，外汇产品创新有序开展，全年办理业务超1亿美元；深入挖掘客户需求，为有外汇存贷款需求的成员单位量身定制资金方案，实现集团部分存量外汇资金的调剂使用，成功办理4笔吸存放贷业务，累计金额0.35亿美元；建立外汇信息共享平台，持续优化业务流程，通过系统建设、内控梳理等方式保证业务高效、合规开展；积极研究跨境政策，论证可行性方案，通过多种方式力争为企业提供全面、专业的一体化外汇服务。

【资金集中】公司继续实行“集团行政推动、公司服务带动、业务合作联动、成员企业互动”的资金集中管理模式，深入挖掘内部潜力，加强上门服务与日常沟通，特别加强了大户、新户、难户的工作，动员好内部资源，稳步推进资金归集。经过努力，全年日均存款达到160.80亿元，同比增长7.90%，集团考核口径月均资金归集率为72.37%，集团资金归集平台功能进一步凸显。

【业务创新】2014年，公司成立创新领导小组，以创新推动公司发展和服务提升。一是产业链金融业务创新。公司积极向集团产业链上游单位推介产业链票据业务，开票15.39亿元，还将产业链票据业务拓展到了煤炭、风电、低温余热发电等领域。二是买方信贷业务创新。公司与上游大型供应商集团财务公司多次沟通协商，签署了金额超过10亿元的联合买方信贷业务合同，节约了担保资源，实现了合作共赢。三是其他业务产品创新。办理了总金额6.85亿元的英文版分离式境外付款保函业务；转让信贷资产38亿元，打通了外部融资渠道，盘活了信贷资产。大力推进业务创新以满足成员企业的个性化需求。四是服务模式创新。创新投资理财服务，建立了受托理财业务体系，定向发行3期不同期限及收益率的资产管理计划，金额累计3.20亿元。推进外币资金池业务，研判汇率走势，定期向成员企业发送外汇资讯，积极为客户提供汇率风险管理服务。创新设计存贷款定价模式，在贷款风险定价和存贷款定价让利方面积极创新探索，为成员企业带来实惠和优惠。

【保险业务】国投保险经纪公司取得较好经营业绩，全年实现签约保费规模大幅提升；全年协助成员企业处理索赔案件134起，索赔金额0.49亿元，已回款金额0.22亿元。国投保险经纪注重基础建设，规范业务流程、完善业务管理制度；强调服务创新，协助成员企业提升风险管理水平，积极开展商务合同保险条款咨询服务、保险产品创新设计、灾害天气预警服务，从保险角度对企业的安全生产管理体系、事故处置应急预案、运营期重大事故风险防范等进行现场查勘与交流。

【风险管理和内部控制】2014年为公司“内控落实年”，公司在进一步修改完善《内控与风险管理手册》《流程控制手册》基础上，2014年推动开展全面风险管理与内控的落实，强化内控执行力，以促进内控成果的转化，完成对公司内控的整体评估，并逐步开展对业务部门的内控检查，修订《流程控制手册》。全年共新制定制度19项，修订10项，风险管理制度与内部控制体系进一步完善，整体运营状况良好，资产质量稳定，各类风险指标均符合监管要求，风险管理能力进一步加强。

【审计稽核】扎实推进审计稽核各项工作，按计划实施专项审计稽核项目，提高内审专业化水平，内审服务公司经营管理的能力进一步提升。完成专项审计稽核项目7个，提出整改建议50项，按照整改时间要求已落实整改49项；检查评价内控流程15个、关键控制点97个，提出管理建议并落实到位；不断健全完善内审制度体系，规范审计程序标准；继续按时、保质、保量报送十九类报告和报表，1104报表实现零差错报送。

【人力资源管理】扎实推进人力资源工作，建立健全各项管理制度，不断完善机制建设，为公司持续健康发展起到了支撑、保障作用。创建了五位一体的培训体系，全年培训员工667人次，组织4期创新小讲堂，为青年员工提供了交流与展示的平台；公司根据业务发展规律制定奖罚分明、权责统一的以市场化为导向的差异化薪酬激励机制试点；强化完善绩效管理，研究建立考核机制，进一步细化分解经营任务，层层落实责任到人。

【信息化建设】加强信息化需求全生命周期管理，系统集中升级11次，上线需求20项、运维158项，5家银企接口外币功能的上线有力支撑了外汇业务开展，1104报表需求上线有效提高监管报表出表效率和准确性，短信平台改造使即时提醒效率与准确度大大提高；网上报销支付功能的上线进一步奠定公司作为集团统一支付平台基础；公司与集团财务数据实现了共享，加强对大数据的运用，大大提升了财务数据使用效率和价值，提高了日常工作效率；服务保障紧跟发展需求，实施了运维监控系统；制定灾备演练方案并实施白板演练，提升应急处理能力。

【企业文化建设】持续推进学习成长活动，建立了五位一体的培训体系，继续强化“比、学、赶、帮、超”的工作学习热情，员工业务知识和综合素质持续提升，服务集团的能力和水平不断提高；高度重视行业交流与学习，多批次走出去主动取经调研和引进来传经交流，其中，接待来访调研财务公司12批次，邀请国泰君安等优秀卖方机构进行系统培训和交流50多批次，提升了专业服务能力；工会开展了羽毛球、读书月、健步走、纸牌比赛等系列集体活动，丰富了职工文化体育活动，进一步提升了公司的凝聚力。

河南能源化工集团财务有限公司

【经营概况】2014 年，河南能源化工集团财务有限公司（以下简称“公司”）坚持“立足集团、服务集团”的经营宗旨，围绕公司年度经营目标，强化资金集中管理，创新金融服务，严控资金风险，狠抓工作落实，在有效控制风险的前提下创出新的佳绩，各方面呈现持续向好的发展态势，并全面超额完成集团公司下达的经营计划。截至 2014 年 12 月 31 日，公司资产总额 200.19 亿元，其中，各项贷款 88.09 亿元；负债总额 147.92 亿元，其中各项存款 145.73 亿元；表外业务 131.39 亿元；所有者权益 52.27 亿元；全年实现营业收入 11.15 亿元；实现扣除资产减值损失后利润总额 7.66 亿元。

【信贷业务】2014 年，积极应对严峻的市场形势，优化信贷投放结构，提高资产质量，通过“减收让利”，降低成员单位财务费用，支持企业实体经济发展。根据成员单位生产经营、项目建设和资金需求情况，积极为集团成员单位提供信贷资金 47.63 亿元。2014 年发放自营贷款 22 笔共 37.63 亿元，发放银团贷款 1 笔共 10 亿元，发放委托贷款 53 笔共 66.85 亿元，办理贴现 39 笔共 28.34 亿元，开立财务公司电子承兑汇票 6 笔共 6.15 亿元，办理保函 5 笔共 0.26 亿元。

【资金业务】加强金融服务，最大限度地满足集团成员的资金需求。一是强化与集团的协调配合，加强资金预算管理；二是加强与集团及成员单位的沟通和联系，梳理资金管理和资金需求，在做好传统业务的同时，积极扩展中间业务，为集团提供良好的金融服务；三是加强日常资金流动性管理、负债和融资管理，调整信贷结构，撬动银行资金，提升成员单位的融资和议价能力，确保对集团重点企业和重点项目的资金支持，严控资金风险。

【票据业务】公司开展电子商业汇票买方付息和卖方付息贴现业务，按照“财务公司签发—成员单位贴现—财务公司转贴”的票据组合融资模式，与商业银行合作，为成员单位融资 6.15 亿元，缓解了企业生产经营周转资金紧张的状况。获得人民银行再融资政策支持，实现在人民银行办理银行承兑汇票再贴现 2.62 亿元。公司积极与中国银行、交通银行、中信银行合作，开展同业业务，通过银行承兑汇票转贴现业务，盘活公司票据资金 22.73 亿元。

【资金集中】推进资金集中管理，提升公司金融服务能力。公司按照“六统一”目标，完成对义煤及子公司 18 家公司的资金上划及归集。2014 年，新增开户数 17 家，成员单位开户数量已增加到412家。累计完成结算量18.82万笔，结算金额达6 742.55亿元。截至2014年末，吸收存款达145.73亿元，资金集中度达75.82%，公司没有发生一笔支付风险。

【风险管理和内部控制】 紧紧围绕公司2014年度工作目标，通过不断完善风险防控制度体系、强化员工案件防控警示教育、加强对重点业务和关键环节的检查力度和开展五项风险排查和非法集资风险自查等工作，查找漏洞，严格责任追究，公司风险防控水平得到整体提高，案件零发案。稽核风险部积极发挥合规、风控职能，加强合规管理、风险管理工作，持续推进合规长效机制建设，组织各部门对公司内控制度和业务操作流程进行了梳理完善，对内控制度进一步予以细化，并根据业务发展情况修订了相关制度，增强了内控制度的可操作性。2014年新增内控制度两项，修订五项，进一步完善了内控体系，规范了各项操作提升了合规管理。

【人力资源管理】 2014年在人力资源建设方面，以加大人才培养力度，提高员工整体素质和能力为重点，结合监管要求和岗位职责，开展企业文化、合规文化、反洗钱、案件防控和金融知识宣传等各项培训活动，引导员工积极思考，结合岗位职责，探索工作新模式。公司鼓励员工积极参与河南银监局政策研究课题的撰写，并获“河南银监局2014年度政策研究优秀课题”三等奖。

【信息化建设】 2014年，对资金平台系统进行持续的升级和完善，系统运行效率有了较大提高，保障了资金结算系统的安全、平稳、高效运行。银行接口系统全面功能优化，对中国银行、建设银行的接口增加了并发任务的数量，加快了指令处理的速度，在工商银行接口中增加了商业汇票托收自动入账的功能模块。

【企业文化建设】 2014年，公司围绕“改革创新、进中求优”的总基调和公司中心工作，坚持做好舆论导向的宣传和引领，树立河南能源集团企业文化理念，坚持合规管理。一是围绕企业文化宣贯工作目标，结合员工培训，开办企业文化知识讲座，将企业文化的文化理念和员工行为规范进行培训、宣讲，让企业文化融入每一位员工的日常工作生活当中，认真负责，勇于探索，乐于奉献，和谐共处，增加企业凝聚力；倡导首问责任制，实现工作目标的刚性到位，树立“用心做事，追求卓越”的价值观，努力做到忠诚企业、雷厉风行、重视过程、服从全局。二是学习先进典型，充分利用集团公司相关报道，参加“感动河南能源十大人物”、“寻找最美能源人”、“用心做事能源人”评选活动，并大力宣传先进人物的典型事迹，提升公司全员思想道德水平，为企业改革发展履好职、服好务。三是本着“立足集团、服务集团”的理念，积极为成员单位开展专项系统培训，认真讲解金融知识、财务公司业务、产品、金融服务和消费者权益保护工作措施、方法，了解成员单位诉求，及时解决成员单位的合理诉求。

【群众路线教育实践活动】 2014年，公司按照“照镜子、正衣冠、洗洗澡、治治病”的总要求认真开展党的群众路线教育实践活动，紧密围绕为民务实清廉的主要内容，认真查摆“四风”突出问题，扎实完成学习教育、听取意见，查摆问题、开展批评，整改落实、建章立制三个环节的工作任务。通过学习文件、召开座谈会、设置意见箱等方式广泛征集群众意见和建议，共收集建议72条。针对“四风”问题深刻剖析，认真撰写对照检查材料，从严要求，开展批评与自我批评，制定整改方案措施，抓好整改落实，整章建制，教育实践活动取得了实效。

中国化工财务有限公司

【经营概况】2014年，中国化工财务有限公司（以下简称“公司”）坚持“服务、创新、市场、效益”的经营理念，紧紧围绕集团公司产业结构调整和资本结构优化的主线，进一步提升资金安全性、流动性、效益性。截至2014年12月31日，公司实现营业总收入2.51亿元，实现利润总额1.45亿元，各项监管指标符合银监会监管要求。同时，公司获批开展即期结售汇业务，票据池业务、国际现金集中业务也进行了充分的运营准备。2014年，在面对经济环境持续下行、化工行业处于低迷、集团成员单位经营形势严峻的三重压力下，公司以服务和创新为推手，利润总额与去年同期相比增幅为29.50%，日均存款较上年增长7%。

【信贷业务】2014年，公司信贷工作紧紧围绕集团公司的结构调整，积极发挥信贷利率的导向作用。一是扩大授信范围，实行差异化贷款策略。继续增加优质企业的授信额度，全年为28家企业办理了80.98亿元的综合授信；对优质企业利率继续下浮，全年平均贷款利率为5.51%，执行下浮利率的贷款占比为80%；始终坚持承兑汇票贴现低于同期市场利率的原则。二是满足企业需要，大幅增加短贷规模，2014年发放短贷占自营贷款总量的72.54%。

【资金和投资业务】2014年，公司作为集团资金结算中心的地位得到进一步巩固，累计全年办理结算业务8.39万笔，同比增加2.30%。面临利率市场化的推进，公司加强流动性管理，确保流动性安全，加大主动负债工具运用，缓解流动性压力。全年拆入资金同比增长177%。同时，继续加强日常备付资金的管理，提高资金使用效益。

【票据业务】为盘活集团成员单位的票据资产，公司成立专项小组开展票据池业务的方案设计。截至2014年12月，合作银行筛选、客户调研、收益测算、业务流程制定已基本完毕，为第一笔业务的落地进行了比较充分的准备，并为后续业务的发展奠定了基础。

【外汇业务】2014年公司申请的即期结售汇业务资格获得国家外汇管理局的批准，同时取得下限－300万美元至上限2亿美元的综合头寸以及银行间外汇交易中心的人民币外汇即期会员资格，2014年12月开展并完成了第一笔业务。

【资金集中】2014年，公司资金集中水平迈上了新台阶。一是开展营销竞赛活动，设立客户服务办公室，配备了13名兼职大客户经理，牵头召开由集团财务部、各专业公司本部共计49家重点企业参加的专题电话会议，客户经理深入了解企业经营情况和服务需求，为企业解决实际问题出谋划策，受到了企业欢迎，营销竞赛活动取得圆满成功，日均存款规模达到历史最高。二是完善资金集中方案，挖掘集中潜力。在集团财务部的支持下，梳理并压缩现有企业资金集中银行账户限额1.67亿元，新增上线银行账户77户。

【业务创新】2014年，公司积极参与国际现金池建设，已完成试点池单位的协议签署、开户工作，为集团公司海外企业第一笔资金上存和使用进行了充分准备。同时，公司成立了会计服务业务推进工作组，进一步扩大报销等财务共享业务的服务范围。

【财务顾问业务】围绕集团公司结构调整和资本优化，不断拓展投行业务。配合集团公司开展国际并购业务，为国际合作项目提供独立顾问服务。编制了65家目标公司的介绍材料，进行SWOT分析，综合评估其战略、运营、财务、行业等各项指标。并不断创新思路，与目标公司、金融机构、投资者及中介顾问沟通和谈判，编制不同类型的重组方案。2014年正式立项涵盖六家专业公司业务的并购项目共计18个。

【风险管理和内部控制】加强各类业务风险控制工作。公司成立的风险评价领导小组定期召开专题会议，根据制定的风险自评方案，各部门对照监管标准，逐项检查、查找不足、认真整改；并积极配合北京银监局现场风险评价工作，事前梳理准备调阅资料，事中做好接待沟通工作，事后认真研究监管部门提出的问题，调研同业做法，分析原因，制定短期、中期、长期整改计划，逐项落实。公司始终将业务的规范化放在各项工作的首位，恢复了贷审会月度现场会的会议方式，通过面对面深入讨论授信项目，将贷审会的作用落到实处。

【人力资源管理】提升人力资源管理水平。公司与中介机构研究制定了《员工考核管理办法（试行）》，并于2014年10月下发，考核管理办法以“德、能、勤、绩”为基本框架，360度全面衡量员工的工作态度、专业能力、过程表现与业绩成果。公司重新启动了CDM项目，并已完成职位职级体系的设立，各项文件已上报集团公司。

【信息化建设】新版本资金系统升级是公司2014年的工作重点之一，升级后的新系统在安全性、稳定性、高效性、操作性方面有显著提高，业务范围更加广泛、流程更加优化，改善了用户体验。

【企业文化建设】公司通过开展多种形式的主题活动，不断加强企业文化建设。通过组织“我为公司献智慧”征文活动，集思广益，发挥了广大员工的积极性，公司全体员工为公司的发展建言献策，增强了集体荣誉感和凝聚力。

紫金矿业集团财务有限公司

【经营概况】2014年，紫金矿业集团财务有限公司（以下简称“公司”）面对有色金属价格持续走低，金融市场波动频繁复杂的局面，采取有效措施积极应对，加强业务创新，细化风险管控，公司金融服务和企业价值不断提升。截至2014年末，公司资产总额62.91亿元，同比增长6.27%，实现营业总收入2.88亿元，同比增长7.44%，利润总额1.68亿元，同比增长7.01%；公司资产质量和财务状况良好，资本充足率为15.17%，流动性比例50.05%，无不良资产和不良贷款，各项监管指标均符合监管规定。

【信贷业务】2014年公司坚持执行绿色信贷政策，将安全环保作为公司信贷业务受理首要前提，结合集团公司对成员单位建设项目“轻重缓急停”的划分以及人民银行核定的信贷规模细化信贷计划灵活信贷投放，实现信贷资金的有效合理投放，全年以优惠的利率累计发放贷款61.29亿元，年末贷款余额37.33亿元，共为成员单位节省财务费用支出约0.38亿元。

委托贷款业务有新突破，2014年末本外币委托贷款余额64.95亿元，有效缓解了因贷款规模和资金制约无法满足成员单位资金需求的情况，并进一步规范了集团成员单位间的资金往来。

【资金和投资业务】2014年，公司作为集团资金结算中心的地位功能得以进一步巩固，公司结算网络覆盖全国各区域，全年累计办理结算6.90万笔共1680亿元，分别同比增长5.83%和33.68%。面对金融市场利率改革，公司积极灵活地调整同业存款结构，全年共开展结构性存款80笔合计63.50亿元。根据市场利率变化择机开展同业拆借，全年发展交易对手7个，开展同业拆借26笔合计26.10亿元。坚持安全性、流动性、效益性原则，审慎稳健开展投资业务，全年累计投资3.65亿元，年末投资余额2.75亿元。

【票据业务】票据业务作为公司贷款业务的主要补充类融资业务，得到了大力推广，现公司开立的电子票据业务已逐步得到商业银行和外部企业单位的认可，票据业务流转通道和出口逐步拓宽。2014年共办理票据业务662笔累计19.14亿元，其中，开立票据416笔共10.95亿元，办理贴现116笔共4.71亿元，转贴现107笔共2.61亿元，再贴现23笔共0.87亿元。2014年末票据池持有票据余额6.66亿元，票据业务量快速增长。

【外汇业务】公司以优惠的汇率向成员单位开展即期结售汇业务，外汇结售汇业务快速增长。全年累计办理美元售汇0.71亿元、港币售汇1.14亿元，均同比大幅增长。

获批跨国企业集团外汇资金集中运营管理试点业务资质后，公司作为主办企业，通过构架跨境资金管理及系统平台，建立外汇账户体系，并设计符合集团公司经营管理需求的试点操作模式和流程体系，逐步实现对境外资金的归集，协助集团提升整体资金管控能力，公司资金管控拓展到境内外、本外币领域。为更好地做好试点业务，公司争取到1.36亿美元的国际、国内主账户净调入额度，进一步提升境内外资金的自由流通调拨时效，打通了各币种境内外资金池双向资金通道，提升了整体资金使用效率，实现对部分境外成员单位的美元和港币的快速归集，进一步拓宽公司资金来源渠道，提升资金管控能力，提高外汇资金的使用效率；此外，公司在试点业务范围内逐步开展对外放款业务，实现外汇资金在境外成员单位间的有效调剂，试点业务规模稳步增长。

【资金集中】通过集团公司对各子公司财务总监资金归集的考核，以及公司执行最高上浮20%的存款利率、坚持执行时点存款和期间存款并重，分部门分层级、每月兑现的考核办法提升资金归集量。截至2014年底，公司可归集资金归集率达93.05%，全口径资金归集率达62.81%、同比增长3.13%。

【业务创新】2014年，公司积极进行各项业务创新，获得银行间债券业务交易资格，并在银行间债券市场开立账户，开展了首笔公司债业务投资，拓宽了公司外部投资渠道。成为福建省第一家外汇资金集中运营管理试点业务的主办企业，完成国内和国际主账户的开设、联通，实现外债登记和跨境资金的归集和下拨，公司资金集中管理延伸至境外，本外币业务模式稳步推进。搭建了票据池，为票据集中管理打下了基础。

【风险管理和内部控制】2014 年公司风险管控有效到位，截至 2014 年 12 月末，公司所有资产正常、安全、稳定。公司坚持执行每月稽核检查，检查覆盖前中后台业务，全年执行检查 43 项，完成内部整改 41 项；全年贷款“三查”率达 100%，进行 4 次五级分类，内控工作逐步精细化。积极开展案件防控专项宣传检查，做好反洗钱监控工作，积极防范社会金融风险向公司渗透，全年开展合规检查 5 次，组织资金管理信息系统业务应急切换演练和硬件巡检 6 次。积极配合集团公司、管理部门进行公司年度评级稽查，配合外部审计机构对公司业务的审计检查，及时落实相关整改事项，逐步构建多重风险管控网络。

【人力资源管理】2014 年，公司更加重视员工综合技能培养，全年派人参加各类业务培训 28 人次，员工对外业务联系交流和内部研讨会次数明显增加，团队业务水平和创新服务意识不断提升。通过日常安全和社会案件相结合的宣传方式，深化案件防范教育，整体团队风险防范意识不断增强。员工职业道德素质不断提升，艰苦创业的紫金精神得以进一步发扬。

【信息化建设】2014 年，根据业务部门反馈的意见，公司不断升级完善资金管理信息系统。完成对外汇业务系统的开发上线，为境外资金集中运营管理提供了保障；完成电子票据系统的升级，优化纸质票据模块，实现电子票据和纸质票据线上管理，票据池业务功能进一步增强；对公司资金系统与集团 SAP 系统接口程序升级优化，保证财务数据准确高效传输。全年系统运行安全、平稳、高效。

【企业文化建设】公司积极发扬“艰苦创业、开拓创新”的紫金精神，多形式、多途径地将企业文化建设与员工业务素质技能培养有效融合。通过外派培训、矿山实地学习、“五一”和“国庆”趣味运动会等形式提升员工独立思考、团结协作和开拓创新能力；以创造企业价值为出发点，引导员工加强对自身价值的思考和潜力的挖掘；以“金品”立世、共赢通惠的经营哲学为指导积极培养员工廉洁自律、诚信尽职的道德品质。

江苏华西集团财务有限公司

【经营概况】截至 2014 年末，江苏华西集团财务有限公司（以下简称“公司”）资产总额为 23.64 亿元，比上年减少 1.32 亿元，增幅为 -5.29%，负债总额 17.07 亿元，比上年减少1.68亿元，增幅为-8.96%，吸收存款为16.09亿元，比上年减少1.64亿元，利润总额0.74亿元，净利润0.55亿元，税前贷款损失准备计提累计0.15亿元，资产收益率为3.04%，净资产收益率为8.44%，流动性比例为51.26%，各项指标均符合监管要求。

【信贷业务】2014年，公司强化集团成员企业综合授信管理，全面提升授信质量。一方面，通过客户信用评级、综合授信、五级分类级信贷管理等手段，规范公司信贷业务作业流程，控制各成员企业的信用风险；另一方面，综合评估成员企业的综合经营能力及其成长能力，并通过综合授信额度调整杠杆，支持集团优势企业的生产经营发展，引导资金向符合集团发展战略目标的产业倾斜，助推集团产业转型升级。在严格按照管理要求认真做好“三查”的前提下，适度简化了部分内部操作流程，方便企业及时取得生产经营资金，全年累计最高额循环额度达到44.89亿元。

【资金和投资业务】2014年，公司共办理拆借业务66笔，累计拆借金额94.50亿元。既为集团成员企业开辟了新的融资渠道，又为公司直接创造了效益。

【票据业务】2014年，公司共办理人民银行商票再贴现9笔，共计贴现金额2.70亿元，办理商票贴现13笔，贴现金额11.20亿元，办理银票转贴现2笔，贴现金额6.25亿元。总之，通过充分运用票据融资功能帮助集团成员企业及公司本身，直接或间接减少支出，增加收入。

【资金集中】2014年，公司在资金统一管理和统一分配基础上，进一步强化集团资金集约化管理。一是对集团所有成员企业进行摸底调查，重新梳理排队，逐项分析未归集账户原因，落实补充归集计划，通过努力补充归集老客户10家；二是对每一成员企业账户资金归集比例重新排序，逐一分析归集资金占比，查找未归集资金原因，落实未归集资金；三是紧随集团公司发展进程，紧盯集团新设企业，力争做到了新设一家就归集一家，2014年，累计归集企业为85家，资金归集率为36.14%，可归集资金归集率为80.72%。

【业务创新】一是加大金融创新力度，认真制定买方信贷新业务方案。延长金融服务链、促进企业集团产品销售是公司提高为企业集团服务的质量和水平的有效途径。为促进盘活集团成员企业存量资产，促进集团成员企业产品结构调整和升级换代，公司有关人员深入企业一线精心调研，反复商讨论证，认真制定了“买方信贷”业务方案，方案取得集团公司以及成员企业管理层的高度认可。截至2014年底，前期可行性报告以及配套制度和操作规程已经完成，待报银监部门批准以后实施。二是发挥金融专业优势，强化财企对接，提供个性化咨询服务。2014年，公司加大与各集团成员企业联系频率，利用成员企业贷后检查等契机，及时了解客户生产经营、财务状况、信贷需求和资金规划，维护客户档案管理，掌握各成员企业情况的第一手资料。同时，公司还定期或者不定期辅导企业信贷、结算等操作流程，引导客户在公司办理各项业务，使成员企业便捷地进入公司金融服务流程，并根据不同企业特点和发展需求，为企业量身定制配套金融服务。

【风险管理和内部控制】一是进一步完善内部管理制度，提升内部管理标准质量。2014年，先后制定了《突发事件应急处置预案》《自然灾害应急预案》《流动性风险应急处置预案》《监事会对董事履职评价办法实施细则》《企业信用信息基础数据库管理实施细则》《企业精神文化建设》等制度，并对公司原有管理和业务制度进行再完善，并对部分条款进行调整和修订，完善和细化各类制度。二是进一步完善治理结构，明确公司治理职责，强化董事会、监事会以及专业委员会等治理主体履职，公司治理效果明显加强。三是强化合规建设，提升管控能力，强化"双向"风险防控的不同功能，坚持以日常监控、督促和检查并重的三位一体合规工作长效机制，推动全员合规文化建设。四是强化风险管理意识，提高风险管理水平。公司把防范信用风险、市场风险、操作风险以及流动性风险贯穿于公司整个运营和发展的全过程。把握好贷款审批三查、信用评级、资产分类等关键环节和关键控制点，深入成员企业一线调查核实有关财务数据。同时，公司通过多种渠道加强风险管理培训和教育，培育良好的全员风险管理文化。五是发挥内部稽核审计职能，强化内部监督检查。2014 年，共对公司进行日常或专项稽核 29 项，同时，严格按照内部稽核审计程序，说明问题存在的事实、理由、依据以及问题存在的内在风险，并落实整改措施，强化全员风险防控意识。六是加强合规风险文化教育，提高抵抗风险免疫力。关注行业动态和政策动态，了解公司运营环境，利用办公月会、监管部门文件传阅等多种形式，积极推动全员风险教育，强化全员合规风险意识，提高公司风险防范的免疫能力，确保公司经营活动安全、稳健运行。

【人力资源管理】公司一方面构建了适合公司运营发展的法人治理结构；另一方面，通过组织员工进行业务知识学习和培训提高员工素质。除此以外，公司还利用内部培训和向兄弟财务公司学习等渠道，提升员工业务技能。

【信息化建设】2014 年，公司积极推进信息系统建设，完成财务管理信息系统的升级，并对资金计划、信贷管理以及财务结算等模块进行系统整合，实现各模块信息资源共享；信息系统数据库异地灾备主体项目已完成，并能实现数据库异地灾备系统上线运行，确保公司系统数据库意外受损后，能即时实现异地启动运行，保障整个结算系统正常运行；为满足公司更好地开展各项金融业务，通过向人民银行申请，多方努力，反复测试和验收，2014 年末终于完成了加入人民银行金融网各项程序，正式进入人民银行企业征信系统（信贷信息查询）运行阶段（3 个月试运行期），在满足公司业务发展需求的同时，也能满足集团发展各类金融服务提供有利条件。

【企业文化建设】2014 年，公司启动了《企业精神文化建设方案》，确立了"弘扬华西精神、坚定理想信念、艰苦奋斗创业、不断追求卓越"的企业精神和"敬业、尽职、担当、有为"的员工精神，把企业的核心价值观与个人的价值观、发展观紧密地糅合在一起，营造了良好道德文化环境，激励广大干部和员工奋发工作，为企业和社会创造价值。

冀中能源集团财务有限责任公司

【经营概况】2014 年，冀中能源集团财务有限责任公司（以下简称"公司"）坚持"依托集团、服务集团"的宗旨，以资金安全为前提，围绕服务集团资金集中管理、提高资金使用效率，稳健经营，圆满完成全年经营计划。全年实现营业总收入2.06亿元、利润总额1.35亿元，年末资产总额49.27亿元，净资产收益率为7.50%，各项监管指标全部符合监管要求。

【信贷业务】为了确保流动性安全，2014年，信贷业务适度压缩了规模，侧重以票据贴现资金和超短期流动资金贷款的形式，以低廉的资金成本支持成员企业经营周转。虽然信贷规模小幅下降，但是资金投放总量仍保持了较高的水平。全年办理各类贷款37.38亿元，办理银行承兑汇票贴现22.51亿元；年末信贷资产余额33.39亿元，其中自营贷款27.24亿元、贴现资产余额6.15亿元。同时发挥内部金融机构优势，协助成员企业进行内部资金调剂，年末委托贷款余额68.53亿元，再创历史最高水平。各类业务办理坚持优于企业外部融资的价格水平，节约企业财务费用0.35亿元。

【资金和投资业务】2014年，公司资金总体趋紧，资金业务以满足流动性管理为主。提高资金计划的准确性，合理确定融资规模，降低融资成本。一方面，积极扩大同业融资渠道，优选合作机构，以同业票据融资和法人账户透支等业务形式实现同业融资27亿元；另一方面，在再贴现政策调整，限制对钢铁、煤炭行业额度的环境下，调整贴现票据企业，加强跑办，获得低成本再贴现资金3.10亿元。同时继续细化存量资金管理，保持结构性存款管理力度，提高协商利率水平，增加资金收益270万元。

【票据业务】2014年，继续以企业银行承兑汇票贴现业务为主，与票据存款、转贴现、再贴现等业务综合运用，以较少的资金占用协助企业加快票据周转。全年累计办理银行承兑汇票贴现22.51亿元。结合成员企业商业汇票结算比重不断增高的情况，为解决企业持有的商业承兑汇票流动性差、资金周转效率低的问题，研讨设计了解决方案，并组织召开了河北省国资系统财务公司票据业务研讨会，共同研讨票据业务发展。

【资金集中】受煤炭市场低迷及集团公司经营策略的影响，公司归集资金范围和来源受到一定影响。2014年吸收企业存款平均余额32亿元，较上年下降38%，归集账户422个，累计结算量4 010亿元。

【风险管理和内部控制】一是加强对委托贷款业务的管理，补充修订了《委托贷款管理办法》，完善业务资料并对资金来源及使用进行检查。二是完善贷款调查、审批以及贷后检查及信贷档案保管等业务手续，加强对信贷资金支付管理，严格审查贷款资金的用途。三是进一步规范贴现业务台账、交接流程，明确票据保管职责，加强稽核检查。四是落实案件防控工作要求，对操作风险隐患进行了集中整改，优化业务操作程序，对资金账户划拨密钥、票据业务交接、重要风险岗位等高风险环节进行了针对性的改进，有效提高了操作风险防控手段。五是借助信息化手段改进管理，在保证数据安全的前提下，实现部分结算业务凭证电子化；继续推进OA系统的应用，增加了贷审会审批、印章使用、资金调拨等审批程序的应用。

【人力资源管理】注重提高员工专业素养，为骨干员工提供更多的学习培训机会，全年外派30人次参加人民银行、银监会、中国财务公司协会等机构组织的高水平专业培训；以业务课题形式，带动员工参与公司业务创新，《以票据业务为引导提高财务公司融资服务能力》获得河北省煤炭行业企业管理现代化创新应用成果一等奖、河北省企业联合会评选的企业管理成果一等奖。

【企业文化建设】组织开展领导干部群众路线教育活动，广泛征求员工意见，听取员工的要求，制定切实有效的整改措施，完善民主管理。重视合规企业文化建设，开展内控制度、风控知识的培训考核，营造合规企业文化，促进员工主动防控风险意识的提高，为公司稳健发展创造良好的文化氛围。公司坚持以人为本，保护员工利益，关心员工的成长，倡导积极向上、团结协作的精神风貌，提高员工的凝聚力。

山西焦煤集团财务有限责任公司

【经营概况】山西焦煤集团财务有限责任公司（以下简称“公司”）以“打造五个中心、建设两个平台”为阶段发展目标，坚持审慎经营和规范管理原则，发挥自身金融服务和财资管理平台作用，努力提升资金运营效率，优化内部资源配置，全年实现营业收入6.30亿元，利润总额4.04亿元，2014年末资本充足率为51%，流动性比率为51.60%，无不良贷款。

【信贷业务】认真分析、科学把握信贷变化新趋，兼顾资金来源和期限结构，积极主动与人民银行沟通增加信贷规模，努力为成员单位提供更多的信贷资金支持，重点对资金困难的企业力推低息贴现等信贷产品，加大扶持力度，2014年发放流动资金贷款及办理票据贴现75.60亿元，全部执行优惠贷款利率和贴现率；办理集团统一融资资金内部划转等委托贷款79.90亿元，全额免收手续费，充分体现了公司的金融支撑作用。

【资金集中】努力提高资金归集比例，积极发挥账户监管职责，加强新开账户的统计管理，摸底基层真实情况，防止无序新增账户，保持现有清理成果，降低备付资金的低效率占用。责成专人与成员单位联系沟通，特别对长期未上线的成员单位进行重点协调，努力提供优质金融服务，取得更多的理解和支持，为资金归集创造良好环境，采取有效技术措施和手段扩大资金上收覆盖面，公司资金归集和沉淀量不断增长。

【结算业务】落实资金集中管理要求，注重提高服务水平，拓展结算覆盖面，结算业务的深度和广度进一步扩大。经过努力，2014年新上线成员单位20家，在公司开户23个，新增归集和管理商业银行账户31个，系统业务操作规范流畅，结算业务办理安全快捷。

【资金和投资业务】在保证资金流动性和风险可控的前提下，逐步扩大与商业银行合作开展同业短期定期存款业务，全年办理各类定期存款业务181笔，为公司获取丰厚收益。稳步开展有价证券投资业务，认真进行市场调查，进一步拓展投资的新领域，丰富投资品种，分散投资风险。仔细识别、综合评价投资品种的风险与收益，针对不同品种的投资项目，逐个查找资料，密切关注、适时选择金融市场的优良投资品种。同时严格内部审查程序，细化操作流程，根据市场调查的相关情况，撰写《投资分析报告》。先后组织召开十余次投融资审查委员会，审议通过工商银行、晋商银行、渤海银行理财产品计划、山西证券资产管理计划、山西信托集合资金信托产品计划，成功完成14笔投资业务，累计投资总金额15.10亿元，预计收益率始终保持在5%以上，在保证资金安全的前提下，尽力实现投资收益最大化。

【保险经纪业务】2014年度首次通过招投标的方式选聘代理合作保险公司，经过审慎细致、科学规范的选聘工作，4家机构最终入选，全年为70家成员单位办理财产险、意外险等150笔，保单金额248.20亿元，代理收缴保费0.64亿元。多次与保险公司沟通协调，商定成员单位赔付金额，最大限度地维护了成员单位的合法权益。

【业务创新】2014年1月14日经中国银行业监督管理委员会的批准，取得金融机构股权投资业务资格后，积极寻找可行项目，正在运作的金融股权投资项目有昔阳浦发村镇银行、泽州浦发村镇银行。2014年8月办理首笔买断式转贴现业务0.30亿元。9月经人民银行太原中心支行批准，首次办理再贴现业务，为公司融入资金0.50亿元，利率为2.25%，融资成本远低于企业日常融资价格。12月与中国银行合作开展首笔同业拆借8亿元，实现收入84万元。

【风险管理和内部控制】以加强规范经营和合规经营管理为核心，组织多次专项检查，重点对委托贷款业务、票据保管及贴现业务、理财业务、对外投资业务、保险代理业务、轮岗执行情况等项目开展续时稽核，适时监控业务风险状况，促进公司各项业务规范有序开展。促进全员“合规创造价值，违规就是风险”理念扎根，消除风险隐患，开展制度执行情况自查，对存在问题进行积极整改。2014年，公司经营状况良好、风险监管指标合格。

【信息化建设】为确保银行接口的稳定运行，编写《银行接口操作手册》说明，将每一家银行接口的操作说明用图文并茂的形式表现出来，不仅为日常工作提供了资料，也为后续人员培训提供了翔实的操作说明，杜绝人为原因影响银行接口的稳定运行。组织开展全系统的杀毒软件升级工作，于每个季度进行一次全方位应急演练，发现问题及时改进，改造供电系统，由统一供电改为独立供电，安装UPS监控模块，做到24小时监控UPS运行状态并在故障时自动发报警短信，大幅提高资金管理系统的稳定性。与系统集成商一起，初步完成公司网站的框架建设。

【人力资源管理】完善薪酬考核办法，加强职工素质培训，增强员工服务意识，全面提升人力资源管理水平。对资金结算、稽核风险、会计核算、资金计划4个岗位人员进行轮岗，确保公司运营安全。采取“请进来、走出去”的方式开展培训，邀请保险公司行业培训专家到公司进行保险业务培训，组织员工参加中国财务公司协会举办的稽核风险业务等培训。通过精心组织，2014年共培训人员378人次，有4人取得证券从业人员资格证，2人取得上海清算所登记托管结算及现券交易净额清算业务资格证，4人取得中债债券托管结算资格证，为公司开展新业务提供了人才保障。

【企业文化建设】坚持加强党建工作，组织党员干部参加以“深入学习贯彻习近平总书记系列重要讲话精神，净化政治生态，实现弊革风清，重塑山西形象，促进富民强省”为主题的学习讨论落实活动。坚持做好落实中央八项规定各项工作，深入开展整改落实“回头看”活动。通过展板、短信等多种形式宣传党风廉政建设的重要内容，扩大廉洁文化的辐射力和影响力。开展“金融知识进万家宣传服务月”活动，宣传金融风险防范知识。2014年，公司被山西省总工会直属基层工会工作委员会授予“五一劳动奖状”，获得焦煤集团公司“先进党支部”、“先进基层工会组织”称号，“保险集中代理”被集团评为效能监察优秀项目。

阳泉煤业集团财务有限责任公司

【经营概况】2014 年，阳泉煤业集团财务有限责任公司（以下简称“公司”）积极应对经营压力，通过提高资金效益，盘活存量资金，以提高收益率为目标，加强资金管控力度，合理调整信贷产品结构，科学摆布头寸，稳健扩大投资领域，全年共实现营业收入 4.20 亿元，营业支出 1.37 亿元，实现利润总额 2.83 亿元，净资产收益率为 14.11%，资本充足率为 21.47%，各项风险指标符合监管要求。

【信贷业务】2014 年，公司信贷工作结合当前宏观经济形势，围绕集团公司发展战略，不断转变工作思路，致力于信贷工具支持集团公司发展，探索金融产品创新，满足成员企业个性化融资需求，服务成效显著。全年发放贷款 102 亿元，其中，自营贷款 59 亿元，委托贷款 43 亿元，年末自营余额达到 63 亿元，委托贷款达到 53 亿元。

2014 年，由于集团公司所属行业经营业绩下滑，企业资金紧张。为了防范贷款风险，公司进一步加强贷款管理工作，严格审查企业信用等级和经营状况，切实做到把控风险。一方面，深入贷款企业，了解企业生产经营状况、成本管控、资金需求等，剖析贷款企业存在的实际问题，识别和防范企业信贷风险，为下一步信贷管理工作打好基础；另一方面，加强与贷款企业的沟通，提前提示企业贷款到期日，避免出现贷款违规现象。

【投资业务】2014 年是公司投资业务发展较快的一年，为了提高资金的收益率，公司以保证流动性为基础，合理安排投资项目，以债券回购为基础，适时开展项目投资。一是多渠道调研，储存资管类投资项目，累计完成 17 个投资方案，完成投资项目 11 个，累计投资金额 13 亿元，全年投资收益率 5.80%。二是及时关注利率变化，抓利率高点开展债券回购业务，全年实际收益率达 4.40%，较同业活期存款增加 2.40 个百分点。三是根据资金需求，适时办理同业定期业务合计 37 笔，累计金额 41 亿元，实现利息收入 0.09 亿元，收益率为 3.86%。四是办理银行理财业务合计 6 笔，累计金额 8.30 亿元，收益率为 3.86%。五是开展和交通银行的周末理财业务，盘活非交易日资金。

【票据业务】2014 年，公司重点加强了对承兑汇票管理：一是根据集团公司统一部署，推进集团纸票系统的上线工作，实现对集团所属各单位应收票据的管理、查询及统计工作；二是盘活存量票据有新进展。全年与人民银行共办理再贴现 2.35 亿元，贴现率为 2.35%，与交通银行办理转贴现0.30亿元，拓宽了票据流转途径，为票据流转变现做了有益的尝试；三是扩大代签银行承兑汇票业务规模，降低企业保证金存款占用，提高资金收益，全年共办理代签银行承兑汇票7.40亿元。

【资金集中】2014年，公司从加强银行账户管控、调整预算审批流程入手，通过分行业走访成员单位，扩大绑定账户和数量，以达到提高资金存量的目的。一是加大账户管控，严格资金支付。截至2014年末，公司开立各类成员单位账户总计为428个，同比增加128个；绑定各类账户总计719个，同比增加209个。通过走访成员单位，沟通资金归集的利弊，共有93家持股在10%及以上的单位完成了上线绑定工作，增加存款6亿元。二是通过建立多级次的预算管理模式，优化工作效率，截至2014年末，已设置完成150家的资金预算逐级审批。

【风险管理和内部控制】公司坚持预防为主、防控结合，紧跟经营管理实际，致力于加强内控建设防范规避风险，致力于跟踪监管指标监控监测风险，致力于创新内容形式形成案件防控高压态势。一是重新审查制度的可执行性，修订了公司资金运营管理办法和统一融资管理办法、公司融资租赁管理办法等13项业务管理制度，进一步规范了操作标准。二是以制度为准绳，全年就财务对账、预算管理、融资租赁、固资贷款、代签承兑、流资贷款、会计账务和信息管理开展了10次专项检查工作，共发现问题或隐患256条，开展风险审查事项160笔。三是根据煤炭市场不容乐观的现状，加大对授信客户的检查力度，严格把控风险，先后对区域公司所属的贷款客户，实地了解贷款企业的煤炭生产情况、销售情况、成本管控措施、融资缺口等问题，剖析贷款企业存在的实际问题，识别当前贷款的主要风险，努力及早化解缓释风险。四是对成员单位的银行账户开立情况开展检查，共检查六个板块617个直连银行账户，已经实现绑定的为322个，占直连银行账户数量的52.19%，根据检查结果，与各专业管理公司联系，跟踪账户整改情况，使得账户绑定工作得到了很大提升。

【人力资源管理】2014年，公司全面贯彻落实党的群众路线教育实践活动，以为民、务实、清廉为主题，以反对四风为焦点，以党员干部为龙头，全面推进公司的作风建设工作。一是主动深入群众，走访成员单位，工作效率得到了提升，工作作风更加务实。二是对于员工关注的招待费等事项，按月进行公示。三是对职工表彰的进行打分公示，对排名前三位的员工给予了奖励。四是对科级干部的选拔任用，在集团备案的后备干部中采用公开竞争上岗的方式，更加科学合理，为员工的发展提供了广阔的平台，更好地调动员工的积极性。五是创建学习型组织，全年共有五名员工通过了会计中级职称考试，一名员工通过了会计高级职称考试，截至2014年底，公司31名员工取得了中级及以上职称，占职工人数的78%。

【信息化建设】2014年，公司以技术为支撑，全面推进信息系统改造，为成员单位提供便捷高效的电子金融服务。一是年初完成了新老系统的数据迁移，N6系统成功上线，针对系统功能的不稳定和系统流程存在漏洞等问题，不断优化系统功能，其中满足业务新需求44条、解决系统问题及优化系统功能57条。二是票据系统于2014年9月正式投入使用，票据系统具备收票登记、内部转让、外部转让等功能，为成员单位的票据管理提供了系统基础。三是将系统中的预算审批修改为多级次审批流程，实现了层层把关。四是新增邮政储蓄银行为直连银行，并开通了直连接口，截至2014年底，公司直连银行已增加至7家。

【企业文化建设】2014年，公司加强以党建带团建活动，通过组织员工开展党章知识竞赛、汉字听写大赛、五四踏青等知识性、趣味性、健康性的活动，引导青年员工树立正确的价值观和人生观，提高岗位奉献的自觉性，营造了积极向上、立足岗位、提高技术技能的良好氛围，为青年员工提供了展示自己不同才能的又一个平台，教育员工团队精神的胜利才是最终的赢家。

晋煤集团财务有限公司

【经营概况】2014 年，晋煤集团财务有限公司（以下简称“公司”）紧紧围绕集团公司的发展战略，遵循“依托集团、服务集团”的经营理念，加强资金集中管理，拓宽融资渠道，提升金融服务能力，强化内部风险控制，全力为成员单位提供优质、高效、全方位的金融服务，公司整体运行平稳，经营业绩稳中有升。截至 2014 年末，公司总资产 100.52 亿元，实现营业收入 3.66 亿元，利润总额 3.43 亿元。资产收益率为 2.74%，净资产收益率为 17.29%，资本充足率为 25.86%，不良贷款率和不良资产率均为零，各项监管指标均符合监管要求。

【信贷业务】2014 年，公司在资金集中规模缩减的情况下，加强自营贷款办理，积极开展流动资金贷款、临时性周转贷款等业务，累计向 21 家成员单位发放流动资金贷款 31.17 亿元，保证了企业的资金链安全。为成员单位提供委托融资服务，协助晋煤太钢能源“三交一号”矿井建设 25 亿项目融资工作，取得贷款 13 亿元，满足了成员单位的资金需求。截至 2014 年末，公司各类贷款余额 35.08 亿元，委托贷款余额 136.90 亿元，全年实现贷款利息收入 2.92 亿元。

【票据业务】2014 年，公司积极办理各类票据业务，在票据承兑、票据贴现规模上均有较大提高，共为 25 家成员单位办理票据贴现 19.96 亿元，与银行合作为 22 家成员单位办理代理签发银行承兑汇票 26.97 亿元，有效解决了煤化工企业原料煤采购环节融资需求，保证煤款回收，维护煤炭主业健康发展。

【资金集中】2014 年是资金集中管理深化年，公司将资金集中管理工作作为重中之重，统筹安排、分步实施，持续推进。一是制定公司内部的《资金集中管理工作安排》和《资金集中管理考核办法》，明确资金集中管理工作的职责、流程、考核等内容。二是实施“全员参与、分户到人、部门协作、上下联动”，公司从总经理到员工每个人都参与到资金集中管理工作中。普通员工根据分户负责成员单位的日常资金归集工作；各部门按照部门职责通过资金结算、融资服务等业务开展推动资金集中管理工作；公司经营班子每月对成员单位资金集中情况进行分析，查找资金集中度低的原因，有针对性地提出解决措施并组织落实。三是针对资金体外循环多、归集率低的成员单位，由公司班子成员带队分组到成员单位走访，督导资金归集。截至 2014 年末，共 325 家成员单位在公司完成开户，较上年末增加 11 家，存款余额 85.13 亿元（日均 59.28 亿元），资金集中度 31.47%。

【业务创新】2014 年，公司利用金融机构股权投资业务资格，分析农村信用社改制相关政策及农村信用社的经营发展状况，跟踪农村信用社改制农村商业银行进度。加强与晋城市城区信用联社的日常沟通和工作衔接，推进股权投资的审批工作。取得国资委和集团公司的批复，完成了购买资产和股金缴纳事项，完成投资 1.20 亿元，持股比例为 10%。公司成为晋城农村商业银行第一大股东，在金融机构股权投资方面实现突破。

【风险管理与内部控制】2014 年，公司不断深化全面风险管理，积极开展业务稽核工作。一是采用查阅档案、访谈等形式分别对信贷管理部、财务会计部和结算管理部进行了稽核。二是对公司各项业务认真进行风险审查，全年共审查流动资金贷款业务 36 笔、代签银承业务 49 笔、委托贷款业务 34 笔，充分揭示业务风险点，确保公司资产安全。三是积极开展法律事务工作及风险宣传工作。通过认真组织上级部门的各项活动安排，不断加强安全教育，提升员工的风险意识和防控能力。

【人力资源管理】为提升公司管理水平，构建了更加合理的绩效考评体系，充分发挥薪酬导向作用。2014 年，公司积极推进绩效考评体系建立，强化培训管理。一是制定了《晋煤集团财务有限公司绩效考核制度》和《晋煤集团财务有限公司薪酬管理办法》。二是对原有的《培训管理制度》作出修订，开展了公司领导及业务骨干的授课培训工作，提升了干部员工的专业技能水平和职业道德素养。

【企业文化建设】2014 年，公司以创建学习型党组织为目标，全面加强党的思想、组织、作风和制度建设，深入开展了党的群众路线教育实践活动。同时充分发挥党组织、工会、共青团的作用，在“三八”妇女节和“五四”青年节等节日组织员工参加爬山、乒乓球、羽毛球等各种活动。通过这些活动增强了员工间的凝聚力和向心力，有力地促进了公司各项业务的快速发展。

云南冶金集团财务有限公司

【经营概况】2014 年，面对经济下行压力加大、有色金属市场持续低迷的双重影响，云南冶金集团财务有限公司（以下简称“公司”）紧紧围绕“不断丰富和完善金融服务功能，全力服务集团产业发展升级”，着力加强“治理体系和治理能力现代化”建设，全体干部员工坚定信心、主动作为，资金活动风险得到有效管控，资金资源配置不断优化，资金筹措渠道更加安全，全集团资金运营效率进一步提升，集团“资金池”成效显著，全年集团财务费用支出节约近3亿元，实现利税超1.20亿元。

【公司金融】2014年，全集团“资金池”大幅波动已呈常态，公司进一步加强资产负债日常管理，坚持推进业务结构调整，深入挖掘金融市场资源，确保各项业务安全，全年直接发放贷款17.37亿元，办理委托贷款31.72亿元，承兑商业汇票5.28亿元，办理票据贴现18.53亿元，主导协助成员单位融资14.10亿元，助力集团产业发展。

公司注重“银银平台”作用的发挥，资金来源渠道进一步扩大和稳定，筹融资成本有效降低。年内，联合商业银行开展了金融机构法人账户透支业务，联合南方电网财务云南分公司、云南信托、华夏租赁等省内非银金融机构，协助集团新增融资17亿元，有力地支持了实体经济的发展。

【资金和投资业务】公司坚持做强做优集团“资金池”，通过发挥金融平台功能，合理调整资产配置，加强流动性管理，逐步建立起多部门联动的资产负债管理和监测体系，进一步强化资产负债管理的日常监测，创建流动性压力测试工具，探索流动资产和流动负债主动控制的方法和模式，逐步构建起资产负债管理体系框架，资金安全得到有效保障。

【票据业务】2014年，公司继续增加票据资产配置比例，从而提高资金运营效率，再贴现规模进一步扩大，联合商业银行开发了“商票”多级转贴交易，票据流转渠道更加畅通；在南方电网财务公司云南分公司票据缴交电费业务的基础上，将业务模式推广到“保山电力”试点，票据缴费范围进一步拓宽，集团“票据池”业务有序运转，为集团引入外部资金超过17亿元，负债结构进一步优化。

【资金集中】公司不断提升和完善资金结算平台功能，支付结算效率进一步提升，年内实现“代理支付”不落地处理，结算渠道更加快捷；同时，通过征求成员单位的意见和建议，针对结算及票据等容易出错和关注的问题，通过公告、答疑、集中培训等方式，进一步提高相关人员对新系统的掌握程度，保障了结算质量，全年结算量超过1 100亿元。

在确保支付的前提下，公司强化对资金存放和成本收益的精细化管理，通过提前与商业银行主动议价，每日调拨，提高了同业存放利率，增加了收益；同时，还与主要结算银行进行协商，实现了结算手续费“包干”的模式，有效降低了支出。

【业务创新】结合集团“资金池”的实际，与商业银行共同开发了金融机构法人账户透支等短期资金补充工具，同时积极申报人民银行同业拆借资格，为公司流动性管理提供了有效的工具支撑。

公司主动承担成员单位的“资金管理顾问”，利用自身专业优势，为企业制定切实可行的融资方案、现金流管理方案，帮助企业多渠道解决融资问题，协助企业优化现金流，全年完成融资十亿余元，与一家成员单位正式签订了现金管理顾问协议。

【风险管理和内部控制】公司紧紧围绕“全覆盖、全流程”的要求，从体系流程完善、资产结构优化、重点领域管控等方面强化经营管理的自我约束，通过建立和完善风险管理工具和手段，对风险进行识别和监测，促进工作稳健开展，逐步树立和巩固“两个底线”（坚守自身不发生风险的底线、坚守不蔓延和扩大集团风险的底线）的风险观。年内，全面修改、补充、新增制度71项，组织公司各条线员工从日常工作的点滴着手，认真梳理业务流程、查找经营风险点，最终完成《内部控制手册》编制。

【人力资源管理】按照“突出专业化运营，强化前中后台制衡”的思路，调整部门及岗位，启动薪酬和考核体系重建，把人力资源优化作为公司转型升级的突破口。

围绕战略目标实施，逐步建立不同梯次员工的分层次培训机制和完善的培训档案资料共享机制，通过“实地体验”活动，深入矿山、车间，和一线员工座谈、和管理人员座谈；邀请集团资深专家来到公司课堂，通过案例和互动式的教学方式，从整体到局部，普及生产工艺流程知识，了解集团文化和产业发展状况，增强干部员工的认同感、责任感。

【信息化建设】2014 年是公司 N9 资金管理系统上线的第一年，各业务部门集中精力熟悉、了解系统功能和操作流程，反复讨论出现的问题和需求，不断完善系统功能，系统稳定性和效率得到提升。

在自主开发成果推广运用上，推行信息化人员派驻业务部门制度，在协助日常运维的同时进行需求调研与开发，全年开发了 9 大类的统计报表，并推广运用，提高了工作效率。

【企业文化建设】营造“美丽冶金——我的家”氛围，公司建立内部微信平台，向员工推荐书籍，普及金融知识，交流生活体会，形成全员参与的良好氛围；建立“兴趣园地”，鼓励员工走上讲台，与大家分享知识、技能、兴趣，团队凝聚力不断提升。

中海集团财务有限责任公司

【经营概况】2014 年，中海集团财务有限责任公司（以下简称“公司”）面对航运市场低位徘徊、集团整体资金面流动频繁等因素，公司努力降本增效，全年实现营业收入 4.09 亿元，净利润 2.13 亿元，经济效益保持持续增长。截至 2014 年末公司资产总额合计 111.98 亿元，吸收客户存款合计 100.53 亿元，所有者权益合计 10.83 亿元，资产规模处于同行业中游水平，年化净资产收益率达到 21.20%，处于行业领先水平。

【信贷业务】2014 年，在集团整体资金流动性较为紧张的情况下，公司努力盘活资金，信贷规模稳步增长，满足成员单位资金需求。截至 2014 年末，公司自营贷款余额折人民币 46.34 亿元，委托贷款余额折人民币 150.25 亿元。

【投资业务】2014 年，投资业务在原有银行理财、信托项目基础上，相继开展各类公募基金及资产证券化等新品种，进一步拓宽投资业务渠道。截至 2014 年 12 月 31 日，公司投资业务账面余额为人民币 6.42 亿元，平均年化收益率为 11.82%，投资收益（含浮盈部分）约 0.68 亿元。相较于 2013 年度，投资业务在规模和收益上都有了较快速度的增长，这得益于 2014 年度良好的市场行情，投资年化收益率亦有大幅度的提高。

【外汇业务】全年公司累计开展结售汇业务 999 笔，共 8.08 亿美元，占集团结售汇业务 64%，进一步为成员单位节省成本。

【资金集中】2014 年，公司积极推进境内外资金归集，全年累计完成境内资金归集329个账户，归集资金约6.20亿元，提高集中度约3%，已基本实现境内资金全归集的目标；加强海外资金管理，进一步研究海外资金管理方案，完成北美公司资金纳入船东账户自动扫款体系方案，截至2014年末，海外存量资金较年初下降20%；充分研讨船东账户管理模式、境外服贸账户体系建设可行性分析及海外资金管理平台建设，并形成具体措施，为下一步工作指出明确方向。

【业务创新】2014年8月，公司针对管理现状，学习平台运营机制的管理实践，成立了业务创新等六个专题工作小组，以每周四作为“专题推进日”进行全面推进。“业务创新”专题具体细分为“外汇衍生品交易资质申请”、“供应链金融与票据池”、“电商平台（一海通）研究”、“金融管家”四个子专题。公司已完成外汇远期结售汇业务可行性调研、制度建设、系统建设和人员招聘等前期准备工作。公司针对延伸供应链金融业务，已对成员单位需求进行前期调研，并就监管政策及动向与上海银监局进行沟通；与民生银行展开银企交流，探讨票据池的具体建设方案；配合集团“一海通”电商平台建设，围绕配套融资、风险控制、互联网支付等一系列金融服务，编写完成《中国海运电商平台金融服务方案研究报告》上报集团，以打造具有中海特色的电商金融服务模式。公司积极深化金融管家项目，挖掘服务内涵，配合信息系统建设，建设线上、线下相结合的现代化金融管家服务模式。

【风险管理和内部控制】2014年2月下旬，公司委托华普天健会计师事务所开展2013年度内控自我评估，对内部控制的设计和运行情况进行测试，对内控评价程序、评价底稿、缺陷标准、缺陷认定等内容进行验证，以健全和完善内部控制评价体系，并于2014年3月上旬完成评估工作。根据内控评估报告，公司已建立起内部控制整体框架，加强对重大风险的应对与控制；形成了良好的内控意识和内控文化，奠定了内控运行的良好基础；积极推进缺陷整改与制度建设；总体上各项内控和制度得到有效执行。内部控制建设项目的开展，对公司梳理公司制度、规范业务流程及提高员工素质具有重要的作用。

【人力资源管理】为进一步推进公司发展，增强员工竞争力，年初公司全面落地人力资源建设成果，在宣传介绍与职工评议同意基础上，全面优化薪酬方案，完善绩效考核办法，引入平衡计分卡方式，与各部门签订《绩效合同》。2014年4月落地实施首次全员绩效考核，成立考评工作小组，按照绩效考核责任目标测评各部门第一季度绩效考核。第二季度公司根据首次考核情况，进一步优化完善绩效考核方案。公司结合员工金融业务水平现状，以“中层干部提高综合管理水平，员工提升岗位技能”为培训目标，组织开展金融、会计、法律及风险控制等方面的课程培训。全年共组织干部员工参加国资委、中国财务公司协会、中国外汇交易中心、国家会计学院、集团党校的专业培训，累计110余人次，共1 833学时。另外，公司风控法务部共开展了6次法律培训，累计培训人数达到300余人次。

【信息化建设】2014年，公司在业务模式讨论、业务流程梳理的基础上，结合金融风险控制要求，根据公司业务的发展方向完成《中海财务ERP系统建设规划（初稿）》，绘制公司信息化规划蓝图。今后公司将结合业务发展战略，构建集收付中心、集团资管、业务中心、风控稽核、金融管家、决策中心、管理中心、数据交换中心等为一体的财务公司ERP系统。加快公司信息资源的集中，实现数据在公司内部跨系统的共享，并在此基础上提升业务自动化程度。截至2014年末，ERP系统建设已启动前期准备工作。

中集集团财务有限公司

【经营概况】2014 年，中集集团财务有限公司（以下简称“公司”）经营规模较上年稳步增长，各项新业务逐步打开局面，全面完成了年度经营计划。截至 2014 年底，公司总资产为人民币 44.43 亿元，营业收入为人民币 1.82 亿元，净利润为人民币 0.50 亿元。

2014 年，公司对新形势下在集团发展中的角色、战略发展目标和策略进行了深入研讨，将公司战略定位调整为“在坚持集团利益最大化的原则下，成为中集集团的资金集中运营管理者、综合金融服务提供者、集团资产负债管理协同者和产融结合价值创造者”，并进一步丰富了战略定位内涵。

【公司金融】2014 年，公司根据集团各业务板块的经营管理特点，深入沟通和分析企业需求，挖掘业务资源，准确定位营销对象，量化营销目标，制定系统的营销策略，建设“业务共同推进、成果共同分享”的大营销团队。与此同时，公司通过推行客户经理“一站式”服务机制，及时掌握客户信息及需求，通过提升服务能力、提供优质服务赢得客户认可，全面推动业务发展。2014 年，公司全年信贷投放超过人民币 80 亿元。

【票据业务】公司在 2014 年大力加强了票据业务中心建设。在正常办理各项票据贴现、转贴现/再贴现业务的同时，为进一步推动票据业务发展，公司制定了票据业务中心的建设方案，组建了专门的票据业务团队，优化了票据业务流程，开发了相应的票据业务系统，采取多种措施推动集团票据信息集中和实物集中，积极拓展业务渠道，为盘活集团票据资产、提高票据周转率和收益率打下了坚实基础。

【外汇业务】2014 年，公司全面开展即期结售汇业务，将服务对象扩展到境内全部成员企业，并向成员企业提供了更多样化的外汇增值服务。通过直接参与外汇市场交易大幅缩小买卖点差，公司为集团节省了大量外汇交易成本。与此同时，公司还利用自身力量加强专业研究，积极向成员企业提供高质量的外汇业务解决方案、外汇风险咨询建议、市场研究报告以及其他增值服务，帮助成员企业提升应对外汇风险能力。

【中间业务】2014 年，公司大力推动中间业务发展，向企业提供更全面的综合金融服务。为满足成员企业业务需求并降低其资金占用和财务费用，2014 年，公司积极拓展银行同业合作网络，在前期开展代开保函业务的基础上正式启动了代开银票、代开信用证等代理业务。除此之外，公司还在与多家银行继续探讨合作开展其他中间业务。这些中间业务的开展，不仅为成员企业业务发展提供了切实便利、提高了客户满意度，而且进一步提升了公司的综合金融服务能力。

【资金集中】2014 年，公司继续大力推进资金集中管理工作，积极拓宽资金池并取得重大进展，成功推动新业务板块在公司开户和建立外部子账户直连，并制定结算服务方案满足企业需求，通过多种措施降低成员企业存量保证金；与此同时，公司还积极协助集团建立境外资金池，协助集团打通境内外资金通道，大力支持集团跨境资金互联互通项目，配合集团打造全球化的资金管理体系。2014 年底，公司可归集资金集中度达到 93.76%，为集团资金管理效率和效益的提升打下了坚实的基础，显著降低和控制了集团货币资金总量和资产负债率水平，进一步降低了集团财务费用。

【业务创新】2014 年，在集团“制造 + 服务 + 金融”的战略指导下，公司大力推动财务公司票据业务发展并取得显著成效，为成员企业供应链价值管理提供了有效的金融工具。2014 年 6 月，公司出口发票融资项目获深圳市南山区金融创新奖。公司票据业务和出口发票融资业务的拓展，对成员企业提高资金收益率、优化财务结构、提升公司服务能力和创造金融价值进而实现集团战略协同目标都发挥了积极作用。

【风险管理和内部控制】公司按“系统性、前瞻性、指导性、规范性、实效性”要求继续提升风险管理能力、加强风险管理工作。2014 年，公司划定了公司十条风险管理红线，在划清职责基础上设计风险绩效考核指标体系，并加强执行情况的监督检查，切实落实红线管理各项措施。与此同时，公司风险管理团队根据业务发展规划积极参与新业务制度流程设计，加强风控对业务发展的指导，防范实质风险。在信贷风险管理方面，公司切实落实贷前、贷中、贷后管理的风险审查，提升对信贷风险的管控能力。

【信息化建设】2014 年，公司对核心业务系统 TMS 系统和票据业务系统进行了升级，进一步扩展和完善了系统功能，提高了系统运行效率和稳定性。为了配合新业务拓展，2014 年公司还完成了外部门户网站开发，征信系统也进入到系统开发阶段。信息系统建设为新业务拓展和业务管理提供了有力信息系统支持和保障。

【企业文化建设】2014 年，公司在“客户至上，以人为本”核心价值观指引下，继续加大力度进行企业文化建设，并通过多种形式和手段予以推行和强化公司文化价值导向。公司将工作计划系统和员工行为准则要求与员工绩效评价体系相结合，全面推行员工季度业绩考评，进一步优化了员工业绩管理体系。为充分发挥员工积极性与主动性，公司还通过组织开展团队建设专项培训、员工行为准则践行标兵评选和双向沟通季等多种形式，强化组织内部沟通，改善组织文化氛围，提升员工的责任感和公司凝聚力。

沙钢财务有限公司

【经营概况】 2014年，沙钢财务有限公司（以下简称“公司”）依附于集团发展战略，充分发挥金融服务功能，为集团及成员单位开展好金融服务工作。截至2014年末，公司资产总额83.31亿元，较上年同期增长93.74%。全年实现营业收入1.30亿元，比上年增长15.69%；利润总额1.18亿元，比上年增长21.53%；净利润0.89亿元，比上年增长22.09%；净资产收益率为7.04%，资本充足率为32.33%，流动性比率69.21%，不良贷款率为零。

【公司金融】 公司加强与成员单位之间的联系，主动了解成员单位生产经营情况及资金需求，通过为成员单位增加授信、发放流动资金贷款、办理银票贴现等业务，有效地解决了成员单位资金需求。2014年，为成员单位增加授信17.30亿元，累计发放流动资金贷款18.44亿元，为成员单位“代开银票”8.82亿元。截至2014年末，公司各项贷款余额27.66亿元，其中发放流动资金贷款17.49亿元，贴现贷款10.17亿元，累计办理成员单位票据贴现27.58亿元，贴现业务量比上年同期增加2.38亿元，增幅9.46%。较好地解决了成员单位资金需求。

公司紧紧围绕集团压降财务费用目标，切实开展好代理集团资金计划和融资管理工作，采取加强资金计划管理、调整融资结构、开展资金运作、财务公司让利等措施，实现了集团财务费用的大幅下降。公司以降低资金成本为重心开展工作，努力寻求低成本的融资方式。并根据生产经营变化，控制融资规模，降低财务成本。截至2014年末，集团本部境内外融资总额为522.32亿元，较年初585.58亿元减少了63.26亿元。利息支出与上年同期相比减少5.03亿元，利息支出有较大幅度下降。剔除汇兑损益，集团本部财务费用比上年同期下降了22.21%，减少财务费用4.14亿元，确保了集团效益指标的提升。

【产品销售信贷业务】 2014年，公司积极着手开办买方信贷业务各项准备工作。主动与监管部门沟通申请开办买方信贷业务。经过努力争取，买方信贷业务于2014年7月获批，并顺利开展了业务。买方信贷业务的开展，进一步拓宽公司业务收入渠道和金融服务功能，促进公司业务发展。

【资金和投资业务】 2014年，公司积极与相关商业银行洽谈提高结算账户资金存放利率，获利差收益58万元。代理集团理财，提高闲置资金收益。在不影响资金正常周转前提下，充分利用短期闲置资金通过购买理财产品等方式使资金收益达到最大化。2014年，累计购买银行理财产品、办理同业结构性存款等，增加资金收益0.11亿元。

【票据业务】 公司大力推进票据贴现、转贴现、再贴现工作。正确把握市场贴现、转贴现利率走势，努力维护转贴现渠道，降低集团及成员单位财务费用支出，提高经济效益。2014 年，累计办理成员单位票据贴现金额 27.58 亿元，向商业银行转贴现 0.53 亿元，向人民银行再贴现 5.05 亿元。全年实现贴现、转贴现、再贴现利差收入 0.51 亿元。为成员单位“代开银票” 8.82 亿元，为成员单位开立电子商业汇票 5.94 亿元，获得“代开银票”及承兑手续费 62.28 万元。

【外汇业务】2014 年，公司积极申请跨国公司外汇资金集中运营管理业务和境外人民币资金集中运营管理业务。加强与国家外汇管理局联系，精心准备外汇资金集中运营管理业务和境外人民币资金集中运营管理业务申请材料，联系有关银行进行外汇资金集中管理、财务公司外汇业务、企业外汇产品等方面的培训，切实做好业务开展前的准备工作。2014 年 9 月取得外汇资金集中运营管理资格，并顺利开展了业务。2014 年 12 月通过中国银行苏州市分行全球现金管理平台搭建的跨境双向人民币资金池，成功从境外子公司向境内总部跨境调拨人民币，对沙钢实施经贸国际化发展战略将起到积极的促进作用。

【资金集中】2014 年，公司采取多项措施，提高资金集中度。一是进一步推进系统直连，扩大资金归集范围。公司与 13 家银行机构实现了结算系统直连，公司现有成员单位 87 家。2014 年新增归集账户 18 户，合计归集成员单位结算账户 263 户，截至 2014 年 12 月底，本外币存款余额 69.04 亿元（其中，本外币结算存款 67.86 亿元，人民币保证金存款 1.18 亿元）。二是加强开销户管理。对本部各公司在各银行长期不用账户进行了梳理，并组织不动户的销户。三是积极推进“电票”业务，逐步归集成员单位保证金存款。四是加强对未归集资金原因的分析，逐步推进资金归集。每月梳理集团货币资金结构，对成员单位资金集中情况进行统计和分析，及时查找未归集资金原因，推进资金归集工作。通过加强资金集中管理，资金归集度有明显提高。到 2014 年 12 月底，全口径资金归集率为 53.82%，比上年底的 32.25% 上升了 21.57 个百分点。剔除无法归集部分资金归集率为 84.33%，比上年底的 76.48% 上升了 7.85 个百分点。

【业务创新】2014 年，为降低集团融资成本，创新融资方式，拓宽融资渠道。公司积极与商业银行洽谈寻求海外融资业务。2014 年 2 月，沙钢在美国成功发行 2 亿美元商业票据，综合成本 1.80%，与使用美元贷款相比，减少财务成本 0.21 余亿元。这也是国内民企首次在美国发债，不仅拓宽了沙钢的美元融资渠道，而且优化了企业债务结构，降低了集团综合财务成本，进一步提高了沙钢在国际资本市场的知名度和辐射力。

【风险管理和内部控制】2014 年，公司不断完善内控制度及业务操作流程。全年制定了《制度制定与修改管理办法》《对公外汇账户管理办法》《跨境资金业务操作规程》《案防工作管理办法》《监事会对董事履职评价办法》等 11 项制度，修改了《授信工作尽职指引实施细则》《贷款业务管理办法操作规程》等 5 项制度。为加强风险管理，公司狠抓业务操作和制度执行情况的检查。全年共开展稽核检查 13 次，指出问题 39 个，提出 31 条整改建议和意见，及时跟踪督促整改，确保业务合规，风险可控。

【人力资源管理】公司努力做好金融专业人才的引进和培养工作，一是招聘金融、财务专业的新大学生；二是内部组织人员轮岗交流；三是多层次、多渠道开展信贷、风险、外汇等业务知识培训。2014 年，共组织相关培训 18 期，进一步提升了员工的业务素质和技能，为公司新业务开展提供有力支撑。

【信息化建设】2014 年，为加强公司信息管理系统对业务的全面支持，公司进行了深入的调研和讨论，对所需要的结算、信贷、资金、线上审批等业务模块功能进行了梳理和认证，并与集团计算机应用中心和软件公司进行了充分地沟通交流，明确了技术要求，制定了信息系统升级改造方案，有效地保证了公司结算、信贷、资金等业务处理能力的加强和信息化管理水平的提高。

【企业文化建设】公司注重文化建设，坚持以人为本，注重人才。2014 年，公司建立了后备人才库，选拔优秀的干部、员工进入后备人才库，形成人才梯队。公司充分发挥党支部、团支部作用，与银行之间组织开展了羽毛球、乒乓球比赛等丰富多彩的文体活动，并积极参与集团组织的各项活动，通过开展活动，充分调动了员工的积极性和创造性，增强团队凝聚力。

美的集团财务有限公司

【经营概况】美的集团财务有限公司（以下简称“公司”）积极落实监管政策，秉承“立足集团、服务集团”理念，围绕集团战略部署，转变经营思路，明确自身定位，加强内控管理，为集团成员单位提供优质、高效的金融服务，协同集团产业稳步发展。2014 年末，公司资产总额 149.44 亿元，同比增长 56.70%；负债总额 130.72 亿元，同比增长 67.90%；所有者权益 18.73 亿元，同比增长 6.80%，总体资产质量良好。

【产品销售信贷业务】公司进一步加大对经销商的服务力度，经销商融资规模不断扩大。2014 年累计办理经销商融资业务 222.15 亿元，同比增长 36.29%。信贷资金主要投向较优质、经营规模较稳定的经销商、代理商，并首次尝试介入旗舰店群体。在加大拓展业务力度的同时，公司注重加强信贷风险控制，在贷款担保方式上，除原有的票据质押和保证担保方式外，2014 年引入了第三方仓储监管存货质押的贷款方式，最大可能降低信贷风险。

【投资业务】2014 年，公司继续开展金融机构股权投资业务。2014 年末长期投资余额 4.97 亿元，比年初增加 4.85 亿元，主要是增加了对顺德农商银行和江苏银行的股权投资。

【票据业务】2014 年末，票据贴现余额 71.86 亿元，较年初增加 14.13 亿元，增幅 24.48%。公司持续加大电票推广力度，电票推广成效进一步显现。全年累计开出电票 214 亿元，较上年同期增长 102.61%，开票量占集团总开票量的96%，同比提高42 个百分点，接收财务公司电票的供应商超过 2 010 家，同比增长 112%。

【外汇业务】公司外汇业务资质进一步丰富。2014 年 4 月，经中国外汇交易中心批准，公司正式成为中国外汇交易中心外币拆借会员。全年累计为成员单位办理代客即期结汇发生额为美元结汇 9.21 亿元、欧元结汇 399 万元，产生收益 396.78 万元。

【资金集中】公司高度重视资金归集工作，2014 年全口径资金归集率达 67.63%，较上年提升 34.89%，主要措施包括：减少成员单位外部银行理财业务及外部融资，加强境外资金归集，提高财务公司电票使用比率、减少外部银行开票保证金占用、加强账户管理等方式加强资金归集。

【业务创新】公司正式开办跨国公司总部外汇资金集中运营业务。2014 年累计办理外汇集中业务 30 笔，累计业务规模 4.66 亿美元，轧差占用资金通道规模 2.73 亿美元，跨国公司总部外汇集中运营业务作用日益明显，在提升资金周转率、有效提升资金流动性及节约了业务成本等方面都取得了较好的成效。

【风险管理和内部控制】公司在拓展业务的同时注重风险管理工作。公司加强贷款“三查”工作，强化贷后管理，根据不同类型业务特点，采取多种担保方式，最大可能降低信贷风险。已建立起一套涵盖法人治理、风险管理、公司业务、会计核算、信息科技、结算管理、人力资源、行政管理等方面较为完备的制度体系。公司风险管理部为内控合规管理部门，2014 年组织各部门对现有制度进行了全面的梳理，共梳理制度 20 份。根据集团新的分权手册，重新组织修订财务公司内部分权手册，加强分权手册与制度的对应关系，进一步清晰责权，简化流程。

【人力资源管理】公司秉承“用事业成就人才，用人才成就事业”理念，加大人才培养力度，优化公司人员结构。通过招聘网站、猎头公司、内部推荐等多种渠道继续开展引进人才工作。同时，公司采用现场培训与集团的 E－learning 网上培训相结合的方式，持续开展培训工作。2014 年，全年共组织现场培训 12 次，参加人员 191 人次，其中外聘讲师 26 人次，内训 164 人次，外出培训 1 人次。

【信息化建设】公司 2014 年共投入信息化建设资金 800 万元，完成了多项系统开发和建设，主要包括：完成人民银行二代支付系统（电票线上清算）项目建设工作，实现电票线上清算、纸票查询查复及部分报文的查询功能；完成财务公司核心系统的业务流程优化和查询功能；开发财务公司远期结售汇系统；搭建财务公司网银与集团 G 系统的接口平台，实现收付款数据的闭环流转，减少人工处理，提高工作效率。

宁波港集团财务有限公司

【经营概况】宁波港集团财务有限公司（以下简称“公司”）以“依托集团、服务集团”为指导，坚持“稳健经营、科学发展”，履行集团资金集中管理、提高资金使用效率职能，为集团公司提供资金结算、存款、票据、信贷、财务顾问等金融服务。2014 年末，公司总资产 72.24 亿元，实现经营收入 2.44 亿元，其中利息净收入 2.38 亿元，营业支出 0.42 亿元，累计实现利润总额 2.02 亿元，净利润 1.51 亿元。截至 2014 年底，公司不良贷款率为零，存贷比例为 96.85%，流动性比例为 44.08%，资本充足率为 29.64%，各项指标均符合监管要求。

【架构人员】公司治理层面设股东大会、董事会、监事会以及风险管理委员会和战略管理委员会，内设机构包括总经理室、综合部、管理部、营业部、信贷部、资金部和内控部等部室。公司拥有一支专业化高素质的经营运作团队，公司共有员工 28 名，本科及以上学历占比 95% 以上，100% 具有技术职称，90% 以上人员具有银行、证券、保险、本币交易等全部或部分从业资格。同时，公司积极开展员工培训，不断提高员工的业务素质和操作能力。一方面进行了内部专家讲解及外部专家授课，另一方面派遣员工积极参加中国财务公司协会等组织的有关业务培训。

【资金业务】2014 年末吸收存款余额突破 50.60 亿元，同比增加 11.30 亿元，全年日均存款余额 40.22 亿元，较上年增加 4 亿元。针对吸收存款波动较大的实际情况，公司以控风险、提效率为主线，努力提高资金归集率，提高资金存量和使用效益。一是通过深入细致地工作，狠抓资金归集。借着集团加强资金管理的东风，公司积极加强与各成员单位的联系，了解需求，掌握动态，努力增加存款量，全年新增成员单位账户 20 个，已累计开立各类账户 177 个，开户面已超 80%。二是积极拓展同业平台，努力提高资金使用效益。公司根据自身资金状况适时开展同业业务，用活短期闲置资金。累计通过同业协定存款业务获得利息收入约 0.10 亿元，通过同业拆借业务获得净利息收入 0.11 亿元。三是做好资金计划，加强流动性管理。通过不定期的资金压力测试，细化资金分析，及时掌握头寸现状及变动影响因素，及早制定应对方案，防范流动性风险，在充分考虑资金效益和人民银行对准备金的考核期间的基础上，灵活运用做好准备金优化操作，全年累计操作 20 多笔，金额 53 亿元，提高了资金使用效率。

【信贷业务】公司积极争取信贷规模，努力为成员单位提供资金支持。总体上信贷业务保持稳中有增，若无大的资金来源，公司信贷规模趋于饱和。截至 2014 年末，信贷资产余额 48.97 亿元，日均余额 41.38 亿元，增幅达 28.02%。一是贷款投放稳定增长，至 2014 年末贷款余额为 47.70 亿元，增长 26.49%。2014 年发放贷款累计金额 33.44 亿元，收回贷款累计金额 23.45 亿元。二是票据贴现稳健发展，至 2014 年末票据贴现余额为 0.36 亿元，已累计办理票据贴现累计金额 2.53 亿元，收回贴现票据金额 4.27 亿元，累计实现利息收入 552.92 万元。公司严格落实信贷业务贷前调查、贷款资金用途跟踪、贷后检查的具体细节，完善业务制度，保证信贷资产质量。

【结算业务】公司不断提升结算服务质量，努力为成员单位提供更加优质的金融服务。一方面努力提升结算服务，充分利用走访及业务交流平台收集成员单位对结算方面的意见或建议，优化结算流程，简化业务操作，改善服务态度，树立良好的窗口形象。另一方面完善业务系统，提高结算便利性，2014 年对结算回单内容进行了完善，如增加同额付款指令提醒、升级优化建设银行网银系统，还解决了异地结算指令的落地处理问题。结算服务得到了成员单位的普遍认可，成员单位大部分结算支付通过财务公司，累计办理包括银行发起和财务公司发起在内的结算业务 23 万笔，同比增长 30%，结算资金量达 2 340 亿元。

【保险代理】 根据宁波港集团自身的特点，进一步做大做全保险代理业务。一是开展了调查。为贯彻落实集团精细化管理的要求，整合宁波港股份保险资源优势，进一步提升公司服务成员单位的能力，公司进行了一次保险情况摸底调查，基本摸清了全集团保险金额及赔付率。二是完善了制度。修订了两个保险制度，完善保险业务台账。将保险代理工作嵌入至整个投保环节中，规范了保险代理业务流程。三是做好大保单的投保。积极协助宁波港股份公司计财部做好船舶险、财产机损险等大保单的集中统一投保工作。2014 年整个宁波港股份降低保费近 0. 10 亿元。四是开辟新的代理险种。经过努力，2014 年公司争取到了两家公司的工程险，实现了公司工程险“零”的突破。五是做好保险方面的专业研究，撰写了信息专报。六是协助两家公司做好车辆保险的招投标工作。经统计，2014 年完成保险代理业务量 0. 46 亿元，同比增长 7. 28%，实现手续费收入 339 万元，同比增长 18. 58%。其中车辆代理超 2 800 辆，实现代理业务量 0. 21 亿元，同比增长 61. 88%，实现手续费收入 132 万元，同比增长 74. 64%。

【业务创新】 在信贷业务方面，新开发项目临时贷款、项目周转贷款、循环贷款等贷款品种，满足新项目建设及新设企业等客户特殊需求；在票据业务方面，一方面开展了票据代保管，截至 2014 年末，已与 8 家单位签订了代保管协议，累计共收汇票超 120 张，累计金额约 2 亿元。另一方面，电子商业汇票业务也在如火如荼地进行中。公司接入杭州金融城域网项目全面完成。电票系统的采购和初搭建也已经完成，而且电票测试的前期各种准备工作已经全面完成。在资金业务方面，新开办了转贴现业务。与外部商业银行开展了票据转贴现业务，既加强了票据的流转又以较低成本获取了备付资金。在存款业务方面，成功开展协定存款业务，累计为 10 家单位办理此业务，2014 年末协定存款余额为 1. 27 亿元，成为公司吸引成员单位资金的一项重要举措。

【风险管理和内部控制】 公司内部控制体系完善，建立了完整的内部控制手册和控制矩阵。公司现有内部控制制度四大类 122 项，涉及公司行政管理、业务经营等各个工作领域，实现了内控制度的全覆盖。同时，公司建立内部控制的评价制度，对内部控制的制度建设、执行情况定期进行回顾和检讨，并根据国家法律规定、监管要求、经营状况、市场环境和业务需求的变化不断对内控制度进行修订和完善。公司内控部直接向董事会负责，持续进行稽核和审计，确保制度严格执行。设立内控自评小组，每年度进行内部控制的自我评价，推进公司内控管理体系的不断完善。2014 年度公司拟订了《2014 年度合规风险管理方案》，制订了《2014 年度内部审计实施方案》《案防工作办法》，修订完善了《案防处置工作规程》《反洗钱管理办法》。对制度管理、合规性审查、合规检查、合规培训等方面做了统筹安排，使内部审计工作、合规工作、案件防控工作、反洗钱工作有序开展。

【信息化建设】 公司使用的是北京九恒星公司开发的集团联动账户资金管理模式相适应的、具有完善风险控制体系的综合业务管理系统。综合业务管理系统以集团内部网络为平台，以风险监管为重点，全面支持财务公司资金管理、银企互联、财务核算、资金监控、资金融通、资金分析、风险控制和决策等，为财务公司实现风险控制目标提供科学的技术支持，为财务公司合法、规范和有效地履行金融服务职能提供安全保障。

兖矿集团财务有限公司

【经营概况】2014年，兖矿集团财务有限公司（以下简称“公司”）秉承“依托集团、服务集团、合规经营、稳健发展”的经营宗旨，围绕“加强资金集中管理、提高资金使用效率”功能定位，坚持“安全性、流动性、效益性”原则，充分发挥金融服务功能，整体工作稳步增长。

公司总资产67亿元，负债55亿元，所有者权益12亿元；实现营业收入2.50亿元，利润1.80亿元；资本充足率为23.90%，流动性比例为27.50%，不良资产率为零。在山东9家财务公司中，收入总额排第2位，利润总额排第3位，资产总额、所有者权益及资产收益率排第4位。

【信贷业务】稳健开展信贷业务，全年发放贷款46亿元，实现贷款利息收入1.80亿元，充分体现了“内部银行”的服务优势；优化资金管理，全年发放委托贷款41亿元，实现了闲置资金在集团内部有效流动。

【资金业务】科学安排资金头寸，提高资金使用效率；充分利用同业竞价机制，择优选择合作银行，增加资金收益，公司实现同业存款利息收入0.70亿元。

【票据业务】加大电子商票推介力度，开辟成员单位票据融资新渠道，降低集团整体财务成本，全年办理电子商票1.30亿元；构建集团“票据池”，集中代保管成员单位商业票据，实现了对集团商业票据的统一管理。

【保险代理】优选6家实力强、服务好的保险公司开展竞争性谈判，降低保险费率，节约保险成本，成员单位保费支出比上年减少320万元。

【资金集中】纳入资金集中管理信息系统的成员单位154家、账户459个，资金集中度64%，资金结算业务继续实现“零”差错。

调整存贷款利率，最大限度让利成员单位。存款利率在人民银行公布的基准利率基础上浮到顶，贷款利率最高下浮20%。通过“一升一降”利率优惠政策，向成员单位让利近0.56亿元。

【风险管理和内部控制】公司坚持“稳健”的风险偏好，建立风险管控长效机制，健全内控体系，突出加强对重点部位、关键环节和重要风险点的管控，对日常业务实施事前预防、事中控制、事后监督，全面防范各类风险。

【信息化建设】充分利用WEB数据库防护、IPS防网络入侵及防火墙集群，增强资金管理信息系统防黑客、防病毒攻击能力；加大系统巡检力度，定期对安全规章制度的执行情况、系统专用计算机及操作人员计算机进行病毒、可疑软件等专项检查，确保资金管理信息系统安全稳定运行。

【企业文化建设】深入落实集团战略发展

纲要，结合公司实际制定经营子战略，助推集团转型发展；对全体员工加强党风廉政教育，参加集团公司组织的鲁西监狱警示教育，树立全员爱岗敬业、廉洁从业的意识；加强员工职业素质教育和专业技能培训，提高队伍金融专业水平和综合业务能力。

哈尔滨电气集团财务有限责任公司

【经营概况】2014 年，哈尔滨电气集团财务有限责任公司（以下简称“公司”）克服了宏观经济“三期叠加”和集团公司经营规模回调等因素叠加影响，紧紧抓住增资及股权结构调整这一重要契机，实现营业收入、利润总额跨越式增长，各项工作均取得了长足的进步。2014 年，公司实现营业收入 2.36 亿元，利润总额 1.38 亿元，各项监管指标良好，符合银监会要求。

【公司金融】2014 年，公司共办理本币结算业务 16 851 笔，结算业务量达 650 亿元，同比增长 31.80%，完成年计划的 138.30%；信贷类业务指标实际完成额约 26 亿元，同比增长 195.20% ，完成年计划的 251%，其中，办理贷款业务 1.10 亿元；办理保函 675.40 万元；办理票据承兑 18.30 亿元、同比增长 223.70%；办理贴现 6.80 亿元，同比增长 264. 2 0%。另外，办理委托贷款 4.90 亿元。

【资金和投资业务】一是通过票据承兑等业务品种的拓展，为成员企业增加支付手段，拓展信用，有力地缓解了成员企业资金紧张的局面。二是在贷款利率、各项结算业务、委托贷款手续费和贴现利率等方面，持续为成员企业“让利”，降低成员企业财务费用。三是发挥资金集中整合优势，积极关注市场动态走势，认真研究监管机构政策变化，不断加强同业存款业务的灵活性和计划性，提高资金使用效率。同时，充分利用同业竞价机制，择优选择同业存款业务合作银行，取得了较好的收益。四是正式取得有价证券投资、委托投资、成员单位产品的买方信贷及融资租赁等新业务资质，后续工作正在推进中。

【资金集中】一是持续并加强与成员企业联系的广度与深度，通过积极走访成员企业，宣传公司金融业务优势，及时了解与掌握成员企业的实际业务需求和对公司金融服务的要求，稳步提高与成员企业的紧密度，在现有业务资质范围内，使公司专业的金融服务与成员企业实际业务需求形成良好对接，提供个性化的金融服务。二是根据成员企业的个性化需求，提供专项的服务支持。2014 年末，公司吸收存款首次突破百亿大关，资金集中度达到 76.20%。

【业务创新】积极争取新业务资质申请，不断完善金融服务功能。一是正式取得人民银行开展票据再贴现业务的批复。相继克服公司符合再贴现资格的在手票据数量少、人民银行票据再贴现管理政策限制（严控同城同行承兑并贴现）等不利因素，经过不懈努力，于2014年5月21日获得了开展票据再贴现业务的批复并办理了公司首笔票据再贴现业务，实现了对此类业务“零”的突破。二是2014年6月9日，经人民银行上海总部批准，公司正式获批加入全国银行间同业拆借市场，标志着公司正式具备了从事线上资金拆借的相关资质。同业拆借业务开展后，可以进一步发挥公司的金融职能，有助于提高资金头寸的科学性和灵活性，提高资金使用效率，有效补充公司的临时性资金不足，促进公司的健康、安全发展。

【风险管理和内部控制】2014年，公司持续加强全面风险管理工作。一是持续优化授信体系，在总结以往年度工作经验的基础上，不断完善授信管理体系，结合集团公司发展规划、实际金融需求和资信状况，在风险监管指标合规范围内开展成员企业授信，整体把控成员企业信用风险。2014年，在监管政策范围内，公司尽最大可能，共给予成员企业各类授信额度46.52亿元，为推动成员企业实现健康、快速发展提供了有力的金融支持。二是进一步加强信贷资产五级分类工作、出具信贷业务风险审查意见、监控各类风险管理指标等方式，不断加强信用风险管理，提高资产质量。三是结合公司的业务开展情况，先后在公司范围内开展了三次合规性稽核检查，对结算业务、信贷业务等方面的合规情况进行了重点抽查，累计金额13亿元，并提出了审查意见，为公司业务的合规办理、提高操作流程的规范性提供了参考。四是顺利通过了黑龙江省银监局针对公司成立以来公司治理、内控制度、风险管理和经营情况的全面现场检查。同时，国资委监事会对公司集中重点检查现场部分已经结束。从总体上看，公司实现了稳健经营、合规发展，得到了监管部门的认可。

【人力资源管理】2014年，公司大力开展员工培训：一是积极鼓励员工参加人民银行、财务公司协会和银行业协会等监管机构组织的业务培训，通过邀请合作银行专业人员授课等多种方式，不断提升员工专业化业务水平。2014年，公司累计培训员工240余人次，2人次通过银行从业全国银行间同业拆借市场交易员资格考试。二是不断加强同行业间的业务交流和学习，通过与国投财务公司、大唐财务公司、东方集团财务公司、一拖集团财务公司、中国电子财务公司、中电投财务公司、京能财务公司等同行业企业的学习和交流，不断提高员工新业务操作能力和综合业务能力，努力打造公司的专业化团队。

【信息化建设】2014年，公司信息化建设不断完善系统功能，优化系统性能，结合行业特点和公司实际情况，进一步强化信息系统安全。通过维护保障合同、信息人才队伍建设等手段实现运维功能整合，全面提高公司IT部门运行维护的快速响应能力。2014年，公司共处理各类系统问题约18个；为成员企业提供技术支持30余次，到成员企业现场服务10余次；系统优化27个，系统升级5次。主要涉及模块包括网银模块、电子商业汇票模块、结算模块、贷款模块、授信模块。

【党的建设】公司通过深入学习习近平总书记系列讲话精神，不断强化党委作用，通过开展党委中心组集中学习等方式，增强全员政治修养，提高公司凝聚力、战斗力。

北大方正集团财务有限公司

【经营概况】2014年，北大方正集团财务有限公司（以下简称“公司”）继续发扬方正集团“持续创新”理念，秉承公司“融通内外资源，助推集团战略”的宗旨，为成员单位提供法律法规允许范围内的各项金融服务，建立了“差异化”的资金管理体系，实现了“稳步快跑”的业务发展。

截至2014年末，公司资产总额155.84亿元，较上年增长47%。所有者权益总额58亿元，较上年同期增长6%。全年实现主营业务收入6.02亿元，与上年同期基本持平；净利润3.11亿元，较上年同期增长16%。成员单位已开户93家，全年资金结算超过14 049亿元。

【信贷业务】2014年，方正集团各产业多处于发展期，同时伴随着较大规模的资金需求。公司合理规划了贷款发放进度，尽可能满足成员单位信贷资金需求。截至2014年末，公司向成员单位发放自营贷款余额68.20亿元，给予成员单位的自营贷款利率多为同期人民银行贷款基准利率下浮10%，一定程度上节省了成员单位的财务费用。公司注重对信贷业务发生企业的持续跟踪，不定期地对重点企业进行走访调研，确保了信贷资产质量，全年本息回收率为100%。公司还为成员单位提供委托贷款、担保等业务服务。2014年末，公司委托贷款及担保余额分别为15.59亿元和24.30亿元，满足了成员单位的多种融资服务需求。

【资金集中】2014年，公司资金集中工作稳步推进。2014年末，资金集中度达到35%，流动性比例始终保持30%以上，全年日均存款超过32亿元。公司在银企平台进入平稳使用期后，陆续与发生业务较为频繁的重点成员单位签订自动归集服务协议。公司通过一段时间的探索，归纳总结出了成员单位上拨、下划等业务操作的一般规律，为进一步扩大试点并在成员单位全面打下了良好基础。2014年下半年以来，伴随着经济下行的趋势，公司在支付结算费用上最大限度让利于成员单位。在守法合规的前提之下，切实加强资金集中管理，加强细化管理，为成员单位的稳定发展提供强有力的后援保障。

【票据业务】2014年，公司票据业务有力地支持集团公司主营业务、关键项目发展，成为公司发挥金融支撑作用的重要业务手段。公司继续加大票据结算力度，配合成员单位采用票据结算，全年累计贴现各类票据102.87亿元，有效提高了成员单位的资金周转效率。公司积极与各地银行沟通联系，捕捉市场机会，在节约了成员单位融资成本的前提下，获取了盈利。公司积极争取再贴现资金支持，树立方正集团品牌，传播集团公司解决国计民生问题的理念。

【风险管理和内部控制】2014 年，公司继续加强风险管理和内部控制工作。一是加强对流动性风险管理。通过指标监控、日间头寸管理、主动负债、限额管理等方法，多层次、多维度管理集团资金流动性，确保资金安全。二是协同部分业务部门重新梳理业务流程，形成标准的可执行的内控手册。2014 年完成资金结算业务、票据贴现转贴现业务、评级授信业务、投资业务等流程的梳理。三是完善了制度体系建设，合规部积极配合相关部门制定新制度。同时开展合规访谈，全面排查各部门风险，并持续监督其完善制度、监控风险。另外，合规部制定了合规手册，其中的法律法规覆盖了公司各项经营业务及所有工作人员，囊括了《公司法》《企业集团财务公司管理办法》《非银行金融机构行政许可事项实施办法》等相关法律，对各项政策、程序和操作指南进行梳理和修订，方便各部门查询研习，确保业务部门各项程序和操作符合法律、规则和准则的要求。

【人力资源管理】2014 年，人力资源管理工作继续以公司战略为指引，同时深入贯彻集团人力资源管理战略：坚决裁减冗员和淘汰不合格人员，坚决引进优秀人员，坚决保留优秀人才，大力培养后备干部以及促进员工价值实现。在人员引进方面，通过重点引进优秀应届毕业生及有经验的专业人士，优化了公司人才结构，做到了“三个提高”（提高人员学历结构水平，提高名校高学历人才占比，提高国际化人才占比）。在培训管理方面，以业务为导向，积极开展业务知识大讲堂，同时培训向管理干部以及后备人才倾斜。2014 年全员培训总次数达到 44 次，培训总时长累计达到 4 067 小时。在绩效考核方面，公司通过开展全员综合考评，对干部和员工进行业绩考核、综合素质考核、干部管理风格与个人能力倾向风格考评，并将考核结果作为干部选拔、调薪、激励、任免和淘汰等工作的重要依据。通过人力资源各项管理体系的不断推进，建立了卓越的领导团队和后备干部梯队，有效地激励和保留核心人才，增强了企业可持续发展的能力。

【信息化建设】在信息系统建设方面，一是公司搭建了新协同办公系统和邮件网关系统，完善了核心业务系统功能。通过新协同办公系统建设，满足了公司无纸化办公管理要求；通过邮件网关系统建设，实现了垃圾邮件有效拦截率 98% 以上的预期目标；在核心业务系统建设上，新增了成员单位自动对账功能，升级了现有的银企接口程序，新增了直连行的银企接口，满足了公司对结算汇划等方面的管理要求。二是在信息系统日常运维方面，每个工作日，查看服务器及系统运行状态，保证对系统的监控检查及时到位；每季末核对备份数据与生产数据是否一致；分别实施网络、核心业务系统突发事件应急演练，提升突发事件的处理能力；规范运维操作，整理成册，编写了 6 大类运维手册，完成了运维知识的积累和传递。

此外，在信息制度建设方面，新增并修订《外包管理规则》《用户使用管理规则》《信息系统应急预案》三个制度，既满足监管机构管理要求，同时也进一步规范公司信息化操作。

【企业文化建设】2014 年，公司以创建健康、积极的企业文化为目标，为提高企业团队的凝聚力和战斗力，公司于 2014 年 4 月 26 日在房山野战拓展基地组织了一场真人 CS 实战训练。多次参加集团总部各项活动，其中，方正集团与中国银行第三届篮球友谊赛在北京大学邱德拔体育馆举行，双方队员本着友谊第一、比赛第二的原则奉献了一场精彩的篮球对决。同时，为丰富员工业余生活，公司组织开展了全员“PPT 高级商务应用”及秋游活动，凸显公司的人文关怀，营造和谐、向上的文化氛围。以提供员工间交流沟通为宗旨，深入调研了解员工的工作及生活需求，力求为员工创造舒适、满意并具活力的工作环境，增进企业凝聚力，保障公司各项工作顺畅、有序、高效开展。

通用技术集团财务有限责任公司

【经营概况】2014年，通用技术集团财务有限责任公司（以下简称“公司”）深入贯彻落实党的十八大和十八届三中、四中全会精神，按照集团公司的整体工作部署，结合党的群众路线教育实践活动的深入开展，全面落实公司发展规划，坚持“依托集团、服务成员、规范经营、稳健发展”的经营理念，按照“服务与管理并举，金融与产业协同”的方针，坚定“巩固、完善、提高、拓展”的工作思路，着力提升综合服务水平，切实加强党的建设和企业文化建设，各项经营管理工作有序推进，经营业绩保持平稳的发展势头。

【信贷业务】2014年，公司继续遵循“安全性、流动性、收益性”的总体要求，在“先评级、后授信、再使用”的原则指导下，不断优化评级方案，提升评级结果的客观有效性，针对不同成员的不同经营特点，制定灵活的融资方案，分类有限提供信贷资金，支持成员单位业务发展。公司在严格把控信贷风险的前提下，通过自营贷款、票据承兑、票据贴现等业务的有机组合，在有效支持成员单位业务开展的同时，合理置换成员企业的高成本融资，为集团整体节约了可观的财务费用。1月至12月，累计发放自营贷款62.76亿元，12月底自营贷款余额49.30亿元，不良贷款率为零。

【资金业务】2014年，随着利率市场化进程进一步加快，同业市场作为市场化的前沿阵地，在整个推进进程中发挥了至关重要的作用。财务公司在同业市场利率整体下滑的市场环境下，严格按照同业授信的范围和规模，紧跟市场、科学预判、抢抓机遇，配置效率进一步提高，存放同业取得较好收益。通过资金期限配置及捕捉市场机会，在市场利率水平、存放同业规模均较上年有所下降的环境下，仍取得了较好的成绩。

【票据业务】2014年，在票据业务方面，公司已初步形成包括票据信息、代保管、承兑、贴现、转贴现、再贴现等在内的完整链条，并根据业务需要稳步推进。1月至12月，票据贴现业务累计发生额为7.58亿元，承兑业务累计发生额为9.28亿元。

【主动负债业务】2014年，公司以业务需要为出发点，密切关注市场变化，灵活运用转贴现、再贴现、同业拆借等主动负债手段，有效进行头寸调节，切实保障流动性需求。

【外汇业务】在2013年获批即期结售汇业务经营资格和结售汇综合头寸限额后，于2014年3月12日经中国外汇交易中心暨全国银行间同业拆借中心初审，并经国家外汇管理局备案同意，公司自2014年3月20日起成为银行间外汇市场会员，可从事即期交易，并向国家外汇管理局报备了相关制度。在做好业务准备的同时先后走访多家成员单位，主动开展结售汇业务的宣传工作。公司于2014年6月17日为成员单位办理了首笔结汇业务，于2014年9月11日办理首笔购汇业务，结售汇业务进展顺利。

【资金集中】2014年，公司在积极推动新增直连银行上线的同时，深入挖潜、盘活资源，在整体可归资金有所下滑的情况下，有效巩固了归集水平。年初公司本着“成熟一家，上线一家”的原则，在最短的时间内先后完成了成员单位直连培训、签署银行直联协议、银企接口开发测试等前期工作，实现了四家银行陆续上线归集。2014年，按可归集口径计算，日均资金归集度为52%。

【业务创新】为了拓宽公司资源配置的渠道，不断丰富为成员单位提供金融产品的广度和深度，公司于2013年向监管机构正式上报关于开展投资类业务的申请材料，2014年3月10日，正式获得中国银监会批复，批准公司新增以下两项业务：承销成员单位的企业债券，有价证券投资（股票二级市场投资除外）。公司正积极推进新业务规划设计工作。

【风险管理和内部控制】2014年，公司不断完善风险管控工作机制，为公司稳健经营和健康发展提供切实保障。一是不断提升新业务开展前的风险识别工作，对公司拟开展的新业务进行全面、深入的风险识别与评估，制定有效的风险控制措施，确保业务的顺利开展。二是强化体系性风险评估的同时有针对性地开展重点领域的风险评估工作，2014年对公司整体风险、信息系统及票据业务相关的风险进行了全面评估，并提出了相关的风险防范措施，对深入掌握重点领域风险因素，全面提升风险管理水平起到了重要的促进作用。三是持续做好各项业务风险审查的同时，切实提升风险识别能力，同时不断加强各项风险指标监测与预警。四是按计划、有重点地开展内部稽核工作，在确保公司各项业务全覆盖的基础上，进一步提升内部稽核工作的针对性、专业性及有效性。2014年，稽核工作针对结算类、贷款类、票据类、存放同业、授信额度控制等公司常规业务，年度重大风险管控及风险管理体系建设情况、合规管理、资产分类政策执行、非现场监管数据报送质量情况、反洗钱工作开展情况等专项内容进行了常规稽核、专项稽核及重点稽核，提出了有针对性、可操作性强的稽核意见和建议，有力促进公司的健康发展。

【人力资源管理】2014年，公司持续优化人才结构、提高专业素质、打造专业化团队。一是公司通过外部引进实现了在风险管理领域、资金管理领域的人员补充。二是公司进一步加强学习型团队建设。通过对培训资源的不断尝试、评估与整合，已经初步形成了一定的培训模式及培训课程，并不断加强业务前瞻性与指导性，开发新业务领域的培训资源。三是强化职业资格认证的推进力度与对自主学习的引导，2014年公司银行从业资格覆盖率已经达到了100%，其中全科通过率达到了65.60%；会计从业资格（具有会计职业认证）覆盖率达到65.60%；专业技术职称覆盖率为50%。公司组织各级人员参加了由监管机构、行业协会、集团公司、社会培训机构组织的多项培训课程，以及公司内部培训课程。

【信息化建设】2014年，公司成立信息化建设领导小组，负责研究、协调信息化建设相关工作。信息化建设侧重于核心业务系统的后续开发优化以及基础平台的扩展和安全性升级，整体工作取得了阶段性成果。一是重点推进核心业务系统开发建设。陆续完成2012年二期项目、2013年项目及2014年银企接口开发项目的上线验收和最终验收，启动2014年优化项目的实施并完成高优先级部分的开发并发布。二是不断提升基础平台的承载能力和安全等级。陆续完成2014年银企接口硬件设备采购项目的实施和验收，完成2014年自动监控系统建设项目的实施和验收，完成2014年信息系统集成项目的实施工作，完成机房备用空调机的双机部署。通过补充设备和策略优化，有效提升基础平台运行能力和安全防御能力。三是加强项目先导方案的研究，初步拟定《金融数据分析（BI）系统需求方案》和《内部现金池（二期）需求方案》，为公司后续项目实施奠定基础的同时，有力地支持了业务推进。四是强化信息科技风险的管理。结合监管机构的要求，从信息安全等级保护、信息系统内部风险评估、年度信息科技治理、应用安全可靠信息技术等多个角度，全面梳理公司信息化建设面临的风险，提出有针对性的防范措施，并有计划地推进落实。

【企业文化建设】2014年，公司充分发挥党、工、团组织的作用，促进企业文化建设。通过“支部日”“推荐一本好书”“悦读会”羽毛球比赛、爱心捐赠对话分享等多姿多彩的文化活动，逐步丰富员工业余文化生活，为企业文化建设营造良好氛围。在此基础上，制定了公司贯彻落实集团企业文化纲要的工作思路和措施，并在公司范围内征集企业文化的核心理念，聚焦文化内核，创新企业文化建设的载体和内容。

【客户服务】为了更好地贯彻年初制定的“着力提升综合服务水平”的整体工作部署，合理规划和指导金融服务工作，公司制定了《关于提升综合服务水平的指导意见》，从服务模式、客户分类管理、践行服务承诺、落实服务规范、提高技术保障程度五个方面提出了要求，在此基础上有步骤的试点启动了相关工作：一是成立以客户经理为纽带的客户服务工作小组，负责整合客户资源、整合信息资源和实现信息共享、统筹协调各部室相关工作、选用、培训客户经理，积极探索为成员单位提供个性化、综合化、一站式服务的有效方式和工作模式。小组成立后，客户经理积极走访成员企业，主动服务、倾听诉求，发挥了良好的作用。二是开展《员工服务规范》宣传月活动，通过加强宣传、主题讲座、实地学习、专题座谈交流、检查监督等多种多样的方式，组织开展系列专题培训、编制印发《礼仪规范宣传手册》，切实提升全员服务意识，有效规范员工行为，逐步丰富服务技能。

铜陵有色金属集团财务有限公司

【经营概况】截至2014年底，铜陵有色金属集团财务有限公司（以下简称“公司”）实现营业收入1.99亿元，平均资产规模41.70亿元，日均存款31.10亿元。

【外汇集中】2014年12月29日，完成第一笔外汇资金集中，标志外汇资金集中运营首发成功。通过开展境外外汇资金境内归集、境内外汇资金集中管理、外债和对外放款额度集中调配、经常贸易项下集中收付汇等业务，促进集团投资和贸易的便利化。

【资金集中】 累计办理资金结算业务89 044笔，结算金额3 840亿元，与上年同期相比，结算金额上升16.79%。本外币账户管理取得实质性进展，新增内部结算户9户，直连银行账户12个。因结售汇业务需要，在7家银行，开立了8个美元账户（有4个账户办理网银操作），并将成员单位21个美元账户接入公司网银。累计托管票据678张，金额5.37亿元，比上年同期增长10.72%。

【信贷业务】 最大限度地发挥了公司服务成员单位，调剂资金余缺的功能。2014年共为22家成员单位提供了305笔票据贴现业务，贴现金额25.19亿元；为20家成员单位发放贷款16.70亿元；继续加大小微企业支持力度，共为21家小微企业提供资金15.65亿元，极大地支持了集团中小成员企业的发展。

【结售汇业务】 2014年为12家客户办理结售汇261笔，总金额36.21亿美元。结售汇业务量在全国外汇交易市场排名93位，并荣获中国外汇交易中心2014年度最大进步会员奖。结售汇业务在服务上受到成员单位一致好评，成员单位利用公司平台购汇远低于市场平均价格水平，同时，在业务沟通、操作上也得到成员单位的极大认可。

【风险管理和内部控制】 落实全面风险管理要求，推动树立“依法审慎经营、有效防范风险”的理念，培育具有自身特色的风险文化。实行全范围、全过程的风险控制，通过事前、事中、事后过程控制，把风险控制贯穿于经营活动的各个环节，把风险意识传导到每一位员工，从根本上杜绝风险事件的发生。重点对大额存款进出情况和票据承兑、贴现进行检查。对委托贷款业务运作程序的完整性及法律文本的合法性进行专项稽核。深化全员绩效管理，实现绩效指标全员全覆盖。

【信息化建设】 完成硬件维护工作，保持了服务器及客户端硬件及系统软件均保持着良好的运行状态。顺利完成了电票系统的升级工作；为结售汇业务进行系统全面测试，所需硬件、软件、网络的配置工作等。配合银监局金融专网服务器地址变更进行了相应的变更，保证了各数据报表的及时报送。完成银行接口的升级配置工作和集团ERP的接口管理工作，定时对联行号进行更新。

中建财务有限公司

【经营概况】 2014年，中建财务有限公司（以下简称“公司”）继续秉承“依托集团、服务集团、规范管理、审慎经营”的经营方针，坚持专业化、差异化服务模式深入集团成员单位调查研究了解需求，不断优化资源配置，加强对集团专业化、区域化发展的支持力度经营业绩创历史新高。本年度公司资产总额达499亿元，负债总额467亿元，实现营业收入9.57亿元，同比增长23%；实现利润6.03亿元，同比增长33%；实现净利4.52亿元，同比增长34%，净资产收益率24.20%，同时公司本年度在集团的大力支持下，顺利完成增资工作，公司注册资本金增至30亿元人民币。

【信贷业务】公司信贷业务支持集团战略发展着力点，将信贷的投放与集团各业务板块有机结合，提高对集团专业化、区域化战略的支持力度。2014年，公司继续扩大贷款规模，最大限度地降低集团整体融资成本以及对外带息负债规模通过扩大循环贷款业务规模方便成员单位提款，缓解短期资金压力。

【产品销售信贷业务】2014年，公司继续通过提供定向贷款融资支持，并在期满之后给予续贷的方式，减少成员单位融资租赁业务在“营改增”过渡期的税收限制，为内部单位之间设备采购提供便利的通道，扩大集团建筑机械设备内部销售市场。

【资金和投资业务】2014年，公司资金运作以短期存款和定期存款为主，通过与全国银行间同业拆借中心及各银行每日询价方式确定交易品种，先从小额拆借做起，逐步扩大拆借范围和额度，2014年度共操作23笔同业拆借业务：同业拆入11笔，累计本金21.10亿元；同业拆出12笔，累计本金49亿元，获得利息收入59.86万元。同业拆借业务的开展，不仅提高了公司的流动性，而且进一步拓宽了公司的业务范围和盈利空间。

在开展同业拆借业务的同时，公司最大限度提高资金运作效率，不断强化对存款准备金的精细化管理，精准控制超额存款准备金规模，该项工作得到了人民银行的高度认可，并于2014年2月获得人民银行的表彰。

【票据业务】2014年，公司为扩大票据业务，对成员单位开展票据集中业务进行了深入探索，为下一步开展票据池融资业务奠定了基础。为打造票据的内部货币职能，公司在集团内部不断推广电子票据业务，票据在集团内部流通，扩大成员单位之间票据结算规模。公司对内部票据贴现继续采取较低的贴现利率，成员单位之间票据结算的积极性。全年为成员单位办理票据贴现、承兑业务共计79笔，金额累计14.90亿元。

【资金集中】资金集中工作是公司业务的基础和源泉，是服务兄弟单位助力集团发展最根本的动力。2014年公司为了巩固和扩大资金集中成果，积极采取有效措施：一是存款利率优惠政策，即在存款基准利率的基础上全部上浮20%，给付兄弟单位存款利息；二是实行利益共享政策，即通过代成员单位上缴总部利润的方式实现收益共享，与兄弟单位形成利益高度一致的共同体。公司这种资金集中收益共享方式在同业内开辟了财务公司与集团内部成员单位收益分配的新模式，已得到北京银监局的高度肯定和认可。通过上述措施不仅调动了成员单位资金集中的积极性，而且降低了成员单位的资金成本。至2014年底吸收存款余额达到了463亿元，较2013年末的184亿元提高了152%；日均达230亿元，增长24%，创新高。

将集团公司的非上市资金纳入资金集中范围，为集团发展提供强有力的资金支持。

【风险管理和内部控制】2014年，为进一步公司整体风险管理水平，深化风险和内控机制，重点开展了以下工作：一是优化治理结构。根据公司发展情况和监管要求，结构性调整了专业委员会，进一步强化公司运营决策能力。二是完善制度建设与授权体系。2014年，完成了涉及公司治理、业务管理、内部控制以及“三重一大”决策等方面17项制度的制定，公司运营管理。三是推进法律与合规全面融合。在法律与合规管理方面，两个领域有机结合统筹开展授权管理、制度管理、业务法律审查、合同审查与管理以及法律咨询工作，将传统的后台延伸至中台，强化事前、事中风险控制，有效提升风险管理领域各个专业的联动性，管理实效。四是落实年度内部控制评价工作。公司《企业内部控制基本规范》等有关规定，对内部控制设计与运行状况进行了全面、系统、有针对性的评价；同时，将所掌握的监管精神与要求明确细化至各部门归口管理，有效提升了整体内控管理工作效率与水平。五是围绕核心业务开展专项审计。公司贴近各项重点业务，关注制度执行有效性，年内开展并全面完成了委托贷款、同业拆借业务等四个专项审计项目，有效提升了相关业务的合规性管理与风险管控水平。

【人力资源管理】公司以打造“有理想、有担当、有实力、有尊严”的金融人才队伍为目标，完善人力资源管理体系，提高人力资本的“含金量”。一是人才的创造力。公司建立了干部选拔机制，以业绩、能力、品行为评判标准，选用一批业绩、能力和品德出色的同志，到各业务关键岗位历练，培养领导力和创造力。二是绩效管理，提高人才回报效率。公司根据绩效评定办法，按照“纵向到底，横向到边”的原则，将工作目标层层分解、责任到人，并结合薪酬分配，及时、有效地对人才进行多角度激励反馈，提高人才的自我管理能力人才回报效率。三是工作分析，夯实人才管理基础。公司通过工作分析，重新梳理组织架构、人员配置、内部管理流程，理清了部门职责，制定了统一的岗位评价标准，优化了业务流程，为人才开发与管理提供有力依据，为人才选用培养提供了明确的标准，为规划人才职业生涯创造了前提条件，夯实了人才管理的基础。

【信息化建设】2014 年，公司信息化建设以信息科技风险防范、更好支撑业务发展为主要任务。通过建立信息科技风险的识别、评估、应对、监测等措施，增强风险管控能力。具体措施主要包括：一是建立全面风险管控系统。主要包括流动性缺口分析、重定价缺口分析、利率敏感性缺口分析、风险久期分析、加权成本分析。通过资金运营管理和全面风险管理系统的建立，打造了以业务分析、财务分析、管理分析、资金分析为核心的行业决策分析及风险管理一体化智能平台，实现了对公司金融业务平台实时监控预警。二是信息系统业务连续性定期演练。为了加强金融核心业务系统的连续性、安全性，公司开展了异地灾备应急演练，对数据库异地容灾进行切换，切换后应用系统运行正常，能够确保突发情况下公司核心业务数据的安全。三是授信评级系统的建立。2014 年增加了信贷业务的贷前管理，通过建立模型，自动实现对成员单位客户评级、授信及用信额度进行控制同时通过信贷部门和风险管理部门共同参与的授信流程、评级流程管理，全面实现了信贷业务的贷前、贷中、贷后管理，进一步风险管控流程。

【企业文化建设】2014 年，公司继续秉承集团企业文化，深入践行“中建信条”，坚持“文化引领、密切群众”的工作标准，以文化建设、品牌宣传为基点，从组织建设、作风建设着手，努力把党建工作融入企业文化建设之中，营造创新争优文化，建立品牌宣传雏形。将创先争优纳入工作目标，制定奖励办法鼓励措施，组织开展文明、和谐的内部评优活动。2014 年度公司两人获得副部级优秀荣誉，充分发挥了文化植入在品牌兴企中的引领作用。利用网站、微信、海报、工作簿等媒介，以灵活多样的方式开展品牌宣传工作，提高公司的知名度。全年共印制宣传产品 1 000 份，编写宣传报道 20 条，发放宣传资料 200 份。

江苏省国信集团财务有限公司

【经营概况】2014年是江苏省国信集团财务有限公司（以下简称“公司”）全面完成“十二五”规划目标任务的重要一年，公司紧紧围绕集团发展战略和部署，加强资金集中管理，服务成员单位，支持企业的生产发展作为首要任务，大力拓展金融业务，全力提升服务水平，通过申办获准承销成员单位企业债券、有价证券投资、委托投资等新业务、为企业提供高效的资金支持和优惠利率、创新设计“定期通”理财产品、免费办理各类结算业务等方式，努力发挥公司的金融服务功能，保障了成员企业的用款，维护了成员企业的利益，促进了集团整体利益的提升，公司各项工作稳健、有序开展，圆满超额完成了集团下达的各项任务指标。2014年末，公司总资产为81.16亿元，较上年同期增长1.81%；实现营业收入3.84亿元，完成全年目标的111.42%，实现利润总额1.82亿元，完成全年目标的113.75%，吸收存款余额62亿元，完成全年目标的155%，净资产收益率达到7.70%，完成全年目标的169.97%，成员企业开户数达到150家，完成全年目标的100%，为成员企业提供融资余额47.07亿元，完成全年目标的104.60%，圆满完成集团下达的各项任务指标。

【信贷业务】2014年，公司为18家成员单位办理了49.55亿元综合授信。公司根据成员的不同特点和资金需求情况，通过贷款、贴现、资金调剂、电票等多种形式的资金运用方式，为成员单位累计提供资金支持30.99亿元，保障了成员单位的日常经营，其中，为17家成员单位办理了27.47亿元的贷款业务，为4家成员单位办理了3.52亿元的票据贴现，截至2014年12月末，公司为集团和成员单位提供资金支持余额达47.07亿元；此外，公司还作为受托人为集团本部及成员单位办理了169.16亿元的委托贷款。

【资金和投资业务】一是做好资金调度工作，根据集团资金集中管理的要求，公司要求成员单位按年度、月度编制资金预算，逐笔审核成员单位调整追加资金计划的申请并提出修改意见，协调集团内各种资金支付，掌握集团的资金需求，保证成员单位的正常营运。二是为保证流动性需求，公司密切关注同业拆借市场的利率变化，抓准时机进行同业拆借交易，做到头寸不足时，通过同业拆入，及时填补资金缺口；头寸充裕时，通过同业存放，实现沉淀资金的增值。

【票据业务】截至2014年末，公司累计为成员单位办理了14.66亿元的票据贴现；公司积极开展电子商业汇票业务，全年开展电子银行承兑汇票、电子商业承兑汇票贴现等业务累计票面金额达3.52亿元；在已开展的贴现业务基础上，公司还对集团票据集中管理工作积极研究，探索以提供票据承兑、贴现、转贴现等一揽子业务为抓手的集团票据池运作模式，力争进一步盘活集团票据资产，提高成员单位支付能力以及资金归集度。

【资金集中】公司按照集团《关于严格执行集团资金集中管理制度的通知》要求，积极推进资金归集工作。一是转变了工作思路，在总结过去几年资金归集工作经验的基础上，公司结合当前实际，及时调整了工作方法，注重点面结合，由原来从行业、板块等较宽泛、宏观的层面开展资金归集转变为沉下心去，深挖细掘，切实了解、调查成员单位的资金分布情况、未归集金额及原因，针对成员企业的不同情况，认真研究资金归集新模式，促进资金归集工作更有针对性，更加有的放矢；二是强化了主动服务，对上市公司等还未上线的成员单位，公司加强了主动服务、主动营销的意识，通过电话、上门走访、邀请座谈等多种形式，向成员单位宣传集团资金集中管理的政策要求，解答资金归集过程中可能出现的各种实际问题，介绍公司的业务特点、定位和资金归集后的服务功能及优惠举措，消除成员单位对资金归集的顾虑，促进资金归集工作更加深入开展；三是加强对资金归集情况的监测，公司从年初起逐月对集团各成员单位资金归集情况及当月资金的异动情况进行跟踪、统计、分析，并向集团领导和集团财务部报告，向相关成员单位主要负责人发出提醒，促进成员单位更好地执行集团资金集中管理政策。截至2014年末，开户成员单位达到150家，上线109家，日均吸收成员单位存款49.65亿元。

【业务创新】2014年，公司大力拓展金融业务，积极向监管部门申报新业务，先后获得中国银监会批准公司新增承销成员单位企业债券、有价证券投资、委托投资三项业务，中国银行间市场交易商协会批准公司加入中国银行间市场交易商协会，新业务和新资格的取得进一步完善了公司的金融服务功能，提高了公司为成员单位服务的广度与深度，增强了公司为集团和成员单位的发展提供更好的资金支持和金融服务的能力，也为公司更好地开展同业交流，创新业务发展，创造了有利条件。

【风险管理和内部控制】一是强化内控管理，根据监管部门的现场整改意见，公司成立了由公司总裁领导，风控、审计、金融、财务、研发中心、办公室、信息等多部门骨干联合组成的内控制度工作小组，对公司在公司治理、业务、稽核、风控、财务等方面70余项制度、草案进行全面梳理，对已执行但未印发的制度以文件形式印发，包括《公司办公会议制度》《总裁工作规则》《突发事件应急预案》《组织机构设置及职责管理办法》《会计档案管理办法》等十多项制度规章，修订了《稽核审计管理办法》《资产风险分类管理办法》《结算业务管理办法操作细则》，进一步提升公司内控管理水平，促进公司规范运营。二是加强制度执行，对照制度规定，公司对经营管理中存在的薄弱环节，从执行各项规章制度细节入手进行监察，从操作风险、防范案件和经营风险上找问题，对检查发现的问题积极整改，对未执行制度规定的情况开展责任追究，确保内控制度得到严格落实。

【人力资源管理】公司人力资源工作紧紧围绕公司核心工作，不断提升人力资源管理水平。一是注重教育培训，扎实开展员工日常在岗业务培训、周三集中学习等常规教育培训，加强同行业之间的交流学习，多种方式提高员工的业务与管理水平；加强岗位练兵，开展了部分中层人员与一线岗位人员的轮岗，多岗位锻炼员工技能；部门负责人、主管对一线员工开展了“一对一”指导，对年轻骨干“压担子”，使年轻人立足岗位，增长才干，全年公司累计开展各类培训调研学习20多场次，全员综合业务素质大幅提升。二是建立较完善的激励约束机制，加强员工的绩效考核与管理，制定了科学合理的考核体系，并将年度考评结果与员工薪酬调整、职级晋升、教育培训紧密结合，真正建立“干多干少不一样，干好干坏不一样，干成没干成不一样”的考评与激励机制。三是构建公司五年人力资源规划，仔细梳理了员工的组成结构，详细分析了公司内外部环境的优势和劣势，制定了“三定”实施方案和五年人力资源开发与管理工作规划，为公司更好地加强人才开发，培育专业人才提供了指引和方向。

【信息系统建设】公司立足于服务成员单位，维护信息安全，提高运营效率的宗旨，积极推进网络建设，完善电子平台。按照监管部门现场检查意见，2014 年，公司着手开展信息系统升级改造工作，加强与软件公司在信息系统软件功能上的缺陷改进进行沟通，分析、研究信用评级系统、授信与信贷系统二次开发的相关需求，进一步提升公司数据安全和业务系统稳定运行，保障公司各项经营管理活动顺利开展。

【企业文化建设】公司大力弘扬企业精神，积极培育符合社会和企业自身发展的核心价值观，建设健康、向上、和谐的集团内部银行企业文化。公司以“家”文化为核心，营造亲如一家、团结和谐的企业氛围，注重关心员工生活，让员工共享企业改革发展成果、实现个人梦想；深化民主管理，召开了二届一次职工大会，听取并审议了 2014 年度工作情况，切实维护职工对企业事务的知情权、参与权、表达权和监督权；强化服务理念，在公司推行“创造价值，专业用心，客户至上，服务至诚”的服务文化，引导员工增强服务意识，树立服务至上的准则；丰富员工精神生活，组织开展“工作在单位、活动在社区、奉献双岗位”党员进社区主题活动，赴茅山开展主题党日活动，全体员工观看《黄土情》爱国影片，进一步展现员工精神面貌，建设精神家园，增强公司凝聚力；组织开展奉献爱心，捐资助学活动，彰显企业的社会责任。丰富多彩的活动和积极向上的精神生活增强了公司员工的归属感、职业素养和精神风貌。

重庆化医控股集团财务有限公司

【经营概况】2014 年，重庆化医控股集团财务有限公司（以下简称“公司”）以科学发展观为指导，紧紧围绕国家产业政策和化医集团“11 +3”改革发展思路，明确“进一步加大资金、票据集中管理力度和提高资金使用效率”的总体工作目标，坚持“立足化医、依托集团、服务产业”的经营宗旨，以提升客户服务体验为基本出发点，积极服务集团实体经济和中小企业。截至 2014 年末，公司资产总额 69. 56 亿元，净资产 7. 64 亿元；吸收存款 58. 70 亿元，发放贷款及贴现 40. 36 亿元，不良资产率和案发率持续为零；实现营业收入

2.46 亿元，利润总额 1.25 亿元；资金归集度达到 65.80%，票据归集度为 73.75%。

【信贷业务】2014 年，公司完成了对 30 家集团成员单位年度综合评级授信工作，授信总金额 23.62 亿元；为 24 家成员单位发放自营贷款 86 笔，累计发放自营贷款金额 40.36 亿元；发放委托贷款 7 笔，总金额 1.55 亿元。贷款余额 29.90 亿元，委托贷款余额 1.50 亿元，全年累计为企业节省财务费用超过 0.30 亿元，极大地降低了企业的融资成本及财务费用，增强了企业对外融资的议价能力。

【票据业务】2014 年，公司累计办理成员单位贴现 54.78 亿元，办理转贴现 41.08 亿元，代开银行承兑汇票 9.75 亿元，年末票据余额 16.82 亿元（含托管票据）。

【资金集中业务】截至 2014 年末，在公司开户单位已达 104 户，比上年同期增加 15 户；票据归集家数达到 46 家，比年初增加 6 家，全年办理票据归集金额 73.50 亿元。为进一步调动集团成员单位归集资金和票据的积极性，经公司信贷审查委员会决定，公司对企业的贷款利率不再统一按照同档次基准利率下浮 10% 确定，而是参考借款企业在公司上一季度的资金归集度和票据归集度、日均存款金额以及企业信用等级来确定，实行差别化贷款利率。企业为了获得更为优惠的贷款利率，尽可能降低财务成本，其归集资金和票据的积极性和主动性有了一定程度的提高。

【资金和投资业务】2014 年，公司不断加强对外融通能力，积极争取同业授信，全年开展同业拆借业务 9 笔，累计拆入资金 14.50 亿元，有效发挥了集团营运资金管理平台和内部资金稳定器的功能。

【风险管理和内部控制】2014 年，公司严格执行监管要求，扎实推进案件风险滚动排查工作，对每一笔柜台业务逐笔核查，全年共计核查凭证 80 816 笔，涉及金额约 1 056 亿元；抽查银行承兑汇票实票共计 1 832 笔，涉及金额约 8.09 亿元；对 57 户贷款客户进行了全面的贷后检查，涉及贷款金融 45 亿元，未发现违纪、违规行为。同时，公司以重庆银监局“员工行为管理年”等活动为契机，着力梳理和加强制度建设，全年共制定或修订了《重庆化医控股集团财务有限公司资金集中管理办法》《重庆化医控股集团财务有限公司“一头在外”的应收账款保理业务管理办法》《重庆化医控股集团财务有限公司案件风险防范管理暂行办法》等 17 项制度办法，涉及资金集中、票据集中、“一头在外”产业链、结算账户管理、票据管理、案件防控、人力资源等多方面，不但进一步理顺和优化了公司制度流程，夯实了合规经营理念，更进一步促进了治理体制建设。

【人力资源管理】2014 年，公司着眼企业可持续发展，坚持培养与引进并重，注重加强专业技术人才队伍建设，积极打造学习型组织，结合金融行业的实际情况，持续强化岗前培训和轮岗锻炼，积极组织员工参加银监会（局）、中国财务公司协会、人民银行重庆营业管理部的业务学习，全年人均参培 2.6 次，同时鼓励员工开展自学，营造“比、学、赶、超”的良好氛围。

【信息化建设】2014 年，为进一步推进集团资金集中管理，提升业务处理效率和客户服务能力，公司持续加大对业务信息系统的建设投入，与招商银行进行了多次对接，对主要业务信息系统提出了合理化升级建议，确定了分步骤实施方案。另外，为提升信息突发事件的处理能力，避免出现类似宁夏银行宕机事故，公司开展了信息化自我检查和应急演练，对现有硬件设备进行了升级优化，保障了在紧急情况下，公司业务的连续性以及系统恢复后数据的完整性。

【企业文化建设】2014 年，坚持将企业文化建设同经营管理工作有机结合起来，一方面，突出以“服务”为导向的经营方针，通过真抓实干、苦练内功，不断培养和提高金融服务意识和技能，坚持标准化服务，规范窗口人员行为，实现由传统服务向营销服务的转变，在公司上下逐步建立起热情、周到、主动的服务意识。另一方面，公司大力倡导“人人合规、事事合规”的风控合规文化，通过学文件、学制度、开展警示教育、撰写学习心得等形式，使风险防控意识深入人心，保障了公司日常经营活动的安全高效运转。

金川集团财务有限公司

【经营概况】2014 年，金川集团财务有限公司（以下简称“公司”）紧紧围绕“保供给，降成本，防风险，增效益”的目标任务，以精细化管理理念引领各项工作，强化资金管理，发挥金融服务职能，实现合规稳健发展。全年实现营业收入 1.60 亿元，利润总额 1.26 亿元，其中净利润 1.07 亿元。截至 2014 年末，公司资产总额 61.47 亿元，负债总额 49.44 亿元，所有者权益 12.03 亿元。不良资产率保持为零，各项监管指标均符合监管部门要求。

【资金业务】公司进一步加强资金管控，加大对各成员单位资金预算申报及执行的考核力度，严格控制各成员单位货币资金存量，有效避免存款、贷款双高现象。助力成员单位提升闲置资金的盈利能力，牵头办理银行理财，增加收益 1.06 亿元。根据集团整体资金状况，挖掘各种融资工具的价格比较优势，协助集团多渠道、低成本融入资金 221.31 亿元，节约集团财务费用 1.66 亿元。

【贷款业务】调整产品结构，优化资产配置，加大对成员单位的信贷支持，累计发放流动资金贷款 39.20 亿元，办理委托贷款业务 22.13 亿元。信贷业务收入 1.52 亿元，同比增长 179.44%。

【票据业务】公司制定了票据集中管理方案，做大“票据池”，实现集团内部票据信息共享；持续监控成员单位在商业银行开票和票据持有及流转情况，提供优于市场价格的贴现率，引导成员单位及时贴现票据，盘活票据资产。2014 年办理票据贴现 25.77 亿元，票据转贴现 9.30 亿元，出具电子票据 23.60 亿元，其中财务公司承兑 10.75 亿元。有效节约了集团资金占用及资金成本。

【资金集中】公司对成员单位的银行账户进行了全面清理，加大存量资金限额考核力度，进一步提高了资金集中度。吸收存款日均余额 37 亿元，比上年增加 11 亿元。全年办理结算业务 71 201 笔，结算金额 4 589.84 亿元，日均结算量 284 笔，结算量同比增长 16%。

【业务创新】2014 年 2 月实现了境内成员单位外汇资金归集；3 月开办法人账户透支业

务，解决成员单位临时性资金支付需求；5月开办同业拆借业务，累计拆出20.20亿元，拆入20.50亿元，开辟了融资新渠道。投行业务、跨国外汇资金集中运营管理业务均已完成申报。

【风险管理和内部控制】按照“制度先行、内控优先”的原则，不断完善内部控制和风险管理制度，2014年修订、制定《集团公司融资管控办法》《财务公司同业拆借业务操作流程》等18项制度；健全资金流动性管理体系，完善了资金支付应急预案；梳理评级授信体系，重新核准了16家成员单位授信额度和用途；实现了日间稽核工作常态化，开展系统角色权限、业务台账、委托贷款和同业业务的专项稽核内审工作；持续培育良好的风险文化和合规文化，定期开展案例分析和专题教育活动，员工合规意识不断增强。

【人力资源管理】公司加强金融专业人员的引进与培养，员工队伍比上年增加7人，满足了业务开展需要。制定员工绩效考核细则，强化考核中的风险、合规导向，完善激励、分配机制，调动员工积极性和主动性；落实员工培训计划，聘请监管部门和银行业务专家举办了有关外汇管理政策、汇率风险管理工具、结售汇、保理业务、信息系统等专题培训16期，累计322人次；选派员工参加中国财务公司协会举办的基础业务等培训，参加银行组织的金融产品研讨会，提升业务知识和技能，员工综合素质进一步提高。

【信息化建设】公司加强信息系统运维管理，开展九恒星N6资金系统升级后续改进工作，解决了结算、信贷、风险等业务需求和问题16项，完善了系统应急预案并组织实施演练，保证了各业务系统安全稳定运行。资金系统新增加了外汇管理系统和风险管控系统模块，为新业务的开展提供了信息科技支持；与甘肃银行开通银企直连接口，拓宽了结算通道。

【企业文化建设】公司持续推进具有金川特色的金融企业文化建设工作，弘扬积极进取、敬业奉献精神；加强员工关怀，完善员工体检、互助、探望慰问等制度，积极为员工创造良好的工作和生活环境；组织开展打球、登山、棋牌比赛等各种文体活动，丰富员工业余生活，增强员工团队精神和凝聚力；持续查摆并整治整改“四风”问题，促进公司和谐稳定发展。

新希望财务有限公司

【经营概况】2014年，新希望财务有限公司（以下简称“公司”）认真落实年初集团提出的“将变革创新进行到底”的工作思路，全体员工围绕“规范、创新、服务、发展”的主线，统筹规划，承压前行，实现了资产、收入双增长。公司资产总额较年初增长5.95

亿元，实现营业收入0.62亿元，利润总额0.54亿元，净利润0.40亿元，完成年度预算120.04%。经过四年的不懈努力，公司基本完成了发展规划的第一阶段任务目标，即开展以“搭平台、抓集中、控风险、提效益”为指导思想的集团货币资金集中管理。各项监控指标均达到银监会的监管要求。

【资金集中】2014年，公司通过采取完善事业部资金池、对成员单位银行账户进行清理等工作措施，截至2014年12月31日，公司资金集中度达到了63.84%，明显高于2013年的54.94%。

一是资金集中管理制度进一步完善。2014年，为推进银行账户、资金支付结算规范化管理，公司牵头制定并下发了《关于银行账户管理、资金旬报报送等工作的通知》《关于下发银行账户、资金结算管理办法的通知》，进一步完善了集团资金管理制度体系，并试编内刊《推动力》以增强各方信息沟通，进一步促进了集团、事业部加强资金集中管理工作。

二是集团海外资金集中管理取得实质性成果。2014年初，根据人民银行有关政策，公司积极配合股份公司推进海外资金集中管理，2014年4月股份公司取得海外资金集中管理资格，通过股份总部所在地开立外币总账户，在越南、菲律宾等海外子公司开展资金集中管理，新希望海外资金集中管理实现实质性突破。乳业海外资金集中管理也在推进中。

三是积极探索构建集团跨境人民币双向资金池。2014年7月，根据上海自贸区金融政策，公司积极研究跨境人民币双向资金池政策的内涵，分析新希望建立跨境人民币双向资金池可行性，并拟订《关于集团构建跨境双向人民币资金池的建议》，获得集团总裁办公会议通过。集团正在择机实施。

【信贷业务】2014年1月至12月，公司传统信贷业务较2013年稳步增长。截至2014年12月17日，公司累计为成员单位发放45笔自营贷款，放贷资金29.18亿元；向7家成员单位发放15笔委托贷款，放贷资金12.62亿元。2014年，公司对成员单位的贷款利率严格按照国家相关规定执行，对于国家支持的农牧企业，多以基准及下浮利率发放贷款，大力支持农牧板块的实体企业发展。

【票据业务】2014年，公司大力推进成员单位电子商业汇票承兑业务，为集团及下属各成员单位合理规划使用资金，科学利用融资工具。2014年全年公司为成员单位承兑电子商业汇票91张，承兑资金2.80亿元。公司还通过招商银行、中国银行、农业银行等进行票据保贴，扩展公司电票的市场信誉度，增加其流通度和认可度，提升新希望品牌在金融市场中的信誉。同时，公司积极联系人民银行，对成员单位在手票据进行贴现后的再贴现，帮助成员单位解决资金问题，盘活在手资产。此外，还积极与浙商银行探讨票据池质押融资的合作模式，为成员单位使用财务公司承兑汇票提供更多低成本渠道。

【业务创新】一是助推产业链终端和线下代扣结算业务。公司发挥金融结算机构的特有优势，支持乳业板块千店计划、股份板块万店计划的决胜终端计划，将公司的收支结算系统延伸到业务终端，助力业务产业链延伸。2014年7月，针对乳业板块终端销售收款风险环节，公司协同乳业事业部多次讨论研究，确定了终端结算方案。除客户通过现金、网上银行或微信支付外，终端结算方案针对固定和非固定客户，采取不同的收款结算模式。乳业第一批POS机试点运行后，进入业务稳步推进阶段，第二批100台多功能POS机已陆续投入使用。2014年11月，公司通过与第三方支付公司的合作，开发了“主动代扣”业务。这种收款方式，既解决了销售员缴费、经销商收款、团购收款等问题，又解决了保管银行卡风险和刷卡不合规问题。同样，该业务还可以运用到房产回款、租金扣款等业务上。

二是精准把控再贴现政策。公司积极与人民银行沟通，取得人民银行再贴现政策支持后，基于公司电子汇票系统，以4.25%的优惠利率办理了成员单位之间开立了0.20亿元的商业承兑汇票贴现，再将所贴商票向人民银行申请再贴现。实现人民银行政策资金对涉农中小实体经济的直接落地，为集团内部涉农企业争取政策资金提供了可以常态化的样板模式，公司也实现了一定收益。

【信息化建设】2014年，公司信息化建设在保证安全、稳定、高效原则下展开工作。公司为集团股份公司旗下青岛中心量身定制了“额度控制系统”，为其准确把握资金计划和使用情况，提高资金使用效率发挥关键作用；为化工板块和大象集团全面上线公司网银系统，为提高资金集中，减少外部负债和节约财务费用上，奠定了坚实基础；为提高和拓展成员单位支付结算便捷性，减少成员单位操作人员工作量，公司开发完成了“财企通”系统作为其他外部系统接入的统一入口，成员单位可在自己的财务系统发起支付，方便快捷，多渠道完成支付。同时，公司还对核心业务系统进行了优化升级，在稳固基础，加强安全、保证运行稳定情况下提升运行效率，并投资新建了一套备份系统，实现了本地业务应用级备份，强化了数据的异地灾备和应急机制的建设。

【风险管理和内部控制】2014年，公司在推动业务发展的同时，继续有效坚持“风险为本、内控优先”原则，在服务于集团产业链两端的金融活动中，持续强化风险识别和风险控制。公司有序推进全面风险管理体系建设，不断完善内部控制制度，有效促进经营管理规范运作，在人员管理、系统建设、业务经营等方面，持续加强风险管理和稽核检查，全年完善各项规章制度20余个，实现各项监管指标全部达标。

【人力资源管理】公司一直坚定优秀、专业的人才是公司发展根基的理念。2014年，公司着力提高一线员工的薪酬待遇水平，通过引进专业化、年轻化的人员和加强内外部培训相结合的方式，逐步改善和优化了公司员工队伍整体业务水平和年龄结构。

公司一直致力于打造学习型组织，通过定期（每月1期，全年共12期）的内训活动，让每个部门的负责人、骨干和员工都有机会成为讲师，与全公司一起分享自己所掌握的知识，向一个充满学习氛围和创新思维的团队方向努力。公司还组织了多次团队活动，以增强员工的凝聚力与活力。

酒钢集团财务有限公司

【经营概况】截至2014年末，酒钢集团财务有限公司（以下简称“公司”）资产总额

74.66 亿元，同比增长 13.74%；负债总额 62.66 亿元，同比增长 21.57%；由于向股东分红 3.60 亿元，期末所有者权益 12 亿元，同比下降 14.89%。实现营业收入 2.67 亿元，同比增长 1.93%；实现利润总额 1.85 亿元，同比下降 19.60%。2014 年公司贷款规模大幅增长，与此同时，为提高风险防范能力，公司提高了贷款损失准备计提比例，受此影响，公司利润总额同比下降。

2014 年，公司资产收益率为 2.14%，净资产收益率为 11.50%。年末资本充足率为 23.54%，流动性比例为 61.20%，担保比例为 31.76%，短期投资比例为 23.82%，不良资产率为零，公司各项指标良好。

【信贷业务】2014 年，部分成员单位受经营状况及所在行业限制，难以从商业银行获得授信额度，融资难度和融资成本居高不下。公司加大信贷业务开展力度，通过扩大对成员单位的授信规模与信贷资金投放力度，为集团公司成员单位提供了强有力的融资支持。2014 年，公司信贷规模达 41.14 亿元，为公司成立以来最高值，累计实现信贷业务收入 1.59 亿元，其中，贴现利息收入 0.18 亿元，流动资金贷款利息收入 1.40 亿元，签票手续费收入 25.40 万元。

【票据业务】2014 年，信贷业务部在传统票据贴现业务基础上，结合成员单位实际经营情况，推进买方付息、协议付息贴现业务；在电子票据业务方面，通过不断对成员单位及上下游客户进行电子票据业务宣传、培训，成员单位使用电子票据结算量及财务公司签发电子票据量均有明显提高；2014 年，公司累计签发电子商业汇票 5.08 亿元，拓宽了成员单位融资渠道，优化了成员单位资本结构。

【资金归集】以集团资金管控要求为基础，制定个性化资金归集服务方案，促进资金归集。采取有针对性的监管措施，划分资金归集责任区，建立成员单位资金台账，定期排查重点监控，进一步强化公司作为“企业集团资金集中管理平台”的履职能力和工作力度。2014 年，公司日均吸收存款 86.61 亿元，剔除不可归集因素后月均资金归集率为 90%。

【业务拓展】为进一步优化公司业务结构，提高资金使用效率，满足流动性管理需求，公司积极申报并于 2014 年 8 月获批同业拆借、有价证券投资（股票二级市场除外）及承销成员单位企业债券等业务。人民银行票据再贴现业务亦获批准，将进一步提高票据流通效率，降低融资成本。全面梳理修订和建立同业业务、投资投行等新业务规章制度及业务流程，同时选派人员参加银行间本币市场交易员、中央国债登记公司和上海清算所债券登记托管等业务培训并取得相关资格证书，确保新业务各项风险指标控制在规定范围内。

【风险稽核】严格按照监管要求，不断完善“三会一层”法人治理结构和内控机制建设，进一步加强风险监测分析和预警预报，准确分类风险资产，提升公司资产质量。为有效发挥公司各治理主体独立运作、有效制衡、相互合作、协调运转机制作用，公司监事会对董事及高管人员履职情况进行了全面监督评价。根据审慎经营的原则，切实加强风险管理和稽核审计，完成了制度建设及执行情况的全面稽核和资产质量真实性、财务收支管理、影子银行、非法集资、案件风险排查等 13 个专项检查项目，规范操作流程，填补空白，堵塞漏洞，严把风险关口，把业务操作的诸环节、全流程纳入全面风险管控体系。

【信息化建设】2014 年 7 月，公司开始筹备网站建设工作，经过三个月的调试，网站成功上线运行。标志着公司可以利用网络优势加强对外宣传，推广金融产品和业务，并向成员单位宣传金融法规，传导行业规定，快递金融咨询，更好地为成员单位服务。公司网站于

2014年11月17日正式上线运行，多元化地展示了公司形象，推广金融产品和业务，为成员单位业务交流与办理提供了更为便捷的数据平台。同时，公司根据集团资金管理特点和要求，经过多次调试，资金管理N6系统于2014年9月9日正式上线，提高了业务办理效率，提升了公司服务质量和管理水平。

【企业文化建设】公司以“立足集团、服务成员”为核心价值观，服务酒钢集团，打造酒钢集团综合金融平台，合理布局金融产业，构建金融产业链，为集团提供全方位的金融服务，配合集团发展战略的实施，促进集团综合管理和金融控制，实现产业资本和金融资本的深度融合，提高酒钢集团综合竞争力和公司核心竞争力。将公司打造成酒钢集团的金融市场中心、金融业务中心、金融交易中心、金融信息中心，成为钢铁行业具有影响力的现代金融服务机构。

包钢集团财务有限责任公司

【经营概况】2014年，包钢集团财务有限责任公司（以下简称“公司”）营业场所未做变更，经营范围未变更。年末经包头银监分局批复，股东同比例增加注册资本金5亿元，注册资本金变更为10亿元。2014年9月3日，公司召开股东会会议暨二届一次董事会、监事会，进行了换届选举，产生了新一届董事会、监事会。现有内设部门7个，在册职工46人，其中，研究生6人，高级职称8人。

截至2014年底，公司资产总额51.96亿元，负债总额39.78亿元，所有者权益总额12.18亿元，分别比上年末增加了56.08%、47.12%和94.88%。51家成员单位在公司开户，吸收存款39.72亿元，比上年末增长12.71亿元，资金归集率20.75%（集团6月末货币资金全口径），资金归集率36.44%（集团6月末货币资金可归集口径）。全年累计实现营业总收入2.41亿元，实现利润总额1.23亿元，超额完成全年利润考核指标。公司11个监控性指标及5个监测性指标均在监测范围内，均符合监管规定。

【信贷业务】2014年，公司信贷业务注重夯实基础、加强风险防范，逐渐形成与商业银行的竞争态势。修订、完善贷款、担保管理办法。以《流动资金贷款管理暂行办法》等内控制度和包头银监分局2014年度监管意见为依据，对发放的全部信贷业务进行全面自查，积极改进，规范操作。为集团母公司、包钢股份、西创、包钢稀土等单位争取到综合授信95亿元。到2014年底信贷规模合计24.96亿元，其中，贷款14.8亿元，票据10.16亿元。通过贴现业务为集团及成员单位提供了一定的资金流动性。申请并获得短期外债指标0.13亿美元，用于进口矿石等原材料采购的贸易融资业务，同比降低财务费用约22万美元。信贷资产品种符合公司发展要求，资产质量良好，全部为正常类信贷资产。

【资金业务】2014年，公司积极管理资金头寸，密切关注中央银行货币政策和同业拆借市场利率的变化趋势，优选交易对手，利用生产经营资金的时效差，合理调配资金，开展对公理财或同业定存业务，全年实现理财或同业定存收益0.56亿元。2014年上半年制定了四项有关同业拆借管理办法和相关制度。2014年8月得到中国人民银行上海总部同业拆借业务申请的批复，批准公司进入全国银行间同业拆借市场，从事同业拆借业务，并核定最高拆入、拆出资金限额均为5亿元人民币，完善了公司功能。积极争取同业授信，截至2014年末，公司共取得12家金融机构同业授信，有效抵御了市场风险，提升了流动性管理的灵活性。

【票据业务】2014年为成员单位开展了票据直贴、转贴、贷款及代签银行承兑汇票等业务，为集团母公司、包钢股份、西创、矿业物资、稀土国贸等成员单位贴现55.22亿元，转贴卖出42.88亿元，买入0.70亿元。代签兴业银行、包商银行等承兑汇票2.40亿元。

【资金集中】公司积极履行集团资金集中管理功能，与包钢股份、北方稀土签订年度金融服务协议。通过开展定存、网上结算等服务手段，吸引成员单位存款。截至2014年末，51家成员单位在公司开户，资金归集率达到36.44%（集团2014年6月末货币资金可归集口径）。

【业务创新】2014年，公司积极推动香港展博公司海外融资平台的搭建，利用这一平台，充分与政策性银行和具有一定外汇规模的中资银行或外资银行沟通，创新融资方式，开展内保外贷、海外代付。利用海外市场融资优势，融入低成本资金，搭配资金业务产品，利用境内外市场的汇率差取得汇差收益。开展银租通相关业务38.35亿元，全年降低财务费用0.13亿元。增加外币贷款，节约财务费用0.22亿元。

2014年开始为部分有支付需求的成员单位代签商业承兑汇票。截至2014年末，共为6家成员单位签发商业承兑汇票面额4.42亿元。向国家外汇管理局申报开展财务公司结售汇业务，向人民银行申请征信系统接入工作，不断通过寻求业务拓展，增加服务功能。

【保险代理】2014年跟踪理赔20起保险案件，共完成保险赔款418万元，实现代理费531万元；完成了2014年各单位车险和财产险的续保工作。参与组建内蒙古地方法人农业保险公司，完成组建保险公司的前期可研工作。

【风险管理和内部控制】大力加强风险意识、合规意识教育。对员工行为进行排查，及时掌握员工异常行为。积极落实“两管理、两综合”各项措施，杜绝各类重大案件的发生。提高技术手段，加强监控能力。2014年4月，风险管控与决策系统正式上线，强化了风险监测手段。通过数据及监测指标的分析，追溯开展业务中存在的不足，初步建立压力测试模型，推动资金头寸的精细化管理。为有效防范公司开展业务涉及的相关法律事务风险，寻求律师提供专业法律支持。开展合格审慎评估、按照监管部门要求结合实际完成案防工作自评、操作风险自查、操作风险突击检查，提高员工自我纠错能力，消除风险隐患。

【人力资源管理】完善人力资源建设、加强人才梯队培养，提升员工队伍素质。一是制定员工行为动态管理办法，提高员工自我教育、自我约束、自我管理、自我完善的能力。二是加快公司人才的引进力度，吸纳金融等专业本科毕业生3名。三是加强员工岗位培训和专业培训，分层次对员工的培训需求进行摸底调查，更有针对性地开展培训工作。建立培训档案，积极鼓励与支持员工参加行业、行业协会组织的各类业务培训和专业资格考试；通过继续教育、职称晋级和从业资格考试等方式，多渠道提高员工业务素质。开展“师徒结对、岗位互助”活动，促进青年职工迅速成长。组织新入职大学生进行为期半年的基层成员单位财务工作实习，同时参与包钢审计部的审计工作，增加新员工对企业财务状况的了解。组织了首届公司会计大赛，以提升员工业务能力。

【信息化建设】完善科技风险内控机制，提高信息科技保障水平。一是在董事会风险管理委员会下设立“信息科技委员会”，加强信息管理。二是对公司主体网络进行了摸底式排查，重新划定了工作网络域，对系统内终端进行了软件升级，对互联网终端进行排查，消除系统隐患。三是上线风险管控与决策系统，形成了系统化的风险管理体系。将公司各业务部门的核心数据进行了科学、有效的整合，满足公司日常业务监控。四是完善日常工作流程，规范成员单位的密钥 KEY 的制作、领用、展期、注销、密码重置等业务流程。定期备份和交接核心数据库资料，增加了对银企直连证书的监控机制。五是配合集团资金管理部门建立集团公司资金预算管理平台。

【企业文化建设】2014 年，公司充分发挥党组织和工会、团支部的作用。党支部重点开展党的群众路线教育实践活动，积极参与包钢60 年厂庆各项活动，加强党风廉政建设，开展“清风岗”、效能监察等活动。工会积极组织参加工商银行包头市分行羽毛球比赛、包头市银行业协会气排球比赛等活动，均取得优异成绩。还开展员工自主改善活动，全年征集自主改善项目 41 项，普及率达 93%。团支部开展“书香年华·包钢财务公司 2014 青年读书月”主题活动；制定《包钢财务公司开展青年职业生涯导航工作实施方案》，鼓励岗位成才。

新奥财务有限责任公司

【经营概况】2014 年是新奥集团转变思维、深化变革、持续增长的一年，新奥财务有限责任公司（以下简称“公司”）围绕集团事业转型、战略升级的坚实步伐，秉持稳健的经营策略，出色地完成了集团赋予的各项任务。2014 年，公司资产规模大幅跃升，服务集团能力不断增强，在集团内的价值和地位日益彰显，全年实现营业收入 2.13 亿元，同比增长 62.60%；净利润 0.95 亿元，同比增长 79%；资产规模达到 72.36 亿元；年末存款 55.89 亿元，较年初增长 165%。

【信贷业务】2014 年，公司作为集团内部银行的作用愈加凸显，通过置换企业银行贷款并让利于企业的方式，全力保证为企业提供高效便捷的服务。根据集团成员企业不同的资金需求，公司有针对性地开展自营贷款、票据贴现、委托贷款业务、保函业务等。在提高集团的资金使用效率的同时，拓宽了成员企业的融资渠道，极大地解决了企业贸易融资、固定资产投资等的资金需求。公司全年累计信贷投放99.90亿元，信贷投放余额为30.63亿元。其中，累计发放自营贷款28.64亿元，票据贴现9.02亿元，办理委托贷款62.24亿元。

【资金业务】2014年，公司共完成结算总金额1 316.31亿元，总笔数为8.54万笔，为确保资金的安全，公司完成了付款业务三级签认功能和电子对账功能的开发上线，在业务操作中严格按照操作制度流程，保证了全年资金安全、零事故；通过每月电子对账，公司能及时核对未达账项，并尽早发现异常交易，保障企业资金安全，2014年对账率达100%。为提高资金预测的准确性，公司上线了资金头寸管理模块，通过对资金头寸的精细化管理，将备付率保持在更为合理的水平，加快了资金周转速度。

【票据业务】截至2014年末，公司的票据融资再创新高，累计完成票据贴现302笔、再贴现207笔，累计发生额分别达到11.20亿元和8.97亿元，通过大力开展电票贴现和再贴现，有效降低了集团的融资成本，节约利息支出近0.20亿元，亦使得资金发挥了更大效益；同时，作为较早开展电子票据业务的财务公司，公司在此项业务上进展明显，得到了人民银行的肯定，2014年获批加入河北省金融票据协会，增加了与同业沟通交流的机会，也使公司能够学习同业先进的经验，不断开阔视野。

【资金集中】2014年，公司依托集团控股力量，通过存贷结合，全面推进归集资金工作，逐步向成熟完善的财务公司迈进。在资金集中工作上，公司灵活采取存款利率上浮，并大力推介定期存款、通知存款、协定存款等理财方式，最大限度为企业提供理财收益，同时借助公司平台优势，在资金富余企业与资金需求企业搭桥做委托贷款，既保证资金短缺企业的资金需求，又保证资金富余企业的资金收益。2014年末，公司资金余额由年初的21.06亿元增长到55.89亿元，全口径归集率达到46.66%。

【业务创新】公司通过创新产品和服务，有效地盘活了大量资金，而且通过科学的资金配置，提高了集团的资金使用效率，降低了外部融资依赖，节约了外部融资成本。2014年，公司积极开发新产品新业务，成功开立首笔保函业务，保函金额2亿元，保函费40万元，年末保函业务已经扩展到5家公司。

【风险管理和内部控制】2014年，在风险管理和内控工作方面，公司围绕年初制定的工作计划，不断夯实日常稽核工作，并着力推进风控水平的提高，严格落实风险管理责任制；为提高公司应对资金业务系统应用中各种突发事件的能力，最大程度地预防和减少风险事件造成的危害和损失，保证资金业务系统的稳定、安全运行，公司制定了《新奥财务有限责任公司资金业务系统风险应急预案》，并进行了应急预案模拟演练；并且公司还增设了内审部，通过充分发挥其独立评价的职能，确保公司依法合规运营。

【人力资源管理】2014年，为建设高效专业综合金融服务队伍，提升专业能力，公司组织员工参加金融职种任职考试，认证覆盖率达到100%，同时依托公司金融机构的平台，全力做好金融专业人才的选用育留，为集团金融板块的布局储备人才。

【信息化建设】2014年，公司的信息战略目标是建设高效稳定的业务系统，核心是风险控制和安全，信息化建设工作主要是围绕2013年风险评估整改及业务部门的需求进行系统调整及上线，逐步实现涵盖现金计划及预测、流动性管理、融资管理、投资管理以及风险管理等模块的业务系统，并实现境内外系统的对接。

【企业文化建设】为提升公司整体运营水平，调动并激发员工的热情，增强公司凝聚力和战斗力，2014 年公司组织召开了员工民主生活会、三周年系列活动等的团体活动，通过相关活动的组织实现了管理干部领导力对标、规范员工行为以及发现了公司管理中存在的问题，极大地活跃了公司的组织氛围。

中外运长航财务有限公司

【经营概况】中外运长航财务有限公司（以下简称“公司”）由中国外运长航集团有限公司及其所属 6 家成员单位共同出资组建，成立于 2011 年 5 月，注册资金为 5 亿元。公司以实现集团“成为客户首选的综合物流供应商”为核心目标，以“诚信、包容、务实、创新”为企业文化，以“集团为先、服务为重、规范稳健、开拓创新”为经营理念，以“依托集团、服务产业、规范治理、审慎经营”为经营方针，用科学发展观统揽公司工作全局，以金融多业经营为基础，以高效规范的经营机制为手段，努力培育“战略决策能力、人力资源、信息系统、企业文化”四位一体的核心竞争力，不断进行业务创新，发展与集团需要相适应的金融服务，为集团的产融结合提供全方位的服务，努力成为“服务能力强、资产质量优、风险控制好、盈利水平高、可持续发展”的现代金融企业。2014 年，公司累计实现营业收入 1.27 亿元，累计实现利润总额 0.49 亿元。

【信贷业务】公司积极有序开展各项信贷业务：一是继续稳健开展已有贷款业务，2014 年公司累计发放贷款 25 亿元。二是公司积极开展新业务，包括保函、委托贷款和法人账户透支。2014 年累计开立保函 0.16 亿元，类型包括无船承运保证金保函、履约保函等；委托贷款余额 4.90 亿元；制定了法人账户透支业务管理制度及相关合同，并选取了法人账户透支试点单位；三是公司继续探索创新业务，2014 年财务公司对票据业务和融资租赁业务开展了可行性研究，探索业务开展思路，夯实业务开展基础。

【资金和投资业务】2014 年，公司的资金和投资业务仍然为固定收益类投资中的银行存放同业存款。在资金收益方面，优化资金存放的期限搭配，在保证资金流动性的基础上，向各合作商业银行积极询价，争取存放同业的有利价格，取得全年同业存放利息收入 0.45 亿元。

【利率市场化】2014 年，公司开展利率定价机制建设，财务部制定了《中外运长航财务有限公司贷款利率定价指引（试行）》，在利率市场化贷款定价方面有所推进。存款定价方面，参考各合作银行的存款利率，综合考量公司吸收存款结构和资金成本，制定基准利率不同上浮幅度的各期限存款利率。公司将继续根据利率市场化的形势发展，积极应对，做好公司定位与战略调整，建立健全科学高效的金融产品定价体系。

【外汇业务】2014年，公司稳步推进外汇业务，于2014年7月正式取得外汇市场即期会员资格并于2014年9月正式开展内部结售汇业务。2014年共办理4.36亿美元结售汇业务，为成员单位节省财务费用共计558.10万元；同时，借助跨境外汇资金集中运营管理试点资质，公司于2014年实现境外资金境内归集1.55亿美元。

【资金集中】2014年，公司采取多项措施全力推进资金集中。一是推进结算集中工作。根据集团整体部署，于2014年4月完成集团境内非上市部分全部上线。剔除不可支付项目，通过财务公司进行支付的金额占比最高达94.56%。二是查漏补缺，扩大银企直连账户范围。截至2014年底，新增银企直连账户共788个，已开通银企账户累计达到1 434个，为资金集中和结算集中业务开展提供了有效保障。三是推进与上市公司合作，扩大上线范围，并与上市公司签署金融服务补充协议，提高了其在公司的存款上限。四是推进跨境资金集中管理工作。2014年获得国家外汇管理局北京外汇管理部跨境外汇资金集中管理业务资格，真正实现集团境内外资金一体化运营。截至2014年12月31日，公司日均存款余额24.05亿元，全口径资金集中度为33.89%。

【业务创新】2014年，公司在各个方面积极发展业务创新。在传统业务方面，一是正式开展对私支付和代理收款业务，满足成员单位实际业务需求；二是开展跨境外汇资金集中运营试点业务，为集团实现境内外资金一体化管理提供开创性方法；三是着手搭建SWIFT网络平台，为进一步实现集团境内外银行资金的可视、可控及集中管理提供技术支持。在资金方面，2014年公司获得人民银行批准进入全国银行间同业拆借市场，从事同业拆借业务。此次成功获得进入全国银行间同业拆借市场的资格，为公司开辟了新的资金融通渠道，增强资金供应，提升资金流动性，同时丰富了资金使用途径，进一步提高资金的使用效率和效益，从而为集团公司和成员单位的发展提供更强有力的金融服务和资金支持。

【风险管理】2014年，公司继续夯实风险管理基础，严格执行公司风险管理制度，确保风险管理相关指标符合监管要求；同时，全面开展内部控制体系建设工作，完善公司内部控制体系强化合规管理。主要风险管理工作措施及成果包括：一是落实公司制度要求，严控授信业务风险。截至2014年末，公司贷款客户均能够按时偿还贷款本息，信贷资产风险五级分类均为正常类，无不良贷款和不良资产，其他各类授信业务和表外业务也均未发生过违约或重大风险事件。二是落实监管机构要求，开展风险管理专项工作，包括人民银行统计自查、人民银行反洗钱宣传、银监会银行业同业新规专项检查、银监局风险评价反馈及2014年现场评级。三是落实集团要求，编制全面风险管理报告，进一步加强公司重大风险管控水平。

【内部审计与内部控制】内部审计和内部控制方面开展的主要工作和成果：一是常规稽核。审计稽核部2014年安排了四次常规稽核工作，涵盖信贷业务、结算业务、资金管理、信息系统、综合管理等全方面审查，对发现的问题提出了整改意见，并对整改情况跟踪检查。二是内部控制评价。配合集团完成公司2013年度内控建设与执行情况评价及2014年度内控评价工作，对2013年内控评价发现的问题督促完成整改，并获得了较好的评价结果。三是风险评价。配合北京银监局完成对公司的现场评级，并对监管意见书提出的问题和风险及时进行反馈。

【人力资源管理】截至2014年底，公司经营层领导及员工共计27名，其中，拥有研究生以上学历21人，占比77.78%；拥有大学本科学历5人，占比18.52%，专业涵盖金融、投资、财务管理、法律、IT和工商管理等各个领域。公司人力资源管理工作以优化专业结构为核心，强调以公司价值观塑造应届毕业的新员工，有效培养公司新生力量。此外，对在职员工进行针对性培训，提升员工职业价值，内容涵盖管理、专业技能提升等各类专题培训。

【信息化建设】2014年，公司在信息化建设方面保障资金系统安全平稳运行，不断充实资金系统功能；根据内控评审要求，完成系统的优化和整改工作，解决生产过程中出现的问题。在业务信息系统建设及保障方面，完成了同业拆借、代理收款等功能的开发上线；完成了外币结售汇系统环境接入和测试及上线；完成年度应急演练，部署Oracle DG服务，建立Standby备份机制。在制度建设方面，完善相关信息管理制度，制定并发布《中外运长航财务有限公司业务信息系统服务管理规范（试行）》。在业务支持及服务方面，完成400余家成员单位上线及培训工作，配发绑定Ukey900多个；完成日常系统运维，客户端支持及银企密钥证书更新和申请加入SWIFT，筹备建设跨境业务支持。

青岛啤酒财务有限责任公司

【经营概况】2014年，青岛啤酒财务有限责任公司（以下简称“公司”）本着“立足集团、服务主业”的宗旨，进一步完善法人治理结构和制度流程体系，围绕“新业务推进年”各项目标，在强化风险与内控管理的基础上，稳步推进各项业务的发展。头寸运营成果显著，自营贷款和委托贷款业务发展平稳，电子票据业务成倍增长，买方信贷、有价证券投资、同业拆借及再贴现等新业务成功开办，实现多品种业务运作新格局。截至2014年末，公司资产总额63.74亿元，资金集中度为94.90%，实现利润2.47亿元，同比增幅为25%。

【信贷业务】2014年，公司各项贷款业务继续坚持“服务为先、盈利为辅”的经营理念，对成员单位贷款实行同期贷款基准利率下浮10%的优惠政策，为成员单位重点项目建设和生产经营活动提供有力的资金支持，公司全年累计发放自营贷款6.88亿元，委托贷款9.28亿元，有效缓解了成员单位的资金压力，实现了资源的有效配置，促进了青啤主业的持续发展。

【产品销售信贷业务】为促进啤酒销售，推动主业发展，经过前期积极筹备，2014年，公司销售链金融服务实现零突破，成功办理两笔买方信贷业务，专项用于经销商采购青岛啤酒。买方信贷业务的开展，将有效缓解部分优质经销商的资金压力，为提高青岛啤酒产品销量和市场占有率提供有力支持，实现青岛啤酒和经销商的互利共赢，提升公司的业务活力，并进一步增强公司服务集团主业的能力。

【资金和投资业务】2014 年，公司在保证资金安全，满足流动性需求的前提下，积极进行资金和投资业务的运作，资金运营成效显著，同业拆借和有价证券投资业务实现零突破。

在资金运营方面，密切关注宏观经济政策，灵活应对经济形势变化，坚持资金计划分析制度，准确把握收支规律，不断优化资金存放结构，提高获利能力。全年头寸账户日均活期存款 0.59 亿元，备付率 0.86%，已达到商业银行管理水平，共实现存放同业资金流转 309 亿元，金融机构往来利息收入 4.02 亿元，同比增长 17%，存放同业平均利率同比增加 5 个基点，影响利息收入增加 355 万元。成功加入全国银行间同业拆借市场，2014 年累计拆入资金 6 亿元，为公司节省费用 403 万元。同业拆借业务的开展，对公司调节资金头寸、拓宽融资渠道、提高资金使用效率、提升资金收益水平具有重大意义。

在投资业务方面，2014 年公司国债逆回购业务成功开办，实现资金流转 0.99 亿元，加权平均利率 10.70%，此外，成功开展首笔银行理财产品投资业务，年化收益率比同期 Shibor 利率高出约 60 个基点，实现了较高的投资收益。投资业务的开展，将进一步丰富公司资金运作渠道，提升资金保值增值能力，提高资金使用效率，更好地发挥公司作为集团金融服务平台的作用。

【票据业务】2014 年，公司持续加强票据业务推广力度，青岛啤酒所有制造工厂已全部开通电子票据系统服务，全年开办电子票据承兑业务 204 笔，累计 1.48 亿元，是上年同期的 5.20 倍；办理供应商票据贴现业务 93 笔，累计 2.03 亿元；申请办理再贴现业务 47 笔，低成本融回资金 0.91 亿元，使资金综合收益提高 200 个基点。票据业务的不断发展，增强了青岛啤酒电子票据的流动性，有效提升了公司资金的综合效益。

【资金集中】公司始终将资金集中度作为资金管理工作的重点，并将其作为衡量公司以及成员单位工作质量的重要标准。在推进资金集中管理过程中，对成员单位实施资金集中情况跟踪检查，锁定集中度较低单位，及时沟通督导，在跟踪分析的基础上，沟通集团财务管理总部，实现成员单位基本户资金余额控制线管理全覆盖，不断压缩沉淀资金。2014 年末，公司可归集资金集中度为 94.90%，居行业前列。2014 年，应中国财务公司协会推荐以“资金集中管理是财务公司发展的源动力”为题参加了《中国银行业》杂志聚焦非银行金融机构发展专刊评选。

【风险管理和内部控制】2014 年，公司继续深化和加强风险管理及内部控制体系建设工作，各项业务合规、稳健运行，资产质量良好，无风险事件和重大违规行为发生。

一是加强合规管理。根据监管要求和业务发展全面梳理规章制度流程，新制定和修订 49 项制度，并通过组织内部控制评价、专项审计、突击检查等工作，评价制度设计和执行的有效性，针对发现的问题及时整改完善；通过开展员工异常行为风险排查、合规及案防警示教育活动、签署案防责任书、实施关键岗位轮岗及强制休假等工作，加强员工行为管理，防范操作风险。

二是强化信贷业务风险防控。针对买方信贷业务制定专项制度，规范买方信贷业务流程，并促成贷前双人调查、贷中审查、放款环节双人现场核保、贷后密切关注等措施的有效落实，确保信用风险可控。

三是做好市场风险管理。2014 年公司成立价格管理委员会和投资决策委员会，密切关注宏观经济政策，及时应对市场形势变化，调整资产负债结构，合理制定公司业务产品价格，在保证资金安全和流动性需求的前提下，实现公司效益最大化。

四是聘请法律顾问，加强法律风险管理。2014 年，根据买方信贷、有价证券投资等新业务的开展需要，公司聘请外部律师为公司常年法律顾问，对公司日常经营、管理、重大决策等方面工作提供法律咨询和建议，切实做好法律风险防范。

【人力资源管理】2014 年，公司着力从充实员工队伍、加强岗位培训和完善岗位职责出发，推动人力资源管理体系不断完善，有力支撑各项业务的发展和公司战略目标的达成。

根据公司业务发展和监管要求，推进新增岗位人员配置工作，进一步完善岗位配置，为业务发展奠定基础。坚持内外部培训相结合的方式，广泛学习金融知识技能与政策法规，提升员工知识水平和岗位胜任能力，主要业务部门员工银行从业资格通过率超过 88%。通过岗位评估、敏感性岗位梳理、内部轮岗等工作不断加强岗位管理，促进公司人力资源管理体系的不断优化，保障公司快速健康发展。

【信息化建设】2014 年，公司根据整体信息规划和业务开展需要，在集团信息管理总部的支持下稳步推进信息化建设。

软硬件设施不断完善，进行了机房前置机 KVM 等多个关键设备的更新添置，为同业拆借市场的专线接入和后续业务的扩展奠定了基础。系统开发上线持续推进，成功上线了同业客户化、摊销、凭证业务流水等模块，同时对系统功能进行不断完善。积极进行信息系统风险排查和应急演练，开展了网银系统、商用密码自查等风险排查工作，并根据监管机构定期发布的软硬件信息缺陷问题进行自查。组织了电子商业汇票系统、ECDS 线路切换等业务系统的应急测试和演练，提高了公司应对信息系统风险的能力。

各类信息化建设举措确保了公司信息系统安全、稳健运行，为各项业务连续、高效开展提供了坚定有力的支撑。

【企业文化建设】2014 年，公司以“努力打造业务强、纪律严、诚实守信的专业团队”为目标，认真践行“凝心、审慎、自律、效率”的公司文化精神，党支部、工会以及团支部充分发挥自身作用，以点带面，积极推动公司文化建设。坚持以人为本，关心员工工作生活，开展节日送温暖慰问困难员工活动，营造浓厚人文关怀氛围；组织开展健康行、环保植树、给西部孩子送温暖等活动，倡导员工关爱社会，积极履行社会责任；组织开展党风廉政教育专题会，充分发挥工会联系党政和员工群众的桥梁与纽带作用，通过青啤公司内刊《青岛啤酒报》，结合青岛金融青年微信平台、中国财务公司协会宣传平台等渠道开展宣传活动，在行业内外树立了良好的公司形象，达到以宣传促发展的效果，有效推动了公司经济效益的提高和各项事业的健康发展。

上海复星高科技集团财务有限公司

【经营概况】上海复星高科技集团财务有限公司（以下简称“公司”）于2011年6月20日经中国银行业监督管理委员会批准成立，同年9月正式开业。公司现设立三个委员会和六个部门，分别是预算管理委员会、风险管理委员会、授信业务审核委员会、市场拓展部、营业部、计划财务部、风险管理部、综合管理部以及稽核审计部。截至2014年12月末，公司共有员工20人，与109家成员单位开展了业务往来，加强了复星集团资金集中管理，提高了资金使用的效率。2014年末报表显示，公司资产总额39.68亿元、负债总额35.21亿元、所有者权益4.47亿元、净利润1.05亿元。与2013年12月末相比，2014年12月末总资产增加10.76亿元，增幅为37.17%；总负债增加9.90亿元，增幅为39.11%；所有者权益增加0.85亿元，增幅为23.63%；净利润增加0.58亿元，增幅为123.60%。

【信贷业务】2014年，公司的信贷业务主要分为两个部分，其中流动资金贷款主要是为了满足企业日常营运需要，缓解企业短期资金紧缺，例如包销业务的保证金筹措、采购款和货款的筹措等。固定资产贷款则是帮助项目开发建设，所发放贷款的项目都位于国内一线城市，其中不乏当地知名项目及销售冠军。另一方面帮助集团内部企业发放委托贷款借款，弱化对银行的依赖。2014年度一共发放了2笔委贷款，其中涉及不同的业务类型。一笔是作为企业包销业务的包销费用，另一笔是把原有往来款形式的股东借款转变为标准化的委托贷款进行管理。

【资金和投资业务】2014年，公司继续强化资金计划管理，在确保流动性安全的基础上，做好资金头寸管理，确保结算、信贷业务的开展，完善资金备付体系，加强对资金使用效率，提高资金收益率；并通过同业拆借的流动性弥补手段，加强流动性管理。做好流动性预测分析，通过开展分析资产及负债端的期限结构，结合资金计划，进行流动性检测及预警提示，确保流动性充足。公司和集团各分支财务中心密切配合，以月度预报计划、周滚动计划为主要推手。在挂接企业定时汇报资金安排后进行统计和整理，对有冲突或不符合集团对外支付规定的要求进行反馈和协商，并重新排定。对企业合理的资金调拨进行统计及调配，确保每一笔款支付及时到位，不影响企业正常的业务营运。公司因尚未取得投资业务资格，故无投资业务。

【资金集中】公司资金运用主要用于信贷业务及结算需要，剩余资金除缴纳准备金外，主要运用于做银行间同业存款及少量的授信范围内的同业拆放。集团下属板块分为地产、医药、钢铁、金融、矿业、投资等，涉及多行业多地域。考虑到不同行业的特殊性，在资金集中时无法做到“一刀切”。地产板块，资金受到各方监管，因此主要是对销售的回款和项目公司对外支付的工程款、土地款进行管理；医药板块、钢铁板块和矿业板块，三个板块业务的资金管理比较类似，主要是涉及对外原材料采购支付、销售款回款周期管理及分销商款项管理。根据各自行业的特性，根据各自公司不同的付款周期和收款周期，排定不同的资金管理办法。在集团的密切配合下，除了每周对集团下属所有成员企业的资金计划进行管理和排序，每月定期和下属企业重要管理人员开会沟通，对企业情况进行全方位的财务管控。

【风险管理和内部控制】公司一直注重健全公司内部控制，提高风险管理的能力。除日常风险管理和内控工作外，2014 年公司在以下方面都做了更多努力：一是完善企业内部管理制度。从 2011 年成立，公司不断摸索适应复星文化的财务公司道路，制定符合实际需要又能满足各项监管要求及严格的风险管理的制度规定，使其全面覆盖到企业业务的各方面，促使流程更加明晰，使得各种背景的员工能迅速融入并掌握公司的工作方式。截至 2014 年 12 月底，共制定了 69 项规章和明细。二是加强了高管层的管理。公司全面启动了总经理室会议制度和风险管理委员会的会议定期召开机制，使高级管理层更多参与到风险管理和内部控制中。三是在系统方面的整理。风险管理部与信息技术部合作，进行了系统职权的全面梳理，满足岗位间相互牵制，同时要在人手有限的情况下满足工作需要。四是档案管理完善计划。业务的发展使得文档资料增多，流程需要经过多个部门。综合考虑协调统筹并控制好各部门的效率与风险，公司 2014 年在进行前期沟通了解的基础上，开展了名为“档案管理完善计划”的专项工作，邀请各部门职员展开头脑风暴，制作与当前情况最适应的流程图，并明晰个人分工。

【人力资源管理】2014 年，公司加强人员编制管理，在业务规模和经营效益显著增长的同时，维持组织瘦身，坚持以精简、效率为原则，实行扁平化管理，人均效能大幅提升。强化考核淘汰机制，及时调整人员，充实了风险管理和市场拓展团队。注重人才梯队建设，依照“年轻化、专业化、国际化、名校化”选用标准，重视对实习生和应届毕业生的招聘录用、带教培养，为团队补充生力军。重视内部人员培养选拔，关注中层干部和业务骨干的成长，提供发展空间。通过员工挂职轮岗、银企交流学习、同业互访对标等多种方式，鼓励员工学习，促使团队成长。

【信息化建设】随着公司业务开展，信息化水平要求提高，经董事会批准，2014 年 6 月，公司正式成立了信息科技部。在硬件网络方面，全年未出现过任何因故障造成的业务中断，与人民银行、银监、各银行间的网络也始终保持正常，确保各部门每日的工作正常开展。在系统建设方面，按照人民银行的要求，信息科技部经过四个月努力，和其他部门协同完成了人民银行金融标准化的开发工作，并将历史上所有的存贷款数据按照新标准进行了数据的完善和整理，保证了历史数据和当前业务的一致性。为了配合代理开票的业务，实现了通过公司划转成员单位资金去开票银行的功能，公司开发了代理支付模块；资金扣收下拨模块的开发是为了配合银团贷款，实现了公司和成员单位间未流程化的资金划拨功能。在信息安全方面，按照人民银行的要求，信息科技部的员工参加并通过了信息安全的认证培训，取得信息安全相关资质。实现人民银行要求的信息化安全持证上岗的基本要求。2014 年底，对公司现有系统的信息安全进行了内部评测，完成了书面的报告，并提出了相关的整改建议。报告从第三方的角度对公司系统在安全性方面可能存在的潜在问题作出了全面评估。

【企业文化建设】公司注重企业"文化价值观"建设，以"文化价值观"作为人员招聘录用、考核晋升的首要判断条件，坚持志同道合、共同创业的理念。在企业内部积极开展企业文化建设，营造良好的工作氛围，组织年度员工体检、春游、生日会、六一活动、三八活动等多种主题活动，激发员工热情，传递尊重、快乐和关爱等正面能量。

中铝财务有限责任公司

【经营概况】中铝财务有限责任公司（以下简称"公司"）2014 年全年实现营业收入 3. 30 亿元，综合效益 4. 70 亿元，其中，利润总额 2. 20 亿元，间接贡献 2. 50 亿元，分别较上年增长 32%、30%、33% 和 28%。管理资产总额 226 亿元，其中，表内资产 122 亿元，表外资产 104 亿元，分别较上年末增长 27%、36%、18%。各项风险监管指标良好，不良资产率持续为零，继续保持了安全性、流动性和收益性的动态平衡。同时，公司牢牢抓住"以创新促发展"的工作主线，在业务创新和金融牌照申请方面取得多项突破，有序拓宽了金融服务领域。

【公司金融】公司全年为成员企业调剂内部资金 155 亿元，部分解决成员企业融资难、融资贵、融资接续等问题，助力成员企业优化债务结构、降本增效、保值增信。一是盘活存量，灵活调整信贷结构，发挥风险资金池应急保障功能。优先满足成员单位临时性和紧急的资金周转需求，配置难度大、收益低的超短期贷款占到投放总额的三分之一。二是优化增量，引入市场化运营机制，有扶有控，精准发力。把集中来的增量存款"用到刀刃上"，对中铝战略重点企业、市场化改革试点企业提供优惠利率贷款，贷款定价不高于银行同期利率，提高了成员单位对银行的议价能力。三是严格执行规范流程，充分保障资金安全。坚持信贷业务集体审议程序，对重点贷款进行实时监控，未出现一笔逾期贷款。

【产品销售信贷业务】2014 年，公司为包头铝业精心设计了融资租赁贷款方案，向其提供了 3 亿元低于外部融资成本的资金，帮助包铝改善债务结构、降低融资成本。

【资金和投资业务】为了更好地满足中铝公司主业发展对金融资源的需求，公司与金融同业建立了稳固的合作关系，取得金融同业授信，同时相继快速打通同业拆借和人民银行再贴现两个外部融资渠道，截至 2014 年 12 月 31 日，累计拆入资金 35. 50 亿元，中央银行再贴现业务融入资金 2 亿元。

【票据业务】公司自 2013 年 5 月起，积极向人民银行申请办理电子商业汇票业务，先后历时一年，顺利完成了机构代码申请、人民银行接口验收、系统开发与集成、模拟环境测试等一系列准备工作，于 2014 年 6 月 24 日顺利实现了系统上线。6 月 27 日成功为成员企业办理了第一笔电子商业汇票承兑业务。

【外汇业务】2014年，公司已取得即期结售汇业务资格，包括自身结售汇业务和对中铝公司成员单位的结售汇业务，同时，根据批复可以开展集团外汇资金集中管理。该项业务准入为公司为中铝公司及成员单位提供本外币一体化的金融服务奠定了基础。

【资金集中】2014年，公司研究提出资金集中激励深化方案，获取总部政策支持，建立多层次沟通渠道，多措并举，推动资金集中，加速中铝统一资金池建设。深入开展“四优”贴心金融服务。公司丰富业务品种，优惠业务定价，存款利率上浮到顶，开辟绿色通道，规范服务礼仪标准，主动送服务到企业，开展客户服务满意度调查，获得成员企业普遍满意和许多好的建议。成功地获批了外汇即期结售汇资格，继外币存款业务上线后，中铝外币资金池建设又迈出了坚实的一步。启动中铝票据池建设工作，已打通票据业务全流程。与中铝境内全部上市公司签署了金融服务协议，关联交易限额稳中有增。

公司资金集中度大幅度向上突破。全年日均存款同增46%；年末本外币存款余额同增44%，其中美元存款从上年末的数万美元增加到1亿美元，首度突破，增幅可观。

【业务创新】公司立足集团需求，将业务创新作为实现可持续发展的战略基点和内在动力。公司成立了创新领导小组，为成员企业量身定制新产品，开辟新市场，相继推出六项金融创新，逐步走出了一条行之有效的中铝特色金融创新之路。信贷业务方面，开发出融资租赁和电子商业汇票两项新产品。在外部融资方面，相继快速打通同业拆借和人民银行再贴现两个外部融资渠道，提升了公司主动负债能力和流动性管理能力。在结算业务方面，开通了针对成员企业向个人支付的代理支付业务，一经推出就获得好评。在中间业务方面，公司快速高效完成了数家成员企业委托贷款抵押登记手续，充分发挥金融机构的牌照优势，为成员企业资产保全提供了有力保障。

【风险管理和内部控制】公司从制度、机制、系统和自觉控制入手，有效预防和化解公司主要风险。一是扎实开展内控制度优化完善工作。新制定、修订制度40余项，实现业务和流程全覆盖。加强制度培训，定期更新《财务公司制度汇编》和《监管文件汇编》，强化制度执行力。二是有效发挥前中后台风险防线作用。一线部门明晰职责，优化流程，规范操作。风险部门做好公司“风险调控员”和“体检师”，牵头进行风险识别评估，制定重大风险管理策略。按计划完成内控评价及专项稽核，内控检查发现的缺陷中，具备整改条件的均已整改完毕。三是对主要风险进行全过程管理。坚持事前决策机制，持续进行风险指标监测，定期资产风险分类，实施风险限额管理和贷后检查，保障公司安全运营。四是创新驱动，风控先行。公司做到了风险管理从业务及管理创新的源头介入，先期参与流程设计、系统管控、制度建设、法律风险防范，关键环节设置风控点，防患于未然。公司在保持业绩稳定增长的同时，各项风险监测指标优良，较好地实现了收益与风险的平衡，主要风险对公司的影响总体可控。

【人力资源管理】公司从定岗定责、绩效考核、优化薪酬体系、夯实基础管理等方面入手，突出重点，关注细节，全面提升人力资源管理水平。首先，坚持以用为本、按需引进。面向市场选聘引进了有丰富同业经验的员工，成为公司业务骨干，还按计划完成了应届毕业生招聘。其次，发挥骨干作用，加快人才梯队培养。公司成立多个跨部门研发团队，给业务骨干压担子，为年轻人提供锻炼的平台。开展岗位交流，关键岗位AB角配备，指定新员工导师，着力培养不同领域的专家型、复合型人才。在良好的人才培养氛围下，干部员工们在业务创新和解决重点难点问题方面屡创佳绩，近年来接收的应届毕业生已经成为公司的业务骨干，有的已经成为中坚力量，中铝金融人才队伍整体实力得到提升。

【信息化建设】公司把信息系统运维能力全面提升作为全年的重要基础工作来抓，取得了良好的工作效果。强化了日常管理，公司坚持做到了每日巡查、季度巡检，定期排查安全隐患，做到“力争问题不发生，一旦发生即解决，发生过后细查补”。为业务拓展及时提供了信息技术支撑。系统管理室主动收集内外部应用需求，拓展现有系统的新业务支持能力，高效优化了核心业务系统信贷模块。成功搭建了外币存款、同业拆借、电子票据、结售汇业务等多项新业务系统。灾备系统全面建成上线运行，为系统安全提供双重保险，有效提升了公司信息科技风险防范能力。信息化管理工作再上新台阶，公司出台了系列信息化管理制度，建立了与系统开发商的高层沟通机制和应急响应机制，加强了对专家型人才的培养，夯实了信息技术管理基础。

中兴通讯集团财务有限公司

【经营概况】2014年，中兴通讯集团财务有限公司（以下简称“公司”）始终坚持集团利益最大化的服务宗旨，积极进行业务拓展和产品创新，在遵循集团整体战略部署、支持集团产业发展的过程中，逐步完善金融服务平台功能，着力培育市场化经营能力、专业化服务能力，全面完成集团年初下达的经营任务，各项监管指标均符合监管部门的要求。截至2014年末，公司资产总额76.31亿元，同比增长82%，实现营业收入1.46亿元，同比增长12%。

【信贷业务】2014年，公司在为成员单位提供金融服务方面加大了对集团新兴产业和战略产业发展的扶持。通过开展电子承兑汇票业务，解决成员单位尤其是资金不足的中小成员单位的贸易结算需求；通过开展出口退税托管账户质押融资业务，支持集团外向型中小企业的发展等。同时，公司加大与外部金融机构的合作，坚持在规范的前提下，寻求产业金融服务的创新和突破，在与金融机构合作模式上进行了有效探索。一方面，外部金融机构通过公司这一金融平台，精准地为集团及成员单位提供更加优质和高效的服务；另一方面，公司通过整合集团成员单位各种融资需求，引入外部金融机构共同为集团及成员单位提供融资服务，促进高科技产业与金融资本的结合，实现多方共赢。在成员单位深圳中兴网信科技有限公司建设“中兴网信区域卫生信息建设平台”项目（深圳发改委批准的集聚项目）获取融资时，公司通过财务顾问、担保等方式，为该成员单位实行增信，大幅降低了该成员单位的融资成本，并对其在智慧城市、云计算产品的研发与业务拓展提供了有效的信贷支持。

【产品销售融资业务】公司延续将金融创新作为开拓产业链下游业务发展的重要方针，除前期租赁试点业务稳步开展外，多地类似项目也在持续酝酿开拓。公司融资产品设计逐渐完善化，业务模式流程化，同时，通过发布项目融资指导书、制定相关业务考核制度、推进业务流程E化等措施，为业务规模化开展打下了坚实的基础。产品销售融资业务的发展，为集团产业链下游客户创造了价值，也为公司带来了持续、稳定的业务收入。

【资金业务】2014年，面对市场利率波动，流动性紧张的局面，公司在确保资金安全性及流动性的前提下，稳步开展同业定期存款业务，大幅提高资金收益。通过扩大交易对手范围，提升议价能力，通过加强资金预算精细化管理，充分利用闲散资金，灵活操作定期存款业务与资金计划对接，发挥资金使用的最大效率。同时，公司充分发挥筹融资平台作用，加强同业合作，积极争取新的授信额度，进一步拓宽融资渠道，用好主动负债工具，满足集团支付需要及融资需求。2014年7月取得全国银行间同业拆借会员资格后，积极参与同业拆借市场，半年内办理资金拆入12笔，累计金额45亿元。

【票据业务】2014年，公司办理票据贴现业务133亿元，年末票据余额25.30亿元。为解决成员单位的结算和资金占用问题，降低成员单位财务费用，公司大力推广财务公司承兑的电子汇票，2014年共计签发承兑汇票约220张，合计金额约3亿元。

【资金集中】公司积极履行集团资金集中管理功能，2014年新增8家成员单位。截至2014年末，在公司开户并办理业务的成员单位归集资金63.96亿元，全年结算业务笔数17.81万笔，结算量达4 784.69亿元。资金集中管理工作进展良好，全年无支付差错。

【业务创新】2014年，公司在下游产业链金融服务创新方面进行了积极探索，针对不同客户群体，对应设计定制化融资解决方案，特别在智慧城市、无线充电等新兴业务领域，以创新融资模式配合集团有效锁定客户群，促进了集团产业发展。另外，公司以车险业务为试点，尝试开展保险代理业务，也收到了较好的反馈。

【风险管理和内部控制】2014年，公司进一步完善了风险控制体系，紧密结合集团产业发展战略布局和成员单位的实际发展情况，进一步优化了客户承债能力模型、资金需求测算模型、定价模型及流动性管理机制等，有力地提升了风险管理的科学性和有效性。在内控建设方面，以合规检查的方式，通过对重点业务、关键环节的检查和评估，及时发现并纠正了经营中的不足和缺陷，保证各项业务和管理的正常运营。内部审计按照“有效授权、重点岗位、关键控制”的方针，在全面覆盖的基础上，有所侧重地开展了对公司各部门制度建设的专项审计，以及对结算业务、信贷业务板块的重点审计工作，审计范围涵盖业务、制度、管理、账务、权限、人员等方面，进一步完善了各项内控管理制度，有效促进了内控体系的完善。

【人力资源管理】2014年，公司启用全新的考核方案，并针对业务特性制定和实施新的考核奖励办法，将考核与奖励紧密结合，激发员工工作积极性，公司整体业绩得到稳步提升。通过行业对标，针对公司岗位、职级和薪酬并结合绩效及能力进行重新梳理和定义，为薪酬激励提供有力依据，也为员工职业生涯规划清晰路径。为支撑公司业务发展，2014年全面开展各类渠道的人才招聘工作，在招募储备人才同时，公司知名度得到一定提升。

【信息化建设】2014年，公司对原有的核心系统进行持续的优化改进，确保公司业务的平稳发展。在新系统建设方面，公司完成了同业价格管理系统的开发，为定价管理提供了支撑；完成了人事行政管理系统一期开发，实现对员工薪资、休假等信息进行管理；完成融资租赁系统的选型和招标；启动了征信系统的实施工作。

【企业文化建设】2014 年，公司秉承集团“M－ICT”新时代的战略导向，树立了“激情创新、专业服务、团结共赢、绿色开放”的经营理念。通过组织各类文体活动，加强企业文化宣传，营造积极向上、团结协作的工作氛围，增强公司凝聚力。公司关心员工成长，管理层定期与员工沟通，了解员工思想动向，正向引导员工保持良好、健康的心态，坚持把以人为本的原则落实到具体工作当中。

国核财务有限公司

【经营概况】国核财务有限公司（以下简称“公司”）于 2011 年 7 月 27 日注册成立。截至 2014 年 12 月 31 日，公司资产总额 32.22 亿元、负债总额 20.30 亿元、所有者权益 11.92 亿元；实现营业收入 2.10 亿元、利润总额 1.33 亿元。截至 2014 年 12 月 31 日，全口径资金集中度为 49.68％。

【信贷业务】2014 年，全力挖掘信贷需求，拓展业务品种，强化信贷服务，加强贷后管理。根据各成员单位的偿债能力、盈利能力、资产管理及发展能力四大方面 16 项信用指标，对成员单位进行评级，办理授信并发放贷款。积极开拓市场，促进款项回收，并适时进行业务创新。2014 年，经过多次向人民银行咨询汇报，与多家商业银行沟通，成功地为成员单位办理了电子承兑汇票业务。

【资金业务】2014 年，公司密切关注集团资金变化，紧盯市场利率水平，科学合理安排资金头寸，提高资金运作收益。在保证集团和成员单位及时足额支付的前提下，加强流动性管理，鼓励成员单位利用公司业务系统平台进行内部结算支付，降低了无效资金额度的占用。通过资金期限规模的合理配置，有效控制了资金流动性风险。

【风险管理和内部控制】公司风险管理部负责对各类相关资料及风险指标的分析，对公司涉及的信用风险、操作风险、市场风险、流动性风险、合规风险等进行严格把关和动态监控。

2014 年，共修订制度 26 项，提出修订意见 81 条，新增制度 15 项。公司制度共收录公司治理、综合管理、财务管理、结算管理、信贷管理、资金管理、风险与法律管理、稽核管理、信息管理、党群工会管理、人力资源管理共 11 大类，从成立之初的 93 项增至 122 项。升版后的制度对确保公司新增业务的顺利规范开展、进一步完善公司法人治理和运营管理起到了积极的作用，基本构建了适应发展阶段、符合公司发展战略的完整制度体系。

【业务创新】2014 年，公司积极与人民银行沟通，获得了同业拆借新业务资质，进一步拓宽了资金配置渠道，提高了资金使用效率。完成了中国外汇交易中心所有准入手续的办理，与 14 家银行开展了相互授信工作，完成了专线架设，系统联调，并于 2014 年 12 月通过同业拆借市场与建设银行办理首笔同业拆入业务。

【信息化建设】2014 年，信息化工作稳步向前推进，评估并设计实施了服务器和网络硬件设备的升级加固方案。结合公司各项经营管理需求，以业务系统建设为核心，重点加强现有系统的稳定，在现有系统基础上稳步升级部分新的需求，同时积极协助集团总部完成相关业务系统上线运行工作。根据业务需要和系统安全要求，不断完善信息化流程。

【人力资源管理】2014 年，公司积极开展薪酬体系优化与分配制度改革。继续实行全员月度薪酬与月度经营指标挂钩的联动机制。让每一位员工积极参与企业经营，增强主人翁意识，分担企业经营风险，共享企业发展成果。建立公司年度重点任务专项奖，向表现突出的部门和人员倾斜，充分调动员工的积极性。

【企业文化建设】进一步加强公司文化建设，开展各种文化活动，营造文化氛围，加速文化建设。通过“争先创优”等各种表彰、奖励等活动，采用研讨、座谈、培训等形式，生动宣传和体现价值观，领会公司文化内涵。

福建省能源集团财务有限公司

【经营概况】2014 年，福建省能源集团财务有限公司（以下简称“公司”）秉承“依托集团、服务集团”的经营宗旨，加强内控和对标管理，积极拓展新业务，满足成员单位多层次、全方位的金融服务要求，不断提升风险管控水平，取得经营服务和经济效益双丰收。

2014 年 9 月，福能集团和厦门国际信托对公司按出资比例增资 5 亿元，增资后公司注册资本 10 亿元，其中，福能集团出资 9 亿元，厦门国际信托出资 1 亿元。2014 年末公司资产总额 63. 84 亿元，比年初的 45. 94 亿元增长 38. 94%；营业收入 2. 71 亿元，实现利润 1. 91 亿元；资金集中度达 68. 07%；公司资产质量及财务状况良好，流动性比率为 61. 47%，资本充足率为 28. 59%，存贷款比率为 48. 52%；资产损失准备和贷款损失准备达 150%；无不良资产和对外担保；各项风险监管及监测指标优良。

【信贷业务】公司自营贷款规模达 24 亿元，全年发放自营性贷款 30 笔金额 16. 66 亿元，其中，流动资金贷款 29 笔金额 16. 36 亿元、项目贷款 1 笔金额 0. 30 亿元；办理贴现 70 笔，金额 2. 50 亿元、转贴现 4. 97 亿元；发放委托贷款 5 笔金额 5. 05 亿元。配合集合集团直接融资62亿元、间接融资56.10亿元，安排受托支付140笔。累计开具保函5份，保函金额达0.20亿元，开具保函被省发改委接收，在省内行政部门起到积极的引领示范作用。

【票据业务】公司大力推行电子票据业务，将电子票据业务作为公司的特色业务发展，把电子票据业务与集团产业链相结合，实现电子票据在集团内部的常态化流转，降低集团整体票据交易成本，提高资金快速融通和票据使用效率，保证集团效益最大化。通过与成员单位积极有效沟通，使成员单位在较短时间内认识到电子票据具有期限长、安全性强、管理成本低、流转效率高、融资成本优、操作简便等多项优势，从而被成员单位广泛采用。截至2014年底，共开立电子票据50笔金额3.53亿元，超额完成集团下达3亿元目标任务。在推广电子票据的同时减免开票手续费17万元，为开票成员单位节约保证金0.34亿元，并实现电子票据的跨省跨机构流转。

【资金集中】2014年，公司将提高资金归集率作为年度工作的重点内容，通过上门走访、沟通协调、远程在线、跟踪服务等多样化方式，同时借力集团公司《资金集中管理规定》的奖罚制度，稳步提高资金归集率。截至2014年12月末，公司吸收存款49.75亿元，银监全口径资金集中度为68.07%；扣除不可归集因素后资金集中度80.47%。全年结算量达11万笔，结算金额达3 200亿元。

【业务创新】2014年，公司在保函、再贴现、质押担保贷款等领域取得了新突破。在保函业务方面，成功向福建省发改委开具了两笔履约保函，为公司的信用鉴证走出集团范围打下了坚实的基础；开展再贴现业务5笔，贴现金额0.35亿元；成功加入人民银行应收账款质押登记公示系统，在成员单位不能提供抵押、保证、质押等担保方式覆盖风险敞口时，成功为成员单位办理了7笔应收账款质押质贷款0.96亿元。

【风险管理和内部控制】2014年，公司扎实推进内控体系建设，开展了制度修订完善工作，逐一评估各项制度，规范各项业务环节，消除制度的空白点，提高制度的适用性，修订完善制度105项。通过制度梳理，促进业务制度化、规范化，逐步形成富有公司特色的金融制度体系。同时根据业务发展实际，公司确定全年稽核工作重点，明确工作方向，形成“常规业务定期检查、重点业务重点监控、随时落实风险点的及时排查”监督体系，实现案防措施常规化、案防检查动态化，有力夯实案防根基，确保业务合规稳健发展。

【人力资源管理】公司认真落实“十二五”人才发展纲要，建立健全相关配套办法，积极完善人才引进、招聘工作制度和实施流程体系。一是加强专业人才队伍的建设。2014年，公司向社会公开招聘金融相关专业人员5名，其中，研究生1名，本科学历4名，引进人才层次较高，进一步增强了公司队伍的战斗力。二是不断完善人才管理的政策措施。相继完善了《薪酬管理办法》《绩效考核管理办法》等，建立了人才的职业规划体系和考核激励机制以加强了人才的培养与管理。三是提升员工业务能力。采取送出去、引进来的方式，使员工成为“胸中有志、心中有数、肚中有货、脑中有谱”的复合型人才。

【信息化建设】公司高度重视信息安全工作，修订完善了《业务管理信息系统操作权限管理制度》《业务管理信息系统管理办法》《业务管理信息系统应急管理办法》等规章制度，建立了信息安全风险管控长效机制。2014年10月公司开展了网络安全排查，强化网络安全检测及访问控制，落实内网、外网的分离制度，严格生产网络的接入管理，提升了公司网络的安全性。建立了远程数据级灾备系统，利用CDP数据备份一体机实现数据持续的远程备份，提升了公司系统应急防灾能力。

【企业文化建设】2014年，公司大力开展“心怀感恩、创造感动”的核心理念和“真诚、有为、开心”的核心价值观的集团企业文化宣传活动，把企业文化学习与业务学习相融合，纳入了年度业务考试中，让理念深入每位员工心中，并在实际工作中体现。公司班子连续三年荣获福能集团“四好领导班子”称号。公司营造亲如一家的企业氛围，积极开展员工喜闻乐见的各种文体活动。利用周末、节假日开展一些例如登山等有趣的户外活动。鼓励员工积极参与摄影协会、声乐协会等组织活动，组织职工参加了篮球赛等活动。

湖南高速集团财务有限公司

【经营概况】湖南高速集团财务有限公司（以下简称“公司”）圆满完成了股东会下达的各项年度工作目标，截至2014年底，实现总收入1.31亿元，净利润0.97亿元，完成全年利润目标的100.96%；资产收益率为3.29%，资本充足率为64.19%；不良贷款和不良资产率均为零，各项指标符合监管要求。

【信贷业务】公司优化信贷投放结构，大力支持重点建设高速公路项目，同时根据中央银行政策，主动调整利率水平，节约建设单位财务费用。2014年，共发放信贷资金23.02亿元。

【资金集中】公司全力做好资金归集工作，截至2014年底，日均归集资金约16.67亿元。

【资金业务】公司强化资金运营，提高资金效益，通过同业拆借、同业定存等方式实现金融市场收入0.26亿元。

【票据业务】2014年，公司为缓解成员单位资金压力，积极开展票据贴现等票据业务，金额共计8 749.50亿元。

【业务创新】2014年10月9日，中国银监会批准湖南高速财务公司新增以下业务：承销成员单位的企业债券和有价证券投资（股票二级市场投资除外）。2014年12月，公司开展金融产品投资0.50亿元。

【风险管理和内部控制】建立了由股东会、董事会、监事会及经理层组成的现代法人治理架构。下设九个部门，即综合管理部、财务结算部、资金同业部、信贷管理部、稽核审计部、风险控制部、投资管理部、票据中心、信息中心。根据公司业务范围、业务种类，修订了全部工作制度，规范工作流程，防范金融风险。

【信息化建设】公司建立了完善的业务管理系统和风险控制系统，系统全面支持账户管理、资金计划、预算控制、支付审批、资金管理、信贷管理、票据管理、统计查询、资金监控、资金分析、银企直连、风险控制，实现了业务操作流程化、公司管理规范化。

【企业文化建设】公司以“依托高速、服务高速”为经营宗旨，以“规范经营、稳健发展”为经营方针，以“创百年品牌，打造综合金融服务公司”为目标，坚持以人为本，深入开展企业文化建设，致力创造“人人为公司，公司为人人”的企业文化。

马钢集团财务有限公司

【经营概况】2014年，马钢集团财务有限公司（以下简称“公司”）克服集团存量资金下降及市场资金价格下行等不利情况，紧紧围绕经营目标和各项工作任务，坚持“依托集团、服务集团、规范经营、稳健发展”的经营理念，强化服务意识、深入市场分析、扩大融资渠道、精细资金运作、优化资产配置、拓展业务品种，提高资金使用效率，取得了良好的经营业绩。全年实现综合效益3.07亿元，日均资产收益率为3.55%，较上年同比增加11.99%，不良贷款率为零，各项监管指标符合监管要求。

【公司金融】公司秉承“服务集团”的理念，根据不同成员单位的资金管理需求设计个性化资金归集与结算模式，配合股份公司完成机构整合和出纳集中管理工作；根据资金集中需要，拓展财务公司账户功能，为成员单位开立验资户及专用账户，避免资金脱离资金池而造成集团利益损失；积极协调软件商及外部商业银行，不断完善系统功能及银企互联平台，努力营造稳定的结算环境；强化数据统计与分析能力，充分发挥资金集中管理后的数据优势，为集团管理部门分析集团资金的整体状况、个体成员单位的资金状况以及财务公司资金运作提供数据支撑；主动为资金富裕的成员单位需找客户，办理委托贷款业务，提高了成员单位资金收益；通过结构性存款及流动资金贷款期限调整等措施，合理优化税收；深入资金市场研究，实时跟踪、分析、预判票据市场和资金市场价格走势，及时调整、发布产品价格，为成员单位资金运营提供参考，实现资产配置收益最大化；继续免费为成员单位办理结算业务8.61万笔，结算金额2 333亿元；提供优惠利率的信贷产品满足成员单位资金需求，节约财务费用0.98亿元。

【信贷业务】公司针对钢铁行业的经营现状、集团公司资金预算及成员单位的融资能力，细分客户信贷需求，及时调整信贷结构，提高信贷规模。全年完成29家成员单位授信，授信额度137亿元，信贷资金累计投放127.62亿元，平均存贷比达80.16%，比上年同期提高19.82%，最大限度地满足了成员单位生产经营资金需求。

【资金运营】公司充分利用集团资金平衡会机制，抓住重点，与集团财务部门及主要成员单位紧密配合，通过月资金预算、以日为单位的周资金预算和每日大额头寸预报，细化资金运营计划，在集团存量资金下降和市场利率下行的不利情况下，密切关注市场资金走向，按照股份公司还款时间节点，灵活“定制”不同期限的同业存款。

【业务创新】公司进一步拓展金融服务渠道，丰富金融服务功能，在做好现有业务基础上，不断拓展新业务。一是正式获批进入银行间同业拆借市场，并与多家银行建立了交易对手关系，有计划拆入资金，弥补短期资金支付压力，提高了资金收益水平，全年累计拆入资金79亿元。二是具备外汇资金归集和办理即期结售汇业务能力，上线以来累计办理结售汇220.16万美元，办理欧元结售汇73.74万欧元。三是成功开展应收账款质押贷款业务，成为马鞍山市金融系统第一批开办该项业务的金融机构。四是大力推广电子票据，强化金融服务功能，通过电票平台成功开具第一张电子商业承兑汇票、第一张对外支付的电子银行承兑汇票，公司开具的电子银行承兑汇票第一次在外部商业银行办理贴现，标志着公司电票推广迈上了新台阶。五是公司履行保险兼业代理职能，配合财务部、招标中心等部门，完成货运险和财产险招标工作，并与7家保险公司签订《保险兼业代理协议》，在不降低现有保险水平、服务质量和理赔效率的情况下全集团年降低保费0.40多亿元。

【风险管理和内部控制】公司以“合规建设年”活动为契机，完善公司内控体系及风险管理，建立事前、事中审核，事后监督的全面风险控制体系。全年完成对资金运营部、结算业务部、外汇业务、信贷业务等主要业务的全面稽核和反洗钱专项稽核及制度梳理工作；针对风险隐患较大的流程开展7次合规检查，做好操作环节的风险提示；根据《马钢集团公司内部控制体系建设工作计划》，推进公司内控体系建设，并结合公司实际情况修订、完善公司内控手册；重点加强资金应用系统、数据系统及异地灾备的维护，对整个系统备用软件、硬件性能进行全面测试，定期对重要软件、硬件和日志进行巡检，保障资金系统安全、稳定。

【人力资源管理】按照马钢集团《2014年全员岗位绩效考核工作推进计划》，公司结合实际业务开展情况，制定部门KPI指标及个人岗位KPI指标，修订和完善全员岗位绩效考核实施细则。年末根据集团公司全员绩效考核精神，按各部门业务性质设计《员工考评表》，从工作业绩、工作能力和工作态度三个维度评价员工，并利用考评结果对优秀员工给予适当的奖励，进一步激发员工的工作热情。

湖北宜化集团财务有限责任公司

【经营概况】2014年，湖北宜化集团财务有限责任公司（以下简称“公司”）紧跟集团发展转型，积极应对国家宏观调控和化工行业不利形势，最大限度满足成员单位需求，提高资金使用效率，强化了公司作为集团金融服务平台的各项功能。截至2014年12月末，公司资产总额16亿元，负债总额13亿元，全年实现总收入0.43亿元，利润总额0.22亿元。

【信贷业务】2014年，公司加大了对成员单位信贷支持力度，调整信贷资产结构、将资金投入到集团主要产业和项目，促进集团产业转型升级。全年累计发放流动资金贷款39.79亿元、委托贷款4.85亿元，截至12月末，各项贷款余额14.22亿元，委托贷款余额3.90亿元。同时公司积极参与宜昌银监分局开展“信贷审慎管理年”活动，紧紧围绕授信管理、贷款三查、利率定价、期限设定、受托支付、放款安排等关键环节，梳理、完善相关信贷管理制度和操作流程，通过工作流程再造实现管理职责分离，实现信贷业务全方位全流程审慎精细化管理，从源头上控制信贷风险，提高贷款的质量和效益，风险管控能力不断提升。

【资金业务】在资金业务方面，一是统筹安排，加强与银行的沟通议价，通过协议存款、结构性存款等方式提高同业存款收益，全年实现金融往来收入476万元。二是积极申办同业拆借业务。2014年7月，经人民银行上海总部批准，获得了全国银行间同业市场资金拆借资格，两名员工通过了上岗培训和资格考试，交易系统、通讯线路、相关设备等准备完毕，2014年11月入场办理业务，提升了资金使用的灵活性和流动性。

【资金集中】公司加强资金归集管理，成员单位存款大幅上升。2014年末，成员单位存款余额9.80亿元，较年初增加4.70亿元，增幅为87%，资金归集率较上年末上升10个百分点。公司主要从两个方面加强了管理：一是加强账户清理，积极吸纳成员单位，全年新增成员单位9个；二是加大对成员单位的资金监测和考核，确保资金应归尽归；三是对成员单位的存贷款利率实行优惠，促使成员单位主动上存资金。

【业务创新】一是服务创新，主动向成员单位提供金融优惠政策，根据客户信用评级及实际经营情况，向成员单位提供存贷款利率优惠。二是产品创新，加强与银行的合作沟通，新增了交通银行、兴业银行、湖北银行三家合作银行，并实行同业存款议价机制，争取到农业银行专门为公司定制的存款产品，最大限度提升资金收益。三是成功开办同业拆借业务。通过开展同业拆借业务，一方面可以拆入资金，解决资金流动性不足问题，确保成员单位资金需求；另一方面可以拆出资金，避免资金闲置，提高资金收益率，从而进一步提升了公司资金管理、运用能力。

【风险管理和内部控制】2014年，公司不断完善内部控制制度，先后完成了《公司章程》《同业拆借业务管理办法》等制度的修订、各项业务流程的梳理，按季度对结算、信贷等重要业务实施逐项合规检查，保证了各项业务合规、持续、稳定开展，为公司实现控制合规风险和操作风险，提升管理水平提供了保障，各项监管指标均符合监管部门要求，全年未发生经济案件和安全事故。

【信息化建设】2014年，公司进一步强化信息化建设，加大信息系统投入，制定了《信息系统整体规划方案》，并于2014年10月正式实施整体方案一期改造工程，已于12月末完成。

【企业文化建设】公司紧紧围绕集团企业文化理念，坚守“实事求是、从严治厂、艰苦奋斗、争创一流”的企业精神，以五项措施、六大任务、七大法宝为抓手，坚持管理与教育相结合、激励与约束相结合的管理机制，开展了民主生活会、员工生日会、员工学习奖励等活动，营造了公司积极向上的文化氛围。

北京汽车集团财务有限公司

【经营概况】2014 年，北京汽车集团财务有限公司（以下简称“公司”）认真贯彻集团公司各项工作要求，坚持以服务集团为宗旨，以提高公司金融服务职能为目标，紧密结合集团发展趋势，弘扬改革创新精神，在业务发展和完善各项运营机制方面取得了新的突破，实现了集团资金价值的增值和资金使用效率的提高。公司资产总额达到 123 亿元，全年实现营业收入 4.62 亿元，同比增长 28.01%；实现利润总额 1.90 亿元，同比增长 0.94%。全面完成董事会下达的经营任务指标。各项监管监测指标均符合监管规定。

【信贷业务】2014 年，公司信贷业务以集团发展战略为导向，以稳定增长优化结构为目标，贷款总量持续增长。信贷业务以集团整车制造、零部件制造、服务贸易三大平台为基础，沿产业链继续深化发展，全年累计发放贷款金额 74 亿元，累计收回 54 亿元，贷款余额 54 亿元，同比增长 69%，为集团成员单位提供了个性化的融资服务。通过应收账款质押等融资产品，解决了中小零部件企业融资难问题，保障了集团整车企业按计划排产。通过降低集团外部融资比例和压低融资成本，为成员单位节约财务成本，同时切实推动了集团降本增效工作。2014 年，公司获得产业链延伸试点，信贷业务服务范围进一步向“一头在外”的上游零部件企业延伸。

【汽车金融业务】2014 年 1 月 2 日，公司获得中国银监会关于开展“成员单位产品的消费信贷、买方信贷及融资租赁”业务资质的批复。年内，业务涉足了集团旗下的北京汽车、北京现代、北京奔驰、北汽昌河、北汽幻速和北汽新能源六个汽车品牌，涵盖的业务范围包括消费信贷业务和经销商融资。业务开展以来，运行总体平稳，市场份额呈现增长态势，居集团自主品牌汽车消费信贷业务份额首位。经销商融资业务方面，公司自主开发的经销商融资业务系统成功上线，开展了经销商融资项下的财票承兑业务和单车融资业务。公司按“操作合规、风险可控”的工作要求，通过与第三方监管合作的方式对经销商融资车辆进行检查，并且定期指定专人进行现场实地检查，从而加强风险防控意识，提高风险预警能力。通过业务的开展，有力地促进了集团车辆的销售。

【资金业务】2014 年，公司在资产负债管理委员会的指导下，不断加强同业存款期限结构和客户用款计划的研究分析，进行多层次多期限资金结构配比，保收益同时最大限度满足成员单位用款需求，保证资金的流动性。2014 年 12 月，公司取得了同业拆借业务资质，为公司缓解短期资金流动性压力提供了途径。

【票据业务】2014 年，公司票据贴现业务累计办理 17 亿元，为集团重点支柱企业提供了有力的资金融通支持。实现了财务公司承兑汇票走出北汽集团的突破。财务公司承兑汇票的推广，一方面为“一头在外”的链属非成员单位提供了资金支持；另一方面也降低了成员单位资金成本，实现了贸易双方的共赢。此外，为有效解决经销商融资难题，针对汽车金融业务模式与传统财务公司票据承兑模式进行摸索和研究，开展了经销商融资项下财票承兑业务。2014 年为集团旗下的经销商提供票据承兑业务，票据余额为 0.52 亿元。

【业务创新】2014 年，公司从拓宽经营范围和产品着手，积极开发新业务、新产品，不断增强市场竞争力。开发了包括等额本息、弹性、5050 等标准贷款产品；开发票据类产品“财票通”。将各类票据类产品针对客户需求进行个性化组合，使客户实现资金融通的同时，最大程度地降低财务成本。

【风险管理和内部控制】2014 年，公司风险管理工作以深化操作风险、合规风险职能为主线，以规范和支持汽车金融等新业务的发展为工作重点，设置适度风险限额，不断加强风险管理体系建设，扎实推进全面风险管理工作；2014 年，公司内控管理体系工作进一步夯实。在公司法人治理结构下，公司经营管理层充分发挥合规与风险控制委员会、信贷审查委员会、操作风险委员会和相关部门的功能，并依据“制度先行”、“内控优先”的原则，落实业务部门自律检查和日常监管、内控部门再监督评价检查机制，持续完善内控体系建设，充分发挥了内部审计的监督、服务功能。

【人力资源管理】2014 年，为满足业务发展需要，公司加强人力资源的科学配置和有效管理。在人才招聘方面，通过将基础岗位外包的方式创新用工形式、针对汽车金融业务发展实行属地化人员招聘策略优化招聘渠道、通过对非京生源应届毕业生落户等手段完善人才引进制度；在人才发展方面，采取开展各类培训课程、建设内外部培训师队伍等措施完善培训机制；在绩效管理方面，对绩效管理周期、内容、评分方式等进行了调整和优化，以公平客观、目标为导向优化绩效评价标准；在薪酬福利方面，建立市场化的激励机制，使职位、职级和绩效与薪酬挂钩，初步实现为岗位、为绩效、为人员能力付薪的人力资源管理目标。

【信息化建设】2014 年，公司不断加强信息系统建设，确保系统运行安全、平稳、高效。新系统、新项目建设方面，完成了新机房建设、汽车金融零售系统、远程合格证监管系统、呼叫中心、个人征信、电票六个项目的采购和建设工作，完成了汽车金融经销商贷款系统、统计报表系统、同业拆借、外汇、资金系统新功能、短信平台、统一门户七个项目的自主研发工作，凭借自主化建设思路，公司提升了技术创新能力。

【企业文化建设】2014 年，公司秉承“以金融服务促进北汽集团发展”的理念，搭建公司企业文化体系。一是深入开展“践行北汽梦实现中国梦”的双梦主题教育，实现职工凝聚力。二是加强廉洁作风建设，制定《员工八小时以外行为规范》，使公司廉洁文化内化为员工的行为准则。在北汽集团落实 2014 年度党风廉政责任制推进惩防体系专项检查中，被评为优秀单位。“三体系筑牢防火墙，三强化打造新常态”项目获得北汽集团十大党建创新成果荣誉。三是完善工会工作，建设职工活动、图书、心理减压室等，建立劳动争议调解等机构。与行政方协商签订了《集体合同》《工资集体协议》，维护职工权益。成立 10 个文体兴趣小组，活跃职工文化生活。2014 年公司工会获北汽集团“优秀职工之家”称号。为哺乳妈妈设立的“妈咪屋”成为北京市总工会的第一批示范单位。四是发挥共青团的作用，组织实施“青年筑梦”工程，激活青年创新创效动力。2014 年获北汽集团“五四红旗团总支”称号，一名青年获北京市青工创新大赛金奖。

大连港集团财务有限公司

【经营概况】大连港集团财务有限公司（以下简称“公司”）以“安全性、流动性、盈利性”为经营原则，通过加强资金集中管理、科学运作资金、增加贷款发放额度、创新业务品种、强化全面风险管控、压缩成本等举措，为成员单位提供优质、高效、多元化的金融服务，2014 年，公司各项业务顺利开展，整体运行平稳，主要经济指标良好。截至 2014 年末，公司资产总额为 49 亿元，负债总额为 42 亿元，所有者权益 7 亿元，全年实现营业收入 1.59 亿元，利润总额 1.17 亿元。

【信贷业务】2014 年，公司通过对外积极争取信贷规模，对内加强走访调研，本着从成员单位的业务实际需要出发，重点支持集团主营业务和战略发展的方针，在业务经营风险可控、优化信贷结构的前提下坚持创新，全力保障成员单位的资金需求，进一步降低了成员单位的融资成本，极大地提高了信贷投放效率，实现了多方共赢的良好局面。公司全年共发放贷款 21 笔，累计发放金额 31.91 亿元。累计办理委托贷款 32 笔，发放委托贷款总金额 34.48 亿元，通过优惠利率为成员单位节约财务费用约 0.17 亿元，节省手续费支出约 0.10 亿元。开展融资性担保业务 2 笔，累计担保金额 2.40 亿元；开展工程履约、预付款、投标等多项非融资类担保业务 9 笔，累计金额 0.75 亿元，为集团的工程建设提供了有力支持。

【资金和投资业务】2014 年，在国家不断加强调控力度的情况下，市场同业利率一路走低，在同业利率持续低迷的大趋势下，公司逐步缩小同业资金运作规模，扩充信贷资金规模，坚持以资金的安全性、流动性为前提，根据多家合作银行的利率报价，选择提供较高利率的银行进行资金运作，确保集团资金集中效益。2014 年度存放同业利息收入为 0.44 亿元，超预算 0.10 亿元。随着公司取得有价证券投资资质，公司进行了保本型银行理财业务运作，在保证资金安全的前提下进一步提升资金运作效益。

【资金集中】2014 年，公司继续加大资金集中管理力度，收集梳理集团投资企业股权结构信息，细化资金集中管理范围，保证集团具有绝对控制权的企业将资金归集到公司，同时积极拓展获取集团新成立公司信息的途径，做到充分沟通、灵活处理，以更加专业优质的服务争取更多应纳入集团资金集中管理范围的企业在公司开户。截至 2014 年末，已有 118 家成员单位在公司开立账户，年末资金集中度达到 57.32%，基层单位资金集中度一直保持在 90% 以上，全年平均存款为 25.80 亿元，与 2013 年资金量持平，为开展专业金融服务提供了坚实的资金保障，更好地发挥了集团资金结算平台和资金“蓄水池”的功能。

【业务创新】2014年，公司经过多次深入细致地走访调研，充分了解成员单位的经营实际和融资需求，在业务经营风险可控、符合监管部门要求的前提下，全力保障成员单位的用款需求，利用自身港行专业优势，灵活应用信贷业务方式，通过“一事一议”方式，提供个性化、差异化的金融产品。2014年新开展了以下业务：一是应收账款融资，对多期限多笔应收账款组合整体设立质押，在保证质押率的前提下灵活动态质押。二是融资类担保业务，使成员单位利用公司的金融机构信用获得银行融资开展贸易业务，后期在其资本金不足的情况下，继续利用公司的信用支持扩大贸易融资额度。三是综合性汽车贸易结构贷款，在严格把握风险的前提下，根据借款用途综合定价，成功解决了下游客户贸易车辆在到港后的税金垫付及押汇到期垫付需求。四是法人账户透支业务企业可在公司核定的透支额度和期限内，多次使用该笔融资，随借随还，为其使用资金提供便利的同时，最大限度地节约了企业的融资成本。五是代开银行承兑汇票业务，利用公司的信用支持引入商业银行的资金与产品为成员单位提供融资服务，发挥公司在集团内的融资平台作用。

【风险管理和内部控制】2014年，公司紧紧围绕集团“双五战略”及“十大工程”的实施，结合公司本年度经营目标，积极主动实施以信用风险、操作风险、流动风险和市场风险为核心的全面风险管理，从风险管理关键环节入手，开展了各项风险管控基础建设和稽核工作，规范各项业务发展。认真做好日常结算、信贷、信息审核等业务监督检查工作，按时准确完成银监局、人民银行安排的风险自查、报表统计、工作报告、工作调研、工作评估以及反洗钱工作排查、客户分类、日常和集中宣传动态、工作动态反馈、工作评估等工作。为公司依法合规稳健经营提供合理保证。

【人力资源管理】2014年，公司把人力资源管理方面的工作重点放在了绩效管理、周例会督办制度和内外部培训上。一是公司对月度绩效考核管理办法进行了修订，建立“部门常规工作”、“公共部分”、“督办工作”三项考核标准，各部门根据各自业务条线和职责分工确定差异化的绩效考核权重，并增加“加减分项”和“一票否决”作为奖惩机制。二是公司推行周例会重点工作督办制度，每周一召开周工作例会，布置下一周各部门重点工作内容，并以“周例会”督办单形式下发至各部门，确保每一项工作任务落实到具体工作人员。周例会督办制度，明确工作标准，落实工作责任，有力保障公司各项业务地稳步推进。三是公司不断推进学习型组织建设，充分利用内外部培训资源，创新培训形式，将自主学习与外部培训相结合。遇到新业务通过经办人员主讲，培训人员提问讨论的形式，不断加强公司各级人员对公司即将上线的新业务的理解能力和操作能力。综合“请进来、走出去”等多种培训方式，积极参与集团、监管部门、行业协会、同业银行的各类培训项目，2014年共参加培训48场，培训员工300人次。为全方位打造高素质、高水平的金融团队打下了坚实的基础。

【信息化建设】2014年，公司加强信息化基础建设，所做工作如下：建立稳定可靠的生产运行环境；建立合理的应用体系架构，满足快速变化的公司业务发展和客户需求；促进公司的产品和业务创新，为客户提供全面、安全、快捷、高效服务；加强对信息资源的开发利用，提高公司风险防范和经营管理水平，满足外部监管要求；加强信息安全体系建设，实施信息安全检查和监管制度，保证信息系统安全稳定运行；进一步推进银行信息化技术法规和标准体系建设，建立和完善相应的执行监督机制，规范信息化的发展。2014 年信息化建设工作取得了很好的成效，保障并支撑了集团公司资金集中管理工作及公司各项业务地正常、有序开展。

【企业文化建设】公司秉承“立足集团、依托集团、服务集团”的经营宗旨，以“稳健经营、科学发展”为经营方针，狠抓服务质量、服务水平、服务态度，以“建设一流的服务团队，培育一流的服务文化，打造一流的服务品牌，展示一流的公司形象”为目标，树立起公司服务品牌。根据集团各板块业务发展的需要，不断加深公司人员对集团核心业务的了解，为设计符合成员单位的个性化融资方案夯实业务基础。并推进公司微信管理，形成公司微信管理制度，发布积极向上的内容，传递正能量，为企业打造管理新平台。加强公司金融服务宣传力度，打造一流金融企业的品牌，建立公司集信息发布、对外宣传、业务介绍以及信息咨询等功能于一体的门户网站，力争建立金融资讯内容丰富多样、公司业务简介翔实具体、内外部信息发布及时有效的沟通途径，不断提升企业价值。

大唐电信集团财务有限公司

【经营概况】2014 年，大唐电信集团财务有限公司（以下简称“公司”）在深入挖潜、全力做好各项基础业务的同时，积极推进新业务资质申请工作，并于 2014 年 2 月 10 日获批新增委托投资、承销成员单位企业债券、有价证券投资（股票二级市场投资除外）及成员单位产品的买方信贷业务四项新业务资质。为全力推动新业务开展及创新工作，公司将 2014 年确定为“创新行动年”，并通过成立创新行动组，密切研究大唐电信科技产业集团（以下简称“集团”）产业特点，全面推进创新经营和产融结合工作。截至 2014 年 12 月 31 日，公司资产总额 30.90 亿元，全年累计实现营业总收入 1.01 亿元，税前利润 0.75 亿元，产业服务能力与支撑能力进一步提升，但仍在满足成员单位资金需求方面存在瓶颈。

【信贷业务】2014 年，公司深入集团成员单位调研，为成员单位定制业务模式，通过循环贷款、信贷资产转让等多种手段并用成员单位资金需求。由公司作为财务顾问发起的 10 亿元大唐电信科技股份有限公司（以下简称“大唐股份”）流动资金银团贷款被中国银行业协会评为“中国银行业协会银团贷款最佳交易奖”。但由于存款规模下降、有效贷款及委托贷款需求不足，自营贷款规模及委托贷款规模均较上年同期有所下降。

【投资业务】为充分使用新获批业务资质，2014 年，公司将“安全性”作为投资业务开展的重要前提，着力完善投资制度体系、建立健全风险防范机制，审慎选择投资机构，严控投资风险。经过对市场的长期跟踪、分析，公司 2014 年主要投资国债逆回购、货币基金、信托产品等安全性极高的产品，通过滚动投资，截至2014年12月底，共实现投资收入601万元。

【票据业务】公司深入了解成员单位经营模式，挖掘成员单位内外部结算和融资需求，在成员单位中大力推广票据承兑、贴现服务，探索搭建票据平台，扩大票据规模，为集团成员单位提供较优惠的票据贴现资金，并依据中国人民银行对高科技企业、小微企业的再贴现政策，积极申请再贴现资金，为成员单位提供高效、优惠的票据融资。2014年，公司累计完成票据承兑3.52亿元，票据贴现5亿元，再贴现3.40亿元，较上年同期增长率分别为2%、81%和162%。

【外汇业务】2014年6月，公司向联芯科技（香港）有限公司发放首笔美元短期贷款500万元，实现首笔外币贷款的突破；国家外汇管理局北京外汇管理部于2014年10月下发《关于大唐电信科技产业集团开展外汇资金集中运营管理业务的备案通知书》，外汇试点业务取得新突破，11月，公司利用集团跨国公司外汇资金集中运营管理政策，成功将大唐电信（香港）有限公司存放在境外的0.61亿人民币调剂到境内，偿还大唐股份在境内银行的流动资金贷款等，从而实现集团历史上首次引入外债资金；2014年12月19日，公司获得中国人民银行营业管理部批复的跨境双向人民币资金池业务资质，并运用此资质为大唐股份办理首笔金额为1.10亿元的境外资金归集与回流，以满足大唐股份境内生产经营需要，标志着集团跨境资金管理和流动取得新的突破。

【资金集中】公司通过完善业务系统功能、进行业务推广、提高服务质量、增加业务品种、推出积分奖励计划等措施，不断增强与成员单位的客户粘合度，截至2014年底，通过公司办理的结算达到集团总内部结算量的80%以上，集团各企业之间关联交易通过内部清算，降低了集团整体资金占用，提高了集团资金使用效率。剔除两总部以外单位的日均存款量呈逐年上升趋势，2014年剔除总部之外的成员单位存款较2013年增长16.34%。

【业务创新】2014年7月，公司获得中国人民银行批准的全国银行间同业拆借市场准入资格。截至2014年底，公司已在建设银行、招商银行、中国银行、工商银行获得总体授信额度19亿元，其中同业拆借可用额度17亿元，基本可以满足同业拆借需求。自2014年8月27日与建设银行成交第一笔同业拆入业务以来，截至2014年底，公司共成交同业拆入业务26笔，累计拆入金额17.90亿元，共支付拆入利息111.30万元，平均利率3.47%，有力地提高了流动性管理手段，对降低备付资金起到了推动作用。

【风险管理】2014年初，公司以强化核心业务风险管控为中心，确定了风险管理总体目标、风险偏好和工作重点，明确了信用风险、流动性风险、市场风险和合规操作风险四类主要风险的管理要求和应对策略。一年来，通过强化流动性风险管理，适度控制授信规模，合理配置投资资金，认真开展案例防控和风险防控等专项案件评估和排查工作，公司全年无新增不良资产，未发生重大违法违规案件，基本实现年度全面风险管理的各项主要工作目标。

【内部控制】在出台《大唐电信集团财务有限公司内部控制手册》的基础上，2014年，公司继续坚持制度先行的合规管理理念，修订了贷款审查委员会和高级管理层议事规则，规范重大事项的决策机制，为外汇业务、同业拆借和投资业务配套了多项管理制度，并组织《综合授信管理办法》等多项业务管理制度的局部修订，进一步完善内部控制制度体系。为增强员工增进对监管规定和市场规则的了解，整理出与财务公司业务相关的《外部监管法规手册》及外汇、投资等专项政策汇编，为员工业务学习提供蓝本。

【人力资源管理】 为牢固树立合规经营意识，严守金融从业人员职业操守，全面提升员工综合素养和专业水平，2014 年，公司通过培训、同业交流、专项工作组等形式进行人员的锻炼和培养，培训主要包括以创新业务探索及成果分享为主的内部分享学习、外部培训机构提供的业务及管理类培训课程。并着力进行经营班子后备干部的培养，通过测评系统，从专业能力、协调能力、表达能力、工作成果、工作效率等方面对现有人员进行综合测评，并根据测评结果及绩效考核成绩确定了核心部门的后备干部人选。

【信息化建设】 2014 年，公司持续增加系统开发投入，共完成电子签章、网银指令自动处理两大功能模块的上线和 28 项优化需求的开发，进一步完善和扩展了业务系统功能，为顺利拓展业务、提升客户服务能力发挥了重要作用；通过自主开发，完成了业务数据实时异地转存、银行收款短信提醒、业务系统往来账户数据整理、成员单位付款指令自动处理、数据库连接数实时监控等功能，节约了大量软件开发、购买的费用支出。此外，公司 2014 年积极投入 IT 基础设施建设，进行了机房监控系统建设，实现了对机房供电、漏水、温度、湿度状态的实时监控，当发生异常时系统通过短信、电话进行通知。完成了金融城域网专线、同业拆借 3G VPDN 线路和星展银行互联网专线的建设和相关网络设备的安装调试工作，为相关的管理工作和同业业务顺利开展奠定了坚实的基础。

【企业文化建设】 2014 年，公司依照国务院国有资产管理委员会、集团关于企业文化与宣传工作的总体部署和要求，围绕 2014 年经营工作重点，以社会主义核心价值观为根本准则，通过门户网站、团队建设活动、专题宣传邮件等形式全面推动企业文化与宣传工作开展，进一步培育和弘扬企业“专注服务、创新、专业、市场”的核心价值理念，并与党建工作联动推进，通过学习中央有关文件及会议精神，赴抗日战争革命纪念馆、反腐倡廉教育基地进行参观学习等一系列活动，加强对员工的形势教育、主人翁意识教育和发展意识教育，正确引导员工价值追求、引领企业发展方向。

开滦集团财务有限责任公司

【经营概况】 2014 年，开滦集团财务有限责任公司（以下简称“公司”）紧密围绕国家宏观经济形势和集团公司经济运行状况，强化资金安全运营，拓展营业范围，创新业务模式，金融服务能力不断增强，经营管理水平持续提升，充分发挥自身金融平台功能，打造了集团公司产业转型升级新亮点。

截至 2014 年末，公司资产总额为 67.11

亿元，比年初增加 11.70 亿元；负债总额为 55.62 亿元，比年初增加 11.27 亿元；所有者权益 11.49 亿元，比年初增加 0.43 亿元。全年公司实现营业收入 2.20 亿元，同比增收 0.11 亿元，增幅为 5.36%；完成利润 1.30 亿元，同比增利 0.22 亿元，增幅为 20.65%；资金集中度为 81%；各项监管指标均优于监管部门的要求。

【新增业务】经《中国银监会关于开滦财务新增业务范围的批复》（银监复〔2014〕892 号）批准，公司新增五项业务，包括委托投资、承销成员单位企业债券、对金融机构的股权投资、有价证券投资（股票投资除外）、成员单位产品的买方信贷及融资租赁；经中国人民银行上海总部《关于开滦集团财务有限责任公司进入全国银行间同业拆借市场的批复》（银总部函〔2014〕60 号），公司获批进入全国银行间同业拆借市场，经核定同业拆借最高拆入、拆出限额为 10 亿元人民币。

【信贷业务】2014 年，公司充分发挥金融服务平台作用，积极开展各种信贷业务，不断丰富信贷业务品种，为成员企业提供资金支持。截至 2014 年末，公司贷款余额 30.55 亿元，比年初增加 12.18 亿元，为集团公司降低了外部融资费用，对确保成员单位资金链安全和稳定生产、经营发挥了重要保障作用。继续加大对成员单位中涉农企业和中小企业的信贷支持，2014 年末中小企业信贷投放余额 1.82 亿元，涉农企业信贷投放余额 4.56 亿元，有力地促进了集团中小企业和涉农企业发展。

【资金和投资业务】全年办理结算业务 9 万笔，结算金额 6 000 亿元以上，资金结算安全高效；将资金支出按资金性质划分为 A、B、C 三类，通过将资金预算分级分类，采取不同的管控策略，并进一步强化资金计划管理，大额付款需提前一天上报资金头寸，全年平均活期备付率降至 14.25%，实现了科学调度资金；利用资金使用的时间差，将富余资金办理同业理财，全年办理同业定期存款 145 笔，累计金额 280 亿元，实现收益 0.70 亿元，与一般企业存款平均利差 3.48%（年），实现了资金保值增值。

【票据业务】2014 年，为满足成员单位资金需求，提高资金流动性，公司积极开展票据贴现、再贴现和转贴现业务，共办理票据贴现业务 13 笔，贴现票据 107 张，金额 1.56 亿元，办理再贴现业务 0.25 亿元，办理转贴现业务 0.10 亿元；委托兴业银行代理公司为成员单位签发银行承兑汇票 0.64 亿元，将成员单位保证金存入公司，公司作为实际承兑人在银行质押同业存款，有效提升资金价值。

【资金集中】2014 年，公司牢牢抓住资金集中这一核心工作，多措并举归集资金，资金集中度始终保持较高水平，年末达到 81%，保持行业领先水平。同时继续扩大资金归集范围，及时将未归集单位资金整合到位，制定按股比归集、按时点归集等有效措施，到 2014 年末有 4 家合营公司的资金归集实现突破，全集团纳入归集范围的成员单位占比由 2013 年的 93% 提高至 97%。

【业务创新】持续开展业务创新，丰富业务品种，更好地发挥金融服务功能：通过招标形式确定了 6 家承保的保险公司，进一步优化保险服务条款，提高风险保障能力，降低保险费率 40% 以上，减少集团公司整体保费支出；紧密结合成员单位需求，设计开发新的金融产品，针对集团公司股权转让、建设集团工程履约等代开保函 0.17 亿元，针对集团公司内部清欠工作，开展商业承兑汇票保兑业务 1.20 亿元，进一步丰富了为成员单位服务的业务品种。

【风险管理和内部控制】2014 年，公司在积极推进业务发展进度、提升经营管理水平的同时，强化资金业务内部控制。制定下发《开滦集团财务有限责任公司资金业务内部控制流程》，规范了资金业务涉及的岗位设置、人员配备、业务操作流程、内部控制，细化了资金结算业务、票据业务、信贷业务、对账业务、信息系统管理及审计核查等具体操作流程；做好风险防控关口前移，将风险管理控制重点向事前、事中、事后全过程延伸，向信贷、同业、应收等全资产延伸，高度重视案件防控工作，有效杜绝风险隐患和金融案件，提升了公司风险防控水平；坚持定期审计、抽查审计、专项审计相结合，针对各业务条线重要风险点、执行监管标准进行了12项审计，充分发挥审计的风险防控作用。

【人力资源管理】公司始终关注员工素质和业务能力的培养，以打造专业金融团队为目标，参加形式多样的学习与培训，公司整体业务素质和专业化水平得到明显提高，已有30人取得银行从业资格，16人取得证券从业资格，4人取得同业拆借市场交易员资格，2014年有4人通过高级职称或研究生考试，从业人员专业化履职水平进一步提升。认真开展企业管理创新成果研究，其中《加强资本管理，全面提升风险管控能力》《加强资金集中管理，提高资金使用效率》均获得省级企业管理现代化创新成果一等奖。

【信息化建设】开发实施了工商银行、建设银行电子回单打印模块，在行业内率先实现银行回单查询、打印全部电子化，降低了成员单位跑办银行成本；开发实施电票系统，完成201项接口建设及三轮联网测试，并开通金融城域专网，实现了与中国人民银行电票系统的直连，财务公司电票系统经中国人民银行总行测试中心验收通过，具备上线条件；全面排查公司信息系统存在的隐患，并结合业务需求进行改进和完善，确保信息系统全年安全高效运转。

【企业文化建设】2014年，公司以集团公司转型发展路线为核心，不断完善企业文化建设，进一步提高公司的软实力。充分总结运营经验，河北银监局对公司资金集中工作进行专门调研并刊发简报，上报省政府；《金融时报》《中国经济时报》《开滦日报》、开滦电视台等多家媒体进行宣传报道，中国财务公司协会网站发布多篇信息，公司管理经验得到内外部认可，影响力明显提升；编印公司三周年专刊，总结公司成立三周年以来的运营情况，编印了《开滦财务公司成立三周年特刊》，提高了公司在集团公司内外部的认知程度；公司网站顺利开通运行，全年上传各类资讯3500多篇，打造了公司财经、金融信息的交流平台。

中国航油集团财务有限公司

【经营情况】中国航油集团财务有限公司（以下简称“公司”）2014年为“基础强化年”，公司按照年初各项工作思路，积极围绕开展“三个一”（强化一个基础、继续一个集中和抓好一个创新）的中心工作，抓好“五个提升”（素质提升、业务提升、管理提升、技术提升、业绩提升），紧紧围绕实现“两项突破”（获得同业拆借资质并开展相关业务和发行公司金融债券）年度工作目标，各项业务经营和发展的基础得到强化和提高，各方面工作都有新的进展，取得了很好的经营业绩。

2014年，实现营业收入1.01亿元，利润总额0.77亿元。年末吸收成员企业存款余额46亿元，资金集中度达到82%；实现各项税收0.25亿元。

【信贷业务】2014年，公司信贷业务稳步开展，自营贷款投放量及自营贷款余额也在逐步增加。2014年末，公司信贷投放规模为7.37亿元，日均贷款余额达15.43亿元，不仅有力地支持了集团重点项目建设，而且为公司全年经营业绩指标的完成奠定了坚实的基础。

公司一直支持信贷理念和思维的创新，不断开拓信贷业务新模式。2014年正式开展了首笔融资租赁业务，实现了公司新型业务的重大突破，开拓了公司资金运用新渠道；按照将部分大额贷款“化整为零”、“期限错配”的思路，优化调整信贷资产结构，突破信贷投放瓶颈，有效缓解了流动性风险指标；通过与主要成员单位的沟通交流，了解成员单位票据业务需求，对公司拟以电子票据方式参与集团公司成员单位贸易链融资进行了积极的探索研究。

【资金和投资业务】2014年累计完成结算业务4.50万笔，结算金额9 475亿元。公司以“注重服务质量、保障资金安全”为工作准则，实现了“零差错”。第一，中国人民银行上海总部2014年4月2日下发《关于中国航油集团财务有限公司进入全国银行间同业拆借市场的批复》，批准公司进入全国银行间同业拆借市场，是公司发展之路的一个重要里程碑。2014年7月开展首笔同业拆借业务，全年共计开展同业拆借业务47笔，拆借资金72亿元。第二，通过与平安信托、平安养老公司等中介机构积极沟通交流协商，撰写了《公司参与集团公司企业年金另类投资运作的方案》，制定了公司以“卖断式”信贷资产转让方式参与集团公司企业年金运作方案，顺利开展了公司首笔信贷资产转让业务。

【资金集中】公司持续推进集团资金集中工作和结算业务开展，于年内，新增完成了集团内部分合资公司和新设立公司银行账户的资金归集工作，推动了公司资金集中度的提高。2014年末吸收存款余额和资金集中度均达到历史高点。同时，公司积极研究集团外汇资金集中运营管理模式，协助推进集团全球资金一体化管理。集团公司外汇资金集中运营的方案得到国家外汇管理局的认可，并于2014年3月取得跨境外汇资金集中运营管理改革试点资格，成为全国第三批的跨境集中运营管理的16家试点企业之一。通过实施跨境资金集中管理，将充分利用政策优势，以公司作为金融服务平台，有助于提高集团公司资金集中管理效率和效益，为集团进一步实施走出去战略提供金融服务支撑。

【业务创新】为进一步深化改革，创造更大价值，公司在2014年3月10日成立了公司创新业务部。创新业务部在多个工作方面都为创新工作奠定了良好的基础。一是在新业务申报方面。发行公司金融债券业务资质申报工作取得突破性进展——起草完成了向集团公司申请开展投资业务（包括有价证券投资、对金融机构股权投资和委托投资）的可行性研究报告和相关请示文件，为后续业务开展夯实基础。二是在新业务研究方面。对产融结合、信贷资产证券化、银团贷款等课题的深入研究成果，使公司新业务的拓展奠定了良好的基础；同时，积极地参与集团公司股票银行、转融券业务、为香港公司提供融资租赁服务等各项创新业务的发展与研究，发挥了公司作为集团公司唯一金融牌照的使命和责任。三是公司积极推进外商租赁公司设立研究事宜。为了更好的盘活集团公司资产，引入低成本国外资金，对设立外商租赁公司的政策背景、准入门槛和发展前景进行了研究，起草并上报集团可行性研究报告。

【风险管理和内部控制】第一，完成《航油集团财务有限公司三重一大民主决策实施办法》初稿，落实集体决策机制。第二，在2014年第一次股东会暨第一届董事会第九次会议上，通过选举产生风险管理委员会、审计委员会和薪酬与提名委员会的各委员人选。进一步提高公司管理水平和风险控制能力，不断健全完善全面风险管控体系。第三，针对公司流动性风险长期存在的特点和具体问题，研究制定了《中国航油集团财务有限公司流动性指标监测实施办法（试行）》，将流动性比例合规风险控制在事前和事中，提高了公司流动性风险管理的制度化和规范化水平，杜绝流动性比例不合规现象的发生。此外，公司总经理师建桥深入理解合规意识，其论文入选《北京银行业高管谈合规论文选编》。第四，进一步加强风险管控三道防线建设。对公司业务从岗位设置、分工权限、操作流程等方面入手，通过不断细化落实授权、复核、互控以及对账、统计、内控、稽核机制，强化风险管控。

【人力资源管理】一是积极推进人才队伍建设，促进全员综合素质和能力的提高，促进业务操作技能、拓展能力和管理水平的提高，从而达到个人技能提升、公司管理提升、业绩提升的效果。二是初步编制了《公司机构建设及岗位编制发展规划2014—2018年》，明确了公司发展的人才队伍发展规划。三是积极开展“导师带徒”科研项目，系统提出了“五四三二”的金融人才培养目标。即学习型、专家型、研究型、务实型、创新型“五型”人才；获得会计、银行业、保险和证券四种从业资格；获得会计类、经济类、政工类（工程类）三类职称；培养财政部会计领军人才和CFA金融分析师两种高层次人才。

通过多途径的人才培养，时任信贷投资部经理的王金梁被选拔进入财政部会计领军人才培养项目，公司多名员工取得相应职称和各类从业资质，提升公司人力资源水平。

【信息化建设】公司持续提升信息化与公司重点业务的契合程度，进一步发挥信息技术和数据分析的支持、保障作用。一是公司围绕业务发展需求，量身定制了同业拆借模块、信贷资产转让模块，进一步促进了公司业务的规范发展。二是配合合作银行的系统改造工作，完成了重要客户系统的升级工作。以信息化手段向集团客户提供增值服务。三是深入合作，签订了核心业务系统的运维合同，明确了工作职责和运维流程，着力推进系统安全保护的升级和更新，为信息化全面推进提供坚实的保障。四是完成了人民银行金融城域网的升级改造工作，完成了金融统计报表系统的升级工作，进一步扩大数据分析的范围。

【企业文化建设】在集团公司党委关心和指导下，经集团公司机关党委批复，公司党支部于2014年1月14日正式成立。公司党支部以党建和团建活动引导企业文化落地，将党群工作与企业重点任务结合，持续加大企业文化的正能量的传播。一是加强新闻报道宣传工作，全年在集团内外媒体上刊稿44篇，引导了企业积极向上、开拓进取的精神。二是组织举办爬山活动、公司成立三周年暨乒羽比赛等活动，增强了全体员工的凝聚力和集体向心力。三是从小事入手，切实落实员工关爱工程。

海南农垦集团财务有限公司

【经营概况】 2014年，海南农垦集团财务有限公司（以下简称“公司”）面对外部经济环境较为严峻、集团主业经营效益下滑的复杂形势，紧紧围绕年度预定目标，坚持稳健的流动性管理策略，遵循侧重外部市场和为集团成员单位提供优质服务的理念，积极采取应对措施，合规审慎经营，严格控制风险，继续保持良好的经营局面。全年实现营业收入0.80亿元，利润总额0.50亿元。

【信贷业务】 在合规与风险可控前提下，深入了解集团成员单位资金需求，结合公司归集资金情况，充分发挥了信贷服务功能，有力保证成员单位正常生产建设资金需求。发放自营贷款24笔，金额8.40亿元；回收自营贷款32笔，金额7.92亿元。自营贷款余额8.42亿元，实现利息收入0.37亿元，不良贷款率为零。同时，在关注风险、充分考察的基础上，执行较基准利率和市场利率更加优惠的贷款利率，最大程度为集团成员单位节约财务成本，支持成员单位的生产经营。

【票据业务】 2014年累计为成员单位办理票据贴现业务6笔，贴现余额0.29亿元。

【资金集中】 完成集团所属的31家二级成员单位和82家三级成员单位资金归集，资金归集面超过了90%，资金归集率达到了75%。累计为成员单位办理结算业务29 521笔，结算量717.23亿元；办理代理支付业务3 075笔，支付金额79.12亿元。全年无资金损失事件发生。

【业务创新】 2014年初，获中国银监会批准新增“成员单位之间的委托投资、有价证券投资、成员单位产品的买方信贷”三项业务资格，并于2014年5月开始试运行，金融服务功能得到进一步完善。在确保资金安全性、流动性前提下，积极把握银行和证券市场理财、债券等市场动向，开展同业、债券逆回购等业务，进一步提升了短期资金的投资效益。累计办理同业投资类业务63.73亿元，实现收入0.10亿元，综合收益率5.68%。在满足监管要求的同时，积极加强产品创新，拓展为成员单位服务品种，办理首笔代开承兑汇票业务和融资租赁业务，进一步提高了财务公司金融服务水平。

【风险管理和内部控制】 修订了《业务岗位权限控制表》《分级授权管理办法》，进一步规范各项业务流程、操作标准和岗位权限，明确董事会、专业委员会和经营管理层的审批权限，建立起逐级授权、分级审批、层层负责的内部控制体系。进一步加强新业务风险管控，完成《理财产品投资业务实施细则（试行）》《债券投资业务实施细则（试行）》等多项新业务制度的制定。同时，加强证券投资风险分析，及时提出风险规避措施，确保投资资金安全。

【人力资源管理】一是建立灵活的用人机制，优化人才资源配置。2014年初，启动开业以来的首次全员竞聘，提高了人岗匹配度和员工满意度，使员工更大限度发挥自身潜能，实现自我价值。二是开展形式多样的业务学习，为员工创造职业能力提升机会。按照“走出去，请进来”的方式，邀请外部讲师进行针对性业务培训，组织员工参加人民银行、银监等单位组织的培训，运用维普网、知网等在线媒体丰富财务公司网络培训资源；同时，开展同业的业务交流，参与中国财务公司协会组织的各类业务研讨，有效促进员工专业水平、职业素养的提升。

【信息化建设】完成与人民银行海口中心支行网络线路的搭建测试，顺利加入“金融城域网”，为中央银行会计核算电子对账系统提供良好技术支持。完成营运系统一期验收，对现有信息系统、网络进行下一轮需求收集、升级改造，满足急切业务系统需要。全年信息系统运行正常，无事故发生。

【企业文化建设】一是对照党的群众路线教育实践活动，结合公司金融机构特点开展廉洁文化教育，使廉洁从业意识深入人心。发挥先进典型示范带头作用，借助2名员工获评集团“百名优秀员工”的契机，在公司广泛进行宣传，引导员工爱岗敬业，积极向上，传播正能量。二是积极发挥工会推动作用，通过安排员工定期体检、参加“医疗互助”和“大病救助”等方式，帮助员工解决后顾之忧；组织员工参加登高、技能互换、体育锻炼等活动，丰富员工的文体生活。三是以“金融知识进万家”、“夏季送清凉”等活动为载体，促进了员工与集团成员单位的交流互动，增强了员工的使命感，提升了公司的品牌度和知名度，打造公司软实力。

西部矿业集团财务有限公司

【经营概况】2014年，西部矿业集团财务有限公司（以下简称“公司”）围绕“务实创新、市场驱动、重点突破、全面提升”的经营方针，加强资金管理及运用，提升金融服务，拓展业务范围，加强风险管控，较好地完成了全年各项经营目标和重点工作任务。截至2014年末，公司资产总额60.78亿元，负债总额53.08亿元，所有者权益7.70亿元，当年实现营业收入2.56亿元，利润总额1.17亿元，连续3年超额完成集团公司下达的经营目标任务。全年各项业务保持稳健发展，公司服务、创新、盈利能力进一步增强。获得青海省政府“金融支持地方发展先进地区单位”，中国人民银行西宁中心支行“2014年度青海省金融机构反洗钱工作A级单位”，集团公司“优秀宣传单位”、“先进党支部”等多项荣誉。

【业务创新】2014年，公司积极申办新业务，扩大业务范围，获准开办“委托投资、承销成员单位企业债券、有价证券投资（股票二级市场除外）”三项新业务，并加入了全国银行间债券市场和同业拆借市场，成为中国银行间市场交易商协会会员，七名相关业务人员取得全国银行间同业拆借中心、上海清算所和中央结算公司的相应资格。同时完成与各项新业务相配套的机构组建、制度体系及业务流程建设、人员招聘及资格培训、系统搭建、风险体系建设等工作。2014 年累计办理同业拆借 4.50 亿元，解决了特定时点上资金头寸紧张的问题，同时节约了资金成本。本着审慎原则，开办有价证券投资业务，实行合作金融机构名单制管理，择优选择信誉良好、资本实力雄厚的金融机构进行合作，累计办理有价证券投资业务 6.15 亿元，余额 2.80 亿元。

【信贷业务】2014 年，按照青海省委省政府关于金融支持实体经济的部署和集团公司结构调整安排，加大对集团公司重点项目的信贷支持，保障成员单位生产经营需要。根据贷款单位的信用等级、资产状况、现金流、偿债能力等财务指标研究确定贷款利率。各项贷款平均利率低于贷款基准利率，存贷款利差低于商业银行平均水平。为成员单位及时、高效地做好服务的同时，降低了成员单位融资成本。全年累计发放贷款（含贴现）31.23 亿元，贷款（含贴现）余额 24.65 亿元，较年初新增 5.99 亿元。

【资金业务】2014 年，面对资金市场流动性宽裕、同业市场利率低迷、资金归集总量减少的特殊情况，扩大银行合作面，提高议价谈判范围，及时掌握成员单位资金使用计划，在确保流动性的情况下，最大限度地提高资金使用效率。全年实现存放同业收入 1.14 亿元（其中议价收入 0.21 亿元），收益率较 2013 年增长 0.13%，均超额完成全年计划任务。

【票据业务】针对成员单位采用票据结算量小、票据操作模式单一、票源不足的情况，积极与合作银行及成员单位沟通，围绕成员单位产业链，建立新的票据运作模式。全年为成员单位累计办理贴现 13.13 亿元，较上年增幅达 264.72%。同时，在此基础上积极争取人民银行再贴现规模，全年累计办理再贴现 10.98 亿元，较上年增幅达 415.49%。公司票据业务产品链已初步形成，票据业务运作模式也由最初的“贴现—托收”模式发展到“贴现—再贴现（回购）—托收”及“贴现—转贴现（回购）—托收”等多种模式。通过票据业务运作，一方面，为赚取利差收益提供了低成本资金来源；另一方面，为充实流动性、保证成员单位支付头寸提供了保障。

【资金集中】通过不断优化“资金池”系统运用，持续加强与成员单位的日常沟通，可归集口径资金归集率达到 99% 以上，成员单位收支账户均实现“零余额”实时归集，发挥了集中管理集团公司资金的作用，同时也为提高资金使用效率提供了保障。全年累计办理结算业务 54.75 万笔，结算金额 4 058 亿元，未出现一笔差错。按照人民银行的调息规定，及时调整成员单位存款利率，一律一浮到顶。全年向成员单位支付存款利息 0.86 亿元，存款平均利率高于西宁地区其他商业银行。

【风险管理和内部控制】2014 年，公司不断优化风险内控管理体系，强化风险管控措施，保障业务依法合规运行。全面加强市场风险、信用风险、流动性风险、操作风险及信息科技风险等各类风险的管控。优化公司治理，修订《公司章程》及相关议事规则，完善授权管理体系，累计梳理优化公司制度体系及业务操作流程 113 项。加大操作风险管控，梳理各项业务关键风险点 120 余项，拟订了《风险内控手册》。严格规避投资风险，明确投资业务部门工作职责，配备关键岗位人员，确定投资风险四大控制原则。夯实信贷管理基础工作，切实落实担保条件及贷款手续，加大贷后检查及管理力度。严格遵循《流动性风险管理办法》，保证资金运营的安全性、流动性及效益性。加大信息科技风险防范，优化升级综合营业系统。建立健全案件防控体系，建立案件排查长效机制，落实案件防控目标责任制。完善反洗钱工作机制，严防洗钱风险。完善事后监督、内部审计和监事会责权明晰的内部监督体系，进行全面风险内控自查及内部审计。全年各项指标均符合监管要求，未发生案件及重大风险事项，资产五级分类均为正常，监管评级为二级（良好）。

【信息化建设】2014 年，公司加强信息化建设。一是对机房基础环境、网络、主机、安全等运维流程进行梳理，明确运维服务模式。二是为满足业务发展要求，加大投入进行综合营业系统升级，完成项目审批、合同签订、需求整理、程序开发及测试，基本形成以结算、信贷、投行、资金管理、客户管理、风险管理及业务审计为核心的业务运营管理系统，建立高效的业务审批平台。三是积极推进公司数据级灾备项目，确保数据的安全性，通过与集团公司、中国财务公司协会沟通，跟进中国财务公司协会牵头实施的“集合灾备”项目。四是加强信息安全管理，加大信息安全排查力度，强化员工信息安全意识，确保信息安全工作落到实处。全年信息系统整体运行平稳，未发生重大安全事故，保障了各项业务的安全、高效、稳定运行。

【人力资源管理】2014 年，根据新业务发展需要，积极引进各类专业人员，全年面向省内外公开招聘业务人员 3 名。重视员工继续教育培训，支持员工参加监管机构、行业协会和集团公司组织的各类学习培训，并结合公司实际有针对性地举办相关培训，同时鼓励员工参加学历、职称及业务资格考试，全年累计培训达 360 多人次。进一步优化全面绩效考核体系，重视员工职业发展，积极推进与公司业务发展、市场化运作机制及员工业绩相匹配的薪酬机制和绩效考核体系搭建工作。

【党建工作】2014 年，公司重视并加强员工队伍建设。重视员工思想政治教育，强化员工对十八届三中全会精神、党和国家重大改革政策措施、集团公司工作会议精神的学习贯彻，深化对宏观经济及集团公司发展改革形势的把握和认识，以更好地推动业务发展。在集团公司党委的统一安排下，扎实做好党的群众路线教育实践活动整改落实工作，持续推进党风廉政建设。

江苏交通控股集团财务有限公司

【经营概况】2014 年是江苏交通控股集团财务有限公司（以下简称“公司”）由重点打基础逐步转向重点谋发展的过渡之年。公司以练内功、强基础、拓业务、防风险为工作主线，努力为集团提供优质高效的金融服务，取得了良好的经营成绩。截至2014年末，公司各类存款余额66.50亿元，自营贷款余额32.25亿元；票据贴现余额0.07亿元；委托贷款余额80.10亿元。公司总资产78.75亿元，负债66.74亿元，净资产12.01亿元，2014年实现营业收入2.58亿元；利润总额1.44亿元，为集团节省财务费用2.31亿元。公司资本充足率为29.46%，流动性比例为59.27%，自有固定资产比例为0.25%，存贷款比例为48.61%，担保比例、不良资产率、不良贷款率、短期证券投资比例、长期投资比例、拆入资金比例均为零，各项监控、监测指标均符合监管要求。

【信贷业务】2014年，公司首次完整编制集团年度融资管理方案。进一步完善借贷资金信息沟通机制，提高融资效率。据统计，全年协助集团融资999亿元，其中，内部融资145亿元，外部融资854亿元。配合集团发行债务融资工具471亿元，其中超短期融资券160亿元，短期融资券208亿元，中期票据35亿元，定向工具68亿元。为进一步降低成员单位融资成本，2014年公司经广泛调研后实施了新的贷款定价管理办法。通过信用评级、资金集中度、预算执行偏差率、权益比和结算等指标多维度对贷款定价进行综合测评，改变了原有单一贷款定价模式，平均降低成员单位内部融资成本约5%，进一步调动了成员单位参与资金集中和流动性管理的积极性。

【资金和投资业务】2014年，公司协调“资金池”各合作银行，为活期存款争取到协定存款以上的存款利率，并利用同业有利条件，通过对多家银行询价比选，全年办理定期存放同业57笔，累计金额441亿元，有力提高了存量资金收益。同时公司根据经营发展需要以及前期充分的业务论证研究，分别向人民银行、银监会申请开办了同业拆借、有价证券投资、承销企业债券和委托投资业务。公司正在为开展债券等投资业务做各项前期准备工作，同业拆借业务已正常开展，2014年全年累计发生拆借业务292.05亿元。

【票据业务】2014年，公司结合集团融资特点和票据使用情况，首次开展了票据贴现业务。为三家成员单位累计办理16笔共计850万元票据直贴业务，实现了公司票据业务“零的突破”。

【资金集中】为进一步加强对集团成员单位资金归集管理力度，2014年，公司落实专人负责查询和分析成员单位资金账户每日余额，及时与资金临时存放分散、集中度不高的成员单位进行沟通，并做好预警和管理工作。针对资金集中度长期偏低的成员单位，积极上门调研，实地了解资金归集困难，提出切实可行的建议，资金集中管理效果显著提升。

【风险管理和内部控制】2014年，公司以合规风险管理为重点，持续深化操作风险、信用风险、流动性风险、市场风险的管理。围绕公司三年打基础的工作思路，通过研究分析集团管理需求、公司功能定位以及同业发展特点，重点加强对合规工作、信息科技、案防工作等基础管理领域的风险防范。此外，公司以创新多形式教育培训机制为抓手，积极开展合规教育培训，培育员工合规理念、增强合规经营意识，全面提升防范风险能力。在内部控制方面，2014年，公司组织开展“制度执行年”专项活动。以强化制度执行为核心，深化制度学习与落实，全面提升制度执行力，夯实内控合规管理基础。同时进一步规范公司组织和行为，全年共修订制度11个，新增制度10个，废止制度1个，公司制度达到103个，制度体系进一步完善，内控建设进一步加强。

【人力资源管理】2014年，公司增订了《岗位管理办法》《员工招聘管理办法》《员工培训管理办法》《员工离职管理办法》；修订了《薪酬管理办法》《绩效考核管理暂行办法》等人力资源相关制度；结合各部门实际首次编制完成《岗位说明书》，进一步完善了人力资源管理架构，优化了岗位设置和管理。根据公司发展需要，2014 年公司引进金融、财务专业人才 3 名，进一步充实了人才队伍，并完善经营绩效考核机制，量化考核指标，优化 1 000 分考核记分制度。同时继续加强教育培训工作，全年分批分类组织员工进行专业培训共计 39 期 63 人次，培训工作达到全员全覆盖，与上海国家会计学院开展合作，创办公司网络课堂，丰富员工自学渠道，扩大学习空间，共同致力于提升员工队伍综合素质。

【信息化建设】2014 年，公司积极稳妥推进信息系统建设，按计划落实《核心业务系统建设方案》，引进的招商银行财资管理系统（TMS）一期项目于 2014 年 6 月 21 日顺利上线，系统运行状况良好，故障率下降 85%，总体运行更加安全、规范、经济和高效。此外，公司大力推广 OA 系统、电子档案系统和网站运用，在提高行政办公效率同时，加强了公司管理的规范性。借助档案系统上线契机，完成档案整理和归集专项工作。公司网站的开通，满足了客户信息获取需求，同时也展示了公司良好形象。

【企业文化建设】2014 年，公司认真学习贯彻党的十八届三中、四中全会和习近平总书记系列重要讲话精神，开展社会主义核心价值观和“责任、诚信、和谐、自律”企业核心价值观教育，进一步提高员工思想道德水平和职业素养，创新引入总经理接待日、员工座谈会等活动，巩固党的群众路线教育实践活动成果。进一步丰富团队活动：组织赴焦裕禄纪念园、焦裕禄干部学院等地参观学习，接受爱国主义教育；参与“青春风景线”微刊讨论活动，了解青年员工所思所想；开展优秀合理化建议活动，全年征集 27 条涉及公司经营发展和业务管理等方面的合理化建议，增强员工参与公司管理的热情；开展内控知识竞赛，提升员工制度学习和业务水平；开设服务礼仪课程教育；参加“一路阳光”公益长跑活动即“一路阳光”青年公益志愿服务品牌形象征集活动；组织“青年有约”单身青年联谊活动；开展“阅读点亮人生·奋斗成就梦想”读书与主题征文活动等，进一步增强了团结互信、团队沟通和集体协作能力，激发员工工作积极性和创造性，营造了积极向上的企业文化氛围。

中国移动通信集团财务有限公司

【经营概况】2014 年，中国移动通信集团财务有限公司（以下简称“公司”）围绕公司 2014—2016 年战略规划，坚持“依托服务集团，审慎稳健运营”的经营方针，苦修内功，狠抓经营，努力提升资金运作效益，全面启动成员单位内部结算，积极推进对外支付，深入研究银行理财产品投资与供应商融资的业务方案，同时继续强化风险管理，加强制度建设、信息系统建设和人才队伍建设，进一步提升专业运营能力与水平，为成员单位提供更优质的金融服务。

2014 年末，公司资产总额 688.20 亿元，较 2013 年末增加 174.64 亿元，增长 34.00%；所有者权益 71.00 亿元，较 2013 年末增加 9.76 亿元，增长 15.94%。公司全年实现营业收入 13.73 亿元，同比增长 53.07%；实现利润总额 13.01 亿元，同比增长 53.78%，超额完成集团公司下达的年度预算目标。同时，公司严格把控风险，平稳运行，资本充足率、流动性比率等各项监控指标均符合监管要求，不良资产率及案件发生率均为零。

【信贷业务】2014 年，公司持续梳理和完善信贷业务管理制度和规范，开发并上线信贷系统贷款模块，严格把控关键节点的审核及时限要求，健全线下和线上业务操作流程，保障各环节工作平稳有序开展。2014 年，公司审批 3 家成员单位综合授信共计 98 亿元，年底贷款余额为 55 亿元，有效缓解了成员单位的资金压力，助力成员单位业务发展。

【资金业务】2014 年，公司不断总结自身资金运作特点和实践经验，认真学习金融行业在头寸与流动性管理、收益与风险管控等方面的理论和先进经验，结合移动通信行业的实际，主动出击、竞合博弈，坚持保障流动性和提升盈利性两手抓，努力实现双提升。在资金操作方面，公司将大额资金与小额资金、长期资金与短期资金搭配使用、综合调度，不断优化金融资产结构，提高同业资金的收益性。在此基础上，公司立足长远，有计划、有步骤地扩大合作银行范围，改变和强化竞争格局。同时，公司正式开展银行理财产品投资业务。

【资金集中】2014 年，公司全面开展内部结算及对外支付业务，不断完善资金管理系统，在启动各省公司内部结算业务的基础上，本着按业务类型、按结算对象分步骤实施的原则，从而将集团各直属单位、各专业公司等相关单位和业务纳入内部结算范围，进一步提升资金集中管理水平。公司从 2014 年 3 月起全面启动内部结算及对外支付业务，业务运行情况良好、差错率低，年内累计完成内部结算与对外支付金额达 2 358.75 亿元。积极推动资金管理系统升级改造，逐步实现结算功能优化，新增 2 家合作银行直连接口，进一步完善资金集中管理体系。

【业务创新】2014 年 6 月，公司相关条件达到监管要求，正式获批办理成员单位之间的委托投资、承销成员单位的企业债券、有价证券投资（股票二级市场投资除外）、成员单位产品的消费信贷和买方信贷等 4 项业务的权利。以新业务获批为契机，公司积极研究各类投资业务品种，根据集团整体的实际情况和风险偏好，将银行理财产品确定为初期投资业务的开展方向，并进一步深入研究银行理财产品的资产配置与风险管理。与此同时，立足于促进产业链和谐健康发展，公司通过与省公司、供应商及合作银行的反复沟通，有针对性地以供应商融资为切入点，了解融资需求，认真研究应收账款保理与定向理财相结合的融资支持方案。

【风险管理和内部控制】2014 年，公司较好地执行年初制定的审慎稳健的风险偏好策略和各项风险容忍度指标，坚持主动风险管理，确保公司资金安全和风险可控，支撑业务持续健康发展。公司对现有规章制度进行讨论、修改和完善，根据业务发展需要新增部分规章制度，对内部控制手册和矩阵进行全面重检，并根据检查结果对内部控制手册和矩阵进行修订。同时，公司还持续提升公司内部控制信息化程度，基本实现公司主要业务关键风险点的内控 IT 固化工作，确保内控执行力的有效实施，有效降低了操作风险。此外，公司按照监管机构要求并结合公司工作热点，对重要业务领域进行了评估和自查。2014 年度，公司未发生重大操作风险和合规风险事件。

【人力资源管理】2014 年，公司从自身薪酬体系特点出发，全面考虑业务发展实际需求，进一步健全、优化现有职位体系，并加强绩效考核结果在薪酬、培训等方面的应用，健全激励约束机制。公司还加强培训计划管理，积极组织开展或参加内外部培训，有效提升队伍整体素质。

【信息化建设】2014 年，公司根据运营与发展需要，制定了公司信息系统规划和信息系统三年建设计划，明确发展方向、目标以及路径，有序协调推进各业务线条支撑能力建设。在业务运营领域，公司在巩固前期系统应用成果基础上，优化完善资金结算系统功能；实现对于自营贷款、委托贷款等信贷业务的全流程系统支撑，不断提升内控 IT 固化程度；优化系统平台基础架构，实现对于金融业务需求的快速支持与灵活响应，支撑公司相关业务的开展。为了能有效管理支持领域，公司按照集中化和标准化建设要求，进一步推动集团现有综合、人力、财务等各领域管理信息系统在公司的有效落地应用，促进了公司内部管理水平的提升。

【企业文化建设】2014 年，公司组织党员和员工学习习近平总书记系列重要讲话和党的十八届三中全会精神，并组织中层以上领导人员参加集团公司组织的学习贯彻习近平总书记系列讲话精神集中轮训。公司还组织开展廉政教育，筑牢思想防线，提高队伍政治理论水平。探索开展公司内部论坛，提升团队凝聚力，打造健康、和谐、职业的团队文化。

山东钢铁集团财务有限公司

【经营概况】2014 年，山东钢铁集团财务有限公司（以下简称“公司”）资产总额 51.80 亿元，负债总额 33.58 亿元，所有者权益 18.22 亿元。各项信贷资产余额 25.74 亿元，各项存款余额 32.48 亿元，全年累计为集团成员单位提供信贷支持 35 亿元，融入外源性资金 10 亿元。累计实现营业收入 1.94 亿元，实现利润 1.02 亿元。

【信贷业务】2014 年，为更好地服务集团、支持成员单位发展，公司注重吸收存款的使用效率，通过与成员单位开展定期存款、协定存款、通知存款等业务，以头寸管理为核心，充分发挥吸收存款的作用，提高对成员单位的资金支持力度。全年累计发放贷款 21.21 亿元，办理委托贷款业务 5 亿元。此外还为成员单位提供担保协助其完成外部融资 2 亿元。公司对集团公司提供的信贷支持已超过一些股份制商业银行，较好地满足了集团公司和成员单位的资金需求。

【资金和投资业务】公司 2014 年未开展投

资业务，在资金运作方面，根据集团公司面临的资金需求及融资环境变化情况，编制一级市场融资项目的可研报告和具体发行方案，及时对接交易商协会，促进发行及注册工作的有序进行。2014 年协助集团公司发行一级市场融资 200 亿元，并完成 200 亿元超短期融资券的注册批复工作。2014 年四季度正式获批加入全国银行间同业拆借市场，公司金融功能得以进一步完善。

【票据业务】公司建立了定期沟通机制，加强与主管部门的联系，争取再贴现额度，尽量盘活资金；打开商票转贴通道，在办理商业承兑汇票贴现后及时转贴，加快资金周转，全年办理商业承兑汇票转贴 4.40 亿元；为成员单位办理票据贴现 12.93 亿元。同时，为更好地服务集团公司和成员单位，公司快速推进电子商业汇票业务的申办工作，制定了电子票据配套相关制度，进行系统环境和接口测试，并取得了主管部门批准。

【外汇业务】公司与渣打银行、汇丰银行等多家金融机构对接，拓展新的业务合作方式，完成了多种形式的跨境融资业务；积极推进外汇资金集中运营管理工作，制定外汇资金集中流程方案和内控制度，并于 2014 年 12 月正式获得国家外汇管理局批复，初步建成了山钢集团跨境外汇资金池；为成员单位开展进口设备的买方信贷融资。

【资金集中】一是根据集团经营情况，及时调整政策。公司对资金管理模式进行细致探讨，深入分析研究存量资金结构，下发了《关于进一步加强资金统一管理工作的通知》，对集团公司资金归集工作进行了新部署，全年吸收存款日均余额 35.88 亿元，同比增加 1.50 亿元；全年平均可归集口径资金集中度达到 72.78%，同比增幅 21.42%。二是紧紧围绕资金统管，稳步推进账户挂接。将新设成员单位账户挂接作为重中之重紧盯不放；在账户已挂接的单位中深挖潜力，切实提高资金存放比例；有选择性地将资金统管体系向集团四级及以下成员单位延伸。截至 2014 年，公司已统管账户 424 户，其中归集账户 231 户，占比 54.5%，已对 70 家成员单位实现账户统管，统管范围进一步扩大。三是用心保障成员单位利益，吸引成员单位主动存款。除贷款利率执行下浮 20% 的优惠外，在人民银行调整存款上浮区间后，在第一时间将所有存款利率上浮区间由原 10% 上调至 20%；银行承兑汇票贴现年化利率较同期市场利率降低 20% 以上。成员单位资金归集与业务合作的积极性逐渐提高。

【保险业务】公司作为与保险公司谈判的统一平台，通过公开招标，最大程度地发挥了协同效应和规模优势，投保资产全面放大，保费明显降低，形成了具有山钢特色的保险代理模式，对控制集团公司整体生产运营风险起到了积极作用。截至 2014 年末，公司共计代理投保资产 63.76 亿元，保额 99.42 亿元，代收代付保费 415.72 万元。

【风险管理和内部控制】公司坚决遵循“风险控制一流”的经营方针，全面推进风险管理和内部控制工作。一是进一步完善风险管理制度，制定了案件问责制度、案件责任追究制度、洗钱和恐怖融资风险评估及客户分类管理办法、风险识别与评估控制流程，明确内部控制方案的制定过程，有效落实风险防控责任，为业务合规操作奠定基础。二是建立风险预警月度例会制度，对影响信贷资产安全的因素进行监控和分析，掌握风险动态，及时发现早期预警信号，把风险管理的各项要求融入公司管理和业务流程中，真正实现过程控制。全年召开风险预警会议 6 次。指导督促业务部门及时发布预警信息，建立风险应急预案。三是组织召开信贷审查委员会会议，统一决策贷款业务，保证决策的科学性、合规性，全年召开信贷审查委员会会议 11 次。四是依托集团公司法律事务部，对公司各类合同、协议及与公司经营活动相关的合规风险及法律风险进行全面的审查并出具修改意见，有效杜绝法律风险，保证公司的合法权益。五是进一步加强内控管理。通过公司财务系统和现场检查相结合，利用资金管理平台等手段，定期对线上业务进行审计检查，包括大额资金调度监管、在线逐级审批、财务收支等各项业务检查，并对存在的问题进行监督整改。

【信息化建设】围绕核心业务系统的安全建设、资金归集结算模式综合改造和拓展系统新功能三大方向，积极开展信息化建设工作，为各项业务顺利开展提供了信息化技术的强力支撑。公司从管理和技术方面逐步升级，先后建立了异地容灾系统、漏洞扫描系统和入侵检测系统；建立健全了 20 余项信息系统管理制度，搭建起较为完善的安全管理架构，科学设立不兼容岗位。同时为了配合集团公司实行资金预算管理的要求，提高集团公司资金使用效率，公司利用半年的时间完成了自主结算模式的设计开发。公司现有信息系统已经基本满足各项业务开展的需求，特别是核心业务系统在 2014 年达到了公安部信息系统等级保护三级系统标准要求，并取得了符合率为 92% 的好成绩。

【人力资源管理】公司结合业务开展情况建立了职工培训计划，通过同业交流、专家授课、监管机构讲解等形式，在同业拆借、电子票据、风险管理、保险知识、投行业务、结算管理等方面进行重点培训，使公司从业人员更深层次地把握工作重点，有效提升了工作效率，为公司的运营奠定了基础。

国药集团财务有限公司

【经营概况】2014 年，国药集团财务有限公司（以下简称“公司”）逐步从创业起步向稳步发展阶段转变。公司密切关注形势政策变化，认真分析集团内部资金结构动态，及时调整运营思路，主动采取有效措施，推动公司各项管理和服务水平持续提升，经营业绩稳步增长，风险监控到位，整体经营状况良好。

2014 年，公司整体运行合规平稳，资产规模、营业收入、利润总额继续增长，资金集中度稳中有升，资金头寸配置合理，信贷投放有序，产品结构不断优化。截至 2014 年末，公司资产规模为 65. 30 亿元，负债 59. 23 亿元，所有者权益 6. 06 亿元，累计实现营业净收入 1. 15 亿元，利润总额 0. 76 亿元。资本充足率为 24%，无不良资产，减值准备余额 0. 58 亿元，拨备充足，资金流动性充裕，流动性比例为 109. 16%，各项监管指标均符合监管要求。

【信贷业务】2014 年，公司积极做好资金配置，安排信贷资产投放，支持主业发展；分析客户需求及板块特点，满足成员单位个性化需求。全年累计投放自营信贷资产47.71亿元，同比增长28.22%，内源性融资作用明显。大力发展特色票据业务，累计办理贴现票据1 657张，累计贴现额27.98亿元，较上年增加8.60亿元。同时充分发挥财务公司金融增信及杠杆作用，大力开展票据承兑业务，年内累计承兑金额5.70亿元。

截至2014年末，公司各项贷款余额为22.98亿元，其中自营贷款10.75亿元、票据贴现12.05亿元，融资租赁余额为0.18亿元。公司信贷与票据业务的服务价格始终坚持贴近市场、优于市场，在拉低子公司融资成本的同时，间接地为整个集团节省了财务费用。响应企业金融服务需求的速度不断提高，持续优化业务流程、提升服务效率；客户服务范围逐步扩大，由以往的二级公司、上市公司渗透到经营情况良好、现金流稳定的三级、四级公司。

【结算业务】截至2014年末，成员单位开户数继续增加，共计118家成员单位在公司开户，通过自动授权账户累计归集资金50.34亿元；结算业务量19 514笔，结算金额2 151.82亿元，较上年同期分别增长23.43%和20.34%。吸收成员单位存款余额58.94亿元，进一步发挥了资金集中管理的平台作用。

2014年，公司结算业务服务更加精细化，通过多种手段提高客户体验度：建立了常态化客户沟通机制和平台；制定了《结算业务成员单位服务规范》；对客户网银指令的响应时间进行监控，提高业务反应和办理速度；新增了电子回单系统，提高业务单据传递效率；主动提醒和推广协定存款协议的签署，为客户增加存款收益；定期开展客户存款集中度情况分析，及时发现客户需求变化。

【资金集中】2014年，公司以集团总公司下发的《关于进一步深化资金集中管理工作的通知》为契机，积极实施不同板块资金的差异化集中目标；将经营形势好、现金流稳定的三级、四级工业企业列入服务范围，深挖资金归集潜力，扩大核心客户服务基数，存款日趋分散；配合集团实施各类专项资金的管理，推广结算业务，带动资金沉淀，进一步深化资金集中管理。

2014年，公司资金归集度较上年有一定程度的提升，第一，按照监管要求全口径资金归集度公式计算的资金归集度为18.67%，比上年末增加2.58个百分点；第二，集团成员单位国药控股在年末进行的H股配售款项因受国家外汇管制暂不能结汇使用，剔除该因素的资金归集度为21.69%，比上年末增加5.60个百分点；第三，剔除上市公司因素资金归集度达45.06%，比上年末增加3.47个百分点。

【风险管理和内部控制】2014年，公司继续完善公司分级授权机制，开展案件防控、风险、内控工作自评价，加强关键风险监测及应急管理，落实风险责任制，细化业务制度等，做到资本金充足、流动性充裕、资产质量优良、案件及各类风险事件为零，实现了公司年度风险管理总体目标。截至2014年末，公司专项准备余额合计0.58亿元，拨备充足；流动性比例为109.16%，存贷款比例为38.99%；资本净额为6.34亿元，资本充足率为24%。各项指标均满足监管要求，资本实力和抗风险能力强。

2014年，公司继续实行严格的内控机制，强化风险管控，实现合规运营。持续查找运营过程中存在的问题和不足，有针对性地提出整改方案，持续跟进和督促问题改进。公司按照风险自评价后续工作安排，同时结合运营实际和业务开展需要，年内制定制度10项，修订制度5项，进一步完善了公司内控制度体系。

【信息化建设】公司信息化建设工作紧紧围绕“保障公司业务稳健开展”和“构建集团资金集中管理平台”，为公司的管理运营和业务发展提供了有力支撑。在信息系统建设方面开展了综合业务系统升级和OA协同办公系统、数据异地备份系统、1104非现场监管数据质量监测及分析系统、人民银行征信系统建设工作。

第一，OA办公系统共设计业务审批流程37个，实现了公文传递、业务审批、事项公告的信息化处理，对于提升工作效率、强化内部管理、落实制度流程发挥了重要作用。第二，数据异地备份系统充分利用集团IT资源，以较低的成本实现公司业务数据的异地备份，实现了公司核心业务数据的千公里级异地备份，大幅提升了公司信息系统的抗风险能力。第三，综合业务系统升级工作充分结合了公司业务发展需要和成员单位反馈的相关意见，升级内容主要包括电子签章、报表平台、银行资金接口等。第四，在信息化管理方面开展了信息安全风险自查、信息系统应急预案演练、信息化制度完善修订工作，有效提升了公司信息化管理水平。

【内审与外审】2014年公司以定期盘点、不定期专项检查的形式开展工作，年内共开展四次专项审计、一次风险自评价。内部审计及时发现公司内控及业务开展中存在的问题并提出整改建议；相关部门就稽核发现的问题进行积极反馈并制定整改计划。2014年内审工作报告已通过公司审计委员会、董事会审议。天职国际会计师事务所已完成对公司2014年度的年报审计，审计报告尚未出具。

郑州宇通集团财务有限公司

【经营概况】2014年，郑州宇通集团财务有限公司（以下简称“公司”）紧紧围绕“服务主业、规范经营、防范风险”的经营方针，稳健拓展各项业务，持续提升管理能力。截至2014年末，公司资产规模55.65亿元，全口径资金集中度为42.74%；自营贷款36.17亿元，委托贷款1.83亿元；实现利息净收入2.53亿元，利润总额2.26亿元；资产质量优良，风险管控良好。2014年，公司先后获批“成员单位产品的消费信贷、买方信贷及融资租赁”“有价证券投资（股票二级市场投资除外）”“承销成员单位的企业债券”“委托投资”“同业拆借”“债券投资”六项新业务资质，基本实现了财务公司业务全牌照，其中，汽车金融业务、银行间本币市场业务、投资业务、票据业务等已全面开展，公司资本充足率、流动性比例等监管指标均优于监管标准。

【信贷业务】公司信贷业务朝多元化方向健康发展。全年累计对集团及成员单位综合授信额度达到100亿元，年末自营贷款余额36.17亿元，较上年底增加3.13亿元。为支持成员单位新厂区建设项目，发放固定资产贷款5亿元；消费信贷业务资质获批后，公司积极推进汽车金融业务，解决终端客户购买成员单位产品的融资需求，截至2014年12月底，累计办理汽车消费信贷业务230笔，发放贷款金额共计3.63亿元，有力地支持了成员单位客车及工程机械产品的销售。

【资金和投资业务】公司在保证结算备付的前提下加强资金头寸精细化管理，提高资金使用效率，同时与同业机构协商提升同业存款价格，全年实现同业利息收入0.82亿元左右，为公司年度利润目标的完成作出了积极贡献。公司建立了投资决策机制和风险控制体系，以固定收益类投资为主，在董事会批准的额度内合理配置投资品种，全年累计投资2.83亿元，在风险可控的前提下提升现金类资产的盈利能力。2014年公司组织参加全国银行间同业拆借中心、上海清算所、中央国债登记结算有限责任公司的培训，截至年底共有9人次取得相关业务资格证书，为2015年开展银行间市场和交易所市场债券投资业务奠定了基础。

【票据业务】为进一步协助集团成员单位收付款结算，公司大力拓展电子银行承兑汇票业务，截至2014年末，累计办理承兑业务金额6.30亿元。为满足成员单位多元化融资需求，公司开展了票据贴现业务，截至2014年末，票据贴现余额0.87亿元，同时公司转贴现及再贴现业务均实现了零的突破，累计办理再贴现业务0.80亿元。

【资金集中】公司建立了成员单位不可归集资金分析排查机制，对成员单位的银行账户逐户分析，并有针对性地采取措施以进一步提高资金集中度。公司严格执行集团账户管理规定，按季清理集团成员单位银行冗余账户。截至2014年末，共有46家成员单位在财务公司开立结算账户，2014年度共为成员单位办理结算业务7.94万余笔，同比增加约3万笔，结算金额1 360亿元，同比增加约400亿元。

【风险管理和内部控制】风险管理工作围绕确保各项业务依法合规、实质风险可控开展，组织制定了汽车消费信贷、流动性管理类投资、项目类投资的风险管理方案，规范了业务准入标准、评审要点、贷后管理、资产分类管理规范等；进一步完善了业务审批流程、授信业务审批权限。为进一步防范法律风险，在集团法律事务部配合下，对业务标准合同文本库进行了全面修订。

公司内部控制工作围绕完善内控体系建设、加强制度执行有效性检查开展。公司修订了内控合规手册，编印了《宇通财务公司制度汇编》，整理了开展财务公司业务相关的法律法规；年度内，对信贷业务、结算业务、资金管理、印章管理、对账业务做了专项稽核检查，发现了个别内控薄弱环节，及时跟踪整改进度，不断提升公司内控管理水平。

【人力资源管理】截至2014年末，公司员工33人，本科及以上学历占比达84.80%，平均工作年限为9.40年，金融业平均工作年限为3.40年。公司按职能设有综合管理部、投资管理部、营业管理部、资金信贷部、汽车金融事业部、计划财务部、风险管理部、审计稽核部8个部门。

2014年，公司完善了薪酬制度，建立了按岗位、职级、专业能力定薪和业绩奖励分配机制，将个人回报和组织发展有机结合，实现了稳定和激励员工队伍的目的。

【信息化建设】公司信息科技工作紧紧围绕核心业务系统功能优化开展，保障了核心业务系统的稳定运行。在信息安全方面，在生产网部署了WEB应用防火墙，办公网增加上网行为管理系统，并调整安全设备策略及特征库，增强信息安全管控能力。在数据安全方面，利用集团本部资源，实现了数据（T－1日）级别同城灾备，保证了公司核心数据的完整性。在机房安全方面，改造核心机房UPS供电设备，提升UPS应急供电能力，保证了公司业务安全运营。

【企业文化建设】公司在集团"崇德、协同、鼎新"核心价值观和"以客户为中心、以员工为中心"经营管理理念基础上，结合财务公司行业特点和战略要求，制定了公司亚文化：管控风险守底线、内聚外引促产融、紧盯市场搞创新、以人为本建队伍，并组织了一系列亚文化落地活动，引导员工"知—信—行"，在公司营造良好的文化氛围，实现"文化—人才—事业"的良性循环。

中国铁建财务有限公司

【经营概况】中国铁建财务有限公司（以下简称"公司"）紧紧围绕"快速发展"目标，深化服务、提升管理，创新模式、扩展业务，严控风险、力促集中，金融服务、风险防范和经济效益再上新台阶，在中国铁建降本增效、调结构、促转型和提供金融服务、推动产融结合等方面作出积极贡献。2014 年，公司主要经济指标全面增长，实现营业收入 14 亿元，完成年度预算的 139.40%，同比增长 54.00%；实现净利润 6.21 亿元，完成年度预算的 151.00%，同比增长 60.60%。公司坚守"加强集团资金集中管理"定位不放松，年末集中各类资金余额 352 亿元，全年日均资金余额 259 亿元，资金集中规模创造历史最佳。

【信贷业务】截至 2014 年底，公司累计为 37 家成员单位核定授信总额 283 亿元，较上年底增加 109 亿元；全年累计发放各项贷款 152.84 亿元，其中，自营贷款 149.82 亿元，票据贴现 0.68 亿元，融资租赁 2.34 亿元；各项贷款余额 133.23 亿元，较上年增长 51.40%，其中，自营贷款 129.65 亿元，较上年增长 54.56%，融资租赁余额 3.58 亿元，较上年增长 151.36%；开立各类非融资性保函 32 份，金额 6.68 亿元，年底保函余额 7.10 亿元，较上年底增长 137%；发放委托贷款 105 笔，金额 94.43 亿元，年底余额 81.44 亿元，较上年底增长 58.04%。

公司房地产开发贷款取得突破，先后为中国铁建房地产集团金达世纪及海丰置业两个项目公司核定 17 亿元的授信额度，发放房地产开发贷款 5.56 亿元；同时公司接受农业银行广西分行邀请，参加其牵头的中国铁建资兴 BOT 项目银团贷款。

【信贷业务】2014 年，公司着手开展融资租赁业务，以成员单位铁建重工为试点，将机械设备通过融资租赁方式租赁给施工类成员单位。全年新签融资租赁合同 6 份，支付融资租赁设备款 2.34 亿元，年底融资租赁余额 3.58 亿元。

【资金和投资业务】公司密切关注资金市场价格和资金供给状况，设置专岗专人，每日密切关注银行报价，选择最优利率和期限，在确保资金安全、监管监测指标符合规定的前提下，最大限度地放大同业利息收入，争取资金收益最大化。截至2014年底，公司已与18家银行建立了业务往来，累计在外部银行开立账户79个，同业存款余额达到251.87亿元，日均余额近180亿元，全年获取同业利息收入7.28亿元，占营业收入的52.01%。公司于2014年6月6日正式取得全国银行间同业拆借业务资质，分别同中国银行、农业银行、交通银行、光大银行等银行开展同业拆借业务合作，既拓宽了融资渠道，深化了财银合作，丰富流动性管理手段，也取得可观的资金收益，继8月27日首笔同业拆借业务顺利开展以来，已拆入资金26笔，累计拆借资金近120亿元，获取利差收入约81万元。

【票据业务】2014年，公司共办理银行承兑汇票贴现业务4笔，贴现票据16张，金额0.68亿元。公司积极向人民银行申请电子票据业务资质，4月17日收到人民银行批复后，进行电票系统测试及业务培训，待测试完毕并通过人民银行验收，公司票据系统即可正式上线。

【资金集中】公司坚守“加强集团资金集中管理”的基本定位和“以结算促集中，以流量带存量”的基本思路，积极推动成员单位利用财务公司平台开展结算业务，通过推进账户开立、资金中心柜台业务转移及建立区域资金池等方式不断提高结算业务规模和资金流量沉淀。截至2014年末，累计开立账户858个，吸收存款余额352亿元；发生结算业务25.40万笔，结算资金流量超过9 500亿元，日均余额259亿元，均创历史新高。

【业务创新】2014年，公司制定了申请行业全牌照方案，成立了三个专项工作小组承担业务牌照申请工作，其中，向人民银行提出了进入全国银行间同业拆借市场的申请，已于2014年6月6日获得批准；向国家外汇管理局北京外汇管理部提出了开展结售汇业务资质申请，还在等待审批；向人民银行提出了开展电子票据业务申请，已获批并进行系统测试，待人民银行验收后即可上线运行；向中国银监会正式提出关于开展对金融机构的股权投资、有价证券投资、发行财务公司债券等业务的申请，正在等待审批。

【风险管理和内部控制】公司通过获批同业拆借业务资质和增加同业授信额度增强流动性风险控制能力，通过完善定价机制应对利率市场化风险，通过完善信息系统确保信息安全控制到位。2014年，公司内控分析和报告机制完备，运行正常，为公司规范运作发挥了积极作用。每日收集市场信息，业务实时监控；每季度就制度建设、公司治理、法律合规、监管指标情况向经理层和监管部门作出报告；每年就审计稽核结果、全面风险管理情况向董事会报告。

根据银监部门提出的监管意见认真整改，制定董事履职评价办法、三会议事规则、合规管理办法；明确贷审会工作任务，调整贷后监控频率；完善内审流程和报告路径；开发系统监测资金头寸、流动性指标和日常风险指标，并加入预警阈值；有序开展法务工作，法律审查率达到了100%；公司业务经营严格限制在审批范围内，内部控制制度设置较为完善，制度执行情况较好，内部控制有效。

【人力资源管理】公司人力资源管理以制度规范、调动员工工作潜能，发挥人力资源管理协同作用为工作重点，为公司的持续性发展提供人才保障和智力支持。制定下发《员工招聘管理暂行办法》《员工培训管理暂行办法》《重要岗位轮换管理办法》等制度，进一步规范和明确员工招聘、入职、社保缴纳以及培训管理工作；完善绩效考核方案和指标，通过有效的绩效考核调动员工的积极性和创造性；重视加强员工培训工作，组织员工参加股份公司和外部监管机构组织的各级各类培训达50人次，首次开展公司新员工入职培训，取得了良好的培训效果；加强员工日常考勤和请休假管理，对培育员工良好工作行为起到了积极作用；组织员工参加证券从业资格考试和专业技术职称考试，2014 年共有 22 名员工取得证券从业资格，聘任高级职称 2 人，中级职称 4 人，初级职称 2 人。

【信息化建设】2014 年，公司在信息化建设方面持续优化核心业务系统，改造成员单位对账、回单打印等业务处理流程，丰富系统查询功能，提高系统运行效率和客户使用满意度；顺利完成公司 OA 协同办公系统的建设工作，实现无纸化办公；接入全国银行间同业拆借中心，完成本币交易系统的在线拆借，增强了公司资金融通能力；进一步优化信息系统的数据备份策略，建立了远程异地备份机制，保障公司各类信息系统的稳定运行。

【企业文化建设】2014 年，公司努力传承中国铁建核心价值观和企业精神，积极促进中国铁建“九种文化”（铁兵文化、团队文化、诚信文化、责任文化、创新文化、求实文化、科学文化、廉洁文化、俭朴文化）和公司企业文化的融合，努力打造独具特色的铁建金融文化，提升软实力。制定《企业文化建设管理办法》，进一步规范企业文化建设活动及奖惩办法；积极开展“悦读会”和“道德讲堂”系列活动，通过“身边人讲身边事”的形式，选树先进典型，集中展示道德模范的先进事迹；通过参观铁道兵纪念馆、观看纪录片《永远的铁道兵》以及召开座谈会等形式，使员工深入理解铁道兵艰苦奋斗、无私奉献的精神内涵，激励广大员工传承铁道兵精神，为企业发展做贡献；持续举办“企业文化建设讲堂”活动，邀请行业专家来企业讲课，传播先进文化，提高职工文化素质。企业文化建设活动的逐步规范和持续推进，极大地丰富了员工的精神生活，增强了企业向心力，凝聚了企业正能量。

山东省商业集团财务有限公司

【经营概况】2014 年，山东省商业集团财务有限公司（以下简称“公司”）以服务集团为宗旨，以提质增效为契机，以业务提升年为主题，强化服务，稳中求进，在坚持审慎合规经营的基础上，扎实推进各项工作。

截至 2014 年底，公司资产总额为 36.31 亿元，负债总额为 28.52 亿元，所有者权益总额为 7.79 亿元。公司 2014 年累计实现营业收入 1.21 亿元，同比增长 11.80%；累计发生营业支出 0.21 亿元，同比增长 2.90%；累计实现报表利润总额 1 亿元，同比增长 13.82%。截至 2014 年底，公司资本充足率为 43%，全年平均资本充足率为 47%，各项监管指标均符合监管部门要求。

【公司治理】2014 年，为改变当前“一股独大”的法人治理现状，公司董事会引入 1 名独立董事，优化了董事会成员结构。公司引入独立董事能够有效提高风险管控能力，降低公司经营风险，有利于制定科学的发展战略和价值定位，增强公司决策科学性和经营独立性。

【信贷业务】2014 年，公司积极为成员企业提供信贷资金支持，信贷投向主要为集团支柱产业和重点扶持行业。截至 2014 年 12 月底，公司信贷余额 17.84 亿元，其中流动资金贷款 15.11 亿元，项目贷款 2.70 亿元，银行承兑汇票贴现业务余额 330 万元。除此之外，公司开展委托贷款 2 笔、担保业务 4 笔。

【资金业务】2014 年，公司进一步加强资金的计划管理，合理确定存款结构，及时办理同业资金存放。截至 2014 年 12 月 31 日，公司共办理 7 天等定期存放 106 笔，定期存款规模累计达 143 亿元。此外，公司积极预判市场态势，灵活应对资金波动，合理安排长短期资金，均衡调控贷款规模，提高资金使用效率。

【资金集中】2014 年，公司以为成员单位提供优质财务管理服务为核心，多管齐下提升资金归集率。一是灵活调整信贷资产结构，优先满足资金归集率高的成员单位的资金需求；二是科学运用价格杠杆，为资金归集率高的成员单位提供利率优惠；三是坚持让利于成员单位，实行存款利率一浮到顶，并免收汇划手续费；四是取得集团财务部支持，开展了面向所有成员单位的资金检查，减少资金归集过程中的“跑、冒、滴、漏”现象；五是实行重点突破、先易后难的策略，经过与青岛市房地产信息与交易资金监管中心多次洽谈后，顺利实现了青岛市房地产项目商品房预售资金的归集，为其他城市房地产项目资金归集树立了样板。

【业务创新】2014 年，公司根据早布置、早计划、早落实的工作要求，积极布局新业务。一是取得延伸产业链金融服务试点。2014 年，公司向监管部门提出延伸产业链金融服务试点申请并顺利获批。二是积极推进集团保险统一管理工作。公司积极建议并协助集团对保险业务先行统一管理，引入保险经纪公司作为保险顾问，量身定做保险方案，有针对性地扩大保险范围，实行专业索赔。集团保险业务统一管理，提高了市场议价能力，预计 2015 年将为集团节省保费支出约 0.15 亿元。

【风险管理和内部控制】2014 年，公司继续狠抓流动性等风险的日常管理，进一步加强内控建设。全年开展贷审委会议 10 次，召开风险控制管理委员会工作会议 4 次，开展操作风险关键风险点检查 2 次，开展内部专项审计 6 次，召开审计合规委员会工作会议 2 次。此外，根据中国财务公司协会印发的《企业集团财务公司全面风险管理指引》要求，财务公司专门召开会议从全面风险管理政策、风险管理组织架构、风险管理基本流程和风险管理信息系统等方面进行了研讨和工作部署，进一步完善了信用风险、市场风险、操作风险与流动性风险管理制度和流程；根据中国财务分局协会印发的《企业集团财务公司行业评级指引（征求意见稿）》，财务公司专门成立了对标工作小组，由审计稽核部牵头全面开展了行业评级自查工作，针对所查问题进行整改，积极向行业标准看齐。

【人力资源管理】2014 年，在提升员工业务素质方面，一是根据公司年度培训计划组织内部培训 8 次，内容涉及资金管理、结算业务、信贷业务以及案防知识等方面；二是参加银监部门、人民银行以及中国财务公司协会等组织的各类外部培训 20 余次；三是积极组织员工开展业内交流，学习同行先进经验；四是组织开展了课题研究评选工作，为打造学习型组织创造了良好氛围。这些工作取得了显著效果，公司获得了人民银行济南分行“2014 年度济南市金融统计先进集体三等奖”，部分员工个人也获得了荣誉奖项，如山东省金融办和财政厅联合举办的“2013年度青年金融领军人物百强”和人民银行济南分行“2014年度济南市金融统计先进个人”等荣誉称号。

【信息化建设】2014年，一是开发并测试通过了线上存款项目，该项目主要实现了包括协定存款、通知存款和定期存款等多款存款产品的线上操作功能，可以满足成员单位对于存款产品利率及期限的多元化需求；二是完成了青岛房地产资金监管系统建设，提升了资金归集率；三是初步建立和完善了资产负债管理、关键业务指标的实时监控和风险管理分析体系，为建设集风险预警分析、综合信息查询、辅助决策支持为一体的综合分析系统奠定了良好的基础，该系统建成后，将为公司经营管理提供科学的决策依据，提高决策质量和效率；四是认真落实监管部门要求，进行了信息系统安全加固与调整，有力提升了系统安全性。

【企业文化建设】2014年，公司不断创新活动方式，激发员工的工作积极性和企业文化认同感。一是公司组织参加了由中国金融工会山东工作委员会主办的山东金融系统首届职工运动会；二是公司组织参加济南市金融机构重大事项培训及竞赛、济南辖区银行业金融机构从业人员案防法规知识学习及竞赛，提高了员工专业素质水平；三是关爱员工身心健康，组织员工进行年度全面体检；四是组织员工进行“慈善一日捐”，培养了员工关心公益的公德意识，等等。通过一系列活动增强了员工凝聚力和向心力，进一步推动了公司的可持续发展。

深圳华强集团财务有限公司

【经营概况】2014年，深圳华强集团财务有限公司（以下简称“公司”）秉承“依托集团、服务集团、稳健经营、规范运作”的经营方针，一方面围绕集团产业发展的需要，稳步开展多样化金融服务。一方面严格按照监管要求，加强风险管理和内部控制，同时积极做好各项新业务的前期准备工作。2014年，公司资产总额达到24.46亿元，实现营业收入0.77亿元，利润总额0.22亿元。

【信贷业务】为满足成员单位资金需求，公司结合成员单位实际情况，制定信贷方案。2014年累计发放贷款16笔，总金额为24.22亿元，贷款余额18.10亿元。

【资金业务】公司充分利用金融牌照优势，积极把握利率走向，实现利息收入最大化，2014年办理同业定期存款15笔，总金额9.49亿元。

【票据业务】2014年，公司为成员单位提供票据贴现服务，贴现利率均按照同期市场较低水平执行，缓解了部分成员单位的短期资金压力，为其节约财务成本。同时，票据业务的开展为公司建立票据池打下了基础。

【资金集中】公司高度重视资金归集工作，在集团的大力支持下，逐年稳步提升资金归集率。2014 年末全口径资金集中度达到约 45%。

【业务创新】公司积极拓展新业务，力图进一步丰富业务种类，为成员企业及其上下游提供更优质的金融服务，为培育新的利润增长点打下坚实的基础。

在同业拆借业务方面，公司在 6 月成功加入同业拆借市场后，积极制定管理制度及操作流程，并于 10 月正式上线同业拆借系统，已完成同业拆借业务的前期准备工作。

在电子票据业务方面，公司于 5 月获得机构代码，9 月获得业务批复，并已完成人民银行清算总中心组织的模拟环境测试。

【风险管理和内部控制】2014 年，公司加强对各风险监管指标的日常监测和控制，以及各项监管报表填制与报送的监督和跟踪，有效确保了公司运营的合规性。2014 年，公司各主要监管指标均符合监管要求，各类报表与报告未发生任何迟报、漏报、数据统计有误等违反监管要求的情况。同时，公司进一步规范贷前、贷中、贷后各业务环节操作流程，2014 年共完成信用评级 5 次，贷款的授信审核、贷后检查 13 次，确保了每笔信贷业务的合规及风险可控。此外，公司开展风控制度建设，对新业务涉及的各个节点进行风险梳理并制定相应的风控制度，为新业务的开展奠定了风险管控基础。

【人力资源管理】2014 年，公司共进行了 6 次培训，内容覆盖票据、审贷、拆借业务，通过邀请银行、证券业资深专家进行讲座以及组织员工进行业务讨论，促进了员工业务水平的提高，同时，公司派出员工到上海全国银行间同业拆借中心等地进行培训学习，截至 2014 年底，共有 7 人获得拆借交易资质、5 人获得保险代理资质，并组织骨干员工赴商业银行学习，进一步提高了员工的专业知识。

【信息化建设】为保障业务正常高效开展，公司加强对银监人行专线和信息科技设备的管理，确保信息环境安全稳定。同时，针对业务发展的实际需要，公司加强对核心业务系统的维护和管理，进一步优化运维流程，及时更新系统模块，添置新业务开展必备的业务模块。电子回单模块及同业拆借系统已上线，电子票据模块已完成模拟环境测试。此外，根据监管要求，公司持续推进办公自动化、软件正版化等相关工作，有效保证公司在信息科技方面的风险可控。

【企业文化建设】公司坚持以人为本，在“诚信、创新、和谐、共赢”的企业文化指引下，致力于创造和谐、友爱、团结、互助的人文软环境。通过开展丰富多彩、健康有益的各类活动，将活动开展与企业文化建设有机结合，加深了员工对企业文化的了解，激发了员工的归属感及凝聚力，营造出积极向上的企业氛围。

诚通财务有限责任公司

【经营概况】2014 年，诚通财务有限责任公司（以下简称“公司”）开拓、创新、精心经营，在公司发展战略方向、取得新资质、协助集团及成员单位调整融资结构、加速资金周转、降低融资成本方面取得了新进展、新效益。全年收入总额 1.50 亿元，利润总额 0.91 亿元，超额完成年度利润预算。年末资产总额 47.35 亿，负债总额 36.55 亿元，所有者权益总额 10.80 亿元。资产负债率为 77.19%，不良贷款率、不良资产率为零，流动性比率为 123.79%，资本充足率为 48.99%，总资产收益率为 1.60%，净资产收益率为 6.15%。

【战略规划】根据外部环境变化以及集团要求，公司及时调整了战略思路，明确了“一主、两翼、三集中、四基础”的发展方向，即以服务集团资本运营为主线，产业金融和供应链金融并重，集中资金、集中授用信、集中信息系统，打好人才、制度、监督和服务基础，逐步建成拥有全牌照、在央企结构调整和改革发展中独具特色的财务公司。

【资金集中】2014 年末，集团并表货币资金 87 亿元，公司吸收存款 35 亿元，差额 52 亿元，其中，香港和中储两家未上线上市公司资金 17 亿元，其他单位保证金 31 亿元，外汇、非合作行存款以及其他现金 4 亿元，全口径资金集中度 40.41%，境内可归集口径资金集中度达到 97.15%，均较上年末有较大提升。两家未上线上市公司已分别于 5 月和 12 月完成《金融服务协议》签署，资金上线进程明显加快，配合替代银行保证金方案研究，集团整体资金集中度将逐渐提升。

【信贷业务】2014 年，集团银行授用信环境严峻，月均资金存量下降 20%，面对复杂局势，公司加大资金统筹力度，全年累计授信 45.30 亿元，贷款发生额 29.90 亿元，委托贷款余额 29.93 亿元，票据贴现 5.84 亿元，大幅下浮贷款和贴现利率为客户节约资金成本 446 万元。

【资金业务】2014 年，公司紧盯市场、精心调度，把有限资金用到极致，取得存放同业利息收入 0.54 亿元，占收入总额的 36%。

【业务创新】一是新增商业汇票业务，丰富信贷产品、支持成员单位融资，共开票 2 笔，承兑金额 0.39 亿元；二是新增再贴现业务，打通了中央银行融资通道，自 10 月办理首笔业务以来，累计完成再贴现 1.20 亿元；三是新增同业拆借业务，全年拆入资金 9 亿元，拆出资金 1.01 亿元，补充了资金来源。

【外汇业务】公司分别于 5 月和 8 月启动向国家外汇管理局申报即期结售汇资质、申请跨国公司外汇资金集中管理试点工作，12 月 18 日获国家外汇管理局北京外汇管理部批准开办即期结售汇业务，综合头寸上限 0.50 亿美元，下限 -300 万美元。即期结售汇业务可大量节省汇兑成本、实现外债额度共享、提高资金效率、调剂资金余缺，为企业“走出去”提供金融服务，标志着集团资金管理正式进入本外币统筹经营阶段。

【风险管理和内部控制】对标行业先进，健全全面风险管理体系建设，年末各监管指标达标，资本充足率为48.99%，风险总体较低。一是制度建设，全年新建、修订内控及风险制度22项，制度设定更加合规、可操作性更强；二是审计稽核监督，严格执行年度计划，全年组织审计、稽核4次，及时发现问题并整改；三是组织风险自查和评价，对重点业务流程进行了系统分析，逐一排查风险点，完善风险管理手册编制工作。

【人力资源管理】通过内部培养、外部引进健全人才队伍，提高队伍素质。年末在职人员35人，研究生及以上学历占51.43%，66.67%基层员工拥有银行、证券、保险、外汇从业资质，中层干部具有高级职称、国际认证、专业资质的人数保持较高比例，领导班子具有丰富的企业及金融管理经验，队伍素质基本满足当前经营发展需要。

【信息化建设】2014年，诚通资金网建设进入加速期，结售汇、同业拆借、电子商业汇票功能模块随业务发展同步推进，总分账结算系统、决策支持系统两项研发成果顺利取得国家版权局认证，符合银监会政策导向。特别是总分账系统上线，标志着集团结算方式从余额集中向结算大集中转变，效率更高、系统更稳定，有利于提升资金集中度。

【企业文化建设】强化企业文化宣传和服务工作，一是组织专题研讨、客户交流会；二是参加集团篮球赛和羽毛球赛，加强基层企业交流互动；三是使用电子橱窗集中宣传公司产品、战略规划；四是接待领导视察、邀请同业交流，听取意见建议；五是开展形式多样的反腐倡廉教育活动。

山东重工集团财务有限公司

【经营概况】2014年，山东重工集团财务有限公司（以下简称“公司”）本着依托集团、服务集团的工作宗旨，积极创新服务方式，全力助推集团发展。截至2014年末，公司资产总额141.29亿元，负债总额129.89亿元，所有者权益11.40亿元；各项存款余额127.68亿元，各项贷款（含贴现）余额31.89亿元；实现营业收入5.22亿元，利润总额1.46亿元。

【信贷业务】根据公司内外部环境变化，完善公司信贷政策，加强评级授信管理，优化信贷资产结构，提升信贷资产质量；建立健全业务规章制度，制定业务操作手册，提高信贷业务规范化管理水平；切实做好客户跟踪管理，将贷后管理工作落到实处，确保信贷资产安全。截至2014年末，共完成客户评级23

家，授信总额 86.31 亿元，发放各类贷款 77 笔，贷款余额 31.89 亿元，其中，产业链融资余额 6.94 亿元，占公司信贷资产余额的 25.82%，信贷资产结构进一步优化。

【资金和投资业务】公司开展资产负债比例管理，对头寸备付率等 6 项指标进行监控，注重资金运用结构与资金来源结构的匹配，基本实现了资金总量平衡、结构合理。加强同业存款管理，通过分析市场利率走向、合理安排同业存款期限、开发同业存款产品等措施，努力提高同业存款收益。开展理财投资业务，建立了理财产品库，逐步用风险水平较低的理财产品替代中长期同业定期存款，显著提高了资金收益。截至 2014 年末，共办理同业定期存款（含理财业务）158 笔，金额 436.52 亿元，年末余额 86.32 亿元，同业定期平均利率 5.06%，全年实现同业利息收入 3.72 亿元。此外，公司还积极开辟新的资金运用渠道，2014 年 10 月 16 日正式获批加入全国银行间同业拆借市场和债券市场，为公司流动性管理提供了新的手段，资金运用渠道更加多元化。与基金公司、证券公司就合作渠道与合作产品进行了探讨和交流，为推进有价证券投资业务开展做好准备。

【票据业务】公司积极完善和推广票据池建设，将潍柴票据池合作银行扩大到 6 家，并实现了票据全部入池。截至 2014 年末，潍柴票据池共入池票据 13 244 张，金额 196.49 亿元，新开票据 89.87 亿元，释放开票保证金 45 亿元。在总结潍柴票据池运营模式的基础上，启动了山推股份票据池建设，制定了山推股份票据池建设方案，签署了山推股份、合作银行、财务公司三方合作协议。积极推动潍柴动力、山推股份在货款支付总量中确定 定比例的商票，为推广电票业务打下了基础。

【外汇业务】2014 年 6 月 9 日，公司获批开展成员单位即期结售汇业务。公司积极跟进潍柴动力、山推股份等出口交货值较大的成员单位，对接结售汇需求，以优质服务、优惠价格吸引集团成员单位到公司办理结售汇业务。截至 2014 年末，公司累计办理结售汇 228 笔，金额 2.07 亿美元，占同期成员单位即期结售汇量的 98%。公司以结售汇业务为切入点，主动、积极为成员单位提供海外融资方案设计、开展订单融资等综合金融服务，先后参与了潍柴控股法拉帝融资方案设计，为厦门丰泰提供综合金融服务方案，与中国银行举行了外汇业务联席会议，充分发挥了外汇交易及融资顾问的作用。

【资金集中】公司在集团范围内深化和推广资金限额管理，严格按照限额要求上收下拨资金。不断提高结算服务水平，先后为亚星客车、潍柴动力等成员单位提供了批量支付服务，共建立批量数据库文件 17 549 条，完成批量支付业务 13 142 笔，结算金额 3.52 亿元，为全面推开批量支付业务奠定了基础。多次与未实行限额管理的成员单位进行沟通，将部分未实行限额管理的成员单位纳入了限额管理。创新存款产品，开发了 30 天、45 天、60 天等短期存款产品，增强了财务公司存款产品的吸引力，加强了资金归集。

【业务创新】公司不断加强业务创新，努力提高金融服务的广度和深度。大力发展产业链金融业务，2014 年末信贷资产余额 31.89 亿元，其中，产业链融资余额 6.94 亿元，占贷款余额的 25.82%。大力发展以即期结售汇业务为核心的国际业务，2014 年累计办理结售汇 228 笔，金额 2.07 亿美元，占同期成员单位即期结售汇量的 98%。积极发展电子商业汇票业务，2014 年，通过财务公司电票系统共开立电票 224 笔，金额 5.03 亿元，其中办理电票贴现 83 笔，金额 1.17 亿元。

【风险管理和内部控制】公司积极完善风险防控体系，设立了董事会审计委员会，完善了公司法人治理结构；开展了财务公司流动性压力测试，检验了公司的流动性风险承受能力；组织编写了业务操作手册，降低了操作风险；按季开展关键风险点及合规检查，提高了全体员工的合规风险意识；制定了《2014年信贷准入政策》，平衡风险与收益，切实提高公司的信贷资产质量；积极开展内部审计，对主要业务实现了审计全覆盖。

【人力资源管理】积极探索人力资源管理机制建设，编制了《山东重工集团财务公司人力资源管理体系设计方案》，从人力资源规划、职位体系、绩效管理体系等五个方面规范了人力资源管理工作流程。按照业务发展需求，组织开展了新员工的招聘工作，招聘应届大学生7人，引进具有相关从业经验的专家2人。开展了员工培训工作，按周开展了骨干班培训及金融英语培训，共组织员工外出培训19人次。

【信息化建设】根据业务发展需要，开展了电子票据系统、结售汇系统、云桌面与域管控系统、资金管理信息系统、金融统计系统等项目建设。加强系统运维工作，做好日常资金系统常规检查、前置机网络间日常检查、数据备份日常检查、各服务器系统环境检查等。开展了安全生产专项排查与问题整改，开展了系统应急演练，完成了火灾停电、网络攻击、病毒爆发等应急等演练工作。完成了公司一楼机房改造扩建以及潍坊机房搬迁工作，均按时投入使用。

【企业文化建设】公司成立了企业文化建设领导小组，组织和领导企业文化建设工作。通过《山重文化》《集团信息快报》《金融信息参考》及宣传栏等，宣传公司的企业文化建设情况，挖掘先进人物和典型事例，撰写成企业文化案例，在集团层面进行了宣传。利用集团企业文化建设交流会等机会，与集团各权属公司交流企业文化建设心得，着力打造公司“大家庭”文化品牌。

湖北能源财务有限公司

【经营概况】2014年，湖北能源财务有限公司（以下简称“公司”）以提升金融服务能力为重点，以防范金融风险为根本，出台了第一个五年战略发展规划，推行了内部资金定价机制，成功获取保险兼业代理、同业拆借及投资业务三项业务资格牌照。公司先后获得集团授予的2013—2014年度文明单位荣誉称号、综合考核等级A级等。

【信贷业务】2014年，公司进一步规范信贷业务体系，优化信贷业务流程，出台信用评级管理办法，开展信贷资产利率风险定价等。公司积极支持集团公司内部小微企业发展，全年发放贷款65.96亿元，其中，小微贷款23.93亿元，占全年信贷发放总额的36.28%。

【资金和投资业务】成立资金管理委员会，制定资金管理议事规则，巧借金融平台存款议价功能，按照公平、公正、公开原则与多家金融机构合作，充分发挥渠道作用，聚合集团资源，开展同业拆借和同业存放，提升流动性管理水平，最大限度地获取增值收益。

【票据业务】 充实票据业务产品库，完善票据融资业务链条，构建“票据代开—票据贴现—商票保贴—票据转贴—票据承兑”的票据组合融资模式，有力支持集团实体经济发展。

【资金集中】 创新推出集团内部资金市场化定价机制，引导成员单位加强资金归集。积极开展买方付息贴现、同业代付、票据代查询、票据代保管、代理商业承兑汇票等结算业务。公司全年结算业务量、结算金额大幅增长，结算量达 22 220 笔、结算金额 1 166 亿元，占全集团整体结算量的 80% 左右，确立了公司在集团内部结算主办行地位。推行资金市场化定价机制，成为集团内部“资金闸”，既管住了存量，又管住了流量，还管住了增量，避免资金体外循环，确保资金安全，提高集团资金管控能力，公司全年资金归集率高达 90% 以上。

【风险管理和内部控制】 建立以“三会一层”、首席风险官、风险管理岗、稽核审计岗为一体的风险监控体系，构建科学合理、相互制衡的风险管理工作机制。推动内控制度后评价工作，保障内控制度覆盖公司各层级。出台《安全生产管理暂行办法》《核心系统管理流程暂行办法》等系列制度，落实公司各层级安全生产责任，规范公司核心系统管理，加强核心系统内部风险控制等。

【信息化建设】 验收公司核心业务系统，构建以结算业务系统、信贷业务系统、信使服务系统、ERP 管理系统、报表管理系统及银企对账管理系统为一体的核心业务信息处理集成平台，满足资金管理、结算管理、客户服务、风险管理的各项需要。建成核心系统数据异地灾备中心，保证公司业务系统具备基本的容灾能力，为后续系统安全防护从数据级向应用级甚至向业务级发展打下坚实的基础。

【企业文化建设】 宣贯责任文化，加强党风廉政建设。层层签订责任书，实现党风廉政建设责任全覆盖。完善民主决策机制，建设内部风险控制体系，形成“不敢腐、不能腐、不愿腐”的制度环境。加强宣传教育，通过定期召开政治理论学习会及民主生活会，让党员干部树立责任意识，增强廉政观念，有效预防腐败。突出人才培养，加强学习型团队建设，为培养复合型人才提供宽松环境等。

港中旅财务有限公司

【经营概况】 2014 年，港中旅财务有限公司（以下简称“公司”）围绕集团对财务公司的战略定位，坚持“严控风险，合规经营”经营宗旨，积极开展各项业务工作，竭诚服务集团成员单位，发挥好集团的“资金集中管理平台”“内部银行”作用，圆满完成集团和金融板块下达的经营目标和各项重点工作。截至2014年末，公司总资产达36.80亿元，比年初增加21.08亿元，增幅为134.02%；负债总额31.32亿元，比年初增加20.90亿元，增幅为200.49%；所有者权益5.48亿元，比年初增加0.18亿元，增幅为3.37%。表外业务主要为委托贷款，截至2014年末，委托贷款余额为11.03亿元，比年初增加0.21亿元，增幅为1.90%。

2014年，公司实现营业收入0.66亿元，其中，利息净收入0.65亿元，占营业收入的99.32%，同比增长20.26%；手续费及佣金净收入44.55万元，占营业收入的0.68%，同比增长220.27%；全年实现净利润0.34亿元，较上年增加0.09亿元，增幅为35.80%。

【信贷业务】公司严格执行监管部门有关规章制度，进一步加强信贷风险控制，规范授信行为。2014年，累计发放自营贷款82笔（含贴现），累计贷款金额26.68亿元，贷款余额18.61亿元，较2013年底增长41.31%，本年度利息收入为0.95亿元；累计发放委托贷款42笔，累计委托贷款13.92亿元，余额11.03亿元。同时，大力开展票据业务，2014年共办理票据贴现0.80亿元，同比有大幅度增长。贴现业务的增长，不仅成为新的收入增长点，而且为集中成员单位资金增加了一条新的途径。为充分盘活已贴现票据的再融资能力，公司向人民银行提出再贴现资格申请，已于9月获批，为开展再贴现业务创造了条件。

【资金和投资业务】2014年，公司在同业业务方面除延续与已经建立了合作关系的13家银行的良好合作外，还拓展了杭州银行、华润银行、厦门国际银行等金融资源，大力开展同业存放业务，全年实现同业利息收入0.11亿元，预算目标完成率为150%。同时，根据经营发展及同业拆借业务开展的需要，公司2014年将同业授信申请作为工作重点并取得突破性进展，先后取得三家机构总计7亿元人民币的综合同业授信。

在资金管理方面，公司持续加强对资金计划与资金头寸的管理，全年未出现任何计划外资金缺口，所有成员单位的贷款需求和存款提用需求均得以及时满足；流动性指标一直保持健康水平，从未触及监管红线。

此外，为尽快落实集团及金融板块关于“产融协同、融融合作”的战略部署，2014年下半年，公司与集团控股的焦作市商业银行签订合作备忘框架，在资金业务、信贷资产转让业务、理财池与集团内部员工服务等多方面提出了可行的融融协作方案并启动合作具体事宜。

【资金集中】2014年，公司高管及部门骨干组成“产融协同”专责小组，通过专责项目管理的方式制定工作方案，积极联系和主动走访物流、旅行社、酒店、资产、钢铁、地产、景区等板块公司推广业务，进一步了解各板块的业务状况与资金需求，找准业务合作切入点，明确业务的拓展方向和重点，取得成员单位对公司的认同，资金集中度进一步提高。2014年末吸存存款余额30.81亿元，比上年末的10.26亿元，增长200.29%。扣除口径（剔除上市公司资金、境外资金、境内的外币资金、特殊用途资金）资金集中度为70.38%，比上年末的49.04%提高21.34个百分点；全口径资金集中度28.40%，比上年末的12.42%提高15.98个百分点。

【外汇业务】2014年，公司根据集团为外向型综合类大型产业集团的特点，将申报外汇结售汇资格纳入工作议程，在获得外汇结售汇业务资格之后，将满足成员单位更多外汇方面金融需求。

【业务创新】2014年，公司创新工作仍立足服务集团成员单位，针对其需要，创新定制化产品和服务。坚持创新以合规为前提，创新贴近成员单位实际：发现成员单位存在大量银承票据结算，公司就为其定制票据结构化理财方案，盘活闲置票据资产；利用深圳前海政策优势，创新融资租赁领域，公司作为集团的财务顾问，协助集团作为发起人，同时协助引入战略投资者，以混合所有制设立融资租赁公司；利用集团地跨“境内外”的特点，在“一套人马、两块牌子”总体战略下，发挥公司作为集团资金集中主要平台、内部银行的功能，承接集团（香港办公）资金池的资金计划、资金池管理、理财计息、内部融资配置及日常结算等。

【风险管理和内部控制】 2014年，公司继续完善风险体系建设，贯彻严控风险，合规经营理念，夯实合规运营基础，累计建立健全各类制度七十余项，形成以“评估监测、指标监控、重大事项报告”为主的风控运作机制；不断强化内控体系建设，强化三道内控防线建设，发挥风控与内审的功能互补作用，及时发现制度及操作中存在的疏漏并及时落实岗位责任，确保业务始终能够规范运作，健康发展。

【人力资源管理】 公司结合企业战略规划及发展目标，不断完善人力资源管理体系。2014年，公司加大了内部人员培训力度，结合公司年度重点工作任务和员工培训需求、岗位特点开展多种形式的培训。人均培训时间达到55.30小时；为完善绩效考核与激励约束机制，公司一方面持续推行和优化项目经理管理制度，一方面对企业经营目标进行分解，将业绩等可量化的指标分解到部门，与各部门签订了业绩考核目标责任书，列入部门年度考核，并将绩效奖金与业绩挂钩，激励员工和团队提高工作效率，推进经营目标的达成。

【信息化建设】 2014年，公司通过强化运维管理，不断提升信息化服务水平，重点做好了公司网络双网接入容错项目，优化系统的网络环境，加强信息系统高可用性和安全性，并保障业务信息系统的稳定运行。同时，为了改善用户体验，优化了系统的查询功能，实施电子回单系统，实现了客户自主打印银行间业务回单，提高结算业务信息交换的效率；结合业务开展的需求，实施上线同业拆借项目。

【企业文化建设】 2014年，公司推行了一系列旨在改善团队建设和企业文化的措施并取得良好效果：坚持重大问题经营班子集团酝酿、民主决策，强化团结协作；强化内部各层级的沟通，快速直接研究有关工作落实，加强决策信息传递的一致性和透明化；定期召开员工沟通会，加强员工之间的交流、互助协作，引导员工正确对待工作中遇到的问题，营造信任、理解、和谐、健康的工作氛围；组织开展员工拓展活动、文体锻炼以及团队交流等活动，提升了团队凝聚力。

陕西煤业化工集团财务有限公司

【经营概况】 2014年是陕西煤业化工集团财务有限公司（以下简称“公司”）打基础的

一年，努力发挥公司的作用，在服务集团的过程中，实现自身的发展，不断解决自身问题，实现公司管理提升和自我完善。2014年实现了年度经营目标，金融服务得到了集团及成员单位的认可，统计工作受到人民银行西安分行的表彰。

截至2014年底，公司资产总额81.62亿元，各项贷款余额54.7亿元，存款余额65.87亿元。实现营业收入2.99亿元，利润总额1.39亿元，净利润1.04亿元。不良贷款率为零，各项监控指标均符合监管要求。

【信贷业务】全年累计发放贷款61.23亿元，同比增长66.80%，其中，融资租赁3亿元，实现融资租赁业务零的突破；期末贷款余额39.84亿元，较年初增长241.62%。委托贷款受托投放3.48亿元，余额12.02亿元。累计签发国内信用证3.80亿元。履约保函余额0.46亿元。取得外部银行授信86亿元，对成员单位完成授信110.92亿元，实际投放信用余额72.44亿元。

【结算业务】建立集团统一的资金结算平台，为成员单位提供安全高效优质的对外结算和内部清算服务，规范资金收入和支付业务流程。全年累计结算18.50万笔（批），同比增长25%，结算金额2728.85亿元，同比增长53.70%，结算收支比77.37%，集团资金集中结算核心平台地位得到加强。

【资金业务】公司本着统筹运作、提高效益、兼顾平衡的原则，加强对市场及宏观政策的研究，与同业紧密联系，加强与银行议价，利用富余头寸配置于无风险且兼顾收益性的业务。全年办理同业定期业务183笔，累计运用资金约380亿元，实现了资金安全性、流动性与收益性的结合。

【票据业务】2014年，公司成立了票据中心，专门负责票据业务开展，以适应集团对票据业务的实际需求，取得了较好的效果。全年各项票据业务发生总额160.58亿元，同比增长72.70%，涉及票据一万余张。全年票据业务融资25.79亿元，其中，13亿元通过信贷类业务投放于成员单位。签发商业承兑汇票30亿元，替代短期流动资金贷款，为集团及成员单位节省财务费用约0.84亿元。

【资金集中】通过做强资金归集和资金结算等基本业务，不断提高资金集中度和资金使用效率；强化与集团的资金管理衔接，促进集团资金统一计划、统一备付和统一调度，完善集团流动性管理协同机制，拓宽公司融资渠道，优化内外资金配置，实现集团资金的安全性、流动性、效益型的均衡；发挥公司资金监控平台作用，服务集团财务风险控制，强化成员单位各类型账户资金和票据的在线监控，协同开展资金定额管控，严格控制资金风险。实现集团财务管理相关业务系统与公司信息系统之间信息双向共享，发挥数据信息集中优势，有效支持集团资金集中管理和风险管控。

2014年，集团NC会计核算系统上线以及公司核心业务系统功能进一步完善，公司在资金监控、专户管理、定额管理等方面有效促进集团资金集中管理：一是外部银行账户资金监控，公司有效实时在线监控账户563个，实际账户监控率57.80%。二是专户资金管理，对集团所属单位的基建、工资、棚改共240个专户进行监控，把控专户资金收支，避免专户资金的错用、挪用。三是资金定额管理，对集团所属27家二级单位，涵盖其所属383个单位（账户）资金使用实行资金定额管理，实际监控经营性资金使用322.12亿元；监控基建资金使用92.80亿元。

【业务创新】产品创新取得突破，2014年新增融资租赁、保理、代开国内信用证、法人账户透支四类信贷产品，在传统业务基础上扩展了供应链金融产品和服务，促进集团产业转型升级；新推出票据托管服务，金融产品基本覆盖了信贷与票据的主要业务品种。

【风险管理和内部控制】2014 年，公司紧紧围绕防范合规风险这条主线，以防范操作风险和流动性风险为抓手，着力开展公司风险管理工作。全年新制定制度 32 项，修订制度 52 项，截至 2014 年 12 月底，公司共制定制度 148 项，基本实现了业务全覆盖。内部审计实现部门全覆盖，工作制度和工作流程逐步程序化、正规化；组织开展内控自评工作，初步建立起内控自评机制；开展了以“预防洗钱，维护金融安全”为主题的形式多样的反洗钱集中宣传活动。

为了培育风险管理的全员意识、全员参与的文化，一是公司年初组织全员进行了公司风险管理方面的制度学习，并要求对部门制度进行自学，宣传风险管理文化；二是通过季度风险分析报告，揭示集团行业风险和公司系统性风险，进一步使全员认识风险存在的客观性；三是着手开展公司标准化体系建设，包括产品服务的标准化体系建设和各项业务流程与岗位操作的标准化建设，通过标准化建设提高业务运行的可靠性和稳定性。

【公司治理】公司治理进一步完善，2014 年设立了董事会战略委员会、董事会薪酬与考核委员会两个专门委员会；公司新设立审计部与票据中心。建立了公司计划督办管理模式，加强计划的制定、分解与督办落实；确立了公司年度工作会、季度与月度分析、周例会的会议制度。以规范高效的会议配合计划体系协调公司运转。

【人力资源管理】人力资源管理走上正轨，开展了员工全面轮岗，梳理了岗位设置，进行了员工初次定岗定级，完善了员工薪酬与绩效考核体系建设。注重加强学习型企业建设，多层次开展培训与学习，在公司层面与西安交通大学合作组织开展“业务能力提升大讲堂活动”；部门内部积极开展相关业务及操作规程学习，同时积极参加各级监管机构组织的培训交流。加强学习型企业建设，不断丰富图书报刊、检索终端及各类资料在内的资料室；鼓励员工进行业务相关的理论与实践的探索研究。

【信息化建设】始终坚持以保障信息系统平稳安全运行和信息系统建设为信息化建设的主要工作思路，2014 年实现了内部上收下拨、定额控制、结算账户与监控账户分离以及电子签章、网银对账及大额预报的上线运行；初步建设了商业智能（BI）系统，进一步提升信息系统服务能力。

【企业文化建设】坚持“依托集团，服务集团”的根本理念，追求服务第一、兼顾效益的经营价值取向，金融产品服务与财务管理服务并重，财务管理服务优先的业务发展方向。把各项工作的目标都归结到公司自身功能发挥，即价值实现这一中心目标，把各项具体工作的评价标准都归结到是否能给集团及成员单位提供全面、优质、高效的金融服务。通过优质金融服务支持集团与成员单位降本增效，在产品资源配置与管理服务上服从集团产业战略大局和集团财务管理要求，通过优质服务降低集团管理成本，提高集团财务资金管理的有效性和高效性。

【党建工作】2014 年，经集团公司机关党委批复，公司成立了党支部，并组织召开了党员大会和党支部委员会第一次会议。通过党建工作以及工会、群团工作的开展，实现与公司各项业务有机统一，相辅相成。

上海华谊集团财务有限责任公司

【经营概况】2014年，上海华谊集团财务有限责任公司（以下简称“公司”）以加强集团资金集中管理和提高资金使用效率为目标，健全和完善制度管理，夯实和巩固业务基础，扩大和拓展服务内容，发展和创新金融产品，凝心聚力谋划战略，严格控制风险，提高盈利功能，提升专业能力。年内制定了公司的第一个五年计划，集团将公司定位为“集团的全球化的金融管理和服务平台”，重点建设金融服务品牌和优秀的金融人才团队，跟随集团的发展而实现自身的发展。

截至年末，公司资产总额57.15亿元，资本充足率为20.32%，不良资产为零，当年度实现营业收入1.71亿元，同比增长50.70%，实现净利润0.42亿元，同比增长116.10%，各项监管指标持续动态达标。

【信贷业务】作为集团金融服务平台，信贷业务是公司立身之本，也是服务集团、支持集团企业发展的基础。第一，公司按照银监会“三个办法、一个指引”，严格贷款管理，做好授信、贷款额度核准、信贷发放等基础业务。第二，公司立足企业需求，规范业务执行，提倡服务创新，深化用心服务，通过资产业务、负债业务相结合，逐步增加新品种，通过服务发展业务。截至年末，信贷业务客户基本覆盖二级公司，贷款规模同比上升98%。第三，公司着力拓展业务品种，扩大信贷支持范围。年内新增业务品种有：银团贷款、经营性物业贷款、应收账款保理业务、房地产抵押贷款、银票质押贷款、循环贷款等，公司金融产品已经突破十种。第四，公司在协助集团成员企业落实项目资金过程中，发挥融资顾问的作用，提供了多份融资意向书和项目融资建议，并协助成员企业融资谈判，初步显现公司金融服务优势。

【资金业务】在成员企业整体现金流明显好转的推动下，公司通过加强对成员单位资金计划性的了解，掌握资金收支存的情况，设计资金运营方案，并积极研究市场波动走势，利用新增合作银行在价格上、期限上和支取灵活性等方面的良好补位作用，带动同业业务收益提升。全年同业定期利息收入同比增加60.40%。在存放同业业务基础上，尝试新业务，打通了票据转贴现流程，并尝试信贷资产转让、电票代理业务等。2014年下半年，公司获准进入全国银行间同业拆借市场，此流程的打通推进公司实施资产负债管理，及时调整资产负债结构，保持流动性，利于公司短期资金经常性运用，提高资产质量，降低经营风险，增加利息收入。

【资金集中】公司通过量化资金归集目标，加强日常数据跟踪分析，及时跟进新增单位上线、持续开展对未上线企业跟踪等系列举措，资金集中水平进一步提高。截至年末，累计完成160家企业上线，基本覆盖了集团控股二级、三级成员单位，全口径资金集中度已达到并稳定在60%以上，比上年同期提高10个百分点。

公司继续发挥结算平台重要作用，根据运营实际优化系统，提升结算效率和服务水平。截至年末，结算量同比增加28%，结算金额同比增加38%。在不断优化人民币结算平台的基础上，公司以境内外币资金池搭建为起点，归集企业外汇资金，将来逐步开展外汇结售汇和衍生产品业务，从而逐步丰富和完善公司为集团和企业提供的外汇服务。年内，完成集团第一家外币试点企业的外币资金归集，打通外汇资金池业务流程，成功建成外币现金池。

【风险管理和内部控制】贯彻董事会“加强合规建设、提升风险管理水平”总体要求，严循监管法规和政策，以“巩固、完善、提升”为主线。第一，总结、反思运营中出现的问题并提出整改意见（公司全员参与了“对上半年运营中问题和风险暴露开展‘回头看’活动”）。第二，组织全员参与岗位合规风险点摸排梳理活动，明确公司和各个岗位的风险因素、风险频率以及危害度。第三，建立公司风险管理绩效考核制度，并纳入公司整体的绩效考核体系中。

同时，公司通过健全公司制度、规范业务操作来完善内部管理。公司根据业务需求，编撰了新业务相关业务合同、附件等要件文本，为开展相关业务提供了规范依据。另外，结合实践对原有管理办法体系中的操作规范予以修改增补，对流程去冗化简实施优化，并形成公司2014年版制度汇编，使业务运作和内控管理“有章可依、有规可循”。

【人力资源管理】公司引入专业人员充实队伍，通过各种方式招聘，分批进行了近二十场的面试，共引进各类专业人才7名，都具备高学历并且有较深业务背景和相关工作经验，弥补了公司原有年轻化、缺乏专业能力的缺陷。截至年末，公司员工共26名，平均年龄34.90周岁，其中35周岁以下19人，占73%；研究生学历11人，占42%，本科14人，大专1人；中级以上职称11人；中共党员10名。

梳理岗位说明书，完善绩效考核。通过梳理岗位说明书明确职责，通过明确岗位职责确定工作内容和范围，通过细化工作内容完善绩效评价体系。以梳理岗位职责为抓手，将部门职责—岗位职责—工作结果—绩效评价初步结合，不仅明确全员岗位工作重点，同时增强公司活力，为完善合理的绩效评价体系打下坚实的基础。

【信息化建设】公司优化信息系统架构，提升信息系统性能，加强信息风险管控。一是提升运维质量，确保信息系统稳定运行。通过多方沟通，确定系统运维总包策略，规范运维工作流程，促进运维工作高速有效运行。二是强化安全防范，保障公司信息安全。结合监管和集团要求，开展网络安全、信息外包风险等各方面事项的自查，并联合集团信息公司技术人员对公司信息系统架构和网络进行梳理，排查风险点并及时整改，加强信息系统风险管控。三是根据实际运营，改进业务系统。比照业务开展的实际情况，为满足业务需求，对核心系统进行了二次优化，构建征信系统，解决了人民银行ACS凭证打印问题，不断提高系统性能。四是做好应急多通道保障工作，完善应急处理机制，通过备份系统切换以及手工落地处理两种模式，保障业务的连续性。

河北钢铁集团财务有限公司

【经营概况】2014 年，河北钢铁集团财务有限公司（以下简称“公司”）秉承“立足集团，服务产业，规范运营，稳健发展”的经营宗旨，以金融改革创新为手段，以服务集团为导向，以资金运营创效为目标，充分发挥集团资金集中管控平台和全方位金融服务平台作用，通过完善全面风险管控体系、构建独具特色的“票据金融综合服务体系”、启动实施电子票据业务资质申办、创新开展金融顾问合作、创建网络信息服务平台等重点工作，有效破解业务牌照不全、资金归集率不高等瓶颈问题，实现以优质服务促进产业和金融协同发展、多方共赢的目标。公司全年实现营业收入 3.16 亿元、利润总额 1.65 亿元、净利润 1.23 亿元，分别比上年增长 62.38%、30.37%、30.41%，圆满完成年度各项经营指标。公司信贷资产运营良好，利息回收率为 100%。无不良贷款、不良资产，全年各期监控指标均符合监管要求。

【信贷业务】2014 年，公司全面树立“产融协同，共赢发展”的市场化金融服务理念，扎实推进基础业务开展，为实现集团发展战略提供强有力的金融支持。公司灵活利用贴现、循环贷款、短期贷款、委托贷款等多元组合方式为成员单位提供融资服务，全年累计办理信贷业务 316.57 亿元，比上年增长 104.93%；年末信贷资产余额 39.56 亿元；努力拓展同业合作，获取同业授信 11 亿元，帮助成员单位低成本融资 62.88 亿元，比上年增长 17 倍。

【资金和投资业务】2014 年，公司在集团统筹协调下建立起资金流动性管理协同机制，加强集团资金的统一计划、统一调度、统一备付，坚持以日监测、周计划、月总结的方式做好资金头寸动态调配，建立货币市场价格跟踪监测制度，积极捕捉资金市场运作时机，实现资金安全性、流动性、效益性相均衡的目标。公司全年累计循环办理定期存单业务 464.82 亿元，比上年增长 51.44%，资金运营创效能力大幅提升。

【票据业务】2014 年，公司锐意进取、创新经营，努力挖掘金融功能优势，根据集团内外部资金形势和各成员单位资金管理情况，开创性地构建起独具特色的“票据金融综合服务体系”，有效盘活存量票据资金，实现高效、低成本票据融通运作，提升集团票据管理运营能力，促进金融服务水平迈上新台阶。一是研发运用具有自主知识产权的票据管理信息系统。利用该系统接口多、涵盖面广、功能齐全等优势，建立起一个全方位、全流程的集团票据管理服务平台，能够有效防范票据资金风险，促进票据管理水平提升，为公司不断拓展票据直营、托管、代理等业务，提供信息化支撑。二是围绕票据流转链创新推出一系列特色化票据金融产品。包括直贴、再贴、转贴、卖出回购、票据池综合融资、代开银承、商票保贴等，充分挖掘利用公司金融杠杆作用，为集团和成员单位开辟了一条高效、低成本的融资运作渠道渠道。2014 年，公司累计开展票据融通运作 137.45 亿元，为成员单位节约财务费用0.26 亿元。三是积极申办电子票据业务资质，有利于进一步拓宽“票据金融综合服务体系”内容，丰富成员单位支付结算手段。四是创建自己的专业化信息网站，重点突出专业化金融信息服务功能，及时向成员单位提供资金市场动态价格信息、有价值的资本市场动态信息、金融研究分析及最新金融政策法规等专业信息；公司创新开展金融顾问合作，全面提升基础管理水平，目标是构建合规、高效的管理体制机制，构建面向全员、囊括全部业务品种，覆盖业务全过程的内控合规体系，建立全面风险管理体系等，为公司稳健、良性发展奠定基础。

【资金集中】2014 年，公司在集团统一安排部署下，进一步丰富资金归集手段，根据集团及成员单位资金实际情况，着重从三个方面稳妥推进资金集中工作：一是结合成员单位不同情况，采取差异化资金归集政策和方式；二是利用金融业务创新促进成员单位资金集中规模；三是与资金集中程度挂钩，实行市场化差别定价，同时在资金、资源配置方面给予正向引导和激励，提升成员单位资金归集的主动性等。截至 2014 年末，公司归集账户 49 个，吸收存款余额 34.01 亿元，日均吸收存款 49.87 亿元，最高吸收存款 76.37 亿元，全口径资金集中度为 17.88%，可归集口径资金集中度达49%。

【风险管理和内部控制】2014 年，公司充分借鉴业内同行先进管理经验，借助金融顾问合作，进一步完善基础管理制度体系建设，优化业务流程，全面提升风险管理和内部控制水平。一是全面梳理、修订、补充公司制度体系，包括公司治理、所有业务、财务核算、风险管理、稽核审计、科技信息、人力资源及其他综合管理类制度等，形成覆盖公司经营管理全方位的制度体系，为公司稳健、良性运营奠定基础。二是完善风险、内控管理流程。公司构建董事会、高级管理层、职能部室“三层三道防线”风险管理组织体系，制定了公司《全面风险管理办法》，明确了董事会、高级管理层、职能部室三个层次风险管理职责。在业务开展过程中实行三道防线控制：第一道防线加强业务部门风险自我控制；第二道防线加强风险管理部在主要业务环节的操作风险提示；第三道防线加强稽核审计事中、事后监督、检查。实现全员、全过程风险控制。三道防线互为补充，发挥业务流程中三道防线的合力，有效防范风险，保证公司稳健运行。

【人力资源管理】2014 年，公司以构建“学习型金融机构”和“着力打造高素质金融专业团队”为目标，积极探索新型长效学习培训机制，遵循“全员性、计划性、多样性、实效性、长效性”培训原则，根据不同层级员工，有针对性地制定人才培训培养规划，采取多元化的培训方式，全面提升员工综合素养。公司制定《员工绩效考核办法》并组织开展部门经理及以下员工年度绩效考核工作，充分调动员工积极工作、强化执行、创新创效的主动性，充分发挥奖优罚劣、正向引导的激励作用。

【信息化建设】公司高度重视信息化建设的持续升级与完善，旨在为业务开展提供稳定的系统支持。2014 年主要从三个方面为业务开展提供稳定的系统支持：一是根据业务需要，不断完善升级核心业务系统。二是分阶段推进票据系统上线运行。按照实施计划，完成了第一阶段集团总部、销售总公司、财务公司上线，与中国银行票据系统做到直连切换，第二阶段子公司试点（钢贸、邯钢、舞钢）上线，并根据各自业务特点，在系统标准功能基础上进行了个性化需求开发，为深化构建票据金融综合服务体系提供了信息技术支持。三是周密组织建设电票系统，于2014年11月底一次性通过人民银行清算总中心支付系统开发测试中心的检测和验收。

【企业文化建设】公司以“服务、创新、稳健、增值”的核心价值观为引领，全面树立“产融协同、共赢发展”的市场化金融服务理念，努力实现以优质服务促进产业和金融业务协同发展、多方共赢的目标。组织开展党的群众路线教育实践活动、党章学习日活动，组织推荐学习雷锋活动示范点和岗位学雷锋标兵，组织开展“员工学习园地”和“好书荐读”活动，积极参加河北省金融系统青联开展的“暖冬助学”活动等，努力营建公司合规创新的服务理念，引导团结协作、奋发向上的职业精神，倡导爱岗敬业、关爱社会的道德情操。

安徽省能源集团财务有限公司

【经营概况】安徽省能源集团财务有限公司（以下简称“公司”）是以“整合内部资源、发挥集团优势、强化资金管理、服务集团发展”为指导思想，负责对集团下属的控股、参股等各类型企业实行资金集中管理，提高集团资金使用效率，降低集团财务成本，努力为集团成员单位提供优质高效的金融服务。截至2014年12月31日，公司的资产总额为8.90亿元，比年初增加1.51亿元，增幅为20.51%；实现营业收入0.39亿元，完成调整后全年预算的95.51%；实现利润0.22亿元，完成调整后全年预算的100.73%。公司资本充足率为58.10%，比年初增加6.43个百分点。

【信贷业务】2014年，公司累计发放自营贷款3.02亿元，累计收回4.58亿元。截至2014年末，自营贷款结余4.54亿元，比上年同期减少0.95亿元；为集团及成员单位累计发放委托贷款金额7.49亿元，累计收回委托贷款金额13.61亿元。截至2014年12月31日，委托贷款余额2.80亿元，比年初减少6.12亿元。2014年度公司完成了5户小微型企业评级授信工作，累计发放小微企业贷款0.23亿元，办理小微企业履约保函业务199.80万元，有效缓解了小微型企业的资金压力。

【资金和投资业务】2014年，公司加强存放同业的监控和运作，在确保资金安全的同时，以短期资金运作争取最大的存放同业收益。通过合理调度资金，2014年实现存放同业利息收入0.09亿元。另外，积极开展内部转账结算及相应的结算、清算方案设计，2014年为成员单位办理内部转账业务371笔，交易金额9.68亿元。

【票据业务】2014年，公司先后召开总经理办公会讨论研究电票系统上线问题，对上线电票系统的盈亏、利弊进行充分论证，在集团公司的支持下，现已着手开展系统软硬件招标工作。

【资金集中】公司在资金集中业务开展前期通过举办培训交流会、上门拜访客户等多种形式向成员单位大力宣传资金归集的优势和重要性。通过先归集一般户，再归集基本户的策略，分步骤实现资金的全面上收。截至2014年底已有38家成员单位开立了结算账户，对符合条件的成员单位基本户和一般户已完成上收。2014年为成员单位办理收款2 230笔，交易金额68.51亿元；办理付款业务3 606笔，交易金额72.96亿元。截至2014年12月末，吸收存款日均余额达到5亿元。

【业务创新】2014年，在集团公司的授权下，公司积极与相关保险公司及经纪公司开展合作，为皖能铜陵、皖能合肥等五家发电企业开展代理保险业务，共实现代理保费收入241万元。

【风险管理和内部控制】2014年，公司开展了内部一系列审计及风险检查工作，规范公司经营管理。先后组织开展反洗钱审计、绩效考评与薪酬管理工作审计、同业业务审计、信贷业务审计、信息科技审计及结算业务审计。2014年，公司风险管理的重点是合规及案防风险管理工作，通过进一步强化制度建设，按季开展合规及案件风险排查，组织学习培训、知识测试等一系列活动，将风险管理工作落到实处。

【人力资源管理】2014年，公司结合党的群众路线教育实践活动，在年度内完善公司人力资源制度，修订了《安徽省能源集团财务有限公司员工薪酬管理办法》等规章制度，这些制度的拟订、修订规范了公司人力资源考核方向，为公司内全体员工的业绩考核奠定了基础。

【信息化建设】由于公司核心业务系统上线时间不长，业务系统在运行中会出现不少问题，公司组织专人进行协调，积极联系系统开发商及相关银行，完善公司系统建设，保障了公司各项业务的正常开展。2014年，公司根据监管机构文件要求，新增核心业务系统反洗钱模块，完成人民银行征信系统接入申请准备，配合融通公司进行核心系统会计数据与金蝶财务系统对接工作，积极协助客户公司完成网银安装、调试工作，并在第一时间上门维护、帮助解决各种使用问题。此外，针对业务系统出现一系列问题，积极联系系统开发商及相关银行，完善公司系统建设，保障了公司各项业务的正常开展。

【企业文化建设】“社会动力之源、安徽发展之源、员工幸福之源”的“三源”文化是安徽省能源集团使命的五项企业文化核心理念，是在总结梳理皖能文化发展历史和现状的基础上，经过科学、客观、准确的定性和定量分析而提炼形成的。2014年，公司组织全体员工认真学习、落实“三源”文化，以提高干部职工对皖能企业使命、愿景和核心价值观的理解度和认可度，引领干部职工落实到企业行为上去，融入企业发展的一切行动，融入与员工有关的每一个程序，使制度约束变为一种自觉行为。

中化工程集团财务有限公司

【经营概况】中化工程集团财务有限公司（以下简称“公司”）于2012年9月17日挂牌成立，2012年10月16日正式开始运营。截至2014年底，公司吸收成员单位存款余额86.26亿元，资金集中度达到53.45%；不良资产率为零；实现营业收入3.65亿元、利润总额1.73亿元、净利润1.30亿元。

【信贷业务】2014年，公司实现成员单位授信覆盖率100%，共为8家成员单位办理了自营贷款业务37笔，贷款发生额11.11亿元，实现利息收入0.56亿元，为成员公司节约利息费用约0.07亿元。年内，公司办理非融资类保函客户增至12家，全年保函发生额11.31亿元。

【票据业务】2014年，公司共为16家成员单位办理了银行承兑汇票贴现业务75笔，总贴现金额12.63亿元，实现利息收入约0.10亿元，为成员单位节约利息支出0.10亿元。票据承兑业务是2014年公司开展的一项新的重点业务，全年公司共为10家成员企业承兑票据469张，累计金额1.74亿元，累计为企业节约财务费用8.05万元。

【供应链金融业务】为解决工程建设中业主方融资需求，公司创新设计了“业主方票据融资”业务，通过此种业务合作，公司变相为业主方提供了低成本融资，同时由于采取的是买方付息的银票贴现模式，在一定程度上既保证了公司信贷资金的安全，也促使业主方及时地向成员企业支付工程款。

“供应商贴现”业务是票据承兑业务的附加业务，此业务助推公司承兑汇票业务推广，同时也为供应商提供了一个方便优惠的票据变现途径，实现了成员单位、公司和供应商多方共赢。

【结算业务】结算业务包括日常资金划拨、代理支付、内部转账、账户管理和系统维护等内容，是成员单位实现资金收付的最重要途径。2014年，结算业务量达2.06万笔、结算金额3 516亿元，日均结算金额9.63亿元，全年为成员单位节省结算手续费123.80万元，吸收存款让利约0.10亿元，及时高效地处理了成员单位日常付款需求，实现全年收支结算无差错。

【业务创新】2014年是公司全面开展业务的第二年，在2013年已有贷款、票据贴现、开立保函等业务的基础上，2014年成功开发票据承兑、信用证融资、电子银行承兑汇票、业主方票据融资、供应商票据贴现、票据理财、委托贷款、代理贴现等八项新业务，公司可替代商业银行提供多数信贷业务。

【风险管理和内部控制】公司自成立以来，始终致力于推行风险管理创造价值的理念，大力推进公司全面风险管理体系建设，风控工作一直处于不断探索与改进中，已经初步形成较为完善的风险管理体系。各项风险在可承受范围之内，风控工作日常化与具体化，进一步完善了公司信用风险、流动性风险、操作风险、市场风险等各项风险控制措施和手段，保障公司持续、稳定、健康发展。

现阶段，信用风险管理中的信贷业务风险管理是风险管理工作的重点。一方面，加强信用风险管理制度建设，制定并发布了《贷款利率定价管理办法》《贷审会工作制度》《授信贷款流程》等信用业务的管理办法和操作规程；另一方面，健全信用风险管理的运行机制，优化信贷业务处理流程，健全风险管理信息报告机制，加强授信业务全流程管控，强化贷后管理。

【资金计划管理工作】资金是公司正常运营的血液，资金计划工作必须在确保公司各项指标符合监管要求的前提下，合理配置公司资源，不断提高盈利水平，实现资金流动性、安全性、效益性的协调统一。成员单位计划报送的准确与否，对公司的资金计划有举足轻重的作用。经过与成员单位的多次沟通了解，已基本形成按旬、月周期报送的工作方式。

【人力资源管理】公司组织风险管理、资金计划、票据业务、外汇业务、绩效考核等专题培训10余次，组织人员报名参加中国财务公司协会资金集中管理培训班、基础业务培训班、同业拆借资格培训、高管研修班等专项学习19人次，派出人员到银行进行短期岗位学习1人次，各类学习培训累计受众210人次。

为真实客观地评价员工在日常工作中任务完成情况及履职情况，建立科学的激励约束机制，2013年底公司开始构建绩效考核工作体系，完成了“公司各部门及岗位绩效考核指标库建立”“绩效考核制度和操作流程制定、修改、发布”“绩效考核制度内容和操作流程培训”等各个阶段性任务，组织开展了每季度部门及员工考核工作，逐步摸索并建立一套符合公司实际需求的绩效考核制度体系。

为合理配置人力资源，丰富公司人才选拔渠道，选拔符合条件的员工充实到部门管理岗位，本年度公司开展了部门管理岗内部竞聘工作。采取演讲、面试答辩和评审相结合的方式，选拔5人充实到部门管理副职岗位，此种方式是公司人才选拔机制的创新，对人才梯队建设和公司组织管理架构完善有重要意义。

【企业文化建设】公司针对年轻员工较多的特点，购置文体活动用品，丰富员工业余生活；组织开展户外集体运动、篮球对抗比赛，增强公司员工凝聚力与团队意识；设计制作宣传橱窗、展板，提炼标语口号，进行作品征集，积极发挥员工主动创新意识；开辟学习、休闲园地，购置专业图书和报纸期刊，为员工创造良好的学习和休闲氛围，逐步打造具有自身特色的企业文化。

天津天保财务有限公司

【经营概况】2014年，天津天保财务有限公司（以下简称“公司”）围绕资金管理、融资服务等核心业务，初步实现了资金归集、资金结算、账户管理、信贷管理、融资担保的统一，搭建了为所属公司提供金融支持的精细化服务体系，充分发挥了公司节约财务成本、资金结算平台、融资服务平台三大优势作用，承担了天保控股系统“内部银行”职能，全年各项工作成果显著并呈现强劲发展态势。

截至2014年底，公司资产总额62.02亿元，负债总额51.34亿元，所有者权益合计10.68亿元。实现营业总收入2.33亿元，利润总额为1.37亿元。年末贷款余额为35.63亿元，存款余额为49.29亿元，取得商业银行同业授信额度40亿元。

【信贷业务】2014年，公司坚持服务与效益并重的理念，为所属企业提供了优质高效的信贷服务。一是在信贷服务中做到深入分析借款公司资金需求，审慎研究借款风险，合理支持天保控股集团四大板块业务发展；二是全力支持集团内部重点企业，保证所属企业综合借款成本低于外部银行，期限灵活，根据需要随借随还，既满足了所属企业经营中的资金需求，又有效地节约了财务成本。

2014年，公司在控股集团整体预算安排下积极支持成员企业经营，共为9户符合信贷条件的借款企业累计发放贷款25笔，金额37.14亿元，其中，流动资金贷款22笔，金额共计36.97亿元；固定资产贷款3笔，金额共计0.17亿元，年末实现利息收入2.17亿元。

【融资管理】公司立足“统一运作、专业经营、集成管理”的融资思路，通过集约化统一运作，降低融资成本，保障所属企业资金需求，初步实现了集团“融资管理中心”职能。一是主动了解成员企业的融资需求，设计融资方案，根据融资安排及时与贷款合作银行沟通交流，争取优惠贷款条件；二是推进与各商业银行进行战略合作，建立资源共享、快速融资等机制，实现了集团公司、成员企业、财务公司的多方共赢。

2014年，公司凭借扎实的融资管理服务，逐步成为集团所属企业信赖的融资顾问。公司从集团下属的物流集团和热电公司入手，通过深入了解业务规模、种类、占用资金量、循环周期、业务峰值，设计融资方案，广泛与贷款合作银行沟通、谈判，争取优惠条件，涉及合作银行17家，全年落实授信额度20.56亿元。

【资金集中】2014年，公司针对控股集团各所属企业主营业务差异大、账户覆盖面广、资金流转模式多样的特点，通过分类管理、创新归集模式，基本完成了所属企业的资金归集工作。一是在公司原有收支两条线加代理行的归集模式基础上，启动联动账户归集模式；二是在两种模式混用的前提下，探索核心业务系统的账户处理、数据录入等业务方式，保证业务系统数据的完整、准确；三是对成员单位的开户情况进行逐户了解、分析，根据实际情况，为每家企业分别制定归集方案；四是与各家成员企业沟通，向银行提供归集资料，实现账户资金归集。

截至2014年12月31日，公司全年新增资金归集企业16家，共为34家成员企业开立各类结算账户123个，吸收存款49.29亿元，办理结算业务笔数5 290笔，累计资金结算量640亿元，为其他业务开展提供了稳定的资金来源，初步实现了对控股集团资金的集中管控，发挥了集团“内部银行”职能。

【业务创新】2014年，公司主动发挥金融牌照优势功能，积极进行业务创新，在取得新业务开展资格、征信系统接入、继续开展小微债服务方面取得了新突破。一是获批《企业集团财务公司管理办法》第二十九条中规定的委托投资、承销成员单位的企业债券、固定收益类有价证券投资、成员单位产品的买方信贷及融资租赁四条创新类业务资格，公司业务范围扩大至投行类业务和产业链金融等领域，成为全功能财务公司，为实现天保控股集团金融业务多元化、不断提升公司金融服务能力打下了基础；二是积极配合人民银行，完成了接入征信系统测试工作，并顺利通过人民银行现场检查，具备了为控股所属企业提供征信查询服务能力，摆脱了对商业银行的依赖，为内外部业务的开展提供强有力的信用支持；三是继续与民生银行合作落实小微债贷款发放手续，重点支持区域内中小企业发展，2014 年共发放贷款465 笔，贷款金额 7.90 亿元，贷款余额 7.41 亿元，履行了企业社会责任，受到了社会各界的广泛赞誉。

【风险管理和内部控制】2014 年，公司在全面推动制度体系建设基础上，落实法务集中管控，夯实合规管理基础，有效提升了内部管控水平。一是开展制度补充修订工作，年内修订下发各类制度 113 个，完成授信、定价、投资、电票等新增业务制度 14 个，有效提升了企业核心竞争力。二是完善风险管控，强化对信贷业务、融资担保业务风险管理和五级分类管理，全力保障审慎经营及合规发展，严格落实“审贷分离，分级审批”的贷款管理制度，2014 年公司高效完成了各项贷款及融资担保业务的审查工作，审慎提出业务的风险点和防控办法，充分保证信贷业务风险可控，同时强化五级分类管理，动态监测贷款质量，及时反映贷款风险，有效保障了主营业务审慎合规。三是贯彻落实法务集中管控，全面开展合同审查。2014 年，公司修订更新了法务及合同管理办法，并对所有合同全部形成批复修改意见，有效降低了合同风险，保证了公司的合法权益。

【人力资源管理】2014 年，公司人力资源管理各模块工作全面展开，在天保控股集团内部形成了比较优势。一是健全制度体系，实现了人力资源流程的全覆盖，细化了包括薪酬管理、人员招聘、考勤休假、岗位职责、劳动合同管理等在内的 10 余项制度，为各项业务的顺利开展提供了人力支持；二是完善薪酬体系，将全体员工平均薪酬标准较上年提高了12%，使公司薪酬在系统内部形成比较优势；三是聘请专业咨询机构，搭建适合公司发展的绩效考核体系，强化目标激励机制，按照“依据考核、按劳分配、效率优先、兼顾公平”的原则，将员工工作绩效与薪酬挂钩，激励员工不断进行自我完善。

【信息化建设】公司信息化建设以“安全、高效、创新、服务”为原则，全力保证了核心业务系统安全运行，为公司主营业务持续、稳定、快速发展构筑起了坚实后盾。一是做好核心业务系统一期运维工作，为公司业务发展保驾护航；二是根据公司业务开展情况，适时开展二期实施工作；三是在不增加投入的前提下，逐步解决业务系统存在的单点故障问题；四是在天保控股集团信息中心的指导下初步搭建灾备系统；五是进行全面信息科技应急演练工作；六是引入信息科技外包力量，充实整体技术实力。

【企业文化建设】公司建立了“以人为本、团队合作、终身学习”企业文化。一是针对公司员工年龄结构特点，充分尊重员工个性，适时调整管理模式，强调学习意识，打造学习型团队；二是建立员工职业生涯规划体系，打通员工晋升渠道，让员工共享企业发展成果，培养员工归属感；三是继续发挥工会组织带头作用，积极组织劳动竞赛、读书演讲等活动，举办丰富多彩的文娱活动，丰富员工精神文化生活；四是公司领导发挥表率作用，强调团队观念，主动关心员工，用自身言行带动员工、团队、企业共同成长。

亿利集团财务有限公司

【经营概况】2014 年，亿利集团财务有限公司（以下简称“公司”）贯彻落实集团“聚焦、整合、转型”变革措施，在严格防范信用风险、流动性风险、市场风险、操作风险和信息科技风险的前提下，积极推进“资金管理、资金运营、金融服务”一体化发展。截至 2014 年末，公司资产总额 29.30 亿元，同比增长 106%；负债总额 23.20 亿元，同比增长 164%。所有者权益总额 6.10 亿元，同比增长 12%；实现营业收入 1.20 亿元，净利润 0.64 亿元。

【信贷业务】2014 年，公司依据集团及成员单位的信贷需求，积极开展信贷业务。一是综合授信。2014 年公司为增加对集团的金融服务，更好地为成员单位提供信贷支持，全年共通过 10 家成员单位的综合授信申请，金额合计 61.88 亿元，为成员单位开展的业务包括流动资金贷款、委托贷款、票据贴现、票据承兑等。二是流动资金贷款。2014 年公司共为 6 家成员单位发放 89 笔流动资金贷款，金额合计 88.18 亿元，截至 2014 年末，公司流动资金贷款余额 20 亿元。三是委托贷款。2014 年公司共为 9 家成员单位办理 20 笔委托贷款，金额合计 1.82 亿元，截至 2014 年末，公司委托贷款余额 1.53 亿元。四是加强绿色金融服务。根据银监会、人民银行等监管机构的信贷政策要求，2014 年公司坚持发挥集团内部“产融结合”的金融职能，加强了对绿色生态企业的金融服务，对生态修复板块、天然气板块公司通过委托贷款形式及时对其提供了信贷支持；同时，对于清洁能源板块新成立的“微煤雾化”项目，公司通过投融资咨询、资金结算等形式进行了前期重点扶持工作。

【资金和投资业务】公司尚未开展与资金相关的投资业务，资金业务主要涉及同业业务合作方面。2014 年，公司与外部同业银行建立了广泛的合作关系。一是与多家银行开展了同业存款业务，提高了存款利息收入；二是从包括国有银行、股份制银行在内的六家银行取得了同业授信额度，合计人民币 15.60 亿元。2014 年 10 月，公司通过人民银行上海总部审核，成功取得同业拆借资格，为后续同业拆借业务的开展打下坚实的基础。

【票据业务】2014 年，公司通过票据贴现模式，及时为集团各板块成员企业提供了信贷支持；同时，公司还开展了票据承兑业务，大大提升了出票成员企业的票据市场认可度。公司正努力推进电子商票系统的上线工作。

【资金集中】2014 年，公司资金集中度大幅提高。公司通过拓宽归集范围、扩大归集渠道、提高存款利率、执行实时归集及个性化归集策略和配合集团共享中心建设，加强“收支两条线”资金管理，2014 年的全口径资金集中度一至四季度末分别为 19.66%、20.60%、

26.83%、39.15%，持续提升并达到行业平均水平，全年的小口径资金集中度（剔除保证金等）平均在85%以上。

【风险管理和内部控制】2014年，公司上线了风险管理系统，实现了16项监管指标的每日监测，同时不断摸索适合集团实际情况的流动性风险管理方法，开发上线了流动性风险限额管理系统，将流动性比例的监测频率由每天提升至实时，实现了对公司各类流动性资产、流动性负债的详细实时监测分析，避免了以往人工计算流动性限额模式存在的操作繁琐、易计算失误、易疏于考虑远期变化因素等弊端，在保障集团资金使用效率的同时，最大限度地杜绝了公司发生流动性风险的可能。

【人力资源管理】公司按照集团公司人员招聘规定，本着准入从严、高规格高标准的原则，积极吸收符合公司岗位要求、具有丰富金融从业经验和良好职业操守的各类专业人员。为配合做好经营业绩和员工绩效考核工作，加强人工成本控制，根据精干、高效的原则，公司结合外部监管要求及主要业务情况进行定岗定员。2014年，公司从各大金融机构引进3名专业人员，同时为加强员工专业素质，不断提高员工工作技能，公司组织员工参加中国银监会北京监管局、人民银行、北京市西城区税务局、西城区社保局、中国财务公司协会、公积金、西城人才等外部机构培训18次。

【信息化建设】2014年，为配合业务发展，拓展业务渠道，公司上线同业拆借系统与电子商业汇票系统，其中，同业拆借系统已经对接完毕，电子商业汇票系统也已经完成第一轮测试。为保障业务稳定运行，公司通过招标与外部供应商对现有网络设备与服务器签署维保服务协议，确保信息系统故障在第一时间得到有效处理。

【企业文化建设】2014年，公司始终秉承集团“厚道、共赢、领导力”的核心价值观，全面贯彻落实亿利资源集团“致力于从沙漠到城市的生态环境修复和生态产业”的整体发展战略，积极履行集团“绿化沙漠、美丽中国”的企业使命。2014年，公司开展丰富多样的企业文化活动，组织员工为绿化库布其沙漠进行植树捐款活动，宣贯企业文化，营造和谐的文化氛围。

厦门海翼集团财务有限公司

【经营概况】2014年，厦门海翼集团财务有限公司（以下简称“公司”）围绕“规范经营，创新突破”的年度主题，配合海翼集团战略转型的发展策略，以加强集团资金集中管理为核心，整章建制，进一步完善运营和风险管理，为集团成员提供优质的金融服务，充分发挥公司金融平台的作用。截至2014年末，公司资产总额17.72亿元，全年实现营业收入0.56亿元，实现净利0.26亿元。

【信贷业务】2014年，受金龙汽车股权划转及工程机械制造行业持续低迷的影响，公司信贷投向受到严重影响，面对客观存在的苦难，公司积极主动地调整信贷策略，在人民银行的信贷规模监管范围内，合理调配金融资源，既满足大部分成员企业的信贷需求，又重点支持了集团的战略重心。同时，公司还积极拓展新的信贷产品，以便更大程度地满足企业需求。2014年累计对成员单位发放400笔授信，累计金额29.74亿元，其中，流贷63笔，金额21.41亿元；贴现337笔，金额8.33亿元。

【资金业务】2014年，公司在资金头寸较为紧张的情况下，提高资金运作效率，实现资金充分运用。在保证支付备付及信贷发放的情况下，适当操作同业存放业务，2014年操作同业定期存放业务22笔，累计金额48.90亿元。

【票据业务】2014年，公司充分利用人民银行再贴现规模，截至2014年末，再贴现余额为1.28亿元，为成员企业节约成本。鉴于纸票流通有限，为提升服务品质，公司积极推进电票业务的开展，电票系统经过几轮测试已达到人民银行审核要求。

【资金集中】2014年，公司努力提高资金归集率，与兴业银行建立银企直连关系，现共与六家银行建立了直连关系，并增加了10家成员单位11个账户归集资金。公司克服制造业对银行资金需求大的困难，依托集团统一管理成员单位在银行的账户开立，加强对银行账户余额留存进行审批。加强与直连银行联系，提高结算效率。根据成员单位规模、地域利用银行现金管理服务设置多渠道资金归集模式，并开展业务竞赛活动等不断提高资金集中度。2014年，公司新开账户8户，全年结算29 629笔，金额1 382亿元，资金归集度达到60.24%。

【业务创新】2014年，公司紧紧围绕“规范经营，创新突破”的年度主题，拟订了《代理贴现管理办法》《供应链贴现管理办法》和《保理业务管理办法》，并制定了相关合同模板，争取在原有业务的基础上为成员企业提供更多金融服务产品，满足成员企业的业务需求。在信贷投向有限的情况下，公司积极拓展供应链贴现业务，增加信贷投向渠道，提高投向的灵活度。公司还为成员企业开具了履约保函，这是公司的首笔保函业务。

【风险管理和内部控制】2014年，公司进行了第二轮的制度修订，总共修订了包括《授信业务管理办法》在内的12项制度，新增了《电子汇票业务管理办法》等8项制度，总规章管理制度达到68项。同时为配合新制度的出台，以及根据厦门银监局现场检查的要求，公司还修改及拟订了包括《流动资金借款合同》在内的8份合同，加强了合同文本建设。另外，为了提高全体员工的案防、合规、反洗钱意识，公司还组织了多次的培训、考试，学习，定期进行风险排查，以及按年度签署各类责任书，进一步做好内部控制，保障公司业务平稳运行。

【信息化建设】2014年，公司为加强信息化安全管理，在核心系统进行优化升级方面，接入了兴业银行银企直连，完成电子签章模块改造升级，并在成员企业中进行推广。完成了电票系统的开发、测试工作，并向人民银行申请正式上线。对nagios系统、日志收集系统进行部署，不断提高信息安全水平。根据监管要求，公司还对信息科技进行了专项审计。

【企业文化建设】公司坚持海翼集团“创见、敢为、协动、超越”的核心价值观，紧紧围绕公司“立足集团、规范经营、创新服务”的经营方针积极推动企业文化建设。公司成立时间较短，且多数员工来自不同的外部企业，为使公司员工更好地了解和融入海翼企业文化，2014年，公司组织了企业文化专场培训。通过培训，全体员工对公司的企业文化有了一个更全面、更系统、更深入的理解。公司坚持以人为本，通过开展各类有利于员工身心健康的活动，增进员工之间的交流互动，努力营造积极向上，团结协作的工作氛围，不断提高公司的凝聚力。

中信财务有限公司

【经营概况】2014 年，中信财务有限公司（以下简称“公司”）顺利完成了集团境内非金融、非上市子公司的资金集中管理工作；存贷款规模稳步增长，数项创新业务取得实质性进展；着眼于公司长远发展的多项基础性管理工作得以扎实推进。公司全面完成了各项经营计划指标和重点工作任务。

截至2014 年末，公司资产总额为 156.42 亿元，较上年末增长 73.87%，负债总额为 144.77 亿元，较上年末增长 82.40%；净资产额为11.65 亿元，较上年末增长9.93%。本年度公司实现营业总收入 3.28 亿元，较上年增长 202.49%，完成 1.27 亿元、利润总额 1.37 亿元和净利润 1.05 亿元，分别增长 72.84%、84.57% 和 88.67%。

【资金集中】在2013 年完成试点成员单位资金集中的基础上，2014 年，公司按计划继续深入推进资金集中管理工作：2014 年 6 月底，完成重点成员单位的资金集中管理，可归集资金集中度达到 35%；从 2014 年四季度开始，完成了集团境内全部非金融、非上市子公司的资金集中管理工作，可归集资金集中度达到了 50% 以上水平。

截至2014 年底，成员单位在公司开户数达到 235 户，公司吸收成员单位存款余额 143 亿元，全年完成结算业务 17879 笔，累计金额 4 016亿元。

【信贷业务】2014 年，公司在人民银行批准的信贷额度内，积极发掘集团内部优质信贷资源，控制贷款风险，获取稳定的贷款利息收入。基于中信市场化特点，公司主动加大拜访成员单位的频率，深入发掘客户需求，努力建立优质项目储备。全年日均贷款 31.98 亿元，实现利息收入 2.46 亿元。

在集团支持下，本年度公司完成了委托贷款新签约项目 18 笔，合同金额 108.03 亿元，年末委托贷款余额 208 亿元，全年实现手续费收入 0.42 亿元。

【业务创新】2014 年，公司提前筹划并做好准备工作，主动与人民银行、银监会等监管部门对接，积极申请新业务资格。2014 年 6 月 4 日，人民银行上海总部批准公司进入全国银行间同业拆借市场从事同业拆借业务。7 月 2 日，银监会批准公司新增委托投资、承销成员单位的企业债券、有价证券投资（股票二级市场投资除外）和成员单位产品的买方信贷和融资租赁四项新业务资格。8 月 8 日，国家外汇管理局北京外汇管理部正式批准中信股份开展跨国公司外汇资金集中运营管理业务，并同时批准财务公司作为此项业务的主办企业。成功申请到这些新业务资格，为公司进一步提升资金运用水平创造了必要的前提条件。

公司本年度累计安排同业定期存款103笔，利息收入2.54亿元。公司还密切关注外部金融市场，投资保本理财、货币基金和信托产品，日均余额分别为1.29亿元、2.02亿元和602万元，公司抓住市场机会，努力开展这些新业务。本年度在银行间市场拆借14笔，累计金额33亿元；贴现银行承兑汇票0.30亿元；购买优先级信托受益权产品0.50亿元；开展委托投资业务17亿元。

【风险管理和内部控制】2014年，在治理和内控框架下进行日常经营管理决策。2014年5月23日，公司召开了第一届董事会第三次会议。本年度召开了14次总经理办公会议，贷款审核委员会召开会议7次，投资审核委员会召开会议2次，严格按要求评审贷款和投资项目。

公司本年度修订制度20项，新制定制度13项，并编印了《中信财务公司管理制度汇编（2014年版）》。公司组织了规章制度考试和行业制度考试。

【人力资源管理】组织结构调整是公司本年度的重点改革工作。公司在年底前完成了业务部门的分拆，并新设了稽核审计部。公司组织结构也由此调整为业务一部、业务二部、资金结算部、会计部、风险管理部、稽核审计部、综合管理部七个部门。新的组织结构既是对监管要求的落实和回应，也能更好地与公司发展需要相适应，更有利于发挥公司干部员工的积极性。

公司继续在人的工作和激励机制上下功夫。主动吸收国内一流高校学生和留学回国学生前来公司实习，并借此录用了一些符合公司需要、具备良好发展潜质的优秀应届毕业生。根据组织结构调整情况，进一步调整岗位设置和人员配备，着力培育优秀团队。简化考核方案，突出了重点任务考核，更注重发挥考核的导向作用。积极寻求董事会的支持，探索与行业特点相适应的有效激励机制，初步形成了突出公司整体工作与鼓励专项业务创新相结合的绩效奖金分配机制。根据公司整体效益情况，提高了干部员工的薪酬待遇。支持公司干部员工参加各类内外部培训共232人次。

【企业文化建设】2014年，继续深入推进党的群众路线教育实践活动。公司按集团党委要求召开了总结大会，认真落实各项整改工作，并就整改工作进行“回头看”，积极探索改进作风建设的长效机制。认真学习领会中央和集团党委关于落实党风廉政建设党委主体责任和纪委监督责任的相关要求。

公司工会组织了健步走、足球比赛和篮球比赛等文体活动。公司团支部积极组织团员青年参与集团推选“岗位能手”“互联网金融”主题征文和青年志愿者等活动。

浙江省交通投资集团财务有限责任公司

【经营概况】 2014年是浙江省交通投资集团财务有限责任公司（以下简称“公司”）夯实基础、规范提升的关键一年。这一年里，公司上下戮力同心、务实有为，坚持以“依托集团、服务集团”为中心，以“加强资金管控、保障资金需求、降低财务成本、提高资金收益”为宗旨，以追求集团整体利益最大化为目标，规范运作、积极进取，在取得显著成效的同时实践了集团投资设立公司的初衷。截至2014年底，公司吸收存款总额51.03亿元，较年初减少6.65亿元；全年日均存款53.90亿元，较2013年增加14.95亿元；日均资金集中度59.43%。自营贷款累计发放84.42亿元，较2013年增长215.58%；自营贷款余额33.13亿元，较年初增长55.90%。实现营业收入3.02亿元、利润总额2.05亿元、净利润1.53亿元，分别为年度预算的107.45%、103.46%和103.46%；实现中间业务收入0.12亿元。监控指标控制在监管范围内，监测指标达到监管要求；不良贷款率和不良资产率均为零；全年实现安全、稳健经营，无重大差错事故和案件发生。安全生产及综合治理态势平稳。资金归集潜力有待挖掘，经过两年的努力，公司对集团成员单位的资金归集已经达到59.50%，但对照集团实际留存现金资源，仍然存在继续整合协同的潜力。

【信贷业务】 2014年，公司自营贷款发放额及贷款余额再创新高，其中，自营贷款累计发放84.42亿元，较2013年增长215.58%；自营贷款余额33.13亿元，较年初增长55.90%。在全部33.13亿元贷款中，长、短期贷款结构比基本维持在1：1左右，贷款结构稳定合理，既实现贷款期限错配以释放风险，同时兼顾资金总体流动性。在自营贷款投向上，公司始终围绕集团总体战略发展要求，坚持向核心主业倾斜，其中，向高速公路核心主业累计放贷72.44亿元，占放贷总额的85.80%；向经营性板块累计放贷11.98亿元，占放贷总额的14.20%。在服务集团发展战略的同时，较好地控制了信贷风险。

【产品销售信贷业务】 公司从集团整体利益和发展战略出发，充分发挥自身信息、技术和专业优势，积极为成员单位提供代理融资和财务咨询业务，全年先后完成集团三期共40亿元超短期融资券代理发行、50亿元中期票据申报注册及55亿元杭金衢拓宽项目银团贷款代理工作，有力支持了实体经济发展。

【资金和投资业务】 2014年，公司一是资金运作日趋成熟。依托完善的资金预算管理体系，公司在2014年紧跟市场，积极利用短期富余资金头寸，通过精确的期限结构匹配，积极稳妥开展各类同业交易，有效提升了集团整体资金收益率。2014年共办理同业定期存放业务426.73亿元，累计253笔，平均每周开展同业交易近5笔，共获取同业定期利息收入1.13亿元，实现无风险资金年化收益率4.72%，约为原集团财务中心模式下资金收益率（1.15%）的4.10倍，为集团创造超额价值超过0.85亿元。二是综合结算平台日趋完善。截至2014年末，公司累计为成员单位办理各类结算业务4.03万笔，结算金额961.22亿元，分别是2013年同期的1.56倍和1.17倍。利用公司平台进行统一结算，不但减少了成员单位滞留在银行的在途资金，免去了成员单位手工划转的工作量和网银转账手续费，而且显著提高了资金划拨速度，提升了集团对内、对外结算效率。

【票据业务】经过精心策划和方案设计，为集团旗下省交工集团提供在工商银行免保证金信用开立银行承兑汇票的融资解决方案，不但使交工集团盘活保证金存款资金，而且激活整体可归集资金资源。

【资金集中】2014年，公司继续通过提升综合服务能力、实施利率优惠等市场化手段加强对成员单位的资金吸收力度，取得显著成效。截至2014年末，成员单位开户数达94家，实现了高速公路板块和经营性板块的全覆盖；全年日均存款规模为53.90亿元，是2013年同期数的1.38倍；日均资金集中度59.43%，处于行业先进水平。

【业务创新】为实现公司可持续发展、扩大公司金融服务功能，满足成员单位日益增长的金融需求，公司努力拓展业务范围。根据一届十次董事会会议决议，公司已开展“承销成员单位企业债券”和“有价证券投资”两项新业务的申请工作，并于2014年9月向浙江银监局递交申报材料，正等待监管机构的审。公司一方面切实加大业务人员的学习和培训力度，另一方面积极制定和完善与新业务相关的制度和流程，确保新业务稳步开展、风险可控。

【风险管理和内部控制】2014年，公司一是扎实推进流动性风险管理。通过高频率、多渠道信息采集和大量统计分析，及时汇编、动态更新成员单位和集团本部资金计划，提升集团整体资金流动的预见性和营运资金链的安全性，实现集团整体“年平衡、月滚动、日更新”的资金预算管理模式。借此全面掌握成员单位大额资金收支情况，及时发现流动性风险关键时间点，采取有效手段平衡资金头寸，切实加强流动性风险管理。二是持续优化信贷流程。一方面以“科学分析评价，风险管控为先”为原则，在修订完善相关制度和流程的基础上，建立了符合集团特点且适应成员单位个体特征的授信评价体系，对成员单位进行客观、科学地分析与评估。另一方面严格执行“贷前调查尽职从严、贷中审查细致审慎、贷后管理紧密有效”的工作要求，最大限度控制风险，确保公司信贷资金安全。三是建立风险管理报告机制。在以业务管理、合规管理和内部审计“三道防线”为核心的风险管理框架基础之上，根据公司实际，探索建立了一系列风险管理报告机制，包括风险联络员报告（第一道防线）、公司季度风险管理报告（第二道防线）、专项内部审计报告和内部控制评价报告（第三道防线）等，促进了公司风险管理信息的传递与共享，推进日常合规管理。

【人力资源管理】2014年，公司一是加强业务学习，组织相关员工参加了十余项由公司自行组织或由监管部门、集团公司牵头开展的培训，人均培训时间达到五天，提升了员工的业务能力和工作水平。二是加强对标学习，由公司领导带队，分赴江苏交通集团财务公司、广西交投集团财务公司等交通类财务公司考察学习，并与来访的湖南高速集团财务公司、北京能源集团财务公司开展业务交流，开拓了眼界，也为公司更好地服务集团和成员单位提供了有益借鉴。三是实施全面绩效管理，建立了以绩效为导向的薪酬制度，切实营造公平稳妥、积极向上的企业氛围。

【信息化建设】2014 年，公司一是在日常巡检的基础上开展了系统应急演练，及时总结应急经验，完善应急流程。二是完成灾备系统的软硬件建设，为公司业务开展的连续性及数据的完整性提供坚实保障。三是严格按照银监、人民银行的监管要求，完成各类网络安全、外包安全、商用密码等自查工作，强化系统管理水平。四是根据业务发展需要和监管要求，落实好相关（子）系统上线工作，促进系统功能持续加强。

【企业文化建设】公司进一步推进学习型企业建设，全年共在公开刊物上发表论文十余篇，营造了良好的学术氛围；在集团统一部署下的“美丽家园”建设活动亦如火如荼深入开展，作为活动重要内容之一的“美丽瞬间”摄影比赛于 2014 年末顺利落幕，在丰富员工业余生活的同时陶冶了艺术情操。

南车财务有限公司

【经营概况】2014 年，南车财务有限公司（以下简称“公司”）共实现营业收入 2.68 亿元，同比增长 71.56%，实现归属于母公司净利润 0.96 亿元，同比增长 74.56%。总资产达到 128.23 亿元，同比增长 80.84%。资金集中度达到 55%，比上年同期增加 22.65%。不仅取得了成立以来最好的经营业绩，而且提前一年实现了“十二五”规划目标。

【信贷业务】公司加强与人民银行等监管部门的沟通汇报，取得了监管部门在信贷政策上的大力支持，争取到了新增信贷规模 20 亿元、再贴现规模 1 亿元。结合成员单位需求，全力推进信贷产品创新，陆续推出了“商票承兑、商票贴现、商票保贴、电票承兑、电票贴现、电票保贴、纸票再贴现、电票再贴现、银团贷款、循环额度贷款、保函、保理”等十二项新业务，进一步提高了服务能力和水平。公司发放的贷款不仅投向了集团的核心主业，而且还支持了集团“煤机、超级电容器、柴油机、汽车零部件、工程机械、有轨电车”等新兴产业的发展。

【资金和投资业务】公司加强存放同业业务管理，开通了北京地区同业存款利率信息共享平台，提高公司同业存款的议价能力。抓住机遇，精心准备，成功通过人民银行审批取得全国银行间同业拆借市场会员资格，并成功与金融机构交易对手开展了首笔线上同业拆借业务，开辟了公司外部资金融通新渠道。积极与交易对手互通授信，打通同业信用资金渠道，向合作银行及财务公司申请同业授信，为公司开展票据转贴现、同业拆借、信贷资产转让、票据代开、法人透支等业务提供充足的授信额度支持，获得银行及财务公司授信共 70 亿元；同时公司启动对金融同业授信额度审批流程梳理工作，为公司开展同业授信做好准备。

【票据业务】公司加快推动票据集中管理，构建票据池，搭建了票据内部交易平台，实现了成员单位票据信息录入及内部交易管理，增强了票据的流动性。结合成员单位的需求，加强业务创新，打通了集团上下游产业链的票据融资渠道。已开展的票据产品基本上覆盖了公司可开展的业务范围，不仅打通了“票据承兑—票据贴现—商业银行票据保贴—人民银行再贴现”的票据融资模式，而且“纸票业务和电票业务”并行，为成员单位提供了更多的产品选择，减少了外部银行的开票量，降低了资金占用，节约了融资成本。

【资金集中】公司进一步加强资金集中，推进全级次成员单位可直连账户直连及资金归集，共有112家成员单位在公司开立结算账户，累计归集资金超过1500亿元，资金归集度55%。与时代新材、时代电气两家上市公司签订了《金融服务协议》，实现了上述公司5%所有者权益范围内资金的归集。建立完善集团资金集中管理制度体系，制定并下发资金集中考核办法。

【业务创新】公司加快金融创新步伐，积极拓展外部金融市场渠道，按照公司管理办法的规定，积极向中国银监会申请有价证券投资、对金融机构股权投资、发行财务公司债券、承销成员单位企业债券及委托投资五项新业务资质，根据监管部门的要求数次修改材料，调整方案，积极做各项准备工作。向监管机构上报外币资金集中管理和结售汇资质申请文件，根据要求全力做好配套申请工作，为公司外汇业务的开展做好准备。

【风险管理和内部控制】公司制定了《全面风险管理手册》，推动风险管理精细化。加强风险管理的规章制度体系建设，制定并下发《风险管理基本制度》《合规风险管理规定》《流动性风险管理规定》等管理制度，修订了《资产风险分类管理办法》，全方位完善了公司风险管控手段。全员参与，认真扎实开展年度风险识别与评估，共识别出174个风险点，并评估出公司所面临的前10大风险点，根据揭示的风险和问题，逐一制定整改计划并跟踪落实，实现了风险由识别、揭示到整改、完善的闭环管理。按计划开展每月风险检查，形成12期《内部控制与风险管理月度报告》，揭示并预警了资金归集度低、贷款集中度偏高、流动性偏紧等问题，提出合理化建议。创新推出流动性风险情景测算机制，前瞻估计公司流动性资产与流动性负债分布，合理建议资产与负债期限匹配，确保流动性比例指标合规。认真落实“贷审分离”原则，强化贷中审查的各项措施，确保信贷业务合规开展。扎实做好公司规章制度体系建设，公司全年新增或修订制度15项，并制定了15项规章制度和业务流程上报相关监管机构。加强系统操作权限管理，针对新开展的业务，科学制定系统权限分配计划，严防操作风险事件发生。

【人力资源管理】公司进一步完善公司治理结构，认真履行内外部审批流程，完成公司主要领导调整相关工作。进一步完善公司组织结构，成立了董事会办公室，通过了部门职责，为全面落实董事会职能奠定了基础。进一步做好人力资源管理，结合公司实际情况，实施了公司岗位绩效工资制改革并调整了全员工资；对部分员工进行了档级调整，进一步理顺员工组成结构，完善了激励机制。根据公司业务发展需要，启动人员公开招聘，顺利完成4名员工的招聘录用工作，为公司业务推进提供人力保障。按照总部的安排部署，实现人力资源管理系统升级和全员推广使用。

【信息化建设】公司不断加强系统开发管理，按照年度开发计划，分步骤开展二期项目建设实施，稳步推进银行接口、电票系统、纸票承兑、同业往来、外币财务接口、票据池、外汇结售汇等功能实施。继续做好系统问题跟踪与管理，共完成2次专项综合补丁发包，共记录补丁问题62条，解决系统标准产品问题12条、银企接口补丁4条、财务接口集成应用补丁3条、个性化需求补丁36条。强化系统安全运行维护，严格执行机房网络、服务器、安全设备的巡检制度，按计划做好系统安全备份，确保信息系统安全运行。加强外部系统对接管理与维护，成功实现人民银行专线接入、金融城域网相关系统功能开通、中国外汇交易中心专线开通和银行接口升级，确保各项新业务正常运转。进一步加大对成员单位服务力度，通过上门服务、电话指导、邮件交流、远程协助等方式新增完成41户成员单位网银端安装与配置，确保公司网银系统按计划推广上线。

中国北车集团财务有限公司

【经营概况】2014年，中国北车集团财务有限公司（以下简称“公司”）不断克服国内外复杂经济形势带来的影响，坚持以服务集团成员单位、认真履行集团金融平台角色为导向，以夯实基础、修好内功为基点，以强化资金集中为抓手，以理顺资金运作方向和渠道为重点，以精细化管理和创新管理为突破，以集团企业文化和培育优秀团队为引导，以完善信息化管理体系为保障，建立了具有北车特色的企业集团财务公司运营管理体系和企业文化，圆满完成了各项经营管理工作，且各项指标全部符合或优于监管要求。2014年，公司实现主营业务收入3.40亿元，较上年增长50.67%；实现净利润1.27亿元，较上年末增长21.25%。

【信贷业务】2014年，公司积极向人民银行申请合议贷款额度，权衡集团综合收益，做好信贷资源的优化配置，并以充分让利成员单位为原则，谋求公司与成员单位共发展。全年累计发放自营贷款22笔，累计放款67.45亿元，日均贷款余额20.38亿元，较上年同期增加48.43%。公司开展信贷业务的同时，注重信贷资产质量监控，坚持贷款三查制度。2014年第三季度，公司开始对24家成员单位细化风险评级，将企业经营状况引入风险评估指标，逐步完善、优化风险评估模型，有效建立了风险预判机制，降低了公司信贷业务的风险系数。

【资金业务】2014年，公司在同业金融机构获取利息收入1.86亿元。公司积极拓展融资渠道，完善头寸管理，以提高公司的支付保障与收益实现能力，共取得7家银行累计79亿元同业综合授信额度，3家财务公司共计34亿元的综合授信额度。公司开展同业拆借业务，在满足公司资金需求的同时，最大限度优化公司资金存放期限，提高了同业收益。公司开展资产类业务，2014年获取金融机构票据转入贴现利息收入165万元。公司着手开展人民银行再贴现业务，该业务可以实现以更低的贴现利息盘活公司的贴现资产。

【票据业务】2014 年，公司积极开展纸质汇票业务和电子汇票业务，全年累计开出纸质汇票 1 666 张，开票金额达 44.60 亿元，为成员单位节约保证金占用 13.38 亿元，节约手续费支出 223 万元。公司充分借助集团资信，实现资金在产业链内闭环操作，通过代理贴现发挥信贷资金的高效益收入，既推动了成员单位与上游供应商的密切合作，又扩大了财务公司票据的适用性，提升了公司在集团内外的影响力。2014 年，公司开通了 6 家成员单位在线开立电子汇票的权限，累计开票金额 0.56 亿元。

【资金集中】2014 年，公司启动第五轮资金集中管理账户梳理业务，汇总了 2013 年因特殊原因未纳入资金集中管理的成员单位和本年新成立的成员单位名单，第一时间完成了账户资金归集工作。经统计新纳入归集的成员单位可提高归集口径资金集中率 4 至 5 个百分点。截至 2014 年末，公司全口径计算的资金集中度约为 69.17%，剔除不可归集资金后集中度约为 92.81%，资金集中度稳步上升。

【外汇业务】2014 年 11 月，经国家外汇管理局北京外汇管理部批复同意，公司获得即期结售汇业务经营资格，从事在北京外汇管理部核准的综合头寸限额内，自由开展自身结售汇业务和对集团成员单位经常项目项下的代客结售汇业务。根据实际工作需要，公司拟订了完善的自身结售汇、代客结售汇及系统外平盘等业务的办理流程，制定了科学的外币资金管理计划，完成了信息系统中有关外汇功能的搭建并正式投产使用。

【业务创新】公司在深化既有业务品种的同时，积极启动新业务申请工作，谋求集团金融板块的长远发展。2014 年 2 月，公司向中国人民银行营业管理部递交了征信系统的验收申请，并于下半年完成了征信系统的正式对接和上线工作；2014 年 5 月，经中国人民银行上海总部批复同意，公司获准进入全国银行间同业拆借市场，从事同业拆借业务；2014 年 9 月，公司成功获得了中国人民银行清算总中心关于公司电子商业汇票系统上线的批复；2014 年 11 月，经国家外汇管理局北京外汇管理部批复同意，公司获得即期结售汇业务经营资格；2014 年公司实现了担保业务的突破，给予成员单位大幅优惠，免除了保函手续费及保证金支出；2014 年公司尝试代理保险业务，成功为成员单位办理第一笔业务，实现成员单位保险费率降低 37.50%，为集团增加综合收益约为 46%。

【风险管理和内部控制】2014 年，公司严格按照国家法律法规要求，继续以“规范发展、防范风险、安全运行”为长期目标，积极适应内外部金融监管环境变化，高度重视规章制度建设。公司进一步完善治理架构体系，通过细化股东会、董事会及经营层之间的分级授权机制，促使法人治理结构规范高效运行；公司持续加强信用风险管理，积极组织和推动资产五级分类和贷后管理工作，严格完成信贷业务审查工作；公司不断巩固和完善创新管理成果，实现流动性比例的按日监测，有效提升监测准确度；公司积极开展风险管理文化宣传，及时通报金融行业出现的风险案例情况，普及风险知识，提高员工风险意识；公司全年持续开展内控体系建设，不断优化管理制度与业务流程，实现对公司各项业务活动、财务收支和经营管理活动的审计监督，有效规范公司经营行为。

【信息化建设】2014 年，公司不断优化核心业务系统的相关功能，同步开展系统二期、三期项目，完成外币结算管理、结售汇管理、电子商业汇票及内部结算管理等多项系统功能建设，充分实现信息系统与业务同步发展，做到了良好的匹配。公司结合金融行业信息化安全要求，着手开展重要信息化系统等级保护工作，同时建设重要信息系统的灾难备份体系，落实“双网、双机、分区分域、等级防护、多层防御”的安全防护策略，有效提高公司整体信息安全防护水平。公司通过加强日常信息风险防范监控，健全风险防范处置预案，及时有效地防止或处置信息化突发事件。为适应信息化时代的到来，充分发挥数据信息的核心价值，2014 年公司完成了数据仓库项目的调研与立项工作，将虚拟化、云计算等前沿技术应用到实际工作中，数据仓库将为公司持续提升经营管理水平、优化资源配置、加强风险防控提供有力支撑。

【人力资源管理】2014 年，公司以提高劳动效率和经济效益为中心，从健全绩效考核体系、完善薪酬分配机制、加强人才队伍建设等方面，全力推进人力资源管理工作。为适应公司战略和员工个人发展需求，健全、完善公司人才培养体系，深入推进高技能人才队伍建设；为加强成本控制，根据精干、高效原则，进一步做好定岗定员工作，明确岗位职责说明书，让员工清晰地知道自己的岗位责任、工作内容、工作条件、必备岗位技能等；为激发员工潜能、提升公司业绩，完善绩效考核制度，将日常考核与年度考核相结合，将考核结果与员工薪酬待遇及岗位调整相挂钩，建立能上能下、能进能出的用人机制。公司通过培育学习型员工、塑造学习型企业，在不断的学习与工作中总结经验，为员工个人及企业的长远发展提供不竭动力。

【企业文化建设】2014 年，公司坚持以“根植集团、服务成员、合规高效、共创未来”的经营理念，紧密围绕公司发展目标，加强民主决策、民主管理和民主监督，不断提炼创新企业文化建设，建设特色企业文化。通过开展丰富多彩的企业文化活动，让企业文化深入人心。培养员工树立主人翁精神和奉献精神，始终保持良好的精神状态、始终保持务实的工作作风、始终保持旺盛的创业激情，坚定信念，团结拼搏。

中国电子科技财务有限公司

【经营概况】2014 年是中国电子科技财务有限公司（以下简称“公司”）落实中长期发展战略规划的关键一年。公司积极创新金融服务产品，拓展延伸产业链金融，全力助推集团产业发展与战略转型，经营业绩再创新高，综合实力稳步增强。

截至 2014 年 12 月 31 日，公司资产规模达到 350.49 亿元，吸收存款（余额）规模 324.84 亿，日均存款规模 195.83 亿元，年末自营贷款余额 153.46 亿元，全年自营贷款累计发放 197.69 亿元，实现营业收入 10.41 亿元，净利润 3.62 亿元，净资产收益率达

15.65%。资金集中度达57.94%，不良资产率为零。2014年底，公司资产总额排名第22位，迈入同行业先进行列。

【信贷业务】2014年，公司充分发挥核心金融平台作用，围绕集团主业，扩大信贷支持。全年累计向94家成员单位发放贷款379笔，总金额197.69亿元。截至2014年12月31日，贷款余额153.46亿元，其中军品项目62.75亿元，民品项目87.56亿元，外贸项目3.15亿元，跟踪服务集团公司66个重大项目，为集团公司整体节约资金成本7.63亿元。

同时，公司完善信贷业务制度，强化审贷流程，采取行之有效的信贷风险防控手段，全年度贷款风险基本可控，贷款中未出现一笔不良贷款，执行中贷款风险分类全部为正常，不良率为零。

【产品销售信贷业务】2014年，公司积极赴同业深入调研学习融资租赁、消费信贷、买方信贷等新业务，进一步完善可行性研究报告与资质申请相关材料，及时向监管机构提出资质申请，为延伸金融服务链条夯实基础。

【资金和投资业务】首创业内主动同业授信体系。公司创新性提出了“数据—指标—评分—授信”的授信思路，在业内首创“全业务、多主体、五维度”同业主动授信体系，成为业内首家将全业务品种、多授信主体纳入授信体系的单位，填补同业授信风险管理在财务公司行业空白，实现对同业业务风险的全面控制。

首获投资业务资质，2014年，公司积极申请投资类业务的资质，并于2014年11月17日，正式获批增加有价证券投资（股票二级市场投资除外）、承销成员单位的企业债券及委托投资三项新业务资质，成为自2012年以来新成立16家财务公司中唯一获得投资业务资质的单位。

【票据业务】力推票据业务全面发展，拓宽成员单位融资渠道。自2014年6月9日公司电子票据系统正式上线至2014年底，共有192家成员单位开通电子商业汇票系统，累计开立公司承兑电子汇票15张、金额0.95亿元，电子商业承兑汇票355张、金额9.38亿元；收到电子票据166张，累计金额5.52亿元；为成员单位贴现总金额3.87亿元。同时，成功举办了三期业务培训会，培训156家成员单位的共计260名财务人员。

创新票据综合解决方案。2014年，公司与建设银行、工商银行等19家合作银行多次深入探讨票据业务，签订合作协议，于2014年6月面向成员单位推出集商票开立、商票贴现、财务公司承兑、票据换开、票据查验、票据托管为一体的综合解决方案，进一步降低集团资金成本。

稳步推进“电科票据池”方案。2014年，公司持续与商业银行沟通，深入学习同业先进经验，稳步推进“电科票据池”分步走实施方案，实现公司网上金融服务系统免费为成员单位提供纸质票据的台账管理。

【资金集中】重点突破三级及三级以下单位资金集中。2014年10月，公司与集团财务部有效协同，全面启动三级及三级以下单位的资金集中管理工作。仅11月、12月两个月，三级及以下成员单位新开户数量达120家，签署三方归集协议80户，签署三方查询协议40户。至2014年底，全年实现新增成员单位开户数量168家，存款余额为324.84亿元，资金归集度达57.94%。

清账户破难题，深挖二级单位可归集资金。公司与集团公司全部二级单位签署支出账户等三方查询协议，实现对二级单位账户资金监控。此外，公司密切跟踪集团成员单位各类临时账户、项目账户的撤销清户进度，及时归集资金。公司还进一步深挖二级成员单位的可归集资金，突破基建户、工会专户；通过为成员单位开立票据和增信形式，取消或降低保证金缴存比例，最大限度释放各类保证金；减少企业支出账户额留存额度；积极与部分企业沟通，密切跟踪企业的银行定期存款，顺利完成到期存款归集工作。

突破货币资金宽裕的重点企业。公司对30家三级重点单位多次逐户梳理，逐一制定归集率提高途径与措施专项报告。

积极推行实名收款结算方式。2014年，公司继续稳步推进实名收款功能，截至2014年12月31日，各单位使用实名收款账户实现了累计634笔、总金额36.52亿元的结算操作。公司累计共为282家成员单位生成并设置了302个实名收款账户，已有61家单位使用了实名收款方式进行归集，为进一步提高资金结算和归集力度奠定基础。

创建银财直连平台。2014年，公司积极配合集团公司资金集中管理工作，创建业内首家银企财信息平台，规范所有直连银行程序，实现10家直连银行资金归集及日常收支监控业务，全年共完成220个资金归集账户、140个资金监控账户的银行签约授权，保障集团公司资金集中管理水平及资金管控力度。

深化支出预算管理，全面开展资金计划。2014年，公司在三级及以下成员单位推广资金计划控制工作，共完成146家单位资金计划的设置及指导，实质性推进资金支出预算管理工作全面开展，有效提高集团资金使用效率，降低流动性风险。

【业务创新】除上述创新业务外，公司还在延伸金融服务产业链、创新结算系统功能、财务咨询服务等方面实现突破。

积极延伸金融服务产业链。2014年9月，公司作为承兑人，分别签发首笔纸质商业承兑汇票与首笔电子银行承兑汇票，及时缓解成员单位流动资金压力。此外，公司积极对集团外部供应商开展“一头在外”票据业务，成功为集团成员单位上游客户提供产业链融资服务。

创新结算系统功能，打造一流的资金结算服务。公司设计适应利率市场化进程的贷款利率定价机制，开通回单汇总等36项结算系统功能，提升公司服务效率与准确性。

开展财务咨询服务，积累行业经验。公司首次以财务顾问角色参与四创公司资产证券化项目，成功降低债券发行成本，并跟踪项目推进，不断积累资产证券化财务顾问相关经验。

【风险管理和内部控制】2014年，公司不断完善风险与内控管理体系。至2014年12月末，所有资产分类结果均为正常类，不良资产比率为零，损失准备计提充足，流动比月均57.62%，流动性充裕，全年无风险事件发生。

风险管理工作主要体现在以下方面：修订制度78项，新编写制度18项，形成覆盖现有经营、管理活动的112项完善的内控制度体系。建立并完善“数据—指标—评分—授信”的授信风险管理机制，授信覆盖所有交易对手。构建银企财信息平台，创新资金归集模式，依托集团公司推进成员单位预算审批管理，完善流动性风险管理。应对利率市场化，创新建立基于信用评级、资金归集度、预算准确度、结算比例等多项指标的贷款利率风险定价机制。建立包含管理驾驶舱、预警分析、风险报告三个模块的风险监控管理系统，对43项监管指标实现监控。以监管评级整改为主线、同行业先进方法为标杆，与公司经营管理各方面对比分析，完成40项治理结构、流程管理、授权控制等方面整改与完善，使公司内控水平得以大幅提升。

【人力资源管理】2014年，公司采取四大措施，强化人才队伍建设，提升人力资源管理水平。一是完善人力资源管理制度，截至2014年底，完成《组织与人力资源管理诊断报告》，制定覆盖岗位、绩效、薪酬等方面的

9项管理制度。二是打造薪酬激励、绩效考核管理、职业发展三大人力资源体系，实现薪酬激励公平性、激励性与竞争性兼收并蓄，充分调动员工积极性，搭建职业发展双通道，实现企业人才可持续性增值。三是编制《人才队伍建设中长期发展规划（2014—2020年）》与《教育培训规划（2014—2020年）》，面向未来引领公司人才队伍建设。四是积极开展兼具系统性、针对性、计划性的员工培训计划，持续提升员工能力素质。全年共组织内部培训9次，外部培训研讨22次；鼓励员工参加银行从业人员资格考试，截至年底有25名员工通过考试，通过率为86.20%。

【信息化建设】2014年，公司构建业务、支撑、数据、备份、办公、服务六大信息系统，对核心业务系统进行大规模定制化开发，新增功能十余项。其中，银企平台为业内首创。

伴随1104报表系统及风险管理系统试运行，征信系统完成首轮测试。公司有效提升运营风险预知能力。

核心数据库更换项目与异地备份建设项目同期完成。在数据双机双存储的部署模式下，完全实现数据源“双活双工”。异地备份数据实时同步，极大保障数据源安全。

2014年底，经银监局现场检查，公司信息化水平在行业内名列前茅，与公司业务发展高度匹配，为一流金融服务提供技术保障。

【企业文化建设】2014年，公司全面开展企业文化建设工作。通过加强对外新闻宣传，汇编历史资料，组织专业学习，丰富文化生活，全面提升公司形象，增强员工凝聚力和责任心，培育具有时代特征和企业特点的“电科财务人”精神，为公司高速发展奠定良好文化基础。

重庆机电控股集团财务有限公司

【经营概况】2014年，受集团整体货币资金下降和成员单位资金紧张、受限资金等主客观因素影响，重庆机电控股集团财务有限公司（以下简称“公司”）资金归集一直低位徘徊，在日均资金归集额仅达到年初预测资金规模的（15亿元）81.89%的情况下，公司不仅经受住了资金归集下降所带来的经营压力，而且平稳度过了新机构在内部管理上的磨合期，取得了较好的经营成果。截至2014年12月末，公司合并资产总额24.68亿元，负债17.52亿元，所有者权益7.17亿元，净资产收益率达9.93%。全年累计实现营业收入1.22亿元，累计实现利润总额0.81亿元，累计实现净利润0.68亿元，营业收入、利润总额、净利润与2013年同比分别大幅增长44.11%、25.07%和39.00%。资产质量保持良好，主要监控指标均符合监管要求，无存续或新增不良资产。

【信贷业务】2014年，公司信贷业务全面铺开，为成员单位提供的信贷服务主要包括自营贷款、委托贷款、担保、票据贴现、代开票、换票、贷票、开立商业承兑汇票等。自营贷款、换票、贷票等信贷业务在业务笔数和办理金额同比大幅增长，尤其是代开票业务，以“高效率、低费用、免保证金”的产品特性深受成员单位认可，成为票据池主导产品。

贷款投放方面，截至2014年12月末，贷款投放余额为13.07亿元，存续规模相比年初的7.26亿元增加5.81亿元，增幅高达80%，有力地扶持了成员单位的正常经营与发展。

总体而言，2014年随着合意贷款规模的扩大以及信贷业务的全面开展，公司在审批流程、利率、费率、效率、便利性等方面给予了成员单位更大力度的信贷支持，在盘活成员单位自有资金、降低企业备付金、提高集团整体资金使用效率、节约财务费用（集团整体约0.48亿元）等方面发挥了重要作用，最大限度地发挥了公司的金融平台作用。从2014年度客户满意度调查结果来看，成员单位对公司客户服务、票据业务、结算业务的满意度都在90%以上，同比大幅提升。

【资金和投资业务】为提高资金效益，公司紧盯资金价格市场，加强政策研判，选择价格最高的银行作为交易对手，并通过不同期限搭配，在满足流动性的同时获取更高的收益，2014年1—12月同业存放利息收入超过0.26亿元，在资金归集规模较小、运作资金有限、资金价格趋低的情况下，为数不多的自有资金得到了最大程度的利用和发挥。

【票据业务】2014年，公司通过优化办理程序、在费率及人工成本上让利成员单位等举措，吸引了一批成员单位固定办理票据业务。2014年累计办理换票业务2.35亿元，贷票业务1.08亿元，代开票业务2.36亿元，票据张数超过1 200张，累计办理票据入池金额2.78亿元。

【资金集中】一是根据集团资金集中管理制度有关要求，加大成员单位走访力度，协办账户授权。2014年，新增归集成员单位13家，新增授权账户7个。二是将利率定价与资金集中情况挂钩，实行利率优惠。2014年，公司进一步完善了贷款定价机制，推行与资金集中情况紧密挂钩的贷款利率定价方法，引导客户主动加强资金归集。此外，结合成员单位资金归集情况、综合贡献情况，在符合关联交易的前提下，给予成员单位存款利率优惠。四是持续加强客户服务，争取成员单位的理解和支持。建立了客户经理“一对一”服务机制；拓展公司业务宣传渠道，统一印制了各类宣传品；及时响应客户需求，对于企业临时性大额资金需求，加班加点也必须完成，最快的能在两天之内完成审批并放款；进一步优化了内部服务流程，提高了服务效率，如过去成员单位诟病较多的票据服务效率，缩短至最快半天即可办结。

【业务创新】2014年9月19日，公司与平安银行重庆分行成功合作完成一笔银行承兑汇票转贴现，票面金额500万元，这是公司获批转贴现资格以来操作的第一笔业务。该笔业务的操作成功意味着公司成功打通了一条外部融资渠道，可以在公司自身信贷规模有限的情况下，为成员单位提供更多的信贷融资资源。

【风险管理和内部控制】2014年，公司以制度执行力检查、制度修订、流程梳理为三大抓手，进一步强化了“有制度可依，有制度必依，执行制度必严，违反制度必究”的管理氛围。2014年修订制度26个，新制定制度13个。同时，以银监局开业一周年现场检查、外部审计检查、监事会检查等内、外部检查为契机，对公司经营管理和业务条线进行全面清查，组织开展全面风险排查，不断提升风险管理和内部控制的质量和效率。

【人力资源管理】公司坚持以岗位价值为基础、以业绩贡献为依据的薪酬分配理念，2014年初步建立了以平衡积分卡为导向的考核体系，进一步完善了固定绩效加超利润绩效考核及分配的机制。增设了创新发展奖励指标，鼓励员工积极参与公司经营管理；首次开展年度制度考试、岗位技能测试和业务系统上机操作，考试与培训相结合，多渠道地加强对员工的培养和锻炼，不断提升员工综合技能。

【信息化建设】一是在系统的稳定性及连续性保障上下功夫，加强了对机房环境的投入和管理，与安全设备厂家签订维保协议，为银行前置机购买备用硬盘，增强工作的前瞻性；二是规范操作流程，制定了《核心业务系统操作手册——成员单位版》《核心业务系统操作手册——内部员工版》《核心业务系统操作手册——管理员版》等8个操作手册，并通过对成员单位常见问题的汇总，提高了对成员单位核心业务系统问题处理的效率；三是切实推进系统建设，完成了九恒星核心业务系统二期部分功能的测试及上线，完成了1104系统、指标计量系统测试及上线、征信系统测试环境搭建及测试、电票系统测试环境搭建及接入测试。

【企业文化建设】注重企业文化建设与员工队伍建设的互相融合和相互促进，通过多次员工座谈、意见征求形成了既能传承机电精神又具有财务公司特色的企业文化，并通过业务宣传册、业务宣传品、公司网站、公司微信、宣传栏、公司制度考试等进行宣贯，合力创建充满活力的和谐工作环境，着力提升公司凝聚力。

河北建投集团财务有限公司

【经营概况】河北建投集团财务有限公司（以下简称“公司”）始终坚持服务集团的大局意识，不断加强集团资金集中管理、提高资金使用效率，继续提升服务水平和业务创新能力，努力成为集团公司金融服务业发展的助推器和核心平台，为集团公司在更大范围、更深层次参与市场化、国际化的发展与竞争贡献力量。2014年，在集团及成员单位的大力支持下，公司圆满完成年度目标。截至2014年底，公司资产总额79.92亿元，实现营业收入1.97亿元，拨备前利润总额1.17亿元。

【信贷业务】公司以信贷产品创新为导向，不断提升服务能力，促进产融有效结合，实现了信贷规模的跨越式发展和服务水平的快速提升。2014年累计完成信贷投放55.82亿元，同比增长172.20%；实现信贷余额21.22亿元，同比增长120.10%；2014年完成新增评级授信18家，授信总额10.12亿元，其中14家为四级或四级以下单位，信贷服务累计惠及46家成员单位，占已建立归集单位总数的38%。在地域上延伸到云南、新疆、内蒙古等地，实现了成员单位的业务开展到哪里，财务公司的服务就延伸到哪里，信贷服务覆盖面进一步扩大，影响力进一步提高。

此外，公司借助金融牌照，充分发挥成员单位与商业银行乃至资本市场之间的桥梁和纽带作用，以多种方式促进集团整体利益最大化。

【资金业务】2014 年，公司资金业务以确保成员单位支付为前提，不断提高资金运用的效率和效益，取得了以下成果：一是提高资金计划的准确度，降低备付金率。通过总结经验、分析数据、摸索规律，资金备付金率下降15%以上，大幅减少了日均资金占用。二是密切关注资金面市场变化，抓住机会提高收益。关注人民银行“存款偏离度”等监管指标以及频繁微调资金面调整带来的影响，通过预判上海银行间同业拆放利率走势，三次抓住价格高点，年资金加权收益率高于 Shibor，跑赢了基本面。三是通过增强与各合作银行的沟通，共同提高服务水平。通过对各家合作银行的上门走访，听取意见反馈，积极争取公司权益，各家合作银行利率全部为省内最高。四是合力推进集团资金计划模块上线工作，提出建立公司资金数据库的想法，为下一步深化公司资金管理工作打下伏笔。五是通过对资金运动规律的分层管理，积极拓展同业定期存款业务品种，提高资金收益。

【票据业务】充分利用公司的金融牌照，联合商业银行、软通动力和金蝶软件，组建集团统一管理的“票据池”，实现“票据池”与“资金池”互联互通，拟打造具备贴现、组票、拆票、承兑、贷款等多种功能的整体授信管理平台，并与商业银行签署了票据池项下涉及票据托管、核查、承兑等业务协议。经过两轮虚拟运行测试，修订完善了票据池专项服务协议及操作规程，为票据池业务的开展奠定了坚实的基础。

【资金集中】2014 年，公司在集团及系统企业的大力支持和配合下，积极推进资金集中工作的开展，为进一步提升资金集中度，主要采取了以下措施：一是落实成员单位开户、销户备案制度。二是配合集团要求系统企业做好银行账户清理整改工作，直连行外账户如无特殊情况即做销户处理。三是多次与系统内上市公司沟通协调，促成其履行相关法律程序后提高资金归集额度上限。四是与成员单位所在的贷款银行沟通协调，使成员单位能将贷款资金及时转回至公司归集户。

截至 2014 年底，成员单位在公司开立账户 142 家，现存账户 135 家，其中本年度新开户 33 家，吸收存款 69.56 亿元，较 2013 年增长 41.65%，全口径资金归集率达到 65.48%（未归集资金基本受制于政策规定或业务办理要求）。

本年度的资金集中工作显著增强了集团对系统企业的管控能力，在节约各项财务费用的同时，为成员单位提供了有力的信贷支持，有效缓解了“存贷双高”的困境，极大地提升了资金的使用效率。

【业务创新】公司立足成熟型优势产品做大做强，在保证合规的前提下，以个性化、多元化对接成员单位需求：一是开发“法人账户透支”业务。为解决部分成员单位生产经营过程中存在的临时性资金急需，公司联合软通动力成立了项目开发小组，共同开发“法人账户透支”业务，制定了《法人账户透支业务操作规程》，明确了信息系统各项功能模块。二是设计“整体金融服务方案”。根据成员单位资金运动规律，财务公司设计了六套包含存款、贷款、结算等业务在内的综合服务方案，有针对性地引导成员单位选择便利性和个性化的金融服务。三是开展“金融中介”业务。在集团财务部的支持和指导下，与商业银行合作，为集团公司公开发行企业债 20 亿元、短期融资券 30 亿元和中期票据 20 亿元提供联席财务顾问，并代表顾问团出具财务顾问报告，为投行业务的开展积累了经验。

【风险管理】公司如期完成全面风险管理的各项工作。一是编制完成了《全面风险管理手册》《内部控制手册》，手册正式执行并在公司内部宣贯传阅，增强了全员风险管理意识。二是完成了2014年度风险识别及量化评估，根据发生概率及损害程度两个维度，对二级风险进行打分，编绘出风险图谱，为年度风险应对工作提供工作导向。三是2014年4月，公司颁布并实施了《风险预警手册》，风险预警体系初步构建完成。四是公司不良资产率及不良贷款率始终保持为零。信贷资产未出现逾期。公司资本充足率、流动性比例及存贷等各项指标控制良好。

生产信息系统运行稳定，成员单位资金收支、定时归集正常，各项业务按照审批权限稳定执行。员工操作能力及职业道德持续提升，年内未发生导致公司经济或声誉受损的重大事件。年内各项业务开展顺利。

【人力资源管理】公司高度重视人才队伍建设，在秉承客观公正基础上，2014年公司通过公开公平招聘，为公司引进7名金融专业人才。并且根据业务开展的需要，“请进来与走出去相结合”，开展多种形式、内容丰富的培训，为公司发展奠定人才基础，也为集团金融平台的搭建培养输送人才。年内为集团输送了3名会计金融复合型人才，在集团“会计领军人物”的选拔中，公司取得了优异成绩，共有四名员工入围面试，最终两人入选。

【信息化建设】2014年，公司的信息化建设也由建设期进入了维护期。公司信息化建设的重心也变成了信息科技的运维。为了完成信息科技的运维，年内信息化建设完成了如下工作：一是采购信息化设备作为系统内设备的备机，数据库审计设备用于日常数据库监控。二是对核心业务系统进行了功能升级，升级20个功能点。三是采购一台机房专用精密空调，实现机房温湿度的高可靠性。四是与机房环境建设、网络工程建设、核心系统建设的外包服务商分别签订了运维合同。

以上工作的顺利完成，有效支撑了核心系统运行、信息化基建、组织管理、日常运维；完善了核心业务系统的业务流程和规范；明确了信息化发展目标；使信息系统的安全性和可靠性有了较大的提高。

【企业文化建设】2014年，公司着力培育具有积极、乐观、团结、向上的企业文化，以客户为中心，打造公司良好服务形象；以员工为中心，打造以人为本的和谐氛围；以公司为中心，树立企业良好形象。根据集团党委统一安排部署，结合公司实际，认真组织开展了党的群众路线教育实践活动，通过集中学习、观看警示教育视频、参观西柏坡廉政教育馆等多种方式，深入开展反腐倡廉教育，以廉政文化建设为公司干部员工筑牢廉政思想防线，进一步推动了公司的健康发展。通过开展丰富多彩、健康有益的文体活动，积极营造相互沟通、相互协作、共同进步的工作氛围，组织了包括健步走、登山比赛、摄影比赛、踢毽子、跳绳比赛等活动，丰富了职工生活，增强了同事之间友谊，提高了公司凝聚力和向心力。

太钢集团财务有限公司

【经营概况】 太钢集团财务有限公司（以下简称“公司”）于2013年1月成立。2014年，面对金融市场利率持续走低的情况，公司全面细化资金计划管理，强化流动性管控，在确保资金安全和集团支付的前提下，尽力优化生息资产配置。加强风险管控，推进制度建设，持续优化业务流程，强化对标挖潜，坚持以创新为动力促进业务发展，满足成员单位融资需求，降低集团外汇管理风险，尽力实现集团公司价值最大化。2014年，公司实现营业收入2.85亿元，利润1.48亿元，资产收益率为2.43%，资本充足率为31.24%，各项监管指标均符合银行监管部门要求。

【资金集中】 继续加大资金归集力度，截至2014年末，已归集的成员单位达到95.50%，日均资金归集率达到95%以上。

【资金业务】 总结成员单位资金收支及公司资金运行规律，按照“月计划、周平衡、日安排”的工作机制，动态做好资金头寸平衡，满足成员单位用款和公司资金运作的需要；对于可能出现的流动性缺口，提前采取应对措施，避免形成风险。在保障流动性和安全性的前提下，密切关注货币市场利率，择机开展同业定期存款业务。2014年累计办理同业定期712.60亿元。

【信贷业务】 2014年累计向成员单位发放流动资金贷款39.67亿元，利率为基准利率下浮10%～20%，有力地支持了成员单位的融资需求，降低了集团公司整体财务费用。累计为太钢集团办理委托贷款业务13.98亿元。

【票据业务】 持续拓展票据池价值，扩大票据归集成员单位范围和票据使用范围，新增8个成员单位票据入池。与太钢不锈签订票据池《最高额质押协议》，加大对成员单位的融资支持力度。2014年累计票据收支226亿元，票据贴现40.56亿元、转贴现8亿元。积极开拓外部资金来源，获得人民银行票据再贴现资金7.40亿元，拓宽了公司外部资金来源。在上下游用户中推广使用电票业务，2014年累计收取客户电票9.60亿元，办理电票贴现9.20亿元，签发电子银行承兑汇票28.30亿元。2014年10月30日，中国人民银行批准财务公司以直连方式接入人民银行电子商业汇票系统，11月17日公司正式接入该系统，成为山西省首家实现电票直连的财务公司。

【外币业务】 2014年2月，公司获国家外汇管理局和中国外汇交易中心批复，取得外汇市场即期会员资格。4月起开展即期结售汇业务，2014年完成代客结售汇额9.66亿美元，市场平盘交易7.12亿美元，以外汇市场交易价格服务成员单位，减少了集团公司交易费用。其中，与国家外汇管理局塘沽中心支局沟通，创新性地开展了太钢融资租赁公司资本金结汇服务。组织下发了《集团公司外汇咨询服务管理办法》，关注外汇市场动态，研究外汇风险管理方法，对集团外币借款及外汇业务提供定期和专项咨询服务。

【结算业务】根据成员单位结算业务运行情况，总结业务特点及存在的问题，从业务或流程优化、系统完善、岗位调整等方面持续优化，结算效率、结算精细化管理水平、支付指令电子化覆盖率和结算服务能力不断提高。2014 年公司结算量达 62 011 笔，人民币结算额 6 183. 20 亿元，美元结算额 52. 26 亿美元，欧元结算额 7. 22 亿欧元。

【业务创新】2014 年，公司获得国家外汇管理局短期外债指标 0. 50 亿美元，以 2% 左右的融资成本通过交通银行纽约分行拆入资金，以贷款的形式支持了集团成员单位的外币资金需求。

根据申请新业务的需要，完成开展有价证券投资、买方信贷（消费信贷）业务、发行财务公司债券、承销成员单位企业债券的可行性研究报告，制定完成投资业务管理办法及操作规程。

【风险管理和内部控制】制定并下发《太钢集团财务有限公司开展“合规管理年”活动工作方案》，落实全面风险管理规划和山西银监局“制度执行年”活动，组织各部门收集风险点，经专题会议分析与评估，初步建成公司风险库。开展常规稽核及专项稽核工作，完善、细化业务操作流程，消除风险隐患，提升制度执行力。落实风险防控责任，按季度召开风险案防分析例会，提示防控风险。

根据业务需求，制定 2014 年公司制度新增、修订计划并组织实施，2014 年共下发制度 24 项，其中，修订下发制度 13 项，新增下发制度 9 项。

【人力资源管理】根据公司业务发展规划，完成了人才发展规划和岗位说明书的编制；根据员工绩效考核管理办法，完成岗位分解手册的编制和岗位绩效责任书的签订。通过各种形式，加强金融能力培训，不断提高员工职业素养和风险意识。按照集团公司管理者上讲台相关要求，制定并下发公司管理者上讲台工作计划并组织实施；制定公司青年人讲课题工作计划并组织实施；邀请中央财经大学金融学院教授开展专题普及金融知识系列培训；开展政策法规周周学活动。

【信息化建设】推进信息系统二期项目实施，2014 年完成外币系统测试及部署上线，人民银行电票直连系统的测试、验收及上线，同业模块功能测试，按计划推进票据池模块建设。制定信息系统运行维护方案，下发信息系统运行维护管理办法，明确运行维护职责和要求，与集团自动化公司建立了初步合作机制。

【企业文化建设】以太钢集团企业文化体系为指导，继续推进公司企业文化建设。2014 年 9 月，公司积极响应银监会党的群众路线教育实践活动，开展“金融知识进万家”活动。制定了具体的实施方案，利用太钢宣传资源和渠道，通过现场讲解普及了太钢职工群众的金融知识，提高了资金财产安全意识和能力。12 月，继续开展“我为公司进言献策”活动，经逐条研究形成意见，并分类归纳，整理成《职工建议摘要》，并落实到责任人。该活动建议条数多，涉及内容范围广，而且具有针对性和建设性，真正体现了全体员工集思广益、群策群力，一心为公司谋发展的主人翁精神。

大同煤矿集团财务有限责任公司

【经营概况】 大同煤矿集团财务有限责任公司（以下简称“公司”）由大同煤矿集团有限责任公司和大同煤业股份有限公司共同出资组建，注册资本10亿元人民币。2013年1月取得法人营业执照，2013年4月开始正式运营。

2014年营业收入总额5.17亿元，其中利息收入4.92亿元，中间业务收入0.25亿元。营业成本总额0.76亿元，其中利息支出0.34亿元，手续费及佣金支出530.54万元，营业税金及附加支出0.13亿元，管理费用支出0.25亿元，计提资产减值损失-79.84万元，实现税前会计利润4.41亿元，所得税费用1.11亿元，实现净利润3.31亿元。2014年12月31日资产总额110.95亿元，其中，流动资产76.15亿元，非流动资产34.8亿元。负债95.77亿元，全部为流动负债。所有者权益15.19亿元，其中，实收资本10亿元，盈余公积0.52亿元，一般风险准备1.43亿元，未分配利润3.24亿元。截至2014年末，在公司开户的各级成员单位共有218家，共开设账户360个。

【信贷业务】 2014年是公司信贷业务跨越式发展的一年。贷款规模达27.40亿元，较上年增长46.50%；在业务种类上，贷款及票据业务全面开展，为“票据池”的建立奠定了坚实的基础。2014年12月开通的电子票据业务成为公司票据业务发展的又一里程碑，截至2014年末，签发各类票据16亿元。

开展信贷业务的同时，严把审核关，在贷前调查与风险部门交叉管理，将借款人细分并五级分类管理；在贷中阶段会同结算部定期监控借款人资金动向与变化；在贷款到期前对借款人及时催缴。三个阶段流程的严格执行保证了贷款质量，2014年末，不良贷款率为零。

【资金集中】 在资金归集方面，2014年4月集团公司成立了由纪检、审计、财务及公司四家单位联合组织的对成员单位银行账户进行清理整顿检查组。对每一家成员单位的银行账户进行的清理归集，取得了良好的效果。同时又于2014年10月出台了各成员单位资金归集率考核办法。有效地提高的各成员单位的资金归集率。截至2014年底，在公司开立资金结算账户的成员单位达到218家，归集账户373个。资金归集率处于同行业前列水平。

【风险管理和内部控制】 2014年度公司风险内控部紧紧围绕公司战略，主抓两方面工作，有效保证所有监管指标达标，不良贷款为零。一是全面梳理业务流程，在流程中强调风险管理，做到风险前移。在风险内控部的协调与组织下，公司对以前的旧制度、旧流程进行了重新修订，共新撰写与修订各类制度59个。各种制度的适时调整及反馈制度的有效执行给公司下一步全面风险管理奠定了坚实基础。二是风险内控工作紧密联系公司自身特点，做到重点突出，有的放矢。公司的主要风险是集团的产业风险，公司的重点工作是如何利用公司优势，将集团资金盘活用好。因此，风险内控部参与集团各项投融资的风险评估，从集团层面对资金运作进行把关。

【人力资源管理】为了进一步提高员工业务素质，公司还组织员工进行业务知识学习和培训，如组织员工进行外派学习，开拓了员工眼界、提高了员工业务水平。组织新员工进行岗前培训，积极参加中国财务公司协会组织的各类培训，鼓励员工参加银行业从业资格考试，并取得了良好的成绩。

【信息化建设】2014 年，公司重点加大对信息化建设的投入，圆满完成了全年的信息化工作任务，公司充分发挥在资金集中、票据业务以及结算业务管理方面的优势，为集团提高资金使用效率、促进资金融通提供了有力的科技保障。公司利用同煤网、移动、联通三家通信公司为成员单位提供了直连服务，已经全部覆盖集团子分公司及各二级单位，为成员单位在网上处理业务提供了有效的保障。2014 年 12 月 11 日实现了电子票据系统的正式上线工作，12 月 12 日开出大同历史上由本地金融机构签发的第一张电子银行承兑汇票。经过前期大量的调研准备，圆满完成了公司机房搬迁工程，同时完成了新机房的标准化建设工作，使公司科技建设跨出了一大步。

【企业文化建设】公司秉承同煤集团企业责任文化，建设具有自身特色的企业文化。通过开展党的群众路线教育实践活动和学习讨论落实活动，增强全员政治修养，培育公司凝聚力、战斗力和向心力。

【党群工作】2014 年，公司党群工作成效显著，公司党组织积极贯彻集团公司党委工作部署，严格执行公司“三重一大”决策制度，保证了公司决策科学民主、执行规范有序、监督及时有力；工会组织积极关爱员工，为广大员工进行了健康体检，积极开展爱心互助活动，组织员工参加大同市银行业“庆七一”职工趣味运动会；共青团组织积极开展青年志愿服务，创新工作思路，建立公司微信公众平台“同财青年”，挖掘优秀青年榜样。党群各项工作突出主题、创新载体、融入中心、有序发展，成为公司一道亮丽的风景线。

贵州茅台集团财务有限公司

【经营概况】2014 年，贵州茅台集团财务有限公司（以下简称“公司”）经营实现两增长两提升。一是资产负债规模实现较快增长、盈利水平实现稳定增长；二是服务能力不断提升、管理水平不断提升。截至 2014 年 12 月 31 日，公司资产总额 205 亿元，实现营业总收入 6 亿元，利润总额 3 亿元，共计为 67 家成员单位开立了内部账户，为成员单位办理结算业务

8 835 笔，结算金额达 1 407 亿元，超额完成董事会下达的经营目标。

【信贷业务】2014 年，公司大力支持集团主业发展，在政策允许、严控风险的前提下，加强对集团成员单位的信贷支持。截至 2014 年 12 月末，公司自营贷款 0.32 亿元，委托贷款余额 2.25 亿元，不良贷款率为零。信贷业务制度化建设有序推进，建立起成员单位基础档案和信贷档案电子化台账管理，严格执行贷款五级分类和贷后管理制度。

【资金集中】2014 年，按照公司领导提出的资金归集“制度化、系统化、标准化”三化要求，对资金集中管理进行顶层制度设计，制定了《资金集中管理办法》和《账户管理办法》，为资金归集提供制度保障，截至 2014 年 12 月末，公司归集资金 191 亿元，较上年增加 88 亿元，增长率为 85%。

【业务创新】为充分发挥集团金融资源统筹运作中心、集团产融结合的核心平台作用，公司努力向集团建言献策，并积极参与各项投融资活动，一是推行茅台集团企业年金管理，通过引入托管人制度、委托代理制度，明确界定各运作主体的法律关系，科学管控资金风险，提高了集团企业年金的投资收益，节约集团管理成本，为集团 2 万多名职工的切身利益提供坚实保障。二是筹建茅台建信投资基金管理有限公司，设计制定了基金公司的组织架构、业务发展规划、主要财务分析并建立起“三个层级、二道防线”的风险管理制度。2014 年 10 月 20 日基金公司正式成立。三是为茅台股份公司巴黎贸易分公司制定内保外贷方案，公司深度参与、设计完成股份公司在巴黎设立贸易公司购买办公楼的内保外贷方案。通过有效使用海外平台，积极利用海外低成本资金，有效控制集团整体融资成本。四是建议集团参股贵银金融租赁公司。公司认真履行集团投融资顾问职能，积极在市场上为集团寻求金融领域投资机会，公司开展参股租赁公司调研工作。茅台集团投资 1 亿元入股贵银金融租赁公司成为贵州省第一家金融租赁公司的股东，促进了集团在金融领域的业务拓展。

【风险管理和内部控制】2014 年，公司扎实推进风险管控体系建设，严格遵守监管法规，将各种政策制度和管理要求固化于流程控制当中，建立起“业务、风控、审计”三道防线，具体落实对四类主要风险的防范和控制：一是操作风险，修订《贵州茅台集团财务有限公司管理办法》，落实岗位责任制，定期实行岗位轮换，严格奖惩，加大稽核审计工作的频率；二是流动性风险，完善资金预算管理，加强同业授信合作，合理控制资产负债期限错配程度，建立和完善预警机制和应急预案；三是信用风险，对借款单位进行授信评级，加强对不良贷款的监控工作；四是 IT 风险，建立 IT 系统管理平台，开发新业务系统模块等，确认了 28 项需要升级改造的功能。

【人力资源管理】2014 年，公司根据业务发展需要，扩充了员工队伍，新增员工 4 人，员工人数达 20 人，人力资源配置更加优化，人员素质进一步提升。为提高员工的综合素质，公司加大了对员工培训的投入，鼓励员工加强自身学习和教育，对取得有关资质的员工给予奖励，积极开展与同业和外部金融机构的交流。2014 年 8 月 12 日，公司全体员工举行公司规章制度的闭卷考试，内容涵盖公司治理结构、业务操作流程等共计 71 个规章制度，旨在让员工熟悉和掌握公司各项业务规章制度，保障经营管理和业务操作符合制度规定，防范操作风险。

【信息化建设】2014 年，公司对现有资金集中结算系统进行较为系统的升级、改造，确认了 28 项需要升级改造的功能，建立以信息技术为手段的 IT 系统管理平台，并协同开发银企直连等辅助系统，形成“信息收集—量化评估—风险解决方案设计—监督改进”的专业化风险管理机制，就系统进行升级改造、完善和提升系统现有功能等与系统开发商软通动力公司进行沟通协作，极大地提高了系统的稳定性和准确性。

海亮集团财务有限责任公司

【经营概况】2014年，海亮集团财务有限责任公司（以下简称“公司”）紧紧围绕集团“加强资金集约管理，服务支持实体经济”的核心理念，在加强资金集中管理、提高资金使用效率和降低集团财务成本上作出了努力。截至2014年末，公司资产总额51.70亿元，吸收存款38.90亿元，贷款余额42亿元，实现营业净收入2.21亿元，利润总额1.62亿元，净利润1.22亿元，银监口径资金集中度为46.30%。

【信贷业务】2014年，公司信贷规模稳中增长，年末一般性贷款余额37亿元，较上年增加21亿元，全年累计发放贷款47.82亿元，加大对小微企业、“三农”的信贷倾斜，其中，58.55%投向农村企业，48.43%投向小微企业，有力地支持了集团实体经济。

【业务创新】2014年，公司建立了外币资金池和跨境人民币资金池，进一步丰富集团资金管理架构，完善资金管理体系。公司统筹启动集团境外发债项目，使中国民企真正利用自身信用走向国际市场，将有力支持集团业务板块国际化经营活动，降低融资成本，丰富融资工具，提升集团在国际市场上的影响力。公司还积极开展了经营性物业贷款、保理业务等，较好地满足了成员单位的业务需求。

【票据业务】2014年，公司在自营贷款、委托贷款、担保等基础服务品种的基础上，拓宽同业渠道，争取同业授信，开展了票据承兑、电票、转贴现、再贴现等业务。积极盘活集团存量票据，有效结合各业务板块的资金支付计划合理配置票据，降低现金支付，降低财务成本。

2014年末，公司票据贴现余额5亿元，累计办理票据贴现37.86亿元，累计办理转贴现32.79亿元，累计办理再贴现1.74亿元。

【资金集中】2014年，公司银监口径的资金集中度由年初的25.99%上升到年末的46.31%，增长20.32个百分点。

公司成员企业169家，直连账户267个，集团口径的可归集资金集中度为98.40%，全年累计办理业务15.80万笔，累计业务交易额7232亿元。为提高资金归集率，公司不仅加强成员企业非直连账户资金归集检查和未归集资金原因分析；同时，加强资金支付计划管理，逐步在各板块推出定日集中支付，合理改善资金备付，有效提升资金使用效率；积极与授信银行沟通，降低授信业务的保证金比例。

【风险管理和内部控制】2014年，公司不断加强合规建设和基础管理能力的提升，在积极推进各项业务发展的同时，重视风险管理和内部控制。一是加强制度建设和流程优化。及时根据业务发展和管理要求对49项制度、流程进行修订和完善，同时新建制度12项，包括案防管理、问责管理、绩效考核、培训管理、应急预案等，初步建立了较为完整的涵盖业务、管理、案防、内控的制度体系；积极开展应急演练，确保业务连续性。二是加强稽核检查和整改督导。尤其对新业务的跟踪评估，确保业务开展合规有序；加强对重要业务、敏感环节的稽核检查和跟踪督导，保证整改事项落实到位。三是加强问责管理和员工行为规范。制定员工问责管理办法和诚信守则，签订“平安金融创建”责任书和“诚信协议”，对违反制度规定和诚信行为的给予严肃问责和惩处并纳入绩效考核。

【人力资源管理】 以诚信为基石，打造高效精简团队，开展“三定一调”，包括定岗、定编、定员和与岗位职责、岗位饱和度相适应的薪酬调整，充分发挥人力资源“引得进、用得好、留得住”管理理念；开展“传帮带”培训机制，以老带新，做好日常培训和人才梯队培养；开展风险案例和职业道德教育，提高合规意识和规范经营。

2014年，制定了《培训管理制度》《轮岗及强制休假管理制度》《绩效考核办法》等，开展岗位资格管理，提升业务素质和专业技能。

【信息化建设】 系统模块功能不断优化，随着业务和管理需求的提升，新模块开发大量投入，2014年开发和投入立项的模块有外汇业务系统、异地灾备系统、资金预算管理系统和管理报表系统，同时积极配合集团产业布局和信息共享中心建设，实现了与多个板块的ERP联通，更好地满足集团各成员单位业务需求和管理需求。

【企业文化建设】 公司秉承海亮集团“以人为本、诚信共赢、高薪高效、阳光坦诚”的核心价值观及“责任、踏实、无私、服务”的用人理念，在全体员工的勤奋努力下做到：让所有员工获得业务能力提升、拥有良好发展平台；为集团成员单位提供优质金融服务，为集团资金管理、加强管控作出积极贡献；让股东投资价值最大化。

中材集团财务有限公司

【经营概况】 2014年，中材集团财务有限公司（以下简称“公司”）继续贯彻执行“依托集团、服务集团、规范经营、稳健发展”的经营方针，做好金融服务工作。2014年，面对国家金融宏观政策变化及对部分行业的金融调控，在公司全体员工的共同努力下，集团金融服务平台已初步搭建完成：“资金池”账户建设已基本做到覆盖所有成员单位全覆盖；核心业务系统电子结算功能的等服务效率进一步提高；各项制度和业务流程进一步完善，实现制度要求与实际业务操作相统一；构建出全员参与、前中后台有效监督和控制的全面风险管控体系；授信、贷款、票据贴现等业务稳步有序开展。为部分成员单位提供了融资服务及金融中介服务，与金融同业合作全面展开。同时，顺利通过了北京银监局现场评级检查。截至2014年末，公司总资产41亿元，集团成员单位在公司开户数较上年增长21.47%，已实现授权联网的银行账户较上年增长35.89%。总资产41亿元。

【信贷业务】公司立足于“依托集团、服务集团、规范经营、稳健发展”的理念，严格按照人民银行信贷规模投放要求，积极了解成员单位需求，加大信贷投放力度，力求提高集团整体资金利用效率，节约集团整体财务费用。做好贷前调查、贷中审查、贷后检查工作，严格按照公司制度流程操作，各类信贷资产五级分类均为正常。

【产品销售信贷业务】公司在做好资金池建设的同时，积极与成员单位进行广泛的沟通，了解业务需求，结合自身规模力所能及地为成员单位提供金融产品服务。公司积极储备和研究了适合成员单位的产品，促进集团各成员单位销售产品，拓展各成员单位融资渠道，发挥公司金融平台作用。

【资金和投资业务】公司严格按照安全性、流动性、收益性的原则开展各项业务。在保障支付结算、发放自营贷款、办理票据贴现以及缴存准备金等业务顺利开展的情况下，通过每日对上海银行间同业拆放利率及各合作银行报价进行分析，开展同业业务，严控期限错配。

【票据业务】2014年，公司启动银行承兑汇票贴现业务，积极与同业机构开展业务交流，在与商业银行多次联系，学习相关操作经验基础上，制定了银行承兑汇票贴现操作流程，在核心系统上进行模拟测试后，通过分析筛选目标客户、主动上门营销等方式，顺利开展了票据贴现业务。

【资金集中】公司紧紧围绕资金集中核心任务，制定资金归集方案，完善资金归集手段，不断提升资金集中度。一是对成员单位银行账户的异动保持关注，强化资金归集管理；二是及时主动掌握成员单位日常资金变化，研究资金进出规律；三是通过上门走访等手段加强与成员单位沟通。针对结算中心多、上市公司多等特点，专项研究，重点突破，2014年以来资金集中稳步提升。

【业务创新】结合国家金融政策以及金融市场较大变化，公司组织专人研究分析国家金融政策以及金融市场动向，汇总整理《金融信息简报》并定期提供给成员单位作为参考。为方便各成员单位在公司开展结算业务，提高结算效率，公司对核心业务系统进行了调整和开发，上线了电子回单系统。电子回单专用章和验证码的使用，实现了基于数字证书的电子签章及回单，保证并实现了电子回单和电子签章的真实性、合法性的验证。纸质结算业务单据逐步被电子回单取代，公司的主要结算业务由各成员单位自行登录系统打印回单，电子回单逐渐取代纸质单据，使得结算业务更加方便、快捷、实时。

【风险管理和内部控制】2014年，公司通过建立健全内控管理体系，逐步完善内控制度：通过梳理业务流程，初步对主要业务和管理活动的风险进行了风险识别和分析、风险计量与评估，定期编制风险监测报告；公司已初步建立了法人治理结构和内部控制体系，通过事前防范、事中控制和事后监督实现对风险的定期监测和管理，实现风险控制贯穿于公司业务运行的各个环节；加强日常风险案件的排查，强化内部管控力度，通过各类风险防控培训以及专项员工案件风险排查，将案件风险防范意识渗透到每一个业务环节、传达至每一个员工。

公司现行内控制度体系整体运行基本有效，为公司健康、有序地运转提供保障。2014年，公司对各项业务和经营活动开展了内部稽核审计工作。稽核审计工作主要以防范公司各类经营风险为导向，对公司风险识别、控制的程序进行评价；对会计记录和财务报告的准确性和可靠性、公司内部控制制度的建立健全和执行情况、资金和业务流程的内部控制进行重点核查。

【人力资源管理】公司的人力资源管理工作始终坚持以人为本的理念，不断优化人力资源的开发、培育、配置、利用等方面管理工作。大力推进公司培训工作，把人才职业发展前景和专业培训作为吸引和留住人才的一项重要措施，采取职业技能培训、岗位轮训等形式多样、内容丰富的素质提升方式，为优秀人才提供“加油充电”的机会，加大多层次、多结构、多方面的人才培训力度，努力实现公司战略目标和人才成长发展轨迹的有机结合。2014年共组织近290人次参加包括信息安全、公文写作及规范、风险内控、法律、专业技能等各类培训、考试、取证工作。

【信息化建设】作为非银行金融机构，信息化建设是开展业务的基础。为做好服务保障，公司加强对信息化工作的领导，进一步明确信息化工作的职能和任务，保障核心业务系统安全生产运营。为了保护公司信息系统的安全，根据国家等保相关要求，开展信息化安全加固建设及等级保护工作，通过安全评估充分了解自身信息安全现状、信息安全风险和安全需求。对照等保要求进行了系统设备梳理、自查、对标工作，形成《财务公司信息安全保护建设及规划需求说明书》《财务公司重要信息系统自查表》（三级标准）等文件，为等保工作的开展奠定了基础；对网上金融系统权限进行梳理，制作《财务公司系统权限一览表》，对系统中需调整设置的权限逐个落实，经过调整测试，极大加强了系统数据的安全性；公司在2014年制定了《财务公司信息化管理制度汇编》《财务公司核心系统应急预案》等多项规章制度及配套业务流程，经过多次讨论、演练，并根据结果反馈调整优化，确保制度可行。为防止数据泄露，通过安全令牌和用户权限严格限制业务网和办公网的并行使用。每季度开展信息安全培训，向全体员工普及相关信息安全知识，不定期对业务终端进行检测，确保其100%健康，并加强了核心业务系统操作端的安全防护；对公司机房信息系统基础硬件设施及核心业务系统进行全面检查，完成《财务公司IT综合检查报告》《Oracle数据库检查报告》等，实施基于核心业务的IT运维监管新方案，改变传统安全运维方式，变被动运维为主动运维。

【企业文化建设】公司以中材集团“敬文化”（敬事、敬人、敬信、敬学、敬同）为指导，组织公司员工在日常工作中不断提炼和总结，逐步打造形成符合公司自身特点的企业文化。一是通过开展与集团内外单位的“联谊”活动，增强了和业务合作单位的沟通交流，也进一步提升了公司与员工之间的凝聚力；二是开展有益于员工身心健康的秋游活动、内部文体活动，让员工在繁忙的工作中得到放松，营造了健康和谐、团结向上的氛围，展示了企业形象和职工风采；三是通过组织员工培训及同业交流，促进员工多学习、多思考，提升了员工的综合素质，加强了员工的企业责任感和认知度；四是结合党的群众路线教育实践活动，深入各部门，与员工谈话，倾听员工意见。同时，通过设立信箱等方式，扩展沟通渠道，及时解答员工问题，增强了员工的归属感。

贵州盘江集团财务有限公司

【经营概况】 2014 年，贵州盘江集团财务有限公司（以下简称“公司”）认真贯彻执行国家稳健的货币信贷政策、严格落实监管要求，遵循“稳中求进”的发展思路，严格控制信贷风险，充分发挥金融服务功能，受到集团及成员单位的充分肯定。截至 2014 年末，公司资产总额 13.76 亿元，所有者权益 5.35 亿元，全年实现营业收入 0.67 亿元，利润总额0.36 亿元，资本充足率为58.78%，资产保值增值率为5.36%，净资产收益率为5.22%，贷款拨备率为 3.70%，无不良资产。全年未发生各类案件和重大差错事故。

【信贷业务】 在国家产业调整，煤炭行业亏损面持续扩大，利润下滑，资金流紧缺的市场背景下，公司努力盘活存量，合理安排信贷投放，为支持盘江集团成员单位发展，维护盘江集团企业信用，发挥了积极作用。一是对符合国家产业政策和贵州省的发展重点、市场发展前景较好、产品竞争力较强的生产经营企业，及时发放生产经营贷款。二是对部分因国家产业调整，市场变化出现暂时困难的单位通过发放临时搭桥贷款，支持、协调帮助解决它们在商业银行融资中遇到的困难。2014 年，为21 家成员单位累计发放各类贷款 9.44 亿元，同比增长 20.25%；办理委托贷款 3 笔，委贷金额0.39 亿元，同比增长390%；办理票据贴现 43 笔，累计贴现 3.32 亿元，同比增长 113.01%。

【资金和投资业务】 2014 年，利率市场化进程加快，存贷款利差收窄。为此，公司一方面做好头寸管理，盘活存量，调剂余缺；另一方面加强资金流动性管理，提高资金运转效率。全年办理短期定期同业存款 171 笔，累计金额 74.75 亿元，实现利息收益 0.26 亿元，同比增长 61.89%。

【资金集中】 存款是公司生存的基础。通过不断完善电子结算业务系统，改进营销和服务手段，对成员单位采取存款利率上浮到顶、结算手续费全免等一系列让利政策，基本完成了集团成员单位在公司开户。

【业务创新】 为增加资金来源，拓宽融资渠道，公司积极争取人民银行贵阳中心支行的支持，从 2014 年 10 月起开办了银行承兑汇票再贴现业务，成为贵州省第一家获准办理该业务的财务公司，引进低成本资金 0.33 亿元，及时缓解了成员单位临时用款需求。

【风险管理和内部控制】 公司构建了以“三会一层”为核心，以专门委员会为主导，风险管理部和审计稽核部为督导，各部门全员参与的管控模式。通过全面推进制度建设，做好风险动态监控和信贷资产风险分类，开展定期、不定期内部检查，根据金融监管现场检查意见积极整改等措施，公司管控能力得到进一步提升，确保了公司业务发展的安全、规范、可控。

【人力资源管理】为优化员工知识结构，提高员工专业技能，并为公司开办新业务储备人员，公司高度重视员工培训工作，创造条件帮助员工提高专业化思维和专业化理论水平，全年共安排业务培训9次，集中学习6次，10名员工参加并通过了金融、经济、会计等专业的执业资格、职称考试，公司的整体工作质量和工作效率较上年有了明显提高。

【信息化建设】电子结算业务系统是公司实现网上业务办理、资金归集、上存下拨、委托收付、内部转账、资金拨付等业务的信息处理平台。2014年，公司对电子结算业务系统进行了二期建设，正式上线运行了1104报表系统、投资管理系统、领导查询系统、风控指标计量与评价系统和风险管理与控制系统，并对电子结算业务系统进行了内网加固、系统优化和网络改造，为确保集团成员单位资金使用和结算畅通、防范信息化风险、提高工作效率提供了保障。

【企业文化建设】2014年，公司着手梳理和提炼企业文化，通过召开座谈会、组织业务交流等方式，不断向员工传递企业核心价值理念和经营管理理念，深化员工对企业的认知，提高对自身职业化改善的要求。通过深入开展党的群众路线教育实践活动，组织开展形式多样的活动，增强员工的凝聚力和向心力，营造积极向上的企业文化氛围。

北京首都旅游集团财务有限公司

【经营概况】2014年，北京首都旅游集团财务有限公司（以下简称“公司”）深入贯彻北京首都旅游集团有限责任公司（以下简称“首旅集团”）“大力改革、转变结构、创新推进、强化管理”的总体要求和各项部署，一方面抓紧完成公司内部夯实基础的各项重点工作，另一方面争取集团内外部政策支持，并努力转化为对集团本部、其他成员单位提供更加灵活、优惠以及更大规模的金融管理服务支持力度，全面完成了首旅集团和公司董事会下达的各项经营指标任务及年度重点工作计划。

截至2014年末，公司资产总额47.15亿元，比上年增加21.54亿元，增长84%。2014年公司实现营业收入1.94亿元，比上年增加1.23亿元，增长176%；实现利润总额0.91亿元，比上年增加0.56亿元，增长163%。

【信贷业务】公司加大信贷支持力度，及时满足企业资金需求，服务的成员企业从首旅集团的酒店、汽车板块拓展到商业、景区板块；从北京扩展到外埠。截至2014年末，公司贷款余额为31.56亿元，比上年增加18.93亿元，增长150%。公司初步建立了信贷产品定价制度；贷款利率遵循不高于同期基准利率并适当下浮的原则，让利于成员企业。公司还与商业银行合作，首次为成员企业出具履约保函，帮助有关成员企业盘活了部分存量资金，有力地支持了首旅集团及其成员企业的发展。

【资金业务】公司积极做好流动性管理和资金调配工作，建立了资金计划报送管理体系，统筹安排公司资金业务，及时将闲置资金进行同业议价，做好同业定期存款，提高资金使用效率和收益。

【资金集中】公司加强资金集中管理，加大资金归集力度，积极调研走访成员企业，研究定制服务方案。公司重点推进了3家上市公司的资金归集，从积极沟通深沪交易所、制定归集方案、签订服务协议、举办网银培训班到开户归集等方面做了大量工作，取得显著成效。截至2014年末，公司共为179家成员单位开立了207个账户，比上年增加了60家单位63个账户；归集成员单位资金35.87亿元，比上年增加20.64亿元，增长136%；资金集中度提高到42.10%，超过了行业平均水平。同时，公司不断扩展支付结算业务，降低企业财务费用。截至2014年末，公司实现结算业务2.55万笔、1 489亿元，比上年增加2.11万笔、1 161亿元；其中，代理支付6 526笔、215亿元，比上年增加5 599笔、186.52亿元。

【风险管理和内部控制】公司按照有关风险管理的监管要求，不断完善法人治理和内控架构；加强风险管控，制定了《合规管理办法》《合规审查操作细则》，初步奠定了合规管理工作的制度基础；初步建立了风险监测机制，出台了《风险监测暂行办法》，加强全面风险管理，积极识别各类风险点，开展双线风险预警；加强资产分类管理，完善管控手段，防范相关风险；配合监管部门，做好首次风险自评和现场评级，及时呈报各类非现场监管资料。同时，公司加强了制度建设，全面梳理补充、修订和完善了有关规章制度，印制了公司首版《制度汇编（2014年版）》。公司还全面开展了内部审计工作，涵盖前中后台，分别对各业务领域实施了8个审计稽核项目，重点围绕主要业务的风险性、合规性、真实性、效益性等方面进行检查评价，并形成稽核报告，及时跟踪落实整改措施，有效发挥事后监督作用。

【人力资源管理】公司逐步规范人力资源管理，理顺了劳动关系，完善了人事基础信息，接入了首旅集团统一的人力管理系统，强化了人力资源预算管理、人力资源配置优化，逐步落实员工福利，组织实施了全员民主测评，完成了有关人事工作的自主管理。根据岗位需要，公司继续加强人才队伍建设，通过集团选拔和市场化招聘，补充了若干急需的岗位人员。同时，公司努力构建学习型组织，提升员工素质，采取多种形式开展实地调研、交流学习、业务培训等活动，并鼓励员工报考相关职业资格、职称考试等，全年参加各类外部培训37项、内部培训20项，形成积极进取的学习氛围。

【信息化建设】公司完成了金融城域网由拨号接入改为专线接入的项目、北京银监局监管电子政务系统升级工作，启动了中国人民银行征信中心北京分中心征信系统接入项目。同时，公司完成了计算机及网络通信信息系统机房建设验收；实施了机房网络通信升级改造，增加了一条备用专线；协调物业，实现了机房备用配电柜的增容，达到了安全规范的要求；启动了OA项目建设可行性研究工作。公司还完善了有关信息科技工作的规章制度；配合做好北京银监局首次现场评级有关信息工作的检查；持续提升运营管理信息系统等运维保障能力，确保信息系统的正常运转。

【企业文化建设】公司建立健全了党和工会组织，经首旅集团批准，公司成立了党支部和工会分会，完善了有关工会制度，逐步规范了党组织和工会活动。公司通过落实相关福利、召开联欢座谈会、组织观看宣传教育片、开展给员工送温暖等活动，把组织的关怀以多种方式传递给员工，努力丰富员工文化生活，传承首旅集团“干事创新、人本和谐”“业绩为先、创新为源、团队为上、以人为本”的企业文化，增强员工的凝聚力和责任感，营造和谐向上的文化氛围。

广西交通投资集团财务有限责任公司

【经营概况】 广西交通投资集团财务有限责任公司（以下简称“公司”）于2012年9月24日经中国银监会批准筹备（银监复〔2012〕555号），2013年5月13日获开业批复（银监复〔2013〕226号），并于2013年6月4日正式开业运营。公司由广西交通投资集团有限公司全额出资组建，注册资本10亿元人民币。2014年，公司秉承“立足集团、服务集团、规范经营、稳健发展”的经营方针，狠抓资金归集工作，加大金融服务力度，强化风险管控意识，提升精细管理水平，克服了实体经济下行和金融业风险频发给公司发展带来的冲击，实现了经营业绩和风险防控双丰收。截至2014年末，公司实现营业收入1.39亿元，利润0.86亿元，节约财务成本约2.78亿元。2014年公司资本充足率（新）为44.98%，资产收益率为1.98%。获得集团公司2014年先进单位、先进基层党组织称号。

【资金集中】 2014年，公司一是抓住集团公司推进成员单位资金归集“一把手”工程的有利时机，全面归集了上市公司五洲交通及其下属公司资金，壮大了资金池，成功将五洲公司纳入集团公司整体风险管控。二是利用“以服务促归集，以管理促归集，以技术促归集”的“三促”模式，实现了对通祥石油等合资企业资金的归集。截至2014年末，集团货币资金量为98.23亿元，公司归集资金余额为56.55亿元，资金归集度为56.65%，比2013年底的归集度18.27%上升了38.38个百分点，资金集中规模实现了新突破，为公司新业务开展创造了有利条件。

【结算业务】 2014年，公司一是全面清理成员单位外部银行账户，完成11家直连行的账户授权工作。截至2014年末，共办理各类结算业务19 438笔，结算金额1 781.13亿元，无重大差错事故发生，实现了对集团公司和成员单位资金的一体化集中和管控安排，防范了资金使用风险。二是对六家成员单位开展国家开发银行结算代理业务，累计代理支付约400笔，累计支付金额约3亿元，结算处理时间缩短为1个工作日，全面保障了集团公司高速公路项目施工进度。三是协助国家开发银行进行项目资金支付，有效地提高了结算工作效率，为项目公司提供了更为高效、便捷的服务。截至2014年末，共支付款项4 739笔，金额共计496.17亿元。

【信贷业务】 2014年，公司一是利用“胀肚子”及合理安排贷款期限等方式，做大贷款日均量，全年累计发放贷款 28.06 亿元。截至 2014 年末，公司贷款余额 13 亿元，较年初新增 8.50 亿元，增幅达 188.89%，实现利息收入 0.65 亿元，较上年增加 0.53 亿元，增幅达 432.28%。贷款投向涵盖了集团公司高速公路、商贸物流、港口码头、能源化工、房地产开发经营以及广告传媒等产业。二是作为银团贷款牵头行与国家开发银行、工商银行等组成银团，用 0.70 亿元参贷份额，撬动鹿寨码头项目贷款 5.20 亿元，金融杠杆作用日益显现。

【**金融服务**】2014 年，公司一是充分发挥金融团队优势，通过向成员单位提供融资顾问服务，使成员单位综合融资成本由 12% 降至 7%，为项目节约利息支出 0.12 亿元。在贷款利率下行的情况下，以基准利率为成员单位置换了外部高息贷款 1.71 亿元，不仅降低了集团整体融资成本 0.10 亿元，也为成员单位节约利息支出 51.57 万元。公司还利用结算系统及收付款的便利条件，协调理顺成员单位间款项往来，仅 2014 年 10 月至 12 月，共为成员单位收回路内材料销售款 1.76 亿元。二是实现对集团公司车辆保险和公众责任险的统一投保和管理，全年累计代理保额 187.41 万元，代理险种包括机动车商业险、公众责任险等，保险代理业务服务水平稳中有升。三是牵头编制完成了集团公司（2014—2020 年）金融板块战略规划报告和公司中长期发展战略规划（2014—2020 年）草案，为集团公司金融产业发展作出了积极贡献。

【**资金和投资业务**】2014 年，公司成功抵御全年 Shibor 利率下行的市场风险，实现同业收益 0.67 亿元，为集团公司外部创收作出了积极贡献。

【**票据业务**】2014 年，在市场资金面偏紧的情况下，公司积极开展票据贴现业务，完成贴现金额 615.95 万元，实现了公司资产的多元化配置，满足了成员单位资金需求。公司通过制定票据操作细则，进一步规范了票据审查、托管、查验、托收等操作流程，提高业务效率，强化风险防控。

【**业务创新**】2014 年，公司一是加快了新业务拓展速度，成功办理了多笔信贷证明和履约保函业务，累计承诺金额 0.13 亿元，为成员单位提供了远期的资金支持。二是以“用存款换中收”的模式，与银行实现收益共享，成功归集了外部银行 13.40 亿元资金，提高了公司收益，为集团公司产业发展提供了资金保障。

【**风险管理和内部控制**】2014 年，公司一是针对成员单位不同的资金性质，采取不同监管方式，有效防范了资金支付风险。凡涉及投资、购地、购车、先款后货的贸易款等，需成员单位提供全套支付材料，而对业务往来频繁、信誉度高、风险可控的贸易对手则开通了绿色支付通道，仅需成员单位提供内部审批单即可对外支付，简化了支付流程，确保了支付便捷高效。二是全年开展各种内部检查、自查工作 13 次，为公司各项业务发展保驾护航。配合完成中国人民银行南宁中心支行现场检查 1 次，广西银监局现场检查 2 次。在 2014 年的广西银监局现场检查工作中，公司获得了“总体良好，发展稳健”的良好评价。

【**人力资源管理**】2014 年，一是建立起“以业绩目标为导向，以过程控制为重点”的绩效考核管理机制，运用“平衡计分卡”工具设定各级经营管理类职位的绩效目标。实施绩效考核管理以来，公司各项经营业绩目标完成良好，提升企业规范管理水平，促进员工与企业共同成长。二是坚持开展“金融讲堂”培训活动，培训内容涉及业务技能、金融知识、团队管理等多方面知识，2014 年共组织员工培训 20 余次，培训达 193 余人次，培训覆盖率为 100%；通过轮岗方式进行复合型人才培养，让不同管理人员亲身体验学习其他部门工作，熟悉不同部门的工作流程及职责，为培养复合型及高素质管理人才打下良好基础。

【信息化建设】2014 年，公司加大了系统二次开发工作力度，增加了汇总凭证打印、关机与导账分离、电子对账单、网银指令自动接收发送处理和多级主体管控体系等功能。同时，对业务系统的结算流程进行了优化，提高了资金结算和凭证处理的效率。

【企业文化建设】公司主张的“聚金融智慧、助集团发展”“审慎合规、优质高效”“一流业绩、一流服务、一流团队、一流品牌”等企业文化建设核心理念进一步得到员工认同，并在工作中形成自觉、自发的服务意识和行为，公司企业文化品牌逐步清晰化、统一化。2014 年 10 月 29 日，公司党委在广西平南县大鹏镇思洪小学发起了“金秋送暖，爱心助学”活动，向思洪小学捐赠了一批教学设备和文具，以实际行动践行中华民族传统美德，支持农村教育事业发展。

徐工集团财务有限公司

【经营概况】截至 2014 年末，徐工集团财务有限公司（以下简称“公司”）吸收存款余额 26.82 亿元，比年初增加 16.19 亿元，增幅为 152.21%；各项贷款余额为 32.30 亿元，比年初增长 6.12 亿元，增幅为 23.36%；各项资产 58.19 亿元，比年初增长 17.40 亿元，增幅为 42.66%；各项负债 46.65 亿元，比年初增长 11.28 亿元，增幅为 31.90%；所有者权益 11.54 亿元，比年初增长 6.12 亿元，增幅为 112.90%。2014 年全年实现营业收入 2.65 亿元，比 2013 年增长 1.64 亿元，增幅为 162.28%；实现利润总额 1.65 亿元，比上年增长 1.09 亿元，增幅为 195.72%。不良资产和不良贷款率为零。

【信贷业务】2014 年，公司对 17 家成员企业开展企业信用评级和授信工作，授信总额 68.05 亿元，在授信项下发放贷款 63 笔，累计金额 53.07 亿元；发放委托贷款 27 笔，金额 15.19 亿元。

【结算业务】2014 年，公司与工商银行、农业银行、中国银行、建通银行、交通银行五大行的银财直连全部开通，大大提高了结算效率，实现了结算即时支付、贷款即时发放、票据即时开立等，日结算量由初期的不足 50 笔发展到高峰时超过 1 000 笔，全年累计完成结算业务 82 747 笔。

【资金集中】公司通过每天日间高效优质的结算服务和日终严格完善的检查督促，千方百计提高成员单位的资金归集率，有效减少了资金体外循环。12 月末，按银监会全口径统计资金归集率达 64.23%，比年初提高 15.04 个百分点。严格各成员单位资金账户管理，大力推进账户归集工作，至 2014 年 12 月末归集成员单位银行账户 44 个、外币账户 2 个，完成系统内开户核算的成员单位23家，开立内部核算账户299个，监管成员单位人民币银行账户47个，监管外币银行账户25个。修订了《资金集中管理考核细则》，通过严格执行资金收支管理，大部分成员单位资金支出偏差率都能控制在10%以内，极大地减少了资金沉淀。

【票据业务】2014年，公司办理商业汇票承兑业务14.69亿元，降低成员单位保证金存款支出5亿元，节约财务费用750万元。公司同业存款价格较成员单位存款利率高，2014年，公司办理代开银行承兑汇票8.87亿元，增加保证金存款利息收入150万元，在提高了资金收益的同时，着力调整了成员单位银行承兑汇票融资额度和保证金比例问题。2014年，公司贴现业务量持续增长，贴现票据总量达23.03亿元，与2013年年化后的贴现量相比增长了24.33%，票据中心通过票据资产的有效运作，实现票据业务创收0.51亿元，为成员单位减少贴现利息支出350万元。

【外汇业务】2014年，公司通过境内外金融机构的联动，共为欧洲采购中心、XS公司及香港发展公司等海外机构融得等值逾20亿元人民币的资金，保证了境外机构的正常运营，并为集团节约了0.40多亿元的财务费用。

2014年9月24日，徐工集团获批成为苏北第一家具备外汇资金集中运营资格的企业，同时国家外汇管理局江苏省分局核准了徐工集团80亿元人民币的对外放款额度。2014年11月14日，公司归集境内成员企业的闲置资金，通过外币资金池的调拨功能，向境外成员企业成功办理了0.20亿欧元的对外放款业务，满足了境外企业的资金周转需求。2014年12月12日，徐工集团获批成为苏北地区首家具有跨境双向人民币集中运营业务资格的企业，同时人民银行南京分行核准了徐工集团跨境人民币资金22.43亿元的净流入额。跨境双向人民币资金池成功运营后，将为集团境内外人民币资金余缺调剂和集中运营打通绿色通道，便利集团统筹配置全球资金，提高资金集约利用程度和管理效率，增强集团参与全球贸易和投资活动的竞争力。

【创新业务】2014年，面对徐工集团各主机厂及平台公司面临的资金紧张状况，公司积极探索，大胆突破，积极创新，推出了多个金融产品。一是受托保理，2014年，顺利为3家供应商办理了保理融资，金额0.40亿元；二是受托按揭，基于集团产业链的实际需求，2014年，公司共为产业链下游经销商和客户办理了4笔按揭业务，金额为1.31亿元，提高了下游客户的购买力，解决了下游中小企业和终端客户融资难的问题，降低了主机厂和经销商的应收账款，助力集团产品销售；三是代理贴现，根据集团上游中小供应商普遍资金紧张、运营艰难的状况，公司承诺为供应商办理商业承兑汇票代理贴现，2014年，公司已累计办理代理贴现21笔，金额1.28亿元；四是保函业务，2014年，公司开立了7笔保函，金额累计达到585.68万元，保障了近亿元的贸易合同；五是同业合作，为促进集团销售业务，公司充分发挥金融平台作用，以财务公司间战略合作的方式，探索出一条助推集团产品销售业务的新思路。2014年6月9日、7月14日，分别与中交财务有限公司、中化工程集团财务有限公司签订了战略合作协议。根据协议，双方在同业授信、资金融通、商票互认、票据转贴现、价值链增信、信贷资产转让等方面展开广泛而深入的金融合作，助推集团产融有效结合，实现快速发展。

【风险管理和内部控制】公司从全面风险管理的角度，多管齐下，加强风险管理和内部管控，尤其是注重从风险源头解决问题。一是进一步构建了风险管理组织架构，确定全面风险管理目标，建立了稽核、风险合规部门构建的事前、事中、事后三位一体的风险防控体系，实现对经营业务流程的全覆盖；二是将徐工集团非上市公司的融资还款计划一并纳入管理范围，实现集团资金的统一管控。编制集团年、月、旬、日资金收支预算，确保做到每日监测资金头寸，控制、监测资金流动，调节资金头寸，合理安排资金存放结构，防范和控制流动性风险，提高资金使用效益和效率；三是通过对借款单位经营管理分析、财务状况分析、资金结算和对外支付分析，监测成员单位经营状况、现金流动态、财务变化等，判断其资金状况，防范风险发生；四是针对外汇市场风云多变的特性，为企业提供本外币汇率走势变动信息，并按照企业实际需求进行调整，以适应企业规避汇率风险，控制财务成本的需要。利用金融专业优势，对成员企业的经营资金需求计划进行指导，防止其经营扩张风险，为集团成员企业转型发展保驾护航。

【人力资源管理】一是在人员配备与部门设置方面，截至2014年12月31日，公司员工总数为26人。2014年，经董事会审议通过，公司增设了消费信贷部和票据中心。二是在人员培养方面，公司建立了培训体系，激励内训师进行课程开发，完善公司课程资源库，不定期地邀请监管机构、同业机构的金融专家到公司进行授课。2014年全年实施培训31期，其中内培25期，外培6期，培训608人次，1 216课时，人均48.60课时，较好地完成了公司2014年度培训计划。三是在绩效管理方面，优化公司绩效指标库，规范各类通报管理。

【信息化建设】2014年，公司大力推进信息化建设，大幅提升信息化在经营管理和业务创新中的支撑作用，顺利完成多个系统的上线工作。2014年10月，电子商业汇票系统顺利完成各项功能测试，并正式全面上线，此举有效降低成员单位对外部银行承兑票据的依赖，节约财务费用。电子商业汇票作为公司重要的金融工具，将在传统信贷业务和产业链金融方面发挥巨大作为；2014年11月，数字档案管理信息系统正式上线，实现了档案管理信息化，提高档案管理的效率、降低管理成本，达到事半功倍的效果；2014年末，资金移动审批平台正式上线，成员单位的审核人员可以通过手机客户端对其资金支付的审批、账户余额的查询等进行实时操作，解决以往查询和支付审批时受到的时间、区域等条件的限制。同时，解决了因审核人员出差、会议等特殊情况下资金支付流程中可能出现的经办、审批“一手清”或随意授权的风险。

此外，在2014年，公司还对核心业务系统进行了优化升级，提高了应用效益。2014年末，公司的人民银行征信系统建设也正在进行最后的冲刺，等待人民银行的验收。

【企业文化建设】公司始终高度重视企业文化建设，2014年，一是充分利用《徐工集团报》《徐工财务公司简报》、中国财务公司协会网站和其他网络平台作为宣传渠道，传播公司的经营管理、业务创新和重大活动，在集团、监管机构及合作伙伴中树立了良好的形象；二是开展系列人文素养提升活动，进一步提升员工的精神面貌和境界；三是开辟了风险园地专栏，宣扬合规文化；四是通过举办员工自编自导自演的文艺晚会，生日祝福、关心员工生活等多种方式，增强公司的向心力、凝聚力和员工的归属感；五是通过喜报、专项奖励等方式营造出比学赶帮超的追求事业的氛围。

百联集团财务有限责任公司

【经营概况】2014 年，百联集团财务有限责任公司（以下简称“公司”）在首个正常运营完整年度中，紧紧围绕集团发展战略，以“创新驱动、转型发展”为主线，创新发展思路，深化金融服务，取得公司业绩的开门红。2014 年末，公司资产规模达 66.82 亿元，实现营业收入 1.79 亿元，利润总额 0.52 亿元。公司呈现稳健经营、健康发展的良好局面，存款准备金工作、会计报表工作受到中国人民银行上海分行书面表扬。

【信贷业务】公司在中国人民银行上海分行关于 2014 年货币信贷政策导向效果综合评估中，获得 A 类金融机构的好评。根据经济金融环境及监管要求，公司优化信贷投放结构，有计划、有重点地支持集团重点单位和重点项目建设，开展了流动资金贷款、项目贷款、抵押贷款、异地贷款、银团贷款、应收账款保理等业务，拓宽融资渠道，丰富贷款形式，充实贷款品种，防控信贷风险，满足成员企业不同的融资需求，积极服务实体经济。截至 2014 年末，公司贷款余额 29.66 亿元，较年初新增贷款 19.56 亿元，增幅为 193.66%。

【资金业务】2014 年，公司根据市场利率水平，合理调度同业业务与贷款业务，提高公司盈利能力。公司最大限度地利用富余资金，开展周期性配置工作，进一步加大与商业银行的议价力度，全年活期存款平均利率为 2.27%；在安全可行的前提下，选择利率水平较高的交易对手，全年定期同业存款平均利率为 5.03%，各档次同业定期存款加权平均利率均高于同档次市场平均利率。

【票据业务】2014 年，公司着手稳步推进票据业务，制定了《银行承兑汇票票据池业务运营模式暨管理办法和操作规程》等七项相关规章制度和业务流程，设计开发纸质票据系统，建立交易对手行渠道，培训员工逐步掌握票据专业技能，成熟一项试点一项，陆续启动了票据池托管、贴现、转贴现、承兑开票等业务，通过统一结算资金池与票据集中票据池的联通，为成员企业提供全流程一体化的票据金融服务。同时，公司为满足成员企业临时提出的电子票据贴现需求，借助银行的代理通道，完成首笔电子银行承兑汇票贴现和转贴现业务。2014 年，公司获批以直连方式加入人民银行电子商业汇票系统。

【资金集中】2014 年，公司圆满完成市内成员企业的资金归集工作，并成功试点市外结算业务。截至 2014 年末，已开户且办理结算的成员企业达 145 家，挂接成员企业账户 249 个，日均结算量保持在 12 亿元以上，日均结算笔数逾 1 200 笔。公司设计搭建了资金池框架下的板块现金管理平台，形成具有集团商贸特色的“台中台、池中池”现金管理创新模式，池与池之间既独立又关联，每个池均能实现跨银行、跨地区的统一支付与清算。

公司坚持以提高资金集中度为主线，以系统创新、产品创新为抓手，积极开拓资金归集渠道。面对业态不一、规模各异的众多成员企业，多措并举，开展了覆盖集团所有二级企业范围的核心业务系统上线推介及培训，形成符合各业态特点的资金归集与金融配套方案，持续夯实客户基础，有效推进资金归集工作向纵深发展。

【风险管理和内部控制】公司进一步扩大风险管理的内涵与外延，确保公司运营稳中有进，为业务拓展保驾护航。公司成立案件防控自我评估领导小组，协调落实案件风险排查工作；组织开展贯穿全年的“员工行为管理年”主题活动，规范员工行为，引导员工树立正确的人生观、价值观和业绩观，强化员工依法合规意识。

公司有序开展审计稽核工作，在常规检查的基础上，对日趋稳定的存贷款业务开展专项检查，逐条对照，出具有针对性的管理建议书，并督促整改内控中发现的问题。公司对原有的《制度汇编》进行全面梳理与修订，确保线上线下业务流程依法合规、有章可循，同时制定详细的目录及参考依据索引，便于员工日常查询与业务参考。

【人力资源管理】公司初步建立体现创新驱动的绩效考核框架，凝聚全员智慧协力共促公司转型发展。考核框架体现系统性，包括日常性工作、挑战性工作、创新性工作和否决性指标，在激发员工工作积极性的同时，提醒员工绝不触犯风险底线；考核指标重视客观性，既反映各岗位工作特性，又通过权重分布体现工作重点；考核评价凸显问题导向性，从质量、效率等多维度评估指标完成情况，实现工作精细化管理的严格要求。

为建立持续创新长效机制，激发员工乐于创新、善于创新的积极性，公司举办“持续创新”活动，将经营中遇到的“重、难、艰”问题依轻重缓急进行分类，以公司经营层牵头、员工组团或个人申报等形式确立研究课题，将企业转型发展的压力转化为员工自我突破的动力，提供员工自我展示的平台。

【信息化建设】2014 年，公司开展多项信息技术安全检查工作，强化信息技术安全管理，构建信息安全环境。根据银监会《关于协同开展对银行业重点外包服务机构外包服务风险联合检查的通知》的要求，以主查人身份参与外包服务风险的实地联合检查，对外包服务商的安全管理、项目管理、公司治理和技术服务能力等方面进行了全面的风险检查与审计，有效防控外包服务的信息安全风险。

公司成功建立统一监管报送平台，实现与资金管理平台对接，增加近 85% 的表单自动取数功能和 95% 以上的表单系统校验功能，确保监管报表的正确性、及时性。公司还实施合规预警平台建设，利用系统的报表数据分析功能，为公司的经营决策提供数据支持。

【企业文化建设】2014 年，公司党支部、团支部正式成立，进一步深化“财务公司我的家”的理念，提升员工归属感与企业凝聚力。通过加强企业文化宣传，主动关心员工的生活点滴，积极营造和谐劳动关系，搭建沟通桥梁，建立交流平台，实现“共建和谐社会、共谋企业发展、共享发展成果”的良好氛围。

中交财务有限公司

【经营概况】2014 年是中交财务有限公司（以下简称“公司”）独立运营的第一个完整年度。一年来，公司紧扣“一二二三”工作主线（贯彻一条主线：紧抓资金集中这条主线不动摇。突出两个重点：坚持两手抓，即一手抓扩大经营业务的范围和品种；一手抓京外地区资金集中和集团投资项目的资金集中。推动两大创新：受托管理集团金融股权和开展集团境内商业保险集中管理。夯实三项基础：风险管理基础、信息化基础、企业文化基础），着力铺摊子，打点布局，打基础，稳健运营，超额完成了董事会下达的任务指标。截至 2014 年底，公司资产总额 188.82 亿元，公司利润总额 2.53 亿元，净利润 1.90 亿元。企业步入了又好又快的发展轨道。

【信贷业务】公司注重合理配置信贷资源，创新金融服务品种。侧重支持集团的重大建设项目，信贷资源配置覆盖了“五商中交”（全球知名的工程承包商、城市综合体开发运营商、特色房地产商、基础设施综合投资商、海洋重工与港口机械制造集成商）所涵盖的工程承包、投资、综合体开发、房地产、装备制造等业务范围。截至 2014 年底，公司新增贷款（含票据贴现）46.98 亿元。2014 年 6 月，公司与徐工集团财务公司签订了战略合作协议。双方在同业授信、资金融通、商票互认、票据转贴现、价值链增信、信贷资产转让等方面展开合作。

【保险兼业代理业务】2014 年，公司境内统保工作开局良好。2014 年 3 月，组织人员先后赴武汉、广州、西安、上海、北京、天津等地调研，分别到 23 家主要成员单位进行统保工作的宣传贯彻。5 月，正式下发了《中国交通建设股份有限公司境内商业保险集中管理办法》及《中国交通建设股份有限公司境内商业保险集中管理实施细则》。通过公开招标，确定了保险经纪人和 12 家合格供应商。建立了财务公司、经纪人、保险公司“三位一体”的服务平台。截至 2014 年底，通过统保平台接受并完成项目 89 个、超过 15 个险种，保费共计 0.86 亿元，取得兼业代理收入 311 万元。

【资金和投资业务】公司坚持每周编制资金周报表和资金头寸表，及时调拨资金，保障了支付结算、存放同业以及缴存准备金等业务的顺利进行。各部门之间相互协调、相互监督，及时对准备金进行动态调整。完成存放同业定期业务 46 笔，总金额 322.90 亿元，利息合计 1.75 亿元。

【资金集中】公司采取上门走访、重点帮扶、每季度编辑一期《经营动态》公布成员单位的资金集中度排名和提供技术支撑等多种方式，千方百计扫除盲点，补齐短板，帮助成员单位提高资金集中度。为了提高公司京外地区资金集中度，新开 22 个异地账户并全部开通银企直连功能。截至2014年底，公司共有客户115户，比2013年新增54户，完成结算笔数8 136笔，金额3712.35亿元，集中资金150.39亿元。

【票据业务】为有效缓解成员单位资金压力，降低融资成本，加速资金在系统内部正常周转，公司积极开展商业票据承兑业务和商业票据贴现业务。为4家单位办理25笔商业汇票承兑业务，承兑金额1.65亿元，为3家公司办理3笔银行承兑汇票贴现，为1家公司办理4笔商业汇票贴现。参与中国交建永续中票业务，并做好融资顾问工作。

【风险管理和内部控制】公司出台了《连续性工作指引》，制定了人员危机与公共安全应急预案、流动性风险应急预案、结算业务应急预案、信息科技风险应急预案，不断完善应急管理体系。以月度为频率进行风险的定量指标限额监控，编写风险监控报告，进行风险提示和风险预警。逐步加强内部控制，对公司多项业务、管理进行了专项审计，对公司各部门内控制度的健全性、制度执行有效性进行了全面审计和评价。根据银监会的要求组织开展风险评价工作，围绕管理状况、经营状况、所属集团影响度三大类92个指标进行了两轮自评。同时，对开业初期制定的制度进行了全面系统的梳理、评估，消除制度的空白点，提高制度的适用性。

【人力资源管理】公司全年共引进各类专业技术人员5名。有1名员工被评为高级会计师、2名员工获评中级职称。选派119人次参加集团、行业协会等组织的各类培训班。同时，还组织人员到优秀财务公司交流学习。不断提高员工的专业素质和工作能力。

【信息化建设】积极推进银企直连的对接工作，新增银企直联银行3家，截至年底，完成系统对接的银行已达9家。对公司1104报表系统进行了改造，优化调整了OA系统中的部分办公流程，合理确定了权限。每月发布《运行维护月报》，提示操作风险及安全隐患。编制了各系统的应急预案。初步编制了信息化建设总体规划。

【企业文化建设】公司继续深化巩固党的群众路线教育实践活动，不断健全党、工、团的基层组织建设。全面落实党委在党风廉政建设中的主体责任和纪委的监督责任，严格执行“三重一大”集体决策制度。加强对公司重点业务及工作动态的宣传，丰富公司内外网站和文化墙宣传栏建设。组织“七一”西柏坡爱国主义主题教育活动，开展“中交企业精神”表述征集活动，羽毛球、秋季健走等文体活动，加深了员工的交流，增强了员工对企业的认同感和荣誉感，展现了公司员工良好的精神面貌与风采。

山东黄金集团财务有限公司

【经营概况】2014年，面对复杂多变的经济金融形势和中央银行不对称降息的不利因素，山东黄金集团财务有限公司（以下简称“公司”）专注打造具有黄金产业特色的“资金运营平台、金融服务平台、价值创造平台”，全力以赴为集团产业链条提供贴身金融服务。截至2014年底，公司资产总额23.84亿元，负债总额13.14亿元，所有者权益10.69亿元，信贷投放余额15.20亿元。全年累计营业收入1.20亿元，结算交易量828.65亿元，实现利润总额0.74亿元，荣获集团公司颁发的管理创新奖。

【信贷业务】2014年，公司为成员单位提供授信总额48.87亿元，累计投放信贷资金26.15亿元，发放委托贷款8.35亿元，实现贷款利息收入0.65亿元，实现中间业务收入77.30万元。一是注重信贷调研，坚持深入矿区实地调查，先后对省内外多家成员单位进行调研走访，积极宣传公司各项业务，着重就流动资金贷款、固定资产贷款、承兑汇票、法人账户透支等业务进行交流洽谈，充分了解成员单位融资需求。二是创新信贷服务，通过为股份公司、瑞鹏贸易等单位办理法人账户透支、票据贴现业务，为成员单位高效使用信贷资金提供量体裁衣式服务。三是强化信贷管理，根据不同信用等级、贷款方式、战略地位、行业特点等因素，在精细化核算基础上实行差别化定价，使贷款利率更具市场竞争力；做好存量贷款单位维护工作，督促贷款单位严格按照监管部门要求使用信贷资金，按时对存量贷款进行五级分类，确保信贷资金流向符合标准。

【资金业务】公司利用自身资金网上结算系统提供了以“定点自动归集+代理行支付模式”为主，同时“手动归集”及“资金下拨”为辅的资金归集及结算业务模式，满足了各成员单位不同的资金管理及结算要求。截至2014年底，在公司开立存款账户成员单位共计92家，实际开展资金归集和结算业务61家，累计办理资金结算业务共计2.60万多笔（日均105笔），结算量达828.65亿元。公司充分利用牌照功能，加强内外部沟通，准确把握了2014年上半年同业市场资金紧张、利率高企的机遇，利用专业谈判技巧和资金规模优势，获得了较高的同业存款收益。通过合理搭配、竞价存放、高收益运作余量资金，不断完善同业存放询价竞价机制，公司全年累计实现存放同业利息收入0.54亿元，占公司收入比例的45.30%。2014年11月中央银行不对称降息政策出台后，公司相应下调了成员单位的贷款利率，并将成员单位的存款利率一浮到顶（达到20%的上限），切实降低了贷款成员单位的利息支出，提升了存款成员单位的资金收益。

【票据业务】为加强对集团票据的统一管控，公司新设票据业务部，力争尽快通过建立“票据池”来实现对成员单位票据资源的集中管理，为集团减少财务成本费用和票据操作风险。2014年8月，人民银行批准公司以直连方式加入电子商业汇票系统，截至年底系统测试工作也已进入验收程序。

【资金集中】2014年5月完成上市公司成员单位资金归集所需的审批、公告等一系列工作，成功实现上市公司成员单位资金的归集。2014年底，公司全口径资金集中指标为50.41%。

【业务创新】一是开展保险代理业务，于2014年6月成功实现对公保险代理业务零的突破，全年共为成员单位办理516单保险代理业务，代理保费为70.77万元。公司还于2014年9月为集团员工量身打造了集车险、财产险、人身险于一体的保险综合服务平台——“金保仓”，平台成立以来为集团员工提供投保及索赔咨询服务800多人次，使员工的投保费用降低了三分之一左右。二是开展财务顾问业务，公司利用自身专业优势，为集团和相关成员单位提供了融资租赁、矿业基金、外汇套保、股权类产品及跨境融资业务等方面的财务顾问服务，并出具了高质量的财务顾问咨询报告。

【风险管理和内部控制】一是健全公司治理。公司根据现代金融企业的治理要求，建立了“三会一层”（股东会、董事会、监事会，经营管理层）为主体的治理架构，并通过引入独立董事丰富了董事会成员结构。另外，在董事会下成立了战略发展、风险管理、审计稽核三个专业委员会。2014 年，公司共召开 2 次股东会、12 次董事会、1 次监事会、38 次总经理办公会。二是规范风险管理。健全风险管理组织架构，制定《全面风险管理办法》，将信用风险、市场风险、操作风险和流动性风险以及日常管理和业务经营的全流程全部纳入公司风险管理体系中。参照商业银行风险管理运作模式，构建董事会负责下的风险管理架构体系和风险管理的三道防线（公司各业务部门为第一道防线，风险管理部为第二道防线，审计稽核部为第三道防线）。实行审贷分离，形成了风险尽职调查、贷审会集体评审和有权决策审批“三位一体”的信贷审批管理机制。注重提高员工的风险意识和风险防范能力。2014 年 12 月，公司参加山东银监局组织的风险管理测试，在包括国有银行、股份制银行、信托公司等 56 家金融机构中获得第四名的优异成绩。三是完善制度建设。公司依据国家有关金融法规和监管要求，结合公司实际，制定了各项业务规章制度和操作流程，共 9 大类、90 多个制度，涵盖公司治理、业务经营、风险控制和内控审计等方面的制度、流程、授权与管理，初步形成了公司业务规章和内控合规制度体系。

【人力资源管理】一是构建学习研究型团队。公司鼓励员工结合自身业务职能进行创新研究，多篇学术论文在《金融经济》《金融理论与实践》《金融发展研究》《环渤海经济论丛》《山东国资》等学术期刊上发表，在有效提升公司知名度的同时，员工的专业素质也明显增强。二是搭建专业化培训平台。定期组织业务人员参加中国财务公司协会举办的资金集中、票据业务、会计核算等专业培训，并邀请兄弟单位财务公司、保险、证券、银行等外部金融机构进行业务指导，激励干部职工丰富业务知识、掌握职业技能、提高综合能力，为公司提升核心竞争力奠定了坚实的人才基础。

【信息化建设】一是根据监管要求和业务开展实际，完善信息系统建设，加速推进九恒星系统二期模块上线、电票系统、集团 NC 系统对接、人民银行大集中报表系统等在建项目实施。二是启动网络安全优化建设，对网络系统进行加固优化，清除巡检死角，进一步增强网络安全防护措施，增置桌面管理系统、文件加密系统、漏洞扫描系统、日志审计系统、数据库审计系统，并加强日常巡检运维，有效降低操作风险，不断提高内部管控水平和刚性约束力。

【企业文化建设】一是注重弘扬集团文化，引导干部职工“简单生活、简洁交往、透明共事、廉洁奉公”，努力营造平台培养人、岗位锻炼人、事业造就人、文化凝聚人的良好氛围；二是关注青年职工成长，通过举办五四青年座谈会、组织爱国主义教育活动，使青年职工牢固树立“敬业、专业、乐业、立业”理想，职业定位更加明确，干事创业更具激情；三是成功举办“庆祝公司成立一周年”系列活动，活动内容丰富、形式多样，节俭不失热烈，简约不失温馨，通过展示经营业绩、发行纪念专刊、组织知识问答、参加全省金融行业运动会等与上级监管部门、外部合作机构、内部成员单位密切了沟通联系，大力提升了山东黄金品牌影响，全面展示了公司企业形象。

中国平煤神马集团财务有限责任公司

【经营概况】2014年，面对复杂严峻的国内外经济金融形势，中国平煤神马集团财务有限责任公司（以下简称“公司”）贯彻落实集团公司工作会议部署，以加强“资金集中管理”为主线，以“拓展业务范围、丰富金融产品”为重点，严格控制和防范经营风险，认真实施合规管理，积极稳健开展业务，金融服务功能不断增强，监管指标全部优于监管要求，实现了资产保值增值。截至2014年末，公司资产总额52.40亿元，负债总额41.70亿元，所有者权益10.70亿元，全年实现营业收入1.68亿元，利润0.84亿元。

【信贷业务】一是积极争取业务支持。主动做好人民银行的沟通汇报工作，落实人民银行的货币政策和监管要求，新增信贷规模19.70亿元。二是加大信贷投放力度。认真贯彻落实政策要求，不断优化信贷投向，2014年累计办理流动资金贷款20.21亿元、票据贴现29.23亿元，满足了成员单位原材料采购、集团内部上下游企业之间清欠等多方面的融资需求。三是信贷产品不断丰富。在符合各项监管规定的前提下，2014年相继推出银行承兑汇票质押贷款、委托贷款业务，不断提高服务水平。四是认真实施过程管理。在信贷投放过程中，坚持审慎经营原则，认真落实“三查”流程，确保交易背景真实，贷款流程合规。截至2014年末，投放的各类贷款全部运转正常、履约良好。

【票据业务】一是完成了电票系统网络连通、接口验收、模拟运行等上线准备工作，2014年12月获准加入中国人民银行电子商业汇票系统，推进公司业务发展升级。二是2014年4月上线集团公司票据池系统，通过对集团内部票据资源的统筹管理和使用，增加集团票据资金周转灵活性，满足集团票据业务多样服务需求。

【资金集中】一是发挥内部单位优势，通过与成员单位、地方财政局及地矿局等沟通协调，实现了部分成员单位在公司开立环境治理保证金专户，2014年末开户单位达到223家。二是加强与合作银行的协调配合，推进代签银行承兑汇票业务上线，进一步提高资金集中度。

【风险管理和内部控制】一是根据业务发展需要和监管要求，进一步建立健全了各项管理制度和业务操作规程，出台了贷款利率定价、事后审查、法律审查等管理措施。二是按照河南银监局和平顶山银监分局监管要求，全面开展“合规长效机制建设年”活动，培育良好的合规文化氛围，形成全员参与、齐抓共管的工作格局。三是充分发挥内审监督作用，按照外部监管和内部相关制度要求，对资金结算、信贷、计财和信息科技等业务开展事后审查19批次，监督内控制度执行情况，及时防范化解风险。四是在分工负责的基础上，根据岗位职责编制《风险防控工作责任书》，分级负责，不留死角，层层建立风险防控责任制，确保风险防控工作落到实处。

【信息化建设】一是开通了河南银监局公文要情快速专递网、中国人民银行郑州金融城域网及电子邮件系统，规范了与监管部门的网络连接，方便金融信息交换，保障网络安全。二是制定下发《2014 年度重要信息系统应急演练计划》，对消防、网络、业务应用进行了演练，对机房 UPS 电源进行了割接测试，检测信息系统安全性，提高重要信息系统应急管理能力。三是与北京神州绿盟信息安全科技股份有限公司合作对科技系统进行渗透攻击测试，及时修补了登录界面暴力破解等漏洞。

中开财务有限公司

【经营概况】2014 年，中开财务有限公司（以下简称“公司”）紧密围绕集团发展战略和公司经营目标，牢固贯彻“立足集团、服务集团、规范运营、稳健发展”的经营方针，对内加强管理，不断提升资金管理水平和运营能力，对外寻求突破，成功获批四项新业务，充分发挥了自身非银行金融机构的职能，为集团和成员单位提供了优质、高效、全方位的金融服务。截至 2014 年底，公司资产总额 25.71 亿元，吸收存款余额 20.32 亿元；实现营业收入 0.93 亿元，净利润 0.20 亿元；平均资金归集率 57.70%；不良贷款率和不良资产率均为零，各项监管指标均符合监管要求。

【信贷业务】2014 年，公司根据集团发展战略和相关业务发展的需要，不断丰富业务品种，为集团成员单位和集团重要项目提供了及时有力的资金支持。公司全年累计办理发放自营贷款 26 笔，累计发放贷款金额 9.97 亿元，累计新增授信客户 9 个，新增授信额度总计 27.90 亿元。截至 2014 年末，公司贷款余额 8.11 亿元，较上年同期增长 5.25 亿元。

【资金业务】在保证成员单位付款流动性的基础上，2014 年公司进一步加强资金精细化管理工作，将资金存放期由 2013 年最短的 7 天缩短至隔夜。此外，为了强化同业业务风险管理，公司制定了《同业融资业务准入名单》，对同业业务范围进行了规范，使得公司全年未出现任何资金安全问题。截至 2014 年底，公司全年共开展存放同业业务 159 笔，总交易金额达 243.15 亿元，取得金融机构往来利息收入 0.54 亿元，最高年化利率为 8.50%，综合年化利率为 4.03%。

【资金集中】为加强集团资金集中管理，有效落实公司作为集团唯一资金中心的功能定位，2014 年公司多策并举，提高资金集中度。一是加强成员单位走访调研工作，对公司各项业务优势进行宣传推介，主动收集成员单位的业务需求和意见建议，并对核心业务系统进行不断改进和完善；二是增强服务意识，通过QQ群组等网络平台，建立公司与成员单位之间的沟通协调机制，确保成员单位在办理业务过程中所遇到的各种问题都能够得到及时有效的解决；三是为成员单位提供价格同优于市场的结算服务和存款服务，提高成员单位存款的积极性。在上述工作的基础上，2014年，公司结算账户新增13个，成员单位开户率达到100%；全年累计办理各类结算业务2.88万笔，结算额1 410.47亿元；全年日均存款15.37亿元，平均资金归集率57.7%。

【业务创新】 为加快公司业务创新发展，适应和满足成员单位更深层金融服务需求，2014年6月，公司组织集团主要成员单位召开了首届“业务创新发展研讨会”，认真听取了成员单位对于公司在业务创新方面的需求和建议。并在此基础上，公司经过多方准备，实现了两方面突破。一是公司成功获批“承销业务，委托投资业务，有价证券投资（股票除外）业务，成员单位产品的买方信贷、消费信贷及融资租赁业务”四项新业务。二是经过多方调研后，公司电票业务系统在本年正式上线，并受到成员单位的青睐。截至2014年底，公司累计开立电票56笔，金额0.43亿元；办理贴现16笔，合计金额0.15亿元。

【风险管理和内部控制】 2014年，公司继续强化风险管理和内部控制工作，制度体系更加完善，内控管理制度基础更加牢固。2014年，公司根据《企业集团财务公司管理办法》和《企业集团财务公司风险评价和分类监管指引》的相关要求结合公司业务发展情况，开展监管风险评价自评估工作。并在自评估基础上，对公司成立之初的43项规章制度进行补充、修改和完善，特别是对于新开展的业务，本着制度先行的原则，扎实进行制度建设的基础工作，力求从源头上控制风险，截至2014年底，公司已编撰规章制度共计78项。与此同时，审计稽核部在总经理的领导下，独立开展工作，完成了结算、信贷业务、计财资金业务、综合管理业务四大常规审计项目，并制定了《审计稽核操作规程》，使得公司审计稽核工作有据可依，为后续工作的开展提供了具体的操作流程。

【人力资源管理】 2014年，公司根据业务发展需求，通过外部引进、内部轮岗、培训交流等多种方式，不断优化人才队伍，持续打造精简高效的专业化团队。一是加强市场化人才选聘制度，积极引入金融专业人才；二是在公司内部执行轮岗机制，为员工实现多渠道发展提供平台支持；三是打造学习型组织，鼓励员工考取工作所需的从业资格、专业证书，参加监管部门、金融同业以及中国财务公司协会组织的各种交流会、培训班。

【信息化建设】 2014年，公司信息化建设在“安全、稳定、高效”的原则下展开。一是筛选资质良好的供应商并签署了保障性的年度维护合约；二是实行系统管理员例行巡检制度，确保了机房设备、网络系统等硬件相关设施稳定运行；三是开展信息系统应急演练，检验了信息系统应急机制的有效性，还出具了演练报告及《风险评估报告》，提高了全员应对信息系统突发事件的能力。

【企业文化建设】 公司秉承中国南山集团“敬业、务实、创新、卓越”的企业精神，坚守“顾客至上，追求卓越”的服务理念，不断地通过金融创新、价值创造为集团和成员单位提供便捷、灵活、高效、优质的金融服务，践行中国南山产融结合之路。为了宣传金融知识，指导公司和成员单位金融业务，2014年全年，公司共编辑内部刊物《中开金融》6期，内容包含经济、银行、证券、产业等十余个板块，受到各成员单位的好评。此外，为了打造“快乐工作、幸福生活”的文化氛围，公司先后组织了体检、旅游和员工生日会等活动，增进员工之间的沟通交流，提升公司整体凝聚力。

四川长虹集团财务有限公司

【经营概况】2014 年，四川长虹集团财务有限公司（以下简称“公司”）紧紧围绕“依托集团、服务产业、规范经营、稳健发展”的经营方针，努力夯实基础管理工作，不断提高资金集中度，全面提升资金运营能力、结算服务能力、信贷服务能力、风险管理能力等，取得了良好的经营业绩，截至 2014 年末，资产总额 66.99 亿元，同比增长 341%，全年利润总额 0.64 亿元，同比增长 279%，资本充足率为 24.57%，流动比率为 102%，不良贷款率为零，各项监管指标均优于监管要求，同时，在开通电票系统、推广电票等创新业务方面取得了一定进展。

【信贷业务】2014 年公司积极开展授信业务，授信品种涵盖流动资金贷款、承兑汇票开立、国内贸易融资、票据贴现、保函等，在经营范围内最大限度地满足了成员单位的业务需求。

在授信客户拓展方面，公司在风险可控的前提下积极进行推进。2014 年，公司为 33 家客户授信 46.50 亿元，授信客户增长率达 135%，有效授信的覆盖率在成员单位中达 60% 以上。

公司致力于依托集团，服务实体经济，降低集团财务成本，不断向集团成员单位提供信贷资金支持。2014 年，公司累计发放贷款 30.78 亿元，有效为成员单位降低财务费用 0.12 亿元。

公司还充分发挥长虹作为传统制造业票据资源多的优势，积极与人民银行地方分支机构对接，争取票据再贴现资源，2014 年累计办理成员单位票据贴现业务金额 28.37 亿元，公司合理利用再贴现资源，降低成员单位贴现利率，成功为成员单位节约财务费用约 0.27 亿元。

【资金和投资业务】为加强资金运营效率，灵活配置资产，公司 2014 年在资金运作方面主要采取了三方面举措：一是强化资金计划管理，有效防控资金流动性风险，坚持把流动性管理放在首位，建立日资金计划及头寸管理机制，结合新增信贷计划，充分考虑成员单位支付计划、贷款到期、承兑汇票到期承兑情况、银行承兑汇票托收等情况，合理安排头寸，确保结算备付金和存款准备金的足额存储。二是积极把握市场趋势，开展广泛的同业询价工作，结合客户定期存款到期和贷款投放情况，科学安排存放同业结构，努力争取较高的存放同业收益率。三是积极开展同业授信，拓宽同业合作渠道。

【票据业务】2014 年 5 月 26 日正式接入人民银行电票系统，积极与成员单位及供应商沟通，大力推广公司电子承兑汇票，通过培训、宣传单页等方式让其充分了解电票业务。截至2014年底，累计开出电票1 158笔。在票据的流转上，积极与工商银行、农业银行、中国银行、建设银行及多家股份制银行合作，争取同业授信资源，拓展票据流转渠道，让公司开出的电票可以在全国范围背书、贴现、质押、转贴现。2014年开展了开票、解汇、票据托收、票据贴现、票据再贴、再贴回购、转贴现等票据业务，全年为长虹集团成员单位开票1 588份，票据贴现2 622份。

【资金集中】2014年积极推动资金集中工作，结合行政要求，积极推动成员单位完成账户下挂、结算平移等工作，为资金集中奠定基础；积极与下属多家上市公司沟通，大力开展存贷款业务，努力提高上市公司的资金集中度；与各成员单位做好沟通协调，克服重重困难，在外汇资金归集方面取得突破，确保资金集中度达到既定目标。保证了2014年末公司资金集中度达到30%的目标。

【业务创新】2014年，公司以票据为载体，积极与成员单位、金融同业合作，探索票据质押业务，进一步提高公司承兑的市场接受程度。与绵阳、成都等地股份制商业银行、外资银行等金融同业合作，成功办理票据转贴现，有效地调剂了公司信贷规模，同时积累了同业合作经验。

【风险管理和内部控制】持续推进风险管理体系构建工作，建立全面的、垂直的、覆盖公司各种风险的风险管理体系，主要是建立各部门和全体员工参与的，对公司各种风险、各业务品种、流程的各环节实施有效管控的全面风险管理体系，组织建立完善的公司风险识别、分析、计量、控制、管理等流程，尤其针对新增的业务进行风险控制，优化资源配置，推动资源向低风险、高回报、优质的子公司倾斜，促进公司稳健发展。

完善公司内部控制环境、风险管理组织职能体系、风险管理政策及措施，对公司各种风险予以主动防范，形成公司稳健的风险管理体系。

【信息化建设】2014年，在资金归集率超30%，日均凭证量近万笔的情况下确保了系统稳定运行。持续推进系统对接和优化，截至2014年底，公司实现了与工商银行、农业银行、中国银行、建设银行、华夏银行、邮政储蓄银行直连，完成了公司核心业务系统与集团ERP系统智能对接，实现了集团成员单位付款、收款、对账自动处理，提升了处理效率。2014年5月完成了公司电子票据系统正式上线使用，开创了长虹集团的先河。

创维集团财务有限公司

【经营概况】创维集团财务有限公司（以下简称“公司”）经中国银行业监督管理委员会核准成立（银监复〔2013〕446号），注册资本10亿元人民币，由创维集团有限公司

100%出资，2013年9月16日正式开业。

谨遵“支撑集团战略，引领产业发展”的使命，公司秉持“立足集团、服务成员；产融结合、共赢发展”的经营方针，结合创维集团及其成员单位的业务及结算特点，公司有针对性地对其提供各项金融产品及服务，使集团成员单位的结算效率得到了显著提高，有效解决了部分小微型成员单位融资难的问题。截至2014年末，资产总额32.84亿元，负债总额22.12亿元，实现营业收入1.20亿元，利润总额0.76亿元，不良资产率和不良贷款率均为零，各项监管指标均达到监管要求。

【信贷业务】2014年，公司加强了集团成员单位综合授信管理，全面提升授信质量。根据成员单位的业务需求，公司收集成员单位的财务数据，积极开展尽职调查报告，对成员单位进行客户评级和综合授信，以满足成员单位的贷款需求。2014年全年累计为成员单位放款70.29亿元，其中小型企业2.78亿元，极大地解决了小微企业融资难的问题。

【票据业务】公司在做好各项结算业务的同时，积极推广财务公司纸票，缓解了外部合作银行的开票压力，同时也提高公司的品牌知名度。2014年10月27日，公司取得人民银行深圳市中心支行关于电票系统的正式批复，在2014年10月31日开出第一张电子承兑汇票，为成员单位提供了更加灵活多变的结算服务，同时也为电票贴现业务做好了准备。2014年，公司共开出财务公司纸票8.21亿元，电票21.70亿元，大大节省了成员单位的开票成本和结算效率。

【外汇业务】公司在做好人民币结算业务的同时，积极研究探讨外币结算业务。2014年11月4日，公司获得国家外汇管理局深圳市分局的审批，同意开展跨国公司资金运营管理业务。开展跨国公司集中运营管理的业务包括：分别归集境内、外成员企业资金；集中使用成员企业的外债额度和对外放款度；经常项目集中收付汇；经常项目轧差净额结算。集中的外债额度为5亿美元，集中的对外放款额度为5.50亿美元。公司实行跨国成员企业外汇集中管理后，将能实时集中外汇收付，避免汇率波动对融资的影响，降低成员企业的财务费用，提高外汇资金的使用效率。

经与中国银行深圳市分行通力合作，公司以创维集团为平台，向人民银行深圳市中心支行申请跨境人民币归集资金池业务资格，于2014年12月31日获得备案批准，资金池净流入上限为11.60亿元人民币。

公司通过开展外汇集中运营管理和人民币跨境资金归集池业务，将为集团在深圳、香港两地共18家经营企业（境内14家、境外4家）的人民币和外币进行统筹调配，为集团在香港申请低成本的人民币融资，规避汇率风险提供了系统平台。截至2014年12月末，吸收外币存款余额为71.83万美元。

【资金集中】2014年，公司坚持开展通过对成员单位的账户集中管理、资金头寸管理、资金预算管理等管理措施，资金集中度逐渐得到提高。2014年末，公司资金集中度为61.83%。

【业务创新】在传统信贷业务发展的基础上，公司积极申请开展申办《企业集团财务公司管理办法》第二十九条业务。公司打造的供应链金融服务平台能够实现供应链客户的网上支付和金融服务，与中国银监会鼓励的金融创新方向一致。在大数据时代的背景下，公司依托创维集团及其成员单位，借助成员单位的采购销售、支付回款信息，第一时间掌握成员单位及供应商、经销商的信息，通过数据加工、财务分析，迅速有效地为其提供相关金融服务。2014年初公司开展产品调研，并于2011年11月启动产品开发立项。

【风险管理和内部控制】公司通过全面推

进制度建设、做好风险动态监控、做好信贷资产风险分类及审查、开展内部各项检查工作、对成员单位进行风险防控、全面风险管理知识培训等措施，积极探索建立科学的风险防控体系，做好各项监管监测指标的动态监控。公司通过开展贷后检查、流动性风险监控、信息科技风险排查等方式，为合规经营、稳健发展、防范风险提供了有力的保障。

在合规审计方面，公司积极加强稽核审查及案防力度，2014 年度共开展四次涉及公司治理、应收票据和信贷业务合规性等专项稽核检查并形成审计报告。对于稽核检查出的问题，相关部门及时作出了整改，规避了合规经营风险。同时，公司加大案件防控力度，通过重点业务排查、员工行为排查及案防工作定期检查等工作，有效地降低了相关案件发生的概率。

【人力资源管理】公司 2014 年度招聘 7 名优秀大学生以充实人才队伍。公司福利管理制度的发布，有力地保障并提升了员工的福利待遇。公司绩效薪酬的实施，实现薪酬差异，体现多劳多得的导向。公司第一次从内部提拔中层管理干部，创造能者有其位的公平晋升环境。内部培训讲师队伍的初步形成，对培训机制的完善产生有效推动作用。

【信息化建设】公司于 2014 年 9 月 28 日成功上线票据池系统，为集团及成员单位的票据集中管理、结算提供了极大便利；10 月 30 日获得人民银行深圳市中心支行电票系统的办理资格，为快速推广财务公司汇票奠定了基础。在信息系统建设的同时，公司也积极开展信息安全检查和信息制度的建设。通过信息科技风险的排查、核心系统外包服务检查，公司新制定了《创维集团财务有限公司信息安全防护管理办法》《创维集团财务有限公司信息系统运行管理规定》等制度和管理规定，为规范开展信贷业务、维护信息系统安全、保障核心系统正常运行打下了坚实基础。

【企业文化建设】公司网站的开通构建起企业文化展示与对外推介的平台；文化墙的建立展示出员工的多彩生活与幸福瞬间。公司建立了 4 个兴趣小组，实现员工业余生活的多样化，员工旅游与素质拓展机制定型，共同促进优秀团队文化的形成。

江苏国泰财务有限公司

【经营概况】江苏国泰财务有限公司（以下简称“公司”）牢固树立“依托集团，服务集团”的宗旨，立足于金融服务、风险控制、盈利中心三大定位，通过提供优质的金融服务，提高集团资金集约化和资金营运效率。2014 年公司各项基础业务有序推进，陆续开展了存款、贷款、保险代理与票据业务等，推出了具有国泰特色的海关保函保付业务，并顺利获批跨国公司总部外汇集中运营管理试点资格。截至 2014 年 12 月 31 日，资产规模 23.59

亿元，存款余额 20.39 亿元，贷款余额 7.25 亿元，实现利润 0.11 亿元。

【信贷业务】2014 年，公司共发放自营贷款 23 笔共计 8.15 亿元，年末余额 7.25 亿元；发放委托贷款 16 笔共计 1.89 亿元，年末余额 0.75 亿元。贷款业务的开展降低了集团整体资金成本，增强了集团成员单位资金流动性，有效提高了资金利用率。

【资金和投资业务】2014 年，公司通过合理调度资金，开展存放业务定期业务 105 笔，存放资金量达到 83.30 亿元，实现定期利息收入 0.15 亿元。公司及时与同业互动，实时捕捉市场敏感价格信息，落实存放同业询价机制，通过有效控制和统一调度，利用沉淀资金积极办理同业存放业务，提高了冗余资金的效益，发挥了公司资金池作用。

【票据业务】2014 年，公司陆续开展了票据贴现业务 3 笔、商业票据承兑业务 2 笔、票据再贴现业务 1 笔，同时积极推进电票业务的申请与准备工作。各项票据业务的有序推进，有效拓展了公司业务范围，扩大了公司低成本融资渠道，降低了集团资金成本，提升了公司为成员单位服务的能力。

【外汇业务】2014 年 4 月，公司正式试点运作跨国公司外汇资金集中运营，累计实现外币资金结算量 38.80 亿美元，资金结算量 2184 笔，年末境内外币资金归集量 0.50 亿美元，提高了公司资金归集率。外币资金池的建立，在提高公司的资金归集率的同时，取得了一定的外汇业务操作经验，为申请及开展外币开证业务及外汇结售汇资格的取得奠定了基础。

【资金集中】2014 年，公司年末存款余额超 20 亿元，资金集中度超 50%，比 2013 年末显著提高。一是公司积极推进系统直连，扩大资金归集范围。截至 2014 年完成了 8 家银行系统直连，归集成员单位人民币银行账户 106 户，外币银行账户 19 户。二是大力推行海关保函，代开银票业务，积极推进电票业务申请，逐步归集成员单位保证金存款。三是通过外币资金池的建设，吸收大量的外币资金，年末存款余额本外币折算人民币为 3.07 亿元。

【业务创新】2014 年，公司与张家港海关创新性地开展了海关税款保付保函业务，结合国泰集团主营进出口贸易，公司将海关税款保付保函做成公司的一项特色业务，以公司出具的保函代替银行保函，手续简便快捷，费用优惠，保证金减免。2014 年税款保付保函 13 笔，保函总金额 185.50 万元，减少了成员单位资金占用成本，加快了贸易通关速度。

为了丰富金融服务手段，公司开展了保险代理业务，代理范围有财产险、车险等。公司配备有资质的保险代理业务人员，参与协调保险公司与相关成员企业之间的关系，逐步扩大保险代理范围，将成员企业的保险业务纳入公司统一管理。2014 年公司代理保险业务 6 笔，代理保险金额 11 万元。

【风险管理和内部控制】一是持续跟进制度修订和完善，2014 年修订完善了三项制度、16 项重点业务操作规程。同时组织编制《财务公司法律法规汇编》，收编 36 项财务公司法律法规、商业银行法律法规。二是落实业务部门日常监管、内控部门稽核的检查机制。2014 年开展了 11 次常规业务合规检查，配合会计师事务所离岗审计 2 次，年度审计 1 次。三是积极开展合规建设，有效推进公司业务风险的防范和管理水平的提升。

【人力资源管理】一是积极推进人员持证上岗制度，鼓励员工取得会计、银行从业资格，全面提升人员整体素质。公司组织 30 人次参加银行业从业资格考试，考试通过率达到 100%。二是建立定期学习培训制度，建立周末全员集中学习制度，坚持将考学结合，以考促学，全面提升员工综合素质。三是加强与同行、同业的交流与学习，积极参加中国财务公司协会组织的培训活动，参与行业间交流与课题研究，充分利用各种学习机会，提高公司从业人员专业性。

【信息化建设】一是公司积极做好信息系统的维保工作，新模块的开发、实施工作有序推进。启动了外汇业务模块、支付模块开发工作，完成了票据台账、资金调度、风险监控指标的预警等多项系统性能优化或需求的开发实施工作。二是邀请专业的信息安全等级评估公司对公司网络环境进行整体评估，制定了信息安全等级保护三级申报的推进方案，并按进度有序推进。努力降低网络安全风险，提升公司信息科技安全管理。

【企业文化建设】公司致力于营造和谐、愉快的工作氛围，积极组织员工参加集团运动会、献血、爱心捐赠等活动。通过一系列丰富多彩的活动，丰富了员工的业余生活，增强了员工凝聚力，更为营造具有国泰特色的企业文化氛围奠定了基础。

亨通财务有限公司

【经营概况】亨通财务有限公司（以下简称“公司”）成立于2013年9月18日，注册资本人民币3亿元。2014年，公司以“肩负产融结合、助力集团发展”为使命，切实履行资金管理、融资管理、担保管理等职能，以资金集中为抓手，苦练内功，做实存贷款基础业务；积极拓展融资渠道，提升融资能力，降低融资成本，在资金管理和财务公司经营管理上取得了较好的业绩。

截至2014年末，公司总资产12.84亿元，负债总额9.61亿元，所有者权益3.23亿元。全年实现营业收入0.40亿元；营业利润总额0.28亿元，净利润0.22亿元；累计计提贷款损失准备0.06亿元；资本充足率为41.54%；流动性比例为82.54%，拨备覆盖率为100%，不良率为零，各项指标均符合监管要求。

【信贷业务】2014年累计为21家成员企业授信，授信额度21.20亿元；发放自营贷款23.32亿元，年底余额5.50亿元；发放委托贷款28.57亿元，年底余额17.90亿元；2014年新增票据业务，累计办理票据贴现27.17亿元，年底贴现余额0.50亿元；全年尝试签发财务公司商业承兑汇票0.50亿元，代理成员单位开具银行承兑汇票1亿元。

【资金管理】2014年，发挥财务公司“金融”牌照的优势，通过加强管理，期限错配，存放同业活期利息收入0.08亿元，加权平均利率为1.89%；办理存放同业定期存款68笔，金额68亿元，利息收入0.07亿元，公司存放同业定期存款平均年化收益率达4.07%，极大地提高了冗余资金的效益。

【资金集中】截至2014年末，公司开户成员单位41家，归集资金账户104个；吸收成员单位存款余额9.49亿元；归集资金日均余额7.44亿元。资金集中度稳步提高，全部资金归集率为30.20%，可用资金归集率提升到62.89%。公司与工商银行、农业银行、中国银行、建设银行和中信银行5家开通了直连业务。

【风险管理和内部控制】公司建立了股东会、董事会、监事会，法人治理结构健全，分工合理、责任明确。完善的授权体系可以有效地防范公司业务开展过程中的各类风险。

根据银监会《关于财务公司基本内控制度框架有关事项的通知》要求与公司业务发展实际，2014年公司对制度汇编进行四轮修订，制度框架由原来的七类66个修订为五类74个，其中，新增制度10个，废除制度2个，完成修改制度26个。完善的制度体系保障了公司的日常管理与业务的合规开展。

在日常经营过程中，公司对成员单位开展信用评级及授信工作，全年召开贷审会15次，对成员单位授信21.20亿元全部报贷审会审批，同时对于单一股东授信超过规定的报风险管理委员会审批，并报银监局备案。通过金融服务部与风险管理部的协同合作对成员单位开展授信实地调查及贷后调查，每月进行风险监管指标的监测，每季做好五级分类工作，2014年贷款、票据等资产全部为正常类，公司无任何风险事项发生。

【人力资源管理】公司人才队伍培养尚处起步阶段，通过外部引进和内部培训，2014年公司员工队伍建设取得初步成效。公司分管风险、业务的副总经理均引入具有丰富银行从业经验的专业人士担任；中层及一般人员中也引入了包括3名硕士研究生在内的高学历人才，进一步提高了员工队伍素质水平。为借鉴同行业经验，公司积极参加中国财务公司协会会议、财务公司沙龙活动，多次开展同行业考察学习。通过同业之间的交流，快速开阔了员工视野，提高了员工的业务水平。

【信息化建设】公司选用行业内市场占有率最高的专业软件商搭架核心业务系统。在项目管理上，遵循着信息化项目管理的要求及方法，严格进行项目过程控制，明确项目实施的各项章程。通过一系列项目管理办法的执行，核心业务系统项目按计划顺利上线，并得到了稳步运用。公司核心系统主要分三期建设，一期项目包括资金结算、信贷管理等16个模块，于2014年9月组织验收，同时启动二期项目的实施。截至2014年末，系统二期项目所涉及的电子签章、人民银行征信等模块已完成前期部署测试准备，其中，同业往来模块已成功推广应用，全新开发模块已形成最后的差异化方案，并完成主体的功能开发。

【集团资金管理】2014年，公司除做好自身的经营外，同时还代理履行集团财务管理中心资金管理的职能，主要包括以下工作：一是做大集团银行授信额度，做优融资平台。2014年集团授信总额达到210.50亿元，比年初增加12亿元。2014年，进一步增加长期借款比重，持续改善负债结构，增强资金运作风险应对能力。二是合理调度资金，及时做好银行的还款和转贷工作，确保资金链的畅通和良好的银行信誉。2014年集团总部累计借款170.84亿元，还款150.04亿元，全年未发生逾期金融负债。三是充分利用银行间债务融资工具，发行短融和中票，化解担保压力，优化债务结构。2014年末直接融资余额27亿元，累计节省财务费用约0.06亿元。四是打通境内外融资渠道，持续开展外债等低成本融资，切实降低财务费用。2014年集团外币授信额度1.39亿美元，新增0.40亿美元，全年完成提款0.94亿美元，节约财务费用0.16亿元。五是加强和规范集团及外部公司担保业务的管理，防范担保风险。六是规范成员单位资金拆借管理，厘清各单位之间的资金占用，规避由此产生的税务风险，并帮助集团对各公司的考核，算清资金占用账。

珠海华发集团财务有限公司

【经营概况】珠海华发集团财务有限公司（以下简称“公司”）以依托集团、立足集团、服务集团为宗旨，以创建具有横琴特色、国内一流财务公司为目标，着力打造集团的“资金结算中心、融资管理中心、资本运营中心、金融服务中心”四个中心，支持集团跨越式发展，推动横琴新区金融产业创新。2014 年，公司稳步、有序开展各项业务，较好地完成了服务目标与经营目标。

截至 2014 年底，公司总资产 70.74 亿元，所有者权益 11.25 亿元；实现营业收入 2.59 亿元，净利润 1.10 亿元，净资产收益率为 9.78%。

【信贷业务】公司紧跟集团发展战略，在认真执行人民银行信贷规模调控政策的基础上，积极支持集团发展，稳健有序地开展各项信贷业务，通过直接放贷、委托贷款、提供担保、增信等多种方式为成员单位提供全方位的信贷支持，累计发放自营贷款（含贴现）29 笔，金额 43.53 亿元；办理委托贷款 30 笔，金额 108.58 亿元；办理担保业务 14 笔，金额 13.23 亿元。

【资金业务】公司在保证资金安全和流动性需要的前提下，坚持收益最大化的原则，积极推进同业合作，合理安排资金存放，截至 2014 年 12 月末，公司已与 26 家银行开展了同业业务合作，涵盖国有银行、全国性股份制银行、外资银行、地方性商业银行和农村商业银行，全年资金流转金额达到 3400 亿元，存放同业日均余额 36.62 亿元，存放同业加权存款利率为 5.37%，取得同业利息收入 1.96 亿元。

【资金集中】公司存款业务稳步增长，资金集中效果显著。通过银企直连，扩大了公司结算平台的深度和广度，将成员单位的商业银行账户纳入财务公司银企直连系统，实现了资金实时到账，大大减少了在途资金，加速了资金周转；通过加强对集团现金流的监督，较全面地掌握了各成员单位资金运行规律，规范集团公司资金支付行为。截至 2014 年 12 月末，公司开立结算账户 196 个，归集集团成员单位资金 59.01 亿元，资金集中度达 45% 以上（剔除不可归集存款因素，资金集中度达 88%）。2014 年为成员单位办理种类结算业务 12 904 笔，金额 7 465 亿元，结算差错率保持为零。

【风险管理和内部控制】公司按照监管要求，建立“三会一层”的法人治理结构和内部控制机制，各级机构各司其职、规范运作、相互制衡，为风险管理和内部控制提供了有效保证。

2014 年，结合监管要求和业务开展需要，在进一步修订完善原有 78 项管理制度的基础上，新增20项管理制度，形成9大类98项全面、完善、操作性较强的内控管理制度，为公司依法合规开展业务提供了制度保障。

公司在日常风险管理工作方面，进一步落实各项合规政策要求，规范、完善公司风险管理和控制体系建设。一是检查促合规，2014年在对公司开业初期业务与管理风险大检查的基础上，对各项业务工作流程进行了梳理和细化，进一步增强了内部风险防控意识，推动了公司各项规章制度和操作规程的落实；二是培训促合规，将合规培训作为内控管理的一项重要内容，并纳入全员业务培训计划中，分别对公司全体人员进行了反洗钱业务考试、合规业务培训，树立全员合规、全程合规、主动合规、合规创造价值的理念，打造倡导合规的职业道德规范和企业价值准则。

公司定期或不定期组织对内部控制状况进行检查，除日常稽核外，公司在2014年开展了结算业务、信息科技、反洗钱、财务管理、资金业务的专项审计，对公司开业以来的管理和运行情况进行了全面评价。两年来，公司在业务稳步发展的同时，各项监管指标持续控制在监管部门要求范围内。

【人力资源管理】根据集团整体要求，结合自身实际情况，公司对年度考核办法进行了修订，进一步完善员工绩效考核机制，定期开展绩效考核，强调以绩效优先、兼顾公平为原则，实现对员工的有效激励。通过多种形式，积极推进人才培养和企业文化建设工作，形成团队合力。

【信息文化建设】公司在加强业务系统安全、高效运行的同时，进一步开发信息系统功能。2014年，公司在充分调研的基础上，全面推进对集团资金预算管理系统开发工作，包括从系统的最初选型到预算架构的设计以及试点上线和全面推广，该系统现已在集团内全面推广。集团资金预算管理系统的建立，实现了资金归集与集团和成员单位的资金预算相互关联，建立起统一的结算收支监控及预算控制流程体系，将资金管理由结果向过程的管控延伸，不断为公司的决策分析提供有力工具，为集团资金的流动性管理、头寸管理、现金管理提供依据，从而有效实现集团资金集中管控，提高整体资金管理水平。

【企业文化建设】公司通过多种形式开展企业文化建设，一方面在公司内部组织参观“钢八连”、党的群众路线教育实践活动、生日庆祝等一系列教育培训、文体活动和员工关爱活动，加强员工之间的积极进取、团结友谊、沟通合作和团队意识；另一方面加强与集团和成员单位、同业协会、银行及其他金融同业的沟通、学习和交流，如组织友谊比赛等活动，营造团结协作、共同进步的人文环境。

北京金隅财务有限公司

【经营概况】北京金隅财务有限公司（以下简称“公司”）是北京金隅股份有限公司的

全资子公司，于2013年9月26日经中国银监会银监复〔2013〕492号文批准开业，注册资金10亿元人民币。公司坚持“稳健经营、规范运作、高效服务、改革创新”的经营方针，建立了以结算、融资管理、资金监督、资金运作中心为基础的资金管理平台。截至2014年底，公司资产总额72.12亿元，吸收存款61.16亿元，贷款余额25.09亿元，实现利润（拨备前）1.56亿元，综合资金归集率达50.24%。

【信贷业务】2014年，公司制定并实施了信贷业务差别化定价管理办法，综合考虑集团融资成本、子公司信用评级和成员单位资金集中度等因素，对成员单位申请办理的贷款、贴现等业务进行差别化利率定价，以提高公司信贷业务定价的科学性和专业性，引导成员单位提高自身信用等级，鼓励成员单位提高资金集中度，合理降低优质成员单位融资成本，并不断提高公司的综合服务能力。截至2014年末，公司各项贷款余额25.09亿元，新增贷款规模日均使用率达到66.23%，日均投放信贷资金14.63亿元，较好地解决了成员单位的融资需求。贷款收息正常，到期票据款项均已顺利回收，各项信贷资产的五级分类均属正常类，信贷资产质量优良。

【资金业务】公司严格遵照安全性、流动性、收益性的原则开展各项业务。为提高存款收益，公司与主要结算银行多次进行业务洽谈，要求提高活期存款利率。同时，公司根据资金使用需求，谨慎分配活期存款及定期存款比例，合理安排存款期限组合，平滑调整定期存款到期时间，在确保公司流动性需求的前提下，较好地实现了公司存款收益最大化。2014年，公司日均存放同业规模33.76亿元，全年实现同业利息收入1.24亿元。

【资金集中】公司全面推行代理支付的结算模式，针对不同产业的公司设计个性化的结算方式，遵循安全第一、效率优先的原则，不断优化公司资金管理系统，以期为成员单位提供便捷、优质的结算服务。2014年，公司资金管理系统成员单位219家，开立结算账户763个，日均吸收存款37.79亿元，期末可动用资金归集率达到89.64%，综合归集率达到50.24%。

【业务创新】为了盘活成员所持商业汇票，释放开票成员单位存放于各个银行的受限保证金，同时为成员单位提供专业的票据托管、贴现、质押、拆票、承兑、开票等服务，有效防范票据管理、操作风险。公司积极与银行沟通建立票据池的业务，2014年11月公司与工商银行协议搭建的票据池已投入使用，12月末入池票据3.76亿元，已通过入池票据质押为成员单位开具银行承兑汇票0.50亿元。

【风险管理和内部控制】公司根据信用风险、市场风险、流动性风险、操作风险等不同风险类型以及监管部门对流动性比例、资本充足性、贷款拨备等相关合规指标要求，建立相应的风险监测指标体系和报告制度。为进一步加强风险管理，健全风险管理体系，2014年经公司一届三次董事会审议通过，公司形成了《风险管理政策》和《市场风险管理办法》，明确了公司各项经营风险的管理要求，以及对风险的识别、评估、管理及报告程序。

2014年，在总结前期运营管理经验的基础上，结合总部要求编制《内部控制手册》的契机，公司重新梳理了各项规章制度，修订和增加了包括《综合授信管理办法》《流动资金贷款管理办法》等在内共计12项制度，并顺利完成《内部控制手册》和《业务规范及工作标准》。建立了以公司制度为基础、内控手册为指南、业务规范及工作标准为抓手的三级制度体系，为公司业务提升、风险防控、绩效评价、内控管理奠定了坚实的基础。

公司不断推进稽核审计业务的及时性、规

范性、专业性，根据公司的经营管理、业务开展、风险管理等状况逐步改变以往以纠错为主流的稽核思维，建立了查错除弊、纠正完善、风险导向的稽核审计理念。年底公司稽核工作已全面覆盖包括经营业务、资金管理、财务核算、资产管理、绩效管理、信息系统等在内的各个层面，稽核工作及时性也大为提高。

【人力资源管理】以创新人才工作机制、优化人才队伍结构为主线，以培养选拔高层次人才为重点，以强化人才激励为突破口，造就一支忠于企业、专业配套、结构合理、素质精良的人才队伍，为做强、做大金隅集团提供强有力的人才保障和智力支持。

2014 年，公司修订了《绩效考核办法》，将员工薪酬与职称、从业资格以及日常学习研究挂钩，鼓励员工参加相关职业资格考试、职称考试提高职业素养；同时鼓励员工加强对本职工作的研究，鼓励其发表专业文章，并在考核时予以体现。

【信息化建设】2014 年，公司信息化工作以完善和优化现有核心信息系统为重点，根据业务开展计划和需求，扩展系统功能模块，为业务开展做好系统支撑，强化信息化安全建设，确保系统的使用安全。

在信息系统开发方面，顺利完成了一期信息化项目所有模块的验收，同时于 2014 年 4 月启动二期信息化项目，开始推行纸票管理、同业往来、保函业务三个模块，并于 8 月完成并上线运行；在信息化基础建设方面，2014 年公司增加了北京银行、兴业银行的银企直连专线，直连银行扩展到 6 家，更好地支撑业务扩展。2014 年，公司完成了人民银行金融城域网的专线接入。

【业务宣传】为了让成员单位全面了解公司，加快各项业务的开展，公司积极通过金隅报专栏、印制业务宣传册、走访客户等多种方式开展业务宣传工作。2014 年，公司累计向金隅报投稿 13 篇，发放各类业务宣传手册 700 余份。另外，积极开展反洗钱宣传、票据风险培训等工作，提高集团成员单位财务人员、业务人员财务和金融风险意识。

云南云天化集团财务有限公司

【经营概况】2014 年是云南云天化集团财务有限公司（以下简称“公司”）不断夯实管理基础，全面拓展业务的关键一年。公司全年累计为成员单位直接或间接提供资金 60.43 亿元，实现利润总额 0.51 亿元，完成年度计划 0.50 亿元的 102.15%。实现收入 1.72 亿元，完成年度计划目标的 1.18 亿元的 145.77%。充分发挥公司“加强资金集中管理，提高资金使用效率”的功能和作用，有效降低整个集团的融资成本和融资规模。

【信贷业务】2014 年，公司积极走访成员单位，切实了解成员单位融资需求，在合法合规、风险可控的基础上最大限度满足成员单位的融资需求。全年累计发生流动资金贷款19笔，金额9.04亿元；项目贷款1笔，累计发生金额1亿元；银团贷款1笔，累计发生金额1.05亿元。公司严格按照“贷前调查、贷中审查、贷后检查”的工作要求开展工作，信贷资产质量优良，无不良资产贷款和不良资产。截至2014年12月31日，公司贷款余额共计3.84亿元。

【资金业务】2014年，公司全年日均集中资金16.78亿元，其中，日集中资金最低为3.88亿元，日集中资金最高为28.58亿元。为满足成员单位较强的融资需求，公司在信贷规模较小的情况下通过商业承兑汇票转贴现、再贴现、质押贷款、银团贷款等方式为成员单位引入外部资金40.10亿元，完成年度计划20亿元的200.48%。

【票据业务】截至2014年末，公司为成员单位办理票据贴现业务66笔，累计发生金额32.04亿元；向商业银行卖断式转贴现27.57亿元，向人民银行回购式转贴现3.15亿元。

截至2014年12月31日，公司票据业务余额5亿元。其中，银票0元，商票5亿元。

【资金集中】作为集团实施资金集中管理的运作平台，公司资金集中工作得到了集团的大力支持。2014年，公司实现了85家成员单位在公司的上线，开展了资金集中、代理支付等业务，全年累计完成结算业务26 449笔，累计结算金额2 062.26亿元，集团主要成员单位都已纳入资金集中管理范围。公司日均集中资金16.78亿元，全口径资金集中度为16.46%，可归集口径资金集中度为25.04%。

【业务创新】2014年，公司积极推进信贷业务创新，开展了商业承兑汇票贴现及转贴业务、银团贷款业务、远期购买承诺业务等业务品种，最大限度地满足成员单位多样化的资金需求。

2014年7月，公司获得人民银行批准以直连方式加入电子商业汇票系统，电子商业汇票系统已通过人民银行清算总中心的测试，正在等待生产证书的审批。

【风险管理和内部控制】2014年，公司制定了内部控制制度和管理体系，完善了内部控制手册，强化了稽核审计监督。公司严格按照各项业务的审批权限进行业务审批，强化了票据安全管理和结算支付的系统审批管理，提高了信息系统保障水平，全年没有发生违法违规案件。

【人力资源管理】2014年，公司完成了人力资源制度的拟订及修订，共涉及7个大类9个制度，为人力资源管理的各项工作奠定了基础。公司于2014年建立了企业年金。公司执行宽带薪酬制，并设立业务、管理、职能三条晋升通道，激发员工工作积极性。同时，创新了绩效管理模式，并设立业务创新单项奖，鼓励创新。公司组织各类培训20余次。同时，鼓励“以考带学”，通过全员参加银行从业资格考试和证券从业人员资格考试的方式，提高全体员工的业务素质。

【信息化建设】2014年，公司信息科技工作重点围绕保证系统安全稳定运行、确保业务不间断进行开展。公司不断加强巡检力度，细化日常工作，不断完善和修订相关制度。公司对机房运行环境进行了改造升级，在关键线路上增购相关设备，租用不同运营商线路，实现故障冗余切换。采购了漏洞扫描系统，及时发现和处理系统漏洞。2014年12月，公司获得中国人民银行昆明中心支行批准正式接入云南省金融城域网。2014年，公司系统全年平稳运行率为99.45%。

北京控股集团财务有限公司

【经营概况】2014 年，北京控股集团财务有限公司（以下简称“公司”）累计实现营业总收入 1.00 亿元，同比增加 0.84 亿元，增幅为 544.75%；实现利润总额 0.30 亿元，同比增加 0.22 亿元，增幅为 291.19%；税后净利润 0.23 亿元，同比增加 0.17 亿元，增幅为 292.88%；超额完成集团及公司董事会下达的全年利润总额 0.16 亿元的任务指标。截至 2014 年 12 月 31 日，公司资产总额 99.52 亿元，比年初增加 90.69 亿元，增幅为 1 026.98%；负债总额 91.24 亿元，比年初增加 90.46 亿元，增幅为 11 701.41%；净资产为 8.28 亿元，比年初增加 0.23 亿元，增幅为 2.80%。各项监管指标均符合监管要求。

【信贷业务】2014 年，公司紧紧围绕集团成员单位的业务需求开展信贷业务和中间业务。借助各二级集团的平台，了解成员单位的信贷业务需求，并结合一对一的对接沟通、召开业务座谈会等方式与成员单位进行业务需求的沟通，在控制风险的前提下，满足了成员单位的信贷业务需求。

截至 2014 年末，公司已开展的信贷业务包括自营贷款业务（其中涵盖了流动资金贷款和固定资产贷款）、对外担保业务。已开展的中间业务为委托贷款业务。各项自营贷款余额折合人民币 37.52 亿元。

公司为成员单位提供了方便快捷的信贷服务，节约了成员单位的时间成本并降低了融资成本，满足了成员单位业务及时性的要求。同时在信贷管理方面，公司也通过实际的业务检验了信贷工作体系的完整性、严谨性以及可操作性。

【资金和投资业务】公司对资金进行实时流动性监控，保证资金来源与资金投放的期限匹配，在提高资金收益的同时保证足额头寸，并根据每日同业操作情况，实时更新同业业务台账，测算核对资金报价和利息收入，对资金运用情况进行及时总结。在优先保证为成员单位贷款、支付及留足备付金的前提下，公司对剩余资金进行统一调度、统筹使用，提高了资金使用效率，获得了较好的收益。2014 年全年累计共调拨存放人民币资金 203 笔，平均调拨存放资金额 1.30 亿元，资金总流水达 262.70 亿元，存放同业收益共计 0.62 亿元，取得了良好的经济效益，为公司超额完成预算指标作出了重要贡献。

【外汇业务】公司承办的集团外汇资金跨境集中管理试点工作，是国家外汇管理局在北京和上海两地进行的外汇政策综合改革试点。北控集团与航天科技、西门子、海南航空、大唐电信等七家公司进入第二批试点范围，是北京市第一家参加“跨国公司总部外汇资金集中”管理的市属企业。

截至 2014 年末，共有 10 家成员企业纳入外汇资金跨境集中管理试点的范围内，公司集中管理外债额度为17亿美元，集中管理的对外放款额度为11.18亿美元。

【资金集中】2014年，公司坚持“依托集团、服务集团、产融结合、高端发展”的宗旨，加强资金集中管理，提高资金使用效率。截至2014年末，公司时点资金集中度为26.92%。

【风险管理和内部控制】根据监管机构要求及公司内部需要，公司开展了2014年风险自评工作，对各部门制度建设的完善性和执行的有效性进行抽查，在此基础上，公司稽核审计人员按照监管要求对公司治理、功能定位、内部控制、合规性管理、内部审计及信息系统、资本充足性、资产质量、市场风险、盈利能力、流动性和服务水平等十四个方面全方位对公司进行评价，将风险自评中发现的问题进行汇总分析并形成《财务公司风险自评整改方案》，在最短时间内进行了整改并对管理建议进行了研究。风险自评工作对迎接监管机构评级打下了良好基础，也为公司全面评价自身风险状况、提升自身风险管理能力、发现和解决业务发展中存在问题提供了有效手段。

为进一步规范和加强公司内部控制，提高经营管理水平和风险防范能力，确保公司稳健经营和持续健康发展，公司根据国务院五部委联合下发的《企业内部控制基本规范》，结合国际COSO内部控制框架，通过审查控制环境、风险评估、内控活动、信息与沟通、内部监督等要素，对公司内部控制的设计与运行情况进行审查和评价。2014年，公司各项业务从无到有，陆续开展，为保障公司各部门从一开始就合规稳健运行，稽核审计工作采取以全面审计为主的审计思路。稽核审计人员根据自身拥有的稽核资源，充分利用信息化手段，对公司各部门进行全面审计，做到各风险点全排查、各业务线全覆盖、稽核期间全连续。

【信息化建设】2014年，公司主要围绕防范信息安全风险、夯实信息建设基础、深入推进信息系统建设、保障信息系统安全运行、规范信息安全管理等方面开展信息化建设工作。除完成信息系统的日常维护工作之外，公司还根据业务需要，多次对信息系统进行功能更新、系统升级，修复了系统在使用过程中发现的各类问题。按照《北京控股集团财务有限公司信息系统突发事件及应急响应预案管理办法》的要求，公司定期进行灾备恢复应急演练，确保信息系统安全运行，成员单位资金安全使用。

陕西延长石油财务有限公司

【经营概况】2014年是陕西延长石油财务有限公司（以下简称“公司”）的开始年，公司始终把握“夯基础、强归集、促服务、抓落实”的年度工作总基调，持续推进资金集中管控，全面构建多元化金融服务，开创了凝心聚力、踔疾步稳的良好局面。截至 2014 年底，公司资产总额 76.76 亿元，负债总额 65.80 亿元，实现利润总额 1.26 亿元，实现净利润 0.94 亿元，实现税费 0.54 亿元，合计实现利税 1.48 亿元。

【信贷业务】2014 年，公司发挥集团金融平台的作用，对内履行专业职能，高效作业，一是积极开展自营贷款等业务，表内外业务全面开花。二是拓宽信贷产品种类和多种担保方式贷款，优化融资结构。针对成员单位的差异性，以票据融资为创新服务的切入点，开展票据业务需求专项调研，积极拓展表外业务。三是创新开展成员单位应收账款质押融资类的供应链融资业务，延伸服务范围。截至 2014 年底，公司累计发放各项自营贷款金额 115.20 亿元，累计发放委托贷款 12.30 亿元；累计办理票据贴现业务 0.40 亿元，代开银行承兑汇票 0.40 亿元；累计办理应收账款质押融资 100 万元；内源性资金的有效调配，有效提升了集团资金的使用效率和效益。

【资金业务】2014 年度，公司克服销售回款及同业利率下降的压力，对各成员单位加强资金管理，执行按周报送资金计划的管理制度，在保证流动性的基础上，合理配置同业存款期限，采取紧盯同业市场交易价格的方法，加大与各银行交易对手谈判力度，大力拓展交易对手范围，建立了市场化的同业合作机制，不断提高资金使用效率。全年累计实现金融企业往来利息收入 1.65 亿元，取得了较好的资金收益。

【资金集中】2014 年，公司围绕“做好资金归集，压缩资金沉淀，调配内源性资金”的工作重点，分批开展资金归集工作，资金归集率不断提高。一是通过加大宣传和沟通力度，树立精良服务形象，打消部分单位对归集的误解以及支付时效性不强等顾虑，降低了资金归集的阻力；二是加大资金归集检查力度，严肃资金归集纪律；三是形成资金归集长效机制，杜绝资金流入体系外循环。多措并举确保资金集中管理和内外部结算的高效平稳运行。全年结算量 139 640 笔，共 8 365.20 亿元，可归集资金归集率达到 90% 以上，全口径资金归集率达到 45% 以上。资金归池统一结算模式得以顺利实施，资金管控的平台作用初见成效。

【风险管理和内部控制】2014 年，公司注重风险管理和内部控制工作，一是开展风险自查和排查工作，从规范业务流程，控制关键风险点入手，强化对各类风险的事前防范、事中控制和事后监督，有效避免了开业初期可能发生的各类风险；二是落实审贷分离和集体审议制度，结合客户实际经营情况为客户设计金融服务方案，在防范风险的前提下不断满足成员单位个性化金融需求，有效防控信用风险；三是建立资金支付计划制度，强化日常资金监测及沟通能力，不断提升资金管理的可预见性和高效性，预防流动性风险；四是对筹备期形成的各项基本制度进行全面梳理修订，明确业务操作流程，关注业务关键风险点，强化制度的可操作性，不断完善公司内控制度体系；五是持续监测核心业务系统运行状况，完成集团法务系统在公司的建成落地及初步实施，定期开展普法宣传教育活动，强化员工的法律合规意识和风险责任意识，严控操作风险；六是定期开展案件风险排查工作，有效防范重大责任事故的发生，确保了各项业务稳健运行。

【人力资源管理】2014 年，公司进一步加强人力资源管理工作，一是建章立制，修订完善人力资源基本制度；二是定编定岗定责，梳理部门岗位职责；三是试点薪酬改革、搭建绩效考核框架为真正实现“收入能增能减”“职位能升能降”奠定制度基石；四是积极开展培训工作，强化培训效果。公司紧紧围绕集团发展战略进行人力资源管理，优化人员结构，着力培养优质人才，努力打造一支高素质、高效能的优秀团队。

【信息化建设】2014年，公司积极推进硬件系统资源的优化及深化应用，强化运行安全管理。一是建立了财务核算系统、固定资产系统、报表系统及费用报销系统等管理信息系统；二是在现有基础核心的基础上，加大技术体系调整及业务流程优化，使系统能更好地促进业务快速发展；三是对信息科技制度进行了修订，进一步明确了管理职责、风险控制、考评机制等内容。

【企业文化建设】2014年，公司以党的群众路线教育活动为契机，进一步深化“依托集团、服务集团”的理念，提高服务成员单位的质量和效率；进一步树立群众观点、群众立场，把员工的切身利益落到实处；进一步强化“底线思维”意识，时刻保持对各类金融风险尤其是流动性风险和操作风险的警觉，增强责任心，凝聚向心力，努力把公司建成客户满意、员工敬业、同行敬重、社会认可的精品企业。

鄂尔多斯财务有限公司

【经营概况】2014年是鄂尔多斯财务有限公司（以下简称“公司”）开业运营的第一年，公司稳步开展结算、存贷款等基础业务，逐步提升资金归集水平，在严控风险的前提下，迅速拓展了票据贴现和再贴现业务、票据池业务，同时积极申办保险代理业务和跨境人民币业务。2014年，公司实现营业收入0.63亿元，实现利润0.32亿元，净利润0.24亿元；截至2014年底，公司资产总额为15.67亿元，负债总额5.43亿元，资产负债率65.35%，资本充足率为86.55%，资产质量良好，各项指标均符合监管要求。

【信贷业务】公司遵循为集团成员企业提供优质金融服务的经营方针，通过加强员工业务技能培训、科学设置业务流程、不断完善业务系统来提升服务效率，通过召开业务培训会、产品推介会等形式向成员单位宣传推广公司业务，综合运用业务品种，确保公司资金用于解决成员单位生产经营实际问题。2014年，公司向成员单位发放贷款11.19亿元，为成员单位办理票据贴现2.56亿元。

【票据业务】2014年底，公司推出与“资金池”业务相对应的“票据池”业务，有效解决成员单位面临的保证金比例高、票据管理、结算及融资难问题。成员单位有用票需求时，可到合作银行用所有托管票据质押为成员单位开新票使用。该模式无需保证金，开票企业可以有效降低成本，既能将存量票据盘活，也能有效降低增量开票所占保证金。

【资金集中】2014年，公司陆续与9家银行开展业务合作，建立了银企直连，办理成员单位资金归集、同业存放等业务。截至2014

年底，开户成员单位 119 家，开立账户 251 个，授权归集账户 260 个；2014 年，公司累计办理结算业务 45 112 笔，结算金额超过 1 926亿元。

【风险管理和内部控制】内控合规体系建设是公司风险管理工作的重中之重，公司遵循内控先行的理念，大力培育良好的风险文化和风险管理理念，通过实行合理的风险管理政策，设计完善的风险管理架构，建立包括风险识别、计量、分析、评估、报告、控制等内容的风险管理流程，并运用先进的风险管理方法，强化业务、风控、审计三道防线，保障公司经营稳健和集团资金安全。2014 年，公司基本建立了以完善的规章制度为基础，面向全员、囊括全部业务品种、覆盖业务全过程的内控合规体系。

【人力资源管理】公司根据实际情况建立了科学、完善的组织架构，设立了综合管理部、计划财务部、营业部、公司业务部、风险管理部和稽核审计部六个职能部门；公司采取多种方式从商业银行、监管机构、集团、高等院校等招聘引进优秀人才，为公司长足发展提供人力保障；公司结合实际情况和业务特点制定了部门和岗位职责等；开展业务培训，鼓励员工参加相关专业类学习和考试。

【信息化建设】公司机房及信息化系统按照国家标准，建设了监控预警、防攻击、数据异地备份等安全系统及相应管理制度，为公司内机房、网络、服务器、应用系统和数据等提供安全保障。公司及时接入了人民银行的金融城域网和银监局的专线，全年平稳安全运行。

【企业文化建设】公司奉行“立足集团、依托集团、服务集团”的经营理念，以为成员单位提供全面、优质、高效的金融服务为宗旨，倡导全员树立“敬业、服务、高效、创新、合规”的意识。以建立健全党群组织，充分发挥其作用，通过开展形式多样、丰富多彩、健康向上的活动统一思想，振奋精神，形成合力，促进公司健康、和谐发展。

伊利财务有限公司

【经营概况】伊利财务有限公司（以下简称“公司”）于2013 年4 月15 日经中国银行业监督管理委员会批准筹备（银监复〔2013〕182 号），2014 年1 月3 日获批开业（银监复〔2014〕5 号）。2014 年1 月15 日取得内蒙古自治区工商行政管理局颁发的企业法人营业执照。2014 年2 月10 日核心系统开机，公司正式营业。公司以“加强企业集团资金集中管理，提高企业集团资金使用效率，立足集团、服务集团、产融结合、稳健经营”为经营宗旨，在保证资金安全性、流动性和使用合规性的前提下，积极为集团成员单位提供优质的金融服务，努力实现集团利益最大化。

公司2014 年度主要打造和完善结算职能，

公司结算系统已覆盖对公和对私支付业务，网银系统支持成员单位在客户端上完成所有结算业务的线上操作，各成员单位在客户端实现处理电子回单及电子对账功能；办理同业存款过程中引入交易对手准入制度，且通过公司公开竞价电子采购系统，实现线上比价，择优办理；通过提升结算服务质量，资金归集率达到89.34%，在行业中处于较高水平。充分发挥集团成员单位金融顾问角色，为集团成员单位提供融资顾问及外汇管理顾问服务。

公司注册资本人民币10亿元，截至2014年末，公司资产总额131.98亿元，负债总额118.93亿元，所有者权益13.05亿元，实现营业收入3.69亿元，利润总额3.51亿元；不良资产率和不良贷款率均为零。

【信贷业务】公司通过专业金融团队，在2014年度免费为14家成员单位制定外部金融机构融资方案，协助成员单位与银行沟通并解决银行融资过程中的问题，累计协助完成融资21.18亿元。公司制定了信贷业务制度及流程，根据成员单位的需求，积极提供信贷支持。2014年，公司为成员单位累计办理自营贷款业务5亿元，为成员单位购买乳制品及原材料提供流动资金支持。2014年受理集团公司委托财务公司给另一家成员单位办理委托贷款0.50亿元的业务，用于成员单位流动资金周转，该项业务是公司的首笔中间业务，为公司的中间业务开展积累了经验，也丰富了公司的业务种类。

【资金业务】2014年度公司吸收成员单位存入资金主要办理同业存款。在办理一周期以上同业存款业务时，引入交易对手准入制度，经专业委员会审批后通过公司公开竞价的电子采购系统，采用三家以上银行线上招标比价形式，银行通过电子采购平台进行报价，公司择优办理同业存放业务。采用公开竞价的电子采购招标模式有效地提高了公司的同业议价水平，截至2014年末，公司共办理103笔存放同业的业务，实现利息收入4.77亿元。

【外汇业务】公司于2014年3月增设外汇管理部，2014年度主要工作是为成员单位提供外汇风险管理、外币授信融资管理，筹备搭建境外资金管理平台和建立集团外汇管理体系等。同时，完成海外融资1.35亿新西兰元，为新西兰项目提供支持。

【资金集中】公司通过对运营系统各项结算功能的完善和优化，实现公司结算系统全业务线上操作，在提升客户满意度的前提下，吸纳各成员单位在公司开立账户。由于开展对公结算业务、批量对私支付以及成员单位之间资金往来清算业务等方面的改进，2014年成员单位的开户率达到83%。通过要求所有成员单位以财务公司开立账户为主要结算业务办理账户和清理闲置外部商业银行账户等方法加强对成员单位银行账户的管理，同时对成员单位外部商业银行账户资金实行账户日均余额限额管控措施，从而有效地提高企业集团的资金归集度。2014年末集团所有成员单位的资金归集率达到89.34%，存款余额118.55亿元，资金集中管理实现了除海外资金及企业保证金等受限资金外的全归集。

【业务创新】本着为成员单位提供安全、优质、高效、快捷的金融服务，在对公支付业务成熟运营的条件下，公司在2014年上半年运营初期，对公结算系统实现全线上清算，且支持电子回单及电子对账，2014年下半年开始筹备批量对私付款平台建设。批量对私付款平台能够满足成员单位员工日常费用报销、员工工资支付、个人贸易伙伴货款支付等批量对私支付需求。实现成员企业单位批量提交、财务公司批量接收处理、支付渠道批量处理。同时满足跨银行、跨区域的特殊需求。2014年12月完成对私支付业务近10万笔，金额约5亿元，实现成员单位对公、对私支付业务的全面覆盖，全年实现结算 38 万余笔，结算金额 2 297.20 亿元。在大力提升公司结算服务能力的同时，有效提高成员单位财务人员工作效率，降低劳动强度。

【风险管理和内部控制】公司坚持以合规建设为主线，以加强内控管理为重点，以建立健全各项规章制度为保障，切实加强公司全面风险管理水平。一是完善组织架构。公司对内设机构进行了调整，原风险稽核部调整为风险合规部，并新设立审计部，构建了前台、中台、后台分离的三道防线的风险防控体系。二是开展风险识别与控制。组织召开了 13 次业务流程及管理活动的风险识别会议，对全公司所有部门的重点业务通过流程分析法进行风险识别，对于流程中可能发生风险的步骤提出优化建议及风险控制措施建议，并编制风险点要素表。三是强化内控制度建设。对公司 48 个重要制度开展评审，同时梳理各部门岗位职责，并与制度中涉及的内控业务流程与管理活动结合起来，以评审会议纪要的形式详细列明制度修改的内容。2014 年 12 月底编制《伊利财务有限公司制度汇编（2014 年版）》。公司各项管理制度及操作流程能够覆盖经营管理的主要领域和重要环节，初步建立起各部门、各岗位相互制约、相互监督机制；风险合规部、审计部履行监督检查职能，有效防范风险。

审计部依据年度审计计划开展了低值易耗品采购、同业存款专项、综合管理部例行、财务核算、运营系统管理、授信业务等审计项目，也对公司内部各项经营活动进行合规性审计。公司对审计建议的采纳率达 93%，并对审计中发现的问题进行追踪整改。审计部在专项审计和合规检查等方面的有效履职，为公司识别、监测和评估合规风险提供了可靠的信息来源和管理依据。

【人力资源管理】公司以业务规划和自身建设发展需要为依据，加快各岗位人员的配置工作，下大力气引进优秀的金融人才，优化人员结构、充实人力资本，提高业务操作的专业水平。采用“外部机构培训、内部培养转训、自我学习提升”的组合方式，初步搭建了公司的培训体系。全员广泛学习金融知识、技能与政策法规，同时为提升公司整体管理水平，多次组织公司管理人员去对标的财务公司学习，了解公司间差距及未来发展方向，学习和借鉴先进经验，提升公司专业化水平。

【信息化建设】2014 年度在系统投产完成开业的基础上，开展了电子签章及电子对账项目上线，实现了业务回单由成员单位自行打印及自主对账的功能，大幅提升了结算环节工作效率；完成了业务运营系统汇总凭证改造，提高了业务回单处理工作效率，节约了大量回单打印费用支出；完成公司 IT 服务管理系统上线，实现了日常运维的平台化处理，积累了系统维护知识；开展电子商业汇票系统接入资质申请工作，取得了人民银行支付结算司的批复；完成了对私支付平台的搭建，实现了批量对私支付，进一步完善了公司对外支付渠道。

【企业文化建设】公司坚持将企业文化建设与经营战略有机结合，以“立足集团、服务集团、打造一流的财务公司”为信念，建设具有金融行业特色的企业文化。2014 年，公司以“品质、效率、责任、合作”为精神内涵，努力打造一支高素质的金融团队。通过组织内控制度学习、预防职务犯罪培训等活动促进员工自我约束，养成自律自省的职业习惯。2014 年，公司通过“春雨计划”的实施、员工激励认可卡发放等措施，有效提升了员工的归属感，增强了团队凝聚力；根据员工需求和公司业务特点订购图书和刊物，以此丰富员工的知识结构和个人兴趣爱好；通过定期民主生活会和职工大会加强管理层与员工的沟通，解决员工提出的实际问题，提升员工满意度。

供销集团财务有限公司

【经营概况】供销集团财务有限公司（以下简称“公司”）成立于2014年2月20日，注册资本5亿元人民币。截至2014年12月底，公司有员工28人。公司秉持“稳健规范、定制服务、开拓创新”的经营方针，以做好集团各出资企业及其产业链的金融服务为工作目标，打造集团统一资金池，发挥集团资金的集合优势，推动集团各板块业务发展。公司开业以来，已开展的业务包括存款结算、存放同业、自营贷款、委托贷款和票据承兑与贴现。截至2014年末，公司资产总额22.91亿元，全年实现营业收入0.46亿元，净利润0.11亿元；公司资本充足率达36.48%，不良资产率和不良贷款率均为零，各项指标均符合银监会监管要求。

【信贷业务】公司建立了信用评级、授信控制、贷审分离、贷后监控的全流程管理。截至2014年12月31日，公司综合授信32.50亿元，实际发放贷款余额9.88亿元，贷款业务利息净收入0.26亿元；公司为成员单位办理银行承兑汇票及商业承兑汇票总额2.20亿元，取得利息收入237万元，代理成员单位开立商业承兑汇票总额0.60亿元；2014年公司累计为成员单位发放委托贷款业务29笔，累计金额22.80亿元。

【资金业务】公司资金业务主要为存放同业款项，截至2014年末，公司存放银行同业存款余额为12.03亿元，全年取得同业利息收入0.19亿元。公司还获得人民银行服务“三农”再贴现支持1.20亿元，办理商业银行转贴现资金0.30亿元。

【资金集中】公司从2014年7月开始全面抓资金归集。公司完成了工商银行、北京银行、建设银行、农业银行、平安银行、招商银行的银企直连；为集团及各级出资企业开立各类结算账户，集团一级出资企业和二级出资企业在公司开户率均达100%。截至2014年末，公司吸收存款余额16.47亿元，全口径资金集中度为18.31%。

【风险管理和内部控制】公司建立了多层级风险责任机制：董事会、经营管理层应对内部控制的有效性负责，并对内部控制失效造成的重大损失承担责任；各业务部门和管理部门每年至少一次对风险管理工作进行自查和检验，及时发现缺陷并改进，对出现的风险和损失承担相应的责任，相关检查报告应及时报送风险合规部；风险合规部定期对各部门风险管理工作实施情况和有效性进行评估，提出调整和改进意见并及时报送风险管理委员会和公司领导；审计部应负责组织检查、评价风险防控的安全性和有效性，建议高级管理层纠正风险防控中存在的问题。2014年度，公司新增制定了信贷业务担保管理办法、固定资产贷款管理办法、同业授信管理办法、账户管理细则、支付业务操作细则、合规管理办法、内部审计工作管理办法、信息系统变更管理办法、核心系统权限管理办法、信息系统项目建设管理办法等涉及信贷、同业、结算、风控和审计的16项业务制度，修订了机房管理办法、网上银行数字证书及密码管理办法、账户管理办法、结算业务管理办法、存款业务管理办法、资金头寸管理办法、领导班子办公会等12项制度。

【信息化建设】2014年内，公司基本完成核心运营系统建设。系统已搭建完成资金结算、信贷管理、票据管理、资金监控、网上金融服务、报表管理、1104报表、系统管理等功能模块。同时，公司制定了各项信息管理制度及应急预案，保障信息系统整体的安全、可靠及稳定运行。

【企业文化建设】公司采用短中长期激励方式、建设“团结奋进、优胜劣汰”的金融企业文化。设立董事长奖励基金，对有突出贡献和杰出表现的员工给予奖励，对不能按时效完成工作、对公司造成影响的员工扣发奖金；制定金融机构年终考核、职位晋升机制，对想做事、做成事的员工给予符合市场标准的年终奖金和职位晋升空间；积极协助集团探索供销社司库平台、收购商业银行、设立融资租赁公司、产业并购基金等工作，为公司和员工的发展提供更广阔的空间。公司还组织员工集体登山、团队体育运动等工会活动，增强团队协作能力与凝聚力。

中铁财务有限责任公司

【经营概况】中铁财务有限责任公司（以下简称“公司”）于2013年7月4日由中国银监会批准筹建（银监复〔2013〕330号），2014年2月27日取得开业批复（京银监复〔2014〕98号），2014年3月16日正式开业运营。公司注册资本15亿元，由中国中铁股份有限公司和中国铁路工程总公司共同出资设立。

开业以来，公司以满足成员单位金融服务需求为方向，以提升企业资金集中管理效果为重点，加大业务产品研究和开发力度，积极梳理和完善业务流程，推动了公司各项业务的快速发展。截至2014年末，公司吸收存款192亿元，资产总额208.69亿元，当年实现营业收入4.13亿元，利润总额2.12亿元，净利润1.59亿元。

【信贷业务】2014年，公司以提高企业集团资金使用效率，减少费用支出，服务成员单位为目的，从集团层面降低有息负债规模，降低平均借贷成本。截至2014年末，公司当年为23家客户发放流动资金贷款61笔，共计72.53亿元，其中，到期回收2.50亿元，期末余额70.03亿元；发放委托贷款9笔，共计81.34亿元；办理银行承兑汇票贴现0.43亿元；办理保函2笔，共计0.39亿元。2014年全年贷款利息收入1.20亿元，手续费收入0.01亿元，本息100%到期收回，不良贷款率为零。

【资金和投资业务】在开业不到一年的时间内，公司共获得招商银行、兴业银行、北京银行和中信银行4家银行同业综合授信额度累计37亿元。同时为了优化资产与负债的期限结构配置，公司以资金周会形式交流信息并按周制定资金配置方案，每日主动统计成员单位资金使用计划并向银行进行同业存款询价，在保证公司流动性安全的前提下，充分提高资金的收益性，累计运用资金636亿元，共安排328笔存放同业定期业务，全年共实现资金收益3亿元，大大提高了资金使用效率。

公司积极稳妥地开展投行业务，以财务顾问角色为集团公司发行永续中票业务提供技术支持，为成员单位参股项目银团融资提供渠道支持，同时利用接近金融市场的先天优势为成员单位开立保函、信用证和外汇交易等提供支持，有效发挥了金融的桥梁作用。

【外汇业务】2014年，公司作为主办企业启动了“北京地区跨国公司总部外汇资金集中管理运营管理”资格申报，并于12月30日获得国家外汇管理局北京外汇管理部《关于中国中铁股份有限公司开展外汇资金集中运营管理业务的备案通知书》（京汇备〔2014〕31号），本次批复的外汇集中运营业务内容包括境外外汇资金境内归集、境内外汇资金集中管理、对外放款额度集中调配、经常项下集中收付汇四项内容。首批获得业务资格的成员企业共有31家，其中，境外5家，境内26家。获得批准的集中对外放款额度73亿美元，为中国中铁外汇资金集中运营管理奠定了坚实的基础。

【资金集中】公司成立以来，紧紧围绕“资金集中”开展工作，以最短的时间完成了公司结算系统搭建工作，并不断优化和创新多项结算业务功能，提高业务处理效率。积极办理各成员单位开立结算账户及上线事宜，指导并协助各成员单位登录公司结算系统进行资金集中及内外收付款结算。截至2014年末，公司累计开立各类账户598户，累计结算流量2.10万笔，涉及资金8 043亿元，内部封闭结算7 808亿元，吸收存款规模192亿元。

【业务创新】公司开业后，重点开展了吸收存款、结算支付、流动资金贷款、存放同业、委托贷款和财务顾问业务，也尝试开展了资信证明、保函和票据贴现业务。其中吸存和结算业务实现了银企直连，收付实名制满足了成员单位结算、审计和采购需求，流动资金贷款业务的客户基础和资金分布相对均衡且业务量开展比较充分，存放同业业务也开展了活期、普通定期和约定期限的存款业务，财务顾问业务主要针对集团和成员单位的融资和金融产品需求进行咨询和提供支持，各项业务运行稳健。同时获得了银行同业综合授信，能够开展代理票据、代理保函、票据转贴和商票保贴等业务。

【风险管理和内部控制】公司按照全面风险管理体系的要求，开展风险管理基础性工作，确定风险管理基本理念，搭建风险管理组织架构，制定风险偏好管理框架。按照风险管理流程开展风险管理工作，对各项业务进行风险点识别，建立风险指标日监测制度、风险季度报告制度，制定风险应对策略。制定针对信用风险、流动性风险、操作风险等的管理机制，使各项业务都有相应的风险管理措施，确保各项业务办理合规、风险可控。加强内部控制建设，以开业上报的制度为基础，召开了6次制度评审会对公司各项制度进行评审，制度建设逐步完善。高度注重风险文化建设，先后开展了以风险知识专题培训、风险知识考试和风险知识抢答竞赛为主题的活动，使全体员工逐步树立风险合规理念。

经过近一年的努力，公司全面风险管理体系逐步健全，各项业务风险可控，经营活动依法合规，治理结构健全有效，流动性充裕，未出现操作风险事项，各项监管指标符合监管要求。

【人力资源管理】公司在人力资源管理方面重点做好了以下工作：一是严把人才引进关，优化人才队伍的年龄和学历结构。公司所有员工均通过公开招聘方式引进。截至2014年底，31名员工全部为本科以上学历，其中，中高级职称员工占员工总数的58%，具有海外留学经历人员占员工总数的30%。二是逐步建立健全干部选聘任用和管理机制。出台了《中铁财务有限公司员工岗位序列管理办法》，任命中层干部8人、高级经理2人、经理4人。三是大力组织员工培训。2014年公司共组织内部培训8场，合计培训人员160余人次；安排员工参加外部培训60多人次。

【信息化建设】完善信息化管理体系建设，制定管理办法9项、关键流程5个、工作表单20个。完成机房、视频会议室、办公网络、OA、电子邮件、企业网站等软硬件基础设施建设。

通过核心业务、现金池等系统建设，打通指令通道，实现各成员单位资金系统与财务公司核心业务系统间集成，实现内外网隔离和上网行为监控，完成核心业务系统7个核心流程的压力测试，完成数字签名、链路负载均衡、应用负载均衡设备测试，根据压力测试结果优化系统软硬件性能，保证业务系统安全高效运行。

按照“专网专线专机”原则，完成金融汇聚平台接入，完成电子公文、调查统计、金融数据上报、征信等系统的部署应用，建立公司与监管机构间的信息通道。根据监管机构信息安全要求，完成并上报了商用密码和信息安全自查报告，完成异地灾备系统建设方案。

【企业文化建设】公司注重加强企业诚信文化、合作文化、人才文化、合规文化、创新文化、风险管理文化建设，着力打造独具特色的文化体系，使其成为企业形象展示的标准和员工思想行动的准则。2014年，公司开展“我的中铁财务梦”征文、“风险知识竞赛”、团队建设拓展训练等特色活动，倡导广大员工将个人梦想融入企业发展中，进一步增强公司的团队凝聚力，在爱岗敬业中建功立业。公司注重企业文化建设与公司中心工作的有机结合，激励广大员工主动参与企业的经营与管理，在全面深化改革、精细化管理、核心业务拓展等方面，挖掘员工的创造精神，以文化软实力助推企业经营发展。践行“依靠职工办企业，办好企业为职工”的理念，切实维护员工的合法权益和主人翁地位，关心员工的职业发展，提高员工幸福指数。公司结合重点工作，不断丰富宣传形式，做好企业对内对外的宣传工作，进一步树立和提升企业品牌形象。

重庆力帆财务有限公司

【经营概况】重庆力帆财务有限公司（以下简称“公司”）于2014年1月成立，公司秉承“依托集团、服务集团、规范运作、稳健发展”的经营理念，严格按照监管要求，通过不断完善各项管理制度和业务流程，紧密围绕集团产业发展的需求，积极开拓公司业务，取得了较好的经营业绩。2014年，公司归集资金总额34.34亿元，资金归集率达到62%。公司资产规模42.77亿元，负债总额34.49亿元，所有者权益8.28亿元。2014年实现营业收入0.61亿元，实现利润总额0.33亿元，净资产收益率为3.41%，公司资本充足率为30.48%。各项监管指标均符合监管要求。

【信贷业务】公司充分利用在产业和金融两方面的优势，在风险可控的前提下，及时为集团成员单位提供资金支持，根据成员单位的需要提供信用担保、发展贷款规模、监督信贷资金的使用，同时在信用鉴证、票据承兑和贴现、代理和担保业务上为成员单位提供优质、快捷的金融服务，满足成员单位的资金需求，保证了集团成员单位生产经营的正常进行。公司吸收集团资金集中管理的存款，通过信贷业务快速投放于集团成员单位，提高了集团资金使用效率，发挥了纽带作用。同时为集团成员单位争取最优惠的贷款利率，提高了集团的议价能力，降低了集团成员单位的贷款成本。2014年，公司为成员单位共计发放贷款45笔，金额39.90亿元。截至年末，贷款余额11.87亿元，其中，流动资金贷款余额3.02亿元，固定资产贷款余额8.85亿元。代理成员单位签发银行承兑汇票43笔，金额44.60亿元，截至年末，代理签票余额37亿元。

【资金业务】公司成立之初只能做存放同业业务，为了发挥资金效益，资金运营部做好了两方面工作：一是资金头寸管理，在防范流动性风险的同时，最大限度地与银行做存放同业业务，做好同业资金期限配置。二是做好存放同业资金利率谈判工作，广开渠道与多家银行谈判，选择收益高、合作紧密的银行开展同业业务；同时加强活期与定期的利率管理，在灵活使用资金的同时获取更大收益。

【票据业务】公司结合自身业务的发展与集团的票据现状，作为经集团授权的票据管理人与各家银行开展票据池业务。通过与各家银行的沟通，以及对其业务流程、费率情况、日常服务情况的多项比较，最后选定工商银行、农业银行、浙商银行、华夏银行等进行合作。公司还发挥资源优势，邀请银行的专业人士为成员单位及公司全体员工进行票据专题培训，使集团各成员单位了解票据集中管理的意义，掌握了票据集中管理的流程，为公司票据池业务的开展做好了基础建设工作。经过前期的充分准备，2014年共入池票据2亿元，开票2亿元。

【资金集中】公司在开业之初就做好了资金集中管理的宣传和动员，组织集团各成员单位资金管理人员召开资金归集工作会，明确了财务公司的服务宗旨、作用、目标，从上到下形成统一的思想，为资金集中管理扫清障碍。为了提高成员单位人员工作积极性，公司提出了激励措施，根据成员单位归集率的高低给予相应的奖励。公司选择了几家主要合作银行开通了银企直连系统，划分账户性质，为资金集中管理打好了基础。另外，每月进行资金集中工作总结、分析，发现问题并逐个解决，使资金集中度逐月提高，截至 2014 年底，公司的全口径资金归集率达到了 62%。

【风险管理和内部控制】公司通过全面风险管控，有效地保证了公司经营的良性发展。一是按照“权责统一，错责相当”的原则确定责任承担部门和人员，将内部控制的风险尽职问责、案件防范等纳入绩效考核评价并将内部控制的风险责任制落到实处，人人签立风险责任书；二是建立了风险指标预警系统，有效地实现了对风险合规的时时监控；三是完成了对原有《规章制度汇编》中的 111 个文件的梳理、调整、完善工作，新增了 26 个新的制度，做到了“制度先行、合规经营”的基本要求，规范了业务流程，防范了操作风险，对公司运营起到了实际的指导意义；四是通过专项内部稽核，开展对全公司各业务条线的全面稽核，强化对制度执行情况的监督，进一步促进业务规范化，逐步提高公司内部控制和风险管理水平；五是公司组织全体员工学习了规章制度和操作流程，并以考试的形式检验了大家对操作中风险合规知识的认知程度，增强了员工的风险防范意识，提高了员工按章办事的工作能力和操作技能。

【人力资源管理】为满足业务发展需要，公司加强了对人力资源的合理配置与有效管理，在风险、结算、信贷、合规等关键岗位上配置了有银行从业经历的专业人员，充实了中层业务管理岗位。公司加强员工培训，制定了业务流程和规章制度，建立了有序的工作秩序。公司还请九恒星及银行的专家来给员工讲课，组织员工到新希望财务公司、海马财务公司、奇瑞财务公司进行实地学习；鼓励公司员工能者为师，进行业务讲解，对全体员工和集团相关人员多次进行业务培训，使员工尽快掌握了相关业务知识，顺利推进业务的开展。同时，公司制定了员工管理制度，规范了员工的日常行为和劳动纪律。

【信息化建设】公司自成立之初起就在信息化建设方面坚持高标准、高起点，向先进的同行看齐。公司核心业务系统的建设包括用户授权管理系统、资金结算系统、资金预算系统、信贷业务系统、电子交易系统、网上业务管理、资金信息查询、多维账务核算系统、网上结算系统、1104 报表系统等功能模块和七家银业实现银企直连。针对信息系统的重要性和敏感程度，建立以有效身份验证为基础的管理机制，加强网络系统访问的控制和安全管理；落实全面检查，运用安全检查的自动化技术手段，制定相关的策略和流程，管理所有生产系统活动日志，以支持有效的审核、安全取证分析和预防欺诈；建立信息安全保障和沟通机制，认真落实安全责任制，切实保障信息化服务体系安全、平稳、高效运行；建立完善的信息安全应急处置机制和信息通报机制，制定应急预案并进行演练，提升金融信息系统预警、应急处置和恢复能力，最大限度地降低系统技术风险，以保障信息系统稳定安全运行及各项业务的持续开展。

【企业文化建设】公司成立了党支部和工会小组，充分调动各层面员工的积极性，共同搞好企业文化建设。党支部组织党员职工并邀请其他员工共同接受革命传统教育，要求党员在各自的岗位上起好模范带头作用；工会多次组织员工互动交流和联欢；公司还组织了“我与财务公司共成长”主题演讲活动，大家结合切身体会，抒发了对力帆大家庭的真情实感和对财务公司的无限期望。通过这些丰富多彩的活动，增进了员工间的友谊和了解，激发了员工爱力帆、爱公司、努力工作的热情，极大地增强了团队凝聚力。

中煤财务有限责任公司

【经营概况】2014 年 3 月 26 日，历经 21 个月高效的筹建准备工作，中煤财务有限责任公司（以下简称“公司”）如期开业。公司上下一心，紧紧围绕“依托集团、服务集团、发展集团”的经营宗旨和开局之年“夯实基础、稳步推进、合规运营、安全高效”的指导思想，准确把握功能定位，大力夯实管理基础，稳步推进资金集中，努力提升金融服务价值，确保安全合规运作，实现了显著的经营业绩，发挥了不可替代的金融服务功能，建立了完善的法人治理结构，构建了较为健全的内控制度体系，打造了精干高效的专业队伍，公司经营取得良好开局。

2014 年，公司开业运营 9 个多月，累计实现营业收入 2.68 亿元，实现利润总额 1.84 亿元和净利润 1.38 亿元，2014 年 12 月末资产总额 150.18 亿元，其中，贷款余额 28 亿元，票据贴现余额 6.36 亿元，累计集中各成员单位资金 118.38 亿元，资金集中度达 37.18%。

【信贷业务】一是初步建立信用评级和授信体系，已对 12 家成员单位确定了内部授信额度，建立了评级档案；二是坚持审贷分离和前台、中台、后台独立规范运作，认真做好贷前调查、贷款审查、贷后检查和档案管理；三是逐步开展各类人民币自营贷款业务，已累计发放自营贷款 28 亿元（其中，支持重点项目建设贷款 6 亿元，流动资金贷款 22 亿元），全年实现贷款利息收入 0.67 亿元，票据贴现面额合计 10.14 亿元，票据贴现业务利息总收入 0.16 亿元；四是积极承办委托贷款业务，办理委托贷款 5 笔共 19 亿元，实现中间业务收入 120 万元。

【资金和投资业务】积极拓展同业存放银行合作范围，引入商业银行内部竞争机制，自主开发财务公司同业报价分析平台系统，深入研究 Shibor 利率走势，聚焦流动性管理，合理期限搭配，坚持公开比价，精打细算提高资金使用效益，全年累计办理同业存放 96 笔（总计 405 亿元），实现存放利息收入 1.94 亿元。

【票据业务】积极筹集资金，支持集团公司销售业务快速回款，改善经营活动现金流量，办理银行承兑汇票贴现 293 张，票面金额合计 10.14 亿元，票据贴现业务利息总收入 0.16 亿元。

【资金集中】一是研究设计资金管理模式，整体规划、全面测试、分期上线，实现平稳、高效推进资金业务系统搭建；二是稳步推进银企直连工作。工商银行、农业银行、中国银行、建设银行、交通银行、浦发银行、北京银行、中信银行、招商银行、民生银行、兴业银行等11家重点合作银行的银企直连系统已完成测试并上线使用；三是完成全部42户成员单位内部账户开设和大部分银行账户授权工作，截至2014年底，已完成银行账户授权233个，占全部二级企业账户的90%以上；四是结合操作实践和成员单位意见逐步完善和优化资金系统业务功能，并设计开发部分分析决策功能模块。

截至2014年底，资金集中管理及结算工作基本步入正轨。一是资金归集规模和集中度稳步上升，已累计集中各成员单位资金118.38亿元，资金集中度达37.18%；二是办理资金结余定活期存款，积极提升成员单位收益。为成员单位累计办理定期、通知存款业务84笔，共计241.18亿元；三是平稳开展资金上收下拨，结算业务量和金额环比快速上升，全年共办理上收下拨结算量4 575笔，2014年12月日均近60笔，并保持零错误；四是聚焦流动性管理，精打细算提高资金使用效益，实现同业收入1.94亿元。

【风险管理和内部控制】2014年，公司推进风险管理重心前移，将风险管理措施嵌入业务流程，构筑业务部门、风险部门、审计部门三道有效风险管理防线，强化风险培训和风险提示，培育全员风险管理文化，逐步建立全面风险管理体系。一是出台年度信贷政策指引，落实审贷分离和信贷“三查”，充分发挥贷审会作用，严把信贷业务风险，并按季开展资产风险分类，对信用风险、流动性风险等关键指标进行监控，确保监管指标合规、业务风险可控。二是定期开展风险评级自评工作，针对差距逐项分析原因，制定改进措施，促进管理水平提升。三是坚持“职责分离、规范授权、相互制约、监督检查”，建立“以基本管理制度为核心，职权配置、业务流程、内控风险手册为重要支撑”的四位一体、全面监控的内部控制体系。2014年共制定公司治理、业务管理以及行政综合三大类74项制度，编制37项重要业务职权配置手册和67项业务操作流程。

【人力资源管理】针对公司开业初期人员规模较小、从业经验不足的实际情况，公司自上而下边干边学，实行高管和普通员工最低学时制度，建立“1+1”主题交流活动学习机制；请进来专家进行免费培训，走出去调研同业成功经验，全年组织各类学习培训30余次；合理调配人力资源，充分发掘员工潜力，实行跨部门协同工作机制，鼓励员工主动思考，踊跃提出意见；支持鼓励员工积极参加社会化资格考试。截至2014年底，已有1人取得CPA资格证书，2人通过CPA专业阶段考试，4人顺利通过中国银行业从业人员资格认证考试。

【信息化建设】一是基础设施建设方面。按照《电子计算机机房设计规范》C类标准，完成了公司计算机机房建设及信息系统配套软硬件安装，配置消防、安防、视频监控等安全防护措施，保证业务信息系统在良好的环境中稳定运行。二是业务系统建设方面。稳步推进财务公司核心业务系统资金管理系统建设，结算、信贷、预算、资金信息等13个系统模块完成上线，并与集团公司ERP账务系统、结算中心资金系统及工商银行等11家银行银企系统完成对接，实现系统的高度集成与信息的充分共享，自主开发了同业报价分析工作平台，实现了同业市场分析、存单管理、存贷进程管理等功能，为同业业务决策提供强有力的依据。三是监管平台搭建方面。公司按照人民银行营业管理部、北京银监局等监管机构的要求，完成金融机构电子政务传输系统建设，顺利接入北京金融城域网，实现公司与监管机构专线互通，保证监管文件正常传递，大幅提升监管文件和报表上报效率。四是信息科技制度建设方面。落实监管制度与提示，编制形成《信息安全防护管理办法》《计算机机房管理办法》《信息系统运行管理办法》等多项管理制度，规范工作操作流程，进一步完善了信息科技风险管理制度体系。

【企业文化建设】积极开展拓展培训活动，增进相互间了解，培育新团队的合作意识，通过给每位员工编写生日贺卡、设计员工卡通形象、互相交换小礼物等多种活动形式，让员工感受到集体的温暖，增强队伍凝聚力，营造和谐的工作氛围，初步形成“专业、高效、和谐、创新”的企业文化理念。

安徽省皖北煤电集团财务有限公司

【经营情况】自2014年5月开业以来，安徽省皖北煤电集团财务有限公司（以下简称“公司”）践行“依托集团、服务集团”的经营理念，完成了全年的各项经营计划与考核指标，为以后公司的发展壮大奠定了坚实的基础。公司全年实现营业收入0.37亿元，利润总额0.21亿元，资金归集度为34.21%（可归集口径）。累计为成员单位代理付款1.11万笔，交易金额142.20亿元，为成员单位办理内部转账884笔，交易金额49.32亿元，帮助成员单位初步实现付款、转账等资金业务的高效快捷；累计向成员单位发放贷款2.70亿元，加权利率为6.49%，在一定程度上缓解了成员单位“融资难、融资贵”的压力，为成员单位的发展提供了融资支持；累计为成员单位支付利息807.81万元，其中按协定存款方式计息的活期存款利率达1.27%，远高于同期银行存款活期利率，营造了公司和成员单位“双赢”的良好局面。截至2014年12月31日，公司拥有总资产17.85亿元。其中，负债12.69亿元，所有者权益5.16亿元。

【资金运作】在资金动作方面，公司专门成立了存放同业资金管理小组，负责资金的存放管理。由计划财务部实时监控资金运行情况，将资金情况及时、准确地汇报给存放同业资金管理小组，由存放同业资金管理小组根据成员单位资金使用时点的不同，合理测算公司资金头寸存量的高峰和低谷。在尽力满足成员单位资金需求的同时，调剂资金头寸，以存放同业资金的产品和期限的多元化为手段，合理地进行期限错配，最大限度地提高资金使用效率，获得最高的资金效益。另外，为防范金融风险，积极与多家商业银行合作，建立互惠互利的伙伴关系，2014年全年实现存放同业收入0.29亿元，实现了存放同业资金的高效运营。

【信贷业务】公司严格按照《贷款通则》、三个“办法”一个“指引”和《企业集团财务公司管理办法》等法律法规的规定，符合中国人民银行的货币政策和信贷政策，遵循安全性、流动性、效益性的原则，以资产负债比例管理和风险管理为中心，紧紧围绕集团公司发展战略目标，为集团成员单位提供高效、优质的金融信贷服务。积极发挥公司金融服务功能，助推集团战略发展。2014 年，公司发放自营贷款五笔，贷款金额 2.70 亿元。同时，公司加强信贷资产管理，强化贷前调查、上会审查和贷后检查的监管机制，持续跟踪贷款企业状况，确保贷款的安全。2014 年各项贷款利息回收率 100%。

【资金集中】自公司开业以来，按照集团公司资金归集的要求，以集团内上市公司为重点，积极推动成员单位加入资金池，同时开展各成员单位在外行开立账户的清查工作，加强对集团控制能力相对较弱的参股单位以及其他成员单位的存款营销工作，同时做好资金集中管理和调度工作。截至 2014 年底，有 69 家成员单位在公司开立账户近 100 户，办理结算 1.30 万笔，资金结算量约 280 亿元。

【风险管理和内部控制】2014 年，鉴于公司刚刚开业，公司立足于企业持续、健康、稳定发展的高度，开展风险管理建设，以风险防范为第一要务，积极落实操作有规、管理有序、授权有度、风险有控、责任有人、监管有效的原则，逐步建立具有自身特色的风险管理体系。一是健全法人治理，完善组织结构，规范股东会、董事会、监事会和经理层之间责、权、利的关系，保证组织机构之间的相互制衡。初步构建了“以业务部门为第一道防线、风险管理部门为第二道防线、稽核审计部门为第三道防线”的风险管理三道防线。二是加强规章制度体系建设，健全内部控制制度。建立了包括法人治理、综合管理、财务与资金管理、信贷业务管理、结算业务管理、投资业务管理、风险和稽核管理、岗位职责等 100 多项制度和业务操作流程。三是建设、完善信息系统，推行结算、信贷等核心业务的全流程风险管控。四是积极开展风险文化建设，提高全员风险管理意识。五是安排季度风险排查和内控、合规检查，对发现的问题进行深入分析，制定整改方案，积极落实，切实提高风险防控能力。

【内部稽核】2014 年，按照相关法律法规和监管部门的要求，对公司全部规章制度、办法和业务流程，对照相关法律法规重新进行了梳理，共计 128 个。对结算业务部、信贷业务部、计划财务部、风险管理部和综合管理部等部门进行了专项稽核审计，针对制度及操作中存在的疏漏，提出了建议和意见，并跟踪整改。落实岗位责任，确保各项业务的规范运作与公司的健康发展。

【信息化建设】公司于 2014 年开业，信息化建设尚处于初级阶段，与五家商业银行实现了银企直连。同时对银行前置机进行单独布置、升级，提高了系统的稳定性。经过近一年的发展，公司的信息化建设取得了巨大的进步，满足了成员单位的业务需求。2014 年成功加入银监局的 OA 办公系统，实现了网上办公。在信息安全方面，实现了数据的同城备份，核心数据实时备份，保证业务数据的安全性和连续性。

【人力资源管理】2014 年，公司根据业务发展的需要，组织实施了中层管理岗位的竞聘工作。在职工薪酬方面，积极开展全员绩效考核，激发了员工的工作热情。激励员工加强业务学习，提高自身素质，公司设立专项奖励，对取得优异成绩的个人，给予物质上和精神上的鼓励。在业务培训方面，公司每月组织一次业务集中培训，并不定期安排员工参加监管部门、中国财务公司协会、集团公司等组织的专题讲座与业务培训，为员工提供了良好的学习平台，激发了团队活力。

【企业文化建设】2014 年，公司加强企业文化基础建设，倡导“依托集团，服务集团，规范经营，稳健发展”的经营理念，重视岗前培训、资格认证等技能教育，形成了一套符合公司自身实际的企业文化体系。公司以“依托集团，服务集团，追求集团整体利益最大化”为经营目标，加强资金集约管理，优化资源配置，提高资金使用效率，控制资金风险，规范经营，创新服务。

淮北矿业集团财务有限公司

【经营概况】淮北矿业集团财务有限公司（以下简称“公司”）于2014年4月16日经中国银行业监管管理委员安徽监管局批准开业（皖银监复〔2014〕68号），2014年4月29日揭牌成立。公司注册资金8亿元人民币，由淮北矿业（集团）有限责任公司100%出资。

2014年，公司实现营业收入0.76亿元，累计发放贷款（含贴现）余额12.85亿元，按照2.5%比例计提贷款损失准备0.27亿元，实现营业利润0.32亿元。合计上缴各类税金0.14亿元，其中，企业所得税0.12亿元，营业税115万元。截至2014年末，公司资产总额27.58亿元，其中贷款（含贴现）余额10.85亿元；负债总额19.35亿元，其中吸收存款19.25亿元；所有者权益8.24亿元。

【资金集中】集团在公司开业前夕就下发了《淮北矿业集团资金管理办法》，开业后不久又下发《淮北矿业集团银行账户管理办法》，明确公司是实施资金集中管理的主体和全集团银行账户管理责任单位。公司借助集团良好的政策环境，加强对外部银行账户的清理和监管，最大限度提高资金集中度。2014年末，全口径资金集中度达到48.32%。

【资金和投资业务】公司本着审慎经营原则，精耕细作，盘活存量，在确保安全性和保证支付的前提下，通过询价、议价和对头寸精细化调拨，使结构性存款实现期限错配，最大限度实现货币的时间价值，2014年，实现存放同业利息收入0.53亿元，占全部营业收入的69.80%。

公司本着由产而融，以融促产的原则，加大对成员单位的信贷投放，支持集团产业转型升级的战略实施。2014年累计投放贷款12.85亿元，不仅有力地支持了集团的发展，同时实现贷款利息收入0.22亿元，占营业收入的28.40%，实现了双赢。

【风险管理和内部控制】公司建立了规范的公司治理结构，形成了各司其职、协同运作的工作机制。在公司开业之初，就制定了各类规章制度113项并印制成册，在年度内根据实际业务流程完成了制度修订和完善工作。开展各项业务的合规检查和员工合规意识的培训工作，确保公司审慎合规经营。做实公司治理和风险管理工作，召开风险管理委员会会议，让风险管理委员会委员给公司风险管理把脉；定期编制风险报告和风险简报，增强风险识别能力和防控能力。

【人力资源管理】公司拥有员工 34 人，其中，拥有高级职称 11 人，从事金融或财务会计工作5 年以上的有 32 人。公司高度重视员工的教育培训工作，采取多种方式强化金融知识的学习和金融理念的灌输，改善知识结构。鼓励员工参加各类金融类资格考试，加强外出调研交流，不断提高员工专业素质和工作能力，努力打造一支“会学习、爱思考、懂管理、善经营”的团队。

【信息化建设】公司高度重视信息系统的功能完善和安全性，以及员工对系统的操作。系统建设得到验收组的肯定和赞扬。加强对系统操作人员的培训和 U 盾及密码管理，确保不出现操作风险。不断对系统功能进行优化和完善，提高结算效率和安全性，提高客户的满意度。建立健全科技信息系统方面的制度建设和应急预案，全方位多角度保证系统安全运行。

【企业文化建设】公司重视文化建设，确立了“依托集团、服务集团”的战略定位和“文件、精细、集约、高效”的经营方针以及“汇聚资源、创造价值”的公司使命。公司将进一步完善公司文化内容，建设服务文化、合规文化、风险文化，丰富文化内涵，以文化引领公司健康可持续发展。

湖南出版投资控股集团财务有限公司

【经营概况】湖南出版投资控股集团财务有限公司（以下简称“公司”）于 2013 年 12 月 2 日获得中国银监会《关于湖南出版投资控股集团有限公司筹建企业集团财务公司的批复》（银监复〔2013〕625 号），2014 年 4 月 21 日获得湖南银监局《关于湖南出版投资控股集团财务有限公司开业批复》（湘银监复〔2014〕102 号），并于 2014 年 4 月 23 日完成工商注册，注册资本金 10 亿元人民币。公司成立以来，坚持以服务集团为使命、以风险可控为原则、以稳健发展为宗旨，积极开展各项业务，全力助推集团主业发展。截至 2014 年 12 月底，公司资产总额 62.39 亿元，实现营业收入 1.36 亿元，实现利润 0.69 亿元，资本充足率为 64.16%，流动性比例为 61.94%，未出现风险资产，取得了较好的经营成果。

【信贷业务】2014 年，公司充分发挥金融服务平台作用，积极开发客户资源，全年完成对 9 家单位的授信评级和 7 家单位的贷款发放工作，累计发放贷款 10 笔，涉及金额 3.74 亿元，年末贷款余额为 2.28 亿元，为成员单位投融资提供了有力支持。为使公司信贷评级系统适应出版业态，在多方走访的基础上，公司信贷评审委员会初步制定出版类评级模型。

【资金业务】面对市场利率下行、成员单位资金需求极弱的双重压力，公司积极研究应对策略，先后与 11 家银行建立同业沟通机制，实时掌握市场价格，同时通过报价竞标的方式选择存放银行。在此基础上，公司根据市场利率年度变动规律，合理配置资金期限，在保证资金流动性、安全性的前提下，努力提高资金收益。全年完成存放同业定期业务26笔，涉及金额119.40亿元。

【资金集中】公司积极拓展内部资金集中范围，大力强化公司作为集团资金中心、结算中心的定位，打造公司以结算业务为核心的多功能金融服务企业。公司通过与工商银行、建设银行、交通银行建立银企直连系统，对成员单位试行收支两条线的结算模式，实现资金的自动归集。大力强化账户管理力度，完成65家成员单位的上线和账户开立工作，上线覆盖率80.25%，截至2014年底，吸收存款余额51.55亿元，为全口径归集资金的51.37%。全年累计办理结算业务2.28万余笔，结算金额207.88亿元，已成功打造了一个坚实的结算业务平台。

【风险管理和内部控制】依托“立足当前，面向未来”的基本思路，公司充分吸收国内金融业先进的经验，完成“动态扩展型风险管理体系”项目规划，通过引入科学的风险管理流程和工具，搭建了可拓展的全面风险管理平台，梳理了业务流程和管控模式，制定了全面风险管理实施规划，建立健全了全面风险管理体系，为公司逐步提高风险管理水平和稳健经营打下良好基础。公司还积极推动风险控制检查和日常审计，定期开展内控评价工作，对资金结算、资金调度、信贷业务、信息技术等流程实行严格管控，持续监督整改情况，确保了内控流程不留“真空地带”。

【人力资源管理】人才引进与培养双管齐下，打造具有较高职业素养的金融人才队伍。截至2014年底，公司在岗员工23人，其中，从事金融或财务工作3年以上员工15人，占总人数68%；从事金融或财务工作5年以上员工11人，占总人数50%。以建设学习型团队为目标，公司全年组织全员集中内训7场，共计20多个课时，涉及行业法规、专业技能、风险防控等。公司还依托集团培训学院和社会专业培训机构，鼓励并组织员工积极参加外训，使员工能进一步增强专业能力，提升综合素质。

【信息化建设】公司组建信息系统建设调研小组，积极与监管部门、银行专家座谈，选取符合集团实际、适应公司业务运营特点的业务操作系统。正式运营以来，有针对性地对系统进行了大量个性优化改造，使其更契合、更贴近成员单位要求，更符合业务运营和风险管理的要求。公司系统和数据服务器均采用双机负载均衡技术，可保障业务开展不间断；成员单位进入系统须经多重认证，进一步保障了数据安全。

【企业文化建设】2014年，公司努力建立“因工作而快乐，因创造而富有，因团队而荣耀，因良善而崇高”的企业文化准则，大力弘扬企业核心价值观，多渠道助推团队融合。以党的群众路线教育实践活动为契机，全面加强了党的思想建设、组织建设及作风建设，把党风廉政和反腐败工作落到实处。组建员工羽毛球俱乐部，同时开展爱国主义教育、户外集体活动等，进一步增进员工凝聚力和向心力，逐步积累沉淀具有特色的金融企业文化。

四川省宜宾五粮液集团财务有限公司

【经营概况】四川省宜宾五粮液集团财务有限公司（以下简称“公司”）于2014年5月20日正式运营，注册资本为20亿元人民币。公司坚持“服务集团、支撑多元”的宗旨，以集团利益最大化为目标，坚持“审慎经营、防范风险、持续发展”的原则，切实加强自身建设，加快推动各项业务发展，有效防范各类经营风险，推动企业实体经济发展。截至2014年末，公司总资产达106.55亿元，存款余额77.57亿元，贷款余额16.14亿元，实现营业总收入1.43亿元，拨备后利润0.51亿元。

【信贷业务】2014年，公司切实加大信贷投入，累计发放贷款19.44亿元，2014年12月末贷款余额16.14亿元，支持主业及多元产业发展。一是积极开展信贷业务创新，多种信贷产品支持成员单位融资。二是执行贷款利率优惠政策，按照服务集团、让利成员单位的服务宗旨，在大力满足成员单位有效信贷需求的同时，各类贷款实行让利服务，贷款利率全部实行下浮，降低成员单位融资需求。在宏观经济面临下行压力、贷款企业普遍经营困难的情况下，让利措施极大地支持了成员单位发展。三是切实做好对成员单位的金融综合服务。公司通过对成员单位的充分调查，主动为成员单位量身订做金融服务方案，提高金融综合服务水平，积极满足成员单位全方位、立体化的金融服务需求。

【资金业务】公司加强资金管理，努力提高资金使用效益。一是加强信贷资金的统一、科学、规范管理，切实防范和减少资产风险，提高资产负债的安全性、流动性和盈利性；二是强化头寸资金管理，主动提前获取成员单位存款期限结构到期情况及日常资金使用情况，匹配调整资金计划，提高资金使用效率；三是加强资金管理，督促、检查资金使用情况，加强各部门之间的沟通，主动掌握资金动态，防止资金流失和闲置，确保资金安全性、效益性、流动性；四是积极引入存放同业资金竞价机制，与农业银行、工商银行、中国银行、建设银行、中信银行等合作银行建立竞价机制，年度内将存放同业约期款项收益率较预算提高约0.5个百分点；五是加强资金调拨管理，提高资金使用效率，在保证支付、防范风险的前提下，实现公司利润的最大化。2014年度内，共计实现存放同业约期款项66笔，累计存取发生329.30亿元，实现存放同业资金收益1.25亿元。

【票据业务】2014年，公司争取人民银行信贷政策支持，主动开展了票据贴现业务，并争取了人民银行的再贴现低成本资金支持，最大限度地发挥了公司信用创造和价值创造的功能作用。2014年，公司成功为成员单位办理银行承兑汇票贴现8.04亿元，在优化成员单位资产结构的同时，为集团创造价值数百万元。

【资金集中】按照集团公司的统筹安排，公司有序推进集团公司、股份公司及各成员单位的资金归集工作。在具体工作中，一是不断完善资金集中管理实施方案，明确结算服务模式、推进时间规划等方面的具体实施方法；二是根据集团公司统筹安排，逐户与成员单位对接，宣传加入资金归集体系的流程和优势，与成员单位逐户商定资金留存额度，签订银行账户授权书及留存额度设置信息表，并向银行申请开通银行现金管理及银企直连功能积极推进资金归集工作；三是加强与商业银行合作，为资金归集创造条件，全面开通了农业银行、工商银行、中国银行、中信银行及建设银行五家合作银行的现金管理和银企直连；四是按照服务集团、让利成员单位的经营宗旨，各类存款利率执行人民银行规定的最高利率，均按同类存款基准利率上浮 10%（2014 年 11 月 22 日后上浮 20%）计算利息，以市场化手段吸引成员单位资金。截至 2014 年末，公司共开立成员单位内部结算账户 65 户，账户覆盖面达到 50% 以上，加入资金自动归集范围的成员单位银行账户 15 个，吸收存款 77.57 亿元。

【风险管理和内部控制】公司风险管理坚持“全面性、审慎性、有效性、独立性”的原则，建立了以“三会一层”为管理核心，确立各负其责、规范运作、相互制衡的公司治理结构；董事会下设风险管理委员会，建立了业务审查委员会和总经理办公会议事规则；经董事会通过，制定了《业务授权管理办法》和董事会对董事长、总经理的授权文件，对各项业务及日常管理工作明确授权事项与程序；建成了以客户为中心、前中后台分离又制约的风险控制体系，推行以业务流程为主导的经营管理模式，开发了以流程落实内控的智能化和标准化业务处理系统；建立健全了涵盖公司治理、内部管理、稽核审计、业务制度和流程等方面的内控制度 130 余项，并在实践中根据业务发展需要及时修订完善。

【人力资源管理】公司不断加强员工队伍建设，努力提升业务经营能力。一是加强员工培训。开辟“高管开讲”专题，创新培训工作；邀请业内资深专家授课，对全员开展业务培训；组织相关人员外出学习、开阔视野，提升业务能力和创新意识；通过不间断的密集培训，营造学习氛围，打造学习型组织。全年，公司共计组织培训 54 次，其中内部培训 39 次，外部培训 15 次，累计培训 1400 余人次，稳步提升了员工综合素质。二是加强人力资源和员工薪酬管理，合理配置人力资源，做到资源优化、人尽其才，积极推动业务发展。三是充分发挥党支部、工会、团委等组织的作用，开展丰富多样的业务竞赛、征文比赛、青年员工座谈会、员工拓展训练等活动，进一步增进团结、培养团队精神，增强公司的凝聚力、向心力，着力打造团结、进取的优秀团队。

【企业文化建设】公司积极推进公司文化建设，着力打造“产融结合”特色企业文化。一是强化“五粮液”特色文化建设，让公司员工牢固树立“创新求进、永争第一”的五粮液精神，真正融入五粮液，努力做一个合格的“五粮液人”；二是认真研究企业文化与金融文化的结合点，努力做到融会贯通，逐步形成员工广泛接受的公司文化，提升公司的凝聚力、向心力和核心竞争力，以文化引领公司的发展；三是加强公司风险治理文化建设，培养全员的制度意识、责任意识和风险意识，让内部控制、风险治理深入人心，使风险防范成为一种自觉意识和自觉行为；四是加强企业文化阵地建设，坚持按期编辑印发公司内部刊物《财务公司咨询与参考》，着力打造集团及成员单位了解金融政策法规的窗口，积极搭建宣传公司的载体，切实创新传播金融知识的形式。

中节能财务有限公司

【经营概况】中节能财务有限公司（以下简称“公司”）于2014年7月10日获中国银监会开业批复，2014年7月31日正式开业，公司坚持司库管理与金融服务两大发展方向，秉承“集团资金归集平台、集团资金结算平台、集团资金监控平台、集团内部资金融通平台、集团投资银行业务平台”五大功能定位，致力于为中国节能环保集团公司及其成员企业提供个性化、低成本的综合金融服务。公司自成立以来，建立健全公司治理结构，快速完成各项开业对接工作，稳步推进集团资金集中管理，为客户量身提供综合金融解决方案，积极落实集团重大项目资金安排，统一对外进行融资谈判，建立完善内部控制与全面风险管理体系，公司综合贡献已经初步显现。

【公司金融】截至2014年12月末，公司贷款余额34.30亿元，委托贷款余额18.12亿元。2014年累计发放贷款总额96.90亿元，其中，投放于资源循环利用板块15.06亿元，投放于环保板块9.62亿元，投放于绿建板块9.13亿元，投放于节能板块3.62亿元，投放于清洁能源板块2亿元，有力支持了集团公司主业发展。同时，公司积极开展财务顾问业务，统筹各成员单位资金需求，设计融资方案，统一对外谈判，降低融资成本，2014年帮助成员单位设计融资方案及统一对外融资38.91亿元，确保了成员单位的资金需求及资金链安全。

【资金业务】2014年，公司在满足流动性管理的前提下，最大限度与商业银行进行同业存款议价，不断寻求资金增值配置机会，并取得较好的同业收益，收益率高于同期Shibor40～50个基点。

【票据业务】为盘活集团票据资产、优化财务结构，公司自成立后，加快搭建电子商业承兑汇票业务系统，努力推进集团公司成员单位票据业务的电子化及票据集中管理，向人民银行提出了电票直连申请，积极与商业银行开展票据池业务谈判，进一步提升了集团资金集中度。

【资金集中】公司成立后，科学搭建账户管理体系，确立了新的收支两条线模式，推出网上银行和代理支付服务。截至2014年12月末，办理结算业务2 800笔，结算金额约676亿元，其中代理支付900余笔，金额约130亿元。2014年8月至12月，公司分9批对130余家成员单位开展政策宣讲与业务培训，取得了良好的效果。公司根据证监会、深交所、上交所、香港联交所关于上市公司关联交易的政策规范，借鉴同业关于上市公司资金归集的相关经验，制定了集团内上市公司金融服务方案，稳步推进上市公司资金归集工作。

【业务创新】公司高度重视并积极推动业务创新，在学习商业银行、财务公司同业的基础上，结合节能环保产业和成员单位特点，在成立首年度就积极研究推进融资租赁、电子票据、项目融资等业务的开展。公司极其重视中间业务拓展，在集团成员单位组合融资、债券融资、资产证券化等领域发挥了重要的财务顾问作用。

【风险管理和内部控制】公司建立了公司治理、风险管理、稽核审计、授信管理、金融服务、资金管理及财务管理、结算业务、信息技术、综合管理等共计 71 项业务规章及风险防范制度；按照全面风险管理要求及业务实际需求，建立了授权管理体系、法务与合同管理体系和信用风险管理体系。公司不良资产率和风险事件发生率保持零记录。

【信息化建设】公司完成了机房建设、网络及信息安全系统建设以及核心业务系统建设工作。其中，核心业务系统工作主要包括结算系统、信贷系统、网上金融系统、银企互联系统四个部分，涵盖了公司成立初期的主要业务，实现了公司业务数据集成和信息共享，并能够通过系统扩展满足公司业务发展需要。公司网上金融系统能够为成员单位提供直观、清晰的业务服务平台，与结算银行直连，方便成员单位开展网上查询、开立账户、存取款、代理支付等各项服务。

【企业文化建设】公司按照企业文化建设“五维模型”，以建立高效能的团队和有效提升客户感知为目的，着力强化“团队文化”和“服务文化”，推动企业软实力的提升；以“创学习型组织，作学习型员工”为主题，鼓励员工不断学习创新；在关爱文化建设方面，围绕思想、情感、安全、生活、身心“五关爱”，积极构建关爱员工的长效机制。

青岛港财务有限责任公司

【经营概况】2014 年 7 月 18 日获得开业批复以来，青岛港财务有限责任公司（以下简称“公司”）秉承“合规运营，稳健发展”的经营理念，加强制度建设，狠抓合规经营，完善内控体系，强化运营管理，各项业务合规、平稳、有序开展。截至 2014 年末，公司完成 67 家成员单位的资金集中上收工作，资金集中度达到 85% 以上；人民币存款余额、存放同业及贷款余额分别达到 64. 40 亿元、65. 80 亿元，资产规模突破 75 亿元；当年共实现营业收入 0. 64 亿元，利润总额 0. 58 亿元，成为集团新的利润增长点。

【信贷业务】2014 年，公司严格按照“审贷分离、分级审批”的原则，加强对成员单位信贷支持力度，促进集团资金的合理配置。截至 2014 年末，公司已批复成员单位 19. 74 亿元授信，投放自营贷款 1. 56 亿元，发放委托贷款 2. 64 亿元。

【资金和投资业务】2014 年，公司严格按照监管要求，通过价格精算、利率议价和期限错配等手段提高资金运用效益，截至2014年末共叙做存放同业业务58笔，累计叙做金额达到114.8亿元，成为公司收入、利润的主要来源。

【票据业务】2014年，公司在全面调研成员单位票据业务需求的基础上，大力推进实施集团票据盘活方案，深入开展同业财务公司及商业银行票据池业务研究，梳理票据业务流程，制定票据业务相关制度，积极探索公司票据池及电票业务模式，按计划推进票据管理信息系统建设，为票据业务全面开展奠定基础。

【资金集中】2014年，公司按照“分步实施、稳步推进”的原则，以集团作为第一批试点单位，逐步实现了首批联营合营公司资金结算业务的顺利开展，保证了资金结算的平稳过渡；2014年9月逐步推广至全集团范围内成员单位，先后分两批完成了成员单位的开户工作。截至2014年末，公司成员单位客户数量达67家，开户率达到86.80%，资金集中度超过85%，全年吸收成员单位存款余额64.40亿元。

【业务创新】2014年，公司结合监管要求以及集团转型发展战略规划，不断推动金融服务的创新升级，组织开展对银行金融产品的分析研究、消化吸收和优化改造，打造集团金融资源共享平台，推动金融产品与集团主业发展的深度融合；加快推进集团票据盘活业务，不断提高票据使用效益；以集团财务专项课题研究为契机，发挥金融专业优势，当好财务顾问，针对长期存在的、困扰成员单位业务发展的财务、资金难题提出解决方案；协助集团做好大宗商品贸易、设备融资租赁、保理业务、网上营业厅、票据池等项目的推进和落地实施，进一步强化金融助推产业升级发展的积极作用。

【风险管理和内部控制】2014年，公司加强全面风险管理，严格落实各项监管要求，不断推进制度建设的规范化，先后开展内部审计20余次，对开业以来的全部业务进行了全覆盖检查，先后两次进行全面的制度修订和完善，补充完善业务、管理制度10多项。至2014年末，公司各项监控指标均符合监管要求，整体风险管控态势良好。

【人力资源管理】2014年，公司以管理队伍年轻化和员工队伍专业化水平为目标，致力于打造集团金融人才培养平台，在进人、用人环节严格考察把关，有效控制道德风险。至2014年末，公司在职人员平均年龄28.10岁，高管层、中层和员工的平均年龄分别为37.30岁、32.60岁和25.40岁；全部人员均为本科以上学历，其中，研究生以上学历人员占比为41.18%，入职5年以上的人员占比为52.94%；有金融行业从业经历的人员占比为35.29%。公司按照现代金融企业制度，建立以考核为导向的员工绩效管理制度和薪酬管理制度，并针对员工队伍现状和金融业务短板，开展金融法律法规“每周一考”，组织形式多样的培训讲座、参观学习、警示教育20余次，促进公司员工业务素质和人文素质“双提高”。

【信息化建设】2014年，公司核心系统、网银系统整体运行安全、稳定，系统运行维护保障有力，服务器数据存储及备份未出现重大故障，通过合作银行银企直连和前置机单独部署，优化了成员单位的资金结算效率，实现了自有核心业务系统与银行系统的有效对接。为切实防范系统风险，公司与集团信息管理部门密切协同，对核心系统、网银系统配备的软件系统和硬件设备进行自查整改，排除风险隐患，确保系统安全运行，各项业务开展得到有力支撑，对成员单位的金融服务能力全面提升。

【企业文化建设】2014年，公司以打造“港口金融”品牌，建设具有青岛港特色的一流财务公司为发展愿景，以“服务集团、严控风险、有效经营、产融结合”为宗旨，搭建“五位一体”平台，创设“三大管理中心”，夯实产融结合基础，共绘港口发展蓝图。开业以来，公司积极参与青岛金融团工委活动，营造“打造特色财务公司，争创青年文明号”的企业氛围，开展青岛港企业文化的宣传教育和创先争优活动，加强公司员工的荣誉感、使命感和责任感，为公司健康发展打好“文化牌”。

上海上实集团财务有限公司

【经营概况】上海上实集团财务有限公司（以下简称“公司”）是上海上实集团内服务于集团及成员单位的非银行金融机构。公司于2014年1月15日经中国银监会批准筹建（银监复〔2014〕36号），2014年8月26日获批成立（沪银监复〔2014〕561号），10月16日正式开业。公司注册资本10亿元人民币，由上海上实（集团）有限公司、上海医药集团股份有限公司、上海上实资产经营有限公司和上海实业东滩投资开发（集团）有限公司共同出资设立，股权占比分别为40%、30%、20%和10%。

公司以“依托集团、服务主业、规范经营、稳健发展”为经营宗旨，紧紧围绕集团融产结合发展战略，以提高资金统筹管理和使用效率为基础目标，全力打造集团、财务公司、成员单位“三位一体”资金统筹管理新常态。2014年，公司开业3个月，实现营业收入0.23亿元，净利润761万元。

【信贷业务】公司按照集团战略发展要求，深入了解成员单位信贷需求，合理配置资源，支持主业发展。同时，严格按照监管部门要求，建立信贷业务全流程管理模式，严格贷前调查，做深贷中监管，做实贷后服务。2014年末，公司贷款余额7亿元。

【资金业务】公司以确保资金安全性、流动性和盈利性为原则，加强市场研判和测算，通过建立资金头寸、利率和期限运作管理模型，设置规范流程，强化合规操作等措施，初步起建立风险可控、渠道畅通、期配合理、收益优化的存放同业管理机制。开业3个月，公司已先后与10余家银行建立了同业业务关系，存放同业定期存款累计发生额77.72亿元，实现利息收入0.15亿元，平均收益率超过同期上海银行间同业拆放利率水平。

【资金集中】公司以集团完善资金统筹管理办法为契机，将行政手段、市场手段和技术手段有机结合，通过集团与成员单位签订经营目标责任书，成员单位纳入公司金融服务平台等方式，配合集团努力构建“三位一体”互利共赢架构，推进了集团资金统筹管理规范，初步实现了集团统筹下的资金统筹管理。2014年末，公司已挂接29家成员单位的48个账户，存款余额32.49亿元，资金归集率为 18.02%。

【风险管理和内部控制】公司着力从组织领导、制度保障、风险预警、流程管理、技术支持等方面强化风险管理和内部控制，建立了规范的“三会一层”公司法人治理架构，制定了涵盖内部管理、风险控制、资金、结算、信贷和内审等近 70 项规章制度，梳理并设置了涉及核心业务系统的 1 100 多项权限，进行了前中后台职责分离和不相容岗位 A/B 角配置，强化了业务系统的技术支持和预警，基本搭建起风险管控的“三道防线”。

【人力资源管理】公司根据“人尽其才、才尽其用”的原则，通过集团内部竞聘和社会公开招聘相结合的方式，选聘了具有较好从业经验和职业素养的员工 19 人。积极探索薪酬激励机制，以正向激励为主导，初步建立员工工作绩效和公司绩效相关联的考核机制。2014 年，公司开业仅 3 个月，人力成本利润率达到 11.64 倍。

【信息化建设】公司信息系统以“安全性、稳定性和可追溯性”为设计原则，从设备配置、技术遴选和制度建设三个层面加以规范，通过大量比选，采用小型机、大型数据库系统、Citrix 虚拟化应用、数据库本地和异地容灾、国产两层异构防火墙设备、瘦客户机等设备和技术，实现了系统的安全稳定运行，为公司各项业务有序开展奠定了基础。

【企业文化建设】公司结合集团企业文化建设大讨论，在主动融入集团文化建设的基础上，主动思考本身的核心价值观和企业文化，以党政工团一体化建设为抓手，积极塑造公平竞争、严谨务实的工作环境，充分沟通、关爱员工的人文环境，发挥了企业文化建设在公司经营管理中的软实力作用。

重庆市能源投资集团财务有限公司

【经营概况】重庆市能源投资集团财务有限公司（以下简称“公司”）2014 年 4 月 3 日获得中国银监会的筹建批复，2014 年 11 月 19 日获得重庆银监局的开业批复和金融许可证，2014 年 11 月 26 日办理工商登记，12 月 9 日举行揭牌仪式，开始正式运营。

公司由重庆市能源投资集团有限公司及其所出资的重庆松藻煤电有限责任公司、重庆顺安爆破器材有限公司共同出资组建，注册资本金 10 亿元，其中重庆市能源投资集团有限公司出资 8.50 亿元，占比 85%，为公司的控股股东。公司办公地址设在重庆市渝北区洪湖西路 12 号。

公司的经营宗旨是：依托集团，服务集团，以资金结算、融资、资本运营三大职能为中心，稳步开展各项业务，提供优质完善的金融服务，致力于加强企业集团资金集中管理和提高企业集团资金使用效率，以追求集团总体利益最大化为目标。

经重庆银监局批准，公司的经营范围为：

对成员单位办理财务和融资顾问、信用鉴证及相关的咨询、代理业务；协助成员单位实现交易款项的收付；对成员单位提供担保；办理成员单位之间的委托贷款；对成员单位办理票据承兑与贴现；办理成员单位之间的内部转账结算及相应的结算、清算方案设计；吸收成员单位的存款；对成员单位办理贷款及融资租赁；从事同业拆借。

公司构建了以股东会为最高权力机构、董事会为决策机构、监事会为监督机构、经营管理层为执行机构的公司治理机构，并在董事会下设战略发展委员会、风险控制委员会、审计委员会、薪酬管理委员会四个专业委员会。公司设立了综合管理部、财务计划部、结算业务部、信贷业务部、风险控制部、审计稽核部六个部门，负责公司的各项基本业务。

公司组建了一支高素质的人才队伍，建立了规范的制度体系和科学的业务流程，搭建了先进的信息系统，并在开业后的一个月内实现了与一家银行的银企直连。

公司2014年底开业并正式运营，开展的业务主要有吸收存款和同业存放，2014年经营活动方面主要立足于夯实基础管理，完善制度体系，提升员工业务素质。

【风险管理和内部控制】公司构建了董事会、监事会、经营管理层、风控、审计及其他业务部门各司其职，明确分工的风险管理组织体系。公司制定出台了56项管理制度，内容涵括公司治理、基础保障、基础业务以及风险管控等方面。

【人力资源管理】公司严格按照《企业集团财务公司管理办法》关于财务公司从业人员的相关要求，严格选拔条件，细化招聘考试标准，按照“公平、公正、公开”原则，分别从集团内外选拔、招聘了有学历、有职称，工作经验丰富，能够迅速开展工作的优秀人才，组建了一支高素质的金融人才队伍。

【信息化建设】公司一是按照满足业务发展需求、在行业内有一定领先水平的原则，招标采购了国产化的服务器、网络设备等信息系统基础硬件设备；二是选择具有多年财务公司系统设计成熟经验的软通动力公司作为软件商，按照公司业务开展需要进行了核心业务系统建设，完成了核心业务系统的集成测试，构建了一套先进的信息管理系统，并确保系统如期上线。公司信息系统获得重庆银监局现场验收高度评价。

文件与规章

国家发展和改革委员会

国家发展和改革委员会、财政部关于重新核定银行业监管收费标准及有关问题的通知

（发改价格〔2014〕168号）

中国银监会：

根据《财政部、国家发展改革委关于银行业监管收费有关问题的通知》（财综〔2013〕106号）的有关规定，现将重新核定后的银行业监管收费标准及有关问题通知如下：

一、机构监管费。你会向纳入监管范围的各类商业银行、信用社、财务公司、信托投资公司、金融租赁公司、邮政储蓄机构等（以下简称“被监管单位”）收取的机构监管费，按被监管单位上年末实收资本的一定比例并考虑风险因素计收。具体收费标准为：机构监管费=上年末实收资本×0.05%×风险调整系数。风险调整系数根据被监管单位的监管评级确定，其中一级为0.85，二级为0.92，三级为1，四级为1.08，五级为1.15。

二、业务监管费。你会向被监管单位收取的业务监管费，按上年末资产总额减去上年末实收资本后的一定比例分档累加并考虑风险因素计收。具体标准为：业务监管费=（上年末资产总额－上年末实收资本）×分档费率×风险调整系数－境外分支机构在所在国家缴纳的监管费。

2013年的分档费率为：6万亿元（含6万亿元）以下部分为0.0043%，6万亿元以上至9万亿元（含9万亿元）部分为0.003%，9万亿元以上至12万亿元（含12万亿元）部分为0.002%，12万亿元以上至15万亿元（含15万亿元）部分为0.001%，15万亿元以上部分免收。2014年和2015年的分档费率按上述标准逐年递减10%。

风险调整系数根据被监管单位的监管评级确定，其中一级为0.85，二级为0.92，三级为1，四级为1.08，五级为1.15。

被监管单位的境外分支机构上一年度向所在地缴纳的监管费，可抵扣境内法人计缴的业务监管费，但抵扣总额不得超过该境外分支机构按上述标准计收的业务监管费数额。

三、你会应按规定到国家发展改革委办理收费许可证变更手续，严格执行上述规定，不得擅自增加收费项目、扩大收费范围和提高收费标准，并自觉接受价格、财政部门的监督检查。

四、本通知自2013年1月1日起执行，有效期3年。有效期满后，由你会向国家发展改革委、财政部重新申报。

国家发展和改革委员会

财政部

2014年1月27日

中国人民银行

中国人民银行关于2014年金融机构金融统计制度有关事项的通知

（银发〔2014〕1号）

中国人民银行上海总部，各分行、营业管理部，各省会（首府）城市中心支行；国家开发银行，各政策性银行、国有商业银行、股份制商业银行，中国邮政储蓄银行，北京银行，上海银行，江苏银行，各金融资产管理公司：

为适应宏观经济金融形势的发展变化，提高金融统计数据的准确性、完整性，更好地支持宏观经济、金融政策决策，人民银行决定2014年对现行金融机构金融统计制度进行修订。现就2014年金融机构金融统计制度有关事项通知如下：

一、2014年金融机构金融统计制度修订主要内容

（一）为适应金融机构业务创新及发展，全面、准确反映金融机构各项业务，修订金融机构资产负债统计中向中央银行借款、保证金存款等统计指标，新增大额可转让存单、外汇储备委托贷款资金等统计指标，增设回购业务交易对手，明确租赁保证金、同业表内理财、农合机构系统内往来填报内容及方式（见附件1）。

（二）为客观评估金融机构对企业的支持力度，在大中小微企业贷款专项统计中新增个体工商户和小微企业主经营性贷款等附加统计指标，不计入大中小微企业贷款总量（见附件2）。

（三）强化涉农贷款统计，丰富涉农贷款月度统计指标，简化季度统计内容，提高统计指标的适用性（见附件3）。

（四）加强对金融机构表外业务的监测，新建表外业务专项统计制度（见附件4）。

（五）为做好第三次全国经济普查工作，修订“本外币利润季报表”统计内容（见附件5）。要求金融资产管理公司、货币经纪公司、消费金融公司、农村资金互助社报送2013年末“本外币利润季报表”统计数据。

（六）终止报送政策性房地产金融相关指标（见附件6）。

（七）终止报送县域金融机构损益类季报表（表单A1305/A2305）。

二、2014年统计数据报送时间及相关要求

2014年各金融机构（总行）向人民银行报送统计数据的时间安排如下：

（一）日报：24家主要金融机构每个工作日14：00前报送前一工作日日报数据，逢国家法定节假日及双休日免报，逢前一工作日为周五、旬末、月末时免报。人民银行分支机构

每个工作日14：00前报送辖区内中小金融机构（含外资银行）前一工作日日报数据，国家法定节假日和双休日后第一个工作日补报期间的月末日报数据。

（二）周报：24家主要金融机构每周第一个工作日14：00前报送上周五周报数据。遇春节假期，2014年1月31日周报于2月7日14：00前报送，2月7日周报于2月8日14：00前报送。

（三）旬报：24家主要金融机构每月上旬、中旬后第一个工作日14：00前报送上旬末或中旬末数据。遇旬末为周五时，免报旬报数据。

（四）月报快报：24家主要金融机构月后第一个工作日14：00前报送上月末数据。遇月末为周五时，免报月报快报。

（五）月报：第一批表单数据于月后4日16：00前报送，逢国家法定节假日顺延，双休日不顺延。贷款公司、小额贷款公司月报一批数据于月后6日12：00前报送，逢国家法定节假日顺延。2014年1月31日数据于2月8日16：00前报送，贷款公司、小额贷款公司于2014年2月10日16：00前报送。

第二批表单数据于月后10日16：00前报送，逢国家法定节假日及双休日顺延。2013年12月月报二批于2014年1月9日16：00前报送；2014年1月月报二批于2月11日16：00前报送。

（六）季报：季报零批表单数据于季后10日16：00前报送，逢国家法定节假日及双休日顺延；季报一批表单数据于季后20日16：00前报送，逢国家法定节假日及双休日顺延。2013年第四季度季报零批于2014年1月9日16：00前报送。

（七）半年报：于3月31日、9月25日16：00前报送，逢国家法定节假日和双休日顺延。

（八）年报：次年5月12日前报送。

（九）结转数：月报一批结转数于2014年1月22日16：00前报送，月报二批、季报零批结转数于2014年1月23日16：00前报送；季报一批结转数于2014年3月20日16：00前报送。

（十）数据修订时间：月报一批、二批数据修订申请提交截止时间为16日12：00，数据修订日期为17日、18日，如遇节假日顺延，但最晚不超过19日，报数截止时点为最后数据修订日16：00。季报零批、一批数据修订申请提交截止时间为数据报送当月倒数第二个工作日12：00，数据修订截止时点为当月最后一个工作日16：00。半年报6月30日数据修订申请提交截止时间为12月17日12：00，数据修订期为12月18日至20日；12月31日数据修订申请提交截止时间为次年6月27日12：00，数据修订期为6月28日至30日，逢国家法定节假日和双休日顺延。1月份月报一批、二批数据修订申请提交截止时间为2014年2月27日12：00，数据修订截止时点为2014年2月28日16：00。

结转数修订时间：月报一批、二批结转数据修订申请及上报时间与1月份同批次数据修订申请及上报时间相同，季报零批、一批结转数据修订申请及上报时间与第一季度同批次数据修订申请及上报时间相同。

遇春节假期，2013年第四季度季报零批、一批数据修订申请提交截止时间为2014年2月19日12：00，修订数据上报截止时间为2014年2月20日16：00。

以上内容详见附件7。

三、其他注意事项

各金融机构于2014年3月25日前按照《金融统计事项报备制度》（银发〔2010〕336号文印发）的要求向人民银行报送2014年金

融统计制度落实和业务变动情况。各金融机构要及时反映机构变动、会计制度变革、内控机制调整、信息系统改造等方面的动态情况，评估其对金融统计数据的影响，涉及统计口径变更的需经人民银行同意后方能调整。如遇数据重大变动，须及时向人民银行调查统计司报告并提交正式书面说明。

请人民银行上海总部，各分行、营业管理部、省会（首府）城市中心支行将本通知转发至辖区内各城市商业银行、农村商业银行、农村合作银行、农村信用社、村镇银行、中资财务公司、信托投资公司、金融租赁公司、汽车金融公司、贷款公司、小额贷款公司、外资金融机构、货币经纪公司、消费金融公司及农村资金互助社。

附件：1. 金融机构资产负债统计指标修订内容（略）

2. 大中小微企业贷款统计制度修订内容（略）

3. 涉农贷款统计制度修订内容（略）

4. 表外业务专项统计制度（略）

5. 本外币利润统计制度修订内容（略）

6. 房地产贷款统计制度修订内容（略）

7. 2014 年数据集中系统按表单报送时间、机构及数据范围（略）

中国人民银行

2014 年 1 月 3 日

中国人民银行关于规范委托贷款统计相关事宜的通知

（银发〔2014〕154 号）

中国人民银行上海总部，各分行、营业管理部，各省会（首府）城市中心支行；国家开发银行，各政策性银行、国有商业银行、股份制商业银行，中国邮政储蓄银行，北京银行，上海银行，江苏银行：

为适应我国委托贷款业务的发展变化，及时、准确地反映委托贷款的发展状况，现就规范委托贷款统计相关事宜通知如下：

一、委托贷款是指由政府部门、金融机构、企事业单位及个人等委托人提供资金，由贷款人（即受托人）根据委托人确定的贷款对象、用途、金额、期限、利率等代为发放、监督使用并协助收回的贷款。委托贷款划分为现金管理项下委托贷款和一般委托贷款。

二、金融机构应规范现金管理项下委托贷款的会计核算方法与流程，设置核算该类委托贷款的专门会计科目，对委托贷款本金的划拨、贷出、收回对称记账，确保期末账平息清，杜绝以发生额代替余额记账、单边记账、本金利息错配等现象。

三、金融机构应规范一般委托贷款的经营管理，开展委托贷款业务时应作为贷款人与委托人及借款人签订三方借款合同，分别设置委托贷款本金、利息会计科目，逐笔进行委托贷款核算及结息处理，对每笔委托贷款的发放、收回、结息、收息等均应通过会计账务准确反映，确保一般委托贷款数据真实准确。

四、金融机构应认真履行委托贷款代为发放、监督使用的职责，加强对委托贷款会计信息治理，切实提高核算数据质量，建立、完善委托贷款台账管理系统，登记委托贷款的资金来源、投向、期限、利率以及委托人和借款人的相关情况等信息。

五、金融机构发放的银团贷款纳入普通贷款核算，不得计入委托贷款。在银团贷款核算时，各参加行将本行实际出资金额计入“银团贷款”；牵头行（代理行）代理其他参加行发放的贷款计入“代理发放银团贷款”项下，收到参加行委托的资金计入“银团贷款资金”。

六、人民银行决定建立委托贷款专项统计制度（详见附件）。金融机构应将委托贷款作为商业银行表外业务进行双方统计，分别填报委托贷款资金来源和运用的统计指标，委托贷款基金和委托贷款的净额计入“临时性存款”。

七、本通知自2014年8月1日起施行。金融机构应按照委托贷款专项统计制度要求，及时、准确报送委托贷款相关统计数据。报送过程中如有问题应及时向人民银行反馈。人民银行将对金融机构落实委托贷款专项统计制度情况进行检查。

请人民银行上海总部，各分行、营业管理部、省会（首府）城市中心支行将本通知转发至辖区内各城市商业银行、农村商业银行、农村合作银行、农村信用社、村镇银行、外资银行、企业集团财务公司。

附件（略）

中国人民银行

2014年5月29日

中国人民银行关于贯彻落实《国务院办公厅关于支持外贸稳定增长的若干意见》的指导意见

国家开发银行，各政策性银行、国有商业银行、股份制商业银行，中国邮政储蓄银行；中国人民银行上海总部，各分行、营业管理部，各省会（首府）城市中心支行、副省级城市中心支行，外汇交易中心（同业拆借中心），交易商协会：

为贯彻落实《国务院办公厅关于支持外贸稳定增长的若干意见》（国办发〔2014〕19号），支持外贸稳定增长，现提出以下指导意见：

一、进一步拓宽企业融资渠道。鼓励银行业金融机构积极创新金融产品和服务，进一步扩大出口信用保险保单融资，灵活运用流动资金贷款、进出口信用贷款、保理贷款、票据贴现、押汇贷款、对外担保等方式，加强对有订单、有效益的进出口企业和外贸综合服务企业的信贷支持，促进小微企业出口。支持符合条件的企业发行非金融企业债务融资工具，推动中小企业集合票据、中小企业区域集优票据、信用增进等多种创新相互配合，拓宽包括中小企业在内的进出口企业融资渠道。

二、充分发挥政策性金融对外贸的支持作用。鼓励中国进出口银行增加优惠出口买方信贷和优惠贷款投放，简化优买、优贷项目和资金审批程序，加大对企业“走出去”特别是中小企业进出口信贷的支持力度。鼓励政策性金融机构加大对服务贸易扶持力度，支持服务贸易重点项目建设。

三、积极发展融资租赁。积极发展以有形动产为标的的融资租赁业务，支持大型设备进出口。积极支持符合条件的金融租赁公司等非银行业金融机构，通过发行金融债券、参与信贷资产证券化试点等方式，扩大融资渠道。

四、简化跨境贸易和投资人民币结算业务流程。银行业金融机构可在“了解你的客户”、“了解你的业务”和“尽职审查”三原则基础上，凭境内企业提交的收付款指令，直接办理经常项下和直接投资项下人民币跨境结算业务。

五、开展跨境人民币资金集中运营业务。跨国企业集团可以根据中国人民银行有关规定开展跨境人民币资金集中运营业务，包括跨境双向人民币资金池业务、经常项下跨境人民币集中收付业务等。跨国企业集团总部可以指定在中华人民共和国境内依法注册成立并实际经营或投资、具有独立法人资格的成员企业（包括财务公司），作为开展跨境人民币资金集中运营业务的全国性或区域性主办企业。主办企业在办理经常项下跨境人民币集中收付业务时，可采用轧差净额结算方式，按照经常项下企业集团收付总额轧差或成员企业收付额逐个轧差结算。跨境人民币资金集中运营业务应按照国际收支申报相关规定履行国际收支申报义务。

六、开展个人跨境贸易人民币结算业务。银行业金融机构可为个人开展的货物贸易、服务贸易跨境人民币业务提供结算服务。银行业金融机构在“了解你的客户”、“了解你的业务”、“尽职审查”三原则的基础上，可凭个人有效身份证件或者工商营业执照直接为客户办理跨境贸易人民币结算业务，必要时可要求客户提交相关业务凭证。

七、支持银行业金融机构与支付机构合作开展跨境人民币结算业务。银行业金融机构可与依法取得“互联网支付”业务许可的支付机构合作，为企业和个人跨境货物贸易、服务贸易提供人民币结算服务。银行业金融机构应与支付机构签订跨境电子商务人民币结算业务协议，并报当地中国人民银行分支机构备案。

八、推进外贸企业征信体系建设。贯彻落实《社会信用体系建设规划纲要（2014—2020年）》，推动各部门、各行业建立健全本部门在行政、执法中所掌握的社会成员信用记录，切实加强政务信息的公开，推进部门间信用信息共享，并在行政执法中加大对信用服务产品的使用，大力推进包括外贸企业在内的社会信用体系建设。推进社会成员包括外贸企业信用信息的归集与应用，配合促进外贸企业信用记录数据库建设，为外贸企业提供金融服务基础支持。

九、进一步完善人民币汇率形成机制。继续完善人民币汇率市场化形成机制，加大市场决定汇率的力度，促进国际收支平衡。根据外汇市场发育状况和经济金融形势，增强人民币汇率双向浮动弹性，保持人民币汇率在合理均衡水平上的基本稳定。进一步发挥市场决定汇率的作用，完善以市场供求为基础的、有管理的浮动汇率制度。继续推动人民币对其他货币直接交易市场发展。

十、丰富汇率避险工具。加大外汇产品创新力度，增加外汇市场交易品种，研究外汇期权组合产品和期货业务创新，形成即期、远期、期货、期权等多种产品结合，汇率产品和利率产品结合的产品体系。丰富外汇市场参与主体，降低商业银行外汇衍生产品准入门槛，适当放宽中小银行开办远期结售汇业务资格条件。完善交易、清算、信息等基础设施建设，更好地满足企业和居民基于实需原则的汇率避险需求。

十一、为企业“走出去”提供全方位金融服务。支持境内金融机构通过跨境并购、开展跨境人民币业务等方式，加快海外布局，发展以客户为中心的全球统一授信、营销、管理和服务体系，提供境内外并购贷款、银团贷款等间接融资和直接融资，支持有并购能力、具有行业龙头地位的大型企业通过战略性并购延伸产业链，稳步将供应链融资延伸到境外，带动中国装备、材料、产品、标准、技术和服务“走出去”，培育有核心竞争力的跨国企业集团。鼓励“走出去”企业到境外发行人民币债券，全额支持境外项目。鼓励发展多种形式的人民币海外投贷基金和并购基金，支持企业“走出去”促进产业升级换代，促进外贸持续发展。

请中国人民银行各分支机构将本指导意见转发至辖区内银行业金融机构和支付机构。

中国人民银行

2014 年 6 月 11 日

中国人民银行关于进一步加强银行业金融机构重大事项报告工作的通知

（银发〔2014〕293 号）

中国人民银行上海总部，各分行、营业管理部，各省会（首府）城市中心支行、副省级城市中心支行；国家开发银行，各政策性银行、国有商业银行、股份制商业银行，中国邮政储蓄银行：

为切实防范和化解金融风险，维护金融稳定，现就进一步加强银行业金融机构重大事项报告工作有关事项通知如下：

一、本通知所称银行业金融机构，是指在中华人民共和国境内设立的商业银行、农村合作银行、农村信用社、中国邮政储蓄银行等吸收公众存款的金融机构以及国家开发银行、政策性银行。

在中华人民共和国境内依法设立的金融资产管理公司、信托公司、财务公司、金融租赁公司、汽车金融公司、消费金融公司、贷款公司、农村资金互助社以及经国务院银行业监督管理机构批准设立的其他金融机构适用本通知。

二、本通知所称重大事项是指可能对银行业金融机构（含分支机构）自身经营发展、区域金融稳定或全国金融稳定造成重大影响的事项。

三、重大事项要一事一报，做到真实、准确、全面、及时，并根据事件进展报告后续情况。

四、中国人民银行分支机构和各银行业金融机构应建立健全重大事项报告制度，建立清晰有序、及时有效的报告流程，明确报告的具体要求和责任人员。

五、银行业金融机构发生以下重大事项之一的，应于事项发生之时起 2 小时内向中国人民银行总行或其分支机构报告：

（一）金融挤兑事件；

（二）聚众上访、围攻或冲击银行业金融机构及营业场所等产生重大社会影响的群体性事件；

（三）因自然灾害、事故灾难、公共卫生事件、社会安全事件等引发银行业金融机构无法正常经营的事件；

（四）抢劫银行业金融机构、运钞车或盗窃银行业金融机构导致重大损失的事件；

（五）董事或高级管理人员逃匿、失踪、非正常死亡以及被有权机关调查或采取强制措施等不能正常履职，影响银行业金融机构正常经营的事件；

（六）重要账册、重要空白凭证、印章丢失或被伪造、被盗用，已经或可能导致重大损失的事件；

（七）其他对金融稳定有重大影响的突发事件。

六、银行业金融机构发生以卜重大事项之一的，应于事项发生之时起 24 小时内向中国人民银行总行或其分支机构报告：

（一）被监管部门采取暂停部分业务、停业整顿、接管、托管、重组、撤销等监管措施；

（二）银行业金融机构违法违规经营，已经或可能导致重大损失和影响的事件；

（三）银行业金融机构从业人员发生涉案金额在 1 000 万元以上的案件；

（四）发生重大涉诉、重大投资损失、发行的金融产品出现重大违约等，已经或可能导致重大损失和影响的事件；

（五）银行业金融机构授信总额度 10 亿元以上的企业（集团）出现风险，对银行业金融机构正常经营产生重大影响的事件；

（六）在媒体（含网络等其他方式）出现负面舆情，对银行业金融机构正常经营产生重大影响的事件；

（七）外资金融机构境外母行（公司）、总行（公司）出现危机或经营战略调整并可能对境内机构稳健经营造成影响的事件；

（八）其他对金融德定有重大影响的事件。

七、重大事项报告实行分级管辖和事发地报告相结合的原则。国家开发银行、政策性银行、大型商业银行和中国邮政储蓄银行的总行发生重大事项后，应向中国人民银行总行报告，上述银行的分支机构发生重大事项后应向所在地中国人民银行分支机构报告；其他银行业金融机构及其分支机构发生重大事项后，应向事发机构所在地中国人民银行分支机构报告。

八、属于本通知第五条规定的事项，中国人民银行分支机构在接报后 2 小时内逐级上报。属于本通知第六条规定的事项，中国人民银行分支机构在接报后 24 小时内逐级上报。

重大事项原则上应逐级上报，在紧急情况下可同时越级上报。

九、银行业金融机构向中国人民银行总行或其分支机构报告重大事项，应以正式文件形式报告。情况紧急时，可以通过电话、传真等渠道报告，并于2个工作日内书面报告。性质复杂且处置时间长的重大事项，根据中国人民银行的有关要求，实行日报制度，必要时增加报告频次。

十、重大事项报告要做到要素完整、重点突出，基本要素包括但不限于：事件概况、简要经过、原因背景、后果影响、发展趋势、处置情况及下一步措施等。

十一、银行业金融机构重大事项实行“零报告”制度。若无重大事项发生，国家开发银行、政策性银行、大型商业银行和中国邮政储蓄银行的总行应在每年年初10个工作日内向中国人民银行总行提交书面确认报告；国家开发银行、政策性银行、大型商业银行和中国邮政储蓄银行的分支机构，其他银行业金融机构及其分支机构应在每半年后10个工作日内向机构所在地中国人民银行分支机构提交书面确认报告。

十二、银行业金融机构重大事项报告实行主要负责人责任制，重大事项报告由主要负责人签发。主要负责人因特殊原因无法签发的，应及时授权其他负责同志签发。

银行业金融机构应明确负责重大事项报告的牵头部门、联络人员，将重大事项报告执行情况列为内审、合规等检查项目，并建立有效的责任追究机制。

十三、银行业金融机构报告涉密重大事项，应通过保密渠道报送。对涉密重大事项，中国人民银行工作人员应遵守各项保密制度规定，合理确定知悉范围，严格落实相关保密责任。

十四、重大事项报告实行问责制。

（一）中国人民银行分支机构违反本通知迟报、漏报、瞒报、误报重大事项，造成严重后果的，对直接责任人及相关责任人进行通报批评，或者依法给予行政处分。

（二）银行业金融机构违反本通知迟报、漏报、瞒报、误报重大事项的，中国人民银行及其分支机构视情节采取责令改正、约见谈话和通报批评等措施。

十五、中国人民银行根据履行维护金融稳定职责的需要，可要求银行业金融机构董事、高级管理人员及相关负责人就重大事项情况做出说明，并可对银行业金融机构重大事项报告执行情况进行现场核查。

十六、中国人民银行分支机构应将银行业金融机构重大事项报告执行情况纳入综合评价。

十七、中国人民银行分支机构可根据本通知，结合辖区金融稳定工作需要，制定辖区银行业金融机构重大事项报告相关办法。

十八、本通知自印发之日起施行。《中国人民银行关于进一步做好银行业金融机构重大事项报告有关工作的通知》（银发〔2011〕23号）同时废止。

请中国人民银行上海总部，各分行、营业管理部、省会（首府）城市中心支行、副省级城市中心支行将本通知转发至辖区内银行业金融机构。

中国人民银行

2014年10月15日

中国人民银行关于跨国企业集团开展跨境人民币资金集中运营业务有关事宜的通知

（银发〔2014〕324号）

中国人民银行上海总部，各分行、营业管理部、省会（首府）城市中心支行、副省级城市中心支行；国家开发银行、各政策性银行、国有商业银行、股份制商业银行，中国邮政储蓄银行：

为贯彻落实《国务院办公厅关于支持外贸稳定增长的若干意见》（国办发〔2014〕19号），2014年6月11日，印发了《中国人民银行关于贯彻落实〈国务院办公厅关于支持外贸稳定增长的若干意见〉的指导意见》（银发〔2014〕168号），明确跨国企业集团可以根据中国人民银行有关规定开展跨境人民币资金集中运营业务。根据《中华人民共和国中国人民银行法》等法律法规，现就跨国企业集团开展跨境人民币资金集中运营业务有关事宜通知如下：

一、跨国企业集团按照本通知有关要求可以开展跨境人民币资金集中运营业务，包括跨境双向人民币资金池业务和经常项下跨境人民币集中收付业务。

二、本通知所称跨国企业集团是指以资本为联结纽带，由境内外母公司、子公司、参股公司及其他成员企业共同组成的企业联合体。包括母公司及其控股51%以上的子公司；母公司、控股51%以上的子公司单独或者共同持股20%以上的公司，或者持股不足20%但处于最大股东地位的公司。

本通知所称境内成员企业是指经营时间3年以上，且不属于地方政府融资平台、房地产行业，及未被列入出口货物贸易人民币结算企业重点监管名单的跨国企业集团成员企业。

本通知所称境外成员企业是指在境外（含香港、澳门和台湾地区）经营时间3年以上的跨国企业集团成员企业。

三、本通知所称跨境双向人民币资金池业务是指跨国企业集团根据自身经营和管理需要，在境内外非金融成员企业之间开展的跨境人民币资金余缺调剂和归集业务。

本通知所称经常项下跨境人民币集中收付业务是指跨国企业集团对境内外成员企业的经常项下跨境人民币收付款进行集中处理的业务。

四、跨国企业集团开展跨境双向人民币资金池业务，其参加归集的境内外成员企业需满足以下条件：

（一）境内成员企业上年度营业收入合计金额不低于50亿元人民币；

（二）境外成员企业上年度营业收入合计金额不低于10亿元人民币。

五、跨国企业集团原则上在境内只可设立

一个跨境双向人民币资金池。跨国企业集团可以指定在中华人民共和国境内依法注册成立并实际经营或投资、具有独立法人资格的成员企业（含财务公司），作为开展跨境双向人民币资金池业务的主办企业。

六、主办企业应在其注册所在地选择一家具备国际结算业务能力，且经验丰富的银行作为跨境双向人民币资金池业务结算银行，与其签订办理跨境双向人民币资金池业务协议。

七、主办企业应按照《人民币银行结算账户管理办法》（中国人民银行令〔2003〕第5号发布）等银行结算账户管理规定申请开立人民币专用存款账户，专门用于办理跨境双向人民币资金池业务，账户内资金按单位存款利率执行，不得投资有价证券、金融衍生品以及非自用房地产，不得用于购买理财产品和向非成员企业发放委托贷款。境内外成员企业与此账户发生资金往来必须通过其人民币银行结算账户办理。

八、结算银行开展跨国企业集团跨境双向人民币资金池结算业务，应向所在地人民银行副省级城市中心支行以上分支机构备案，提交以下材料：

（一）结算银行与主办企业签订的办理跨境双向人民币资金池业务协议；

（二）主办企业办理跨境双向人民币资金池业务的申请，包括：境内外成员企业名单（含名称、注册地、股权结构、营业时间）；境内成员企业反映上年度所有者权益和营业收入的报表；境外成员企业反映上年度营业收入的报表；主办企业与成员企业签订的跨境双向人民币资金池业务协议，或跨国企业集团出具的明确各方权利义务且各方均同意的证明材料，协议或证明材料须保证归集的现金流来自于生产经营活动和实业投资活动。

人民银行副省级城市中心支行以上分支机构应在结算银行提交完整的备案材料之日起十个工作日内完成备案手续，并出具备案通知书，同时将资金池应计所有者权益数据报送人民银行总行，其中，资金池应计所有者权益＝Σ（境内成员企业的所有者权益/跨国企业集团的持股比例）。

九、人民银行对跨国企业集团跨境双向人民币资金池业务实行上限管理。

跨境人民币资金净流入额上限一资金池应计所有者权益×宏观审慎政策系数。

宏观审慎政策系数初始值为0.1，人民银行根据宏观经济形势和信贷调控等的需要进行动态调整。结算银行和主办企业应做好额度控制，确保任一时点净流入余额不超过上限。对于境内成员企业在前海、昆山、苏州工业园区和天津生态城等试点区域内，且从境外已借入人民币资金的，根据其借款额对净流入额上限作相应扣减。跨境人民币资金净流出额暂不设限。

十、资金池应计所有者权益增加超过20%的，经主办企业申请，结算银行可以为其调增跨境人民币资金净流入额上限。资金池应计所有者权益减少超过20%的，结算银行应及时为主办企业调减跨境人民币资金净流入额上限。对于此前净流入发生额超过调减后上限的部分，应在一个月内调出资金以满足新上限要求。对于资金池应计所有者权益增（减）超过20%的，结算银行应在调增或调减跨境人民币资金净流入额上限后向人民银行副省级城市中心支行以上分支机构备案。人民银行副省级城市中心支行以上分支机构应将调整后的资金池应计所有者权益数据报送人民银行总行。

十一、跨国企业集团因业务发展需要，确需设立多个资金池的，应向人民银行总行备案，备案内容包括拟设立资金池的个数、主办企业和结算银行及其原因等。人民银行总行在收到备案后的十个工作日内通知主办企业和结算银行所在地人民银行副省级城市中心支行以上分支机构，有关主办企业和结算银行即可以按本通知要求办理备案和开展业务。跨国企业集团同一境内成员企业只能加入一个资金池。

十二、主办企业、结算银行发生变更的，变更前后的主办企业、结算银行应在十个工作日内向所在地人民银行副省级城市中心支行以上分支机构报告变更情况，且变更后的主办企业、结算银行应按本通知有关规定更新备案材料。

十三、跨国企业集团可通过主办企业或另行选择其他成员企业，在其注册所在地选择多家银行开立人民币银行结算账户，办理经常项下跨境人民币集中收付业务，可采用轧差净额结算方式，按照企业集团收付总额轧差或成员企业收付额逐个轧差结算。主办企业或跨国企业集团选择的其他成员企业应与开展业务的各方签订集中收付协议，明确各自承担贸易真实性等的责任。

十四、财务公司作为主办企业的，应将跨境人民币资金集中运营业务和其他业务（包括自身资产负债业务）分账管理。财务公司作为主办企业开立的人民币银行结算账户按同业存款利率计息。财务公司从事跨境人民币资金交易应遵守国务院银行业监督管理机构的规定。

十五、办理跨境人民币资金集中运营业务的结算银行，应制定业务操作规程，并向人民银行副省级城市中心支行以上分支机构备案。

十六、结算银行应按照“了解你的客户”、“了解你的业务”和“尽职审查”原则，做好人民币资金集中运营业务真实性和合规性审核，切实履行反洗钱和反恐怖融资义务。

十七、结算银行应及时准确完整地向人民币跨境收付信息管理系统报送有关账户信息、业务信息以及跨境收支信息。经常项下跨境人民币集中收付业务的轧差净额收入或净额支付按照实际净额报送，根据“金额从大”原则报送在相应项目下，并按月将集中收付所涉及各个企业的人民币跨境收支总额统计数据报送至人民银行副省级城市中心支行以上分支机构。

十八、人民银行总行及分支机构根据本通知对跨国企业集团跨境人民币资金集中运营业务实施监督管理。

十九、人民银行分支机构应利用人民币跨境收付信息管理系统，做好信息监测分析，定期对结算银行的跨境人民币资金集中运营业务开展情况依法进行非现场检查监督，并根据实际需要进行现场检查，防范风险。发现银行或企业违反有关规定的，应要求其限期整改并根据有关规定进行处理。

二十、中国（上海）自由贸易试验区内的企业办理跨境人民币资金集中运营业务，可自行决定依据本通知或《中国人民银行上海总部关于支持中国（上海）自由贸易试验区扩大人民币跨境使用的通知》（银总部发〔2014〕22号）办理，并向人民银行上海总部备案。办理依据一经决定，不得变更。

二十一、本通知自印发之日起施行。以前规定与本通知不一致的，按本通知执行。

请人民银行副省级城市中心支行以上分支机构将本通知转发至辖区内人民银行分支机构，城市商业银行、外资银行及其他开办跨境人民币业务的金融机构。

中国人民银行

2014年11月1日

中国人民银行关于印发《金融机构反洗钱监督管理办法（试行)》的通知

（银发〔2014〕344号）

中国人民银行上海总部，各分行、营业管理部，各省会（首府）城市中心支行，各副省级城市中心支行；国家开发银行，各政策性银行、国有商业银行、股份制商业银行，中国邮政储蓄银行：

为加强反洗钱监督管理，督促金融机构有效履行反洗钱义务，根据《中华人民共和国反洗钱法》、《中华人民共和国中国人民银行法》、《金融机构反洗钱规定》（中国人民银行令〔2006〕第1号发布）等法律和规章，中国人民银行制定了《金融机构反洗钱监督管理办法（试行)》，现印发给你们，请遵照执行。

请中国人民银行上海总部，各分行、营业管理部，各省会（首府）城市中心支行，各副省级城市中心支行将本通知转发至辖区内有关金融机构和支付机构。

执行中如发现问题，请及时报告中国人民银行。

中国人民银行

2014年11月15日

金融机构反洗钱监督管理办法（试行）

第一章 总 则

第一条 为规范反洗钱监督管理工作，督促金融机构有效履行反洗钱义务，根据《中华人民共和国反洗钱法》、《中华人民共和国中国人民银行法》、《金融机构反洗钱规定》（中国人民银行令〔2006〕第1号发布）等法律和规章，制定本办法。

第二条 本办法适用于中国人民银行及其分支机构对在中华人民共和国境内依法设立的下列金融机构的监督管理：

（一）政策性银行、商业银行、农村合作银行、农村信用社、村镇银行；

（二）证券公司、期货公司、基金管理公司；

（三）保险公司、保险资产管理公司；

（四）金融资产管理公司、信托公司、企业集团财务公司、金融租赁公司、汽车金融公司、货币经纪公司；

（五）中国人民银行明确须履行有关反洗

钱义务的其他金融机构。

第三条 中国人民银行负责明确和调整反洗钱监管分工，制定金融机构反洗钱信息报告制度及反洗钱监管档案管理办法，规范反洗钱监管方法、措施和程序，指导中国人民银行分支机构开展反洗钱监管工作。

第四条 中国人民银行及其分支机构应当遵循风险为本和法人监管原则，结合实际，合理运用各类监管方法，实现对不同类型金融机构的有效监管。

第五条 金融机构应当按照中国人民银行的规定，报送反洗钱工作信息，积极配合中国人民银行及其分支机构的反洗钱监管工作。

第六条 中国人民银行及其分支机构监管人员违反规定程序或者超越规定职权的，金融机构有权拒绝监管或者提出异议。金融机构对中国人民银行及其分支机构提出的违法违规问题有权提出申辩，有合理理由的，中国人民银行及其分支机构应当采纳。

第七条 中国人民银行及其分支机构应当对反洗钱监督管理中获取的反洗钱信息采取妥善的保管和保密措施，不得违反规定对外提供。

第二章 监管分工

第八条 中国人民银行负责全国性法人金融机构总部的监督管理。中国人民银行分支机构负责辖区内地方性法人金融机构总部以及非法人金融机构的监督管理。中国人民银行可以授权法人金融机构所在地的中国人民银行分支机构对全国性法人金融机构总部代行监管职责。

中国人民银行负责监管的全国性法人金融机构总部名单由中国人民银行确定、调整。名单之外的全国性法人金融机构总部，中国人民银行授权该机构所在地副省级城市中心支行以上分支机构代行监管职责。

中国人民银行分支机构应当明确辖区内金融机构的反洗钱监管分工，避免监管真空和重复监管。

中国人民银行分支机构之间对监管权有争议的，应当报请同一上级机构确定。

第九条 中国人民银行及其分支机构可以直接对其下级机构负责监管的金融机构进行现场检查，可以授权下级机构检查由上级机构负责监管的金融机构；下级机构认为其负责监管的金融机构执行反洗钱规定的情况有重大社会影响的，可以请求上级机构进行现场检查。

中国人民银行分支机构认为确有必要涉及跨辖区实施现场检查的，可以建议上级机构统一安排。

第三章 非现场监管

第十条 中国人民银行建立金融机构反洗钱定期报告制度。定期报告制度的具体内容和报告方式由中国人民银行统一规定、调整。

反洗钱报告机构应当按照中国人民银行的规定，指定专人向负责监管的中国人民银行或其分支机构报送反洗钱工作报告及其他信息资料，如实反映反洗钱工作情况。反洗钱报告机构应当对相关信息的真实性、完整性、及时性负责。

第十一条 反洗钱报告机构应撰写反洗钱年度报告，如期向中国人民银行或其分支机构报告以下内容：

（一）反洗钱工作的整体情况及机构概况；

（二）反洗钱工作机制建立情况；

（三）反洗钱法定义务履行情况；

（四）反洗钱工作配合与成效情况；

（五）其他反洗钱工作情况、问题及建议。

金融机构有境外机构的，由其境内法人金融机构总部按年度向中国人民银行或其分支机构报告所属境外机构接受驻在国家（地区）反洗钱监管的情况。

第十二条 法人金融机构的反洗钱年度报告内容应当覆盖本机构总部和全部分支机构；非法人金融机构的反洗钱年度报告内容应当覆盖本级机构及其所辖分支机构。

第十三条 金融机构发生下列情况的，应当及时（发生后10个工作日内）向中国人民银行或其分支机构报告：

（一）主要反洗钱内控制度修订；

（二）反洗钱工作机构和岗位人员调整、联系方式变更；

（三）涉及本机构反洗钱工作的重大风险事项；

（四）洗钱风险自评估报告或其他相关风险分析材料；

（五）其他由中国人民银行明确要求立即报告的涉及反洗钱事项。

第十四条 中国人民银行及其分支机构应当根据监管分工，以反洗钱报告机构为主体，及时对金融机构反洗钱工作信息和监管活动信息建立监管档案，保存下列信息，实施动态监督管理：

（一）金融机构报送的信息；

（二）中国人民银行及其分支机构在实施反洗钱监管过程中产生的信息；

（三）其他渠道获取的重要信息。

第十五条 中国人民银行及其分支机构应当做好反洗钱监管档案的设置与维护。

反洗钱监管档案按年度进行时序管理。中国人民银行分支机构应当于每年度结束后将法人金融机构的电子监管档案逐级上报至中国人民银行。

第十六条 中国人民银行及其分支机构应当以金融机构反洗钱监管档案为依托，结合现场检查、约见谈话等情况，参考日常监管中获得的其他信息，选择关键、显明、客观的评价指标，按年度对金融机构反洗钱工作的合规性与有效性进行考核评级。

第十七条 对金融机构反洗钱工作的年度考核评级，实行分级考核，综合评级。考核评级期间为每年1月1日至12月31日。

年度考核评级时，对每家金融机构监管档案中加减分事项按照指标权重计算分数，进行百分换算，得出每家机构的年度考核结果；分银行、证券、保险、其他类排列名次，确定金融机构考评等级。

中国人民银行根据监管需要，制定和调整考核指标内容和权重。中国人民银行分支机构可以根据当地情况对指标内容进行细化。

第十八条 中国人民银行及其分支机构可以根据考核评级结果对金融机构实施分类监管。

中国人民银行及其分支机构可以按年度向有关部门通报考核评级结果，并将考核评级结果计入反洗钱监管档案转入下年度管理。

第十九条 中国人民银行及其分支机构在考核评级中发现金融机构反洗钱工作存在突出问题的，应当及时发出《反洗钱监管意见书》（附1），进行风险提示，要求其采取必要的整改措施。

中国人民银行及其分支机构在考核评级中发现金融机构涉嫌违反反洗钱规定且情节严重的，应当及时开展现场检查。

第二十条 中国人民银行及其分支机构对法定监管事项存在疑问需要进一步确认的，可以通过电话或者书面质询的方式向金融机构进行确认和核实。

第二十一条 中国人民银行及其分支机构质询金融机构时，应当填制《反洗钱监管审批表》（附2），经部门负责人批准后，电话或者书面告知被质询的金融机构。采取书面质询方式的，应当填制《反洗钱监管通知书》（附3），送达被质询机构。

金融机构应当自被告知或者收到《反洗钱监管通知书》之日起5个工作日内予以答复。

第二十二条 收到金融机构对电话或者书面质询的答复后，中国人民银行及其分支机构应当填写《反洗钱监管记录》（附4）。

第二十三条 中国人民银行及其分支机构根据履行反洗钱职责的需要，可以约见金融机构董事、高级管理人员，针对重要问题进行警示谈话，或者要求其就金融机构履行反洗钱义务的重大事项作出说明。

第二十四条 中国人民银行及其分支机构约见金融机构董事、高级管理人员谈话前，应当填制《反洗钱监管审批表》及《反洗钱监管通知书》，经本行（部）行长（主任）或者主管副行长（副主任）批准。

《反洗钱监管通知书》应当提前2个工作日送达被谈话机构，告知对方谈话内容、参加人员、时间地点等事项。

第二十五条 约见谈话应当由中国人民银行或其分支机构的分管领导或者反洗钱管理部门负责人主持，并至少有2名以上反洗钱监管人员参与。

第二十六条 谈话结束后，中国人民银行或其分支机构反洗钱工作人员应当填写《反洗钱监管记录》并经被约见人签字确认。

第四章 现场检查

第二十七条 根据履行反洗钱职责的需要，中国人民银行及其分支机构可以按照法定程序，对金融机构履行反洗钱义务的情况开展现场检查。

第二十八条 中国人民银行及其分支机构开展反洗钱现场检查，应当依照现行反洗钱法律法规规章，遵循《中国人民银行执法检查程序规定》（中国人民银行令〔2010〕第1号发布）组织实施。涉及行政处罚的，依照《中国人民银行行政处罚程序规定》（中国人民银行令〔2001〕第3号发布）执行。

第二十九条 中国人民银行及其分支机构应当科学调配监管力量，规范有效地开展现场检查工作。

中国人民银行及其分支机构应当加强对现场检查的立项管理，切实加强对以下机构的重点监管：

（一）涉及洗钱案件的机构；

（二）风险因素较多的机构；

（三）工作情况不明的机构；

（四）反洗钱工作有效性偏低的机构；

（五）其他应重点监管的机构。

第三十条 对法人金融机构的现场检查应当侧重于反洗钱制度建设、组织架构与岗位设置、系统设计与开发、反洗钱机制有效性，注重发现和解决风险较高的制度性、系统性、执行性问题，从总体上把握和推动金融机构反洗钱工作的合规性与有效性。

第三十一条 对非法人金融机构现场检查应当侧重于反洗钱制度落实与执行情况、反洗钱措施的有效性、可疑交易报告质量、配合人民银行反洗钱工作情况等。

第三十二条 中国人民银行分支机构在对非法人金融机构检查过程中发现涉及法人金融机构总部的重要问题、系统性缺陷，或者发现突出违规事件、依法对其实施行政处罚的，应当及时向中国人民银行或者法人金融机构所在地中国人民银行分支机构进行通报。

第五章 其他监管措施

第三十三条 中国人民银行及其分支机构针对反洗钱法定监管事项中的突出问题，或者为核实和了解某个方面的重点情况，可以通过监管走访的方式，深入金融机构开展实地调研和政策指导。

第三十四条 中国人民银行及其分支机构监管走访金融机构前，应当填制《反洗钱监管审批表》及《反洗钱监管通知书》。以本级机构名义开展的监管走访由本行（部）行长（主任）或者主管副行长（副主任）批准；以反洗钱管理部门名义开展的监管走访由部门负责人或者其上级领导批准。

《反洗钱监管通知书》应当提前2个工作日送达相关金融机构，告知其监管走访目的和需要了解核实的事项。

第三十五条 在开展监管走访时，中国人民银行及其分支机构反洗钱工作人员不得少于2人，并出示合法证件。

第三十六条 中国人民银行及其分支机构对监管走访中发现的问题应当提出有针对性的监管指导意见，并开展必要的政策辅导。

监管走访结束后，中国人民银行或其分支机构反洗钱工作人员应当填写《反洗钱监管记录》。

第三十七条 法人金融机构应当建立风险自评估制度，按照风险为本原则，定期对本机构内外部洗钱风险进行分析研判，评估本机构风险防控机制的有效性，查找风险漏洞和薄弱环节，采取有针对性的风险应对措施。

金融机构应当及时向中国人民银行或其分支机构报告风险自评估结果和资料。

第三十八条 中国人民银行及其分支机构可以根据金融机构自评估结果对其进行风险评估。

中国人民银行及其分支机构开展风险评估应当填制《反洗钱监管审批表》及《反洗钱监管通知书》，经本行（部）行长（主任）或者主管副行长（副主任）批准后，至少提前5个工作日将《反洗钱监管通知书》送达被评估的金融机构。

中国人民银行及其分支机构可以要求被评估机构提供必要的资料数据，也可以现场采集满足评估需要的必要信息。在开展现场评估时，中国人民银行及其分支机构的反洗钱工作人员不得少于2人，并出示《反洗钱监管通知书》及合法证件。

第三十九条 中国人民银行及其分支机构可以根据监管需要确定评估的具体范围和内容，针对法人金融机构特点，探索建立合理有效的风险评估指标体系。

第四十条 中国人民银行及其分支机构应当在充分了解情况的基础上，客观评判法人金融机构的风险状况，评估反洗钱工作的合规性与有效性，得出评估结论，针对存在问题，提出指导性整改意见，形成《反洗钱监管意见书》。

第六章　附　　则

第四十一条 中国人民银行副省级城市中心支行以上分支机构应当按年度撰写反洗钱监管报告，重点总结本辖区年度反洗钱监管活动情况，发现和处理的主要问题，对违规机构和人员的处罚情况，提炼工作有效性成果，于年度结束后30日内报送中国人民银行。

第四十二条 本办法所称中国人民银行分支机构包括中国人民银行上海总部、分行、营业管理部、省会（首府）城市中心支行、副省级城市中心支行、地（市）中心支行和县（市）支行。

本办法所称反洗钱报告机构，是指中国人民银行及其分支机构本级辖区内承担反洗钱法定义务的金融机构和非金融机构最高层级的管辖或者牵头机构，包括法人机构和部分非法人机构。

本办法所称金融机构的境内分支机构包括金融机构在境内设立的各级分支机构。境内金融机构的境外分支机构包括金融机构在境外（国家或地区）设立的全资子公司、控股公司、境外办事处等。

第四十三条 支付机构、银行卡组织、资金清算中心、从事汇兑业务和基金销售业务的机构适用本办法。

第四十四条　本办法由中国人民银行负责解释。

第四十五条　本办法自印发之日起实施。本办法实施前有关反洗钱监管规定与本办法不一致的，按照本办法执行。《反洗钱非现场监管办法（试行）》（银发〔2007〕254 号文印发）和《反洗钱现场检查办法（试行）》（银发〔2007〕175 号文印发）同时废止。

附（略）

中国人民银行关于存款口径调整后存款准备金政策和利率管理政策有关事项的通知

（银发〔2014〕387 号）

中国人民银行上海总部，各分行、营业管理部，各省会（首府）城市中心支行，深圳市中心支行；中国农业发展银行，各国有商业银行、股份制商业银行，中国邮政储蓄银行：

近年来，随着金融市场和金融创新不断发展，金融机构的存款结构也发生了深刻的变化。中国人民银行定于 2015 年起对存款统计口径进行调整，将部分原在同业往来项下统计的存款纳入各项存款范围。现就存款口径调整后存款准备金政策和利率管理政策有关事项通知如下：

一、新纳入各项存款口径的存款是指存款类金融机构吸收的证券及交易结算类存放、银行业非存款类存放、SPV 存放、其他金融机构存放以及境外金融机构存放。

二、上述存款应计入存款准备金交存范围，适用的存款准备金率暂定为零。存款口径调整涉及会计科目变更的存款类金融机构，应在会计科目变更之日起一个月内向中国人民银行报送全套会计科目表及会计科目使用说明，中国人民银行将根据会计科目变更情况调整交存存款准备金的会计科目范围。

三、上述存款的利率管理政策保持不变，利率由双方按照市场化原则协商确定。

四、金融租赁公司和汽车金融公司参照存款类金融机构执行。

中国人民银行各分支机构要密切监测市场流动性及其变化情况，遇有重要情况及时报告总行。请中国人民银行各分支机构将本通知转发至辖区内城市商业银行、农村商业银行、农村合作银行、农村信用社、村镇银行、财务公司、金融租赁公司、汽车金融公司和有关外资金融机构。

中国人民银行

2014 年 12 月 27 日

国家外汇管理局

国家外汇管理局关于印发《跨国公司外汇资金集中运营管理规定（试行）》的通知

（汇发〔2014〕23号）

国家外汇管理局各省、自治区、直辖市分局、外汇管理部，深圳、大连、青岛、厦门、宁波市分局：

为满足跨国公司统筹使用境内外外汇资金需要，服务实体经济，促进贸易投资便利化，支持产业结构转型升级，探索投融资汇兑便利，国家外汇管理局制定了《跨国公司外汇资金集中运营管理规定（试行）》，现印发执行。

附件：跨国公司外汇资金集中运营管理规定（试行）

国家外汇管理局

2014年4月18日

附件

跨国公司外汇资金集中运营管理规定（试行）

第一章　总　　则

第一条　为促进贸易投资便利化，服务实体经济，制定本规定。

第二条　跨国公司可以根据经营需要，在所在地银行开立国内外汇资金主账户，集中运营管理境内成员企业外汇资金。并可办理经常项目外汇资金集中收付汇、轧差净额结算等业务。

第三条　跨国公司可以根据经营需要，在所在地银行开立国际外汇资金主账户，集中运营管理境外成员企业资金及从其他境外机构借入的外债资金。

国际外汇资金主账户之间以及与境外机构境内外汇账户、境外资金往来自由。国际外汇资金主账户内资金不占用企业外债指标，但应按规定办理外债登记。

境内银行通过国际外汇资金主账户吸收的存款可在不超过10%的额度内境内运用；在占用短期外债余额指标的前提下，可将国际外汇资金主账户吸收存款中超过10%的部分境内运用。

第四条 国内外汇资金主账户与国际外汇资金主账户之间净融入额不得超过境内成员企业集中的外债额度，净融出额不得超过境内成员企业集中的对外放款额度。

第五条 跨国公司可以根据经营需要，同时开立国内、国际外汇资金主账户，也可以选择开立其中任何一个账户。同时开立国内、国际外汇资金主账户的，外债、对外放款融出入资金应经由国际外汇资金主账户办理；仅开立国内外汇资金主账户的，外债、对外放款融出入资金可在第四条规定额度内由境外直接进出入国内外汇资金主账户；仅开立国际外汇资金主账户的，外债、对外放款通过该账户办理。

跨国公司、银行应做好额度控制，确保任一时点外债、对外放款融出入资金不超过规定额度。

第六条 开户银行应为近三年执行外汇管理规定年度考核B类及以上的银行。主办企业原则上选择不超过3家境内具有结售汇业务资格的银行作为办理资金集中运营管理业务的开户银行，开户银行依据本规定对相关账户交易进行操作和管理。

开户银行办理资金集中运营管理业务后考核等次为B（不含）以下的，可以继续办理原有相应业务。

第二章 业务备案

第七条 满足以下条件的跨国公司，可根据经营需要开立国内、国际外汇资金主账户：

（一）具备真实业务需求；

（二）具有完善的外汇资金管理架构、内控制度；

（三）建立相应的内部管理电子系统；

（四）上年度外汇收支规模超过1亿美元（参加外汇资金集中运营管理的境内成员企业合并计算）；

（五）近三年无重大外汇违法违规行为（成立不满三年的企业，自成立之日起无重大外汇违规行为）。贸易外汇收支企业名录内企业，货物贸易分类结果应为A类；

（六）外汇局规定的其他审慎监管条件。

第八条 主办企业开立国内、国际外汇资金主账户应向所在地外汇分局、外汇管理部（以下简称分局）备案，提交以下材料：

（一）备案申请。包括跨国公司基本情况，业务需求；主办企业基本情况，参与企业名单、股权结构；跨国公司对主办企业的授权书等。选择经常项目外汇资金集中收付汇、轧差净额结算业务的，还需列表说明参与的境内外成员企业名单，包括名称、组织机构代码、注册地等。

（二）相关证明材料。包括加盖主办企业公章的主办企业及境内成员企业营业执照；金融业务许可证及经营范围批准文件（财务公司需提供）；境外成员企业只需提供注册证明。

（三）企业与开户银行联合制定的业务模式、操作流程、内控制度、组织架构、系统建设、风险控制措施、数据监测方式以及技术服务保障方案等；经签署的《跨国公司外汇资金集中运营管理业务办理确认书》（见附1）；选择2家以上（含）开户银行的，应明确外债、对外放款集中额度在各家开户银行的具体分配。

（四）外汇局要求提供的其他材料。

第九条 主办企业首次申请集中外债额度时应提交以下材料：

（一）申请书，应列表说明参加外债额度集中的成员企业名称、组织机构代码、注册地、每家成员企业可用外债额度、已登记外债签约额及提款额、集中的外债额度。

（二）参与集中或者部分集中外债额度的成员企业的资本项目信息系统外债业务查询中的尚可借债额、外债签约登记列表及外债业务条线查询列表信息打印界面。

特殊敏感行业不得参与及共享归集的外债额度。

第十条 外汇局应在主办企业提交完整的备案申请材料之日起二十个工作日内完成备案手续并出具备案通知书。备案通知书应包含外债、对外放款资金融出入额度等。

第十一条 主办企业为财务公司的，应当遵守行业主管部门规定，并将跨国公司外汇资金集中运营管理业务和其他业务（包括自身资产负债业务）分账管理。

第十二条 业务办理期间开户银行、主办企业、成员企业等发生变更的，应提前一个月向分局变更备案。

开户银行变更的，应提交以下材料：

（一）变更开户银行申请。主要包括：变更开户银行的原因，拟选择的开户银行，原账户余额的处理方式等。

（二）拟新开户银行业务模式、操作流程、内控制度、组织架构、系统建设、风险控制措施、数据监测方式以及技术服务保障方案等。

（三）加盖银行业务公章的原账户余额对账单。

（四）经签署的《跨国公司外汇资金集中运营管理业务办理确认书》。

（五）外汇局要求的其他材料。

成员企业、主办企业外债和对外放款额度、业务种类变更的，除参照第八、九条提交材料外，还应提交备案通知书复印件。

第十三条 主办企业货物贸易分类结果降为B、C类，根据违规情节轻重，外汇局将通知跨国公司变更主办企业并重新提交申请材料，或取消主办企业业务资格；其他成员企业货物贸易分类结果降为B、C类，主办企业应终止其业务，并向外汇局进行成员企业变更备案。

第十四条 主办企业存在外汇违规行为的，自处罚生效之日起，取消主办企业业务资格；成员企业存在外汇违规行为，自处罚生效之日起，取消该成员企业参与业务资格。

第三章 国内、国际外汇资金主账户管理

第十五条 主办企业应持备案通知书到银行开立国内和（或）国际外汇资金主账户。国内和国际外汇资金主账户可以是多币种账户，允许日间及隔夜透支；透支资金只能用于对外支付，收到外汇资金后应优先偿还透支款。根据业务需要，该账户项下可设立分账户。

国内外汇资金主账户和国际外汇资金主账户开户数量不予限制，但应符合审慎监管要求。

第十六条 国内外汇资金主账户收支范围。

（一）收入范围

1. 境内成员企业从境外直接获得的经常项目外汇收入；

2. 境内成员企业经常项目外汇账户、资本金账户、资产变现账户、再投资专用账户、外债账户划入；

3. 规定额度内由国际外汇资金主账户划入的从境外借入的外债和偿还的对外放款本息；

4. 购汇存入（经常项目项下对外支付购汇所得资金、对外放款或购汇偿还外债资金）；

5. 理财产品的本息；

6. 外汇局核准的其他收入。

同一跨国公司未开立国际外汇资金主账户的，国内外汇资金主账户收入范围还包括规定额度内从境外借入的外债资金或者收回的对外放款本息。

跨国公司向境内存款性金融机构借入的外汇贷款不得进入国内资金主账户（用于归还外债、对外放款等项下外汇贷款除外）。

（二）支出范围

1. 境内成员企业向境外的经常项目外汇支出；

2. 向境内成员企业经常项目外汇账户、资本金账户、资产变现账户、再投资专用账户、外债账户划出；

3. 规定额度内向国际外汇资金主账户划出的对外放款和偿还的外债本息；

4. 结汇；

5. 理财产品本金划出；

6. 交纳外币存款准备金；

7. 外汇局核准的其他支出。

同一跨国公司未开立国际外汇资金主账户的，国内外汇资金主账户支出范围还包括规定额度内对外放款和偿还的外债本息。

第十七条 跨国公司集中的外债额度 = 参与集中的境内成员企业外债额度 - 参与集中的境内成员企业已登记中长期外债签约额 - 参与集中的境内成员企业已登记短期外债未偿余额 - 参与部分集中的境内成员企业保留的外债额度。

第十八条 主办企业可以集中成员企业全部外债额度，也可以集中部分外债额度。

主办企业集中全部外债额度的，自递交申请之日起，成员企业不得自行举借外债。集中部分外债额度的，所余外债额度仍按照现行外债管理规定办理。具体管理办法由主办企业所在地外汇局与所涉外汇局核实后商主办企业及其开户银行制定，且所涉外汇局之间应按季度核对外债数据。

第十九条 主办企业通过国际外汇资金主账户从境外融入的外汇资金需办理外债登记。外债登记实行分债权人分币种填报，即企业对每个境外债权人的每个币种的负债视为一笔外债。企业在办理与外债提款、还本付息相关的业务时，应准确进行国际收支申报，并在“外汇局批件号/备案表号/业务编号”中准确填写相应的业务编号。主办企业应在签订外债合同后 15 个工作日内且在首笔外债资金入账前，到外汇局办理签约登记手续，外债变更登记按现行规定办理。

同一跨国公司未开立国际外汇资金主账户的，国内外汇资金主账户借入外债资金，在规定额度内按前款规定办理。

第二十条 跨国公司对外放款，遵循现行外汇管理程序办理。对外放款额度超过境内成员企业所有者权益 50% 的，可以向分局申请。分局按规定程序集体讨论决定。

第二十一条 国内外汇资金主账户与境外经常项目收付以及结售汇，包括集中收付汇和轧差净额结算等，由经办银行按照“了解客户”、“了解业务”、“尽职审查”等原则办理相关手续。对于资金性质不明确的，银行应当要求主办企业提供相关单证。服务贸易等项目对外支付仍需按规定提交税务备案表。

银行、主办企业应当分别留存相关单证 5 年备查。

第二十二条 国内外汇资金主账户可集中办理经常项下、直接投资、外债和对外放款项下结售汇。

企业归集至主办企业的外商直接投资项下外汇资金（包括外汇资本金、资产变现账户资金和境内再投资账户资金）、外债资金在国内外汇资金主账户内按照意愿结汇方式办理结汇手续，结汇所得人民币资金划入主办企业对应开立的人民币专用存款账户（资本项目 - 结汇待支付账户），可在各成员企业经营范围内审核真实性后直接支付。银行留存相关单证 5 年备查。

企业及开户银行应及时准确地报送结汇和支付数据至外汇局相关业务信息系统。银行应参照《国家外汇管理局关于资本项目信息系统试点及相关数据报送工作的通知》（汇发〔2012〕60 号）

附件4《外汇账户数据采集规范（1.1版）》的要求报送人民币专用存款账户的开关户及收支余信息，人民币专用存款账户的账户性质代码为2113，账户性质名称为“资本项目-结汇待支付账户”。银行应参照《国家外汇管理局关于做好调整境内银行涉外收付凭证及相关信息报送准备工作的通知》（汇发〔2011〕49号）的要求，通过境内收付款凭证，报送人民币专用存款账户与其他境内人民币账户之间的收付款信息。

外商直接投资项下外汇资金和外债资金结汇用途应遵守现行外汇管理规定，不得用于以下用途：

（一）不得直接或间接用于企业经营范围和外债资金指定用途范围之外或国家法律法规禁止的支出；

（二）除法律法规另有规定外，不得直接或间接用于证券和衍生产品投资；

（三）不得直接或间接用于发放人民币委托贷款（经营范围许可的除外）、偿还企业间借贷（含第三方垫款）以及偿还已转贷予第三方的银行人民币贷款；

（四）除外商投资房地产企业外，不得用于支付购买非自用房地产的相关费用。

主办企业为财务公司的，成员企业可申请在财务公司办理上述结售汇业务，也可由主办企业以其名义在银行办理结售汇业务。财务公司为成员企业办理结售汇业务应当具备结售汇业务资格，并按规定向外汇局报送结售汇数据。

第二十三条 开户银行或财务公司应按规定向外汇局报送国际外汇资金主账户（代码为“3600”）和国内外汇资金主账户（代码为“3601”）信息。

第二十四条 国内、国际外汇资金主账户的跨境资金收付均应按照《国家外汇管理局关于印发〈通过金融机构进行国际收支统计申报业务操作规程〉的通知》（汇发〔2010〕22号）中关于跨境资金收付的国际收支申报要求进行申报。国内、国际外汇资金主账户与境内非居民间的资金收付，应按照《国家外汇管理局关于明确和调整国际收支统计申报有关事项的通知》（汇发〔2011〕34号）中关于境内居民与境内非居民间交易的要求进行申报。有关国内外汇资金主账户经常项目集中收付汇和轧差净额结算的国际收支申报执行本规定第三十一条。

第二十五条 国内外汇资金主账户和国际外汇资金主账户之间的资金划转无需进行国际收支申报，但应按照《国家外汇管理局关于做好调整境内银行涉外收付凭证及相关信息报送准备工作的通知》（汇发〔2011〕49号）、《国家外汇管理局关于启用境内银行涉外收付凭证及明确有关数据报送要求的通知》（汇发〔2012〕42号）和《国家外汇管理局关于发布〈金融机构外汇业务数据采集规范（1.0版）〉的通知》（汇发〔2014〕18号）关于境内居民之间资金划转要求报送有关数据。

第二十六条 主办企业为财务公司的，应按照《国家外汇管理局综合司关于加强金融机构对外资产负债和损益申报及升级报送系统的通知》（汇综发〔2012〕145号）和《国家外汇管理局关于印发〈对外金融资产负债及交易统计制度〉的通知》（汇发〔2013〕43号）的规定进行申报。其中，通过国际外汇资金主账户集中运营管理的境外成员企业资金或从境外借入资金均应申报为主办企业的对外负债。

第四章 经常项目集中收付汇和轧差净额结算业务管理

第二十七条 集中收付汇是指主办企业通过国内外汇资金主账户集中代理境内成员企业办理经常项目外汇收支。

轧差净额结算是指主办企业通过国内外汇

资金主账户集中核算其境内外成员企业经常项目项下外汇应收应付资金，合并一定时期内外汇收付交易为单笔外汇交易的操作方式。原则上每个自然月轧差净额结算不少于1次。

第二十八条 境内成员企业办理货物贸易集中收付汇或货物贸易轧差净额结算时，应按规定办理“贸易外汇收支企业名录”登记手续（主办企业为财务公司除外），并按货物贸易外汇管理规定及时、准确通过货物贸易外汇业务监测系统（企业端）进行贸易信贷、贸易融资等业务报告。

第二十九条 主办企业可以根据境内成员企业真实合法的进口付汇需求提前购汇存入国内外汇资金主账户。

对于退汇日期与原收、付款日期间隔在180天（不含）以上或由于特殊情况无法按规定办理原路退汇的，主办企业应当到外汇局办理货物贸易外汇业务登记手续，并提供书面申请、原收入/支出申报单证、原进/出口合同、退汇合同等。

第三十条 境内成员企业按照《货物贸易外汇管理指引》及其实施细则规定，需凭《货物贸易外汇业务登记表》办理的业务不得参加集中收付汇和轧差净额结算，按现行规定办理。

第三十一条 办理经常项目集中收付款或轧差净额结算应按以下要求进行国际收支申报：

主办企业应对两类数据进行国际收支统计申报。一类是集中收付款或轧差净额结算时主办企业的实际收付款数据（以下简称实际收付款数据）；另一类是逐笔还原集中收付或轧差净额结算前各成员企业的原始收付款数据（以下简称还原数据）。

实际收付款数据不为零时，主办企业应通过办理实际对外收付款交易的境内银行进行申报，境内银行应将实际收付款信息交易编码标记为“999999”。实际收付款数据为零时（轧差净额结算为零），主办企业应虚拟一笔结算为零的申报数据，填写《境外汇款申请书》，收付款人名称均为主办企业，交易编码标记为“999998”，国别为“中国”，其他必输项可视情况填报或填写“N/A”（大写英文字母）。境内银行应在其实际对外收付款之日（轧差净额结算为零时为轧差结算日或会计结算日）（T）后的第1个工作日（T+1）中午12：00前，完成实际数据的报送工作。

对还原数据的申报，主办企业应按照实际对外收付款的日期（轧差净额结算为零时为轧差结算日或会计结算日）确认还原数据申报时点（T），并根据全收全支原则，以境内成员企业名义，向实际办理或记账处理对外收付款业务的银行提供还原数据的基础信息和申报信息，使其至少包括国际收支统计申报的所需信息。境内银行应在上述还原数据申报时点（T）后的第1个工作日（T+1）中午12：00前，完成还原数据基础信息的报送工作；第5个工作日（T+5）中午12：00前，完成还原数据申报信息的报送工作。

申报单号码由发生实际收付款的银行编制、交易编码按照实际交易性质填报。境内银行应将还原数据的“银行业务编号”填写为所对应的对外实际收付数据的申报号码，以便建立集中收付数据与还原数据间的对应关系。境内银行应为主办企业提供申报渠道等基础条件，并负责将还原数据的基础信息和申报信息传送到外汇局。

第五章 监督管理

第三十二条 主办企业应认真按照本规定及外汇局备案通知书内容开展业务。业务开展期间，相关事项发生变更的，应按要求及时向外汇局变更备案。

主办企业及成员企业应严格按规定向银行

申报跨境资金收付性质，办理国际收支统计申报。

第三十三条 开户银行对跨国公司外汇资金集中运营管理业务及提交的材料，做好真实性和合规性审核；对其相关外汇资金变动，做好相应登记备案；对资金流动，做好监测、审核和额度管理。

第三十四条 开户银行应按规定及时、完整、准确地报送国内、国际外汇资金主账户、结汇待支付账户等账户信息、国际收支申报、境内资金划转、结售汇等数据，审核企业报送的业务数据，协助外汇局做好非现场监测。

第三十五条 分局应采取下列措施确保外汇资金集中运营管理工作平稳有序，政策落到实处：

（一）完善工作机制，责任到人，及时准确报送数据。指定牵头处室并1名工作联系人负责向总局报告。《规定》实施之日起一年内，每月10日前以局发文形式向总局报告业务情况及相关统计报表；每季度一并报告辖内办理资金集中运营管理企业名单等基本情况。一年后，以综合部门名义每月报告统计报表；每季度报告辖内办理资金集中运营管理企业名单等基本情况；每半年报告业务情况（有关报表见附2－5）。

（二）强化非现场监测与现场核查检查。充分利用跨境资金流动监测与分析平台等现有外汇管理系统，建立跨国公司名单功能设置，全面分析国际、国内资金主账户外汇收支、结售汇、资金划转、集中收付汇和轧差结算等数据信息。

（三）做好银行和企业风险提示和窗口指导工作。采取有效措施满足企业需求，逐步形成合理的跨境资金双向流动格局。督促银行建立操作规程和内控制度，提供必要的技术服务保障。必要时，可要求主办企业对外汇资金集中运营管理业务的合规性等进行审计。

（四）根据本规定及当地实际情况，制定细化准入条件等操作规程，按程序向总局备案后实施。

第三十六条 企业发生异常情况及违规行为，分局应暂停或取消办理本规定范围内的各项业务，根据《外汇管理条例》等相关法规进行行政处罚；开户银行发生违反“了解客户”、“了解业务”、“尽职审查”真实性审核规定等违规行为，应取消办理本规定范围内各项业务，根据《外汇管理条例》等相关法规进行行政处罚。

第六章 附 则

第三十七条 本规定所称跨国公司是以资本联结为纽带，由母公司、子公司及其他成员企业或机构共同组成的企业法人联合体（不含财务公司以外的金融机构）。

成员企业，是指跨国公司内部相互直接或间接持股的、具有独立法人资格的各家公司，分为境内成员企业和境外成员企业。

主办企业，是指履行主体业务申请、备案、实施、数据报送、情况反馈等职责的跨国公司或取得跨国公司授权且具有独立法人资格的一家境内公司。主办企业为财务公司的，其从事跨境资金交易应遵守行业管理部门的规定。

本规定第三条第二款所称境外机构境内外汇账户包括境外机构在境内银行开立的NRA账户（Non－resident Account）以及在取得离岸银行业务资格的离岸银行业务部开立的OSA账户（Offshore Account）。

第三十八条 单一企业集团符合内控制度完善、上年度外汇收支规模超过1亿美元、最近三年无重大外汇违规行为等条件的，可以根据业务实际，申请单独开立国内外汇资金主账户，办理经常项目轧差净额结算业务，以及按照本规定第二十一条简化单证审核、第二十二条第二、三款办理结汇手续等；或者单独开立国际资金主账户，集中管理境外资金。

跨国公司资金集中运营管理框架下委托贷款，应遵守有关境内外汇贷款管理规定，无需开立并通过实体外汇账户办理相关业务；成员企业之间可直接划转资金，无需先上划至国内外汇资金主账户，再下划至成员企业。

第三十九条 外汇局可根据国家宏观调控政策、外汇收支形势及业务开展情况，逐步完善和改进政策内容。

第四十条 本规定自2014年6月1日起实施，由国家外汇管理局负责解释。《国家外汇管理局综合司关于跨国公司集中收付业务数据报送相关问题的通知》（汇综发〔2013〕47号）同时废止。经外汇局批准已开展外汇资金集中运营管理的跨国公司，可以继续适用原来资金集中运营管理框架和政策，也可以提供变更后的业务需求等材料（已经提供的材料无需提供），向分局备案后适用本规定。

附（略）

国家外汇管理局关于印发《银行办理结售汇业务管理办法实施细则》的通知

（汇发〔2014〕53号）

国家外汇管理局各省、自治区、直辖市分局、外汇管理部，深圳、大连、青岛、厦门、宁波市分局；各全国性中资银行：

为便利银行办理结售汇业务，根据《银行办理结售汇业务管理办法》（中国人民银行令〔2014〕第2号），国家外汇管理局制定了《银行办理结售汇业务管理办法实施细则》（见附件1）。本细则自2015年1月1日起实施，附件2所列文件和条款同时废止。请遵照执行。

国家外汇管理局各分局、外汇管理部接到本通知后，应及时转发辖内中心支局、支局和中外资银行。执行中如遇问题，请及时与国家外汇管理局国际收支司联系。联系电话：010－68402313、68402385。

特此通知。

附件：1. 银行办理结售汇业务管理办法实施细则

2. 废止外汇管理法规（略）

国家外汇管理局

2014年12月25日

附件 1

银行办理结售汇业务管理办法实施细则

第一章　总　　则

第一条　为便利银行办理结售汇业务，根据《银行办理结售汇业务管理办法》，制订本实施细则。

第二条　银行办理结售汇业务，应当遵守本细则和其他有关结售汇业务的管理规定。

第三条　结售汇业务包括即期结售汇业务和人民币与外汇衍生产品（以下简称衍生产品）业务。衍生产品业务限于人民币外汇远期、掉期和期权业务。

第四条　银行办理结售汇业务，应当遵循“了解业务、了解客户、尽职审查”的原则。

（一）客户调查：对客户提供的身份证明、业务状况等资料的合法性、真实性和有效性进行认真核实，将核实过程和结果以书面形式记载。

（二）业务受理：执行但不限于国家外汇管理局的现有法规，对业务的真实性与合规性进行审核，了解业务的交易目的和交易性质。

（三）持续监控：及时监测客户的业务变化情况，对客户进行动态管理。

（四）问题业务：对于业务受理或后续监测中发现异常迹象的，应及时报告国家外汇管理局及其分支局（以下简称外汇局）。

第五条　银行应当建立与“了解业务、了解客户、尽职审查”原则相适应的内部管理制度。

（一）建立完整的审核政策、决策机制、管理信息系统和统一的业务操作程序，明确尽职要求。

（二）采取培训等各种有效方式和途径，使工作人员明确结售汇业务风险控制要求，熟悉工作职责和尽职要求。

（三）建立工作尽职问责制，明确规定各个部门、岗位的职责，对违法、违规造成的风险进行责任认定，并进行相应处理。

第二章　市场准入与退出

第六条　银行申请办理即期结售汇业务，应当具备下列条件：

（一）具有金融业务资格。

（二）具备完善的业务管理制度。

（三）具备办理业务所必需的软硬件设备。

（四）拥有具备相应业务工作经验的高级管理人员和业务人员。

银行需银行业监督管理部门批准外汇业务经营资格的，还应具备相应的外汇业务经营资格。

第七条　银行申请办理衍生产品业务，应当具备下列条件：

（一）取得即期结售汇业务资格。

（二）有健全的衍生产品交易风险管理制度和内部控制制度及适当的风险识别、计量、管理和交易系统，配备开展衍生产品业务所需要的专业人员。

（三）符合银行业监督管理部门有关金融衍生产品交易业务资格的规定。

第八条　银行可以根据自身经营需要一并申请即期结售汇业务和衍生产品业务资格。

（一）对于即期结售汇业务，可以分别或

者一并申请对公和对私结售汇业务。开办对私结售汇业务的，应遵守以下规定：

1. 按照《个人外汇管理办法》及其实施细则的管理规定，具备与国家外汇管理局个人外汇业务监测系统的网络接入条件，依法合规办理个人结售汇业务。

2. 应在营业网点、自助外币兑换机等的醒目位置设置个人本外币兑换标识。个人本外币兑换标识式样由银行自行确定。

（二）对于衍生产品业务，可以一次申请开办全部衍生产品业务，或者分次申请远期和期权业务资格。取得远期业务资格后，银行可自行开办外汇掉期和货币掉期业务。

第九条 银行总行申请即期结售汇业务，应提交下列文件和资料：

（一）办理结售汇业务的申请报告。

（二）《金融许可证》复印件。

（三）办理结售汇业务的内部管理规章制度，应至少包括以下内容：结售汇业务操作规程、结售汇业务单证管理制度、结售汇业务统计报告制度、结售汇综合头寸管理制度、结售汇业务会计科目和核算办法、结售汇业务内部审计制度和从业人员岗位责任制度、结售汇业务授权管理制度。

（四）具备办理业务所必需的软硬件设备的说明材料。

（五）拥有具备相应业务工作经验的高级管理人员和业务人员的说明材料。

（六）需要经银行业监督管理部门批准外汇业务经营资格的，还应提交外汇业务许可文件的复印件。

第十条 银行总行申请衍生产品业务，应提交下列文件和资料：

（一）申请报告、可行性报告及业务计划书。

（二）衍生产品业务内部管理规章制度，应当至少包括以下内容：

1. 业务操作规程，包括交易受理、客户评估、单证审核等业务流程和操作标准；

2. 产品定价模型，包括定价方法和各项参数的选取标准及来源；

3. 风险管理制度，包括风险管理架构、风险模型指标及量化管理指标、风险缓释措施、头寸平盘机制；

4. 会计核算制度，包括科目设置和会计核算方法；

5. 统计报告制度，包括数据采集渠道和操作程序。

（三）主管人员和主要交易人员名单、履历。

（四）符合银行业监督管理部门有关金融衍生产品交易业务资格规定的证明文件。

银行应当根据拟开办各类衍生产品业务的实际特征，提交具有针对性与适用性的文件和资料。

第十一条 银行总行申请办理即期结售汇业务和衍生产品业务，按照下列程序申请和受理：

（一）政策性银行、全国性商业银行向国家外汇管理局直接申请，由国家外汇管理局审批。其他银行向所在地国家外汇管理局分局、外汇管理部（以下简称外汇分局）申请，如处于市（地、州、区）、县，应向所在地国家外汇管理局中心支局或支局申请，并逐级上报至外汇分局审批。

（二）外国银行分行视同总行管理。外国银行拟在境内两家以上分行开办衍生产品业务的，可由其境内管理行统一向该行所在地外汇分局提交申请材料，该外汇分局应将受理结果抄送该外国银行其他境内分行所在地外汇分局。

（三）外汇局受理结果应通过公文方式正式下达；仅涉及衍生产品业务的，可适当从简，通过备案通知书方式下达。

第十二条 银行分支机构申请办理即期结售汇业务，按照下列规定执行：

（一）银行总行及申请机构的上级分支行应具备完善的结售汇业务管理制度，即执行外汇管理规定情况考核等级最近一次为B级以上。

（二）银行分支机构应持下列材料履行事前备案手续：

1. 银行分行办理即期结售汇业务，持《银行办理即期结售汇业务备案表》（见附1）一式两份，总行及上级分行执行外汇管理规定情况考核等级证明材料，并按照第九条（一）、（二）、（四）、（五）提供材料，向所在地外汇局分支局备案。

2. 银行支行及下辖机构办理即期结售汇业务，持《银行办理即期结售汇业务备案表》一式两份，金融许可证复印件、总行及上级分支行执行外汇管理规定情况考核等级证明材料，向所在地外汇局分支局备案。其中，下辖机构可以由支行集中办理备案手续，但只能在下辖机构所在地外汇局分支局办理。

3. 外汇局分支局收到银行内容齐全的即期结售汇业务备案材料后，在《银行办理即期结售汇业务备案表》上加盖银行结售汇业务管理专用章予以确认，并将其中的一份备案表退还银行保存。

第十三条 银行分支机构开办衍生产品业务，经上级有权机构授权后，持授权文件和本级机构业务筹办情况说明（包括但不限于人员配备、业务培训、内部管理），于开办业务前至少20个工作日向所在地外汇局书面报告并确认收到后即可开办业务。

银行应当加强对分支机构办理衍生产品业务的授权与管理。对于衍生产品经营能力较弱、风险防范及管理水平较低的分支机构，应当上收或取消其授权和交易权限。

第十四条 外汇局受理银行即期结售汇业务和衍生产品业务申请时，应按照行政许可的相关程序办理。其中，外汇局在受理银行总行申请及银行分行即期结售汇业务申请时，可以采取必要的措施核实其软硬件设备、人员情况。

第十五条 银行办理结售汇业务期间，发生合并或者分立，以及重要信息变更的，按照下列规定执行：

（一）发生合并或者分立的，新设立的银行总行应当向外汇局申请结售汇业务资格。吸收合并的，银行无需再申请结售汇业务资格，其各项外汇业务额度原则上合并计算，但结售汇综合头寸应执行本细则第五章的相关规定。

（二）发生名称变更、营业地址变更的，银行应持《银行办理结售汇业务机构信息变更备案表》（见附2）和变更后金融许可证复印件，在变更之日起30日内向批准其结售汇业务资格的外汇局备案。其中，涉及名称变更的，受理备案的外汇局应以适当方式告知银行下辖机构所在地外汇局；银行办理备案后，即可自然承继其在外汇局获得的各项业务资格和有关业务额度。

第十六条 银行分支机构办理结售汇业务期间，发生合并或者分立，以及重要信息变更的，按照下列规定执行：

（一）发生合并或者分立的，新设立的银行分支机构应当向外汇局申请结售汇业务资格。

（二）银行分行发生名称变更、营业地址变更的，应持《银行办理结售汇业务机构信息变更备案表》（见附2）和变更后金融许可证复印件，在变更之日起30日内向所在地外汇局备案。

（三）银行支行及下辖机构发生名称变更、营业地址变更的，在1—6月和7—12月期间的变更，分别于当年8月底前和次年2月底前经管辖行向所在地外汇局备案（见附3）。

第十七条 银行停止办理结售汇业务，应当自停办业务之日起30日内，由停办业务行或者其上级行持《银行停办结售汇业务备案表》（见附4），向批准或备案其结售汇业务资格的外汇局履行停办备案手续。

第十八条 银行被依法撤销或者宣告破产的，其结售汇业务资格自动丧失。

第十九条 外汇局应根据本细则要求，按照操作简便、监管有效原则，完善即期结售汇业务和衍生产品业务市场准入管理的内部操作；并妥善保管银行申请、备案、报告等相关材料。

第三章 即期结售汇业务管理

第二十条 银行办理代客即期结售汇业务应遵守国家外汇管理局的有关规定；办理自身即期结售汇业务应遵守本章的相关规定，本章未明确规定的，参照境内其他机构办理。

第二十一条 银行经营业务中获得的外汇收入，扣除支付外汇开支和结汇支付境内外汇业务日常经营所需人民币开支，应统一纳入外汇利润管理，不得单独结汇。

第二十二条 外资银行结汇支付境内外汇业务日常经营所需人民币开支的，应自行审核并留存有关真实性单证后依法办理。结汇方式可选择按月预结或按照实际开支结汇。按月预结的，预结金额不得超过上月实际人民币开支的105%，不足部分可继续按照实际开支结汇；当月预结未使用部分应结转下月。

第二十三条 银行利润的本外币转换按照下列规定，由银行总行统一办理：

（一）当年外汇利润（包括境内机构外汇利润、境外分支机构分配的利润、参股境外机构分配的利润）可以在本年每季度后按照财务核算结果自行办理结汇，并应按经审计的年度会计决算结果自动调整。但往年有亏损的，应先冲抵亏损，方可办理结汇。

（二）外汇亏损可以挂账并使用以后年度外汇利润补充，或者以人民币利润购汇进行对冲。

（三）历年留存外汇利润结汇可在后续年度自行办理。

第二十四条 银行支付外方股东的股息、红利或外资银行利润汇出，可以用历年累积外汇利润或用人民币购汇后自行支付，并留存下列资料备查。

（一）资产负债表、损益表及本外币合并审计报告；

（二）税务备案表；

（三）董事会或股东大会的相关决议，或外资银行总行的划账通知。

第二十五条 银行资本金（或营运资金）本外币转换应按照如下规定，报所在地外汇分局批准后办理：

（一）银行申请本外币转换的金额应满足下列要求：

1. 完成本外币转换后的“（外汇所有者权益＋外汇营运资金）/外汇资产”与“（人民币所有者权益＋人民币营运资金）/人民币资产”基本相等。

2. 以上数据按银行境内机构的资产负债表计算，不包括境外关联行。计算外汇资产可扣除部分政策性因素形成的外汇资产；计算人民币资产，应对其中的存放同业和拆放同业取结汇申请前四个季度末的平均数。营运资金和所有者权益不重复计算；人民币营运资金是指外国银行向境内分行拨付的人民币营运资金（含结汇后人民币营运资金）；外汇营运资金是外国银行向境内分行拨付的外汇营运资金，以及境内法人银行以自有人民币购买并在外汇营运资金科目核算的资金。计算外汇所有者权益时应扣除未分配外汇利润，但未分配外汇利润为亏损的，不得扣除。

3. 新开办外汇业务的中资银行或新开办

人民币业务的外资银行，首次可申请将不超过10%的资本金进行本外币转换。

4. 银行购买外汇资本金或外汇营运资金发展外汇业务的，可依据实际需要申请，不受前述第1和3项条件限制。

5. 银行业监督管理部门对资本金币种有明确要求或其他特殊情况的，可不受前述第1和3项条件限制。

（二）银行申请时应提供下列材料：

1. 申请报告。

2. 人民币和外币资产负债表。

3. 本外币转换金额的测算依据。

4. 相关交易需经银行业监督管理部门批准的，应提供相应批准文件的复印件。

（三）银行申请原则上每年不得超过一次。

（四）银行购汇用于境外直接投资按照境内银行境外直接投资相关外汇管理规定执行，不适用本条前述规定。

第二十六条 银行经营业务过程中收回资金（含利息）与原始发放资金本外币不匹配，满足下列条件的，可以自行代债务人结售汇（外汇局另有规定除外），并留存与债务人债权关系、结售汇资金来源等的书面证明材料备查。

（一）债务人因破产、倒闭、停业整顿、经营不善或与银行法律纠纷等而不能自行办理结售汇交易。

（二）银行从债务人或其担保人等处获得的资金来源合法，包括但不限于：法院判决、仲裁机构裁决；抵押或质押非货币资产变现（若自用应由相关评估部门评估价值）；扣收保证金等。

（三）不存在协助债务人规避外汇管理规定的情况。

境外银行境内追索贷款等发生资产币种与回收币种本外币不匹配的，可委托境内关联行按本条规定代债务人结售汇。关联行包括具有总分行关系、母子行关系的银行；同属一家机构的分行或子行；同一银团贷款项下具有合作关系的银行等。

银行依法转让境内股权发生本外币不匹配的，可参照本条办理相应的结售汇业务。

第二十七条 银行经营外汇贷款等业务，因无法回收或转让债权造成银行损失的，银行应按照有关会计制度用外汇呆账准备金或等值人民币呆账准备金自行购汇冲抵。

第二十八条 银行若以外币计提营业税、利息税或其他税款，且需要结汇为人民币缴纳税务部门，应当自行审核并留存有关真实性单证后办理。属于银行自身应缴纳的税收，计入自身结售汇；属于依法代扣代缴的税收，计入代客结售汇。

第二十九条 不具备结售汇业务资格银行的自身结售汇业务，必须通过其他具备结售汇业务资格的银行办理；具备结售汇业务资格银行的自身结售汇业务，不得通过其他银行办理。

第四章 衍生产品业务管理

第三十条 银行应当提高自主创新能力和交易管理能力，建立完善的风险管理制度和内部控制制度，审慎开展与自身风险管理水平相适应的衍生产品交易。

第三十一条 银行对客户办理衍生产品业务，应当坚持实需交易原则。客户办理衍生产品业务具有对冲外汇风险敞口的真实需求背景，并且作为交易基础所持有的外汇资产负债、预期未来的外汇收支按照外汇管理规定可以办理即期结售汇业务。

第三十二条 与客户达成衍生产品交易前，银行应确认客户办理衍生产品业务符合实需交易原则，并获取由客户提供的声明、确认函等能够证明其真实需求背景的书面材料，内容包括但不限于：

（一）与衍生产品交易直接相关的基础外汇资产负债或外汇收支的真实性与合规性。

（二）客户进行衍生产品交易的目的或目标。

（三）是否存在与本条第一款确认的基础外汇资产负债或外汇收支相关的尚未结清的衍生产品交易敞口。

第三十三条　远期业务应遵守以下规定：

（一）远期合约到期时，银行应比照即期结售汇管理规定为客户办理交割，交割方式为全额结算，不允许办理差额结算。

（二）远期合约到期前或到期时，如果客户因真实需求背景发生变更而无法履约，银行在获取由客户提供的声明、确认函等能够予以证明的书面材料后，可以为客户办理对应金额的平仓或按照客户实际需要进行展期，产生的损益按照商业原则处理，并以人民币结算。

第三十四条　期权业务应遵守以下规定：

（一）银行可以基于普通欧式期权基础，为客户办理买入或卖出期权业务，以及包含两个或多个期权的期权组合业务，期权费币种为人民币。银行可以为客户的期权合约办理反向平仓、全额或差额结算，反向平仓和差额结算的货币为人民币。

（二）银行对客户办理的单个期权或期权组合业务的主要风险特征，应当与客户真实需求背景具有合理的相关度。期权合约行权所产生的客户外汇收支，不得超出客户真实需求背景所支持的实际规模。

第三十五条　外汇掉期业务应遵守以下规定：

（一）对于近端结汇/远端购汇的外汇掉期业务，客户近端结汇的外汇资金应为按照外汇管理规定可以办理即期结汇的外汇资金。

（二）对于近端购汇/远端结汇的外汇掉期业务，客户近端可以直接以人民币购入外汇，并进入经常项目外汇账户留存或按照规定对外支付；远端结汇的外汇资金应为按照外汇管理规定可以办理即期结汇的外汇资金。因经常项目外汇账户留存的外汇资金所产生的利息，银行可以为客户办理结汇。

（三）外汇掉期业务中因客户远端无法履约而形成的银行外汇敞口，应纳入结售汇综合头寸统一管理。

第三十六条　货币掉期业务应遵守以下规定：

（一）货币掉期业务的本金交换包括合约生效日和到期日两次均实际交换本金、两次均不实际交换本金、仅一次交换本金等形式。

（二）货币掉期业务中客户在合约生效日和到期日两次均实际交换本金所涉及的结汇或购汇，遵照外汇掉期业务的管理规定。对于一次交换本金所涉及的结汇或购汇，遵照实需交易原则，银行由此形成的外汇敞口应纳入结售汇综合头寸统一管理。

（三）货币掉期业务的利率由银行与客户按照商业原则协商确定，但应符合中国人民银行的利率管理规定。

（四）货币掉期业务中银行从客户获得的外币利息应纳入本行外汇利润统一管理，不得单独结汇。

第三十七条　银行对客户办理衍生产品业务的币种、期限、价格等交易要素，由双方依据真实需求背景按照商业原则协商确定。

期权业务采用差额结算时，用于确定轧差金额使用的参考价应是境内真实、有效的市场汇率。

第三十八条　银行办理衍生产品业务的客户范围限于境内机构（暂不包括银行自身），个体工商户视同境内机构。

境内个人开展符合外汇管理规定的对外投资形成外汇风险敞口，银行可以按照实需交易原则为其办理衍生产品业务。

第三十九条 银行应当高度重视衍生产品业务的客户管理，在综合考虑衍生产品分类和客户分类的基础上，开展持续、充分的客户适合度评估和风险揭示。银行应确认客户进行衍生产品交易已获得内部有效授权及所必需的上级主管部门许可，并具备足够的风险承受能力。

对于虚构真实需求背景开展衍生产品业务、重复进行套期保值的客户，银行应依法终止已与其开展的交易，并通过信用评级等内部管理制度，限制此类客户后续开展衍生产品业务。

第四十条 银行开展衍生产品业务应遵守结售汇综合头寸管理规定，准确、合理计量和管理衍生产品交易头寸。银行分支机构办理代客衍生产品业务应由其总行（部）统一进行平盘、敞口管理和风险控制。

第四十一条 银行、境内机构参与境外市场衍生产品交易，应符合外汇管理规定。

第四十二条 国家外汇管理局组织银行等外汇市场参与者建立市场自律机制，完善衍生产品的客户管理、风险控制等行业规范，维护外汇市场公平竞争环境。

第五章 银行结售汇综合头寸管理

第四十三条 银行结售汇综合头寸按下列原则管理：

（一）法人统一核定。银行头寸按照法人监管原则统一核定，不对银行分支机构另行核定（外国银行分行除外）。

（二）限额管理。银行结售汇综合头寸实行正负区间限额管理。

（三）按权责发生制原则管理。银行应将对客户结售汇业务、自身结售汇业务和参与银行间外汇市场交易在交易订立日（而不是资金实际收付日）计入头寸。

（四）按周考核和监管。银行应按周（自然周）管理头寸，周内各个工作日的平均头寸应保持在外汇局核定限额内。

（五）头寸余额应定期与会计科目核对。对于两者之间的差额，银行可按年向外汇局申请调整。对于因汇率折算差异等合理原因导致的差额，外汇局可直接核准调整；对于因统计数据错报、漏报等其他原因导致的差额，外汇局可以核准调整，但应对银行违规的情况进行处理。

第四十四条 政策性银行、全国性银行以及在银行间外汇市场行使做市商职能的银行，由国家外汇管理局根据银行的结售汇业务规模和银行间市场交易规模等统一核定头寸限额，并按年度或定期调整。

第四十五条 第四十四条以外的银行由所在地外汇分局负责核定头寸限额，并按年度调整。

（一）上一年度结售汇业务量低于1亿美元，以及新取得结售汇业务资格的，结售汇综合头寸上限为5 000万美元，下限为－300万美元。

（二）上一年度结售汇业务量介于1亿至10亿美元，结售汇综合头寸上限为3亿美元，下限为－500万美元。

（三）上一年度结售汇业务量10亿美元以上，结售汇综合头寸上限为10亿美元，下限为－1 000万美元。

依照前述标准核定结售汇综合头寸上限无法满足银行实际需要的，可根据实际需要向外汇分局申请，外汇分局可适当提高上限。

第四十六条 国家外汇管理局因国际收支和外汇市场状况需要，对结售汇综合头寸限额临时调控的，应适用相关规定，暂停按照第四十四条、第四十五条核定的综合头寸限额。

第四十七条 新申请即期结售汇业务资格的银行（未开办人民币业务的外资银行除外），外汇局应同时核定其结售汇综合头寸限额。

已获得即期结售汇业务资格但新开办人民币业务的外资银行，应在经银监会批准办理人民币业务后30个工作日内向所在地外汇局申请核定银行结售汇综合头寸限额，申请时应提交银监会批准其办理人民币业务的许可文件。

第四十八条 银行主动申请停办结售汇业务或因违规经营被外汇局取消结售汇业务资格的，应在停办业务前将其结售汇业务综合头寸余额清零。

第四十九条 在境内有两家以上分行的外国银行，可由该外国银行总行或地区总部，授权一家境内分行（以下简称集中管理行），对境内各分行头寸实行集中管理。

（一）集中管理行负责向其所在地外汇分局提出申请，申请材料应包括以下内容：

1. 总行同意实行头寸集中管理的授权文件。

2. 银监会对外资金融机构在境内常驻机构批准书。

3. 该外国银行对头寸实施集中管理的内部管理制度、会计核算办法以及技术支持情况说明。

（二）外汇分局收到申请后，应实地走访集中管理行的营业场地，现场考察和验收其技术系统对该行头寸集中管理的支持情况。对符合条件的，批复同时抄报国家外汇管理局，并抄送该外国银行各分行所在地外汇分支局。

（三）外国银行分行实行头寸集中管理后，境内所有分支行原有头寸纳入集中管理行的头寸管理，由集中管理行统一平盘和管理。若有新增外国银行分支行纳入头寸集中管理，集中管理行及新增分支行应提前10个工作日分别向各自所在地外汇分局报备。

（四）外国银行分行实行头寸集中管理后，按照第四十四条、第四十五条核定头寸限额并进行日常管理。其中，涉及业务数据测算的应使用该外国银行境内全部分支行的汇总数据。

（五）外国银行分行实行头寸集中管理后，若集中管理行和纳入集中管理的其他分支行均未开办人民币业务，则适用结售汇人民币专用账户的相关规定。若集中管理行已开办人民币业务，境内其他分支行尚未开办人民币业务，则未开办人民币业务的分支行仍适用结售汇人民币专用账户的相关规定，但其结售汇人民币专用账户余额应折算为美元以负值计入集中管理行的头寸。

第六章 附 则

第五十条 银行应按照国家外汇管理局的规定报送银行结售汇统计、衍生产品业务统计、银行结售汇综合头寸等相关报表和资料，具体统计报告制度另行规定。

第五十一条 各外汇分局应按年以电子邮件方式向国家外汇管理局报送《（地区）结售汇业务金融机构信息表》（见附5）、《（地区）辖内金融机构结售汇综合头寸限额核定情况表》（见附6）。报送时间为每年1月底前。电子信箱为：manage@ bop. safe。

第五十二条 挂牌汇价、未开办人民币业务的外资银行结售汇人民币专用账户等管理规定，由中国人民银行或国家外汇管理局另行规范。

第五十三条 银行办理结售汇业务违反本细则相关规定的，外汇局将依据《中华人民共和国外汇管理条例》等相关规定予以处罚。

第五十四条 非银行金融机构办理结售汇业务，参照本细则执行，国家外汇管理局另有规定的除外。

第五十五条 本细则自2015年1月1日起实施。

附（略）

中国银行业监督管理委员会

中国银行业监督管理委员会关于印发《商业银行全球系统重要性评估指标披露指引》的通知

（银监发〔2014〕1号）

各银监局，各国有商业银行、股份制商业银行：

现将《商业银行全球系统重要性评估指标披露指引》印发给你们，请遵照执行。

中国银行业监督管理委员会

2014年1月3日

商业银行全球系统重要性评估指标披露指引

第一章　总　　则

第一条　为加强市场约束，规范商业银行全球系统重要性评估指标的信息披露，根据《中华人民共和国银行业监督管理法》、《中华人民共和国商业银行法》和《商业银行信息披露办法》，制定本指引。

第二条　本指引适用于在中华人民共和国境内设立的商业银行，包括中资商业银行、外商独资银行和中外合资银行。

第三条　下列商业银行应当根据本指引要求披露相关信息：

（一）上一年度被巴塞尔委员会认定为全球系统重要性银行的商业银行；

（二）上一年年末调整后的表内外资产余额为1.6万亿元人民币以上的商业银行。

第四条　全球系统重要性是指商业银行由于在全球金融体系中居于重要地位、承担关键功能，其破产、倒闭可能会对全球金融体系和经济活动造成损害的程度。

全球系统重要性评估指标是指巴塞尔委员会用于评估商业银行全球系统重要性的指标。

第五条　本指引规定为商业银行全球系统重要性评估指标信息披露的最低要求，信息披露银行可以自行披露更多信息。

第六条　中国银行业监督管理委员会（以下简称银监会）对本指引所规定的商业银行全球系统重要性评估指标的信息披露实施监督管理。

第二章　信息披露的内容

第七条　信息披露银行应当按照本指引规定，披露调整后的表内外资产余额、金融机构间资产、金融机构间负债、发行证券和其他融资工具、通过支付系统或代理行结算的支付额、托管资产、有价证券承销额、场外衍生产品名义本金、交易类和可供出售证券、第三层次资产、跨境债权和跨境负债等12个指标。

第八条 调整后的表内外资产余额是指作为杠杆率分母的调整后的表内资产余额和调整后的表外项目余额之和，按照《商业银行杠杆率管理办法》规定的口径计算。

第九条 金融机构间资产是指商业银行与其他金融机构交易形成的资产余额。

第十条 金融机构间负债是指商业银行与其他金融机构交易形成的负债余额。

第十一条 发行证券和其他融资工具是指商业银行通过金融市场发行的债券、股票和其他融资工具余额。

第十二条 通过支付系统或代理行结算的支付额是指商业银行作为支付系统成员，通过国内外大额支付系统或代理行结算的上一年度支付总额。

第十三条 托管资产是指商业银行托管的资产余额。

第十四条 有价证券承销额是指商业银行上一年度在境内外承销的债券、股票等各类有价证券总额。

第十五条 场外衍生产品名义本金是指商业银行持有的场外交易的金融衍生产品的名义本金。

第十六条 交易类和可供出售证券是指商业银行为交易持有、以公允价值计量且其变动计入当期损益的证券余额和可供出售证券余额之和。

第十七条 第三层次资产是指商业银行依据《企业会计准则》，运用非市场可观察参数计算公允价值的金融资产余额。

第十八条 跨境债权是指商业银行持有的对其他国家或地区政府、中央银行、公共部门实体、金融机构、非金融机构和居民的直接境外债权扣除转移回境内的风险敞口之后的最终境外债权。

第十九条 跨境负债是指商业银行对其他国家或地区政府、中央银行、公共部门实体、金融机构、非金融机构和居民的负债。

第二十条 本指引第七条至第十九条规定的各项披露指标依据本指引附件，采用上一年度或年末时点数据，并按照银监会资本监管有关规定并表口径计算。

第三章　信息披露的管理

第二十一条 信息披露银行应当按照本指引规定，原则上于每个会计年度终了后的四个月内，在银行网站或年度报告中披露相关信息。披露时间不得晚于每年7月31日。

因特殊原因不能按时披露的，信息披露银行应当至少提前十五个工作日向银监会申请延迟。

第二十二条 信息披露银行董事会负责本行全球系统重要性评估指标的信息披露。董事会应当保证所披露的信息真实、准确、完整，并就其保证承担相应的法律责任。

第二十三条 对提供虚假的或者隐瞒重要事实的信息披露银行，银监会将按照《中华人民共和国银行业监督管理法》、《中华人民共和国商业银行法》等法律、法规采取监管措施或者实施行政处罚。

第四章　附　　则

第二十四条 附件1和附件2是本指引的组成部分。

（一）附件1：商业银行全球系统重要性评估指标定义说明。

（二）附件2：商业银行全球系统重要性评估指标披露模板。

第二十五条 本指引由银监会负责解释。

第二十六条 本指引自2014年2月1日

起施行。

附件1

商业银行全球系统重要性评估指标定义说明

商业银行全球系统重要性评估各项指标定义如下：

一、调整后的表内外资产余额

调整后的表内外资产余额是指作为杠杆率分母的调整后的表内资产余额和调整后的表外项目余额之和，按照《商业银行杠杆率管理办法》规定的口径计算。

二、金融机构间资产

本指引所称金融机构是指商业银行、农村合作银行、村镇银行、农村信用社、农村资金互助社、贷款公司、资产管理公司、信托公司、企业集团财务公司、金融租赁公司、汽车金融公司、货币经纪公司、消费金融公司、证券公司、基金管理公司、期货公司、证券交易所、保险公司、登记结算类机构和中央交易对手等各类金融机构，不包括多边开发银行、中央银行和政策性银行。

金融机构间资产是指商业银行与其他金融机构交易形成的资产余额。包括：

（一）存放同业和拆放同业款项。

（二）对其他金融机构的未提取承诺。

（三）普通债券。

（四）次级债券。

（五）商业票据。

（六）大额可转让存单。

（七）持有的股票，包括普通股和优先股的股本与股本溢价，扣除用于对冲股票空头头寸发生的银行集团负债的公允价值。

（八）与其他金融机构的证券融资交易净正敞口，包括：

1. 逆回购融出资金与质押证券公允价值轧抵后的净正敞口。

2. 正回购质押证券公允价值与融入资金轧抵后的净正敞口。

3. 证券借贷交易借出证券的公允价值与交易对手质押现金的价值或质押证券的公允价值轧抵后的净正敞口。

4. 证券借贷交易借入证券所质押现金的价值或质押证券的公允价值与借入证券的公允价值轧抵后的净正敞口。

在计算证券融资交易时，可以根据银监会资本监管规定的合格净额结算方法对证券融资交易的敞口余额进行调整。

（九）采用现期风险暴露法计算的与其他金融机构交易的具有净正公允价值的场外衍生产品价值，可以根据银监会资本监管规定的合格净额结算方法对以公允价值计算的重置成本进行调整。当抵（质）押品包含在主净额结算协议中时，可以扣除该抵（质）押品价值。

（十）其他金融机构间资产。

三、金融机构间负债

金融机构间负债是指商业银行与其他金融机构交易形成的负债余额。包括：

（一）同业存放和同业拆入款项。

（二）从其他金融机构获得的未提取承诺。

（三）与其他金融机构的证券融资交易净负敞口，包括：

1. 逆回购质押证券公允价值与融出资金轧抵后的净负敞口。

2. 正回购融入资金与质押证券公允价值轧抵后的净负敞口。

3. 证券借贷交易借出证券所取得的质押现金的价值或质押证券的公允价值与借出证券的公允价值轧抵后的净负敞口。

4. 证券借贷交易借入证券的公允价值与所质押现金的价值或质押证券的公允价值轧抵后的净负敞口。

在计算证券融资交易时，可以根据银监会资本监管规定的合格净额结算方法对证券融资交易的敞口余额进行调整。

（四）与其他金融机构交易的具有净负公允价值的场外衍生产品价值，为按照以下方法计算的衍生金融负债和潜在未来风险暴露之和：

1. 衍生金融负债为根据银监会资本监管规定的合格净额结算方法调整后的衍生金融负债余额。当抵（质）押品包含在主净额结算协议中时，可以扣除该抵（质）押品价值。

2. 潜在未来风险暴露采用现期风险暴露法计算，其中，以公允价值计算的重置成本为零。

（五）其他金融机构间负债。

四、发行证券和其他融资工具

发行证券和其他融资工具是指商业银行通过金融市场发行的债券、股票和其他融资工具余额。包括：

（一）普通债券。

（二）次级债券。

（三）商业票据。

（四）大额可转让存单。

（五）流通股市值，包括普通股和优先股，按照上一年度最后一个交易日当天闭市股票价格乘以流通股股份总数计算。

（六）非流通股账面价值，包括普通股和优先股。

五、通过支付系统或代理行结算的支付额

通过支付系统或代理行结算的支付额是指商业银行作为支付系统成员，通过国内外大额支付系统或代理行结算的上一年度支付总额。通过支付系统或代理行结算的支付额包括澳大利亚元、巴西里亚尔、加拿大元、瑞士法郎、人民币、欧元、英镑、港币、印度卢比、日元、瑞典克朗和美元等12个币种的支付总额，包括为本行清算的支付总额和本行代理其他金融机构进行清算的支付总额，但应当扣除银行集团内部支付额。

六、托管资产

托管资产是指商业银行托管的资产余额。托管是指在金融资产的交易或持有过程中，商业银行代表客户从事的资产保管、报告、处理服务或对相关营运和管理活动提供的便利。

七、有价证券承销额

有价证券承销额是指商业银行上一年度在境内外承销的债券、股票等各类有价证券总额，包括：

（一）股票承销额包括商业银行承销的股票、存托凭证、可转换债券等各类权益性证券总额，承销本行或附属机构发行的权益性证券除外。

（二）债券承销额包括商业银行承销的主权债券、企业债券、公司债券、中期票据、短

期融资券等各类债券总额，承销本行或附属机构发行的债券除外。

承销包括全额包销、余额包销和代销。当承销方式为代销时，只需计算实际售出的证券总额。

八、场外衍生产品名义本金

场外衍生产品名义本金是指商业银行持有的场外交易的金融衍生产品的名义本金。场外衍生产品包括通过中央交易对手清算和以双边结算方式清算的汇率、利率、股票、商品和信用衍生产品等各类场外衍生产品。

九、交易类和可供出售证券

交易类和可供出售证券是指商业银行为交易持有、以公允价值计量且其变动计入当期损益的证券余额和可供出售证券余额之和。在计算交易类和可供出售证券总额时应扣除交易类和可供出售证券中的一级资产和二级资产。一级资产和二级资产是指在《商业银行流动性风险管理办法（试行）》规定的流动性覆盖率所设定的压力情景下，能够通过出售或抵（质）押方式，在无损失或极小损失的情况下在金融市场快速变现的资产。其中：

（一）一级资产包括：

1. 由主权实体、中央银行、国际清算银行、国际货币基金组织、欧盟委员会或多边开发银行发行或担保的，可在市场上交易且满足以下条件的证券：

（1）按照银监会的资本监管规定，风险权重为0%。

（2）在规模大、具有市场深度、交易活跃且集中度低的市场中交易。

（3）历史记录显示，在市场压力情景下仍为可靠的流动性来源。

（4）最终偿付义务不是由金融机构或其附属机构承担。

2. 当商业银行母国或商业银行承担流动性风险所在国家或地区的主权风险权重不为0%时，由上述国家或地区的主权实体或中央银行发行的本币债券。

3. 当商业银行母国或商业银行承担流动性风险所在国家或地区的主权风险权重不为0%时，由上述国家或地区的主权实体或中央银行发行的外币债券，但仅限于流动性覆盖率所设定的压力情景下，商业银行在其母国或承担流动性风险所在国家或地区的该外币现金净流出。

（二）二级资产由2A资产和2B资产构成，其中：

2A资产包括满足下列条件的证券，在当前市场价值基础上按照85%的折扣系数计算：

1. 由主权实体、中央银行、公共部门实体或多边开发银行发行或担保的，可在市场上交易且满足以下条件的证券：

（1）按照银监会的资本监管规定，风险权重为20%。

（2）在规模大、具有市场深度、交易活跃且集中度低的市场中交易。

（3）历史记录显示，在市场压力情景下仍为可靠的流动性来源，在严重的流动性压力时期，该证券在30天内价格下跌不超过10%或回购交易折扣率上升不超过10个百分点。

（4）最终偿付义务不是由金融机构或其附属机构承担。

2. 满足以下条件的公司债券和担保债券：

（1）不是由金融机构或其附属机构发行的公司债券。

（2）不是由本行或其附属机构发行的担保债券。

（3）经银监会认可的合格外部信用评级机构给出的长期信用评级至少为AA－；或者缺乏长期信用评级时，具有同等的短期信用评级；或者缺乏外部信用评级时，根据商业银行内部信用评级得出的违约概率与外部信用评级AA－及以上对应的违约概率相同。

（4）在规模大、具有市场深度、交易活跃且集中度低的市场中交易。

（5）历史记录显示，在市场压力情景下仍为可靠的流动性来源，在严重的流动性压力时期，该债券在30天内价格下跌不超过10%或回购交易折扣率上升不超过10个百分点。

2B资产包括满足下列条件的公司债券，在当前市场价值基础上按照50%的折扣系数计算：

1. 不是由金融机构或其附属机构发行。

2. 经银监会认可的合格外部信用评级机构给出的长期信用评级为BBB－至A＋；或者缺乏长期信用评级时，具有同等的短期信用评级；或者缺乏外部信用评级时，根据商业银行内部信用评级得出的违约概率与外部信用评级BBB－至A＋对应的违约概率相同。

3. 在规模大、具有市场深度、交易活跃且集中度低的市场中交易。

4. 历史记录显示，在市场压力情景下仍为可靠的流动性来源，在严重的流动性压力时期，该债券在30天内价格下跌不超过20%或回购交易折扣率上升不超过20个百分点。

十、第三层次资产

第三层次资产是指商业银行依据《企业会计准则》第37号，运用非市场可观察参数计算公允价值的金融资产余额。

十一、跨境债权

跨境债权是指商业银行持有的对其他国家或地区政府、中央银行、公共部门实体、金融机构、非金融机构和居民的直接境外债权扣除转移回境内的风险敞口之后的最终境外债权。

直接境外债权是指商业银行及其境外分支机构和附属机构对其他国家或地区政府、中央银行、公共部门实体、金融机构、非金融机构和居民的债权，包括：

（一）存放中央银行款项。

（二）境外贷款（含银团贷款）。

（三）存放同业和拆放同业款项。

（四）买入返售资产。

（五）境外有价证券投资。

（六）对非并表境外附属机构的投资。

（七）境外应收账款。

（八）其他境外债权。

境外债务人通过风险转移手段将商业银行持有的境外债权风险敞口转移回境内的方式包括：

（一）由境内第三方提供的有法律效力的担保。

（二）境内保险机构提供的保险。

（三）境外债务人的境内母公司提供的担保。

（四）从境内机构购买的信用衍生产品提供的担保。

（五）境内机构提供的其他风险转移工具。

十二、跨境负债

跨境负债是指商业银行对其他国家或地区政府、中央银行、公共部门实体、金融机构、非金融机构和居民的负债，包括：

（一）吸收境外存款。

（二）同业存放和同业拆入款项。

（三）卖出回购。

（四）境外发行的有价证券。

（五）应付利息。

（六）应交税金。

（七）其他境外负债。

中国银行业监督管理委员会办公厅关于2014年银行业案件防控工作的意见

（银监办发〔2014〕26号）

各银监局，各政策性银行、国有商业银行、股份制商业银行、金融资产管理公司，邮政储蓄银行，各省级农村信用联社，银监会直接监管的信托公司、企业集团财务公司、金融租赁公司：

根据2014年全国银行业监督管理工作会议精神，为进一步落实案防责任，保持案防高压态势，提高案防工作水平，全力维护银行业安全稳健运行，现就2014年银行业案防工作提出以下意见。

一、健全体制机制，增强案防工作有效性

（一）明确职责分工，落实案防责任。各银行业金融机构要切实履行案件防控责任主体职责，明确案防工作牵头部门责任，厘清案防牵头部门与业务、风控、内审稽核等部门案防职责边界，保证各部门、上下级机构案防权责清晰、责任落实。

（二）完善制度体系，提升制度执行力。各银行业金融机构要建立制度管理体系，根据业务发展需要、风险特征和监管政策变化，对内部各项制度进行评价、修订和更新，确保制度覆盖所有业务领域和管理环节。严格执行各项制度，开展制度执行监督检查，提升内部控制有效性。

（三）组织案件风险排查，开展专项治理。各银行业金融机构要结合自身业务特点和风险状况，组织开展以信贷、票据、跨业合作和员工异常行为等为重点的案件风险排查，落实排查责任，对排查发现的重点风险和突出问题开展专项治理。银行业金融机构要组织开展督促、指导和抽查，加强排查信息交流与共享，上下联动，形成具有本机构特色的常态化风险排查机制，并按季向监管机构报送排查情况。各银监局要加强督促检查，按季将排查工作情况报告银监会。

（四）开展案防工作试评估，激发内生动力。各银行业金融机构要围绕案防工作组织、制度及质量控制、案防工作执行、监督与检查、考核与问责等方面内容开展2013年案防工作试评估，按照法人负责原则，细化对分支机构自我评估的工作要求。要通过评估，查找内控管理和案防薄弱环节，严格落实整改。监管部门要及时对银行业金融机构试评估情况进行监管评价。

（五）强化内部监督检查，实行违规积分管理。银行业金融机构要按照部门间各有侧重、协调联动的原则，有效发挥业务条线、合规管理和风险控制等部门在案防工作中的作

用，加强审计监督。同时，研究建立覆盖全部业务流程的操作性违规积分管理制度，防微杜渐，强化操作风险管理。

（六）开展主题活动，加强员工教育管理。组织开展员工管理主题年活动，切实改进和加强员工管理。各银行业金融机构要将员工教育培训作为案防工作的重要内容，系统、全面开展员工岗位规范和业务流程教育，明晰违规操作应承担的责任；开展职业道德教育，培养员工诚实守信的职业操守；加大合规文化建设力度，增强各级管理人员合规意识，营造“合规从高层做起、合规人人有责、合规创造价值”的合规氛围。

二、及时查处案件，严格案件问责

（七）按时报送案件情况，确保信息真实准确。各银行业金融机构和银监局要按照案件、案件风险信息报送的有关规定，及时、准确报送案件和案件风险信息，严禁瞒报或故意漏报、迟报、错报。根据案件进展情况及时报送后续调查、督查、审结、整改情况报告和案例材料。对发生迟瞒报情况的，要进行通报，并进行监管谈话。对因迟瞒报造成严重后果的，要追究相关责任人员责任。

（八）实施案件分级管理，研究建立挂牌督办制度。各银行业金融机构应根据案件和案件风险事件的性质、涉案金额等，对案件实施分级、分类管理，明确各层级的调查管理责任。监管机构要研究建立案件分级督查、督导办法，合理划分各级监管机构的案件督查督导职责，研究建立重大案件挂牌督办制度，提高案件查办效率。

（九）加强组织协调，高效开展案件调查。银行业金融机构在发生案件、尤其是重大、恶性案件时，应在第一时间成立专案组，开展案件调查工作，尽快查清案情，准确定性，厘清责任，及时向监管部门报告案件调查情况，并注意保全涉案资产，减少损失。发生重大、恶性案件，监管机构要约谈案发法人机构主要负责人。在案件督查督导中，会机关职能部门与银监局间应加强沟通协调，形成工作合力。

（十）严格案件问责，严肃责任追究。各银行业金融机构要认真组织开展案件问责工作，严格问责程序，落实案件责任，在严肃追究案件直接责任人责任的同时，加大对有关管理人员的责任追究力度，严禁以经济处罚或其他问责方式代替纪律处分。各级监管机构要加强对银行业金融机构案件问责工作的监督和指导，对未按规定开展案件问责的机构，要依法采取监管强制措施，督促其严肃问责。

（十一）开展案件整改检查，推动以查促防。各银行业金融机构应对其分支机构发生案件的整改情况进行审计检查，并将检查情况及时报告监管机构。监管机构应对辖内银行业金融机构案件整改审计情况进行监督检查，评估检查整改效果，对整改不力的，要及时约谈，采取监管措施，推动以查促防。

三、加强案防情况交流，研究建立风险信息共享平台

（十二）做好案防统计，加强案防非现场监管。各银行业金融机构应按照案防统计制度要求，及时、准确、完整报送本机构案防工作情况。要根据案防形势变化和监管要求，适时修改、调整案防统计制度，完善、细化相关统计指标，做好案防非现场统计分析和通报工作，完善案防非现场信息共享机制。

（十三）深入分析案件情况，做好案情通报。建立和完善案件、案件风险信息合账制度，做好案件、案件风险信息的登记、汇总和统计分析工作。认真分析案发形势，及时总结案发特点，研究案发趋势，提出案防要求，提高案件风险识别、监测、分析能力，定期开展

案情通报。

（十四）剖析典型案例，及时开展风险提示。深入剖析重大案件和典型案例，分析案发原因，研究作案手段，查找薄弱环节，明确整改要求。及时进行风险提示，举一反三，防止同质同类案件多次发生。汇编典型案例，开展以案说法和警示教育。

（十五）开展处罚信息登记，建立从业人员“灰名单”制度。各银行业金融机构要按照从业人员处罚信息登记制度（“灰名单”制度）要求，及时准确报送、登记从业人员处罚信息，不得迟报、漏报、瞒报。监管机构要做好处罚信息的管理使用，为高管任职资格审核和银行业金融机构人力资源尽职调查提供支持，防范因被处罚人员跨机构、跨地区流动引发的案件风险。

（十六）推动信息平台建设，强化信息交流共享。研究建立监管机构与银行业金融机构之间互联互通的风险信息交流平台，及时收集、登记各类风险信息，使相关机构能及时掌握风险动态，提前采取预防措施，堵塞管理漏洞，提升风险管理能力。风险信息平台建设按照先起步、后完善的原则，先从银行业案件信息开始，逐步增加外部欺诈等风险信息。

四、多方联动，加强安全保卫工作

（十七）完善安保制度，健全组织架构。各银行业金融机构要建立健全安保组织架构，落实安保工作责任，提供与安保工作任务相适应的人力、物力和财力保障；研究制定银行业安全防范工作、现场检查规程和安保类案（事）件统计制度。

（十八）落实安防要求，强化安全管理。各银行业金融机构要按照规定开展安防设施建设，切实提高科技化、智能化管理水平。各级监管机构要会同公安机关加强对安防工作的指导、检查，督促银行业金融机构落实各项安防要求，建设平安型银行。

（十九）剖析外侵案件，加强信息交流。各银行业金融机构要加强对安保类案（事）件作案手法和防范对策的分析研究。各级监管机构要及时通报安防形势和作案动向，提示风险，介绍好的做法。研究建立“银行业反欺诈信息管理系统”，为银行业防范外部欺诈风险提供支撑。

（二十）组织专项检查，促进安防达标。各银行业金融机构要定期、不定期组织开展安保专项检查，及时发现问题，研究整改措施，跟踪落实情况。各级监管机构要结合实际，适时组织开展专项安保检查，今年要重点开展自助设备安全防护专项检查，提升银行业金融机构自助设备风险防范能力。

（二十一）组建安保专业委员会，发挥行业自律组织作用。积极推动成立银行业安保专业委员会，发挥其在安保工作中的自律、维权、协调、服务作用，为制定安保行业规范、开展从业资格认证和安保培训、协调解决安保工作面临的问题提供帮助。

五、加强组织领导，增强案防保障能力

（二十二）健全组织机构，定期研究案防工作。各银行业金融机构和银监局要高度重视案防工作，加强组织领导，建立以主要领导或分管领导为主要负责人的案防工作领导机构，定期分析案防形势，研究案防特点，统筹案防工作，加强督促指导，增强案防工作的前瞻性、科学性和有效性。

（二十三）加强统筹协调，制定年度案防工作计划。各银行业金融机构要认真分析本机构的案防工作，结合自身案防特点和风险管理能力，研究制定年度案防工作计划，明确案防工作目标、主要工作任务和要求，加强统筹协调，做好组织推动，抓好任务落实、监督检查

和总结考核，确保各项案防工作落到实处。

（二十四）明确案防牵头部门，提供必要资源保障。银行业金融机构应明确负责合规管理工作的部门作为本机构案防牵头部门，把案防工作作为其重要职责，并提供与履行职责相适应的资源保障。各银监局要根据本辖区案防工作任务需要，配备相应的人力资源，确保各项任务顺利完成。要加强内部组织协调，形成职责清晰、主动负责、协调配合的案防工作机制。

（二十五）完善考核机制，强化正向激励。各银行业金融机构要加大案防工作考核力度，强化过程考核，提升案防内控和风险管理在经营绩效考核中的权重。对认真执行各项规章制度，依法合规经营，全面落实各项案防工作要求，全年没有发生案件的机构，要加大正向激励力度；对不重视案防工作、案防措施不落实引发案件的机构，要加大约束惩戒力度。

（二十六）组织案防培训，加强调查研究。各银行业金融机构要定期组织开展形式多样的案防教育培训活动，使员工熟知各项内控和案防制度。组织对银行业金融机构和监管机构案防部门主要负责人进行培训，各银行业金融机构和银监局要组织好再培训工作。要改进工作作风，加强调查研究，针对案防工作重点、热点和难点问题组织开展调研，以调研推动案防工作。组织开展银行业反欺诈专题调研，各银行业金融机构和银监局要主动作为，深入研究，报送高质量的调研成果。

中国银行业监督管理委员会办公厅

2014 年 1 月 27 日

中国银行业监督管理委员会办公厅关于加强信贷管理严禁违规放贷的通知

（银监办发〔2014〕40 号）

各银监局，各政策性银行、国有商业银行、股份制商业银行、金融资产管理公司，邮政储蓄银行，银监会直接监管的信托公司、企业集团财务公司、金融租赁公司：

近期，信贷领域外部骗贷案件和银行业金融机构内部人员违法放贷案件呈明显上升趋势。为加强银行业金融机构信贷管理，确保信贷资产安全，现将有关要求通知如下：

一、强化审慎经营理念，完善绩效考核机制

各银行业金融机构应切实转变粗放经营的发展方式，树立审慎、合规经营理念，坚持业务发展和风险防控并重，严防单纯追求市场份额，盲目扩张信贷规模，严禁为营销客户、追求规模而放松信贷标准或条件。银行业金融机构应统筹业务发展与风险防控，建立效益与风

险、当期成果与可持续发展兼顾的科学考评机制，引导各级经营机构转变“重规模、比速度、抢市场”的经营理念，切实杜绝绩效考核过于激进导致的合规隐患。建立信贷人员专项考评体系，把防范违规放贷风险与个人薪酬、职级变动等挂钩，调动信贷人员防范违规放贷的主动性、积极性和创造性。

二、严格落实贷款管理制度，确保信贷业务依法合规

各银行业金融机构应严格落实各项贷款管理制度。在贷款受理环节，要严格审查客户准入资格，严防利用不真实生产经营信息和虚假资料骗取贷款；在贷款调查环节，要认真核实客户贷款需求和申贷资料的真实性，客观评价客户还款能力，严防利用虚假资料或虚假担保等骗取贷款；在贷款风险评价和审批阶段，要多方获取客户最新融资信息，全面、科学测算贷款需求，严格按照规定程序审批贷款，严防逆程序操作和超权限审批，严防员工参与客户编造虚假材料，严禁授意或支持贷款调查、审查部门或人员撰写虚假调查、审查报告，严禁随意降低准入标准，严禁违规决策审批贷款；在贷款合同签订和发放阶段，要坚持合同面签制度，严防在未落实贷款条件或客户经营发生重大不利变化情况下发放贷款，严防客户用虚假支付依据支取贷款；在贷后检查阶段，要加强对客户贷款使用的监督，及时跟踪客户经营状况，定期实地查看押品状态，严防贷款被挪用、资产被转移、担保被悬空。

三、加强流程控制，提高信贷业务精细化管理水平

各银行业金融机构应根据经营环境、内部流程变化及监管要求，及时梳理并修订各项信贷管理政策、制度程序及操作规范，健全职责明确的授权机制、审批流程，严格审贷分离和前后台制约制度，强化贷款受理、尽职调查、风险评价、贷款审批、合同签订、贷款发放、资金支付、贷后管理各环节相互制约。对每一类信贷业务的基本程序、调查内容、审查要点、合同文本使用、到期或展期处理等方面做出具体规定，并作为办理信贷业务的依据，约束信贷人员依法合规开展信贷业务。将各种信贷政策制度和管理要求固化于流程控制之中，变制度执行和业务操作“软约束”为“硬控制”，刚性控制违规放贷等问题发生，保障信贷制度流程有效落实。不断加强贷款精细化管理，重点关注客户还款意愿和第一还款来源，减少对抵质押品等第二还款来源的依赖，防止银行信贷业务“典当化”。

四、开展违规放贷风险排查，及时化解风险隐患

各银行业金融机构应结合自身信贷业务特点和风险控制能力，及时组织开展信贷操作风险和道德风险排查，重点关注以下领域：近年新增加的不良贷款；关注类贷款和违约客户情况；信贷资产转让情况；银行员工帮助客户规避制度获取贷款情况；贷款抵质押和担保落实情况；展期贷款和借新还旧贷款情况等。各银行业金融机构应认真分析信贷风险状况，确定排查重点和关键环节，制定排查方案，从计划统筹、立项管理、排查实施、质量控制、整改治理、成果利用等方面进行规范，整合排查资源、落实排查责任，对排查中暴露的问题，应及时治理，认真整改，排查中发现涉嫌违法犯罪的，应及时向当地公安机关报案。

五、加强监督检查，严肃查处违规放贷责任人

各银行业金融机构应充分发挥业务条线管理和内审稽核的作用，加强对信贷业务全流程的监督检查，采取集中检查、重点抽查、常规

检查、突击检查等方式，加大对信贷业务监督审计的频度、广度和深度，严查信贷业务操作过程中的违法违规行为。对故意违规放贷造成重大风险和案件的直接责任人，一律开除；对直接参与或指使违规放贷的高级管理人员，一律撤职，对参与违规放贷的其他有关人员也应严肃处理。监管部门要加强对违规放贷问题的监督检查，对风险突出、问题严重的机构依法采取暂停准入、限制业务、取消高级管理人员任职资格等监管强制措施。

六、加强教育管理，培育良好信贷合规文化

各银行业金融机构应有组织、有计划地开展信贷人员岗位规范和业务流程教育，让员工熟知工作流程、业务规范以及违规操作应承担的责任。开展职业道德教育、法制和案例警示教育，培养员工诚实守信的职业操守，筑牢员工拒腐防变的思想道德防线。加大合规文化建设力度，增强各级管理人员的合规意识，高级管理人员要带头执行各项管理制度，严禁授意或指令下属违规放贷，引导员工树立合规操作意识和遵纪守法观念，培育“合规从高层做起、合规人人有责、合规创造价值”的信贷合规文化。

中国银行业监督管理委员会办公厅

2014 年 2 月 19 日

中国银行业监督管理委员会办公厅关于开展非法集资风险专项排查活动的通知

（银监办发［2014］51 号）

各银监局，各政策性银行、国有商业银行、股份制商业银行、金融资产管理公司，邮政储蓄银行，各省级农村信用联社，银监会直接监管的信托公司、企业集团财务公司、金融租赁公司：

近年，全国非法集资案件持续高发，涉案金额大幅攀升、领域不断延伸，涉稳隐患明显增多，形势十分严峻。其中银行业金融机构从业人员利用职务之便，参与或实施非法集资犯罪，风险隐患突出。为全面掌握银行业金融机构及员工涉嫌参与非法集资风险情况，有效防范和化解风险，维护群众合法权益和经济金融秩序，定于 2014 年 3 月下旬至 5 月底组织开展银行业金融机构非法集资风险专项排查活动。现将有关事项通知如下：

一、各银监局要在当地政府的统一领导下，按照处置非法集资部际联席会议要求，充分发挥职能作用，组织辖内银行业金融机构全面落实专项排查工作，适时进行督促、检查，确保排查活动取得实效。

二、各银行业金融机构要高度重视，认真做好专项排查工作。

（一）实行“一把手”负责制，认真研究制定排查方案，明确排查重点和工作任务，层层落实部门责任，全面摸清风险底数。各级机构主要负责人要作为第一责任人提交风险排查报告。

（二）对本机构及员工涉嫌非法集资活动开展全面风险排查，特别是要对信贷类业务、代客理财业务、员工参与民间借贷行为等领域进行重点排查。

（三）发现涉嫌非法集资活动要及时向监管部门和当地政府报告，发现涉嫌非法集资犯罪线索，要立即移交公安等相关职能部门处理，并采取有效措施化解风险。

（四）各银行业金融机构要通过此次排查活动，进一步强化内控和风险管理，建立非法集资风险防控长效机制，切实守住不发生系统性区域性风险的底线。

三、专项排查工作结束后，各银行业金融机构要对排查工作及成效、风险情况和突出问题进行全面汇总分析，提出整改措施，及成效、风险情况和突出问题进行全面汇总分析，提出整改措施，及时报送属地银监局。请各银监局和银监会直接监管的银行业金融机构于6月10日前将风险排查汇总情况报告银监会。

相关部门将适时对专项排查工作进行督导检查。

中国银行业监督管理委员会办公厅

2014年3月7日

中国银行业监督管理委员会办公厅关于建立健全“双线”风险防控责任制的通知

（银监办发〔2014〕59号）

各银监局，各政策性银行、国有商业银行、股份制商业银行、金融资产管理公司，邮政储蓄银行，各省级农村信用联社，银监会直接监管的信托公司、企业集团财务公司、金融租赁公司：

根据2014年全国银行业监督管理工作会议部署，经研究决定建立“双线”风险防控责任制，推动落实银行业金融机构风险防控主体责任和监管机构监督管理责任。现将有关事项通知如下：

一、充分认识落实“双线”风险防控责任的重要性和紧迫性

当前，国内经济处于增长速度换挡期、结构调整阵痛期、前期刺激政策消化期，“三期叠加”，经济差异性复苏和行业差别性变化对银行业发展战略、业务转型、风险控制、适应与创新能力提出了新的挑战。银行业金融机构和监管机构要增强责任感和紧迫感，牢固树立“底线思维”、“前瞻思维”，预设风险防线，落实风险防控主体责任和监管责任，防范和化

解各类风险，守住不发生系统性区域性风险底线，维护银行业安全稳健运行。

二、“双线”风险防控内容

（一）围绕2014年全国银行业监督管理工作会议提出的七类风险防控要求，切实做好平台贷款风险缓释，严控房地产贷款风险，防范化解产能过剩风险，防范影子银行业务风险，紧盯流动性风险，谨防信息科技风险，盯防市场风险、操作风险及其他风险。

（二）认真落实关于支持产业结构调整和化解产能过剩、加强地方政府融资平台贷款风险监管、商业银行流动性风险管理、信托公司风险监管、银行理财业务监管、防范房地产信贷风险和防控银行业案件等各项监管措施和要求。

三、“双线”风险防控责任

（一）“双线”风险防控责任主体。银行业金融机构承担风险防控主体责任，以法人为单位，从总行往下层层建立责任制；监管机构承担风险监督管理责任，按照属地监管原则，层层建立责任制。

（二）银行业金融机构责任分解。董事会对本机构风险防控承担最终责任；监事会承担本机构内部监督责任；高级管理层根据董事会授权，实施本机构风险管理；各前、中、后台职能部门、各级经营机构依据权责，承担相应的风险防控责任。

（三）监管机构责任分解。银监会机构监管部门承担直接负责的银行业金融机构风险监管第一责任，功能监管部门按照职责分工承担相应责任；银监局承担授权范围内的风险监管责任。银监局局长是辖内银行业金融机构风险监管第一责任人，其他负责人根据分工，对职责范围内的风险监管承担直接领导责任；银监局按照权责对等、分级负责、层层落实的原则，明确各内设处室和银监分局的监管责任。

四、“双线”风险防控要求

（一）银行业金融机构要切实承担风险防控主体责任。根据本机构发展战略，建立健全与自身业务经营管理相匹配的全面风险管理体系，识别、计量、评估、监测、报告、控制或缓释各类风险，并确保董事会、监事会、高级管理层和各级经营机构充分认识对风险管理所承担的责任。要认真分析机构风险管理状况和面临的主要问题，建立健全重大风险事件应急预案，对可能发生系统性区域性风险的，及时采取有效措施，守好风险底线。要及时向监管机构报告风险防控责任落实情况。

（二）监管机构依法履行风险监管责任。银监会各监管部门、各银监局依法指导、监督银行业金融机构防范和化解各类风险，制定银行业突发事件应急预案，及时有效处置各类重大风险。

（三）严肃责任追究。各银行业金融机构要认真落实各项风险防控责任，对因责任不落实而引发风险事件的相关责任人，要依照内部管理规定严肃问责；对因发生重大风险事件或引发系统性区域性风险的银行业金融机构，监管机构要依法采取相应的监管措施。监管机构工作人员因故意或过失，不履行或不正确履行监管职责，产生严重后果或造成较大不良影响的，按照《中国银行业监督管理委员会工作人员履职问责试行办法》（银监发［2006］85号）进行问责。

五、“双线”风险防控责任落实情况报告

（一）各银行业金融机构应按照法人和属地监管原则，定期向监管机构报告落实风险防控责任情况。

（二）各银监局、银监会直接监管的银行

业金融机构应分别将本单位2014年上半年和全年落实“双线”风险防控责任的情况于2014年7月15日和2015年1月15日前书面报告银监会。

中国银行业监督管理委员会办公厅
2014年3月19日

中国银行业监督管理委员会令

（2014年第5号）

《商业银行保理业务管理暂行办法》已经中国银监会2013年第21次主席会议通过。现予公布，自公布之日起施行。

主席：尚福林
2014年4月3日

商业银行保理业务管理暂行办法

第一章　总　　则

第一条　为规范商业银行保理业务经营行为，加强保理业务审慎经营管理，促进保理业务健康发展，根据《中华人民共和国合同法》、《中华人民共和国物权法》、《中华人民共和国银行业监督管理法》、《中华人民共和国商业银行法》等法律法规，制定本办法。

第二条　中华人民共和国境内依法设立的商业银行经营保理业务，应当遵守本办法。

第三条　商业银行开办保理业务，应当遵循依法合规、审慎经营、平等自愿、公平诚信的原则。

第四条　商业银行开办保理业务应当妥善处理业务发展与风险管理的关系。

第五条　中国银监会及其派出机构依照本办法及有关法律法规对商业银行保理业务实施监督管理。

第二章　定义和分类

第六条　本办法所称保理业务是以债权人转让其应收账款为前提，集应收账款催收、管理、坏账担保及融资于一体的综合性金融服务。债权人将其应收账款转让给商业银行，由商业银行向其提供下列服务中至少一项的，即为保理业务：

（一）应收账款催收：商业银行根据应收账款账期，主动或应债权人要求，采取电话、函件、上门等方式或运用法律手段等对债务人进行催收。

（二）应收账款管理：商业银行根据债权人的要求，定期或不定期向其提供关于应收账款的回收情况、逾期账款情况、对账单等财务和统计报表，协助其进行应收账款管理。

（三）坏账担保：商业银行与债权人签订保理协议后，为债务人核定信用额度，并在核准额度内，对债权人无商业纠纷的应收账款，提供约定的付款担保。

（四）保理融资：以应收账款合法、有效转让为前提的银行融资服务。

以应收账款为质押的贷款，不属于保理业务范围。

第七条 商业银行应当按照“权属确定，转让明责”的原则，严格审核并确认债权的真实性，确保应收账款初始权属清晰确定、历次转让凭证完整、权责无争议。

第八条 本办法所称应收账款，是指企业因提供商品、服务或者出租资产而形成的金钱债权及其产生的收益，但不包括因票据或其他有价证券而产生的付款请求权。

第九条 本办法所指应收账款的转让，是指与应收账款相关的全部权利及权益的让渡。

第十条 保理业务分类：

（一）国内保理和国际保理

按照基础交易的性质和债权人、债务人所在地，分为国际保理和国内保理。

国内保理是债权人和债务人均在境内的保理业务。

国际保理是债权人和债务人中至少有一方在境外（包括保税区、自贸区、境内关外等）的保理业务。

（二）有追索权保理和无追索权保理

按照商业银行在债务人破产、无理拖欠或无法偿付应收账款时，是否可以向债权人反转让应收账款、要求债权人回购应收账款或归还融资，分为有追索权保理和无追索权保理。

有追索权保理是指在应收账款到期无法从债务人处收回时，商业银行可以向债权人反转让应收账款、要求债权人回购应收账款或归还融资。有追索权保理又称回购型保理。

无追索权保理是指应收账款在无商业纠纷等情况下无法得到清偿的，由商业银行承担应收账款的坏账风险。无追索权保理又称买断型保理。

（三）单保理和双保理

按照参与保理服务的保理机构个数，分为单保理和双保理。

单保理是由一家保理机构单独为买卖双方提供保理服务。

双保理是由两家保理机构分别向买卖双方提供保理服务。

买卖双方保理机构为同一银行不同分支机构的，原则上可视作双保理。商业银行应当在相关业务管理办法中同时明确作为买方保理机构和卖方保理机构的职责。

有保险公司承保买方信用风险的银保合作，视同双保理。

第三章 保理融资业务管理

第十一条 商业银行应当按照本办法对具体保理融资产品进行定义，根据自身情况确定适当的业务范围，制定保理融资客户准入标准。

第十二条 双保理业务中，商业银行应当对合格买方保理机构制定准入标准，对于买方保理机构为非银行机构的，应当采取名单制管理，并制定严格的准入准出标准与程序。

第十三条 商业银行应当根据自身内部控制水平和风险管理能力，制定适合叙做保理融资业务的应收账款标准，规范应收账款范围。商业银行不得基于不合法基础交易合同、寄售合同、未来应收账款、权属不清的应收账款、因票据或其他有价证券而产生的付款请求权等开展保理融资业务。

未来应收账款是指合同项下卖方义务未履行完毕的预期应收账款。

权属不清的应收账款是指权属具有不确定性的应收账款，包括但不限于已在其他银行或商业保理公司等第三方办理出质或转让的应收账款。获得质权人书面同意解押并放弃抵质押权利和获得受让人书面同意转让应收账款权属的除外。

因票据或其他有价证券而产生的付款请求权是指票据或其他有价证券的持票人无需持有票据或有价证券产生的基础交易应收账款单据，仅依据票据或有价证券本身即可向票据或有价证券主债务人请求按票据或有价证券上记载的金额付款的权利。

第十四条 商业银行受理保理融资业务时，应当严格审核卖方和/或买方的资信、经营及财务状况，分析拟做保理融资的应收账款情况，包括是否出质、转让以及账龄结构等，合理判断买方的付款意愿、付款能力以及卖方的回购能力，审查买卖合同等资料的真实性与合法性。对因提供服务、承接工程或其他非销售商品原因所产生的应收账款，或买卖双方为关联企业的应收账款，应当从严审查交易背景真实性和定价的合理性。

第十五条 商业银行应当对客户和交易等相关情况进行有效的尽职调查，重点对交易对手、交易商品及贸易习惯等内容进行审核，并通过审核单据原件或银行认可的电子贸易信息等方式，确认相关交易行为真实合理存在，避免客户通过虚开发票或伪造贸易合同、物流、回款等手段恶意骗取融资。

第十六条 单保理融资中，商业银行除应当严格审核基础交易的真实性外，还需确定卖方或买方一方比照流动资金贷款进行授信管理，严格实施受理与调查、风险评估与评价、支付和监测等全流程控制。

第十七条 商业银行办理单保理业务时，应当在保理合同中原则上要求卖方开立用于应收账款回笼的保理专户等相关账户。商业银行应当指定专人对保理专户资金进出情况进行监控，确保资金首先用于归还银行融资。

第十八条 商业银行应当充分考虑融资利息、保理手续费、现金折扣、历史收款记录、行业特点等应收账款稀释因素，合理确定保理业务融资比例。

第十九条 商业银行开展保理融资业务，应当根据应收账款的付款期限等因素合理确定融资期限。商业银行可将应收账款到期日与融资到期日间的时间期限设置为宽限期。宽限期应当根据买卖双方历史交易记录、行业惯例等因素合理确定。

第二十条 商业银行提供保理融资时，有追索权保理按融资金额计入债权人征信信息；无追索权保理不计入债权人及债务人征信信息。商业银行进行担保付款或垫款时，应当按保理业务的风险实质，决定计入债权人或债务人的征信信息。

第四章 保理业务风险管理

第二十一条 商业银行应当科学审慎制定贸易融资业务发展战略，并纳入全行统一战略规划，建立科学有效的贸易融资业务决策程序和激励约束机制，有效防范与控制保理业务风险。

第二十二条 商业银行应当制定详细规范的保理业务管理办法和操作规程，明确业务范围、相关部门职能分工、授信和融资制度、业务操作流程以及风险管控、监测和处置等政策。

第二十三条 商业银行应当定期评估保理业务政策和程序的有效性，加强内部审计监督，确保业务稳健运行。

第二十四条 保理业务规模较大、复杂度较高的商业银行，必须设立专门的保理业务部门或团队，配备专业的从业人员，负责产品研发、业务操作、日常管理和风险控制等工作。

第二十五条 商业银行应当直接开展保理业务，不得将应收账款的催收、管理等业务外包给第三方机构。

第二十六条 商业银行应当将保理业务纳入统一授信管理，明确各类保理业务涉及的风险类别，对卖方融资风险、买方付款风险、保理机构风险分别进行专项管理。

第二十七条 商业银行应当建立全行统一的保理业务授权管理体系，由总行自上而下实施授权管理，不得办理未经授权或超授权的保理业务。

第二十八条 商业银行应当针对保理业务建立完整的前中后台管理流程，前中后台应当职责明晰并相对独立。

第二十九条 商业银行应当将保理业务的风险管理纳入全面风险管理体系，动态关注卖方或买方经营、管理、财务及资金流向等风险信息，定期与卖方或买方对账，有效管控保理业务风险。

第三十条 商业银行应当加强保理业务IT系统建设。保理业务规模较大、复杂程度较高的银行应当建立电子化业务操作和管理系统，对授信额度、交易数据和业务流程等方面进行实时监控，并做好数据存储及备份工作。

第三十一条 当发生买方信用风险，保理银行履行垫付款义务后，应当将垫款计入表内，列为不良贷款进行管理。

第三十二条 商业银行应当按照《商业银行资本管理办法（试行）》要求，按保理业务的风险实质，计量风险加权资产，并计提资本。

第五章 法律责任

第三十三条 商业银行违反本办法规定经营保理业务的，由银监会及其派出机构责令其限期改正。商业银行有下列情形之一的，银监会及其派出机构可采取《中华人民共和国银行业监督管理法》第三十七条规定的监管措施：

（一）未按要求制定保理业务管理办法和操作规程即开展保理业务的；

（二）违反本办法第十三条、十六条规定叙做保理业务的；

（三）业务审查、融资管理、风险处置等流程未尽职的。

第三十四条 商业银行经营保理业务时存在下列情形之一的，银监会及其派出机构除按本办法第三十三条采取监管措施外，还可根据《中华人民共和国银行业监督管理法》第四十六、第四十八条实施处罚：

（一）因保理业务经营管理不当发生信用风险重大损失、出现严重操作风险损失事件的；

（二）通过非公允关联交易或变相降低标准违规办理保理业务的；

（三）未真实准确对垫款等进行会计记录或以虚假会计处理掩盖保理业务风险实质的；

（四）严重违反本办法规定的其他情形。

第六章 附 则

第三十五条 政策性银行、外国银行分行、农村合作银行、农村信用社、财务公司等其他银行业金融机构开展保理业务的，参照本办法执行。

第三十六条 中国银行业协会应当充分发挥自律、协调、规范职能，建立并持续完善银行保理业务的行业自律机制。

第三十七条 本办法由中国银监会负责解释。

中国银行业监督管理委员会、中国人民银行关于加强商业银行与第三方支付机构合作业务管理的通知

（银监发〔2014〕10号）

各银监局，中国人民银行上海总部、各分行、营业管理部，各省会（首府）城市中心支行，各副省级城市中心支行，各国有商业银行、股份制商业银行，邮政储蓄银行，银监会直接监管的信托公司、企业集团财务公司、金融租赁公司：

为切实保护商业银行客户信息安全，保障客户资金和银行账户安全，维护客户合法权益，加强商业银行与第三方支付机构合作业务管理，现就商业银行与第三方支付机构建立业务关联提出以下要求：

一、商业银行应按照有关法律法规要求，做好客户信息安全与保密工作。商业银行与第三方支付机构合作开展各项业务，对涉及到的客户金融信息管理，应严格遵循有关法律法规和监管制度的规定，严格遵照客户意愿和指令进行支付，不得违法违规泄露。

二、商业银行应对客户的技术风险承受能力进行评估，客户与第三方支付机构相关的账户关联、业务类型、交易限额等决策要求应与其技术风险承受能力相匹配。

三、客户银行账户与第三方支付机构首次建立业务关联时，应经双重认证，即客户在通过第三方支付机构认证同时，还需通过商业银行的客户身份鉴别。账户所在银行应通过物理网点、电子渠道或其他有效方式直接验证客户身份，明确双方权利与义务。

四、商业银行通过电子渠道验证和辨别客户身份，应采用双（多）因素验证方式对客户身份进行鉴别，对不具备双（多）因素认证条件的客户，其任何账户不得与第三方支付机构建立业务关联。

五、商业银行对账户与第三方支付机构建立业务关联的客户，应开通至少一种账户变动即时通知技术方式，不具备即时通知条件的客户，不得通过银行与第三方支付机构建立一次签约、多次支付的业务合作关系。

六、商业银行应设立与客户技术风险承受能力相匹配的支付限额，包括单笔支付限额和日累计支付限额。

商业银行应向客户提供临时调整支付限额的服务，在进行身份验证和辨别后，按照客户申请，在临时期限内可以适当调整单笔支付限额和日累计支付限额。

七、商业银行应对客户通过第三方支付机构进行大额资金划转强化身份认证，确保由客户本人发出资金划转要求。商业银行在与第三方支付机构签订业务合作协议时，应就非商业

银行直接进行客户身份认证的批量扣款或电子支付，与第三方支付机构就赔付责任达成一致。

八、对预留手机号码且设定短信通知的客户，商业银行应在客户进行支付时对第三方支付机构提供的手机号码和银行预留的手机号码进行一致性检验，通过后方可进行支付。如果银行已按照前述要求在业务关联时进行了相关信息验证，确保客户身份真实可靠，在交易时可以无需再次验证。

九、商业银行应保留完整的支付信息，在相关法律法规规定的期限内妥善保管，并向客户提供第三方支付机构的签约查询和交易查询功能。

十、商业银行应就大额支付、可疑支付及时通知客户。对开通短信或其他方式即时通知功能的客户，应就每一笔支付交易即时通知客户。通知信息中包含但不限于第三方支付机构名称、交易金额、交易时间等。

十一、商业银行应明确要求第三方支付机构不得在未经授权的情况下屏蔽本银行的支付界面与接口。

十二、从银行账户划出的支付交易资金，遇到交易终止、失败应划回原银行账户。

十三、商业银行接受客户申请，通过身份验证后，应当提供可以撤销客户账户与第三方支付机构业务合作关联的服务。

十四、商业银行应将与第三方支付机构的合作业务纳入全行业务运营风险监测系统的监控范围，对其中的商户和客户在本行的账户资金活动情况进行实时监控，达到风险标准的应组织核查。特别是对其中大额、异常的资金收付应做到逐笔监测、认真核查、及时预警、及时控制。

十五、商业银行应对客户通过第三方支付机构进行的交易建立自动化的交易监控机制和风险监控模型，及时发现和处置异常行为、套现或欺诈事件。

十六、商业银行应做好数据和操作指令的整理和日志备份，便于事后检查和审计。商业银行与第三方支付机构合作开展的各项业务，凡涉及备付金存放和资金划转的，均应建立每日对账制度，严格执行备付金银行及备付金银行账户相关监管要求，不得使用或变相使用银行内部账户以待清算资金等名义为第三方支付机构存放客户备付金。商业银行应就第三方支付机构备付金存管业务建立统一管理机制，未经总行书面授权，任何分支机构不得直接与第三方支付机构合作开展备付金存管业务，强化备付金的监督管理。

十七、商业银行应采取技术措施保障来自第三方支付机构的传输数据（如客户数据、交易数据等）和操作指令（如支付指令、身份验证指令等）的完整性、一致性和不可抵赖性。对不具备对等安全保障能力的第三方支付机构，原则上应不予合作。

十八、银行应构建安全的网络通道（如专线连接、VPN 通道等），指定安全边界（如部署防火墙、DMZ 隔离区等），防止第三方支付机构越界访问。

十九、商业银行应按照本通知各项要求，做好相应的制度及合同修订工作。相关工作最迟应于 2014 年 6 月 30 日前完成。

二十、其他银行业金融机构开展相关业务时，参照本通知执行。

特此通知。

中国银行业监督管理委员会

中国人民银行

2014 年 4 月 3 日

中国银行业监督管理委员会办公厅关于调整《重点关注行业贷款统计表》报送要求的通知

（银监办发〔2014〕101 号）

各银监局，各政策性银行、国有商业银行、股份制商业银行，邮政储蓄银行，银监会直接监管的信托公司、企业集团财务公司：

为贯彻落实 2014 年银行业监督管理工作会议部署，加强对“两高一剩”行业的信贷监测，防范相关信贷风险，进一步支持产业结构调整升级，现就 2014 年《重点关注行业贷款统计表》报送工作有关调整事宜通知如下：

一、扩大报送机构范围

（一）扩大法人报送机构范围

在原有的政策性银行、国有商业银行、股份制商业银行、邮储银行的基础上，将城市商业银行、农村商业银行、农村合作银行、外资法人银行、农村信用合作社、企业集团财务公司、信托公司纳入《SF68 重点关注行业贷款统计表》报送机构范围。

（二）将相应分支机构纳入报送机构范围

为及时了解各银监局辖内重点关注行业贷款情况，保持与法人非现场监管报表的一致性，现将各政策性银行、国有商业银行、股份制商业银行、邮储银行、城市商业银行、农村商业银行、农村合作银行、外资法人银行、企业集团财务公司的境内分支机构纳入 2014 年新增《SF68 重点关注行业贷款统计表》报送机构范围。

二、报送时间和口径

（一）报送频率及报送口径

《S68/SF68 重点关注行业贷款统计表》报送频率为季度；《S68 重点关注行业贷款统计表》报送口径为法人口径。

（二）报送及审核时间

各政策性银行、国有商业银行、股份制商业银行、邮储银行今年一季度报表报送截止日为 4 月 18 日，审核截止日为 4 月 22 日。此次调整新增报送范围的法人及分支机构于 5 月 18 日前完成 2014 年一季度和 2013 年四季度报表报送，5 月 22 日前完成审核。

从二季度起，各期报表报送时间与其他季报一致，为季后 18 日，遇节假日不顺延；审核时间较其他季报延长 2 个工作日，为报送截止日后 4 个工作日。

三、有关要求

《重点关注行业贷款统计表》填报模板以非现场监管信息系统中下载模板为准。该报表所含行业及投向领域较多，报表结构较为复杂，报送时间要求较紧，各银行业金融机构要高度重视并认真组织，全面理解填报要求，按照《银行监管统计数据质量管理良好标准》相关要求，及时、完整、准确地报送报表，确保数据质量。同时充分利用报表数据，提高对重点关注行业贷款的风险管理能力。

请各银监局认真组织辖内银行业金融机构做好报表报送工作。统计人员要做好报表填报的辅导工作。监管人员应加强对报表数据的审核，确保上报报表符合表内表间校验规则。系统管理员要及时做好报表权限的分配工作。

中国银行业监督管理委员会办公厅

2014年4月8日

中国银行业监督管理委员会办公厅关于加强银行业金融机构信息科技非驻场集中式外包风险管理的通知

（银监办发〔2014〕187号）

各银监局，各政策性银行、国有商业银行、股份制商业银行、金融资产管理公司，邮储银行，各省级农村信用联社，银监会直接监管的信托公司、企业集团财务公司、金融租赁公司：

根据《银行业金融机构信息科技外包风险监管指引》（银监发〔2013〕5号，以下简称《指引》），为保护银行业金融机构关键基础设施和信息安全，防范银行业信息科技外包集中度风险，守住不发生系统性、全局性风险的底线，现就加强银行业金融机构信息科技非驻场集中式外包行为监管工作通知如下：

一、本通知所称非驻场集中式外包是指外包服务商不在银行业金融机构提供现场服务，或外包的关键基础设施和信息系统不在银行业金融机构产权场所，由银行业金融机构以租用设施或购买服务资源的方式获得，主要由外包服务商运维，并且外包服务商同时为3家（含）以上银行业金融机构或其他机构提供服务的外包方式。信息科技非驻场集中式外包服务商分为银行类机构和社会类机构两类，银行类机构是指依法设立的由银监会监管的银行业金融机构，其他属于社会类机构。

二、银行业金融机构应当对非驻场集中式外包服务商开展全面、深入的尽职调查，除《指引》要求的尽职调查内容以外，对社会类机构和提供外包服务未满3年的银行类机构应当重点调查如下内容：

（一）外包服务商对本机构与其他机构的设施、系统和数据是否有明确、清晰的边界；

（二）外包服务商是否有管理制度和技术措施保障本机构数据的完整性和保密性；

（三）外包服务商对涉及本机构的服务器、存储、网络设备、操作系统、数据库、中间件等软硬件基础设施是否具有最高访问权限；

（四）外包服务商是否拥有或可能拥有业务系统的最高管理权限，外包服务商是否拥有或可能拥有业务系统的访问权限，是否能够浏览、获取客户敏感信息；

（五）外包服务商是否有完善的灾难恢复设施和应急管理体系，对关键基础设施和信息系统运行是否有业务连续性安排；

（六）外包服务商是否知晓并遵从了银行业相关监管法规要求。

银行业金融机构可以委托第三方机构开展尽职调查，或者采信其他银行业金融机构对同一外包服务商6个月内的尽职调查结果。

三、银行业金融机构开展非驻场集中式外包活动，应当经过审慎、充分的风险评估，形成书面风险评估报告，并报送董（理）事会和高管层。

四、银行业金融机构应当严格按照《指引》有关非驻场外包、重点外包服务机构风险管理要求，审慎决策并选择外包服务商，非驻场集中式外包决策应当经过董（理）事会、高管层书面批准。在同等条件下，非驻场集中式外包服务应当优先选择银行类机构或主动申请接受监管评估和监督检查的社会类机构。

五、银行业金融机构应当严格按照《指引》要求，在外包合同签订前至少20个工作日向银监会或其派出机构对非驻场集中式外包活动进行报告，报告内容应当包括尽职调查报告和风险评估报告。银监会或其派出机构对相关外包活动的信息科技风险开展审慎评估，视评估情况采取监管措施。

六、非驻场集中式外包合同除应符合《指引》规定外，银行业金融机构还应当在合同中书面明确：

（一）外包服务商应当遵从银行业相关监管法规；

（二）外包服务商应当承诺接受银行业监督管理机构的监督检查；

（三）外包服务商应当承诺接受银行业金融机构安排的风险评估或审计；

（四）外包服务商对本机构提供的服务资源应当至少与其他机构相互逻辑隔离，仅本机构具有对业务系统和数据的最高访问权限；

（五）未经同意，外包服务商不得将本机构数据以任何形式转移、挪用或为外包服务商自身谋取利益。

本条（一）、（二）款仅适用于社会类机构外包合同。

七、银行业金融机构应当加强对非驻场集中式外包活动的日常风险监测，建立书面风险清单并动态维护，制定专门的控制措施，并至少每2年安排一次对外包服务商的外部评估或审计。

八、除银行业金融机构安排的评估和审计以外，银监会或其派出机构可以接收社会类机构主动提出的风险评估或审计申请，并参照《指引》有关重点外包服务机构的监管规定，根据其资质、规模、经验和管理能力等决定是否接受申请。跨省提供服务的外包服务商可以向银监会提出申请，其他外包服务商可以向注册地或所服务的多数银行业金融机构客户所在地的银监局提出申请。银行业金融机构可以采信监管机构对外包服务商在12个月内的评估或审计结果，不再重复安排外部评估或审计。

九、银监会及其派出机构建立非驻场集中式外包服务商名单，对银行业金融机构的非驻场集中式外包活动开展非现场监管和现场检查，建立外包服务商评价机制和监管信息平台，采集相关风险信息，并进行独立评估和持续监测。对风险隐患突出、控制措施不力的此类外包活动或由此引发的Ⅱ级（含）以上信息系统突发事件，银监会及其派出机构依据审慎监管规定对银行业金融机构予以问责或处罚，并对相关外包服务商在行业内予以警示通报。

十、对本通知印发之前已经实施的非驻场集中式外包，须根据《指引》及本通知要求开展自查和整改。自查和整改工作安排如下：

（一）各银行业金融机构应对照《指引》和本通知要求，组织一次全面自查，对已经开展的非驻场集中式外包进行梳理，重点就尽职调查、风险评估、外包合同、审计和日常风险管理进行差距分析。

（二）对已经开展且尚未到期的非驻场集中式外包合同，如不符合（指引）和本通知要求，各银行业金融机构应与外包服务商协商，妥善开展合同重新签订工作。对开展此类外包服务的年限在3年（含）以上的银行类机构，各银行业金融机构可自行决定是否重新签署合同，但仍然应当开展自查。

（三）各银行业金融机构须于2014年11月30日前完成自查和整改工作，提交自查和整改报告，同时将外包合同按照属地监管原则报银监会或其派出机构备案。请各银监局汇总辖内银行业金融机构的自查和整改报告，于2014年12月15日前报送银监会银行业信息科技监管部。

中国银行业监督管理委员会办公厅

2014年7月1日

中国银行业监督管理委员会办公厅关于建立非现场监管关键指标数据质量承诺制度的通知

（银监办发〔2014〕231号）

各银监局，各政策性银行、国有商业银行、股份制商业银行，邮储银行，各省级农村信用联社，银监会直接监管的信托公司、企业集团财务公司、金融租赁公司：

为加强银行业金融机构数据质量管理，强化数据来源保真，落实统计管理责任，提高数据的真实性和准确性，决定建立非现场监管关键指标数据质量承诺制度。现将有关事项通知如下：

一、承诺制度的主要内容

银行业金融机构的行长（总裁、总经理、主任等）按季度对银监会非现场监管部分关键指标的完整性和真实性予以书面确认及承诺。《非现场监管关键指标数据质量承诺书》的模板详见附件1。

二、承诺制度的主要环节

（一）签署

银行业金融机构的行长（总裁、总经理、主任等）需按季度在承诺书上对相关关键指标数值进行签字确认。银行业金融机构的行长（总裁、总经理、主任等）不在岗时，可由经其授权的其他高级管理人员临时代为签署。

（二）报送

银行业金融机构应在非现场监管报表报送

截止日后五个工作日内将签字后的承诺书通过传真方式报送对口监管部门或银监局（分局）。

（三）抽查

银监会及其派出机构在日常工作和现场检查时抽查银行业金融机构报送的承诺书，如果发现有漏报以及相关关键指标数据不准确的情况，依据有关法规采取监管措施。

（四）解锁

银行业金融机构对非现场监管报表数据申请解锁重报时，主监管员需先确认申请调整的数据是否涉及承诺书中列示的关键指标。如果是，主监管员应要求相关机构深入分析差错原因，采取切实有效措施杜绝差错再次发生，同时提交数据更新后的《非现场监管关键指标数据质量承诺书》。银行业金融机构多次出现数据差错并对关键指标造成重大影响的，应根据有关文件要求将数据质量水平和管理能力作为当年的监管评级以及市场准入工作的考察内容。

（五）责任追究

对于在数据质量方面屡次出现重大差错的银行业金融机构，依据《中华人民共和国银行业监管管理法》等有关法律法规实施行政处罚。

三、监管要求

银监会将定期对非现场监管关键指标和《非现场监管关键指标数据质景承诺书》内容及关键指标计算口径（详见附件2）统一进行调整。各级监管部门可根据不同银行业金融机构的实际情况对《非现场监管关键指标数据质量承诺书》进行调整和细化，但原则上商业银行类机构关键指标应至少包括模板中所列示的指标内容。

各银监局（分局）可以参照建立银行业金融机构分支机构关键指标数据质量承诺制度。

本通知自报送2014年第四季度非现场监管报表起执行。

附件（略）

中国银行业监督管理委员会办公厅

2014年8月29日

中国银行业监督管理委员会关于应用安全可控信息技术加强银行业网络安全和信息化建设的指导意见

（银监发〔2014〕39号）

各银监局、各省（自治区、直辖市及计划单列市）发展改革委、科技厅（委、局）、工业和信息化主管部门、各政策性银行、国有商业银行、股份制商业银行、金融资产管理公司、储蓄银行、各省级农村信用联社，银监会直接监管的信托公司、企业集团财务公司、金融租赁公司：

为进一步贯彻落实创新驱动发展战略，提升银行业网络安全保障能力和信息化建设水平，推动银行业深化改革、发展转型，促进战略新兴产业发展，现就应用安全可控信息技术加强银行业网络安全和信息化建设提出以下指导意见。

一、总体目标

建立银行业应用安全可控信息技术的长效机制，制定配套政策，建立推进平台，大力推广使用能够满足银行业信息安全需求，技术风险、外包风险和供应链风险可控的信息技术。到2019年，掌握银行业信息化的核心知识和关键技术；实现银行业关键网络和信息基础设施的合理分布，关键设施和服务的集中度风险得到有效缓解；安全可控信息技术在银行业总体达到75%左右的使用率，银行业网络安全保障能力不断加强；信息化建设水平稳步提升，更好地保护消费者权益，维护经济社会安全稳定。

二、指导原则

（一）坚持开放合作。兼容并蓄，凝聚各方智慧和力量，优先应用开放性强、透明度高、适用面广的技术和解决方案，优先选择愿意在核心知识和关键技术领域进行合作的机构，避免对单一产品或技术的依赖。

（二）鼓励自主创新。充分认识创新驱动发展战略的重要意义，鼓励原始创新、集成创新和引进消化吸收再创新，构建高效稳健的共性关键技术供给体系，掌握银行业信息化核心知识和关键技术。

（三）发挥市场作用。加快建立高效的创新体系，激发各类创新主体的积极性，以银行业信息化需求培育和带动市场，以信息产业发展促进银行业发展转型，主动把握新兴技术发展机遇，推动银行业信息化创新发展，促进信息产业做大做强。

（四）加强协同合作。统筹规划，加强政、产、学、研协同合作，营造安全可控信息技术研究、发展和应用的良性互动环境，形成“需求拉动、产业推动、科研驱动”的良性循环。

三、任务要求

（一）完善信息科技治理机制。银行业金融机构应将提升网络安全保障能力和信息化建设能力纳入战略目标，将安全可控信息技术应用纳入战略规划；建立以安全可控、自主创新为导向的制度体系，明确目标、策略与职责分工；加强创新组织建设和人才培养，保障创新资源；有序推进整体架构自主设计、核心应用自主研发、核心知识自主掌握、关键技术自主应用等重点工作。

（二）优化信息系统架构。银行业金融机构要建立安全、可靠、高效、开放、弹性的信息系统总体架构，在架构规划和设计过程中应充分考虑安全可控；掌握关键技术的选择权，摆脱在关键信息和网络基础设施领域对单一技术和产品的依赖。从战略角度规划和建设业务连续性系统架构，应当至少有一种基于安全可控信息技术架构的数据级或应用级存储、备份、归档和容灾等一体化的业务连续性方案。

（三）优先应用安全可控信息技术。银行业金融机构应客观评估自身信息化需求和信息科技风险情况，开展差距分析，按年度制定应用推进计划；建立科学合理的信息技术和产品选型理念，选择与本单位信息化需求相匹配的技术与产品，避免一味求大求全。在涉及客户敏感数据的信息处理环节，应优先使用安全可靠、风险可控的信息技术和服务，当前重点在网络设备、存储、中低端服务器、信息安全、运维服务、文字处理软件等领域积极推进，在操作系统、数据库等领域要加大探索和尝试力度；从2015年起，各银行业金融机构对安全可控信息技术的应用以不低于15%的比例逐年增加，直至2019年达到不低于75%的总体占比（2014年应用的技术和产品可纳入2015年度计算）。

（四）积极推动信息技术自主创新。银行业金融机构应积极尝试应用安全可靠、自主创新的信息技术，通过应用提出改进需求，增强创新技术的适应性和健壮性；探索通过统一标准、统筹产品、联合攻关、试点示范等，加快自主创新信息技术应用磨合适配及系统性优化。在技术选型中，如存在安全可靠的自主创新产品和技术，应至少引入一家此类产品或技术进行选型和测试；对提供专用设备或集成解决方案的供应商，应要求其方案使用的硬件和软件至少能够各应用一项安全可靠的自主创新产品或技术。

（五）积极参与安全可控信息技术研发。银行业金融机构应加强与产业机构、大学和科研机构的合作，联合开展关键技术的研发和生产，围绕安全可控信息技术在银行业应用的关键问题，开展技术合作，实施技术转移，形成高质量、具有行业推广价值的科技成果；在核心应用基础架构、操作系统、数据库、中间件和银行业专用设备等领域加大研究力度，集中突破制约安全可控发展的关键技术。2015年起，银行业金融机构应安排不低于5%的年度信息化预算，专门用于支持本机构围绕安全可控信息系统开展前瞻性、创新性和规划性研究，支持本机构掌握信息化核心知识和技能。

（六）加强知识产权保护与标准规范建设。银行业金融机构应加强知识产权保护意识，对各项研究成果及时申请技术专利保护；应积极参与各类技术标准的研究和制定工作，推进安全可控信息技术的标准化、专利化。

四、主要措施

（一）建立银行业信息安全审查和风险评估制度。依据国家网络安全审查相关政策，建立与银行业信息安全需求相适应的配套政策，建立银行业网络安全审查标准，加强银行业专用信息技术和产品的安全检测；建立常态化的风险评估制度，建立信息技术在银行业应用过程中的风险识别、评估和控制机制，加强功能测试、性能测试和安全性测试；密切跟踪安全可控信息技术的应用情况，建立缺陷库和风险库，结合行业应用不断促进技术的完善。

（二）建立银行业安全可控信息技术落地推进平台。组建银行业安全可控信息技术创新战略联盟，创建技术实验室和国家工程实验室，研究挖掘银行业应用安全可控信息技术的机会和需求，协调银行业金融机构、信息技术企业、大学和研究机构等共同推进安全可控信息技术的研究和推广。

（三）组织开展银行业应用安全可控信息技术示范项目。结合国家信息安全专项、国家有关科技计划和国家财政支持的其他项目，组织开展安全可控信息技术在银行业的应用示范，组织推动银行业开展安全可控前瞻性研究；加强部门间协作，加强政策协同，加大力度支持银行业应用安全可控信息技术，以银行业应用不断完善安全可控信息技术，为安全可控信息技术创造市场空间。

（四）制定银行业应用安全可控信息技术推进指南。依托银行业安全可控信息技术创新战略联盟和技术实验室、国家工程实验室，分析银行业应用需求，解决共性问题，逐年制定推进指南，对推进领域、重点信息技术和产品以及推进方案予以细化。各级工业和信息化主管部门应做好适用技术、产品、服务及典型解决方案推介，推动需求对接。

（五）持续监督和评价。建立银行业金融机构应用安全可控信息技术工作情况的监督评价机制，通过安全可控信息技术应用率、重要系统自主掌控率、自主创新信息技术试用情况等指标评估安全可控能力成熟度；逐年对银行业金融机构应用安全可控信息技术情况进行考核，对纳入监管评级体系的机构，考核结果并入机构信息科技监管评级。

中国银行业监督管理委员会

2014 年 9 月 3 日

中国银行业监督管理委员会办公厅、财政部办公厅、中国人民银行办公厅关于加强商业银行存款偏离度管理有关事项的通知

（银监办发〔2014〕236 号）

各银监局，各省、自治区、直辖市、计划单列市财政厅（局），新疆生产建设兵团财务局，中国人民银行上海总部、各分行、营业管理部、各省会（首府）城市中心支行、各副省级城市中心支行，各国有商业银行、股份制商业银行，邮储银行，各省级农村信用联社：

为贯彻落实《国务院办公厅关于多措并举着力缓解企业融资成本高问题的指导意见》（国办发〔2014〕39 号）有关要求，指导商业银行改进绩效考评制度，设立存款偏离度指标，约束存款“冲时点”行为，有效防范和控制风险，促进相关业务规范健康发展，现就有关事项通知如下：

一、商业银行应完善绩效考核评价体系，加强对分支机构的绩效考评管理，合理分解考评任务，从根源上约束存款“冲时点”行为。商业银行不得设立时点性存款规模考评指标，不得设定单纯以存款市场份额或排名为要求的考评指标，分支机构不得层层加码提高考评标准及相关指标要求。

二、商业银行不得采取以下手段违规吸收和虚假增加存款：

（一）高息揽储吸存。违反规定擅自提高存款利率或高套利率档次；另设专门账户支付存款户高息。

（二）非法返利吸存。通过返还现金或有价证券、赠送实物等不正当手段吸收存款。

（三）通过第三方中介吸存。通过个人或机构等第三方资金中介吸收存款。

（四）延迟支付吸存。通过设定不合理的取款用款限制、关闭网上银行、压票退票等方式拖延、拒绝支付存款本金和利息。

（五）以贷转存吸存。强制设定条款或协商约定将贷款资金转为存款；向“空户”虚假放贷、虚假增存。

（六）以贷开票吸存。将贷款资金作为保证金循环开立银行承兑汇票并贴现，虚增存贷款。

（七）通过理财产品倒存。理财产品期限结构设计不合理，发行和到期时间集中于每月下旬，于月末、季末等关键时点将理财资金转为存款。

（八）通过同业业务倒存。将同业存款纳入一般性存款科目核算；将财务公司等同业存放资金于月末、季末等关键时点临时调作一般对公存款，虚假增加存款。

三、商业银行应加强存款稳定性管理，约束月末存款“冲时点”，月末存款偏离度不得超过3%。

月末存款偏离度=（月末最后一日各项存款-本月日均存款）/本月日均存款×100%。

计算每季最后一月的月末存款偏离度时，“本月日均存款”的可计入金额不得超过上月日均存款×（1+最近4个季度最后一月日均存款增长率的均值）。月日均存款增长率=（本月日均存款-上月日均存款）/上月日均存款×100%。

四、银监会及其派出机构负责商业银行存款波动的日常统计监测，按严重程度采取相应监管纠正与处罚措施。

（一）各级监管机构建立商业银行存款波动情况统计监测制度，对存款异动较大的，密切跟踪、及时通报和纠正。

（二）对于月末存款偏离度超过3%的银行，自下月起连续暂停准入事项3个月以上；对于一年之内月末存款偏离度两次超过3%的银行，适当降低其年度监管评级。

对于月末存款偏离度超过4%的银行，监管机构还将自下月起连续3个月暂停其部分业务和期限超过90天资产的增长；并要求其自下月起连续3个月以上提高稳定存款的比例，提高基数为本月稳定存款比例，提高幅度为月末存款偏离度超出4%的部分。稳定存款比例=剩余期限在90天以上存款/各项存款×100%。

（三）各级监管机构负责督促并指导商业银行将月末存款偏离度作为扣分项纳入绩效考核评价体系，区分严重程度相应扣减绩效考核评价得分。

（四）各级监管机构发现商业银行违反本通知规定的，按照违反审慎经营规则，依据《中华人民共和国银行业监督管理法》有关规定采取监管措施。

五、财政部门在对相关商业银行进行绩效评价时，按照金融企业绩效评价办法和本通知有关规定，根据监管机构对商业银行存款偏离的处理处罚情况，予以适当扣分。

六、对于本通知发布之前月末存款偏离度超过3%的银行，各级监管机构会同各级人民银行分支机构提前与其主要负责人进行监管谈话，要求其立即制定整改方案，并切实加以纠正。

七、本通知适用于在中华人民共和国境内依法设立的商业银行。农村合作银行、农村信用社、村镇银行参照执行。

中国银行业监督管理委员会办公厅
财政部办公厅
中国人民银行办公厅
2014年9月11日

中国银行业监督管理委员会关于印发《商业银行内部控制指引》的通知（2014修订）

（银监发〔2014〕40号）

各银监局，各政策性银行、国有商业银行、股份制商业银行、金融资产管理公司，邮储银行，各省级农村信用联社，银监会直接监管的信托公司、企业集团财务公司、金融租赁公司：

现将修订后的《商业银行内部控制指引》印发给你们，请遵照执行。

中国银行业监督管理委员会

2014年9月12日

商业银行内部控制指引

第一章　总　　则

第一条　为促进商业银行建立和健全内部控制，有效防范风险，保障银行体系安全稳健运行，依据《中华人民共和国银行业监督管理法》、《中华人民共和国商业银行法》等法律法规，制定本指引。

第二条　中华人民共和国境内依法设立的商业银行适用本指引。

第三条　内部控制是商业银行董事会、监事会、高级管理层和全体员工参与的，通过制定和实施系统化的制度、流程和方法，实现控制目标的动态过程和机制。

第四条　商业银行内部控制的目标：

（一）保证国家有关法律法规及规章的贯彻执行。

（二）保证商业银行发展战略和经营目标的实现。

（三）保证商业银行风险管理的有效性。

（四）保证商业银行业务记录、会计信息、财务信息和其他管理信息的真实、准确、完整和及时。

第五条　商业银行内部控制应当遵循以下基本原则：

（一）全覆盖原则。商业银行内部控制应当贯穿决策、执行和监督全过程，覆盖各项业务流程和管理活动，覆盖所有的部门、岗位和人员。

（二）制衡性原则。商业银行内部控制应当在治理结构、机构设置及权责分配、业务流程等方面形成相互制约、相互监督的机制。

（三）审慎性原则。商业银行内部控制应当坚持风险为本、审慎经营的理念，设立机构或开办业务均应坚持内控优先。

（四）相匹配原则。商业银行内部控制应当与管理模式、业务规模、产品复杂程度、风险状况等相适应，并根据情况变化及时进行调整。

第六条 商业银行应当建立健全内部控制体系，明确内部控制职责，完善内部控制措施，强化内部控制保障，持续开展内部控制评价和监督。

第二章 内部控制职责

第七条 商业银行应当建立由董事会、监事会、高级管理层、内控管理职能部门、内部审计部门、业务部门组成的分工合理、职责明确、报告关系清晰的内部控制治理和组织架构。

第八条 董事会负责保证商业银行建立并实施充分有效的内部控制体系，保证商业银行在法律和政策框架内审慎经营；负责明确设定可接受的风险水平，保证高级管理层采取必要的风险控制措施；负责监督高级管理层对内部控制体系的充分性与有效性进行监测和评估。

第九条 监事会负责监督董事会、高级管理层完善内部控制体系；负责监督董事会、高级管理层及其成员履行内部控制职责。

第十条 高级管理层负责执行董事会决策；负责根据董事会确定的可接受的风险水平，制定系统化的制度、流程和方法，采取相应的风险控制措施；负责建立和完善内部组织机构，保证内部控制的各项职责得到有效履行；负责组织对内部控制体系的充分性与有效性进行监测和评估。

第十一条 商业银行应当指定专门部门作为内控管理职能部门，牵头内部控制体系的统筹规划、组织落实和检查评估。

第十二条 商业银行内部审计部门履行内部控制的监督职能，负责对商业银行内部控制的充分性和有效性进行审计，及时报告审计发现的问题，并监督整改。

第十三条 商业银行的业务部门负责参与制定与自身职责相关的业务制度和操作流程；负责严格执行相关制度规定；负责组织开展监督检查；负责按照规定时限和路径报告内部控制存在的缺陷，并组织落实整改。

本指引所称商业银行业务部门是指除内部审计部门和内控管理职能部门外的其他部门。

第三章 内部控制措施

第十四条 商业银行应当建立健全内部控制制度体系，对各项业务活动和管理活动制定全面、系统、规范的业务制度和管理制度，并定期进行评估。

第十五条 商业银行应当合理确定各项业务活动和管理活动的风险控制点，采取适当的控制措施，执行标准统一的业务流程和管理流程，确保规范运作。

商业银行应当采用科学的风险管理技术和方法，充分识别和评估经营中面临的风险，对各类主要风险进行持续监控。

第十六条 商业银行应当建立健全信息系统控制，通过内部控制流程与业务操作系统和管理信息系统的有效结合，加强对业务和管理活动的系统自动控制。

第十七条 商业银行应当根据经营管理需要，合理确定部门、岗位的职责及权限，形成规范的部门、岗位职责说明，明确相应的报告路线。

第十八条 商业银行应当全面系统地分析、梳理业务流程和管理活动中所涉及的不相容岗位，实施相应的分离措施，形成相互制约的岗位安排。

第十九条 商业银行应当明确重要岗位，并制定重要岗位的内部控制要求，对重要岗位人员实行轮岗或强制休假制度，原则上不相容岗位人员之间不得轮岗。

第二十条 商业银行应当制定规范员工行为的相关制度，明确对员工的禁止性规定，加强对员工行为的监督和排查，建立员工异常行为举报、查处机制。

第二十一条 商业银行应当根据各分支机构和各部门的经营能力、管理水平、风险状况和业务发展需要，建立相应的授权体系，明确各级机构、部门、岗位、人员办理业务和事项的权限，并实施动态调整。

第二十二条 商业银行应当严格执行会计准则与制度，及时准确地反映各项业务交易，确保财务会计信息真实、可靠、完整。

第二十三条 商业银行应当建立有效的核对、监控制度，对各种账证、报表定期进行核对，对现金、有价证券等有形资产和重要凭证及时进行盘点。

第二十四条 商业银行设立新机构、开办新业务、提供新产品和服务，应当对潜在的风险进行评估，并制定相应的管理制度和业务流程。

第二十五条 商业银行应当建立健全外包管理制度，明确外包管理组织架构和管理职责，并至少每年开展一次全面的外包业务风险评估。涉及战略管理、风险管理、内部审计及其他有关核心竞争力的职能不得外包。

第二十六条 商业银行应当建立健全客户投诉处理机制，制定投诉处理工作流程，定期汇总分析投诉反映事项，查找问题，有效改进服务和管理。

第四章　内部控制保障

第二十七条 商业银行应当建立贯穿各级机构、覆盖所有业务和全部流程的管理信息系统和业务操作系统，及时、准确记录经营管理信息，确保信息的完整、连续、准确和可追溯。

第二十八条 商业银行应当加强对信息的安全控制和保密管理，对各类信息实施分等级安全管理，对信息系统访问实施权限管理，确保信息安全。

第二十九条 商业银行应当建立有效的信息沟通机制，确保董事会、监事会、高级管理层及时了解本行的经营和风险状况，确保相关部门和员工及时了解与其职责相关的制度和信息。

第三十条 商业银行应当建立与其战略目标相一致的业务连续性管理体系，明确组织结构和管理职能，制定业务连续性计划，组织开展演练和定期的业务连续性管理评估，有效应对运营中断事件，保证业务持续运营。

第三十一条 商业银行应当制定有利于可持续发展的人力资源政策，将职业道德修养和专业胜任能力作为选拔和聘用员工的重要标准，保证从业人员具备必要的专业资格和从业经验，加强员工培训。

第三十二条 商业银行应当建立科学的绩效考评体系、合理设定内部控制考评标准，对考评对象在特定期间的内部控制管理活动进行评价，并根据考评结果改进内部控制管理。

商业银行应当对内控管理职能部门和内部审计部门建立区别于业务部门的绩效考评方式，以利于其有效履行内部控制管理和监督职能。

第三十三条 商业银行应当培育良好的企业内控文化，引导员工树立合规意识、风险意识，提高员工的职业道德水准，规范员工行为。

第五章　内部控制评价

第三十四条 商业银行内部控制评价是对

商业银行内部控制体系建设、实施和运行结果开展的调查、测试、分析和评估等系统性活动。

第三十五条 商业银行应当建立内部控制评价制度，规定内部控制评价的实施主体、频率、内容、程序、方法和标准等，确保内部控制评价工作规范进行。

第三十六条 商业银行内部控制评价应当由董事会指定的部门组织实施。

第三十七条 商业银行应当对纳入并表管理的机构进行内部控制评价，包括商业银行及其附属机构。

第三十八条 商业银行应当根据业务经营情况和风险状况确定内部控制评价的频率，至少每年开展一次。当商业银行发生重大的并购或处置事项、营运模式发生重大改变、外部经营环境发生重大变化，或其他有重大实质影响的事项发生时，应当及时组织开展内部控制评价。

第三十九条 商业银行应当制定内部控制缺陷认定标准，根据内部控制缺陷的影响程度和发生的可能性划分内部控制缺陷等级，并明确相应的纠正措施和方案。

第四十条 商业银行应当建立内部控制评价质量控制机制，对评价工作实施全流程质量控制，确保内部控制评价客观公正。

第四十一条 商业银行应当强化内部控制评价结果运用，可将评价结果与被评价机构的绩效考评和授权等挂钩，并作为被评价机构领导班子考评的重要依据。

第四十二条 商业银行年度内部控制评价报告经董事会审议批准后，于每年4月30日前报送银监会或对其履行法人监管职责的属地银行业监督管理机构。商业银行分支机构应将其内部控制评价情况，按上述时限要求，报送属地银行业监督管理机构。

第六章 内部控制监督

第四十三条 商业银行内部审计部门、内控管理职能部门和业务部门均承担内部控制监督检查的职责，应根据分工协调配合，构建覆盖各级机构、各个产品、各个业务流程的监督检查体系。

第四十四条 商业银行应当建立内部控制监督的报告和信息反馈制度，内部审计部门、内控管理职能部门、业务部门人员应将发现的内部控制缺陷，按照规定报告路线及时报告董事会、监事会、高级管理层或相关部门。

第四十五条 商业银行应当建立内部控制问题整改机制，明确整改责任部门，规范整改工作流程，确保整改措施落实到位。

第四十六条 商业银行应当建立内部控制管理责任制，强化责任追究。

（一）董事会、高级管理层应当对内部控制的有效性分级负责，并对内部控制失效造成的重大损失承担管理责任。

（二）内部审计部门、内控管理职能部门应当对未适当履行监督检查和内部控制评价职责承担直接责任。

（三）业务部门应当对未执行相关制度、流程，未适当履行检查职责，未及时落实整改承担直接责任。

第四十七条 银行业监督管理机构通过非现场监管和现场检查等方式实施对商业银行内部控制的持续监管，并根据本指引及其他相关法律法规，按年度组织对商业银行内部控制进行评估，提出监管意见，督促商业银行持续加以完善。

第四十八条 银监会及其派出机构对内部控制存在缺陷的商业银行，应当责成其限期整改；逾期未整改的，可以根据《中华人民共和国银行业监督管理法》第三十七条有关规定采取监管措施。

第四十九条 商业银行违反本指引有关规定的，银监会及其派出机构可以根据《中华人民共和国银行业监督管理法》有关规定采取监管措施。

第七章 附 则

第五十条 银监会负责监管的其他金融机构参照本指引执行。

第五十一条 本指引自印发之日起施行。

中国银行业监督管理委员会办公厅关于印发《银行业金融机构案件风险排查管理办法》的通知

（银监办发〔2014〕247号）

各银监局，各政策性银行、国有商业银行、股份制商业银行、金融资产管理公司，邮储银行，各省级农村信用联社，银监会直接监管的信托公司、企业集团财务公司、金融租赁公司：

现将《银行业金融机构案件风险排查管理办法》（以下简称《办法》）印发给你们，请认真组织落实。

自本《办法》印发之日起，各银行业金融机构发生案件或案件风险事件后，应对有关排查工作开展情况进行检查，并根据检查情况追究排查不尽职的责任。

各银行业金融机构按照《中国银监会办公厅关于2014年银行业案件防控工作的意见》（银监办发〔2014〕26号）和《关于报送银行业金融机构案件风险排查情况的通知》（银监办便函〔2014〕183号）要求报送的案件风险排查报告，从2014年三季度起由行长（总经理、主任）在正式文件上手签或附手签稿后一并报送。2014年四季度案件风险排查报告作为年度案件风险排查报告上报，应对本年度案件风险排查工作情况进行总结，有关报告附表填报2014年全年汇总数。

特此通知。

中国银行业监督管理委员会办公厅

2014年9月29日

银行业金融机构案件风险排查管理办法

第一章 总 则

第一条 为有效组织案件风险排查工作，及时发现和化解案件风险，根据《中华人民共和国银行业监督管理法》和《中华人民共和国商业银行法》等法律法规，制定本办法。

第二条 中华人民共和国境内设立的银行业金融机构适用本办法。

中华人民共和国境内设立的金融资产管理公司、信托公司、企业集团财务公司、金融租赁公司、外国银行分行以及经国务院银行业监督管理机构批准设立的其他金融机构参照适用本办法。

第三条 本办法所称案件风险排查是指银行业金融机构组织开展的，以防范案件风险、查处纠正违法违规行为为目的的监督检查活动。

第四条 案件风险排查工作应坚持制度化、常态化、规范化，遵循“统一组织，分级实施，突出重点，滚动攮盖，强化整改，落实责任”的原则。

第五条 银行业金融机构对案件风险排查工作负主体责任。银监会及其派出机构对银行业金融机构案件风险排查工作负监管责任。

第二章 排查工作组织

第六条 案件风险排查工作是案防工作的重要组成部分，银行业金融机构行长（总经理、主任）承担本机构案件风险排查工作第一责任。

第七条 银行业金融机构高级管理层统一组织案件风险排查工作，主要内容包括：

（一）研究建立具有本机构特色的常态化风险排查机制；

（二）制定、审查和监督执行案件风险排查的程序和具体操作规程；

（三）研究批准年度案件风险排查计划；

（四）根据排查内容，确定排查牵头部门；

（五）明确界定各部门案件风险排查职责以及案件风险排查的内容、频率和报告路径，督促相关部门切实履行案件风险排查职责；

（六）协调有关部门为案件风险排查工作提供支持，给予必要的资源保障；

（七）审定案件风险排查报告，全面掌握案件风险排查的总体情况；

（八）监督落实案件风险排查问题整改和责任追究工作；

（九）组织相关部门及时对案件风险排查的相关制度进行后评价；

（十）建立案件风险排查奖惩制度和举报人保护制度。

第八条 案件风险排查牵头部门具体负责排查工作的组织和实施，主要内容包括：

（一）根据年度案件风险排查计划拟定排查工作方案；

（二）建立案件风险排查基本控制标准。指导和协调案件风险排查工作；

（三）组织案件风险排查培训，协助各分支机构提高案件风险排查工作水平，履行案件风险排查管理的各项职责；

（四）督促、检查、汇总相关部门和分支机构案件风险排查工作情况；

（五）深入分析案件风险排查中发现的问题，并与相关部门研究整改方案；

（六）监督、检查案件风险问题整改和责任追究情况，确保整改和问责到位；

（七）向高级管理层提交案件风险排查报告和问题整改报告。

第九条 银行业金融机构内审稽核部门负责监督案件风险排查工作，并将案件风险排查工作开展情况作为年度内审监督的重要内容。

第三章 排查方式和重点

第十条 案件风险排查包括全面排查、专项排查和日常排查。

全面排查是指银行业金融机构总部集中时间、集中人员、统一组织的跨部门、跨业务条线的监督检查。

专项排查是指银行业金融机构各业务主管部门、条线和分支机构按照机构年度排查计划组织的监督检查。

日常排查是指银行业金融机构各业务部门和各级分支机构按照内部制度规定，定期进行的监督检查。

第十一条 银行业金融机构应结合自身业务特点、风险状况和案防形势以及监管机构要求，确定案件风险排查的范围和内容，组织落实排查工作。排查应当至少覆盖主要业务领域、重点管理环节和员工异常行为。

第十二条 银行业金融机构在组织案件风险排查时，可以采取灵活多样的方式自主确定排查方法，科学确定开展案件风险排查的频率和时间。

第十三条 银行业金融机构应当加强案件风险排查工作质量控制，有效识别、评估、监测、处置和报告案件风险。

第十四条 案件风险排查中发现的疑点线索，不得交由问题所在机构自行调查。对于发现的重大案件线索、重大违规问题，应当由银行业金融机构总部或一级分支机构直接组织调查。

第十五条 银行业金融机构应当建立案件风险排查工作的考核评价机制，定期对案件风险排查工作进行评价，并作为本机构案防考核的重要内容。

第四章 排查发现问题整改

第十六条 对于案件风险排查发现的问题，排查牵头部门应当逐一进行分类梳理，按照管理权限和职责分工，由相关主管部门制定整改方案，建立整改台账，明确整改责任，逐一落实整改措施，在规定期限内向排查牵头部门反馈整改情况。

第十七条 银行业金融机构应当及时修订和完善案件风险排查中暴露出缺陷的现行规章制度、业务流程和信息科技系统。

第十八条 排查牵头部门应当及时向高级管理层报告案件风险排查发现问题的整改情况，并采取情况通报、案例剖析等多种方式提示风险。

第十九条 银行业金融机构应当确定整改完成的标准，包括但不限于：

（一）行为纠正到位。整改责任机构已纠正或终止错误行为，采取了旨在防范同类问题再次发生的措施。

（二）制度完善到位。整改责任机构已将规章制度和业务流程的缺陷修改完善。

（三）风险控制到位。整改责任机构已采取措施，消除或能够有效控制问题所造成的不良影响。

（四）责任追究到位。已按照有关规定对责任机构及相关责任人给予适当处理，起到了警示作用。

第二十条 银行业金融机构对案件风险排查发现的违规问题，应当依据本机构规定对相关责任人进行处理，对于排查发现的银行业案件及案件风险，应及时报告监管机构，对于涉嫌犯罪的，应及时向公安司法机关报案。

第二十一条 银监会及其派出机构按照监管权限，监督、指导银行业金融机构开展案件风险排查工作，对未按本办法开展案件风险排查的机构，采取监管措施督促落实。

第五章 排查情况报告

第二十二条 银行业金融机构应当定期向监管机构报送包括基本情况、取得成效、发现问题、采取措施和工作建议等内容的案件风险排查情况报告，报告应由行长（总经理、主任）签发。

第六章 附 则

第二十三条 本办法由银监会负责解释。

第二十四条 本办法自印发之日起实施，此前有关规定与本办法不一致的，以本办法为准。

中国银行业监督管理委员会办公厅关于信贷资产证券化备案登记工作流程的通知

（银监办便函〔2014〕1092号）

各银监局，政策性银行、国有商业银行、股份制商业银行、金融资产管理公司、中国邮政储蓄银行、银监会直接监管的信托公司、企业集团财务公司、金融租赁公司：

为加大金融支持实体经济力度，加快推进信贷资产证券化工作，根据金融监管协调部际联席第四次会议和我会2014年第8次主席会议的决定，信贷资产证券化业务将由审批制改为业务备案制。本着简政放权原则，我会不再针对证券化产品发行进行逐笔审批，银行业金融机构应在申请取得业务资格后开展业务，在发行证券化产品前应进行备案登记。现就有关事项通知如下：

一、业务资格审批

银行业金融机构开展信贷资产证券化业务应向我会提出申请相关业务资格。应依据《金融机构信贷资产证券化业务试点监督管理办法》相关规定，将申请材料报送各机构监管部并会签创新部。对已发行过信贷资产支持证券的银行业金融机构豁免资格审批，但需履行相应手续。

二、产品备案登记

银行业金融机构发行证券化产品前需进行备案登记。信贷资产证券化产品的备案申请由创新部统一受理、核实、登记；转送各机构监管部实施备案统计；备案后由创新部统一出口。银行业金融机构在完成备案登记后可开展资产支持证券的发行工作。已备案产品需在三个月内完成发行，三个月内未完成发行的须重新备案。

在备案过程中，各机构监管部应对发起机构合规性进行考察，不再打开产品“资产包”对基础资产等具体发行方案进行审查；会计师事务所、律师事务所、评级机构等合格中介机构应针对证券化产品发行方案出具专业意见，并向投资者充分披露；各银行业金融机构应选择符合国家相关政策的优质资产，采取简单透明的交易结构开展证券化业务，盘活信贷存量。

三、过渡期安排

在本通知正式发布前已报送我会，正处于发行审批通道内的证券化产品仍按照原审批制下工作流程继续推进。本通知正式发布后，已发行过信贷资产支持证券的银行业金融机构被视为已具备相关业务资格，可按照上述新工作流程开展产品报备登记，并应补充完成业务资格审批手续；未发行过证券化产品的机构则需在获得业务资格后再进行产品备案。

请各银监局将本通知转发至辖内银监分局和银行业金融机构。

附件一：信贷资产证券化项目备案登记工作相关要求

附件二：信贷资产证券化项目备案登记表（略）

中国银行业监督管理委员会办公厅

2014 年 11 月 20 日

附件一：

信贷资产证券化项目备案登记工作相关要求

一、备案登记材料清单

1. 信贷资产证券化项目备案登记表（附件二）；

2. 由发起机构和受托机构联合签署的项目备案报告；

3. 信贷资产证券化项目计划书；

4. 信托合同、贷款服务合同、资金保管合同及其他相关法律文件草案；

5. 执业律师出具的法律意见书草案、注册会计师出具的会计意见书草案、资信评级机构出具的信用评级报告草案及有关持续跟踪评级安排的说明；

6. 受托机构在信托财产收益支付的间隔期内，对信托财产收益进行投资管理的原则及方式说明；

7. 发起机构信贷资产证券化业务资格的批复或相关证明文件；

8. 特定目的信托受托机构资格的批复；

9. 银监会要求的其他文件和材料。

以上备案登记材料应参照《金融机构信贷资产证券化试点监督管理办法》第十三条相关要求报送。

二、备案登记工作相关要求

1. 信贷资产证券化项目备案登记工作由发起机构进行。

2. 信贷资产证券化发起机构应填写《信贷资产证券化项目备案登记表》，并由相关填报人员签字并加盖机构公章。

3. 填报机构将备案登记材料清单中相关材料报送至银监会创新部，并将《信贷资产证券化项目备案登记表》电子版发送至 zhangmengsheng@ cbrc. gov. cn。

中国银行业监督管理委员会关于全面开展银行业金融机构加强内部管控遏制违规经营和违法犯罪专项检查工作的通知

（银监发〔2014〕48 号）

各银监局，各政策性银行、国有商业银行、股份制商业银行、金融资产管理公司，邮储银行，银监会直接监管的信托公司、企业集团财务公司、金融租赁公司：

为督促银行业金融机构加强内部管控，遏制违规经营和违法犯罪，有效防范金融风险，促进银行业健康稳健发展，银监会决定在银行业全面开展专项检查工作。现就有关事项通知如下：

一、总体安排

本次检查采取银行业金融机构自查与监管检查相结合的方式。

（一）机构自查（2014 年 12 月通知发布之日起至 2015 年 3 月底）。自查范围包括全部银行业金融机构。各银行业金融机构要在本系统范围内组织开展自查：一是由各级机构开展本级自查；二是由上级机构组织内审、合规和业务管理等部门开展对下属分支机构的检查。重点检查对案件、风险事件、损失事件和内外部检查所暴露问题的责任追究与整改是否到位，是否还有未发现的案件和违规隐患，已有的管理措施还存在哪些薄弱环节，工作中还存在哪些隐患和漏洞。各级监管机构要对银行业金融机构自查加强指导。

（二）监管检查（2015 年 3 月至 4 月）。银监会及其各级派出机构结合自身监管职责与银行业金融机构自查情况，对辖内法人机构开展检查，检查内容可结合日常监管掌握的情况对不同机构各有侧重，在抽查银行自查与整改情况的基础上，可选取银行业金融机构自查未覆盖的样本进行检查。

监管检查采取联动检查方式：一是银行一部作为牵头部门，负责制定检查通知和汇总上报检查结果。二是银监会各监管部门负责对本条线机构检查工作进行指导和协调，并负责本条线检查情况的汇总。三是银监会各监管部门和各银监局应结合辖内法人机构特点，在检查组织、机构选点、抽样比例和重点、沟通协调等方面进一步细化检查方案，并负责形成法人机构的检查报告。四是银监局和银监分局要根据检查方案，开展对所辖分支机构的现场检查，并表局和异地局要做好沟通配合工作。

（三）机构整改（2015 年 4 月底前）。各银行业金融机构要边查边改，针对各业务领域的重点环节提出整改措施。一是健全制度体系，做到全覆盖、不留死角；二是强化责任追究，明确各个环节、各个方面的责任，确保各项规章制度落到实处；三是突出管理重点，特别要加强对基层一把手、关键岗位和人员的管理，必要时实行轮岗；四是加强监督检查，使制度落实情况的监督检查常态化。

（四）汇总上报（2015 年 5 月）。银行一部负责将银行业金融机构检查整改情况汇总上报国务院。

二、检查重点与范围

（一）机构自查

1. 已出现违规经营和违法犯罪问题的问责与整改情况。在逐项梳理分析 2010 年至 2014 年已经发生的违规经营和违法犯罪情况的基础上，重点检查对相关责任人问责是否到位，是否存在应问责而未问责、应重处却轻处的情况；是否针对违法违规行为反映出的内部管理漏洞，完善了相应的组织架构、制度流程、考核机制等；是否存在屡查屡犯的情况。

2. 潜在违规经营和违法犯罪问题。重点排查违规经营和违法犯罪高发的信贷业务、存款业务、票据业务、同业业务、理财业务、财务管理等领域，是否存在新发生的违法违规行为（相关要点见附表）。本级自查金额不应低于相关业务 2014 年 12 月末余额的 50%；上级检查各级下属机构的覆盖面不应低于 30%，检查金额不应低于被查机构相关业务 2014 年 12 月末余额的 30%。

3. 内部控制隐患和漏洞。重点检查内部控制制度是否完善，是否做到全覆盖、不留死角，是否存在不符合法律法规要求，或不能满足内部管理需要的问题；内控组织体系是否健全，是否有利于董事会、监事会、独立董事充分发挥作用，是否能够确保前、中、后台有效制约；内控执行与监督是否有效，是否明确各个环节、各个方面的责任，合规和内审部门是否能够有效履行监督检查职能；内控合规文化是否形成，特别是基层一把手、关键岗位和人员的合规意识是否到位。

（二）监管检查

1. 银行业金融机构自查情况。包括自查的组织、机构和业务覆盖面、检查内容、检查报告是否符合要求；自查是否能够有效发现和充分揭示内部管理中存在的问题和不足。

2. 银行业金融机构违法违规行为。重点检查信贷业务、存款业务、票据业务、同业业务、理财业务、财务管理等领域，是否存在屡查屡犯的问题，是否存在新的违法违规形式。

3. 银行业金融机构内控情况。包括董监事履职情况、内控体系建设情况、控制程序实施情况、内部监督情况等。

4. 银行业金融机构整改情况。包括是否针对本次自查结果与监管部门检查情况制定积极的整改计划，整改措施是否有针对性、是否有效，各项整改要求是否得到认真落实。

检查范围：全部政策性银行（含国开行）、国有商业银行、股份制商业银行和邮储银行法人，辖内城商行和农商行法人抽查比例不低于 30%，辖内其他银行业金融机构法人抽查比例不低于 20%；被查法人机构全部一级分行（分公司）及其下辖 20% 以上二级分行（分公司）和支行（支公司）。抽查金额不应低于各被查机构相关业务 2014 年 12 月末余额的 10%。

三、报告要求

（一）银行业金融机构自查时限和报告要求。一是各法人机构要于 2014 年 12 月 15 日前报送自查工作方案。二是 2015 年 3 月底前将自查报告和整改方案报送银监会相关监管部门或银监局（银监分局）。报告内容应包括自查的组织开展情况、检查内容、发现的主要问题、存在问题的原因、问题整改方案等。整改方案应包括时间表、责任部门、责任人员、整改措施、整改目标等。三是 2015 年 4 月底前报送整改结果和内部责任追究情况。四是开发银行、进出口银行、工商银行、农业银行、中国银行、建设银行、交通银行、中信银行、光大银行、招商银行、邮储银行自查与整改情况除报监管部门外，应于 2015 年 5 月底前将报告抄报国务院。

（二）监管检查时限和报告要求。一是各银监局将辖内法人机构自查和监管检查情况按机构类别分别汇总后，于 2015 年 4 月底前分别报银监会相关机构监管部门，相关情况同时抄报银行一部；银监会各机构监管部门于 2015 年 5 月 15 日前完成本条线各法人机构自查和监管检查情况汇总后，抄送银行一部；银行一部汇总全部自查和监管检查情况。二是各银监局和银监会各机构监管部门汇总报告应做到重点突出、事实清楚、叙述准确、分析透彻、建议可行。报告内容包括但不限于以下几个方面：检查总体情况与评价；按业务品种分类归纳存在的主要问题，并辅以典型案例；内、外部原因分析，并辅以典型案例；银行业金融机构已采取和拟采取的整改措施、责任追究情况；监管部门已采取和拟采取的监管措施、行政处罚情况；下一步工作措施和意见建议。银监会各机构监管部门和各银监局检查过程中发现的典型违规问题，可专题报送。

四、检查要求

（一）高度重视，统一认识。此次自查和检查是对银行业金融机构合规经营情况一次全面深入的检验。各银行业金融机构和各级监管部门务必高度重视、严格要求，自查、抽查和整改都要真抓实做，确保工作取得实效。

（二）加强领导，明确责任。各银行业金融机构董事会、高管层要认真履行职责，切实加强组织领导，从总行到各级分支机构要层层实行一把手负责制，确定专门部门牵头开展自查和配合检查。银监会各监管部门和各级派出机构也要明确一把手负责，加强领导、精心组织，抽调骨干力量组建检查队伍，高质量完成检查任务。

（三）遵守纪律，客观公正。银监会检查人员应严格按照《银行业监督管理法》、《现场检查规程》中相关规定开展现场检查工作，严格遵守中央八项规定及银监会实施细则，严格执行银监会“约法三章”，严格遵守保密规定，依法监管、廉洁自律。

（四）严肃问责，强化效果。各银行业金融机构和各级监管部门要对自查和检查中发现的违规经营问题，依法依规进行严肃的责任追究和处罚、处理，切实做到发现一起，查处一起。对涉嫌违法犯罪的行为，要依照相关程序及时移送司法部门。对银行业金融机构自查中未发现的、经监管部门抽查发现的违规问题，要追究自查责任。对于监管执法不严、违法不究、处罚不力的问题，要严格进行监管问责。

中国银行业监督管理委员会
2014 年 12 月 5 日

中国银行业监督管理委员会关于印发《商业银行压力测试指引》的通知

（银监发〔2014〕49号）

各银监局，各政策性银行、国有商业银行、股份制商业银行，邮储银行，银监会直接监管的信托公司、企业集团财务公司、金融租赁公司：

现将修订后的《商业银行压力测试指引》印发给你们，请遵照执行。

中国银行业监督管理委员会

2014年12月8日

商业银行压力测试指引

第一章　总　　则

第一条　为提高商业银行风险管理能力，加强系统性风险防范，根据《中华人民共和国银行业监督管理法》、《中华人民共和国商业银行法》、《中华人民共和国外资银行管理条例》等法律法规，制定本指引。

第二条　本指引适用于中华人民共和国境内依法设立的商业银行，包括中资商业银行、外商独资银行和中外合资银行。

第三条　商业银行应当依据本指引健全压力测试体系，提升压力测试能力，定期开展压力测试并确保压力测试结果得到有效应用。

第四条　本指引所称压力测试是一种银行风险管理和监管分析工具，用于分析假定的、极端但可能发生的不利情景对银行整体或资产组合的冲击程度，进而评估其对银行资产质量、盈利能力、资本水平和流动性的负面影响。压力测试有助于监管部门或银行对单家银行、银行集团和银行体系的脆弱性做出评估判断，并采取必要措施。

第五条　银监会及其派出机构依照本指引对商业银行压力测试工作进行监督检查，并采取相应的监管措施。

第二章　压力测试管理

第一节　一般规定

第六条　商业银行应当在法人和集团层面建立与规模、业务复杂程度和风险状况相适应的压力测试体系，并将其纳入各个层次的风险管理活动，成为风险管理体系的有机组成部分。商业银行压力测试体系应包含以下基本要素：治理结构、政策文档、方法流程、情景设计、保障支持以及验证评估。

第七条 压力测试应在商业银行风险管理中发挥以下作用：

（一）前瞻性评估压力情景下风险暴露，识别定位业务的脆弱环节，改进对风险状况的理解，监测风险的变动。

（二）对基于历史数据的计量模型进行补充，识别和管理“尾部”风险，对模型假设进行评估。

（三）关注新产品和新业务带来的潜在风险。

（四）评估银行资产质量、盈利能力、资本水平和流动性承受压力事件的能力，为银行设定风险偏好、制定资本和流动性规划提供依据。

（五）协助银行制定改进措施。

（六）支持银行内外部对风险偏好和改进措施的沟通交流。

第二节 治理结构

第八条 商业银行应当建立有效的压力测试治理结构，明确董事会、监事会（监事）、高级管理层以及相关部门在压力测试管理中的职责及报告路线。

第九条 商业银行董事会应当承担压力测试管理的最终责任，履行以下职责：

（一）审核并批准压力测试政策。

（二）监督高级管理层对压力测试进行有效管理。

（三）审阅经高管层审定有重大影响的压力测试报告，了解压力测试的关键假设，关注压力测试的结果及其影响，审议后续的重大改进措施，了解改进措施的风险缓释效果，在确定银行风险偏好和风险管理目标时考虑压力测试的结果。

（四）其他有关职责。

董事会可以授权下设的专门委员会履行部分职责。

第十条 商业银行的监事会（监事）应对董事会及高级管理层在压力测试管理中的履职情况进行监督评价，至少每年向股东大会（股东）报告一次。

第十一条 商业银行的高级管理层应当履行以下职责：

（一）根据外部监管和董事会要求，制定并修订压力测试政策，提交董事会审核批准。

（二）确定压力测试组织结构，明确各部门职责分工，建立保障支持体系，保证银行压力测试工作的顺利开展。

（三）审议压力情景设定，定期组织开展压力测试，评估压力测试结果对银行的影响，制定和落实风险改进措施，将压力测试结果运用到银行的各项经营管理决策中。

（四）向董事会报告压力测试开展情况。

（五）其他有关职责。

第十二条 商业银行应当指定专门的部门或团队负责压力测试管理，压力测试的管理职能应当相对独立于业务条线。

负责压力测试管理的部门（团队）应具备以下职能：

（一）拟定压力测试政策，提交高级管理层审核批准。

（二）组织和协调各部门设计压力情景，实施压力测试，汇总并提交压力测试报告。

（三）推进全行压力测试体系建设，定期维护和更新压力测试体系。

（四）做好压力测试文档管理，保证文档结果的完备性。

（五）其他有关职责。

第三节 政策文档

第十三条 商业银行应制定完备的压力测试政策。压力测试政策包含但不限于：

（一）压力测试的管理目标。

（二）压力测试的主要类型。

（三）压力测试的组织结构。

（四）压力测试的方法。

（五）压力测试的流程与频度。

（六）压力测试的情景假设。

（七）压力测试结果的报告要求及运用。

（八）压力情况下可能采取的改进措施或应急计划。

（九）压力测试体系的定期评估与重检。

第十四条 压力测试政策应根据经营环境变化和业务发展及时进行修订。任何重大的实质性调整应及时提交董事会审议。

第十五条 商业银行应通过完备文档记录每一轮压力测试过程，确保压力测试可追溯和复制。文档记录应包括压力测试的目标、风险因素、压力情景、基本假设、方法论、传导机制、数据来源、压力测试的结果及相关管理措施等。

第四节 方法流程

第十六条 商业银行应建立完整的压力测试流程，包括以下步骤：定义测试目标，确定风险因素，设计压力情景，收集测试数据，设定假设条件，确定测试方法，进行压力测试，分析测试结果，确定潜在风险和脆弱环节，汇报测试结果，采取改进措施等。

第十七条 商业银行应开展全面的压力测试，总体涵盖各类主要风险和表内外各个主要业务领域，充分考虑各项业务间的相互作用和反馈效应以及风险因子与承压指标间可能存在的非线性关系，有效整合各类风险的压力测试，反映银行及银行集团风险的整体情况。

第十八条 商业银行应对快速发展的新产品和新业务以及存在潜在重大风险的业务领域进行专项压力测试。此外，从事复杂业务的商业银行应在压力测试中结合本行实际情况充分考虑资产证券化和包销等复杂业务以及高杠杆交易对手违约的影响。

第十九条 商业银行应定期开展压力测试。压力测试的频度应根据测试目的、风险类型、风险水平、外部环境以及监管要求合理确定，并及时进行调整。在必要情况下，商业银行应对特定领域和风险及时开展专项压力测试。

第二十条 商业银行应尽可能以定量方法来确定压力情景参数、风险因子相关性以及具体传导过程。此外，压力测试工作中应运用定性方法作为补充，通过合理的流程和方法，综合反映各个条线、领域专家意见，以拓展压力测试的适用范围并提高其有效性。

第二十一条 根据所考虑因素的复杂性，压力测试方法可分为敏感性分析和情景分析。商业银行应结合使用敏感性分析和情景分析进行压力测试。

敏感性分析旨在测量单个重要风险因子或少数几项关系密切的因子在假设变动情况下对银行风险暴露和银行承受风险能力的影响。在进行敏感性分析时，假设的变动程度应达到足够的波动幅度，以反映极端情况对银行的影响。

情景分析旨在测量多个风险因子同时发生变化以及某些极端不利事件发生对银行风险暴露和银行承受风险能力的影响。在进行情景分析时，应考虑不同风险因子之间的相关性。

第二十二条 商业银行应以一个或多个承压指标来反映压力测试的结果和对银行稳健程度的影响。常用承压指标包括但不限于：资产价值、资产质量、会计利润、经济利润、监管资本、经济资本和有关流动性指标。

商业银行应根据压力测试的目的、风险类型、业务种类以及特定要求来选取合适的承压指标。

第二十三条 商业银行可采用反向压力测试来识别可能对银行持续经营带来重大影响的压力情景。反向压力测试是从已知的压力测试结果出发，反向寻找银行资产质量、盈利、资本和流动性可能承受的极端压力情景。适于开展反向压力测试的领域包括高风险业务线、未经历过严重压力的新产品和新业务等。规模较大且从事复杂业务的商业银行应开展反向压力测试。

第二十四条 压力测试的结果应向董事会或高级管理层报告。报告的内容应包括压力情景下承压指标的变动、结果所反映的银行潜在风险点以及改进措施。

商业银行应每年向监管机构提交压力测试开展情况报告。如果压力测试的结果显示银行可能面临重大风险，应及时报告监管机构。

第二十五条 压力测试结果应运用于商业银行的各项管理决策中，包括但不限于：制定战略性业务决策、编制经营规划、设定风险偏好、调整风险限额、开展内部资本充足和流动性评估、实施风险改进措施以及应急计划等。

第二十六条 商业银行应遵循清晰的、预先设置的原则，针对压力测试结果采取必要的改进措施，并确保得到有效实施。改进措施包括但不限于：

（一）重组、变现、终止和对冲风险头寸。

（二）增加风险缓释。

（三）提高信贷审批标准。

（四）调整风险限额。

（五）压缩资产负债规模，调整资产负债结构，包括增加拨备、留存收益、补充资本和增加流动性储备等。

（六）调整业务发展策略和定价策略。

（七）启动应急计划。

第二十七条 商业银行应按照有关信息披露要求向社会公众公开压力测试的相关情况。

第五节 情景设计

第二十八条 商业银行应在充分识别风险特征的基础上进行情景设计。压力情景应反映银行主要风险因素，不同业务条线情况，外部环境冲击的影响变化；考虑各风险因子在一系列宏观经济和金融冲击下的相互作用和反馈效应。

压力情景一般分为轻度压力、中度压力以及重度压力。三种压力情景按照顺序不断增强，其中轻度压力应比基准情况更为严峻，重度压力应反映极端但可能发生的情况。

第二十九条 压力情景设计应综合考虑历史性情景和假设性情景。历史性情景设计可参考区域性、系统性金融危机等事件。

商业银行还应从前瞻性视角出发，分析潜在风险，设计假设性情景。

压力情景的设计应得到相关业务条线专家的广泛参与，并按照事先确定的流程开展。

第三十条 压力情景设计涵盖的风险类型应主要包括信用风险（含集中度风险、国别风险）、市场风险（含银行账户利率风险）、流动性风险、操作风险和声誉风险等，并考虑不同风险之间的相互影响。

第三十一条 针对信用风险的压力情景包括但不限于以下内容：国内及国际主要经济体宏观经济增长下滑，房地产价格出现较大幅度向下波动，贷款质量和抵押品质量恶化，授信较为集中的企业和主要交易对手信用等级下降乃至违约，部分行业出现集中违约，部分国际业务敞口面临国别风险或转移风险，其他对银行信用风险带来重大影响的情况等。

第三十二条 针对市场风险的压力情景包括但不限于以下内容：利率重新定价、基准利率不同步以及收益率曲线出现大幅变动、期权行使带来的损失，主要货币汇率出现大的变化，信用价差出现不利走势，商品价格出现大幅波动，股票市场大幅下跌以及货币市场大幅波动等。具体压力情景的选择应考虑银行账户和交易账户的差异。

第三十三条 针对流动性风险的压力情景包括但不限于以下内容：流动性资产变现能力

大幅下降，批发和零售存款大量流失，批发和零售融资的可获得性下降，交易对手要求追加抵（质）押品或减少融资金额，主要交易对手违约或破产，信用评级下调或声誉风险上升，市场流动性状况出现重大不利变化，表外业务、复杂产品和交易对流动性造成损耗，银行支付清算系统突然中断运行等。

具体压力情景的设定应充分考虑针对单个银行的特定冲击、影响整个市场的系统性冲击和两者相结合的情景。

第三十四条 针对操作风险的压力情景包括但不限于受到以下重大操作事件影响：内部欺诈事件，外部欺诈事件，就业制度和工作场所安全事件，客户、产品和业务活动事件，实物资产的损坏，信息科技系统事件，执行、交割和流程管理事件等。信息系统事件应充分考虑业务中断系统失灵导致的直接和间接损失。

第三十五条 商业银行在设计压力情景时应考虑声誉风险的溢出效应，关注声誉风险对信用风险、流动性风险和市场风险的影响，包括合约性和非合约性的表外风险暴露或资产证券化暴露，出于声誉需要将表外资产转入表内的可能性等。

第六节 保障支持

第三十六条 商业银行应当为压力测试工作顺利开展提供必要的保障与支持，包括数据、系统和人力资源等。

第三十七条 商业银行应具备相应的数据管理能力，为压力测试提供质量较高、颗粒度较细的数据，确保数据的完整性和准确性。

第三十八条 商业银行应具备相关信息系统，并能根据压力测试工作需要灵活进行调整，有关系统应当实现以下功能：

（一）支持实现灵活的情景生成。

（二）支持完成资产组合、业务条线、银行及银行集团整体等不同层面的压力测试。

（三）支持计量各类风险因子对银行各项承压指标的冲击。

（四）支持测试数据的抽取、转换和加载，并保证测试过程的可复制性。

（五）支持满足各类压力测试的监管频度要求。

第三十九条 商业银行应具备满足本行压力测试工作需要的专业团队。

第七节 验证评估

第四十条 商业银行应确定独立的验证部门或团队对压力测试体系进行持续有效的评估并出具验证评估报告，原则上不低于一年一次，验证部门（团队）的相关职责应涵盖以下内容：

（一）评估压力测试方案是否有效地满足既定目标。

（二）评估压力测试的政策和过程文档是否完备。

（三）评估压力测试的实施是否按照既定的流程。

（四）评估压力测试方法的可靠性。

（五）评估压力测试的假设是否合理。

（六）评估数据质量是否可靠。

（七）评估系统的支持是否有效。

（八）了解压力测试是否纳入银行日常风险管理。

（九）评估压力测试结果内部应用是否充分。

（十）内部审计提出的其他相关要求。

第四十一条 商业银行应将压力测试纳入内部审计的范围，内审部门应履行以下职责：

（一）定期审查和评估压力测试体系的适用性和有效性。内部审计应涵盖对验证评估工作的审计。

（二）评估高级管理层的履职是否充分。

（三）评估压力测试结果内部应用是否充分。

（四）评估相关部门是否采取了必要的改

进措施并有效实施。

（五）定期向董事会报告审计结果。

第三章　压力测试监管

第一节　监督检查

第四十二条　银监会及其派出机构应定期对商业银行压力测试体系进行监督检查，评估银行的压力测试是否与其规模、业务复杂程度和风险状况相适应，采取有效措施以促进银行提升压力测试及风险管理水平。

第四十三条　银监会及其派出机构对商业银行压力测试进行检查评估内容包括但不限于：

（一）压力测试是否有助于全行层面风险识别和控制能力的提升。

（二）董事会、监事会和高级管理层是否履行压力测试中应承担的职责。

（三）压力测试政策是否及时维护和更新，文档记录是否详细。

（四）压力测试流程是否完整，压力测试内容是否全面，压力测试方法是否合理。

（五）压力测试的结果是否在不同管理层级的经营决策中得到应用。

（六）改进措施是否适当并且具有可操作性。

（七）压力测试是否被纳入银行的内部资本充足评估程序（粣稙辖辖靡）和全面风险管理框架。

（八）情景假设是否合理，是否考虑银行经营环境中现有的风险状况和未来的发展变化因素，是否考虑风险之间的相互作用和反馈效应。

（九）银行是否具备足够的数据、系统、人力等资源，是否建立清晰的压力测试业务流程。

（十）压力测试的验证评估是否有效。

第四十四条　银监会及其派出机构可通过非现场监管、现场检查等方式，在法人和集团层面，对商业银行压力测试体系有效性进行全面的检查评估。

第四十五条　银监会及其派出机构可采取的检查评估手段包括但不限于：

（一）要求银行提交压力测试政策、报告等相关文档材料。

（二）对压力测试的各级人员进行访谈，如有必要，可与董事会和高级管理层的相关人员进行沟通交流。

（三）要求银行对压力测试假设的合理性、模型的可靠性和数据的准确性进行解释和说明。

（四）要求银行使用监管指定的假设或参数对特定的资产组合进行敏感性分析，对比评估压力测试结果。

（五）利用银行的基础数据独立开展压力测试，以验证银行压力测试结果的可靠性。

（六）通过同质同类银行的分析对比，评估银行压力测试结果的审慎程度。

第四十六条　对于在检查评估中发现压力测试体系存在实质性缺陷或者商业银行决策过程中没有充分考虑压力测试结果等情况，银监会及其派出机构可以要求商业银行采取下列措施：

（一）对压力测试中的薄弱环节以及实质性的缺陷进行改进，必要时重新进行压力测试并将有关结果报告监管机构。

（二）加大压力测试结果在经营决策中的运用。

（三）调整风险限额。

（四）减少对特定行业、国家、地区或资产组合的风险暴露。

（五）提高流动性和资本水平。

（六）增加风险缓释。

（七）实施其他改进措施。

第四十七条　在风险评估、监管评级等持续性监管中，银监会及其派出机构应充分考虑压力测试结果所揭示的银行风险状况以及对银行压力测试体系评估中发现的薄弱环节。

第二节　统一的压力测试

第四十八条　银监会定期组织商业银行按照统一要求开展压力测试，并可独立开展压力测试，以评估单个银行和银行体系的稳健水平。

第四十九条　对于统一组织商业银行开展的压力测试，银监会提供压力情景，银行根据统一的压力情景开展压力测试并提交报告。银监会与银行就压力测试的具体要求、关键假设等技术环节进行充分沟通，以提升银行压力测试结果的可靠性。

第五十条　银监会可独立开展对特定银行或银行体系的压力测试，以评估外部冲击对特定银行或银行体系风险的影响。银监会独立开展的压力测试应充分考虑到金融机构之间业务的关联性和风险溢出效应。

第五十一条　银监会建立压力测试的专家团队，评估商业银行压力测试的开展情况以及实施统一的压力测试。

第四章　附　　则

第五十二条　除另有规定外，政策性银行、农村合作银行、外国银行分行、信托公司、企业集团财务公司、金融租赁公司、汽车金融公司、消费金融公司参照本指引执行。

第五十三条　本指引由银监会负责解释。

第五十四条　本指引自2015年1月1日起施行。《商业银行压力测试指引》（银监发〔2007〕91号）同时废止。

中国银行业监督管理委员会办公厅、工业和信息化部办公厅关于印发《银行业应用安全可控信息技术推进指南（2014—2015年度）》的通知

（银监办发〔2014〕317号）

各银监局，各省（自治区、直辖市及计划单列市）工业和信息化主管部门，各政策性银行、国有商业银行、股份制商业银行、金融资产管理公司，邮政储蓄银行，银监会直接监管的信托公司、企业集团财务公司、金融租赁公司：

根据中国银监会、国家发展改革委、科技部、工业和信息化部《关于应用安全可控信息技术加强银行业网络安全和信息化建设的指导意见》（银监发〔2014〕39号），银监会、工业和信息化部联合编制了《银行业应用安全可控信息技术推进指南（2014—2015年度）》，现印发给你们，请遵照执行。

中国银行业监督管理委员会办公厅

工业和信息化部办公厅

2014年12月26日

银行业应用安全可控信息技术推进指南
（2014—2015 年度）

为推动安全可控信息技术在银行业的落地应用，防范银行业信息科技风险，根据中国银监会、国家发展改革委、科技部、工业和信息化部《关于应用安全可控信息技术加强银行业网络安全和信息化建设的指导意见》（银监发〔2014〕39 号，简称《指导意见》），及信息安全、保密等其他相关政策，制定本指南。

一、总则

（一）本指南旨在对《指导意见》提出的总体目标、任务要求、工作措施予以细化，对银行业信息化所涉及的技术、产品及服务明确安全可控要求，制定评价标准，从应用和研究两个方向细化任务要求，以指导和促进银行业金融机构掌握信息化核心知识和关键技术，提高银行业金融机构网络安全保障能力和信息化建设水平。

（二）安全可控信息技术是指能够满足银行业信息安全需求，且技术风险、外包风险和供应链风险可控的信息技术。其中，技术风险泛指与银行业金融机构信息资产相关的固有风险和操作风险，银行业金融机构不因采用任何技术、产品或服务而损失对技术风险的识别、监测和控制能力，信息技术企业应充分保障银行业金融机构识别技术风险的权利，并为识别和控制风险提供充分的知识、技能和工具支持。外包风险是指因信息科技外包而产生的科技能力丧失、业务中断、信息泄露等风险。供应链风险是指因技术、产品或服务供应渠道中断、知识产权限制而造成银行业金融机构无法获得必要的维修、支持、升级等服务，进而导致系统运行中断的风险。

（三）本指南按照结合实际、科学规划、稳步推进、动态调整的原则编制，并逐年进行修订。

（四）本指南适用于中华人民共和国境内依法设立的银行业金融机构。

（五）本指南有效期为自印发之日起至 2015 年 12 月 31 日止。

二、银行业信息技术资产分类和安全可控指标

（六）本指南建立银行业信息技术资产分类（简称 IT 资产分类）目录，结合银行业网络安全和信息化建设需求，针对每一类别，综合判断技术、产品和服务的提供能力，以安全可控为基本目标，提出差异化的工作要求、应用任务和研究任务，以及各类别安全可控比例的计算方法。银行业信息技术资产分类目录和安全可控指标（2014—2015 年度）详见附表。

（七）IT 资产分类由类别代码、名称、说明和相关引用标准等要素组成。类别分为大类和小类两个层次，并针对每一小类细化安全可控指标。

（八）安全可控指标由安全可控要求、年度应用任务、年度研究任务、评价方法等要素组成。安全可控要求明确了该类别技术、产品或服务是否安全可控的标准。应用任务明确了该类别资产当中安全可控信息技术的使用比例、使用程度要求，研究任务明确了在该类别开展相关研究的概要方向。评价方法明确了该类别安全可控信息技术使用率的计算方法。

（九）安全可控要求基于该类别技术、产品或服务的开放性、适用面和透明度制定，重点考察其安全性、兼容性是否经过技术和风险评测，考察其知识产权、研发生产的自主程度，考察其技术转移、知识转移程度和其提供方的持续服务能力。

（十）银行业金融机构应根据《指导意见》要求，按照到2019年末安全可控信息技术使用率达到75%的总体目标开展工作。对于本指南印发时已达到75%的资产类别，原则上应保持比例只增不减。

三、工作要求

（十一）加强组织领导。银行业金融机构应设立安全可控信息技术推进领导小组，负责制定安全可控信息技术推进战略规划和总体规划，审核和批准年度推进工作计划，统筹指导推进实施工作，保障本机构推进工作所需资源；应指定一个部门牵头组织推进实施工作，牵头部门负责制定年度推进工作计划，推动、协调各相关部门落实工作计划，负责信息报告和反馈；根据本机构实际情况，可组建若干专题实施小组，负责落实相关专题领域的具体应用任务和研究任务。

（十二）完善工作规划。修订和完善本机构信息科技发展战略规划，将安全可控信息技术推进工作目标、内容和措施纳入规划；制定涵盖2015—2019年的推进工作总体规划，明确总体安排和每一类别的推进目标、计划完成时限、实施方案，总体规划应根据落实情况、市场环境变化和监管要求逐年动态调整；制定年度安全可控信息技术推进实施工作计划，进一步细化年度应用和研究工作推进具体目标、内容和措施。

（十三）安排财务预算。根据年度应用和研究任务要求，结合本行信息化建设工作需要，将安全可控信息技术的应用和研究纳入财务预算，并分别明确年度信息化预算中安全可控信息技术的应用投入比例和研究投入比例，其中相关研究比例不低于年度信息化预算的5%。

（十四）完善制度流程。银行业金融机构应根据《指导意见》和本指南相关要求，完善预算、采购、开发、外包、运维、绩效考核等相关的制度流程，加强制度流程之间的配套协同，支持和保障本机构应用安全可控信息技术的推进工作。

（十五）实施架构转型。银行业金融机构应加强架构规划和设计能力，以开放、弹性为重点目标实施架构转型，为应用安全可控信息技术留出空间，2015年应至少完成一个开放弹性架构原型，并完成至少一个信息系统的迁移；完善信息系统灾备架构，数据级灾备方案原则上必须使用安全可控的信息技术构建，应用级灾备逐步向安全可控信息技术过渡，2015年应至少实现一种基于安全可控信息技术的数据级（或应用级）灾备方案。

（十六）加强研究创新。银行业金融机构应以安全可控为目标，开展治理机制、管理体系和技术体系创新研究，加强经验总结和知识积累；应积极挖掘银行业信息化安全可控需求，联合相关力量开展产品或解决方案研究，摆脱简单的替代思路，提升安全可控工作水平；应结合移动互联网、云计算、大数据开展创新研究，以技术创新带动产品创新、服务模式创新，提升客户体验；应积极参与银行业安全可控信息技术实验室的研究、测试工作；有条件的银行业金融机构要积极探索和建立技术输出机制。

（十七）发挥集约效应。银行业金融机构、信息技术企业应将基础性、通用性的测试、验证工作提交监管部门统筹安排，集约开展工作；银行业金融机构、信息技术企业已完成的各类测试验证和应用成果应及时报送监管部门，以便及时共享信息，避免重复工作；对于安全可控信息技术尝试和使用中出现的困难和问题，须及时提交监管部门协调解决，避免因问题搁置而阻碍推进工作。

四、工作评价

（十八）银监会及其派出机构将根据应用任务和研究任务完成情况，结合银行业金融机构对核心知识和关键技术的掌控能力和程度，按年度综合评价银行业金融机构安全可控能力成熟度，重点从安全可控信息技术使用率、重要信息系统可控率和研究工作开展情况等指标予以评估。

（十九）银监会将会同工业和信息化部按年度对相关信息技术企业支持、保障银行业开展安全可控信息技术应用工作进行评价，重点从兼容性、适用性、安全性、缺陷率、投诉率等指标予以评估。

（二十）安全可控信息技术使用率采取“先分类、后总体”的评价方式。对硬件主要以符合安全可控要求的设备数量相对该类设备总量之比计算，对软件主要以符合安全可控要求的软件许可（或装机）数量相对该类软件许可（或装机）总量之比计算，对服务主要以符合安全可控要求的服务合同金额相对该类服务合同总金额之比计算。安全可控信息技术使用率的总体评价由监管部门根据不同银行类型，在分类评价结果的基础上，综合考虑应用效果是否能够促进架构转型、是否能够促进技术改进、是否能够推广应用等最终确定。

（二十一）重要信息系统可控率是银行业金融机构能够自主掌握的重要信息系统数量与重要信息系统总量之比。重要信息系统的定义参见《银行业重要信息系统投产及变更管理办法》（银监办发〔2009〕437 号）。重要信息系统可控是指银行业金融机构能够掌握重要信息系统的设计原理、设计架构、源代码等核心知识和关键技术，拥有该系统完备可用的资料，具有自行开展系统维护的能力。

（二十二）研究工作的评价重点是考察《指导意见》和本指南确定的相关研究任务的完成情况，并结合信息化投入中 5% 的研究预算落实情况综合考虑。银行业金融机构的研究预算可用于开展各类课题研究、研制解决方案、申请专利、培养专业人才等方面，可以包括相关设备投入、培训投入、测试投入及相关的出版、专利、国际交流费用。研究任务和研究投入情况评价与研究结果的成效挂钩。

五、保障措施

（二十三）建立银行业安全可控信息技术创新战略联盟和安全可控信息技术实验室，统筹开展重大、共性、疑难问题的攻关研究，提供安全可控解决方案，建立安全可控标准和测试规范，统筹开展安全可控信息技术测试，总结和发布安全可控工作成果。

（二十四）建立银行业信息科技风险评估制度和工作机制，开展安全可控评价工作，明确评价内容、标准和流程，规范风险控制措施。

（二十五）建立信息报送和通报制度，结合 IT 资产分类目录，及时掌握银行业安全可控信息技术应用推进情况和研究进展情况，定期对工作推进情况、测试结果、重要研究成果、主要困难和难点问题进行通报；对有关备案情况进行公告。

（二十六）建立银行业应用安全可控信息技术示范项目遴选机制，为促进经验分享，每年开展一次示范项目遴选，对确立为示范项目的项目成果进行分类，示范项目可按照分类提升相关研究投入的折算系数，示范项目相关的技术成果纳入下一年度优先推广范围，并由战略联盟或技术实验室根据项目研发投入情况给予适当经费补偿。

（二十七）建立监管激励机制，将安全可控信息技术推进工作纳入监管评级要素，并根据工作推进情况和推进目标需要，定期调整要素权重，对推进进度较快、创新力度较大的银行业金融机构，在信息科技监管评级等方面予以加分，并适当提升其信息科技风险容忍度。

（二十八）建立对信息技术企业的评价反馈机制，战略联盟和技术实验室对信息技术企业开展持续监测和评价，对积极配合银行业安全可控信息技术推进工作、加大安全可控关键技术及产品研发投入、积极提升产品质量和服务能力、规范经营的企业予以鼓励，对其相关的技术、产品和服务予以优先推广；对存在问题的企业及其产品和服务，通过产品缺陷发布、风险提示等方式及时进行通报，引导银行业金融机构规避相关风险。

（二十九）银行业信息科技风险管理高层指导委员会将通过专家库管理、专业指导和课题研究等工作机制，加大对银行业应用安全可控信息技术推进工作的指导和支持。

六、工作安排

（三十）银监会及其派出机构按照属地监管原则，分工负责相关银行业金融机构的推进工作，包括掌握工作规划、督导工作实施、核实工作进展、实施监管评级等。

（三十一）各地方工业和信息化主管部门要将支持指导银行业金融机构开展安全可控信息技术推进工作纳入2015年工作重点，支持信息技术企业面向银行业需求开展安全可控信息技术研发，加强人才队伍培养，有条件的地方应对银行业应用安全可控信息技术示范项目和第三方测试机构安全可控技术风险评估能力建设给予一定资金支持。

（三十二）请各银行业金融机构于2015年3月15日前将下列材料按照属地监管原则报送银监会或其派出机构：本机构应用安全可控信息技术推进领导小组、牵头部门和专题小组（如有）的组成及职责；涵盖安全可控信息技术推进工作的战略规划（或其修订草案）、总体规划和年度工作计划。上述材料均报送电子版，其中报送函件须加盖公章。请各银监局汇总辖内银行业金融机构上述材料，于2015年3月30日前报送至银监会联系人。

（三十三）请各地方工业和信息化主管部门明确工作负责处室和联络人，于2015年3月15日前报送工业和信息化部（软件服务业司），并配合银监会及其派出机构做好银行业安全可控信息技术推进工作，及时反馈工作问题和进展。

（三十四）请各银行业金融机构根据附表做好资产清查盘点准备工作，摸清底数，银监会将另行通知报送有关信息。

（三十五）请各银行业金融机构、各信息技术企业对测试验证需求、解决方案需求和有关困难及时汇总整理，自2015年1月1日起，可随时向银行业监管机构提交此类需求和问题，监管机构将统筹委托银行业安全可控信息技术实验室或其他第三方机构予以安排。

（三十六）附表中涉及备案和风险评估要求的，各信息技术企业于2015年4月1日起可向银监会信科部提交申请，具体流程另行公布。

2014年12月29日

中国银行业监督管理委员会办公厅关于印发《银行业金融机构从业人员处罚信息管理办法》的通知

（银监办发〔2014〕322号）

各银监局，各政策性银行、国有商业银行、股份制商业银行、金融资产管理公司，邮政储蓄银行，银监会直接监管的信托公司、企业集团财务公司、金融租赁公司：

现将银行业金融机构从业人员处罚信息管理办法印发给你们，自2015年1月1日起施行。

中国银行业监督管理委员会办公厅

2014年12月29日

银行业金融机构从业人员处罚信息管理办法

第一章　总　　则

第一条　为加强银行业金融机构案防长效机制建设，强化银行业从业人员管理，增强从业人员职业道德和业务素质，规范从业人员受处罚（处分）信息（简称处罚信息）管理，根据《中华人民共和国银行业监督管理法》和《中华人民共和国商业银行法》，制定本办法。

第二条　本办法适用于中华人民共和国境内依法设立的银行业金融机构及其分支机构从业人员受处罚信息的收集、管理和使用。

中华人民共和国境内依法设立的金融资产管理公司、信托公司、企业集团财务公司、金融租赁公司、汽车金融公司、货币经纪公司、消费金融公司、外资银行业金融机构以及经国务院银行业监督管理机构批准设立的其他金融机构参照适用本办法。

第三条　本办法所称从业人员是指按照《中华人民共和国劳动合同法》规定，与银行业金融机构签订劳动合同的在岗人员，银行业金融机构董（理）事会成员、监事会成员及高级管理人员，以及银行业金融机构聘用或与劳务代理机构签订协议直接从事金融业务的其他人员（包括邮政代理人员）。

第四条　本办法所称处罚信息是指银行业金融机构从业人员在执业过程中受到刑事处罚、行政处罚、党纪处分、内部处分及其他处罚等惩戒措施的信息。

第五条 银行业金融机构应建立从业人员处罚信息管理制度，明确专门部门、专职人员负责处罚信息报送、申请查询和日常管理等工作。

第六条 银监会根据工作需要，组织开发银行业金融机构从业人员处罚信息管理系统，收集、管理处罚信息并提供信息查询服务。

第二章 信息报送

第七条 处罚信息以银行业金融机构报送为主，并对所报送信息的真实性和准确性负责。

（一）银行业金融机构应事先以聘用合同、员工守则等形式明确告知从业人员，如有违法违规违纪行为，其处罚信息将报送监管部门，并用于行业内共享。

（二）处罚由银行业金融机构内部做出的，处罚信息由做出处罚决定的机构报送；处罚由机构外部做出的，由受处罚人员被处罚行为发生时所在机构报送。

人事关系隶属总（分）行，但在下一级分支机构工作以及人事关系在分（支）行，但在总行或上一级机构工作的人员信息，均由该人员人事关系所在机构向银监会或其派出机构报送。

（三）银监会直接监管的银行业金融机构法人总部人员处罚信息向银监会报送；其余机构及分支机构人员处罚信息，均向所在地银监会派出机构报送。

（四）对于所在地无银监会派出机构的，应通过上级机构转报相应银行业监管机构。

（五）已离职从业人员的责任认定结果，由该人员离职前的任职机构向银监会或所在地派出机构报送。

第八条 处罚信息主要包括：被处罚人姓名、证件号码、处罚机构名称、被处罚行为发生时所在机构名称、被处罚行为发生时岗位、职务、违法违规违纪基本事实、处罚依据、种类、期限以及有关更改信息等。

第九条 银行业金融机构应按照“一人一事一报”的原则，于处罚决定生效后10个工作日内向银监会或其派出机构报送。从外部获取的处罚信息或处罚信息发生变化的，应在获知或信息变更后10个工作日内报送。

第三章 信息使用

第十条 银监会及其派出机构在审查银行业金融机构董事、高级管理人员、要害部门岗位人员任职资格时，须按照“谁受理谁查询”的原则查询从业人员处罚信息，并根据查询结果，依照有关规定决定是否予以核准或是否同意所备案事项。

第十一条 处罚信息供银行业金融机构在人力资源管理中使用，银行业金融机构在招录人员时应向银监会或派出机构申请查询有关处罚信息。

第十二条 银监会或其派出机构应于收到银行业金融机构查询申请后10个工作日内向申请查询机构书面反馈查询结果。

第四章 信息管理

第十三条 银监会及其派出机构、银行业金融机构应严格遵守保密规定，不得违反规定泄露处罚信息。

第十四条 银行业金融机构在查询拟招录人员处罚信息前，应与其签订“个人处罚信息授权查询使用承诺书”。

第十五条 银行业金融机构应与银监会或其派出机构签订“从业人员处罚信息申请使用查询承诺书”后方可查询有关处罚信息。

第十六条 银监会案件稽查局负责处罚信息的管理协调工作，牵头组织对银行业金融机构处罚信息报送管理工作实施监督检查。

第十七条 处罚信息除刑事处罚和金融监管部门作出的取消董事、高级管理人员终身任职资格、禁止终身从事银行业工作的行政处罚为终身有效外，其他处罚信息保存期限为处罚期限终止日起5年，过期不再提供查询服务。

第十八条 银行业金融机构应严格按要求报送、查询和使用处罚信息。违反本办法瞒报、查询、使用、泄露处罚信息的，银监会及其派出机构依法采取监管措施，银行业金融机构承担由此带来的法律风险和声誉风险。

中国银行业监督管理委员会、最高人民检察院、公安部、国家安全部关于印发《银行业金融机构协助人民检察院公安机关国家安全机关查询冻结工作规定》的通知

（银监发〔2014〕53号）

各银监局，各省、自治区、直辖市人民检察院、公安厅（局）、国家安全厅（局），新疆生产建设兵团人民检察院、公安局、国家安全局，各政策性银行、国有商业银行、股份制商业银行、金融资产管理公司，邮储银行，银监会直接监管的信托公司、企业集团财务公司、金融租赁公司：

现将银行业金融机构协助人民检察院公安机关国家安全机关查询冻结工作规定印发给你们，请遵照执行。

中国银行业监督管理委员会
最高人民检察院
公安部
国家安全部
2014年12月29日

银行业金融机构协助人民检察院公安机关国家安全机关查询冻结工作规定

第一条 为规范银行业金融机构协助人民检察院、公安机关、国家安全机关查询、冻结单位或个人涉案存款、汇款等财产的行为，保障刑事侦查活动的顺利进行，保护存款人和其他客户的合法权益，根据《中华人民共和国刑事诉讼法》、《中华人民共和国商业银行法》、《中华人民共和国银行业监督管理法》等法律法规，制定本规定。

第二条 本规定所称银行业金融机构是指依法设立的商业银行、农村信用合作社、农村合作银行等吸收公众存款的金融机构以及政策性银行。

第三条 本规定所称“协助查询、冻结”是指银行业金融机构依法协助人民检察院、公安机关、国家安全机关查询、冻结单位或个人在本机构的涉案存款、汇款等财产的行为。

第四条 协助查询、冻结工作应当遵循依法合规、保护存款人和其他客户合法权益的原则。

第五条 银行业金融机构应当建立健全内部制度，完善信息系统，依法做好协助查询、冻结工作。

第六条 银行业金融机构应当在总部，省、自治区、直辖市、计划单列市分行和有条件的地市级分行指定专门受理部门和专人负责，在其他分支机构指定专门受理部门或者专人负责，统一接收和反馈人民检察院、公安机关、国家安全机关查询、冻结要求。

银行业金融机构应当将专门受理部门和专人信息及时报告银行业监督管理机构，并抄送同级人民检察院、公安机关、国家安全机关。上述信息发生变动的，应当及时报告。

第七条 银行业金融机构在接到协助查询、冻结财产法律文书后，应当严格保密，严禁向被查询、冻结的单位、个人或者第三方通风报信，帮助隐匿或者转移财产。

第八条 人民检察院、公安机关、国家安全机关要求银行业金融机构协助查询、冻结或者解除冻结时，应当由两名以上办案人员持有效的本人工作证或人民警察证和加盖县级以上人民检察院、公安机关、国家安全机关公章的协助查询财产或协助冻结/解除冻结财产法律文书，到银行业金融机构现场办理，但符合本规定第二十六条情形除外。

无法现场办理完毕的，可以由提出协助要求的人民检察院、公安机关、国家安全机关指派至少一名办案人员持有效的本人工作证或人民警察证和单位介绍信到银行业金融机构取回反馈结果。

第九条 银行业金融机构协助人民检察院、公安机关、国家安全机关办理查询、冻结或者解除冻结时，应当对办案人员的工作证或人民警察证以及协助查询财产或协助冻结/解除冻结财产法律文书进行形式审查。银行业金融机构应当留存上述法律文书原件及工作证或人民警察证复印件，并注明用途。银行业金融机构应当妥善保管留存的工作证或人民警察证复印件，不得挪作他用。

第十条 人民检察院、公安机关、国家安全机关需要跨地区办理查询、冻结的，可以按照本规定要求持协助查询财产或协助冻结/解除冻结财产法律文书、有效的本人工作证或人民警察证、办案协作函，与协作地县级以上人民检察院、公安机关、国家安全机关联系，协作地人民检察院、公安机关、国家安全机关应当协助执行。

办案地人民检察院、公安机关、国家安全机关可以通过人民检察院、公安机关、国家安全机关信息化应用系统传输加盖电子签章的办案协作函和相关法律文书，或者将办案协作函和相关法律文书及凭证传真至协作地人民检察院、公安机关、国家安全机关。协作地人民检察院、公安机关、国家安全机关接收后，经审查确认，在传来的协助查询财产或协助冻结/解除冻结财产法律文书上加盖本地人民检察院、公安机关、国家安全机关印章，由两名以上办案人员持有效的本人工作证或人民警察证到银行业金融机构现场办理，银行业金融机构应当予以配合。

第十一条 对于涉案账户较多，办案地人民检察院、公安机关、国家安全机关需要对其集中查询、冻结的，可以分别按照以下程序办理：

人民检察院、公安机关、国家安全机关需要查询、冻结的账户属于同一省、自治区、直辖市的，由办案地人民检察院、公安机关、国家安全机关出具协助查询财产或协助冻结/解除冻结财产法律文书，逐级上报并经省级人民检察院、公安机关、国家安全机关的相关业务部门批准后，由办案地人民检察院、公安机关、国家安全机关指派两名以上办案人员持有效的本人工作证或人民警察证和上述法律文书原件，到有关银行业金融机构的省、自治区、直辖市、计划单列市分行或其授权的分支机构要求办理。

人民检察院、公安机关、国家安全机关需要查询、冻结的账户分属不同省、自治区、直辖市的，由办案地人民检察院、公安机关、国家安全机关出具协助查询财产或协助冻结/解除冻结财产法律文书，逐级上报并经省级人民检察院、公安机关、国家安全机关负责人批准后，由办案地人民检察院、公安机关、国家安全机关指派两名以上办案人员持有效的本人工作证或人民警察证和上述法律文书原件，到有关银行业金融机构总部或其授权的分支机构要求办理。

第十二条 对人民检察院、公安机关、国家安全机关提出的超出查询权限或者属于跨地区查询需求的，有条件的银行业金融机构可以通过内部协作程序，向有权限查询的上级机构或系统内其他分支机构提出协查请求，并通过内部程序反馈查询的人民检察院、公安机关、国家安全机关。

第十三条 协助查询财产法律文书应当提供查询账号、查询内容等信息。

人民检察院、公安机关、国家安全机关无法提供具体账号时，银行业金融机构应当根据人民检察院、公安机关、国家安全机关提供的足以确定该账户的个人身份证件号码或者企业全称、组织机构代码等信息积极协助查询。没有所查询的账户的，银行业金融机构应当如实告知人民检察院、公安机关、国家安全机关，并在查询回执中注明。

第十四条 银行业金融机构协助人民检察院、公安机关、国家安全机关查询的信息仅限于涉案财产信息，包括：被查询单位或者个人开户销户信息，存款余额、交易日期、交易金额、交易方式、交易对手账户及身份等信息，电子银行信息，网银登录日志等信息，POS机商户、自动机具相关信息等。

人民检察院、公安机关、国家安全机关根据需要可以抄录、复制、照相，并要求银行业金融机构在有关复制材料上加盖证明印章，但一般不得提取原件。人民检察院、公安机关、国家安全机关要求提供电子版查询结果的，银行业金融机构应当在采取必要加密措施的基础上提供，必要时可予以标注和说明。

涉案账户较多，需要批量查询的，人民检察院、公安机关、国家安全机关应当同时提供电子版查询清单。

第十五条 银行业金融机构接到人民检察院、公安机关、国家安全机关协助查询需求后，应当及时办理。能够现场办理完毕的，应当现场办理并反馈。如无法现场办理完毕，对于查询单位或者个人开户销户信息、存款余额信息的，原则上应当在三个工作日以内反馈；对于查询单位或者个人交易日期、交易方式、交易对手账户及身份等信息、电子银行信息、网银登录日志等信息、POS机商户、自动机具相关信息的，原则上应当在十个工作日以内反馈。

对涉案账户较多，人民检察院、公安机关、国家安全机关办理集中查询的，银行业金融机构总部或有关省、自治区、直辖市、计划单列市分行应当在前款规定的时限内反馈。

因技术条件、不可抗力等客观原因，银行

业金融机构无法在规定时限内反馈的，应当向人民检察院、公安机关、国家安全机关说明原因，并采取有效措施尽快反馈。

第十六条 协助冻结财产法律文书应当明确冻结账户名称、冻结账号、冻结数额、冻结期限等要素。

冻结涉案账户的款项数额，应当与涉案金额相当。不得超出涉案金额范围冻结款项。冻结数额应当具体、明确。暂时无法确定具体数额的，人民检察院、公安机关、国家安全机关应当在协助冻结财产法律文书上明确注明“只收不付”。

人民检察院、公安机关、国家安全机关应当明确填写冻结期限起止时间，并应当给银行业金融机构预留必要的工作时间。

第十七条 人民检察院、公安机关、国家安全机关提供手续齐全的，银行业金融机构应当立即办理冻结手续，并在协助冻结财产法律文书回执中注明办理情况。

对涉案账户较多，人民检察院、公安机关、国家安全机关办理集中冻结的，银行业金融机构总部或有关省、自治区、直辖市、计划单列市分行一般应当在二十四小时以内采取冻结措施。

如被冻结账户财产余额低于人民检察院、公安机关、国家安全机关要求数额时，银行业金融机构应当在冻结期内对该账户做“只收不付”处理，直至达到要求的冻结数额。

第十八条 冻结涉案存款、汇款等财产的期限不得超过六个月。

有特殊原因需要延长的，作出原冻结决定的人民检察院、公安机关、国家安全机关应当在冻结期限届满前按照本规定第八条办理续冻手续。每次续冻期限不得超过六个月，续冻没有次数限制。

对于重大、复杂案件，经设区的市一级以上人民检察院、公安机关、国家安全机关负责人批准，冻结涉案存款、汇款等财产的期限可以为一年。需要延长期限的，应当按照原批准权限和程序，在冻结期限届满前办理续冻手续，每次续冻期限最长不得超过一年。

冻结期限届满，未办理续冻手续的，冻结自动解除。

第十九条 被冻结的存款、汇款等财产在冻结期限内如需解冻，应当由作出原冻结决定的人民检察院、公安机关、国家安全机关出具协助解除冻结财产法律文书，由两名以上办案人员持有效的本人工作证或人民警察证和协助解除冻结财产法律文书到银行业金融机构现场办理，但符合本规定第二十六条情形除外。

在冻结期限内银行业金融机构不得自行解除冻结。

第二十条 对已被冻结的涉案存款、汇款等财产，人民检察院、公安机关、国家安全机关不得重复冻结，但可以轮候冻结。冻结解除的，登记在先的轮候冻结自动生效。冻结期限届满前办理续冻的，优先于轮候冻结。

两个以上人民检察院、公安机关、国家安全机关要求对同一单位或个人的同一账户采取冻结措施时，银行业金融机构应当协助最先送达协助冻结财产法律文书且手续完备的人民检察院、公安机关、国家安全机关办理冻结手续。

第二十一条 下列财产和账户不得冻结：

（一）金融机构存款准备金和备付金；

（二）特定非金融机构备付金；

（三）封闭贷款专用账户（在封闭贷款未结清期间）；

（四）商业汇票保证金；

（五）证券投资者保障基金、保险保障基金、存款保险基金、信托业保障基金；

（六）党、团费账户和工会经费集中户；

（七）社会保险基金；

（八）国有企业下岗职工基本生活保障

资金；

（九）住房公积金和职工集资建房账户资金；

（十）人民法院开立的执行账户；

（十一）军队、武警部队一类保密单位开设的“特种预算存款”、“特种其他存款”和连队账户的存款；

（十二）金融机构质押给中国人民银行的债券、股票、贷款；

（十三）证券登记结算机构、银行间市场交易组织机构、银行间市场集中清算机构、银行间市场登记托管结算机构、经国务院批准或者同意设立的黄金交易组织机构和结算机构等依法按照业务规则收取并存放于专门清算交收账户内的特定股票、债券、票据、贵金属等有价凭证、资产和资金，以及按照业务规则要求金融机构等登记托管结算参与人、清算参与人、投资者或者发行人提供的、在交收或者清算结算完成之前的保证金、清算基金、回购质押券、价差担保物、履约担保物等担保物，支付机构客户备付金；

（十四）其他法律、行政法规、司法解释、部门规章规定不得冻结的账户和款项。

第二十二条 对金融机构账户、特定非金融机构账户和以证券登记结算机构、银行间市场交易组织机构、银行间市场集中清算机构、银行间市场登记托管结算机构、经国务院批准或者同意设立的黄金交易组织机构和结算机构、支付机构等名义开立的各类专门清算交收账户、保证金账户、清算基金账户、客户备付金账户，不得整体冻结，法律另有规定的除外。

第二十三条 经查明冻结财产确实与案件无关的，人民检察院、公安机关、国家安全机关应当在三日以内按照本规定第十九条的规定及时解除冻结，并书面通知被冻结财产的所有人；因此对被冻结财产的单位或者个人造成损失的，银行业金融机构不承担法律责任，但因银行业金融机构自身操作失误或设备故障造成被冻结财产的单位或者个人损失的除外。

上级人民检察院、公安机关、国家安全机关认为应当解除冻结措施的，应当责令作出冻结决定的下级人民检察院、公安机关、国家安全机关解除冻结。

第二十四条 银行业金融机构应当按照内部授权审批流程办理协助查询、冻结工作。

银行业金融机构应当对协助查询、冻结工作做好登记记录，妥善保存登记信息。

第二十五条 银行业金融机构在协助人民检察院、公安机关、国家安全机关办理完毕冻结手续后，在存款单位或者个人查询时，应当告知其账户被冻结情况。被冻结款项的单位或者个人对冻结有异议的，银行业金融机构应当告知其与作出冻结决定的人民检察院、公安机关、国家安全机关联系。

第二十六条 人民检察院、公安机关、国家安全机关可以与银行业金融机构建立快速查询、冻结工作机制，办理重大、紧急案件查询、冻结工作。具体办法由银监会会同最高人民检察院、公安部、国家安全部另行制定。

人民检察院、公安机关、国家安全机关可以与银行业金融机构建立电子化专线信息传输机制，查询、冻结（含续冻、解除冻结）需求发送和结果反馈原则上依托银监会及其派出机构与银行业金融机构的金融专网完成。

银监会会同最高人民检察院、公安部、国家安全部制定规范化的电子化信息交互流程，确保各方依法合规使用专线传输数据，保障专线运行和信息传输的安全性。

第二十七条 银行业金融机构接到人民检察院、公安机关、国家安全机关查询、冻结账户要求后，应当立即进行办理；发现存在文书不全、要素欠缺等问题，无法办理协助查询、冻结的，应当及时要求人民检察院、公安机关关、国家安全机关采取必要的补正措施；确实无法补正的，银行业金融机构应当在回执上注明原因，退回人民检察院、公安机关、国家安全机关。

银行业金融机构对人民检察院、公安机关、国家安全机关提出的不符合本规定第二十一条、第二十二条的协助冻结要求有权拒绝，同时将相关理由告知办案人员。

银行业金融机构与人民检察院、公安机关、国家安全机关在协助查询、冻结工作中意见不一致的，应当先行办理查询、冻结，并提请银行业监督管理机构的法律部门协调解决。

第二十八条 银行业金融机构在协助人民检察院、公安机关、国家安全机关查询、冻结工作中有下列行为之一的，由银行业监督管理机构责令改正，并责令银行业金融机构对直接负责的主管人员和其他直接责任人员依法给予处分；必要时，予以通报批评；构成犯罪的，依法追究刑事责任：

（一）向被查询、冻结单位、个人或者第三方通风报信，伪造、隐匿、毁灭相关证据材料，帮助隐匿或者转移财产；

（二）擅自转移或解冻已冻结的存款；

（三）故意推诿、拖延，造成应被冻结的财产被转移的；

（四）其他无正当理由拒绝协助配合、造成严重后果的。

第二十九条 人民检察院、公安机关、国家安全机关要求银行业金融机构协助开展相关工作时，应当符合法律、行政法规以及本规定。人民检察院、公安机关、国家安全机关违反法律、行政法规及本规定，强令银行业金融机构开展协助工作，其上级机关应当立即予以纠正；违反相关法律法规规定的，依法追究法律责任。

第三十条 银行业金融机构应当将协助查询、冻结工作纳入考核，建立奖惩机制。

银行业监督管理机构和人民检察院、公安机关、国家安全机关对在协助查询、冻结工作中有突出贡献的银行业金融机构及其工作人员给予表彰。

第三十一条 此前有关银行业金融机构协助人民检察院、公安机关、国家安全机关查询、冻结工作的相关规定与本规定不一致的，以本规定为准。

第三十二条 非银行金融机构协助人民检察院、公安机关、国家安全机关查询、冻结单位或个人涉案存款、汇款等财产的，适用本规定。

第三十三条 本规定由国务院银行业监督管理机构和最高人民检察院、公安部、国家安全部共同解释。

第三十四条 本规定所称的“以上”、“以内”包括本数。

第三十五条 本规定自 2015 年 1 月 1 日起施行。

中国银行业监督管理委员会关于印发《商业银行并表管理与监管指引》的通知

（银监发〔2014〕54 号）

各银监局，机关各部门、各监事会办公室，各政策性银行、国有商业银行、股份制商业银行、金融资产管理公司，邮储银行，银监会直接监管的信托公司、企业集团财务公司、金融租赁公司：

现将修订后的《商业银行并表管理与监管指引》印发给你们，请遵照执行。

中国银行业监督管理委员会

2014 年 12 月 30 日

商业银行并表管理与监管指引

第一章 总 则

第一条 为加强商业银行并表管理，维护商业银行稳健运行，防范金融风险跨境跨业传染，根据《中华人民共和国银行业监督管理法》、《中华人民共和国商业银行法》、《中华人民共和国公司法》等法律法规，制定本指引。

第二条 本指引适用于中华人民共和国境内依法设立的商业银行。

本指引所称银行集团由商业银行及其下设各级附属机构组成。附属机构包括但不限于境内外的其他商业银行、非银行金融机构、非金融机构，以及按照本指引应当纳入并表范围的其他机构。

第三条 商业银行应当对整个银行集团实施并表管理。

本指引所称并表管理，是指商业银行对银行集团及其附属机构的公司治理、资本和财务等进行全面持续的管控，并有效识别、计量、监测和控制银行集团总体风险状况。

第四条 商业银行并表管理要素包括并表管理范围、业务协同、公司治理、全面风险管理、资本管理、集中度管理、内部交易管理和风险隔离等。

第五条 银行业监督管理机构依据本指引对商业银行进行并表监管。

第二章 并表管理范围

第六条 商业银行应当遵循风险管理实质

性原则，以控制为基础，遵循监管要求，充分考虑金融业务和金融风险的相关性，合理确定并表管理范围。

第七条 商业银行应当按照下列原则确定并表管理的机构范围：

（一）会计并表范围按照我国现行企业会计准则确定；

（二）资本并表范围按照资本监管等相关监管规定确定；

（三）风险并表范围即商业银行在会计并表的基础上，将符合第八条规定的被投资机构纳入并表管理范围。

第八条 商业银行对被投资机构未形成控制，但符合下列情形的，应当纳入并表管理范围：

（一）具有业务同质性的各类被投资机构，其资产规模占银行集团整体资产规模的比例较小，但加总的业务和风险足以对银行集团的财务状况及风险水平造成重大影响；

（二）被投资机构所产生的风险和损失足以对银行集团造成重大影响，包括但不限于流动性风险、法律合规风险、声誉风险等；

（三）通过境内外附属机构、空壳公司等复杂股权设计成立的、有证据表明商业银行实际控制或对该机构的经营管理存在重大影响的其他被投资机构。

第九条 由商业银行短期持有，且不会对银行集团产生重大风险影响的被投资机构，包括准备在一个会计年度之内出售或清盘的、权益性资本在50%以上的被投资机构，经银行业监督管理机构同意可以不纳入银行集团并表管理范围，但银行集团应当对该类机构的经营管理和风险情况给予必要关注。

第十条 商业银行应当将所有纳入并表管理的机构的各类表内外、境内外、本外币业务纳入集团并表管理的业务范围。

第十一条 商业银行并表管理原则上应当逐级开展。商业银行可以根据战略作用、风险实质等情况，跨级对附属机构进行并表管理。

第十二条 银行业监督管理机构有权根据商业银行及整个银行集团的股权结构变动、公司治理情况、风险类别和风险状况确定和调整并表管理范围并提出监管要求。

第三章 业务协同

第十三条 商业银行应当在银行集团内建立机构间的业务协同机制，建立健全相应的政策、制度和流程。

第十四条 商业银行应当就银行集团内部业务协同制定清晰和明确的战略，并根据自身并表管理能力、市场环境和相关法规，科学进行跨境和跨业经营的决策，不断提升银行集团综合性服务能力和差异化竞争能力。

第十五条 商业银行应当根据行业特点，合理确定附属机构发展战略、市场定位、主要业务和经营目标，并指导各附属机构围绕总体战略充分发挥协同效应，确保其业务经营符合银行集团战略和总体利益。

第十六条 商业银行应当对包括客户、产品、渠道、人力和信息系统等在内的各项银行集团资源进行合理配置，以促进各附属机构和银行集团协同发展。

第十七条 商业银行在确保银行集团内部风险隔离的基础上，可以在集团成员之间开展产品营销、系统开发和数据处理等外包业务。商业银行应当制定并落实严格的外包制度和流程，防止金融风险随外包业务在银行集团内传递。

第十八条 商业银行应当建立银行集团统一的合作机构管理政策，统筹合作机构准入遴选，规范银行集团各附属机构之间、附属机构与其他金融机构之间的交叉产品和合作业务，同时应当以合同形式明确风险承担主体，切实落实风险防控责任。

第四章　公司治理

第十九条　商业银行应当建立覆盖全部附属机构的银行集团公司治理架构，确保其与银行集团整体业务性质、规模和复杂程度相适应，并具备较高透明度。

第二十条　商业银行应当确保整个银行集团具备清晰的组织架构，并在各附属机构之间保持合理和明确的股权关系，减少不必要的交叉持股、多层控股，避免造成组织架构混乱、管理责任不清、报告路线复杂等问题。

第二十一条　商业银行董事会应当承担银行集团并表管理的最终责任，并履行以下职责：

（一）制定银行集团并表管理政策，监督其在商业银行及各附属机构的实施；

（二）制定银行集团风险偏好、风险容忍度、风险管理和内部控制政策；

（三）监督并确保高级管理层有效履行并表管理职责；

（四）审批和监督有关并表管理的重大事项，并监督其实施；

（五）审议银行集团并表管理状况及主要附属机构的公司治理和经营情况。

第二十二条　商业银行监事会是并表管理的内部监督机构，履行以下职责：

（一）对商业银行并表管理机制建设情况和运行有效性进行监督；

（二）监督董事会、高级管理层履行并表管理相关职责情况，并在履职情况综合评价中予以反映；

（三）督促董事会对银行集团及各附属机构公司治理和经营管理情况进行监督，并督促整改。

第二十三条　商业银行高级管理层负责执行董事会批准的各项并表管理政策，制定银行集团并表管理相关制度，建立和完善并表管理组织架构、全面风险管理架构和内部风险隔离体系，确保并表管理的各项职责得到有效落实，并对银行集团并表管理体系的全面性和有效性进行监测评估。

第二十四条　商业银行的主要股东应当满足银行业监督管理机构的各项审慎监管要求，并依法向银行业监督管理机构提供相关信息。

第二十五条　商业银行应当指定牵头部门，负责银行集团并表管理的总体统筹和协调；各职能部门根据并表管理总体要求和职责分工，履行资本、财务和风险管理等具体并表管理职责，确保各项制度和措施纳入附属机构日常经营管理。

第二十六条　商业银行应当确保附属机构公司治理的独立性。附属机构应当在银行集团统一的政策制度框架下，通过各自的公司治理体系独立进行经营决策。

商业银行不得滥用股东权利或以其他不正当方式对附属机构施加影响，迫使附属机构偏离正常的公司治理和决策机制。

第二十七条　商业银行应当在银行集团内建立满足并表管理需要的信息科技系统，确保能够准确、全面、及时获取附属机构的相关信息，并能够对银行集团数据及时进行筛选、加总和分类，在此基础上有效评估银行集团总体风险状况以及附属机构的经营活动对银行集团的整体影响。

第二十八条　商业银行应当在银行集团内建立内部重大事项报告制度，要求附属机构及时报告经营活动中的重大事项、重大风险，以及境内外监管机构采取的重大监管行动和监管措施。

商业银行应当在银行集团内建立清晰明确的内部报告机制和报告路线，确保能够通过及时、充分的信息报告实现对附属机构的有效管控。

第二十九条　商业银行应当建立符合银行

集团业务协同发展要求的综合绩效考评体系，从财务效益、业务发展、风险防范和内控合规等角度有效评估各附属机构对银行集团的综合贡献，并对银行集团内部协同的实际效果进行全面衡量。

商业银行应当通过绩效考评引导银行集团内各附属机构间加强业务协同和资源共享，并在必要时予以合理支持，确保各附属机构具备足够的资源开展与其定位相符的经营活动，同时避免其过度依赖银行集团和母银行的资金支持。

第三十条 商业银行应当建立覆盖银行集团的独立内部审计体系，并指导各附属机构分别建立与其规模、性质和业务范围相适应的内部审计机制。

商业银行的内部审计部门应当定期对银行集团并表管理的有效性进行审计，评估附属机构对银行集团重大政策制度的执行情况，并向董事会和监事会报告，重大审计结果应当同时报送银行业监督管理机构。对银行集团并表情况内部审计的频率和程度应当与银行集团复杂程度、风险状况和管理水平相一致。

商业银行原则上应当要求各附属机构聘请同一外部审计事务所进行外部审计。确需聘请多家外部审计事务所进行审计的，应当确定其中一家为主审计事务所，并保证外部审计标准的一致性和审计结论的可比性。

第三十一条 商业银行应当按照相关法律法规的要求对银行集团有关信息进行披露，并于每个会计年度结束后四个月内向银行业监督管理机构报告并表管理情况。报告内容包括但不限于并表管理组织架构、并表管理机构名单、并表管理措施及执行情况、银行集团财务、银行集团资本、内部交易、银行集团各类风险、风险隔离措施及执行情况和其他并表管理重大事项。

第五章 全面风险管理

第三十二条 商业银行应当在银行集团内建立与银行集团组织架构、业务规模和复杂程度相适应的全面风险管理体系，制定明确的管理架构、政策、工具、流程和报告路线，有效识别、计量、监测和控制各类风险，防范风险的跨境跨业传染，并确保银行集团的发展战略、经营目标、业务管理、产品研发、绩效考核和激励机制等各方面政策均能够体现风险管理的导向和要求。

第三十三条 商业银行应当指定牵头部门负责银行集团全面风险管理体系的制定和实施，要求各附属机构、业务单元在银行集团整体风险偏好和风险管理政策框架下，制定自身的风险管理政策，促进银行集团风险管理的一致性和有效性。

第三十四条 商业银行应当指定一名银行集团风险管理主要负责人，负责整个银行集团包括各机构、业务单元、行业、地区、产品和各类风险在内的全面风险管理实施。银行集团风险管理主要负责人应当参与银行集团各项重大经营策略的制定和实施，并可以根据风险管理的需要独立行使对相关经营策略的调整建议权。

第三十五条 商业银行应当制定银行集团层面的风险偏好，明确董事会对各类风险承担的容忍度，并与银行集团的经营战略和风险状况保持一致。

商业银行应当制定以风险偏好为核心的全面风险管理政策，兼顾各类附属机构和业务单元的风险属性与特征，全方位、多层次地统筹协调各类风险的全流程管理，确保风险偏好和全面风险管理政策对银行集团内部所有机构、业务条线和业务单元的全覆盖。

银行集团风险偏好和全面风险管理政策应当经董事会批准后实施，并定期进行评价和必要的调整。

第三十六条 商业银行应当将银行集团范围内具有授信性质和融资功能的各类信用风险业务纳入统一授信管理体系，在银行集团层面制定授信限额和行业投向的整体意见，指导各附属机构结合跨境跨业相关法律法规及监管要求，制定符合银行集团统一授信管理要求的授信政策。

第三十七条 商业银行应当按照实质重于形式的原则，按照境内外相关监管要求，对于银行集团承担实际风险和损失的非信贷和表外业务，建立全口径分层次的风险分类、资本占用和风险拨备制度。特别是对于交易结构复杂的业务，应当根据资金最终用途和业务实质，合理进行风险分类、确定风险权重、计算资本占用、计提减值准备。

第三十八条 商业银行应当建立银行集团层面的统一风险视图，即定期对产品、客户、行业、机构、区域、国别等各个维度的风险状况、风险水平、风险变化趋势等形成判断和评估，从而有利于相应风险管控措施的制订。

第三十九条 商业银行应当关注银行集团因各类业务往来、交易结构安排和股权变更所形成的风险隐匿、风险延迟暴露和监管套利，并分析其对银行集团整体风险和各个相关附属机构风险水平的影响。

第四十条 商业银行应当就各类风险分不同情景定期开展银行集团层面的压力测试，充分考虑各种情景的相互作用，并根据结果制定相应预案，确保银行集团能够有效应对各类不利情景。特别是对于重度压力情景下的测试结果，商业银行应当在银行集团内建立详细、完备的应对预案。

第四十一条 商业银行应当按照相关法规的要求，在银行集团内建立涵盖所有附属机构、各业务单元的全面流动性风险管理体系，制定与银行集团复杂性、风险轮廓和经营范围相匹配的流动性风险管理政策、程序和风险限额，按照实质重于形式的原则，根据表内外项目的流动性需求计算合格优质流动性资产需求，确保银行集团保持足够的整体流动性。

第四十二条 商业银行应当充分评估自身在不同地域、不同机构和不同币种之间进行流动性转换的能力，并重点关注资金流动的各类限制性因素，特别是跨境跨业的资本管制、外汇管制、市场差异、隔离措施等因素对银行集团流动性管理的影响。

第四十三条 商业银行应当要求附属机构建立完善的流动性风险管理和应急融资机制，及时评估各附属机构和各业务单元对流动性的相互影响及对银行集团的整体影响，并特别关注本行对附属机构、附属机构之间，以及各业务单元之间的流动性支持安排及其影响。

商业银行应当根据各附属机构和各业务单元的性质，合理制定银行集团内部融资限额，并针对各附属机构和各业务单元因流动性危机而确需突破内部融资限额的情况设立严格的审批程序。商业银行为境外附属机构提供流动性支持时，应当特别考虑其所在地的法律和监管规定。

第四十四条 商业银行应当确保银行集团的市场风险管理体系适用于各附属机构，并特别关注银行集团内不同机构对同类产品或单一货币等形成的风险敞口情况。

第四十五条 商业银行应当根据附属机构的业务特点，系统性收集、跟踪和分析操作风险相关信息，依托操作风险管理工具的实施，不断提升银行集团操作风险管理能力，并持续完善银行集团操作风险管理信息系统。

商业银行应当在银行集团内制定与业务规模和复杂程度相适应的业务连续性措施和业务恢复应急机制，确保各附属机构在重大意外和突发事件中能够尽快恢复和维持有效运行。

第四十六条 商业银行应当关注因跨境跨

业法律与监管差异而可能引发的风险，并重点关注境内外法律与监管差异等因素造成的银行集团内各机构之间的资金流动障碍、展业限制及其他风险事项，建立相应的法律合规风险管理政策。

第四十七条　商业银行应当在银行集团层面建立信息科技风险监测机制，对于跨境跨业信息系统的稳定性、客户信息的安全性、风险数据的可获得性、应急预案的可执行性和灾备的切换能力进行定期评估，防止信息科技风险在银行集团内部的扩散。

第四十八条　商业银行应当在银行集团内制定全面的声誉风险监测机制、应急预案和处置措施，加强各类投诉的响应和处理效率，特别关注银行集团内部因操作风险、法律风险等引发的声誉风险相互传染，防止附属机构的风险与损失等事件引发银行集团整体声誉风险。

第六章　资本管理

第四十九条　商业银行应当遵循资本管理相关规定，制定银行集团并表资本管理制度，并将符合条件的附属机构纳入并表资本管理范围。商业银行应当定期向银行业监督管理机构报送并向公众披露银行集团并表资本充足率及相关信息。

第五十条　商业银行在计算银行集团资本充足率时，应当按照相关规定，合理处理银行集团内部互持资本及银行集团对外资本投资，避免资本的双重或多重计算。

商业银行应当特别关注附属机构的资产负债结构、对外投资和对外担保等情况，并及时评估其对银行集团资本充足性的影响。

第五十一条　商业银行应当按照相关监管规定制定并实施银行集团资本规划，资本规划应当坚持资本约束优先、合理性和审慎性等原则，并至少包括资本充足率目标水平和阶段性目标、资产扩张计划、资产结构调整方案、盈利能力规划、压力测试结果和资本补充方案等内容。资本规划应当至少设定内部资本充足率三年目标。

商业银行应当同时制定银行集团年度资本充足率管理计划，并纳入银行集团年度综合经营计划。

第五十二条　商业银行应当在银行集团内建立内部资本充足评估程序，定期监测评估银行集团及各附属机构的战略目标、面临的主要风险和外部环境对资本水平的影响，评估实际持有的资本是否足以抵御主要风险，研究如何确保资本能够充分覆盖主要风险。

第五十三条　商业银行应当在银行集团内建立资本管理评估制度和程序，定期进行资本管理情况评估，评估内容包括但不限于以下内容：银行集团及附属机构资本管理制度建设及执行情况、资本规划的合理性、银行集团与附属机构间交叉持股及互持资本工具情况、银行集团及附属机构是否具有持续补充资本能力、附属机构资本管理情况和资本占用效率、附属机构对银行集团资本稳健性的影响等。

第五十四条　商业银行按照相关监管要求将附属机构的少数股东资本计入银行集团监管资本时，应当重点关注少数股东资本持有者的稳健性和少数股东资本对银行集团的支持程度。

第五十五条　商业银行应当将资本约束转化为确保银行集团稳健经营的发展战略和政策，对各类附属机构和业务单元进行合理的资本布局和结构调整，强化各类附属机构和业务单元对资本占用的自我约束，优化银行集团表内外风险资产结构，提升资本使用效率和回报水平。

第七章　集中度管理

第五十六条　商业银行应当在并表基础上管理银行集团集中度风险，建立和完善集中度风险管理的政策、制度和流程，实现不同风险维度的数据和信息集中，关注集中度风险可能给银行集团造成的收益错觉和损失隐患。

本指引所称集中度风险是指在银行集团并表基础上源于同一或同类风险超过银行集团资本净额一定比例直接或间接形成的风险敞口。其中，同一或同类风险是指同一领域，包括市场环境、行业、地理区域和国家等；同一或相关联的客户，包括借款人、存款人、交易对手、担保人和融资产品的发行主体等；同一产品或业务品种，包括融资来源、业务、币种、期限和风险缓释工具等。

第五十七条 商业银行应当关注银行集团内信托公司、金融租赁公司、证券公司、保险公司、资产管理公司等非银行金融机构以及非金融机构经营各类融资产品和服务所形成的直接或间接的集中度风险，分析判断由此对银行集团产生的风险暴露。

第五十八条 商业银行应当在银行集团内制定一整套集中度风险管理政策和制度，统一管理业务领域集中度、资产分布集中度、交易对手集中度、负债结构集中度和收益集中度等，并明确相关牵头管理部门，加强集中度风险的识别、计量、监测和报告制度，并定期开展模拟各种极端情况下的集中度风险压力测试，建立并细化一整套集中度风险的防控机制。

第五十九条 商业银行应当根据相关监管规定，制定银行集团层面各个维度的风险限额、风险警戒线、处理措施和调整机制，并指导各附属机构制定相关的限额管理措施。风险维度包括但不限于客户、行业、区域和国别等。银行集团风险限额临近监管指标限额时，商业银行应当启动相应的纠正措施和报告程序，采取必要的风险分散措施，并向银行业监督管理机构报告。

第六十条 商业银行应当在银行集团并表基础上识别同一客户和关联客户，对同一或关联客户在银行集团各附属机构，特别是信托、金融租赁、金融资产管理公司、证券和保险等机构形成的融资关系和风险敞口进行统一管理；并特别关注同一或关联客户通过复杂交易结构和安排对银行集团形成的隐蔽集中度风险和负面影响。

第六十一条 商业银行应当在银行集团并表基础上对具有相同或类似功能、属性的特定类别产品集中度风险进行分析，并重点监测银行集团复杂金融衍生交易的风险暴露。对于具有信用放大效应、收益放大效应的结构性衍生交易产品以及因风险因素相互关联而产生连锁影响的特定产品形成的集中度风险，应当进行充分识别和控制。

第六十二条 商业银行应当在银行集团并表基础上界定并识别风险暴露较为集中的行业、区域等相关信息，对于易受宏观政策和经济周期波动影响的特定行业和区域性风险，应当充分分析和判断对银行集团可能形成的冲击。

第六十三条 商业银行应当根据国家和地区的政治局势、经济环境、金融体系等因素，定期评估国别风险集中度形成的风险敞口及其对整个银行集团所产生的潜在影响，适时调整国别风险集中度的限额，建立对国别风险突发事件的应急机制，储备应对措施。

第八章 内部交易管理

第六十四条 商业银行应当对整个银行集团的内部交易进行并表管理，关注由此产生的不当利益输送、风险延迟暴露、监管套利、风险传染和其他对银行集团稳健经营的负面影响。

本指引所称内部交易是指商业银行与其附属机构以及附属机构之间表内授信及表外类授信（贷款、同业、贴现、担保等）、交叉持股、金融市场交易和衍生交易、理财安排、资产转让、管理和服务安排（包括信息系统、后台清算、银行集团内部外包等）、再保险安排、服务收费以及代理交易等。

第六十五条 商业银行应当指定牵头部门负责银行集团内部交易管理，建立识别、监测、报告、控制和处理内部交易的政策、权限与程序。

第六十六条 商业银行应当根据本银行集团的情况对银行集团重大内部交易进行界定，并建立包括额度执行、交易形式、交易条件、风险暴露以及风险影响等内容的内部审查程序，审议重大内部交易的合理性、是否存在不正当利益输送、是否存在侵害投资者或客户消费权益行为、是否构成规避监管规定或违规操作等。

第六十七条 银行集团内部交易应当按照商业原则进行。银行集团内部的授信和担保条件不得优于独立第三方。银行集团内部的资产转让、理财安排、同业往来、服务收费、代理交易等应当以市场价格为基础。

第六十八条 商业银行应当对银行集团内部授信、担保、资产转让、理财安排、同业往来和服务收费等内部交易的交易背景真实性、合理性、交易目的和交易路线进行识别和判断，评估其对相关附属机构及银行集团整体资产负债结构、资产质量、收益以及监管指标的影响。

第六十九条 商业银行应当关注银行集团内不同机构向同一客户提供不同性质的金融服务，识别和判断这类交易是否通过复杂产品结构设计、利益不当分层、风险定价转移、机构之间产品形态转换等形式构成了间接内部交易，形成不当利益输送，或导致风险延迟暴露、规避监管及监管套利，从而损害客户利益并对银行集团经营稳健性产生负面影响。

第九章 风险隔离

第七十条 商业银行应当在银行集团内建立并持续完善内部防火墙体系，及时、准确识别从事跨境跨业经营的附属机构个体和总体风险，并通过审慎隔离股权、管理、业务、人员和信息等措施，有效防范金融风险在银行集团内部跨境、跨业、跨机构传染，实现业务协同与风险隔离的协调统一。

第七十一条 商业银行应当全面掌握银行集团内空壳公司的设立情况及控股结构，关注通过空壳公司产生的股权关系隐匿、风险转移和监管套利，并采取有效措施防范空壳公司对银行集团造成的风险传染。商业银行应当及时清理长期无业务发生的空壳公司。

本指引所称空壳公司是指商业银行为有效管理各类投资或隔离风险等目的而直接或间接持有的、专门用于持有投资项目的公司法人。

第七十二条 商业银行应当确保各附属机构具备独立的内部控制、风险管理、人力资源管理和财务管理等综合管理体系，实现自主管理和自主经营。

商业银行附属机构在上述关键领域的重要管理职能原则上不得外包给母银行或银行集团内其他机构。确需外包的，应当事先向银行业监督管理机构报告。

第七十三条 商业银行应当确保各附属机构有明确的经营目标和市场定位，在存在潜在利益冲突的业务领域建立防火墙，确保各机构合理开展业务合作，避免利用客户信息优势、银行集团股权关系和组织架构等便利从事内幕交易，从而导致不当利益输送、监管套利和风险传染等情况发生。

商业银行及各附属机构应当确保前、中、后台等具有潜在利益冲突的经营环节实现业务叙做、管理责任的隔离；确保自营业务与代理业务严格隔离，避免消费者混淆不同法人主体责任，引发风险传染。

第七十四条 商业银行应当确保附属机构名称、产品和对外经营场所的独特性，附属机构的机构名称和产品名称应当与母银行的正式名称或简称有所区别，确保机构和产品名称的识别度，不得在宣传材料中引导客户混淆银行集团内不同机构及其产品、服务，避免声誉风险在银行集团内部过度扩散。

第七十五条 商业银行应当确保各附属机构决策和管理岗位的独立性。商业银行与附属机构之间、附属机构与附属机构之间存在潜在利益冲突或不当利益输送可能的岗位原则上不得由一人兼任。

第七十六条 商业银行应当在银行集团内建立有效的信息防火墙，并确保各附属机构具备相对独立的信息处理能力。

商业银行应当在银行集团内建立有效机制，确保所有客户信息和隐私安全，合理管理客户信息，防止客户信息的不当使用。

第七十七条 商业银行应当在银行集团内建立必要的制度和流程，定期对各附属机构的经营业绩和资本回报进行评估，对于出现重大经营风险或在合理时期内无法达到银行集团战略目标的附属机构，原则上应当采取解散、出售和内部整合等方式退出。

商业银行应当明确各附属机构之间的风险责任边界，建立银行集团内部资金支持限额及调整程序，不得直接或由其他附属机构间接对出现风险的机构提供超额资金支持，并防止在单家附属机构退出时造成风险传染，影响银行集团整体经营稳健性。银行业监督管理机构另有规定的除外。

第十章 商业银行并表监管

第七十八条 银行业监督管理机构的并表监管应当重点关注银行集团的整体资本、财务和风险情况，并特别关注银行集团的跨境跨业经营以及内部交易可能带来的风险。

第七十九条 并表监管包括定量和定性方法。

定量监管主要是针对银行集团的资本充足状况，以及信用风险、流动性风险、操作风险和市场风险等进行识别、计量、监测和分析，进而在并表基础上对银行集团的风险状况进行量化评价。

定性监管主要是针对银行集团的公司治理、内部控制、防火墙建设和风险管理等因素进行审查和评价。

第八十条 银行业监督管理机构对设立包括跨境跨业经营在内的各类附属机构的准入申请应当充分考虑商业银行的公司治理结构和并表管理能力。对于公司治理或并表管理不符合本指引规定，存在重大缺陷的商业银行，银行业监督管理机构有权按照行政许可相关规定，不批准其设立附属机构。

对于商业银行通过其股东、各级附属机构间接设立的跨境跨业机构，银行业监督管理机构应当按照本指引第二章规定，对商业银行是否对申设机构形成实质性控制进行预评估，并按照行政许可相关规定，视情况要求商业银行报批。

第八十一条 银行业监督管理机构应当通过非现场监测与分析，全面掌握银行集团总体架构和股权结构，充分了解其全部业务活动，通过建立完善的风险评估框架，对其从事的银行业务和非银行业务可能带来的风险进行全面评估，并特别关注银行集团内境外机构、非银行金融机构和非金融机构风险状况对银行集团的影响。

银行业监督管理机构应当特别关注商业银行单一法人数据与银行集团并表数据的差异，识别内部交易的来源、规模及风险程度。

第八十二条 银行业监督管理机构应当依法对商业银行实施并表现场检查，并视具体情况通过现场调查，或根据监管协调机制联合实施、委托其他监管机构实施等方式对商业银行跨境跨业经营的附属机构进行现场检查，进一步掌握银行集团的整体经营管理和风险情况。

商业银行应当确保各附属机构积极配合银行业监督管理机构依法开展现场检查，并督促相关附属机构落实整改。

第八十三条 商业银行应当按照相关监管规定的要求，制定并定期更新完善银行集团层面的恢复计划，并将其纳入公司治理和风险管理整体框架之中。银行业监督管理机构应当对恢复计划的制定和实施进行全程监督，并持续审查恢复计划的有效性和合理性。

银行集团恢复计划是指通过事前制定相关计划，明确银行集团在面临压力的情况下，采取一系列措施确保继续提供持续稳定运营的各项关键性金融服务，恢复正常运营。

第八十四条 银行业监督管理机构应当就以下方面对商业银行的主要股东进行持续关注：

（一）主要股东的资质是否出现重大变化；

（二）主要股东的组织架构、公司治理和管理体系是否保持清晰、健全；

（三）主要股东的经营活动是否直接或间接对商业银行并表财务状况和风险状况产生重大影响。

银行业监督管理机构应监测、分析商业银行主要股东及其下属机构对商业银行和银行集团安全稳健运行产生的影响，必要时要求商业银行和银行集团采取风险控制措施。

第八十五条 银行业监督管理机构应当对银行集团进行风险评级，综合考虑商业银行和附属机构的评级结果，以及并表的盈利状况、资本充足状况、综合财务状况和管理能力，定期对银行集团实施风险评价和预警。

第八十六条 商业银行及整个银行集团出现违反资本充足率、风险集中度、流动性、内部交易等并表审慎监管标准，以及本指引相关要求的，银行业监督管理机构应当要求其立即采取纠正措施，并依据有关法律、法规对该商业银行及附属机构采取相应的监管措施和处罚措施。

第八十七条 银行业监督管理机构应当将商业银行自身开办以及银行集团内其他附属机构参与的各类跨业通道业务纳入并表监管，要求商业银行将其按照本指引要求纳入银行集团的全面风险管理，并特别关注银行集团内各附属机构借助通道业务进行的融资活动，关注由此引发的各类风险以及产生的监管套利、风险隐匿和风险转移等行为，避免风险传染。

本指引所称跨业通道业务，是指商业银行或银行集团内各附属机构作为委托人，以理财、委托贷款等代理资金或者利用自有资金，借助证券公司、信托公司、保险公司等银行集团内部或者外部第三方受托人作为通道，设立一层或多层资产管理计划、信托产品等投资产品，从而为委托人的目标客户进行融资或对其他资产进行投资的交易安排。在上述交易中，委托人实质性承担上述活动中所产生的信用风险、流动性风险和市场风险等。

第八十八条 银行业监督管理机构应当督促商业银行规范银行集团内各机构开办和参与通道业务，简化交易结构，减少融资产品设计的中间环节。

第八十九条 银行业监督管理机构应当根据监管协调机制和监管合作协议，与保险、证券等其他监管机构保持良好沟通，共同推进信息共享，就重大问题进行磋商，及时了解银行集团跨业经营形成的各类风险状况以及相关监管机构对此的判断，加强监管协调与合作，避免监管重复和监管漏洞，防范金融风险跨业传染。

第九十条 银行业监督管理机构应当对东

道国的监管环境进行评估。如果东道国监管机构监管不充分，或者东道国监管机构的政策存在重要信息获取的障碍，银行业监督管理机构可以根据相关法律法规及跨境监管合作框架的有关规定，对相关商业银行采取以下监管措施：

（一）市场准入限制措施，包括但不限于禁止或限制在这些国家和地区境设立机构，限制其业务范围等；

（二）采取特殊监管措施，包括但不限于启动跨境现场检查，要求商业银行增加内外部审计项目，要求商业银行提供额外信息等；

（三）必要时，银行业监督管理机构可以要求商业银行撤销其相关的境外附属机构。

第九十一条 银行业监督管理机构可以与境外相关银行业监督管理机构以签订双边监管备忘录或其他形式开展监管合作，加强跨境监管协调及信息共享，实施必要的跨境监管措施，确保商业银行的境外机构得到有效监管。

（一）银行业监督管理机构应当根据商业银行境外机构的风险状况，及时与东道国监管机构交换监管意见。

（二）对跨境经营的商业银行，银行业监督管理机构应当根据其风险状况、复杂程度和系统重要性，建立国际监管联席会议制度，对全球系统重要性银行建立危机管理工作组，并加强与东道国监管当局日常跨境监管交流和监管合作。

（三）银行业监督管理机构在进行跨境现场检查前，一般应当就检查计划、检查目的和检查内容等事项告知东道国监管机构；在完成跨境现场检查后，可以将检查结果和基本结论告知东道国监管机构。

（四）银行业监督管理机构作为母国监管机构，可以视情况将重大监管措施的变动情况告知相关东道国监管机构。

（五）银行业监督管理机构与境外相关监管机构交换的监管信息，应当遵循相关法律法规规定、双边监管备忘录及监管合作协议的约定，并对相关监管信息负有保密责任。

第九十二条 银行业监督管理机构可以根据并表监管情况，组织商业银行和外部审计师参加并表三方会谈，就银行集团并表管理情况，讨论监管和外部审计过程中发现的问题，交流关注事项。

第十一章 附 则

第九十三条 经银行业监督管理机构批准设立的其他金融机构参照本指引执行。法律、行政法规或者银行业监督管理机构另有规定的，依照其规定。

第九十四条 本指引自 2015 年 7 月 1 日起施行，《银行并表监管指引（试行）》（银监发〔2008〕5 号）同时废止。

统计资料

经营状况综合统计

财务公司资产、负债、权益统计表

（2014 年）　　　　单位：万元

项目 机构	资产			负债		所有者权益	
	总额	其中:贷款	其中:投资	总额	其中:存款	总额	其中:资本金
东风汽车财务有限公司	2 997 680	1 553 551	536	2 519 917	2 428 896	477 763	350 000
中国重汽财务有限公司	1 150 678	398 071	0	1 017 851	985 680	132 827	103 356
中国华能财务有限责任公司	2 962 294	1 771 700	240 806	2 288 316	2 003 513	673 978	500 000
锦江国际集团财务有限责任公司	296 051	143 591	9 907	229 379	226 575	66 671	50 000
一汽财务有限公司	4 313 718	339 263	220 929	3 945 055	3 712 572	368 663	112 880
西电集团财务有限责任公司	1 010 548	186 070	78 987	888 857	856 862	121 692	100 000
中国石化财务有限责任公司	6 476 583	4 535 876	671 000	4 616 929	2 694 388	1 859 654	1 000 000
东方电气集团财务有限公司	2 117 648	449 362	182 299	1 870 368	1 836 990	247 280	209 500
宝钢集团财务有限责任公司	1 305 100	439 739	141 483	1 117 321	1 070 936	187 779	110 000
中国一拖集团财务有限责任公司	380 052	76 788	38 412	308 098	240 602	71 955	50 000
五矿集团财务有限责任公司	1 310 465	392 274	88 906	858 826	796 771	451 640	350 000
攀钢集团财务有限公司	431 703	370 000	0	239 237	191 146	192 466	150 000
武汉钢铁集团财务有限责任公司	2 153 927	1 364 341	69 784	1 641 962	1 235 514	511 965	200 000
中远财务有限责任公司	2 857 326	266 358	172 738	2 567 239	2 548 968	290 087	160 000
江铃汽车集团财务有限公司	382 314	179 161	37 459	311 146	250 881	71 168	50 001
中国航空集团财务有限责任公司	629 854	401 960	65 549	528 869	507 070	100 985	50 527
天津渤海集团财务有限责任公司	312 707	222 056	0	191 951	188 572	120 756	100 000
深圳市有色金属财务有限公司	117 516	99 150	2 008	63 365	54 083	54 152	30 000
中国南航集团财务有限公司	656 252	150 802	59 827	562 044	528 075	94 208	72 433
上海汽车集团财务有限责任公司	10 314 936	4 010 380	1 933 464	9 303 900	8 951 386	1 011 036	300 000
振华集团财务有限责任公司	77 952	49 867	0	57 450	57 170	20 501	15 000
东方集团财务有限责任公司	218 384	165 414	0	112 907	72 491	105 477	100 000
东航集团财务有限责任公司	488 893	170 683	54 514	408 401	403 095	80 492	50 000
中油财务有限责任公司	38 199 387	23 289 871	5 937 355	34 339 142	21 336 216	3 860 246	544 100
上海电气集团财务有限责任公司	4 136 609	1 477 366	392 259	3 736 592	3 666 252	400 016	150 000
中国能源建设集团葛洲坝财务有限公司	610 816	441 298	15 810	444 167	430 543	166 649	137 137
兵工财务有限责任公司	4 078 776	1 316 611	407 889	3 463 520	3 389 383	615 257	317 000
三峡财务有限责任公司	2 155 172	844 297	339 866	1 702 780	1 677 610	452 392	300 000
中广核财务有限责任公司	2 321 572	1 131 908	162 696	2 053 939	1 871 955	267 633	160 000
中船财务有限责任公司	5 217 866	1 743 238	528 701	4 763 874	4 637 449	453 992	300 000
中核财务有限责任公司	3 921 795	1 794 230	213 765	3 554 945	3 433 771	366 850	200 960
上海浦东发展集团财务有限责任公司	1 292 629	321 418	146 900	1 069 563	1 059 681	223 065	100 000
鞍钢集团财务有限责任公司	1 980 551	860 026	326 652	1 380 937	1 349 126	599 614	200 000
中国电力财务有限公司	18 352 456	8 000 273	1 051 668	16 430 274	14 331 254	1 922 182	1 000 000
神华财务有限公司	4 676 633	3 367 684	39 912	3 997 659	3 912 972	678 974	500 000

续表

项目 / 机构	资产			负债		所有者权益	
	总额	其中:贷款	其中:投资	总额	其中:存款	总额	其中:资本金
中国电子财务有限责任公司	1 683 805	608 104	12 396	1 425 783	1 404 293	258 022	175 094
航天科技财务有限责任公司	6 616 343	1 894 907	841 049	6 036 755	5 820 456	579 589	350 000
航天科工财务有限责任公司	4 901 233	1 072 681	154 704	4 537 632	4 516 948	363 601	238 489
中船重工财务有限责任公司	4 603 150	1 922 275	643 700	4 084 445	3 968 168	518 705	71 900
中海石油财务有限责任公司	6 578 091	2 017 549	829 564	5 834 637	5 759 123	743 454	400 000
海尔集团财务有限责任公司	6 885 261	3 414 825	550 687	6 186 726	5 179 909	698 535	530 000
吉林森林工业集团财务有限责任公司	262 856	172 750	1 000	204 304	192 344	58 552	50 000
万向财务有限公司	1 099 932	736 875	48 235	890 637	860 714	209 296	120 000
中粮财务有限责任公司	1 148 167	634 454	27 173	860 076	762 978	288 091	100 000
苏州创元集团财务有限公司	135 840	76 160	2 000	99 873	98 213	35 967	30 000
珠海格力集团财务有限责任公司	3 704 545	396 350	128 890	3 421 933	3 276 008	282 612	150 000
国机财务有限责任公司	1 692 520	530 749	101 419	1 512 536	1 496 276	179 984	110 000
海航集团财务有限公司	2 173 180	1 738 139	111 135	1 795 449	1 649 505	377 731	270 000
中国华电集团财务有限公司	3 372 331	2 191 023	423 396	2 653 543	2 170 550	718 788	500 000
中国大唐集团财务有限公司	2 718 089	1 670 860	299 988	2 205 136	1 983 500	512 953	300 000
南方电网财务有限公司	2 864 844	1 853 009	122 465	2 242 712	2 222 131	622 132	500 000
中电投财务有限公司	2 433 968	1 476 187	217 437	1 730 877	1 601 745	703 091	500 000
国电财务有限公司	2 893 350	2 084 600	185 841	2 239 072	2 229 192	654 278	505 000
华联财务有限责任公司	714 135	600 320	18 724	556 767	453 900	157 368	100 000
兵器装备集团财务有限责任公司	3 705 411	2 150 400	36 008	3 298 347	3 267 657	407 064	208 800
京能集团财务有限公司	1 602 770	898 100	66 606	1 251 787	1 238 455	350 982	300 000
浙江省能源集团财务有限责任公司	1 866 617	817 040	24 800	1 694 838	1 688 061	171 779	97 074
广东粤电财务有限公司	1 640 403	1 074 442	127 367	1 388 189	1 379 797	252 213	200 000
TCL 集团财务有限公司	1 418 986	313 161	95 606	1 249 914	1 210 455	169 072	150 000
湖南华菱钢铁集团财务有限公司	372 719	130 000	19 866	201 146	164 101	171 574	120 000
江西铜业集团财务有限公司	1 311 493	407 962	207 124	1 090 422	1 083 656	221 072	100 000
天津港财务有限公司	961 251	496 033	81 449	762 251	758 372	199 000	115 000
松下电器（中国）财务有限公司	645 109	2 692	0	540 603	537 816	104 506	70 000
中航工业集团财务有限责任公司	5 006 265	1 995 914	271 436	4 617 038	4 564 297	389 227	250 000
中冶集团财务有限公司	1 428 012	624 902	0	1 205 289	1 172 969	222 723	153 040
申能集团财务有限公司	1 368 475	412 477	127 543	1 194 889	1 120 158	173 586	100 000
潞安集团财务有限公司	1 020 205	591 876	50 494	850 709	841 407	169 496	135 000
淮南矿业集团财务有限公司	869 061	409 600	56 036	592 312	587 430	276 750	200 000
日立（中国）财务有限公司	246 526	99 220	0	208 619	206 905	37 907	30 000
保利财务有限公司	1 010 273	239 800	67 000	872 469	865 127	137 804	70 000
深圳能源财务有限公司	792 038	423 885	3 789	655 311	648 654	136 727	100 000

续表

项目 机构	资产			负债		所有者权益	
	总额	其中:贷款	其中:投资	总额	其中:存款	总额	其中:资本金
中化集团财务有限责任公司	1 909 352	960 340	273 698	1 543 092	1 289 701	366 260	300 000
海信集团财务有限公司	870 786	112 483	0	704 165	695 301	166 621	82 536
国联财务有限责任公司	405 074	121 985	0	345 617	342 037	59 457	50 000
首都机场集团财务有限公司	1 134 621	543 039	0	1 044 633	1 037 694	89 989	50 000
红豆集团财务有限公司	235 733	134 103	11 602	171 198	158 816	64 536	50 000
海马财务有限公司	500 005	272 254	42 325	366 221	360 216	133 785	95 000
南山集团财务有限公司	563 865	283 173	20 158	449 086	391 550	114 779	80 000
国投财务有限公司	2 097 614	1 192 713	181 304	1 807 127	1 618 202	290 487	200 000
河南能源化工集团财务有限公司	2 001 934	855 400	2 382	1 479 202	1 457 321	522 732	300 000
中国化工财务有限公司	576 436	395 250	0	480 441	448 883	95 995	63 250
紫金矿业集团财务有限公司	629 135	354 761	27 500	553 578	548 159	75 557	53 156
江苏华西集团财务有限公司	236 356	134 000	0	170 666	160 868	65 690	50 000
冀中能源集团财务有限责任公司	492 609	272 415	4 588	351 551	310 564	141 058	100 000
山西焦煤集团财务有限责任公司	1 954 446	184 000	50 000	1 757 608	1 743 161	196 838	116 000
阳泉煤业集团财务有限责任公司	964 494	470 077	9 000	808 512	773 815	155 982	100 000
晋煤集团财务有限公司	1 005 753	334 325	59 000	855 484	851 333	150 269	100 000
云南冶金集团财务有限公司	332 844	183 538	0	211 704	145 388	121 140	112 500
中海集团财务有限责任公司	1 120 869	463 443	67 714	1 011 883	1 005 348	108 986	60 000
中集集团财务有限公司	444 281	231 006	1 003	376 756	357 453	67 525	50 000
沙钢财务有限公司	833 138	174 900	0	702 277	690 418	130 860	100 000
美的集团财务有限公司	1 494 443	403 021	49 731	1 307 162	1 296 862	187 281	150 000
宁波港集团财务有限公司	722 418	486 086	0	547 675	505 689	174 742	150 000
兖矿集团财务有限公司	671 490	463 280	0	547 367	545 088	124 123	100 000
哈尔滨电气集团财务有限责任公司	1 182 081	11 000	0	1 018 495	1 012 837	163 586	150 000
北大方正集团财务有限公司	1 558 435	682 000	40 057	978 106	919 965	580 329	500 000
通用技术集团财务有限责任公司	1 045 838	493 000	0	917 610	901 245	128 228	100 000
铜陵有色金属集团财务有限公司	425 721	182 808	0	357 887	322 180	67 834	50 000
中建财务有限公司	4 988 638	942 383	0	4 667 844	4 630 667	320 794	300 000
江苏省国信集团财务有限公司	811 593	459 779	0	633 226	622 174	178 367	150 000
重庆化医控股集团财务有限公司	653 628	299 000	0	577 149	545 000	76 479	50 000
金川集团财务有限公司	614 710	230 497	0	494 392	493 382	120 318	100 000
新希望财务有限公司	459 030	186 400	0	398 871	365 411	60 159	50 000
酒钢集团财务有限公司	746 608	337 150	30 000	626 617	624 380	119 991	100 000
包钢集团财务有限责任公司	519 476	148 000	0	397 835	397 188	121 641	100 000
新奥财务有限责任公司	723 643	248 517	0	603 293	558 950	120 350	100 000
中外运长航财务有限公司	792 131	150 500	0	732 791	726 845	59 340	50 000

续表

机构＼项目	资产			负债		所有者权益	
	总额	其中:贷款	其中:投资	总额	其中:存款	总额	其中:资本金
青岛啤酒财务有限责任公司	637 473	58 776	2 000	539 321	530 294	98 152	50 000
上海复星高科技集团财务有限公司	396 789	203 000	0	352 083	350 285	44 706	30 000
中铝财务有限责任公司	1 215 643	396 900	0	1 033 645	1 029 027	181 998	150 000
中兴通讯集团财务有限公司	763 165	55 516	0	639 357	639 590	123 807	100 000
国核财务有限公司	322 129	149 250	0	203 098	202 388	119 031	100 000
福建省能源集团财务有限公司	638 360	178 517	79 700	517 819	497 459	120 541	100 000
湖南高速集团财务有限公司	306 244	185 500	5 000	182 679	158 216	123 565	100 000
马钢集团财务有限公司	775 930	362 853	0	638 847	583 204	137 082	100 000
湖北宜化集团财务有限责任公司	160 816	142 200	0	129 455	98 009	31 362	30 000
北京汽车集团财务有限公司	1 230 304	562 758	0	1 057 026	1 051 369	173 278	150 000
大连港集团财务有限公司	491 084	229 137	0	419 653	418 463	71 431	50 000
大唐电信集团财务有限公司	308 993	96 000	22 167	196 216	188 656	112 777	100 000
开滦集团财务有限责任公司	671 077	305 340	0	556 191	552 449	114 887	100 000
中国航油集团财务有限公司	591 808	73 615	0	461 767	460 431	130 041	120 000
海南农垦集团财务有限公司	236 755	84 191	14 000	180 655	180 118	56 099	50 000
西部矿业集团财务有限公司	607 820	170 000	28 114	530 808	455 924	77 012	50 000
江苏交通控股集团财务有限公司	787 058	322 545	0	667 336	664 967	119 722	100 000
中国移动通信集团财务有限公司	6 881 977	550 000	200 000	6 172 003	6 064 213	709 974	500 000
山东钢铁集团财务有限公司	517 966	212 119	0	335 784	324 837	182 182	160 000
国药集团财务有限公司	652 906	109 297	0	592 326	589 426	60 580	50 000
郑州宇通集团财务有限公司	556 459	352 888	20 100	492 584	483 455	63 874	50 000
中国铁建财务有限公司	4 231 926	1 332 303	0	3 535 446	3 519 788	696 480	600 000
山东省商业集团财务有限公司	363 142	178 100	0	285 236	284 452	77 905	60 000
深圳华强集团财务有限公司	244 600	177 780	0	192 731	191 375	51 869	50 000
诚通财务有限责任公司	473 504	143 000	0	365 510	350 129	107 994	100 000
山东重工集团财务有限公司	1 412 932	268 648	0	1 298 917	1 276 781	114 015	100 000
湖北能源财务有限公司	151 280	114 250	0	95 476	94 893	55 804	50 000
港中旅财务有限公司	368 042	184 139	0	313 230	308 091	54 812	50 000
陕西煤业化工集团财务有限公司	816 250	398 449	0	704 997	658 709	111 253	100 000
上海华谊集团财务有限责任公司	571 467	235 314	0	505 735	502 275	65 732	60 000
河北钢铁集团财务有限公司	585 157	165 000	0	361 587	340 096	223 570	200 000
安徽省能源集团财务有限公司	88 980	45 420	0	55 556	55 076	33 424	30 000
中化工程集团财务有限公司	989 377	85 310	0	870 903	862 573	118 474	100 000
天津天保财务有限公司	620 182	356 320	0	513 419	492 884	106 762	100 000
亿利集团财务有限公司	292 947	200 000	0	231 934	230 177	61 013	50 000
厦门海翼集团财务有限公司	177 263	114 200	0	122 179	108 858	55 085	50 000

续表

机构 \ 项目	资产			负债		所有者权益	
	总额	其中:贷款	其中:投资	总额	其中:存款	总额	其中:资本金
中信财务有限公司	1 564 150	613 000	19 294	1 447 686	1 430 162	116 464	100 000
浙江省交通投资集团财务有限责任公司	617 921	331 270	0	513 777	510 298	104 144	80 000
南车财务有限公司	1 282 278	367 232	0	1 167 093	1 160 519	115 185	100 000
中国北车集团财务有限公司	2 431 016	369 628	0	2 290 936	2 287 355	140 081	120 000
中国电子科技财务有限公司	3 504 866	1 534 632	0	3 263 317	3 248 393	241 549	200 000
重庆机电控股集团财务有限公司	246 848	116 130	0	175 189	168 319	71 660	60 000
河北建投集团财务有限公司	799 157	211 200	0	697 207	695 605	101 950	95 000
太钢集团财务有限公司	502 847	180 595	0	385 582	333 146	117 264	100 000
大同煤矿集团财务有限责任公司	1 109 652	273 900	0	957 761	953 817	151 891	100 000
贵州茅台集团财务有限公司	2 047 634	3 160	0	1 938 376	1 914 552	109 258	80 000
海亮集团财务有限责任公司	517 179	370 400	0	401 980	388 783	115 198	100 000
中材集团财务有限公司	410 731	69 500	0	355 601	354 755	55 130	50 000
贵州盘江集团财务有限公司	137 637	62 350	0	84 144	78 166	53 493	50 000
北京首都旅游集团财务有限公司	471 465	315 600	0	362 073	358 740	109 392	100 000
广西交通投资集团财务有限责任公司	678 481	130 000	0	567 650	565 469	110 830	100 000
徐工集团财务有限公司	581 874	249 561	0	466 509	268 255	115 365	100 000
百联集团财务有限责任公司	668 156	293 925	0	614 416	609 982	53 741	50 000
中交财务有限公司	1 888 216	626 000	0	1 513 225	1 503 852	374 991	350 000
山东黄金集团财务有限公司	238 373	152 000	0	131 435	126 287	106 938	100 000
中开财务有限公司	257 090	79 611	0	204 489	203 234	52 601	50 000
中国平煤神马集团财务有限责任公司	524 434	150 070	0	417 375	414 456	107 058	100 000
四川长虹集团财务有限公司	699 930	165 200	0	593 805	522 249	106 124	100 000
创维集团财务有限公司	328 421	192 284	0	221 185	204 454	107 237	100 000
江苏国泰财务有限公司	235 883	72 500	0	205 081	203 921	30 803	30 000
亨通财务有限公司	128 407	55 000	0	96 123	94 924	32 284	30 000
珠海华发集团财务有限公司	707 423	169 650	0	594 876	552 875	112 547	100 000
北京金隅财务有限公司	721 184	203 486	0	613 186	611 612	107 998	100 000
云南云天化集团财务有限公司	271 696	59 910	0	207 420	192 121	64 276	60 000
北京控股集团财务有限公司	993 183	375 226	0	910 352	907 430	82 830	80 000
陕西延长石油财务有限公司	767 634	418 050	0	657 973	646 573	109 661	100 000
山东能源集团财务有限公司	748 439	200 000	0	536 816	533 520	211 624	200 000
鄂尔多斯财务有限公司	156 782	111 950	0	54 364	48 279	102 419	100 000
伊利财务有限公司	1 319 880	50 000	0	1 189 252	1 185 453	130 628	100 000
大冶有色金属集团财务有限责任公司	130 944	54 933	0	78 347	73 533	52 597	50 000
巨化集团财务有限责任公司	166 038	81 200	0	114 298	107 308	51 740	50 000
供销集团财务有限公司	229 137	79 795	0	178 008	164 693	51 129	50 000

续表

机构 \ 项目	资产			负债		所有者权益	
	总额	其中:贷款	其中:投资	总额	其中:存款	总额	其中:资本金
中铁财务有限责任公司	2 086 944	700 300	0	1 921 064	1 918 360	165 880	150 000
重庆力帆财务有限公司	427 626	118 700	0	344 867	343 390	82 759	80 000
中煤财务有限责任公司	1 501 820	280 000	0	1 188 052	1 183 778	313 769	300 000
安徽省皖北煤电集团财务有限公司	178 514	27 000	0	126 915	126 655	51 599	50 000
淮北矿业集团财务有限公司	275 895	108 000	0	193 394	192 533	82 502	80 000
湖南出版投资控股集团财务有限公司	623 961	22 750	0	517 223	515 487	106 738	100 000
四川省宜宾五粮液集团财务有限公司	1 065 509	81 055	0	861 748	775 687	203 761	200 000
山东晨鸣集团财务有限公司	127 474	80 000	0	26 803	26 573	100 671	100 000
河北港口集团财务有限公司	144 267	10 000	0	93 475	93 116	50 792	50 000
中节能财务有限公司	668 269	342 815	0	364 390	363 180	303 879	300 000
青岛港财务有限责任公司	750 260	15 598	0	645 883	644 393	104 377	100 000
上海上实集团财务有限公司	428 024	70 000	0	327 263	324 901	100 761	100 000
重庆市能源投资集团财务有限公司	100 267	0	0	122	5	100 145	100 000
光明食品集团财务有限公司	101 057	0	0	1 041	0	100 015	100 000
总计	314 076 007	131 344 420	20 847 448	268 947 583	243 703 895	45 128 423	29 019 733

注：①此表资产不含委托项。

②贷款包括短期、中长期、贴现及买断式转贴现、贸易融资、融资租赁及其他贷款。

③投资包括债券、股票、长期股权及其他投资。

④此表为 193 家财务公司，不含广东省交通、忠旺、西门子 3 家财务公司。

财务公司收入、利润状况统计表

（2014 年）　　　　单位：万元

机构 \ 项目	利润总额	营业收入		
		总额	其中：利息收入	其中：中间业务收入
东风汽车财务有限公司	72 203	167 054	163 549	3 367
中国重汽财务有限公司	20 007	39 823	39 538	180
中国华能财务有限责任公司	106 085	153 272	128 913	2 505
锦江国际集团财务有限责任公司	6 889	12 774	11 787	74
一汽财务有限公司	95 153	189 811	164 227	0
西电集团财务有限责任公司	15 807	38 240	27 457	0
中国石化财务有限责任公司	340 290	495 522	245 936	24 572
东方电气集团财务有限公司	25 928	83 080	69 547	36
宝钢集团财务有限责任公司	20 854	61 909	52 498	397
中国一拖集团财务有限责任公司	9 088	17 061	13 054	174
五矿集团财务有限责任公司	30 326	41 210	31 221	255
攀钢集团财务有限公司	18 799	36 459	34 892	1 550
武汉钢铁集团财务有限责任公司	75 196	127 592	119 159	1 478

续表

机构 \ 项目	利润总额	营业收入		
		总额	其中：利息收入	其中：中间业务收入
中远财务有限责任公司	114 833	173 627	91 905	29
江铃汽车集团财务有限公司	8 006	17 770	14 465	107
中国航空集团财务有限责任公司	8 504	21 725	18 173	810
天津渤海集团财务有限责任公司	13 054	16 750	15 648	402
深圳市有色金属财务有限公司	4 155	6 301	5 965	216
中国南航集团财务有限公司	15 288	34 208	26 078	4 302
上海汽车集团财务有限责任公司	283 175	611 535	383 479	10 488
振华集团财务有限责任公司	1 478	3 610	3 522	0
东方集团财务有限责任公司	2 971	13 307	13 307	0
东航集团财务有限责任公司	14 916	23 706	14 626	781
中油财务有限责任公司	665 439	1 612 793	1 110 787	79 250
上海电气集团财务有限责任公司	63 798	156 333	116 047	83
中国能源建设集团葛洲坝财务有限公司	22 203	42 090	30 500	233
兵工财务有限责任公司	87 448	141 638	106 005	1 729
三峡财务有限责任公司	72 684	95 781	69 501	4 322
中广核财务有限责任公司	41 624	97 427	81 927	2 875
中船财务有限责任公司	104 236	244 273	207 443	6 747
中核财务有限责任公司	61 618	148 728	136 622	1 078
上海浦东发展集团财务有限责任公司	29 422	51 329	43 781	54
鞍钢集团财务有限责任公司	92 928	112 681	60 650	1 491
中国电力财务有限公司	386 963	713 680	637 596	5 079
神华财务有限公司	112 992	246 957	235 113	9 255
中国电子财务有限责任公司	31 509	61 462	54 779	1 433
航天科技财务有限责任公司	129 444	252 653	205 782	1 858
航天科工财务有限责任公司	84 120	140 891	131 150	2 301
中船重工财务有限责任公司	85 330	285 308	188 570	54
中海石油财务有限责任公司	118 970	279 838	216 334	0
海尔集团财务有限责任公司	194 606	332 895	301 647	4 364
吉林森林工业集团财务有限责任公司	12 901	20 509	19 384	0
万向财务有限公司	25 532	48 753	46 270	473
中粮财务有限责任公司	31 741	53 217	47 718	594
苏州创元集团财务有限公司	3 031	6 319	6 150	29
珠海格力集团财务有限责任公司	57 917	237 144	231 508	128
国机财务有限责任公司	16 945	50 063	44 609	1 539
海航集团财务有限公司	44 213	111 974	104 600	515
中国华电集团财务有限公司	138 340	201 081	154 056	4 714
中国大唐集团财务有限公司	102 210	149 912	112 411	1 961
南方电网财务有限公司	90 147	182 728	170 618	8 652

续表

项目 机构	利润总额	营业收入		
		总额	其中：利息收入	其中：中间业务收入
中电投财务有限公司	108 745	171 059	124 217	4 411
国电财务有限公司	100 173	152 480	138 588	7 870
华联财务有限责任公司	14 364	33 058	29 848	56
兵器装备集团财务有限责任公司	70 793	160 101	157 191	1 975
京能集团财务有限公司	33 583	60 214	56 161	1 572
浙江省能源集团财务有限责任公司	47 902	77 115	69 990	1 939
广东粤电财务有限公司	38 921	76 414	68 969	1 335
TCL 集团财务有限公司	22 239	40 710	36 370	284
湖南华菱钢铁集团财务有限公司	10 376	16 775	13 920	0
江西铜业集团财务有限公司	37 619	63 782	45 336	25
天津港财务有限公司	26 270	39 660	34 218	1 079
松下电器（中国）财务有限公司	10 060	18 515	17 610	842
中航工业集团财务有限责任公司	95 316	179 314	155 354	5 706
中冶集团财务有限公司	32 148	52 059	47 095	1 163
申能集团财务有限公司	37 665	66 853	53 640	230
潞安集团财务有限公司	30 591	56 279	43 937	2 005
淮南矿业集团财务有限公司	22 767	54 231	44 018	573
日立（中国）财务有限公司	2 836	7 746	7 170	565
保利财务有限公司	28 050	46 355	41 936	141
深圳能源财务有限公司	19 036	34 905	34 139	9
中化集团财务有限责任公司	44 324	79 576	48 563	2 369
海信集团财务有限公司	23 037	30 709	29 329	658
国联财务有限责任公司	6 476	12 702	12 635	67
首都机场集团财务有限公司	25 006	47 308	46 972	311
红豆集团财务有限公司	7 100	12 268	12 178	27
海马财务有限公司	14 099	29 468	26 053	0
南山集团财务有限公司	29 921	41 227	40 242	756
国投财务有限公司	50 068	103 925	76 767	2 799
河南能源化工集团财务有限公司	76 612	111 502	109 060	1 962
中国化工财务有限公司	14 538	25 107	24 546	561
紫金矿业集团财务有限公司	16 733	28 756	27 023	554
江苏华西集团财务有限公司	7 395	11 036	11 036	0
冀中能源集团财务有限责任公司	13 675	20 760	20 540	0
山西焦煤集团财务有限责任公司	40 361	66 016	62 100	0
阳泉煤业集团财务有限责任公司	28 328	42 026	40 303	777
晋煤集团财务有限公司	34 027	39 534	36 632	2 709
云南冶金集团财务有限公司	8 580	19 650	18 744	0
中海集团财务有限责任公司	28 400	45 112	40 512	339

续表

机构 \ 项目	利润总额	营业收入		
		总额	其中：利息收入	其中：中间业务收入
中集集团财务有限公司	6 081	18 672	17 757	614
沙钢财务有限公司	11 842	17 447	17 105	343
美的集团财务有限公司	39 976	81 615	79 039	0
宁波港集团财务有限公司	20 186	27 561	26 928	633
兖矿集团财务有限公司	17 706	30 061	29 732	318
哈尔滨电气集团财务有限责任公司	13 763	23 640	23 548	92
北大方正集团财务有限公司	40 515	63 278	59 722	480
通用技术集团财务有限责任公司	16 999	40 861	40 799	63
铜陵有色金属集团财务有限公司	10 013	19 922	19 088	804
中建财务有限公司	60 259	95 664	95 548	116
江苏省国信集团财务有限公司	18 238	38 378	35 592	2 728
重庆化医控股集团财务有限公司	12 071	24 622	24 452	171
金川集团财务有限公司	12 574	19 682	19 670	0
新希望财务有限公司	5 228	11 815	11 095	182
酒钢集团财务有限公司	18 503	37 761	37 654	76
包钢集团财务有限责任公司	12 257	24 125	22 268	618
新奥财务有限责任公司	12 709	21 326	20 740	586
中外运长航财务有限公司	4 939	12 723	12 716	7
青岛啤酒财务有限责任公司	24 664	43 138	42 943	184
上海复星高科技集团财务有限公司	14 276	19 363	19 362	0
中铝财务有限责任公司	21 367	31 884	30 970	914
中兴通讯集团财务有限公司	10 503	19 829	18 867	0
国核财务有限公司	13 337	21 042	20 686	353
福建省能源集团财务有限公司	19 064	28 293	22 616	4 479
湖南高速集团财务有限公司	11 983	13 074	13 074	0
马钢集团财务有限公司	15 903	37 665	36 991	552
湖北宜化集团财务有限责任公司	2 176	5 436	5 431	0
北京汽车集团财务有限公司	19 004	46 201	46 062	126
大连港集团财务有限公司	11 708	15 885	15 298	550
大唐电信集团财务有限公司	7 479	10 422	9 718	103
开滦集团财务有限责任公司	13 001	22 002	21 590	412
中国航油集团财务有限公司	7 735	10 057	9 855	195
海南农垦集团财务有限公司	5 022	7 977	6 881	63
西部矿业集团财务有限公司	11 744	25 711	25 553	23
江苏交通控股集团财务有限公司	14 446	25 756	25 745	11
中国移动通信集团财务有限公司	130 126	309 591	309 591	0
山东钢铁集团财务有限公司	10 214	19 472	19 375	74
国药集团财务有限公司	7 635	17 979	17 932	47

续表

机构 \ 项目	利润总额	营业收入		
		总额	其中：利息收入	其中：中间业务收入
郑州宇通集团财务有限公司	22 598	31 844	30 380	875
中国铁建财务有限公司	82 755	139 965	139 815	149
山东省商业集团财务有限公司	10 022	13 859	13 618	242
深圳华强集团财务有限公司	2 220	7 664	7 621	0
诚通财务有限责任公司	9 103	14 851	14 700	151
山东重工集团财务有限公司	14 572	52 194	51 993	0
湖北能源财务有限公司	4 540	8 081	7 652	429
港中旅财务有限公司	4 530	10 710	10 661	49
陕西煤业化工集团财务有限公司	13 916	30 056	28 220	0
上海华谊集团财务有限责任公司	6 574	17 054	17 028	26
河北钢铁集团财务有限公司	16 463	31 641	31 340	301
安徽省能源集团财务有限公司	2 162	3 881	3 640	0
中化工程集团财务有限公司	17 314	36 514	36 514	0
天津天保财务有限公司	13 657	23 335	23 335	0
亿利集团财务有限公司	8 529	12 027	12 003	24
厦门海翼集团财务有限公司	3 290	7 300	7 121	179
中信财务有限公司	13 734	60 587	55 095	3 246
浙江省交通投资集团财务有限责任公司	20 452	30 218	28 975	1 243
南车财务有限公司	13 302	26 813	26 678	134
中国北车集团财务有限公司	16 869	33 978	33 679	297
中国电子科技财务有限公司	48 311	104 144	104 137	7
重庆机电控股集团财务有限公司	8 136	12 170	11 429	742
河北建投集团财务有限公司	9 002	19 694	19 688	0
太钢集团财务有限公司	14 806	28 509	28 287	127
大同煤矿集团财务有限责任公司	44 160	50 257	47 751	0
贵州茅台集团财务有限公司	30 697	64 329	64 309	0
海亮集团财务有限责任公司	16 238	33 644	33 315	329
中材集团财务有限公司	5 322	9 165	9 159	0
贵州盘江集团财务有限公司	3 635	6 684	6 683	0
北京首都旅游集团财务有限公司	9 077	19 359	19 356	3
广西交通投资集团财务有限责任公司	8 362	13 860	13 830	0
徐工集团财务有限公司	16 507	26 475	23 224	3 251
百联集团财务有限责任公司	5 215	17 938	17 938	0
中交财务有限公司	25 318	51 303	51 089	0
山东黄金集团财务有限公司	7 431	11 976	11 899	78
中开财务有限公司	2 919	9 320	9 212	108

续表

项目 机构	利润总额	营业收入		
		总额	其中：利息收入	其中：中间业务收入
中国平煤神马集团财务有限责任公司	8 417	19 725	19 716	9
四川长虹集团财务有限公司	6 448	11 605	11 605	0
创维集团财务有限公司	7 633	14 106	13 530	517
江苏国泰财务有限公司	1 063	4 144	4 062	82
亨通财务有限公司	2 863	12 021	11 486	0
珠海华发集团财务有限公司	15 043	25 917	25 729	188
北京金隅财务有限公司	10 560	20 741	20 740	1
云南云天化集团财务有限公司	5 110	17 240	16 821	420
北京控股集团财务有限公司	2 720	9 979	9 687	291
陕西延长石油财务有限公司	12 573	28 958	28 902	55
山东能源集团财务有限公司	15 510	24 349	24 313	35
鄂尔多斯财务有限公司	3 225	6 633	6 322	5
伊利财务有限公司	35 064	48 041	48 041	0
大冶有色金属集团财务有限责任公司	3 469	5 515	5 443	72
巨化集团财务有限责任公司	2 319	4 264	4 230	0
供销集团财务有限公司	1 422	5 226	4 720	505
中铁财务有限责任公司	21 183	41 283	41 160	123
重庆力帆财务有限公司	3 246	7 646	6 672	0
中煤财务有限责任公司	18 358	26 763	26 643	120
安徽省皖北煤电集团财务有限公司	2 133	3 700	3 700	0
淮北矿业集团财务有限公司	3 335	7 587	7 449	137
湖南出版投资控股集团财务有限公司	4 186	13 334	12 566	763
四川省宜宾五粮液集团财务有限公司	5 123	14 265	14 265	0
山东晨鸣集团财务有限公司	912	2 431	2 431	0
河北港口集团财务有限公司	1 056	2 153	2 151	2
中节能财务有限公司	5 172	9 958	9 726	232
青岛港财务有限责任公司	5 837	8 245	8 310	0
上海上实集团财务有限公司	1 015	2 527	2 527	0
重庆市能源投资集团财务有限公司	193	271	271	0
光明食品集团财务有限公司	20	276	276	0
总　计	6 931 644	13 449 340	11 220 304	269 667

注：①此表营业收入包括利息收入、手续费及佣金收入、投资收益及其他收入。

②利息收入包括贷款利息收入、金融机构往来利息收入和其他利息收入。

③中间业务包括结算业务收入、担保业务收入、委托业务收入、保险代理业务收入、承销业务收入、财务顾问业务收入及其他中间业务收入。

④此表为193家财务公司，不含广东省交通、忠旺、西门子3家财务公司。

财务公司地域分布状况统计表

（2014 年）

单位：亿元

省份＼项目	机构		资产总额		净资产		利润总额	
	数量（家）	比例（%）	金额	比例（%）	金额	比例（%）	金额	比例（%）
北京市	62	31.96	19 190.73	60.53	2 558.54	56.48	405.85	58.27
天津市	3	1.55	189.41	0.60	42.65	0.94	5.30	0.76
河北省	6	3.09	341.59	1.08	75.26	1.66	6.59	0.95
山西省	6	3.09	655.74	2.07	94.17	2.08	19.23	2.76
内蒙古自治区	3	1.55	199.61	0.63	35.47	0.78	5.05	0.73
辽宁省	1	0.52	198.06	0.62	59.96	1.32	9.29	1.33
吉林省	2	1.03	457.66	1.44	42.72	0.94	10.81	1.55
黑龙江省	2	1.03	140.05	0.44	26.91	0.59	1.67	0.24
上海市	16	8.25	2 859.86	9.02	321.30	7.09	62.94	9.04
江苏省	10	5.15	439.10	1.39	83.30	1.84	8.90	1.28
浙江省	5	2.58	426.77	1.35	65.22	1.44	11.24	1.61
安徽省	6	3.09	261.41	0.82	64.92	1.43	5.63	0.81
福建省	2	1.03	126.75	0.40	19.61	0.43	3.58	0.51
江西省	2	1.03	169.38	0.53	29.22	0.65	4.56	0.66
山东省	9	4.64	579.44	1.83	116.51	2.57	12.63	1.81
河南省	4	2.06	364.29	1.09	76.56	1.69	11.67	1.68
湖北省	6	3.09	620.55	1.96	129.61	2.86	17.98	2.58
湖南省	3	1.55	130.29	0.41	40.19	0.89	2.65	0.38
广东省	7	3.61	1248.69	3.94	172.01	3.80	27.95	4.01
广西壮族自治区	1	0.52	67.85	0.21	11.08	0.24	0.84	0.12
海南省	2	1.03	73.68	0.23	18.99	0.42	1.91	0.27
重庆市	4	2.06	142.84	0.45	33.10	0.73	2.36	0.34
四川省	5	2.58	477.38	1.51	80.98	1.79	6.15	0.88
贵州省	3	1.55	226.32	0.71	18.33	0.40	3.58	0.51
云南省	2	1.03	60.45	0.19	18.54	0.41	1.37	0.20
陕西省	3	1.55	259.44	0.82	34.26	0.76	4.23	0.61
甘肃省	2	1.03	136.13	0.43	24.03	0.53	3.11	0.45
青海省	1	0.52	60.78	0.19	7.70	0.17	1.17	0.17
深圳市	9	4.64	563.67	1.78	91.64	2.02	9.87	1.42
青岛市	4	2.06	914.38	2.88	106.77	2.36	24.81	3.56
厦门市	1	0.52	17.73	0.06	5.51	0.12	0.33	0.05
大连市	1	0.52	49.11	0.15	7.14	0.16	1.17	0.17
宁波市	1	0.52	72.24	0.23	17.47	0.39	2.02	0.29
总　计	194		31 703.36		4 529.68		696.46	

注：①此表资产中不包括委托项。

②此表资产、净资产、利润总额数据，不含广东省交通、忠旺 2 家财务公司。

财务公司行业分布状况统计表

(2014 年)

单位：亿元

项目 / 行业	机构		资产		净资产		利润总额	
	数量（家）	比例（%）	金额	比例（%）	金额	比例（%）	金额	比例（%）
能源电力	17	8.76	4 790.68	15.11	782.10	17.27	134.41	19.30
石油化工	14	7.22	5 788.85	18.26	763.62	16.86	125.28	17.99
电子电器	15	7.73	2 221.39	7.01	257.57	5.69	45.15	6.48
煤炭	20	10.31	2 035.90	6.42	383.50	8.47	51.88	7.45
建筑建材	9	4.64	1 735.58	5.47	222.91	4.92	27.71	3.98
钢铁	12	6.19	1 072.51	3.38	269.60	5.95	31.81	4.57
机械制造	15	7.73	1 765.94	5.57	198.22	4.38	23.04	3.31
交通运输	18	9.28	1 556.92	4.91	231.30	5.11	37.93	5.45
航天军工	9	4.64	4 155.57	13.11	393.58	8.69	76.66	11.01
有色金属	13	6.70	801.57	2.53	176.02	3.89	21.02	3.02
汽车	9	4.64	2 254.60	7.11	264.17	5.83	55.98	8.04
酒店旅游	3	1.55	113.56	0.36	23.09	0.51	2.05	0.29
商贸	7	3.61	372.98	1.18	60.72	1.34	5.82	0.84
投资控股	14	7.22	1 292.91	4.08	218.74	4.83	24.44	3.51
民生消费	7	3.61	450.70	1.42	74.45	1.64	7.91	1.14
农林牧渔	8	4.12	403.91	1.27	86.00	1.90	10.15	1.46
其他	4	2.06	889.78	2.81	124.09	2.74	15.22	2.19
总　计	194		31 703.36		4 529.68		696.46	

注：①此表资产中不包括委托项。

②此表资产、净资产、利润总额数据，不含广东省交通、忠旺 2 家财务公司。

③附：2014 年财务公司行业分类表。

财务公司行业分类表

(2014 年)

能源电力	中国华能财务有限责任公司	三峡财务有限责任公司
	中广核财务有限责任公司	中国电力财务有限公司
	中国华电集团财务有限公司	中国大唐集团财务有限公司
	南方电网财务有限公司	中电投财务有限公司
	国电财务有限公司	京能集团财务有限公司
	浙江省能源集团财务有限责任公司	广东粤电财务有限公司
	申能集团财务有限公司	深圳能源财务有限公司
	国核财务有限公司	湖北能源财务有限公司
	安徽省能源集团财务有限公司	

续表

石油化工	中国石化财务有限责任公司	天津渤海集团财务有限责任公司
	中油财务有限责任公司	中海石油财务有限责任公司
	中化集团财务有限责任公司	中国化工财务有限公司
	重庆化医控股集团财务有限公司	湖北宜化集团财务有限责任公司
	中国航油集团财务有限公司	国药集团财务有限公司
	上海华谊集团财务有限责任公司	云南云天化集团财务有限公司
	陕西延长石油财务有限公司	巨化集团财务有限责任公司
电子电器	振华集团财务有限责任公司	中国电子财务有限责任公司
	海尔集团财务有限责任公司	珠海格力集团财务有限责任公司
	TCL 集团财务有限公司	松下电器（中国）财务有限公司
	日立（中国）财务有限公司	海信集团财务有限公司
	美的集团财务有限公司	中兴通讯集团财务有限公司
	大唐电信集团财务有限公司	四川长虹集团财务有限公司
	创维集团财务有限公司	亨通财务有限公司
	西门子财务服务有限责任公司	
煤炭	神华财务有限公司	潞安集团财务有限公司
	淮南矿业集团财务有限公司	河南能源化工集团财务有限公司
	冀中能源集团财务有限责任公司	山西焦煤集团财务有限责任公司
	阳泉煤业集团财务有限责任公司	晋煤集团财务有限公司
	兖矿集团财务有限公司	福建省能源集团财务有限公司
	开滦集团财务有限责任公司	陕西煤业化工集团财务有限公司
	大同煤矿集团财务有限责任公司	贵州盘江集团财务有限公司
	中国平煤神马集团财务有限责任公司	山东能源集团财务有限公司
	中煤财务有限责任公司	安徽省皖北煤电集团财务有限公司
	淮北矿业集团财务有限公司	重庆市能源投资集团财务有限公司
建筑建材	中国能源建设集团葛洲坝财务有限公司	中冶集团财务有限公司
	中建财务有限公司	中国铁建财务有限公司
	中化工程集团财务有限公司	中材集团财务有限公司
	中交财务有限公司	北京金隅财务有限公司
	中铁财务有限责任公司	
钢铁	宝钢集团财务有限责任公司	攀钢集团财务有限公司
	武汉钢铁集团财务有限责任公司	鞍钢集团财务有限责任公司
	湖南华菱钢铁集团财务有限公司	沙钢财务有限公司
	酒钢集团财务有限公司	包钢集团财务有限责任公司
	马钢集团财务有限公司	山东钢铁集团财务有限公司
	河北钢铁集团财务有限公司	太钢集团财务有限公司

续表

机械制造	西电集团财务有限责任公司	东方电气集团财务有限公司
	中国一拖集团财务有限责任公司	上海电气集团财务有限责任公司
	苏州创元集团财务有限公司	国机财务有限责任公司
	中集集团财务有限公司	哈尔滨电气集团财务有限责任公司
	山东重工集团财务有限公司	厦门海翼集团财务有限公司
	南车财务有限公司	中国北车集团财务有限公司
	重庆机电控股集团财务有限公司	徐工集团财务有限公司
	重庆力帆财务有限公司	
交通运输	中远财务有限责任公司	中国航空集团财务有限责任公司
	中国南航集团财务有限公司	东航集团财务有限责任公司
	海航集团财务有限公司	天津港财务有限公司
	首都机场集团财务有限公司	中海集团财务有限责任公司
	宁波港集团财务有限公司	中外运长航财务有限公司
	湖南高速集团财务有限公司	大连港集团财务有限公司
	江苏交通控股集团财务有限公司	浙江省交通投资集团财务有限责任公司
	广西交通投资集团财务有限责任公司	中开财务有限公司
	河北港口集团财务有限公司	青岛港财务有限责任公司
军工	兵工财务有限责任公司	中船财务有限责任公司
	中核财务有限责任公司	航天科技财务有限责任公司
	航天科工财务有限责任公司	中船重工财务有限责任公司
	兵器装备集团财务有限责任公司	中航工业集团财务有限责任公司
	中国电子科技财务有限公司	
有色金属	五矿集团财务有限责任公司	深圳市有色金属财务有限公司
	江西铜业集团财务有限公司	南山集团财务有限公司
	紫金矿业集团财务有限公司	云南冶金集团财务有限公司
	铜陵有色金属集团财务有限公司	金川集团财务有限公司
	中铝财务有限责任公司	西部矿业集团财务有限公司
	海亮集团财务有限责任公司	山东黄金集团财务有限公司
	大冶有色金属集团财务有限责任公司	
汽车	东风汽车财务有限公司	中国重汽财务有限公司
	一汽财务有限公司	江铃汽车集团财务有限公司
	上海汽车集团财务有限责任公司	万向财务有限公司
	海马财务有限公司	北京汽车集团财务有限公司
	郑州宇通集团财务有限公司	
酒店旅游	锦江国际集团财务有限责任公司	港中旅财务有限公司
	北京首都旅游集团财务有限公司	

续表

商贸	华联财务有限责任公司	通用技术集团财务有限责任公司
	山东省商业集团财务有限公司	诚通财务有限责任公司
	百联集团财务有限责任公司	江苏国泰财务有限公司
	供销集团财务有限公司	
投资控股	上海浦东发展集团财务有限责任公司	保利财务有限公司
	国联财务有限责任公司	国投财务有限公司
	北大方正集团财务有限公司	江苏省国信集团财务有限公司
	上海复星高科技集团财务有限公司	深圳华强集团财务有限公司
	天津天保财务有限公司	中信财务有限公司
	河北建投集团财务有限公司	珠海华发集团财务有限公司
	北京控股集团财务有限公司	上海上实集团财务有限公司
民生消费	红豆集团财务有限公司	江苏华西集团财务有限公司
	青岛啤酒财务有限责任公司	贵州茅台集团财务有限公司
	鄂尔多斯财务有限公司	四川省宜宾五粮液集团财务有限公司
	山东晨鸣集团财务有限公司	
农林牧渔	东方集团财务有限责任公司	吉林森林工业集团财务有限责任公司
	中粮财务有限责任公司	新希望财务有限公司
	海南农垦集团财务有限公司	亿利集团财务有限公司
	伊利财务有限公司	光明食品集团财务有限公司
其他	新奥财务有限责任公司	中国移动通信集团财务有限公司
	湖南出版投资控股集团财务有限公司	中节能财务有限公司

注：每个行业分类中，各财务公司依照其成立时间从左至右从上至下进行排序。

财务公司所有制分布状况统计表

（2014 年）

单位：亿元

项 目 所有制	机构		资产		净资产		利润总额	
	数量（家）	比例（%）	金额	比例（%）	金额	比例（%）	金额	比例（%）
中央国有企业	96	49.48	21 146.09	66.70	2 852.37	62.97	461.67	66.29
地方国有企业	26	13.40	7 938.07	25.04	1 297.76	28.65	174.29	25.03
集体民营企业	3	1.55	2 234.28	7.05	348.47	7.69	55.92	8.03
外资企业	69	35.57	384.92	1.21	31.08	0.69	4.58	0.66
总 计	194		31 703.36		4 529.68		696.46	

注：①此表资产中不包括委托项。

②此表资产、净资产、利润总额数据，不含广东省交通、忠旺 2 家财务公司。

财务公司行业资产质量状况统计表

（2014 年）　　单位：万元

项　　目	金额	占资产总额（%）
不良资产总计	328 145	0. 10
次级资产	204 635	0. 06
可疑资产	83 656	0. 03
损失资产	39 854	0. 01
不良贷款	286 938	0. 09
次级贷款	202 323	0. 06
可疑贷款	67 088	0. 02
损失贷款	17 527	0. 01

注：此表统计 193 家财务公司，其中 177 家财务公司无不良贷款。

财务公司行业存款、贷款结构统计表

（2014 年）　　单位：万元

项　　目	金　　额	占比（%）	项　　目	金额	占比（%）
各项贷款	129 970 266		各项存款	242 312 221	
1. 短期贷款	70 355 521	54. 13	1. 活期存款	131 759 384	54. 38
2. 中长期贷款	46 187 360	35. 54	2. 定期存款	110 552 837	45. 62
3. 贴现及买断式转贴现	11 034 930	0. 08	各项存款	242 312 221	
4. 贸易融资	284 199	0. 22	1. 集团母公司存款	59 703 337	24. 64
5. 融资租赁	2 236 797	1. 72	2. 上市公司存款	65 476 461	27. 02
6. 各项垫款	0	0	3. 其他成员企业存款	117 132 422	48. 34
7. 其他贷款	－128 541	－0. 10			
各项贷款	123 940 107				
1. 信用贷款	86 641 991	69. 91			
2. 担保贷款	37 298 116	30. 09			
各项贷款	129 970 266				
1. 集团母公司贷款	9 477 902	7. 29			
2. 上市公司贷款	24 814 454	19. 09			
3. 其他成员企业贷款	93 631 365	72. 04			
4. 其他	2 046 545	1. 57			

注：①此表中第二个各项贷款值比其余两个各项贷款值低，原因是该指标仅包含企业贷款，不包括个人贷款。

②此表贷款、存款数据为 193 家财务公司合计，不含广东省交通、忠旺 2 家财务公司。

财务公司主要经营指标统计表

（2014 年）

项目 机构	资本充足率（%）	资金集中度（%）	流动性比例（%）	存贷款比例（%）	资产收益率（%）	净资产收益率（%）
东风汽车财务有限公司	27.97	39.00	155.06	69.22	2.20	15.85
中国重汽财务有限公司	20.33	77.00	127.28	52.55	1.73	11.46
中国华能财务有限责任公司	22.15	41.00	34.21	88.43	2.78	11.92
锦江国际集团财务有限责任公司	34.39	18.00	76.15	63.37	1.53	8.07
一汽财务有限公司	14.08	48.00	87.58	12.74	1.78	21.94
西电集团财务有限责任公司	23.95	96.00	49.97	28.44	1.26	9.88
中国石化财务有限责任公司	23.82	52.00	58.43	182.51	4.12	14.34
东方电气集团财务有限公司	20.88	78.00	82.08	34.12	1.00	8.15
宝钢集团财务有限责任公司	17.81	23.00	89.24	60.10	1.26	8.86
中国一拖集团财务有限责任公司	23.93	68.00	106.28	83.35	2.09	10.94
五矿集团财务有限责任公司	56.35	30.00	99.18	49.23	1.86	5.13
攀钢集团财务有限公司	26.93	0	53.28	193.57	3.35	6.66
武汉钢铁集团财务有限责任公司	22.06	86.00	59.29	149.91	2.48	11.41
中远财务有限责任公司	27.14	30.00	63.81	10.45	3.19	33.51
江铃汽车集团财务有限公司	19.63	19.52	50.49	94.36	1.84	9.54
中国航空集团财务有限责任公司	19.42	35.00	40.94	79.27	1.04	6.48
天津渤海集团财务有限责任公司	38.11	52.00	36.33	123.24	2.88	7.48
深圳市有色金属财务有限公司	35.15	44.00	74.55	185.30	2.69	6.14
中国南航集团财务有限公司	26.66	27.00	86.20	28.56	1.62	12.79
上海汽车集团财务有限责任公司	18.88	66.00	92.71	44.95	2.50	27.39
振华集团财务有限责任公司	28.98	50.00	56.62	95.61	1.35	5.18
东方集团财务有限责任公司	52.29	28.00	29.90	255.77	1.06	2.80
东航集团财务有限责任公司	27.81	58.00	62.28	42.34	2.60	14.21
中油财务有限责任公司	12.53	45.00	50.33	110.35	1.39	14.70
上海电气集团财务有限责任公司	15.51	78.00	60.12	45.90	1.32	13.65
中国能源建设集团葛洲坝财务有限公司	29.57	11.00	66.51	105.98	2.60	9.59
兵工财务有限责任公司	20.37	54.00	82.96	42.94	1.84	11.48
三峡财务有限责任公司	26.14	66.00	50.26	50.56	2.72	14.15
中广核财务有限责任公司	15.00	37.00	29.06	63.19	1.45	14.17
中船财务有限责任公司	13.77	55.00	35.91	40.25	1.49	18.32
中核财务有限责任公司	13.04	77.00	63.41	52.25	1.32	13.17
上海浦东发展集团财务有限责任公司	31.45	75.00	48.95	30.33	2.06	11.06
鞍钢集团财务有限责任公司	19.68	75.00	59.53	70.15	4.94	17.84
中国电力财务有限公司	14.76	75.00	54.82	56.23	1.74	16.08
神华财务有限公司	17.91	46.00	30.14	86.06	1.84	12.95
中国电子财务有限责任公司	24.71	30.00	87.45	49.69	1.31	8.97
航天科技财务有限责任公司	14.21	81.00	60.45	37.52	1.65	19.98
航天科工财务有限责任公司	15.93	81.00	106.05	24.29	1.43	18.80

续表

机构＼项目	资本充足率（%）	资金集中度（%）	流动性比例（%）	存贷款比例（%）	资产收益率（%）	净资产收益率（%）
中船重工财务有限责任公司	17.15	29.00	112.33	48.44	1.50	14.40
中海石油财务有限责任公司	19.79	51.00	44.76	35.29	1.54	13.33
海尔集团财务有限责任公司	16.52	74.00	56.15	78.65	2.25	23.59
吉林森林工业集团财务有限责任公司	26.00	55.00	43.66	89.81	3.86	16.72
万向财务有限公司	18.42	92.00	47.33	95.51	2.26	10.28
中粮财务有限责任公司	33.58	12.00	82.89	88.12	2.49	8.81
苏州创元集团财务有限公司	36.98	42.00	51.89	82.89	1.67	6.04
珠海格力集团财务有限责任公司	18.60	53.00	102.05	22.29	1.47	16.77
国机财务有限责任公司	19.46	21.00	87.07	40.58	0.93	8.42
海航集团财务有限公司	19.28	30.00	48.55	105.76	1.55	8.87
中国华电集团财务有限公司	16.82	81.00	30.59	106.99	3.42	15.65
中国大唐集团财务有限公司	11.22	85.00	27.71	86.80	3.43	17.89
南方电网财务有限公司	64.66	81.00	39.54	85.10	2.51	12.62
中电投财务有限公司	45.35	59.00	37.39	92.47	3.57	13.26
国电财务有限公司	23.90	66.00	34.17	93.51	2.61	11.57
华联财务有限责任公司	23.92	43.00	52.42	133.28	1.66	7.72
兵器装备集团财务有限责任公司	14.61	36.00	59.91	72.68	1.89	16.98
京能集团财务有限公司	25.05	62.00	48.03	72.66	1.86	9.36
浙江省能源集团财务有限责任公司	15.25	65.00	46.54	49.13	1.86	23.43
广东粤电财务有限公司	15.59	42.00	27.51	79.49	2.01	12.39
TCL 集团财务有限公司	22.66	57.00	70.86	53.98	1.69	10.46
湖南华菱钢铁集团财务有限公司	65.16	19.00	112.49	121.27	3.04	7.83
江西铜业集团财务有限公司	25.29	33.00	51.50	41.01	2.19	13.68
天津港财务有限公司	24.25	82.00	54.16	71.36	2.22	11.49
松下电器（中国）财务有限公司	70.47	32.00	125.76	0.50	1.34	7.44
中航工业集团财务有限责任公司	13.31	26.00	65.99	51.34	1.48	18.76
中冶集团财务有限公司	25.31	31.00	62.90	55.75	1.97	12.08
申能集团财务有限公司	16.76	74.00	72.35	60.27	2.32	19.96
潞安集团财务有限公司	20.19	36.00	44.46	74.62	2.36	14.51
淮南矿业集团财务有限公司	36.00	53.00	66.11	69.73	2.01	6.83
日立（中国）财务有限公司	30.09	21.00	125.66	47.95	1.05	5.77
保利财务有限公司	27.70	20.00	67.71	27.72	2.25	16.24
深圳能源财务有限公司	25.24	62.00	68.12	74.71	1.98	10.34
中化集团财务有限责任公司	18.62	42.00	55.76	76.67	2.17	10.05
海信集团财务有限公司	44.46	85.00	52.15	21.57	2.30	13.50
国联财务有限责任公司	27.62	50.00	70.74	40.87	1.20	8.13
首都机场集团财务有限公司	13.23	42.00	63.55	52.33	1.78	21.94
红豆集团财务有限公司	29.82	34.00	52.50	99.93	2.42	8.48
海马财务有限公司	41.14	86.00	129.36	75.85	2.40	8.65
南山集团财务有限公司	27.44	55.00	33.77	92.63	3.58	21.01

续表

机构 \ 项目	资本充足率（%）	资金集中度（%）	流动性比例（%）	存贷款比例（%）	资产收益率（%）	净资产收益率（%）
国投财务有限公司	14.81	32.00	40.03	84.54	1.92	14.78
河南能源化工集团财务有限公司	43.26	76.00	50.77	60.45	2.85	11.64
中国化工财务有限公司	22.21	19.00	75.27	88.14	1.99	11.68
紫金矿业集团财务有限公司	15.17	75.00	50.05	68.10	2.06	16.79
江苏华西集团财务有限公司	37.65	36.00	51.26	91.36	2.28	8.68
冀中能源集团财务有限责任公司	34.92	11.00	62.42	107.53	1.73	7.64
山西焦煤集团财务有限责任公司	28.76	43.00	51.69	21.29	1.93	16.82
阳泉煤业集团财务有限责任公司	21.45	34.00	50.94	81.52	2.36	14.11
晋煤集团财务有限公司	25.86	31.00	72.60	41.17	2.72	17.18
云南冶金集团财务有限公司	35.70	30.00	57.63	162.22	1.92	5.24
中海集团财务有限责任公司	16.73	44.00	64.92	46.10	2.03	21.11
中集集团财务有限公司	15.85	57.00	68.68	89.95	1.17	6.82
沙钢财务有限公司	32.33	60.00	69.21	40.07	1.41	7.04
美的集团财务有限公司	25.72	68.00	47.27	85.74	2.46	16.62
宁波港集团财务有限公司	29.64	69.00	44.08	96.84	2.35	8.78
兖矿集团财务有限公司	23.93	22.00	27.52	85.02	1.92	11.86
哈尔滨电气集团财务有限责任公司	44.81	73.00	77.21	2.48	1.11	6.50
北大方正集团财务有限公司	35.14	35.00	81.76	79.75	2.38	5.51
通用技术集团财务有限责任公司	20.11	38.00	49.55	58.32	1.31	10.22
铜陵有色金属集团财务有限公司	19.49	31.00	68.90	81.66	1.86	11.37
中建财务有限公司	17.82	35.00	85.31	20.53	1.29	19.61
江苏省国信集团财务有限公司	32.04	47.00	77.66	75.63	1.69	7.67
重庆化医控股集团财务有限公司	17.99	66.00	55.25	74.06	1.48	14.05
金川集团财务有限公司	27.98	56.00	51.00	77.19	2.09	9.06
新希望财务有限公司	23.27	55.00	72.78	51.55	1.15	6.74
酒钢集团财务有限公司	23.55	24.00	61.20	65.89	2.14	11.50
包钢集团财务有限责任公司	45.07	26.00	59.86	62.44	2.15	9.96
新奥财务有限责任公司	29.99	46.00	53.90	54.65	1.75	8.23
中外运长航财务有限公司	21.00	34.00	93.18	20.71	0.68	6.39
青岛啤酒财务有限责任公司	42.44	86.00	49.97	11.99	2.50	20.78
上海复星高科技集团财务有限公司	18.70	19.00	61.57	57.95	3.07	26.08
中铝财务有限责任公司	30.96	21.00	72.55	38.72	1.52	9.00
中兴通讯集团财务有限公司	28.66	27.00	76.30	43.16	1.32	6.49
国核财务有限公司	49.05	50.00	63.18	73.74	2.79	8.42
福建省能源集团财务有限公司	28.59	68.00	30.95	48.52	2.60	15.60
湖南高速集团财务有限公司	52.13	19.00	51.61	119.94	3.24	8.01
马钢集团财务有限公司	23.01	56.00	27.97	111.72	1.50	9.11
湖北宜化集团财务有限责任公司	21.61	20.00	26.28	145.09	1.32	5.21
北京汽车集团财务有限公司	24.46	27.00	57.09	53.56	1.14	11.58
大连港集团财务有限公司	23.21	57.00	58.45	54.76	2.13	13.09

续表

项目 机构	资本充足率（%）	资金集中度（%）	流动性比例（%）	存贷款比例（%）	资产收益率（%）	净资产收益率（%）
大唐电信集团财务有限公司	56.05	31.00	111.92	60.82	1.72	5.09
开滦集团财务有限责任公司	30.48	81.00	59.55	55.30	1.51	8.21
中国航油集团财务有限公司	68.56	8 000.00	101.14	15.99	1.46	4.50
海南农垦集团财务有限公司	42.74	55.00	75.03	46.83	1.85	6.74
西部矿业集团财务有限公司	22.44	59.00	77.08	54.07	1.66	14.30
江苏交通控股集团财务有限公司	29.46	82.00	59.27	48.61	1.76	9.00
中国移动通信集团财务有限公司	31.53	11.00	87.12	9.07	1.62	14.76
山东钢铁集团财务有限公司	55.29	25.00	111.36	79.24	1.37	4.29
国药集团财务有限公司	24.00	19.00	109.16	38.99	0.94	9.44
郑州宇通集团财务有限公司	13.91	43.00	32.01	74.82	2.96	26.31
中国铁建财务有限公司	35.29	34.00	78.86	37.85	1.77	9.20
山东省商业集团财务有限公司	33.40	3309.00	55.73	62.73	2.17	10.05
深圳华强集团财务有限公司	28.92	40.00	63.41	93.03	0.84	3.07
诚通财务有限责任公司	47.00	40.00	123.79	47.45	1.49	5.72
山东重工集团财务有限公司	20.63	50.00	60.19	24.93	1.01	9.89
湖北能源财务有限公司	36.09	72.00	41.67	128.00	2.69	7.75
港中旅财务有限公司	24.93	28.00	85.51	60.41	1.29	6.30
陕西煤业化工集团财务有限公司	19.01	20.00	48.80	82.59	1.65	9.46
上海华谊集团财务有限责任公司	20.32	56.00	59.61	55.23	0.87	8.67
河北钢铁集团财务有限公司	41.71	20.00	76.21	116.33	2.17	5.68
安徽省能源集团财务有限公司	58.10	30.00	66.06	82.47	1.99	4.97
中化工程集团财务有限公司	32.59	53.00	97.29	14.62	1.44	11.29
天津天保财务有限公司	23.30	33.00	90.70	72.29	1.74	9.45
亿利集团财务有限公司	14.53	38.00	57.40	86.89	2.94	11.07
厦门海翼集团财务有限公司	40.79	64.00	60.75	122.51	1.56	4.86
中信财务有限公司	15.22	50.00	76.03	43.07	0.85	9.46
浙江省交通投资集团财务有限责任公司	25.73	56.00	48.47	64.92	2.38	15.90
南车财务有限公司	17.50	53.00	60.84	33.80	0.97	8.74
中国北车集团财务有限公司	17.02	69.00	47.17	16.76	0.75	9.32
中国电子科技财务有限公司	12.70	58.00	47.77	47.94	1.24	15.65
重庆机电控股集团财务有限公司	41.03	50.00	44.39	77.78	2.90	9.93
河北建投集团财务有限公司	31.46	65.00	80.37	30.51	1.07	8.73
太钢集团财务有限公司	26.03	48.00	38.30	96.84	2.43	9.94
大同煤矿集团财务有限责任公司	22.92	35.00	79.42	36.07	2.93	24.46
贵州茅台集团财务有限公司	23.47	68.00	61.47	0.17	1.45	23.56
海亮集团财务有限责任公司	23.56	46.00	39.69	108.17	3.17	11.16
中材集团财务有限公司	38.76	23.00	81.02	19.65	1.14	7.49
贵州盘江集团财务有限公司	58.78	33.00	73.40	94.95	2.05	5.22

续表

项目 机构	资本充足率（%）	资金集中度（%）	流动性比例（%）	存贷款比例（%）	资产收益率（%）	净资产收益率（%）
北京首都旅游集团财务有限公司	30.91	42.00	41.34	87.97	1.87	6.42
广西交通投资集团财务有限责任公司	44.90	60.00	76.18	22.99	1.44	7.58
徐工集团财务有限公司	24.47	51.00	106.63	120.40	2.50	14.60
百联集团财务有限责任公司	15.02	26.00	63.10	48.62	0.72	6.52
中交财务有限公司	41.07	18.00	84.87	43.07	1.01	5.19
山东黄金集团财务有限公司	57.98	50.00	74.45	120.36	2.16	5.38
中开财务有限公司	41.75	62.00	259.25	39.93	0.91	3.97
中国平煤神马集团财务有限责任公司	44.78	22.00	53.06	68.74	1.15	6.02
四川长虹集团财务有限公司	24.57	33.00	102.13	51.15	1.13	4.68
创维集团财务有限公司	42.37	62.00	66.38	110.19	1.90	4.93
江苏国泰财务有限公司	28.78	56.00	66.81	35.94	0.68	5.17
亨通财务有限公司	41.54	32.00	82.54	63.06	3.37	13.39
珠海华发集团财务有限公司	29.24	45.00	51.23	30.75	1.87	10.28
北京金隅财务有限公司	32.63	50.00	69.82	40.87	1.43	7.61
云南云天化集团财务有限公司	29.96	19.00	78.31	57.21	2.06	6.15
北京控股集团财务有限公司	16.72	28.00	67.41	41.35	0.36	2.41
陕西延长石油财务有限公司	22.45	48.00	35.40	65.27	2.46	17.19
山东能源集团财务有限公司	71.52	27.00	74.93	37.49	3.11	10.99
鄂尔多斯财务有限公司	76.67	19.00	75.31	243.68	3.09	4.72
伊利财务有限公司	38.28	88.00	42.96	4.22	4.49	45.40
大冶有色金属集团财务有限责任公司	61.20	8.00	75.03	88.23	3.97	9.88
巨化集团财务有限责任公司	44.84	43.00	47.51	95.80	2.10	6.72
供销集团财务有限公司	37.49	14.00	62.24	56.39	0.93	4.17
中铁财务有限责任公司	18.15	23.00	56.00	36.73	1.52	19.15
重庆力帆财务有限公司	30.48	61.00	48.58	34.57	1.29	6.67
中煤财务有限责任公司	57.20	38.00	73.63	29.03	1.83	8.78
安徽省皖北煤电集团财务有限公司	85.66	32.00	120.17	21.32	1.79	6.20
淮北矿业集团财务有限公司	53.43	48.00	74.66	56.35	1.81	6.06
湖南出版投资控股集团财务有限公司	64.16	51.00	61.95	4.41	1.34	7.84
四川省宜宾五粮液集团财务有限公司	57.98	27.00	361.64	20.75	0.71	3.69
山东晨鸣集团财务有限公司	103.46	5.00	497.04	301.05	1.05	1.33
河北港口集团财务有限公司	121.37	22.00	266.08	10.74	1.10	3.12
中节能财务有限公司	76.14	21.00	83.34	94.39	1.16	2.55
青岛港财务有限责任公司	61.05	86.00	59.55	2.42	0.17	1.20
上海上实集团财务有限公司	66.24	16.00	167.70	21.55	0.36	1.51
重庆市能源投资集团财务有限公司	488.93	0	1 994 609.40	0	0.26	0.26
光明食品集团财务有限公司	480.01	0	9 629.57	0	0.03	0.03

业务统计

财务公司票据业务统计表

（2014 年）　　单位：万元

项目 / 机构	票据承兑	票据贴现	票据转入	票据转出	票据再贴现	票据代保管
东风汽车财务有限公司	104 130	219 559	136 426	76 411	0	41 379
中国重汽财务有限公司	837 259	250 489	0	0	23 158	63 966
中国华能财务有限责任公司	492 919	0	3 128	0	0	0
一汽财务有限公司	57 113	725 339	0	0	0	1 244 209
西电集团财务有限责任公司	276 689	141 354	6 599	0	6 350	0
中国石化财务有限责任公司	251 277	1 060 932	0	612 306	235 817	0
东方电气集团财务有限公司	0	523 063	0	0	550	0
宝钢集团财务有限责任公司	72	504 708	0	527	142 289	0
中国一拖集团财务有限责任公司	123 209	129 900	122 104	34 752	41 799	510 043
五矿集团财务有限责任公司	0	0	0	0	0	53 269
武汉钢铁集团财务有限责任公司	251 228	1 433 776	0	416 355	94 335	14 314 202
江铃汽车集团财务有限公司	0	90 948	0	14 404	87 076	0
天津渤海集团财务有限责任公司	187 672	34 306	0	10 419	0	0
深圳市有色金属财务有限公司	0	14 708	0	10 000	4 658	0
上海汽车集团财务有限责任公司	0	0	0	0	0	12 971 291
振华集团财务有限责任公司	0	10 395	0	0	0	0
东方集团财务有限责任公司	0	60 000	0	30 000	30 000	0
东航集团财务有限责任公司	0	1 140	0	0	0	0
中油财务有限责任公司	0	0	0	0	46 881	0
上海电气集团财务有限责任公司	161 844	581 772	0	0	194	0
中国能源建设集团葛洲坝财务有限公司	23 050	23 000	0	0	0	0
兵工财务有限责任公司	25 224	394 223	0	177 851	98 725	131 574
三峡财务有限责任公司	27 593	4 967	5 137	0	1 000	0
中广核财务有限责任公司	0	0	133 796	82 806	0	0
中船财务有限责任公司	1 956 163	510 313	0	35 251	21 075	0
中核财务有限责任公司	1 032	0	0	0	0	0
鞍钢集团财务有限责任公司	0	178 807	0	49 134	97 131	2 790 670
中国电力财务有限公司	184 489	70 646	0	0	11 600	0
中国电子财务有限责任公司	136 300	75 800	0	0	38 457	0
航天科技财务有限责任公司	78 108	69 791	0	0	0	0
航天科工财务有限责任公司	397 781	51 349	0	0	0	0
中海石油财务有限责任公司	4 229	87 855	0	0	0	0
海尔集团财务有限责任公司	3 576 154	1 341 008	0	0	394 343	3 478 975
万向财务有限公司	162 189	273 833	13 824	61 378	18 756	0
苏州创元集团财务有限公司	11 935	11 207	0	0	6 418	0

续表

机构＼项目	票据承兑	票据贴现	票据转入	票据转出	票据再贴现	票据代保管
珠海格力集团财务有限责任公司	89 131	958 205	5 128 828	4 873 596	39 919	0
国机财务有限责任公司	16 723	224 796	0	0	44 502	26 213
海航集团财务有限公司	40 000	8 971	240 000	240 000	6 536	0
中国华电集团财务有限公司	509 600	635 008	0	264 752	52 361	0
中国大唐集团财务有限公司	370 114	161 098	0	42 002	35 108	0
南方电网财务有限公司	1 290	85 425	9 945	1 909	0	0
中电投财务有限公司	38 846	21 000	0	0	0	0
国电财务有限公司	250 275	22 900	0	42 900	0	0
华联财务有限责任公司	0	14 496	0	3 618	0	0
兵器装备集团财务有限责任公司	1 213 160	756 389	0	143 597	53 139	16 972
京能集团财务有限公司	15 939	1 751	0	0	641	0
浙江省能源集团财务有限责任公司	0	41 500	0	15 000	0	0
广东粤电财务有限公司	0	154 715	0	20 723	0	0
TCL 集团财务有限公司	12 985	441 000	212 693	79 070	69 500	1 835 700
湖南华菱钢铁集团财务有限公司	54 342	219 658	0	25 000	173 589	0
江西铜业集团财务有限公司	40 232	76 345	0	0	0	0
天津港财务有限公司	61 957	4 920	41 098	0	0	0
中航工业集团财务有限责任公司	43 059	336 216	0	0	51 614	0
中冶集团财务有限公司	0	80 305	0	7 000	0	0
申能集团财务有限公司	700	288 838	0	0	140 597	0
潞安集团财务有限公司	98 026	103 741	0	0	2 000	0
淮南矿业集团财务有限公司	113 004	10 280	0	0	5 000	0
保利财务有限公司	2 628	1 700	0	0	0	0
深圳能源财务有限公司	17 776	0	93 921	100 830	0	0
中化集团财务有限责任公司	26 265	50 768	0	0	3 827	383 246
海信集团财务有限公司	517 920	104 978	0	0	35 388	2 626 331
国联财务有限责任公司	8 000	32 217	0	0	1 130	0
红豆集团财务有限公司	12 132	124 022	0	42 103	26 000	0
海马财务有限公司	0	960	0	0	960	0
南山集团财务有限公司	0	144 700	20 000	0	140 572	0
国投财务有限公司	225 721	315 846	0	6 410	94 256	0
河南能源化工集团财务有限公司	70 000	283 415	0	258 849	26 159	0
中国化工财务有限公司	0	10 645	0	0	0	0
紫金矿业集团财务有限公司	109 536	47 106	18 977	14 000	8 709	14 564
江苏华西集团财务有限公司	0	174 500	0	142 500	27 000	0
冀中能源集团财务有限责任公司	0	225 067	0	71 898	30 808	0

续表

项目 机构	票据承兑	票据贴现	票据转入	票据转出	票据再贴现	票据代保管
山西焦煤集团财务有限责任公司	0	669 432	0	0	3 750	1 619 076
阳泉煤业集团财务有限责任公司	0	215 402	720	3 000	23 500	0
晋煤集团财务有限公司	0	199 624	0	142 700	0	0
云南冶金集团财务有限公司	68 800	185 342	0	99 500	63 996	0
中海集团财务有限责任公司	0	33 642	0	0	0	0
中集集团财务有限公司	258 432	252 954	67 787	78 695	62 245	154 642
沙钢财务有限公司	59 400	275 829	0	5 350	50 500	0
美的集团财务有限公司	2 141 707	3 065 901	160 783	1 612 837	0	0
宁波港集团财务有限公司	0	25 307	0	2 000	2 275	19 556
兖矿集团财务有限公司	10 700	3 388	0	0	0	30 445
哈尔滨电气集团财务有限责任公司	180 909	68 518	0	0	130	0
北大方正集团财务有限公司	0	997 267	0	0	103 026	0
通用技术集团财务有限责任公司	92 772	75 758	0	6 201	20 396	0
铜陵有色金属集团财务有限公司	106 748	251 946	0	0	81 176	0
中建财务有限公司	12 760	136 225	0	0	0	0
江苏省国信集团财务有限公司	300	35 200	0	0	33 600	0
重庆化医控股集团财务有限公司	0	547 897	0	0	0	720 966
金川集团财务有限公司	107 502	257 729	115 772	22 741	0	0
新希望财务有限公司	28 485	2 000	0	0	0	0
酒钢集团财务有限公司	13 500	116 163	0	0	0	0
包钢集团财务有限责任公司	0	552 170	48 959	428 800	0	0
新奥财务有限责任公司	0	111 990	0	0	89 706	0
青岛啤酒财务有限责任公司	14 760	20 279	0	0	9 105	0
中铝财务有限责任公司	3 000	15 509	0	0	20 074	0
中兴通讯集团财务有限公司	27 358	1 328 728	492 207	448 845	17 671	0
国核财务有限公司	10 000	0	0	0	0	0
福建省能源集团财务有限公司	35 276	25 000	49 669	0	3 500	0
湖南高速集团财务有限公司	0	8 750	0	0	0	0
马钢集团财务有限公司	14 300	891 171	0	138 701	69 900	0
北京汽车集团财务有限公司	8 637	175 384	0	0	0	0
大连港集团财务有限公司	0	361	0	0	0	0
大唐电信集团财务有限公司	35 155	50 028	0	0	34 034	0
开滦集团财务有限责任公司	0	10 272	0	0	5 500	0
海南农垦集团财务有限公司	0	2 877	0	0	0	0
西部矿业集团财务有限公司	6 000	131 310	0	13 816	109 825	0
江苏交通控股集团财务有限公司	0	850	0	0	0	0

续表

机构 \ 项目	票据承兑	票据贴现	票据转入	票据转出	票据再贴现	票据代保管
山东钢铁集团财务有限公司	0	136 098	0	44 000	31 606	0
国药集团财务有限公司	56 959	279 790	0	18 830	48 764	0
郑州宇通集团财务有限公司	63 011	14 326	0	125	0	0
中国铁建财务有限公司	0	6 768	0	0	0	0
山东省商业集团财务有限公司	0	330	0	0	0	0
深圳华强集团财务有限公司	0	4 370	0	0	0	0
诚通财务有限责任公司	3 926	58 359	0	0	12 008	0
山东重工集团财务有限公司	32 945	126 118	0	0	8 001	0
湖北能源财务有限公司	0	18 906	0	5 000	0	0
港中旅财务有限公司	0	8 000	0	0	0	0
陕西煤业化工集团财务有限公司	0	419 999	25 915	208 529	17 999	216 995
上海华谊集团财务有限责任公司	0	105 038	0	0	0	0
河北钢铁集团财务有限公司	0	745 675	0	92 190	36 636	0
中化工程集团财务有限公司	17 292	126 278	0	0	0	0
亿利集团财务有限公司	10 000	348 025	0	348 025	0	0
厦门海翼集团财务有限公司	0	83 273	0	0	42 495	0
中信财务有限公司	2 972	0	0	0	0	0
浙江省交通投资集团财务有限责任公司	0	0	0	1 180	0	1 980
南车财务有限公司	91 934	38 550	0	0	10 011	0
中国北车集团财务有限公司	93 080	55 068	7 849	0	0	0
中国电子科技财务有限公司	9 630	38 645	0	0	2 809	0
重庆机电控股集团财务有限公司	0	37 866	0	0	0	0
河北建投集团财务有限公司	0	1 000	0	0	0	0
太钢集团财务有限公司	106 100	405 595	0	80 004	74 363	0
大同煤矿集团财务有限责任公司	67 000	121 133	0	0	1 000	0
海亮集团财务有限责任公司	290 001	378 559	10 000	317 940	17 366	0
中材集团财务有限公司	0	200	0	0	0	0
贵州盘江集团财务有限公司	0	0	0	0	3 338	0
徐工集团财务有限公司	146 896	230 282	0	74 090	5 000	0
百联集团财务有限责任公司	0	19 731	0	12 629	0	75
中交财务有限公司	0	27 494	0	0	0	0
中开财务有限公司	0	1 534	0	0	0	0
中国平煤神马集团财务有限责任公司	0	292 334	0	9 000	2 000	13 123 480
四川长虹集团财务有限公司	95 196	283 966	0	15 251	223 587	468 262
创维集团财务有限公司	299 069	209 394	0	38 216	52 579	0
江苏国泰财务有限公司	70	879	0	0	100	0

续表

机构＼项目	票据承兑	票据贴现	票据转入	票据转出	票据再贴现	票据代保管
亨通财务有限公司	0	271 681	0	265 850	5 000	0
珠海华发集团财务有限公司	0	15 888	0	13 438	0	0
北京金隅财务有限公司	100	106 180	0	450	0	0
云南云天化集团财务有限公司	0	320 382	0	250 930	31 500	0
陕西延长石油财务有限公司	0	3 955	0	0	0	0
鄂尔多斯财务有限公司	0	25 697	0	20 000	5 697	61 052
大冶有色金属集团财务有限责任公司	0	12 168	0	0	6 868	0
巨化集团财务有限责任公司	0	30 783	0	8 700	5 956	0
供销集团财务有限公司	0	17 531	0	0	12 643	3 031
中铁财务有限责任公司	0	4 300	0	0	0	0
重庆力帆财务有限公司	0	0	0	0	0	131 917
中煤财务有限责任公司	0	102 983	0	0	0	0
淮北矿业集团财务有限公司	0	2 700	0	0	0	0
四川省宜宾五粮液集团财务有限公司	0	80 365	0	0	79 588	0
山东晨鸣集团财务有限公司	0	50 000	0	50 000	0	0
总　计	17 909 705	31 447 071	7 166 136	12 884 915	4 010 750	57 054 080

注：此表统计数据为发生额。

财务公司银团贷款情况统计表

（2014 年）　　　　单位：万元

机构＼项目	参与银团贷款次数	银团贷款总额	其中：财务公司分担额
中国华能财务有限责任公司	6	340 000	68 000
中国石化财务有限责任公司	0	4 472 582	396 615
武汉钢铁集团财务有限责任公司	0	55 797	26 859
上海汽车集团财务有限责任公司	1	0	0
上海电气集团财务有限责任公司	9	46 291	25 460
兵工财务有限责任公司	0	20 000	5 000
三峡财务有限责任公司	4	479 384	123 297
中广核财务有限责任公司	4	56 346 972	9 006 437
中核财务有限责任公司	0	1 011 000	76 100
上海浦东发展集团财务有限责任公司	2	934 370	24 893
中国电力财务有限公司	2	4 147 036	768 740
中国电子财务有限责任公司	3	244 642	199 358
航天科技财务有限责任公司	1	150 000	41 136

续表

项目 机构	参与银团贷款次数	银团贷款总额	其中：财务公司分担额
中海石油财务有限责任公司	9	1 301 717	215 333
中国华电集团财务有限公司	1	1 443 184	155 973
中国大唐集团财务有限公司	4	153 730	52 200
南方电网财务有限公司	14	1 275 809	86 738
中电投财务有限公司	27	6 983 200	288 063
京能集团财务有限公司	1	280 000	15 400
广东粤电财务有限公司	13	606 960	141 822
中航工业集团财务有限责任公司	17	148 485	34 846
中冶集团财务有限公司	0	48 014	21 914
申能集团财务有限公司	1	189 753	53 248
潞安集团财务有限公司	1	53 000	13 740
淮南矿业集团财务有限公司	0	40 900	40 900
中化集团财务有限责任公司	0	410 675	30 015
国联财务有限责任公司	2	8 500	4 335
首都机场集团财务有限公司	3	775 004	144 290
红豆集团财务有限公司	0	59 500	590
国投财务有限公司	5	4 783 735	217 549
河南能源化工集团财务有限公司	4	178 600	124 900
紫金矿业集团财务有限公司	0	76 437	5 774
中海集团财务有限责任公司	0	177 020	67 112
宁波港集团财务有限公司	1	252 910	38 150
北大方正集团财务有限公司	1	40 000	0
上海复星高科技集团财务有限公司	2	470 000	0
北京汽车集团财务有限公司	1	205 000	5 000
大连港集团财务有限公司	1	25 000	5 000
大唐电信集团财务有限公司	2	100 000	10 000
江苏交通控股集团财务有限公司	1	39 000	3 545
上海华谊集团财务有限责任公司	1	11 602	6 554
南车财务有限公司	2	155 000	7 445
广西交通投资集团财务有限责任公司	1	15 220	1 000
百联集团财务有限责任公司	1	44 200	24 200
云南云天化集团财务有限公司	1	60 000	10 500
供销集团财务有限公司	1	18 000	2 000
总　计	150	88 678 229	12 590 031

财务公司信贷资产转让业务统计表

（2014 年）　　单位：万元

机构 \ 项目	信贷资产转让总额	转入发生额		转出发生额	
		回购型	卖断型	回购型	卖断型
武汉钢铁集团财务有限责任公司	736 759	0	0	708 000	28 759
东方集团财务有限责任公司	30 000	0	0	0	30 000
中广核财务有限责任公司	94 300	0	0	0	94 300
中国电力财务有限公司	20 000	0	20 000	0	0
吉林森林工业集团财务有限责任公司	77 800	0	0	0	77 800
中国华电集团财务有限公司	136 000	0	0	0	136 000
中国大唐集团财务有限公司	81 000	0	0	0	81 000
华联财务有限责任公司	15 000	0	0	0	15 000
京能集团财务有限公司	7 700	0	7 700	0	0
TCL 集团财务有限公司	291 763	0	212 693	0	79 070
南山集团财务有限公司	50 000	0	0	0	50 000
国投财务有限公司	380 000	0	0	0	380 000
美的集团财务有限公司	2 262 369	0	488 749	160 783	1 612 837
大唐电信集团财务有限公司	5 000	0	0	0	5 000
西部矿业集团财务有限公司	13 816	0	0	13 816	0
国药集团财务有限公司	67 594	0	0	48 764	18 830
中信财务有限公司	30 000	0	0	0	30 000
巨化集团财务有限责任公司	14 656	0	0	5 956	8 700
总　计	4 313 757	0	729 143	937 319	2 647 296

财务公司委托业务情况统计表

（2014 年）　　单位：万元

机构 \ 项目	发生额			余　额		
	合计	委托投资	委托贷款	合计	委托投资	委托贷款
东风汽车财务有限公司	4 185 854	0	4 185 854	1 224 108	0	1 224 108
中国重汽财务有限公司	849 000	0	849 000	84 900	0	84 900
中国华能财务有限责任公司	5 925 970	150 700	5 775 270	7 953 056	700	7 952 356
锦江国际集团财务有限责任公司	4 194 867	3 884 893	309 974	204 162	100 000	104 162
一汽财务有限公司	207 977	0	207 977	218 042	0	218 042
西电集团财务有限责任公司	262 709	0	262 709	216 896	0	216 896
中国石化财务有限责任公司	6 763 074	0	6 763 074	5 922 441	0	5 922 441
东方电气集团财务有限公司	318 352	0	318 352	436 964	0	436 964
宝钢集团财务有限责任公司	4 106 902	3 599 032	507 870	487 627	86 500	401 127
中国一拖集团财务有限责任公司	68 550	0	68 550	57 550	0	57 550
五矿集团财务有限责任公司	275 702	0	275 702	420 708	0	420 708

续表

机构 \ 项目	发生额			余额		
	合计	委托投资	委托贷款	合计	委托投资	委托贷款
攀钢集团财务有限公司	0	0	0	1 999 209	0	1 999 209
武汉钢铁集团财务有限责任公司	1 091 246	475 042	616 204	3 372 562	16 170	3 356 392
中远财务有限责任公司	815 843	0	815 843	661 422	0	661 422
江铃汽车集团财务有限公司	61 000	0	61 000	50 000	0	50 000
中国航空集团财务有限责任公司	260 300	0	260 300	182 900	0	182 900
天津渤海集团财务有限责任公司	407 920	0	407 920	32 365	0	32 365
中国南航集团财务有限公司	10 477	0	10 477	10 477	0	10 477
上海汽车集团财务有限责任公司	2 849 367	1 537 314	1 312 053	1 111 642	16 180	1 095 462
振华集团财务有限责任公司	46 619	0	46 619	43 019	0	43 019
东方集团财务有限责任公司	67 965	0	67 965	33 876	0	33 876
东航集团财务有限责任公司	533 539	6 062	527 477	365 158	3 062	362 096
中油财务有限责任公司	33 041 510	11	33 041 500	25 449 817	723	25 449 093
上海电气集团财务有限责任公司	145 450	0	145 450	253 850	0	253 850
中国能源建设集团葛洲坝财务有限公司	441 000	435 000	6 000	695 400	73 000	622 400
兵工财务有限责任公司	2 743 332	671 665	2 071 667	2 822 743	527 423	2 295 320
三峡财务有限责任公司	6 092 448	1 548 898	4 543 550	9 169 420	1 669 993	7 499 427
中广核财务有限责任公司	3 465 439	0	3 465 439	1 827 939	0	1 827 939
中船财务有限责任公司	2 205 778	647 400	1 558 378	3 221 227	646 676	2 574 550
中核财务有限责任公司	1 921 784	0	1 921 784	1 921 784	0	1 921 784
上海浦东发展集团财务有限责任公司	200 760	200 760	0	10 400	0	10 400
鞍钢集团财务有限责任公司	694 306	0	694 306	891 806	0	891 806
中国电力财务有限公司	2 246 770	0	2 246 770	1 982 030	0	1 982 030
神华财务有限公司	10 024 749	0	10 024 749	14 635 121	0	14 635 121
中国电子财务有限责任公司	1 929 239	1 558 644	370 595	706 751	381 710	325 041
航天科技财务有限责任公司	2 591 657	332 352	2 259 305	2 591 657	332 352	2 259 305
航天科工财务有限责任公司	534 750	0	534 750	1 228 155	50 000	1 178 155
中船重工财务有限责任公司	18 604 000	0	18 604 000	1 860 400	0	1 860 400
中海石油财务有限责任公司	4 224 425	0	4 224 425	4 238 358	0	4 238 358
海尔集团财务有限责任公司	295 100	88 357	206 743	355 109	70 700	284 409
吉林森林工业集团财务有限责任公司	16 020	0	16 020	16 020	0	16 020
万向财务有限公司	119 294	0	119 294	139 194	0	139 194
中粮财务有限责任公司	6 932 520	19 900	6 912 620	2 469 642	15 400	2 454 242
苏州创元集团财务有限公司	15 400	2 300	13 100	13 100	0	13 100
国机财务有限责任公司	1 526 855	928 800	598 055	903 772	71 300	832 472
海航集团财务有限公司	244 500	0	244 500	244 500	0	244 500
中国华电集团财务有限公司	2 527 066	217 902	2 309 164	3 300 484	670 560	2 629 924

续表

项目 机构	发生额			余额		
	合计	委托投资	委托贷款	合计	委托投资	委托贷款
中国大唐集团财务有限公司	925 702	0	925 702	4 511 750	0	4 511 750
南方电网财务有限公司	907 113	0	907 113	907 113	0	907 113
中电投财务有限公司	1 989 186	0	1 989 186	1 866 416	0	1 866 416
国电财务有限公司	2 763 907	0	2 763 907	3 475 552	0	3 475 552
兵器装备集团财务有限责任公司	259 472	0	259 472	671 118	0	671 118
京能集团财务有限公司	717 760	0	717 760	1 265 963	0	1 265 963
浙江省能源集团财务有限责任公司	2 225 894	0	2 225 894	1 350 394	0	1 350 394
广东粤电财务有限公司	370 875	0	370 875	296 875	0	296 875
TCL 集团财务有限公司	110 800	0	110 800	0	0	0
湖南华菱钢铁集团财务有限公司	473 186	254 140	219 046	315 295	0	315 295
江西铜业集团财务有限公司	25	25	0	5 700	5 700	0
天津港财务有限公司	601 333	150 000	451 333	568 366	108 200	460 166
松下电器（中国）财务有限公司	2 146 717	0	2 146 717	1 215 181	0	1 215 181
中航工业集团财务有限责任公司	4 027 190	70 000	3 957 190	5 906 796	0	5 906 796
中冶集团财务有限公司	160 100	0	160 100	330 498	0	330 498
申能集团财务有限公司	73 700	4 000	69 700	108 600	4 000	104 600
潞安集团财务有限公司	842 867	0	842 867	1 615 772	0	1 615 772
淮南矿业集团财务有限公司	363 822	0	363 822	186 669	0	186 669
日立（中国）财务有限公司	18 000	0	18 000	18 000	0	18 000
保利财务有限公司	292 700	0	292 700	240 800	0	240 800
中化集团财务有限责任公司	5 154 000	0	5 154 000	2 729 513	0	2 729 513
国联财务有限责任公司	99 750	0	99 750	95 250	0	95 250
首都机场集团财务有限公司	750 592	0	750 592	990 226	0	990 226
海马财务有限公司	44 000	0	44 000	44 000	0	44 000
南山集团财务有限公司	192 360	0	192 360	233 453	0	233 453
国投财务有限公司	1 736 074	1 190 000	546 074	1 555 636	340 000	1 215 636
河南能源化工集团财务有限公司	668 500	0	668 500	1 234 693	0	1 234 693
中国化工财务有限公司	626 750	0	626 750	478 966	0	478 966
紫金矿业集团财务有限公司	516 169	35 500	480 669	647 938	0	647 938
冀中能源集团财务有限责任公司	567 296	0	567 296	685 296	0	685 296
山西焦煤集团财务有限责任公司	846 270	0	846 270	3 337 565	0	3 337 565
阳泉煤业集团财务有限责任公司	427 038	0	427 038	529 938	0	529 938
晋煤集团财务有限公司	1 355 849	0	1 355 849	1 348 996	0	1 348 996
云南冶金集团财务有限公司	302 160	0	302 160	179 560	0	179 560
中海集团财务有限责任公司	1 433 443	0	1 433 443	1 697 084	0	1 697 084
中集集团财务有限公司	205 268	0	205 268	150 752	0	150 752

续表

机构 \ 项目	发生额			余额		
	合计	委托投资	委托贷款	合计	委托投资	委托贷款
宁波港集团财务有限公司	150	0	150	6 300	0	6 300
兖矿集团财务有限公司	414 141	0	414 141	930 041	0	930 041
哈尔滨电气集团财务有限责任公司	49 734	0	49 734	222 574	0	222 574
北大方正集团财务有限公司	155 900	0	155 900	155 900	0	155 900
通用技术集团财务有限责任公司	500	0	500	783	0	783
中建财务有限公司	418 500	0	418 500	604 682	0	604 682
江苏省国信集团财务有限公司	700 218	0	700 218	1 691 571	0	1 691 571
重庆化医控股集团财务有限公司	15 500	0	15 500	15 000	0	15 000
金川集团财务有限公司	191 300	0	191 300	140 300	0	140 300
新希望财务有限公司	120 200	0	120 200	120 200	0	120 200
新奥财务有限责任公司	639 034	0	639 034	639 034	0	639 034
中外运长航财务有限公司	49 050	0	49 050	49 050	0	49 050
青岛啤酒财务有限责任公司	92 836	0	92 836	92 860	0	92 860
上海复星高科技集团财务有限公司	23 670	0	23 670	23 670	0	23 670
中铝财务有限责任公司	1 022 517	0	1 022 517	1 022 517	0	1 022 517
国核财务有限公司	65 000	0	65 000	85 000	0	85 000
福建省能源集团财务有限公司	50 500	0	50 500	43 000	0	43 000
马钢集团财务有限公司	57 100	0	57 100	115 500	0	115 500
湖北宜化集团财务有限责任公司	48 500	0	48 500	39 000	0	39 000
北京汽车集团财务有限公司	2 000	0	2 000	18 000	0	18 000
大连港集团财务有限公司	1 128	0	1 128	1 128 192	0	1 128 192
大唐电信集团财务有限公司	61 000	2 000	59 000	18 000	2 000	16 000
开滦集团财务有限责任公司	853 697	0	853 697	428 653	0	428 653
中国航油集团财务有限公司	92 937	0	92 937	44 661	0	44 661
海南农垦集团财务有限公司	4 851	0	4 851	8 751	0	8 751
江苏交通控股集团财务有限公司	1 091 300	0	1 091 300	800 950	0	800 950
山东钢铁集团财务有限公司	50 000	0	50 000	50 000	0	50 000
国药集团财务有限公司	342 001	0	342 001	342 001	0	342 001
郑州宇通集团财务有限公司	11 200	0	11 200	18 300	0	18 300
中国铁建财务有限公司	944 286	0	944 286	814 419	0	814 419
山东省商业集团财务有限公司	40 000	0	40 000	40 000	0	40 000
深圳华强集团财务有限公司	412 900	0	412 900	326 019	0	326 019
诚通财务有限责任公司	7 300	0	7 300	299 300	0	299 300
山东重工集团财务有限公司	64 000	0	64 000	46 000	0	46 000
湖北能源财务有限公司	502 900	0	502 900	500 400	0	500 400
港中旅财务有限公司	30 910	0	30 910	110 316	0	110 316

续表

机构 \ 项目	发生额			余额		
	合计	委托投资	委托贷款	合计	委托投资	委托贷款
陕西煤业化工集团财务有限公司	68 480	0	68 480	120 180	0	120 180
上海华谊集团财务有限责任公司	99 223	0	99 223	33 735	0	33 735
河北钢铁集团财务有限公司	232 500	0	232 500	469 500	0	469 500
安徽省能源集团财务有限公司	74 850	0	74 850	28 050	0	28 050
中化工程集团财务有限公司	26 600	0	26 600	600	0	600
天津天保财务有限公司	136 300	0	136 300	136 300	0	136 300
亿利集团财务有限公司	18 219	0	18 219	15 262	0	15 262
厦门海翼集团财务有限公司	23 000	0	23 000	23 000	0	23 000
中信财务有限公司	2 080 000	0	2 080 000	2 149 743	70 000	2 079 743
浙江省交通投资集团财务有限责任公司	228 400	0	228 400	634 000	0	634 000
南车财务有限公司	88 000	0	88 000	88 000	0	88 000
中国电子科技财务有限公司	40 745	0	40 745	40 345	0	40 345
重庆机电控股集团财务有限公司	135 000	0	135 000	29 000	0	29 000
河北建投集团财务有限公司	24 158	0	24 158	141 500	0	141 500
太钢集团财务有限公司	139 844	0	139 844	139 844	0	139 844
大同煤矿集团财务有限责任公司	400 900	0	400 900	400 900	0	400 900
贵州茅台集团财务有限公司	22 480	0	22 480	22 480	0	22 480
海亮集团财务有限责任公司	106 500	0	106 500	106 500	0	106 500
中材集团财务有限公司	20 000	0	20 000	20 000	0	20 000
贵州盘江集团财务有限公司	4 900	0	4 900	4 900	0	4 900
徐工集团财务有限公司	168 633	0	168 633	133 697	0	133 697
百联集团财务有限责任公司	1 000	0	1 000	1 000	0	1 000
中交财务有限公司	455 848	0	455 848	274 000	0	274 000
山东黄金集团财务有限公司	83 500	0	83 500	71 500	0	71 500
中开财务有限公司	90 000	0	90 000	83 100	0	83 100
中国平煤神马集团财务有限责任公司	17 200	0	17 200	6 500	0	6 500
四川长虹集团财务有限公司	684 743	0	684 743	338 123	0	338 123
创维集团财务有限公司	47 255	0	47 255	23 755	0	23 755
江苏国泰财务有限公司	18 850	0	18 850	7 350	0	7 350
亨通财务有限公司	285 650	0	285 650	179 000	0	179 000
珠海华发集团财务有限公司	1 085 841	0	1 085 841	838 841	0	838 841
北京金隅财务有限公司	80 000	0	80 000	80 000	0	80 000
云南云天化集团财务有限公司	325 156	0	325 156	313 856	0	313 856
北京控股集团财务有限公司	2 000	0	2 000	2 000	0	2 000
陕西延长石油财务有限公司	123 000	0	123 000	123 000	0	123 000
山东能源集团财务有限公司	346 079	0	346 079	336 079	0	336 079

续表

项目 机构	发生额			余额		
	合计	委托投资	委托贷款	合计	委托投资	委托贷款
鄂尔多斯财务有限公司	10 000	0	10 000	10 000	0	10 000
大冶有色金属集团财务有限责任公司	83 500	0	83 500	70 900	0	70 900
巨化集团财务有限责任公司	23 032	0	23 032	16 732	0	16 732
供销集团财务有限公司	228 840	0	228 840	168 840	0	168 840
中铁财务有限责任公司	563 393	0	563 393	563 393	0	563 393
中煤财务有限责任公司	190 000	0	190 000	190 000	0	190 000
淮北矿业集团财务有限公司	311 100	0	311 100	311 100	0	311 100
河北港口集团财务有限公司	3 000	0	3 000	3 000	0	3 000
中节能财务有限公司	181 150	0	181 150	181 150	0	181 150
青岛港财务有限责任公司	26 406	0	26 406	26 406	0	26 406
总计	188 315 284	18 010 695	170 304 590	166 781 594	5 262 351	161 519 243

财务公司结算业务情况统计表

（2014 年）　　　　单位：万元，笔

项目 机构	本外币合计		本币	外币
	发生额	发生数	发生额	发生额
东风汽车财务有限公司	24 057 529	82 406	24 057 529	0
中国重汽财务有限公司	39 605 869	327 694	39 605 869	0
中国华能财务有限责任公司	210 001 181	298 272	210 001 181	0
锦江国际集团财务有限责任公司	35 482 974	248 244	35 464 710	18 265
一汽财务有限公司	45 434 003	103 321	45 434 003	0
西电集团财务有限责任公司	7 820 100	19 953	7 648 722	171 378
中国石化财务有限责任公司	4 535 807 965	24 032 056	4 530 934 324	4 873 641
东方电气集团财务有限公司	5 674 599	62 611	5 264 922	409 677
宝钢集团财务有限责任公司	293 768 908	1 249 911	291 755 354	2 013 555
中国一拖集团财务有限责任公司	9 374 755	87 122	9 374 755	0
五矿集团财务有限责任公司	24 120 417	17 701	22 451 121	1 669 296
武汉钢铁集团财务有限责任公司	148 962 312	243 067	136 288 294	12 674 018
中远财务有限责任公司	98 621 094	943 629	71 439 274	27 181 820
江铃汽车集团财务有限公司	10 858 564	227 726	10 858 081	483
中国航空集团财务有限责任公司	14 367 075	26 120	14 367 075	0
天津渤海集团财务有限责任公司	44 078 263	40 049	44 078 263	0
深圳市有色金属财务有限公司	3 272 799	2 534	3 272 799	0
中国南航集团财务有限公司	21 501 959	106 576	21 501 959	0
上海汽车集团财务有限责任公司	376 968 087	5 298 602	376 532 000	436 087

续表

机构 \ 项目	本外币合计		本币	外币
	发生额	发生数	发生额	发生额
振华集团财务有限责任公司	1 436 693	20 033	1 436 693	0
东方集团财务有限责任公司	11 928 400	12 399	11 928 400	0
东航集团财务有限责任公司	63 286 058	94 357	58 534 977	4 751 081
中油财务有限责任公司	2 456 082 000	4 278 715	2 188 166 600	267 915 400
上海电气集团财务有限责任公司	41 488 031	412 035	38 993 062	2 494 969
中国能源建设集团葛洲坝财务有限公司	28 765 419	97 922	28 765 419	0
兵工财务有限责任公司	81 137 444	422 896	80 307 235	830 209
三峡财务有限责任公司	81 275 917	224 877	80 645 590	630 326
中广核财务有限责任公司	88 614 584	368 685	87 623 618	990 967
中船财务有限责任公司	23 646 987	120 303	23 646 987	0
中核财务有限责任公司	74 759 496	299 389	74 759 496	0
上海浦东发展集团财务有限责任公司	12 583 376	20 893	12 583 376	0
鞍钢集团财务有限责任公司	116 795 926	142 639	116 795 926	0
中国电力财务有限公司	2 335 743 327	3 194 390	2 335 743 327	0
神华财务有限公司	272 046 012	180 736	272 046 012	0
中国电子财务有限责任公司	5 850	196 000	5 850	0
航天科技财务有限责任公司	416 054 638	1 105 100	416 054 638	0
航天科工财务有限责任公司	84 344 892	771 589	84 344 892	0
中船重工财务有限责任公司	41 224 698	84 100	41 224 698	0
中海石油财务有限责任公司	843 045	218 701	828 568	14 477
海尔集团财务有限责任公司	142 747 644	1 689 102	134 519 631	8 228 013
吉林森林工业集团财务有限责任公司	11 623 992	182 728	11 623 992	0
万向财务有限公司	33 550 904	86 119	32 533 699	1 017 205
中粮财务有限责任公司	78 579 057	119 591	71 443 406	7 135 651
苏州创元集团财务有限公司	4 627 168	50 292	4 627 168	0
珠海格力集团财务有限责任公司	160 558 900	64 267	160 558 900	0
国机财务有限责任公司	69 827 747	118 394	69 788 510	39 237
海航集团财务有限公司	385 322 088	300 490	382 882 849	2 439 239
中国华电集团财务有限公司	185 194 629	359 300	185 194 629	0
中国大唐集团财务有限公司	218 000 000	320 000	218 000 000	0
南方电网财务有限公司	216 929 447	253 506	216 929 447	0
中电投财务有限公司	308 102 048	268 870	308 095 853	6 195
国电财务有限公司	200 606 700	351 243	200 606 700	0
华联财务有限责任公司	39 154 222	1 061 831	39 154 222	0

续表

项　目 机　构	本外币合计		本币	外币
	发生额	发生数	发生额	发生额
兵器装备集团财务有限责任公司	88 333 179	465 210	88 333 105	74
京能集团财务有限公司	31 346 654	70 993	31 346 654	0
浙江省能源集团财务有限责任公司	25 887 438	70 775	25 887 438	0
广东粤电财务有限公司	56 976 628	70 063	56 976 628	0
TCL 集团财务有限公司	138 301 500	531 677	138 301 500	0
湖南华菱钢铁集团财务有限公司	27 126 088	161 295	27 013 213	112 876
江西铜业集团财务有限公司	47 635 651	112 300	47 576 210	59 441
天津港财务有限公司	23 852 682	40 052	23 852 682	0
松下电器（中国）财务有限公司	690 866	2 077	690 866	0
中航工业集团财务有限责任公司	91 505 200	185 800	90 520 395	984 805
中冶集团财务有限公司	62 442 254	36 763	62 100 000	342 254
申能集团财务有限公司	62 549 313	102 926	61 068 749	1 480 564
潞安集团财务有限公司	78 062 320	61 504	78 062 320	0
淮南矿业集团财务有限公司	58 577 504	140 680	58 577 504	0
日立（中国）财务有限公司	25 335 575	18 262	25 335 575	0
保利财务有限公司	65 000 000	15 441	65 000 000	0
深圳能源财务有限公司	15 784 800	29 379	15 784 800	0
中化集团财务有限责任公司	269 452 764	266 898	232 026 394	37 426 370
海信集团财务有限公司	22 551 545	1 094 633	21 535 980	1 015 564
国联财务有限责任公司	2 832 301	3 728	2 832 301	0
红豆集团财务有限公司	17 673 078	84 613	17 673 078	0
海马财务有限公司	27 367 769	181 184	27 367 769	0
南山集团财务有限公司	121 587 948	145 859	121 587 948	0
国投财务有限公司	55 477 300	115 915	55 477 300	0
河南能源化工集团财务有限公司	67 425 468	188 247	67 425 468	0
中国化工财务有限公司	114 538 343	83 863	114 538 343	0
紫金矿业集团财务有限公司	16 883 026	69 582	16 545 365	337 661
江苏华西集团财务有限公司	39 587 367	84 408	39 587 367	0
冀中能源集团财务有限责任公司	40 110 172	276 424	40 110 172	0
阳泉煤业集团财务有限责任公司	30 055 748	99 696	30 055 748	0
晋煤集团财务有限公司	29 816 076	109 215	29 816 076	0
云南冶金集团财务有限公司	11 322 398	18 942	11 322 398	0
中海集团财务有限责任公司	33 350 887	517 197	33 350 887	0
中集集团财务有限公司	38 981 881	201 355	22 658 623	16 323 259

续表

项目 机构	本外币合计		本币	外币
	发生额	发生数	发生额	发生额
沙钢财务有限公司	189 567 503	165 468	189 154 471	413 033
美的集团财务有限公司	92 690 984	342 064	81 096 491	11 594 492
宁波港集团财务有限公司	23 422 346	228 823	23 422 346	0
兖矿集团财务有限公司	33 434 233	87 917	33 434 233	0
哈尔滨电气集团财务有限责任公司	6 490 864	16 851	6 490 864	0
北大方正集团财务有限公司	140 491 494	11 937	140 491 494	0
通用技术集团财务有限责任公司	45 935 854	90 261	44 738 127	1 197 727
铜陵有色金属集团财务有限公司	38 404 337	89 045	38 403 725	612
中建财务有限公司	234 481 700	16 939	234 481 700	0
江苏省国信集团财务有限公司	27 993 062	37 953	27 993 062	0
重庆化医控股集团财务有限公司	12 086 406	17 984	12 086 406	0
金川集团财务有限公司	46 054 837	71 240	45 898 353	156 483
新希望财务有限公司	48 262 342	831 921	48 262 342	0
酒钢集团财务有限公司	142 615 153	60 145	142 615 153	0
包钢集团财务有限责任公司	28 843 613	34 597	28 843 613	0
新奥财务有限责任公司	13 163 096	85 354	13 163 096	0
中外运长航财务有限公司	10 666 690	125 799	10 297 695	368 995
青岛啤酒财务有限责任公司	18 431 839	120 122	18 431 839	0
中铝财务有限责任公司	49 019 700	75 456	49 019 700	0
中兴通讯集团财务有限公司	47 846 899	178 111	47 833 800	13 100
国核财务有限公司	6 559 668	8 352	6 559 668	0
福建省能源集团财务有限公司	24 590 748	106 811	24 590 748	0
湖南高速集团财务有限公司	9 102 102	14 976	9 102 102	0
马钢集团财务有限公司	25 558 400	120 147	25 558 400	0
湖北宜化集团财务有限责任公司	11 780 000	36 190	11 780 000	0
北京汽车集团财务有限公司	50 630 953	51 711	50 630 953	0
大连港集团财务有限公司	21 660 000	107 832	21 660 000	0
大唐电信集团财务有限公司	16 119 099	57 641	16 046 901	72 198
开滦集团财务有限责任公司	57 035 541	93 377	57 035 541	0
中国航油集团财务有限公司	60 453 773	44 652	60 447 749	6 024
海南农垦集团财务有限公司	7 183 827	29 529	7 183 827	0
西部矿业集团财务有限公司	40 579 324	547 504	40 579 324	0
江苏交通控股集团财务有限公司	47 083 749	22 060	47 083 749	0

续表

项目 机构	本外币合计		本币	外币
	发生额	发生数	发生额	发生额
中国移动通信集团财务有限公司	23 587 485	8 090	23 587 485	0
山东钢铁集团财务有限公司	44 527 835	78 491	44 527 835	0
国药集团财务有限公司	21 518 206	19 514	21 518 206	0
郑州宇通集团财务有限公司	13 705 392	79 373	13 705 392	0
中国铁建财务有限公司	95 507 213	253 773	95 507 213	0
山东省商业集团财务有限公司	13 655 419	556 485	13 655 419	0
深圳华强集团财务有限公司	6 705 079	47 730	6 705 079	0
诚通财务有限责任公司	30 769 600	48 655	30 769 600	0
山东重工集团财务有限公司	39 992 790	94 276	39 562 705	430 086
湖北能源财务有限公司	11 663 683	22 523	11 663 683	0
港中旅财务有限公司	10 807 639	1 854	10 807 639	0
陕西煤业化工集团财务有限公司	27 288 499	184 971	27 288 499	0
河北钢铁集团财务有限公司	61 589 577	39 919	61 589 577	0
安徽省能源集团财务有限公司	1 508 058	6 259	1 508 058	0
中化工程集团财务有限公司	35 162 342	20 594	35 162 342	0
天津天保财务有限公司	6 400 393	5 292	6 400 393	0
亿利集团财务有限公司	15 287 132	14 482	15 287 132	0
厦门海翼集团财务有限公司	13 827 978	29 629	13 827 978	0
中信财务有限公司	40 180 000	17 921	40 156 485	23 515
浙江省交通投资集团财务有限责任公司	9 612 241	40 274	9 612 241	0
南车财务有限公司	37 559 961	26 287	37 559 961	0
中国北车集团财务有限公司	86 000 366	132 884	85 955 715	44 651
中国电子科技财务有限公司	33 175 090	271 507	33 175 090	0
河北建投集团财务有限公司	16 398 304	28 989	16 398 304	0
太钢集团财务有限公司	65 568 354	62 011	61 831 959	3 736 394
大同煤矿集团财务有限责任公司	38 892 992	110 619	38 892 992	0
贵州茅台集团财务有限公司	14 070 000	8 835	14 070 000	0
海亮集团财务有限责任公司	72 327 691	158 388	72 327 691	0
中材集团财务有限公司	15 359 511	32 096	15 359 511	0
贵州盘江集团财务有限公司	5 008 940	18 574	5 008 940	0
北京首都旅游集团财务有限公司	14 892 083	25 512	14 892 083	0
广西交通投资集团财务有限责任公司	17 811 341	19 438	17 811 341	0
徐工集团财务有限公司	23 014 945	85 659	22 955 300	59 645

续表

项目 机构	本外币合计		本币	外币
	发生额	发生数	发生额	发生额
百联集团财务有限责任公司	135 085 422	427 468	135 085 422	0
中交财务有限公司	39 978 867	8 815	39 978 867	0
山东黄金集团财务有限公司	8 294 235	25 684	8 294 235	0
中开财务有限公司	14 104 709	28 777	14 104 709	0
中国平煤神马集团财务有限责任公司	30 976 742	179 077	30 976 742	0
四川长虹集团财务有限公司	54 832 250	4 485 137	54 774 191	58 059
创维集团财务有限公司	8 449 736	64 942	7 407 075	1 042 661
江苏国泰财务有限公司	12 546 966	166 731	10 172 459	2 374 508
亨通财务有限公司	19 756 382	105 438	19 756 382	0
珠海华发集团财务有限公司	74 660 000	12 904	74 660 000	0
北京金隅财务有限公司	20 442 757	88 415	20 442 757	0
云南云天化集团财务有限公司	1 979 518	10 052	1 979 518	0
北京控股集团财务有限公司	32 063 025	9 348	28 593 021	3 470 004
陕西延长石油财务有限公司	83 651 996	139 655	83 651 996	0
山东能源集团财务有限公司	28 110 000	65 119	28 110 000	0
鄂尔多斯财务有限公司	5 503 417	31 004	5 503 417	0
伊利财务有限公司	14 858 012	401 114	14 858 012	0
大冶有色金属集团财务有限责任公司	20 967 391	28 773	20 967 391	0
巨化集团财务有限责任公司	6 374 107	75 157	6 374 107	0
供销集团财务有限公司	2 503 756	3 792	2 503 756	0
中铁财务有限责任公司	80 426 609	20 675	80 426 609	0
重庆力帆财务有限公司	8 940 449	6 028	8 940 448	1
中煤财务有限责任公司	16 656 599	4 135	16 656 599	0
安徽省皖北煤电集团财务有限公司	4 272 881	15 800	4 272 881	0
淮北矿业集团财务有限公司	6 116 332	52 855	6 116 332	0
湖南出版投资控股集团财务有限公司	2 078 848	22 753	2 078 848	0
山东晨鸣集团财务有限公司	3 680 595	2 110	3 680 595	0
河北港口集团财务有限公司	1 975 923	6 004	1 975 923	0
中节能财务有限公司	7 020 568	2 785	7 020 568	0
上海上实集团财务有限公司	1 692 032	706	1 692 032	0
总计	19 414 703 915	69 536 968	18 985 617 675	429 086 240

财务公司外汇即期业务情况统计表

（2014 年）　　　　单位：万美元

项目 机构	外汇存款	外汇贷款	外汇投资	即期外汇买卖交易	即期结汇	即期售汇
中国重汽财务有限公司	1	0	0	0	0	0
中国华能财务有限责任公司	1	0	0	0	24 510	85 182
锦江国际集团财务有限责任公司	519	0	0	0	0	0
西电集团财务有限责任公司	24 585	1 622	0	106 709	56 099	54 030
中国石化财务有限责任公司	2 673	705 025	0	33 033 331	165 076	31 480 174
东方电气集团财务有限公司	101 643	20 162	0	539 373	430 612	122 818
宝钢集团财务有限责任公司	506	3 082	0	0	34 293	24 865
五矿集团财务有限责任公司	76 796	3 074	0	0	0	0
武汉钢铁集团财务有限责任公司	65 886	198 562	0	15 530	31 592	610 713
中远财务有限责任公司	461 885	12 116	0	0	422 849	63 095
江铃汽车集团财务有限公司	80	2 815	0	0	0	0
中国航空集团财务有限责任公司	0	3 060	0	0	0	0
上海汽车集团财务有限责任公司	13 899	14 808	0	0	15 467	2 338 307
东方集团财务有限责任公司	0	4 589	0	0	0	0
东航集团财务有限责任公司	1 519	7 343	0	109 939	13 359	1 054 634
中油财务有限责任公司	4 213 839	13 470 236	317 552	1 197	379 221	11 187 960
上海电气集团财务有限责任公司	260 374	151 199	0	0	204 133	105 425
中国能源建设集团葛洲坝财务有限公司	0	2 998	0	0	0	0
兵工财务有限责任公司	3 966	918	0	0	240 474	139 842
三峡财务有限责任公司	0	0	0	334 939	106 278	228 695
中广核财务有限责任公司	6 363	8 286	0	0	182 559	216 579
中船财务有限责任公司	67 894	18 357	0	0	1 071 754	89 452
中核财务有限责任公司	0	0	0	227 463	49 564	170 831
鞍钢集团财务有限责任公司	0	3 060	0	0	0	0
中国电力财务有限公司	0	2 937	0	0	3 944	30 098
中国电子财务有限责任公司	2 601	2 448	0	329 688	222 302	107 386
航天科技财务有限责任公司	0	0	0	0	79 744	157 267
中海石油财务有限责任公司	89 770	18 478	0	0	82 008	2 930 746
海尔集团财务有限责任公司	905 243	940 334	0	18 720	297 354	284 702
万向财务有限公司	57 283	26 312	0	82 594	40 997	26 569
中粮财务有限责任公司	144 444	37 851	0	3 207 999	180 727	3 027 272
国机财务有限责任公司	5 199	1 836	0	0	0	0
海航集团财务有限公司	67 430	71 286	0	0	161 847	278 324
中电投财务有限公司	8	5 051	0	0	0	0
兵器装备集团财务有限责任公司	0	0	0	0	37	0
TCL 集团财务有限公司	330 147	217 627	0	793 332	388 096	405 235

续表

项　　目 机　　构	外汇存款	外汇贷款	外汇投资	即期外汇买卖交易	即期结汇	即期售汇
湖南华菱钢铁集团财务有限公司	7 057	0	0	0	141 721	454 094
江西铜业集团财务有限公司	17 478	14 502	0	71 928	18	71 909
松下电器（中国）财务有限公司	7 042	2 692	0	0	0	0
中航工业集团财务有限责任公司	11 337	14 074	0	263 845	220 559	48 793
中冶集团财务有限公司	42 998	0	0	90 793	90 793	0
申能集团财务有限公司	0	0	0	0	0	384 926
中化集团财务有限责任公司	204 632	5 705	0	6 677 290	105 872	6 628 843
海信集团财务有限公司	0	4 065	0	0	401 167	642 098
南山集团财务有限公司	997	3 060	0	0	0	0
国投财务有限公司	6 731	11 443	0	0	24 726	41 262
中国化工财务有限公司	0	0	0	0	0	17
紫金矿业集团财务有限公司	428	3 060	0	52 523	0	52 523
中海集团财务有限责任公司	72 134	5 874	0	0	75 748	5 015
中集集团财务有限公司	44 363	21 918	0	0	903 164	70 369
沙钢财务有限公司	21 417	0	0	0	0	0
美的集团财务有限公司	210 216	175 921	0	0	449 344	0
兖矿集团财务有限公司	0	3 280	0	0	0	0
通用技术集团财务有限责任公司	28 978	0	0	79 210	79 001	186
铜陵有色金属集团财务有限公司	612	4 008	0	0	6 628	355 497
金川集团财务有限公司	48 223	0	0	0	0	0
中外运长航财务有限公司	94 876	0	0	0	43 552	223 636
中铝财务有限责任公司	61 221	0	0	0	0	0
中兴通讯集团财务有限公司	0	12 238	0	0	0	0
马钢集团财务有限公司	0	3 263	0	0	745	1 173
大唐电信集团财务有限公司	1 466	0	0	0	0	0
中国航油集团财务有限公司	6 205	0	0	0	0	0
山东钢铁集团财务有限公司	0	6 119	0	0	0	0
山东重工集团财务有限公司	0	2 448	0	128 517	29 317	101 347
上海华谊集团财务有限责任公司	8 208	0	0	0	0	0
中信财务有限公司	20 710	0	0	0	0	0
中国北车集团财务有限公司	691	0	0	0	0	0
太钢集团财务有限公司	5 640	30 595	0	0	468 268	145 787
四川长虹集团财务有限公司	29 029	0	0	0	0	0
创维集团财务有限公司	440	0	0	0	0	0
江苏国泰财务有限公司	30 703	0	0	0	0	0
北京控股集团财务有限公司	554 132	268 226	0	0	0	0
总　计	8 442 516	16 547 961	317 552	46 164 919	7 925 521	64 447 674

财务公司集团产品销售信贷业务情况统计表

（2014 年）

单位：万元

项目 / 机构	集团产品信贷余额				集团产品信贷发生额			
	余额合计	其中：买方信贷	其中：消费信贷	其中：融资租赁	发生额合计	其中：买方信贷	其中：消费信贷	其中：融资租赁
东风汽车财务有限公司	1 487 351	18 479	1 259 244	209 627	1 992 545	278 059	1 204 692	509 794
中国重汽财务有限公司	179 071	0	85 175	93 896	0	0	0	0
锦江国际集团财务有限责任公司	51	0	0	51	60	0	0	60
一汽财务有限公司	14 531	0	14 076	455	849	0	849	0
西电集团财务有限责任公司	2 198	0	0	2 198	251	0	0	251
东方电气集团财务有限公司	110 000	110 000	0	0	0	0	0	0
宝钢集团财务有限责任公司	1 997	1 997	0	0	35 991	35 991	0	0
中国一拖集团财务有限责任公司	520	502	18	0	0	0	0	0
武汉钢铁集团财务有限责任公司	279	0	0	279	300	0	0	300
江铃汽车集团财务有限公司	92 730	77 002	15 728	0	146 611	129 793	16 818	0
上海汽车集团财务有限责任公司	3 738 552	1 289 804	2 448 748	0	13 003 968	10 937 329	2 066 639	0
上海电气集团财务有限责任公司	32 000	32 000	0	0	32 000	32 000	0	0
兵工财务有限责任公司	533	0	533	0	481	0	481	0
中船财务有限责任公司	450	0	0	450	0	0	0	0
航天科技财务有限责任公司	23 552	0	0	23 552	16 776	0	0	16 776
中海石油财务有限责任公司	2 250	0	0	2 250	2 250	0	0	2 250
海尔集团财务有限责任公司	559 126	403 780	154 656	689	536 314	494 492	41 822	0
珠海格力集团财务有限责任公司	337 050	337 050	0	0	274 890	274 890	0	0
国机财务有限责任公司	60 291	27 421	0	32 870	46 861	21 688	0	25 173
中国大唐集团财务有限公司	24 950	0	0	24 950	24 950	0	0	24 950
兵器装备集团财务有限责任公司	1 167 700	576 478	591 222	0	5 756 035	5 150 782	605 253	0
TCL 集团财务有限公司	160	160	0	0	5 000	5 000	0	0
国联财务有限责任公司	0	0	0	0	437	0	0	437
红豆集团财务有限公司	4 980	0	0	4 980	4 980	0	0	4 980
海马财务有限公司	261 610	83 124	178 486	0	398 952	251 001	147 951	0
国投财务有限公司	5 692	0	0	5 692	0	0	0	0
阳泉煤业集团财务有限责任公司	77 677	0	0	77 677	2 000	0	0	2 000
云南冶金集团财务有限公司	9 722	0	0	9 722	0	0	0	0
美的集团财务有限公司	41 339	41 339	0	0	75 000	75 000	0	0
青岛啤酒财务有限责任公司	350	350	0	0	350	350	0	0
中铝财务有限责任公司	30 000	0	0	30 000	30 000	0	0	30 000
中兴通讯集团财务有限公司	1 134	0	5	1 129	1 353	0	24	1 329
北京汽车集团财务有限公司	28 677	6 550	22 127	0	45 193	21 379	23 814	0
郑州宇通集团财务有限公司	33 865	0	33 865	0	36 307	0	36 307	0
总计	8 330 386	3 006 036	4 803 884	520 466	22 470 705	17 707 755	4 144 650	618 300

财务公司对金融机构股权投资情况统计表

（2014 年）

单位：万元

机构 \ 项目	被投资金融机构	本年新增投资金额	累计投资金额	持股比例（%）
东风汽车财务有限公司	武汉东风保险经纪有限公司	0	220	0.20
锦江国际集团财务有限责任公司	申银万国	0	40	0
一汽财务有限公司	吉林亿安保险经纪有限责任公司	0	500	50.00
	一汽汽车金融有限公司	0	66 000	66.00
	鑫安汽车保险股份有限公司	0	9 968	10.00
中国石化财务有限责任公司	华泰保险集团股份有限公司	0	18 627	6.84
	首创证券有限责任公司	0	5 000	7.69
	东营市商业银行股份有限公司	0	234	0.29
	申银万国证券股份有限公司	0	337	0.19
	江苏银行股份有限公司	0	1 362	0.16
	上海银行股份有限公司	0	1 652	0.13
	广发银行股份有限公司	0	995	0.02
东方电气集团财务有限公司	交通银行	0	2 303	0.02
五矿集团财务有限责任公司	广发银行	0	26 400	0.39
武汉钢铁集团财务有限责任公司	湖北鹏程保险代理公司	0	40	5.02
江铃汽车集团财务有限公司	南昌银行	0	6 720	0.03
	中国重型汽车财务有限责任公司	0	276	0
中国南航集团财务有限公司	航联保险经纪有限公司	0	600	12.00
	中国重汽财务有限公司	0	1 290	0.39
上海汽车集团财务有限责任公司	上汽通用汽车金融有限责任公司	68 700	361 300	0.45
中国能源建设集团葛洲坝财务有限公司	湖北鹏程保险经纪有限公司	0	20	2.51
兵工财务有限责任公司	北京金诚国际保险经纪有限公司	0	100	3.33
三峡财务有限责任公司	民生加银基金管理公司	0	2 000	6.67
	陕西煤化工集团财务有限公司	0	15 000	15.00
中广核财务有限责任公司	安信基金管理有限责任公司	0	3 000	0.09
	中广核保险经纪有限公司	0	5 000	1.00
鞍钢集团财务有限责任公司	北京鞍汇联保险经纪有限公司	0	510	51.00
中国电力财务有限公司	国泰基金管理有限公司	0	1 145	0.10
	英大国际信托有限责任公司	0	9 500	0.05
	英大证券有限责任公司	0	45 200	0.19
	英大泰和人寿保险股份有限公司	0	25 632	0.06
	英大泰和财产保险股份有限公司	0	15 600	0.07
航天科技财务有限责任公司	中信建投基金管理有限公司	0	2 909	25.00
航天科工财务有限责任公司	英大基金管理有限公司	1 200	3 000	15.00
中船重工财务有限责任公司	华融金融租赁股份有限公司	0	19 840	3.20
	湖北鹏程保险经纪公司	0	50	5.01

续表

项目 机构	被投资金融机构	本年新增投资金额	累计投资金额	持股比例（%）
海尔集团财务有限责任公司	南山集团财务有限责任公司	0	6 400	8.00
	海尔消费金融有限公司	9 500	9 500	19.00
中粮财务有限责任公司	中粮信托有限公司	0	9 201	4.00
国机财务有限责任公司	信达财产保险股份有限公司	0	2 165	0.67
中国华电集团财务有限公司	华鑫国际信托有限公司	0	153 392	49.00
中国大唐集团财务有限公司	富滇银行股份有限公司	72 600	213 600	0.19
	陕西延长石油财务有限公司	8 000	8 000	0.08
南方电网财务有限公司	星安保险经纪有限责任公司	2 156	2 156	40.00
	鼎和财产保险公司	5 000	20 180	10.00
中电投财务有限公司	百瑞信托有限责任公司	24 912	94 404	24.91
	中电投先融期货有限公司	0	5 423	38.00
	石家庄汇融农村合作银行	0	132 78	19.99
国电财务有限公司	石嘴山银行股份有限公司	0	21 384	19.80
兵器装备集团财务有限责任公司	长安基金管理有限公司	0	1 800	6.67
	北京中兵保险经纪有限公司	0	990	99.00
浙江省能源集团财务有限责任公司	华融金融租赁股份有限公司	0	24 800	4.00
广东粤电财务有限公司	深圳天鑫保险经纪有限公司	0	906	100.00
	珠海农商银行股份有限公司	0	44 550	9.90
江西铜业集团财务有限公司	中银证券股份有限公司	0	10 000	1.05
淮南矿业集团财务有限公司	芜湖扬子农村商业银行	0	32 000	20.00
深圳能源财务有限公司	华泰财产保险控股股份有限公司	0	2 204	0
中化集团财务有限责任公司	中化保险经纪公司	0	5 000	100.00
	中宏人寿保险有限公司	0	85 349	49.00
	中国对外经济贸易信托有限公司	0	13 429	3.78
红豆集团财务有限公司	江苏大丰农村商业银行股份有限公司	1 552	110 552	10.00
	江苏锡山建信村镇银行有限责任公司	0	1 050	7.00
国投财务有限公司	国投保险经纪有限公司	0	5 000	100.00
河南能源化工集团财务有限公司	中原银行股份有限公司	0	2 382	0.11
冀中能源集团财务有限责任公司	光大银行	0	999	0.02
晋煤集团财务有限公司	晋城农村商业银行	12 000	12 000	10.00
美的集团财务有限公司	江苏银行股份有限公司	881	2 093	0.12
	佛山顺德农村商业银行股份有限公司	47 638	47 638	0.02
总计		254 140	1 626 198	

财务公司担保业务情况统计表

（2014 年）

单位：万元，笔

项目 机构	担保业务合计				其中：融资性担保				其中：非融资性担保			
	发生额	发生数	余额	发生数	发生额	发生数	余额	发生数	发生额	发生数	余额	发生数
中国重汽财务有限公司	21 000	5	6 000	1	21 000	5	6 000	1	0	0	0	0
中国华能财务有限责任公司	348 101	101	348 334	0	0	0	0	0	348 101	101	348 334	0
一汽财务有限公司	2 496	7	439	0	0	0	0	0	2 496	7	439	0
西电集团财务有限责任公司	115 475	1 705	155 548	1 725	0	0	0	0	115 475	1 705	155 548	1 725
中国石化财务有限责任公司	45 965	12	32 352	9	0	0	0	0	45 965	12	32 352	9
东方电气集团财务有限公司	4 240	42	36 053	44	0	0	0	0	4 240	42	36 053	44
武汉钢铁集团财务有限责任公司	162 840	30	165 419	50	139 307	4	139 307	4	23 533	26	26 112	46
中远财务有限责任公司	2 045	2	245	1	0	0	0	0	2 045	2	245	1
江铃汽车集团财务有限公司	58 834	118	27 003	54	58 834	118	27 003	54	0	0	0	0
深圳市有色金属财务有限公司	35 409	1	35 490	1	35 409	1	35 490	1	0	0	0	0
中国南航集团财务有限公司	700	2	700	2	0	0	0	0	700	2	700	2
东航集团财务有限责任公司	11 688	9	11 388	7	0	0	0	0	11 688	9	11 388	7
中油财务有限责任公司	158 195	247	178 231	147	0	0	0	0	158 195	247	178 231	147
上海电气集团财务有限责任公司	56 289	156	117 997	231	0	0	0	0	56 289	156	117 997	231
中国能源建设集团葛洲坝财务有限公司	11 094	11	11 562	17	0	0	0	0	11 094	11	11 562	17
兵工财务有限责任公司	680 445	214	352 796	195	640 133	190	310 818	173	40 312	24	41 977	22

续表

项目 机构	担保业务合计				其中：融资性担保				其中：非融资性担保			
	发生额	发生数	余额	发生数	发生额	发生数	余额	发生数	发生额	发生数	余额	发生数
三峡财务有限责任公司	1 597	21	3 358	29	0	0	0	0	1 597	21	3 358	29
中船财务有限责任公司	6 022	29	6 289	35	0	0	0	0	6 022	29	6 289	35
中核财务有限责任公司	1 717	17	12 718	110	0	0	0	0	1 717	17	12 718	110
上海浦东发展集团财务有限责任公司	597	6	7 887	0	0	0	0	0	597	6	7 887	0
中国电力财务有限公司	34 761	73	256 620	108	0	0	200 000	1	34 761	73	56 620	107
中国电子财务有限责任公司	20 559	178	0	0	4 059	1	0	0	16 500	177	0	0
航天科工财务有限责任公司	2 383	15	0	0	2 383	15	0	0	0	0	0	0
中海石油财务有限责任公司	34 906	52	34 045	45	0	0	0	0	34 906	52	34 045	45
海尔集团财务有限责任公司	1 812	26	2 172	13	0	0	0	0	1 812	26	2 172	13
吉林森林工业集团财务有限责任公司	49 000	6	21 000	3	49 000	6	21 000	3	0	0	0	0
万向财务有限公司	25 000	3	60 500	6	25 000	3	60 500	6	0	0	0	0
苏州创元集团财务有限公司	4 400	3	600	1	4 400	3	600	1	0	0	0	0
国机财务有限责任公司	239 489	136	212 339	110	36 332	30	28 672	18	203 157	106	183 667	92
中国华电集团财务有限公司	115 354	8	185 354	9	70 300	3	140 300	4	45 054	5	45 054	5
南方电网财务有限公司	12 038	130	8 579	0	0	0	0	0	12 038	130	8 579	0
中电投财务有限公司	10 295	15	33 773	12	0	4	20 346	0	10 295	11	13 428	12
国电财务有限公司	1 738	4	1 738	4	0	0	0	0	1 738	4	1 738	4

续表

项目 机构	担保业务合计				其中：融资性担保				其中：非融资性担保			
	发生额	发生数	余额	发生数	发生额	发生数	余额	发生数	发生额	发生数	余额	发生数
华联财务有限责任公司	12 000	2	12 000	2	12 000	2	12 000	2	0	0	0	0
浙江省能源集团财务有限责任公司	42 703	39	44 020	37	0	0	0	0	42 703	39	44 020	37
天津港财务有限公司	60 400	87	67 806	64	60 400	87	67 806	64	0	0	0	0
中冶集团财务有限公司	0	0	50 000	1	0	0	0	0	0	0	50 000	1
中能集团财务有限公司	14 379	4	14 379	4	2 000	1	2 000	1	12 379	3	12 379	3
潞安集团财务有限公司	210	2	0	0	210	2	0	0	0	0	0	0
保利财务有限公司	0	0	15 000	1	0	0	15 000	1	0	0	0	0
海信集团财务有限公司	0	0	2 000	2	0	0	0	0	0	0	2 000	2
首都机场集团财务有限公司	500	0	0	2	0	0	0	0	500	0	0	2
南山集团财务有限公司	68	2	3 247	3	0	0	3 178	1	68	2	68	2
国投财务有限公司	75 163	31	82 449	29	0	0	77 220	3	75 163	31	5 229	26
河南能源化工集团财务有限公司	31 077	11	17 677	10	28 500	6	15 100	5	2 577	5	2 577	5
紫金矿业集团财务有限公司	2 020	2	2 020	2	0	0	0	0	2 020	2	2 020	2
冀中能源集团财务有限责任公司	8 660	0	0	0	0	0	0	0	8 660	0	0	0
阳泉煤业集团财务有限责任公司	73 775	22	44 475	10	73 775	22	44 475	10	0	0	0	0
晋煤集团财务有限公司	162 415	61	77 025	22	162 415	61	77 025	22	0	0	0	0
中海集团财务有限责任公司	175	2	0	0	0	0	0	0	175	2	0	0

续表

项目 机构	担保业务合计				其中：融资性担保				其中：非融资性担保			
	发生额	发生数	余额	发生数	发生额	发生数	余额	发生数	发生额	发生数	余额	发生数
中集集团财务有限公司	9 329	57	7 671	52	0	0	0	0	9 329	57	7 671	52
沙钢财务有限公司	119 208	83	68 636	66	102 858	79	67 036	65	16 350	4	1 600	1
美的集团财务有限公司	1 000	3	1 000	1	0	0	0	0	1 000	3	1 000	1
宁波港集团财务有限公司	5 132	10	4 576	9	0	0	0	0	5 132	10	4 576	9
哈尔滨电气集团财务有限责任公司	675	5	846	7	0	0	0	0	675	5	846	7
北大方正集团财务有限公司	292 999	7	242 999	6	292 999	7	242 999	6	0	0	0	0
铜陵有色金属集团财务有限公司	2 108	1	0	0	0	0	0	0	2 108	1	0	0
中建财务有限公司	57 607	6	114 589	15	0	0	0	0	57 607	6	114 589	15
江苏省国信集团财务有限公司	0	0	769	1	0	0	0	0	0	0	769	1
金川集团财务有限公司	1 700	1	1 700	0	0	0	0	0	1 700	1	1 700	0
包钢集团财务有限责任公司	5 000	0	0	0	5 000	0	0	0	0	0	0	0
新奥财务有限责任公司	20 243	2	9 843	3	0	0	9 600	1	20 243	2	243	2
中外运长航财务有限公司	1 560	61	1 560	61	0	0	0	0	1 560	61	1 560	61
中铝财务有限责任公司	15 000	1	15 000	1	15 000	1	15 000	1	0	0	0	0
国核财务有限公司	27 965	17	29 030	20	0	0	0	0	27 965	17	29 030	20
福建省能源集团财务有限公司	44 561	7	45 046	8	0	0	0	0	44 561	7	45 046	8
马钢集团财务有限公司	30 500	3	30 500	3	0	0	0	0	30 500	3	30 500	3

续表

项目/机构	担保业务合计				其中：融资性担保				其中：非融资性担保			
	发生额	发生数	余额	发生数	发生额	发生数	余额	发生数	发生额	发生数	余额	发生数
大连港集团财务有限公司	17 516	10	15 245	4	10 000	1	10 000	1	7 516	9	5 245	3
海南农垦集团财务有限公司	930	0	0	0	930	0	0	0	0	0	0	0
西部矿业集团财务有限公司	1 300	1	0	0	0	0	0	0	1 300	1	0	0
郑州宇通集团财务有限公司	83	4	83	0	0	0	0	0	83	4	83	0
中国铁建财务有限公司	66 769	32	70 986	32	0	0	0	0	66 769	32	70 986	32
山东省商业集团财务有限公司	11 000	1	15 000	4	11 000	1	15 000	4	0	0	0	0
诚通财务有限责任公司	13 436	1	0	0	13 436	1	0	0	0	0	0	0
陕西煤业化工集团财务有限公司	1 027	5	1 517	7	0	0	0	0	1 027	5	1 517	7
上海华谊集团财务有限责任公司	1 044	0	0	0	0	0	0	0	1 044	0	0	0
安徽省能源集团财务有限公司	200	0	277	5	0	0	0	0	200	0	277	5
中化工程集团财务有限公司	114 447	38	107 262	31	0	0	0	0	114 447	38	107 262	31
天津天保财务有限公司	56 997	7	0	0	56 997	7	0	0	0	0	0	0
厦门海翼集团财务有限公司	160	1	160	1	0	0	0	0	160	1	160	1
浙江省交通投资集团财务有限责任公司	1 500	1	0	0	1 500	1	0	0	0	0	0	0
南车财务有限公司	20 414	8	19 901	0	0	0	0	0	20 414	8	19 901	0
中国北车集团财务有限公司	9 455	11	9 205	9	9 000	1	9 000	1	455	10	205	8

续表

项　目 机　构	担保业务合计				其中：融资性担保				其中：非融资性担保			
	发生额	发生数	余额	发生数	发生额	发生数	余额	发生数	发生额	发生数	余额	发生数
重庆机电控股集团财务有限公司	8 290	1	0	0	8 290	1	0	0	0	0	0	0
海亮集团财务有限责任公司	20 488	2	488	1	20 000	1	0	0	488	1	488	1
北京首都旅游集团财务有限公司	3 270	1	3 270	1	0	0	0	0	3 270	1	3 270	1
广西交通投资集团财务有限责任公司	200	0	0	0	0	0	0	0	200	0	0	0
徐工集团财务有限公司	89 048	30	61 967	21	88 733	25	61 733	18	315	5	234	3
百联集团财务有限责任公司	14 230	5	14 230	5	14 230	5	14 230	5	0	0	0	0
创维集团财务有限公司	4 393	4	4 193	3	0	0	0	0	4 393	4	4 193	3
江苏国泰财务有限公司	186	13	0	0	0	0	0	0	186	13	0	0
珠海华发集团财务有限公司	125 995	14	88 300	4	125 995	14	88 300	4	0	0	0	0
北京金隅财务有限公司	650	2	0	0	0	0	0	0	650	2	0	0
云南云天化集团财务有限公司	43 930	5	25 000	0	43 930	5	25 000	0	0	0	0	0
北京控股集团财务有限公司	15 000	1	15 000	1	15 000	1	15 000	1	0	0	0	0
供销集团财务有限公司	19 000	3	19 000	3	19 000	3	19 000	3	0	0	0	0
中铁财务有限责任公司	3 949	2	3 949	2	0	0	0	0	3 949	2	3 949	2
重庆力帆财务有限公司	99 752	8	78 472	0	0	0	0	0	99 752	8	78 472	0
淮北矿业集团财务有限公司	3 000	1	3 000	1	3 000	1	3 000	1	0	0	0	0
总　计	4 162 272	4 125	3 888 898	3 546	2 282 353	719	1 898 739	486	1 879 918	3 406	1 990 159	3 060

从业人员统计

财务公司从业人员年龄、文化、职称结构统计表

（2014 年）　　单位：人

项目 / 机构	人员合计	年龄结构				性别结构		文化结构				职称结构			
		30岁以下	30岁至40岁	40岁至50岁	50岁以上	男	女	博士	硕士	本科	专科及以下	高级	中级	初级	其他
东风汽车财务有限公司	213	154	37	20	2	139	74	0	27	181	5	11	29	22	151
中国重汽财务有限公司	113	76	18	13	6	75	38	0	8	91	14	4	19	36	54
中国华能财务有限责任公司	63	10	10	30	13	34	29	2	20	32	9	31	16	5	11
锦江国际集团财务有限责任公司	23	3	13	3	4	18	5	0	3	15	5	1	6	3	13
一汽财务有限公司	113	47	47	12	7	39	74	0	62	42	9	9	16	35	53
西电集团财务有限责任公司	32	8	18	5	1	16	16	0	6	24	2	2	15	6	9
中国石化财务有限责任公司	346	127	110	86	23	160	186	1	71	241	28	61	112	127	46
东方电气集团财务有限公司	55	16	20	17	2	26	29	0	25	19	11	8	12	19	0
宝钢集团财务有限责任公司	60	18	16	19	7	36	24	0	26	31	3	6	29	7	18
中国一拖集团财务有限责任公司	44	15	14	13	2	14	30	0	4	27	13	3	22	3	16
五矿集团财务有限责任公司	35	9	10	16	0	14	21	0	11	24	0	2	3	8	22
攀钢集团财务有限公司	0	0	0	0	0	0	0	0	0	0	0	0	0	0	0
武汉钢铁集团财务有限责任公司	59	11	25	16	7	33	26	0	18	32	9	17	22	3	17
中远财务有限责任公司	115	12	44	44	15	52	63	0	14	77	24	13	52	37	13
江铃汽车集团财务有限公司	115	60	24	23	8	64	51	0	17	63	35	4	20	13	78
中国航空集团财务有限责任公司	106	16	22	49	19	44	62	0	14	51	41	9	23	14	60
天津渤海集团财务有限责任公司	23	9	5	5	4	12	11	0	2	16	5	2	6	1	14
深圳市有色金属财务有限公司	34	8	0	22	4	24	10	2	8	14	10	2	18	5	9
中国南航集团财务有限公司	61	7	31	17	6	32	29	0	16	27	18	3	24	2	32

续表

项目 机构	人员合计	年龄结构				性别结构		文化结构				职称结构			
		30岁以下	30岁至40岁	40岁至50岁	50岁以上	男	女	博士	硕士	本科	专科及以下	高级	中级	初级	其他
上海汽车集团财务有限责任公司	527	357	139	16	15	360	167	0	105	399	23	3	56	16	452
振华集团财务有限责任公司	20	8	4	7	1	9	11	0	3	14	3	0	8	0	0
东方集团财务有限责任公司	35	14	10	9	2	17	18	0	5	24	6	1	10	5	19
东航集团财务有限责任公司	47	13	19	11	4	15	32	0	14	26	7	2	10	1	0
中油财务有限责任公司	168	25	71	50	22	77	91	5	65	82	16	45	69	44	10
上海电气集团财务有限责任公司	86	24	53	7	2	55	31	2	37	43	4	1	17	5	0
中国能源建设集团葛洲坝财务有限公司	79	17	24	20	18	45	34	0	15	38	26	23	22	7	27
兵工财务有限责任公司	118	29	48	29	12	52	66	0	37	61	20	15	33	24	46
三峡财务有限责任公司	106	30	60	19	9	59	47	5	37	57	7	32	33	2	39
中广核财务有限责任公司	82	31	37	11	3	47	35	2	34	36	10	5	29	3	45
中船财务有限责任公司	45	24	10	8	3	24	21	1	24	18	2	7	11	19	8
中核财务有限责任公司	51	10	24	13	4	26	25	0	22	28	1	13	21	16	1
上海浦东发展集团财务有限责任公司	48	14	23	9	2	26	22	1	15	27	5	1	18	3	26
鞍钢集团财务有限责任公司	99	7	31	43	18	38	61	0	18	60	15	34	40	18	7
中国电力财务有限公司	825	100	276	311	138	387	438	10	210	522	83	225	275	71	254
神华财务有限公司	57	11	29	12	5	30	27	7	31	14	5	11	25	3	0
中国电子财务有限责任公司	50	12	12	21	5	20	30	3	19	27	4	13	14	13	10
航天科技财务有限责任公司	96	24	43	23	6	42	54	2	55	32	7	13	35	21	27
航天科工财务有限责任公司	69	15	35	15	4	33	36	1	18	37	13	12	21	4	32
中船重工财务有限责任公司	41	9	18	9	5	21	20	0	13	26	2	16	11	3	11

续表

项目 机构	人员合计	年龄结构				性别结构		文化结构				职称结构			
		30岁以下	30岁至40岁	40岁至50岁	50岁以上	男	女	博士	硕士	本科	专科及以下	高级	中级	初级	其他
中海石油财务有限责任公司	111	38	43	23	7	51	60	2	33	70	6	6	35	7	63
海尔集团财务有限责任公司	142	71	61	10	0	49	93	0	33	89	20	2	15	21	104
吉林森林工业集团财务有限责任公司	45	13	23	8	1	19	26	0	8	33	4	8	8	29	0
万向财务有限公司	61	25	23	13	0	30	31	0	7	44	10	1	19	14	27
中粮财务有限责任公司	29	10	12	7	0	14	15	0	15	14	0	1	1	0	27
苏州创元集团财务有限公司	23	9	4	5	5	12	11	0	2	11	10	2	1	11	0
珠海格力集团财务有限责任公司	43	14	13	12	4	20	23	0	6	29	8	1	15	8	19
国机财务有限责任公司	46	22	8	9	7	24	22	0	10	33	3	13	11	1	21
海航集团财务有限公司	72	47	15	6	4	49	23	0	23	45	4	5	14	0	53
中国华电集团财务有限公司	55	15	23	13	4	30	25	1	25	28	1	12	12	0	31
中国大唐集团财务有限公司	43	16	18	8	1	22	21	1	36	5	1	11	17	0	15
南方电网财务有限公司	120	54	41	20	5	70	50	2	29	83	6	24	31	15	0
中电投财务有限公司	51	21	15	10	5	34	17	3	18	22	8	13	18	0	0
国电财务有限公司	52	23	18	7	4	25	27	6	26	18	2	16	18	6	12
华联财务有限责任公司	27	11	7	8	1	14	13	1	1	21	4	1	5	2	19
兵器装备集团财务有限责任公司	286	207	52	18	9	139	147	2	87	185	12	16	18	27	225
京能集团财务有限公司	39	15	19	4	1	18	21	0	11	28	0	3	21	0	15
浙江省能源集团财务有限责任公司	50	31	9	9	1	33	17	0	14	36	0	3	12	0	0
广东粤电财务有限公司	32	4	16	11	1	18	14	2	17	12	1	11	16	2	3
TCL 集团财务有限公司	60	26	21	12	1	25	35	0	8	49	3	1	15	43	0
湖南华菱钢铁集团财务有限公司	29	6	11	9	3	14	15	1	7	16	5	5	7	1	16

续表

项目 机构	人员合计	年龄结构				性别结构		文化结构				职称结构			
		30岁以下	30岁至40岁	40岁至50岁	50岁以上	男	女	博士	硕士	本科	专科及以下	高级	中级	初级	其他
江西铜业集团财务有限公司	32	11	10	7	4	18	14	0	7	23	2	2	20	0	10
天津港财务有限公司	42	13	14	14	1	18	24	0	13	24	5	0	20	19	3
松下电器（中国）财务有限公司	14	6	7	1	0	2	12	0	3	9	2	0	4	0	0
中航工业集团财务有限责任公司	106	23	44	22	17	43	63	1	64	34	7	18	34	9	45
中冶集团财务有限公司	34	13	14	5	2	15	19	0	21	13	0	8	0	0	0
申能集团财务有限公司	39	9	20	9	1	18	21	1	13	23	2	1	30	7	1
潞安集团财务有限公司	58	25	23	9	1	29	29	0	19	37	2	5	13	30	10
淮南矿业集团财务有限公司	55	11	7	17	20	33	22	0	11	16	28	3	33	16	2
日立（中国）财务有限公司	13	3	5	4	1	6	7	0	3	8	2	0	3	1	9
保利财务有限公司	22	9	8	3	2	13	9	0	10	12	0	5	12	5	0
深圳能源财务有限公司	34	7	11	12	4	16	18	1	8	18	7	5	10	5	0
中化集团财务有限责任公司	98	48	30	15	5	48	50	1	36	52	9	2	19	6	71
海信集团财务有限公司	29	17	7	3	2	8	21	0	9	17	3	1	3	6	19
国联财务有限责任公司	21	11	5	4	1	10	11	0	1	19	1	2	4	15	0
首都机场集团财务有限公司	47	12	19	15	1	21	26	0	19	25	3	6	16	0	25
红豆集团财务有限公司	39	23	13	2	1	10	29	0	9	27	3	1	0	0	38
海马财务有限公司	111	83	20	6	2	51	60	0	7	94	10	0	6	4	101
南山集团财务有限公司	34	22	6	5	1	15	19	0	5	27	2	1	10	3	20
国投财务有限公司	49	18	26	3	2	31	18	4	27	18	0	12	19	4	14
河南能源化工集团财务有限公司	33	5	11	16	1	15	18	0	2	16	15	2	19	8	4
中国化工财务有限公司	31	5	11	9	6	9	22	1	14	11	5	9	3	4	15

续表

项目 / 机构	人员合计	年龄结构				性别结构		文化结构				职称结构			
		30岁以下	30岁至40岁	40岁至50岁	50岁以上	男	女	博士	硕士	本科	专科及以下	高级	中级	初级	其他
紫金矿业集团财务有限公司	23	8	8	4	3	14	9	0	2	19	2	3	7	6	7
江苏华西集团财务有限公司	28	13	6	7	2	8	20	0	1	16	11	2	2	5	[illegible]
冀中能源集团财务有限责任公司	37	2	16	12	7	15	22	0	0	16	21	6	9	9	13
山西焦煤集团财务有限责任公司	38	6	12	16	4	18	20	0	6	26	6	7	15	7	9
阳泉煤业集团财务有限责任公司	50	21	16	6	7	26	24	0	5	32	[illegible]	4	22	3	0
晋煤集团财务有限公司	37	8	22	5	2	26	11	0	7	25	5	1	10	10	16
云南冶金集团财务有限公司	29	11	10	8	0	14	15	0	3	23	3	2	9	2	16
中海集团财务有限责任公司	60	15	26	15	4	33	[illegible]	0	12	37	11	3	18	10	29
中集集团财务有限公司	49	17	24	7	1	25	24	1	15	33	0	17	0	0	0
沙钢财务有限公司	30	18	10	2	0	9	21	0	3	24	3	0	6	20	4
美的集团财务有限公司	48	14	27	7	0	13	35	0	6	39	3	1	14	4	2
宁波港集团财务有限公司	28	12	8	6	2	19	9	0	6	21	1	1	15	12	0
兖矿集团财务有限公司	33	3	20	7	3	16	17	0	0	32	1	5	25	3	0
哈尔滨电气集团财务有限责任公司	42	7	18	11	6	25	17	0	8	31	3	14	11	14	3
北大方正集团财务有限公司	56	31	17	7	1	25	31	0	20	30	6	5	5	1	0
通用技术集团财务有限责任公司	34	12	12	10	0	16	18	0	13	18	3	6	10	1	0
铜陵有色金属集团财务有限公司	26	1	18	5	2	12	14	0	4	21	1	3	22	1	0
中建财务有限公司	29	6	15	4	4	16	13	0	8	19	2	9	9	10	1
江苏省国信集团财务有限公司	42	18	13	9	2	20	22	1	6	30	5	4	12	4	1
重庆化医控股集团财务有限公司	22	8	7	6	1	13	9	0	1	14	7	1	3	6	12

续表

项目 / 机构	人员合计	年龄结构				性别结构		文化结构				职称结构			
		30岁以下	30岁至40岁	40岁至50岁	50岁以上	男	女	博士	硕士	本科	专科及以下	高级	中级	初级	其他
金川集团财务有限公司	33	14	7	9	3	12	21	0	4	27	2	2	15	12	4
新希望财务有限公司	31	6	18	6	1	14	17	1	11	17	2	2	11	12	6
酒钢集团财务有限公司	40	16	15	7	2	14	26	0	3	34	3	2	8	17	13
包钢集团财务有限责任公司	46	22	9	15	0	13	33	0	9	32	5	7	17	0	22
新奥财务有限责任公司	40	16	16	5	3	24	16	0	9	23	8	0	2	3	0
中外运长航财务有限公司	27	12	12	3	0	9	18	0	21	5	1	1	5	8	13
青岛啤酒财务有限责任公司	34	10	13	10	1	17	17	0	4	28	2	3	11	2	18
上海复星高科技集团财务有限公司	20	10	7	3	0	9	11	1	3	16	0	0	3	3	0
中铝财务有限责任公司	31	11	13	7	0	18	13	5	15	11	0	6	5	5	15
中兴通讯集团财务有限公司	67	23	36	7	1	23	44	0	15	23	29	13	16	38	0
国核财务有限公司	28	5	10	11	2	13	15	2	16	10	0	7	5	4	12
福建省能源集团财务有限公司	25	7	6	11	1	8	17	0	3	16	6	0	13	5	7
湖南高速集团财务有限公司	41	15	16	8	2	27	14	0	5	25	11	2	9	8	22
马钢集团财务有限公司	33	10	8	15	0	15	18	0	8	21	4	5	17	11	0
湖北宜化集团财务有限责任公司	19	3	10	6	0	10	9	0	2	14	3	2	4	13	0
北京汽车集团财务有限公司	101	53	41	6	1	54	47	0	35	60	6	2	15	5	79
大连港集团财务有限公司	21	8	8	3	2	11	10	2	6	12	1	0	6	11	4
大唐电信集团财务有限公司	26	11	11	3	1	10	16	1	17	7	1	6	3	0	17
开滦集团财务有限责任公司	32	4	12	7	9	17	15	1	6	22	3	15	9	7	1
中国航油集团财务有限公司	30	15	6	8	1	15	15	2	15	13	0	3	6	0	0

续表

项目 机构	人员合计	年龄结构				性别结构		文化结构				职称结构			
		30岁以下	30岁至40岁	40岁至50岁	50岁以上	男	女	博士	硕士	本科	专科及以下	高级	中级	初级	其他
海南农垦集团财务有限公司	19	7	6	5	1	9	10	0	2	17	0	1	5	3	10
西部矿业集团财务有限公司	28	8	13	4	3	18	10	1	2	23	2	4	11	11	2
江苏交通控股集团财务有限公司	31	12	9	8	2	11	20	0	8	23	0	6	7	2	16
中国移动通信集团财务有限公司	47	24	15	7	1	27	20	0	31	15	1	8	19	4	16
山东钢铁集团财务有限公司	35	1	17	12	5	27	8	0	7	27	1	16	15	4	0
国药集团财务有限公司	25	12	9	4	0	11	14	0	10	15	0	3	5	1	0
郑州宇通集团财务有限公司	33	15	10	7	1	22	11	0	3	25	5	1	4	2	26
中国铁建财务有限公司	48	23	18	6	1	25	23	0	17	30	1	11	12	11	14
山东省商业集团财务有限公司	37	15	15	4	3	21	16	1	13	23	0	5	7	25	0
深圳华强集团财务有限公司	25	11	5	7	2	11	14	0	5	15	5	1	5	3	16
诚通财务有限责任公司	34	18	10	4	2	19	15	2	16	13	3	4	5	0	31
山东重工集团财务有限公司	59	28	13	10	8	34	25	0	14	41	4	4	19	16	20
湖北能源财务有限公司	19	3	10	6	0	8	11	0	5	9	5	0	5	10	0
港中旅财务有限公司	21	5	12	4	0	11	10	0	3	17	1	4	4	1	12
陕西煤业化工集团财务有限公司	49	24	18	5	2	19	30	2	17	27	3	4	12	3	30
上海华谊集团财务有限责任公司	26	5	15	5	1	11	15	0	11	14	1	2	9	2	13
河北钢铁集团财务有限公司	17	2	8	6	1	7	10	0	0	17	0	6	5	4	2
安徽省能源集团财务有限公司	19	8	3	6	2	10	9	0	4	13	2	1	9	1	0
中化工程集团财务有限公司	25	12	7	3	3	11	14	0	11	11	3	5	1	1	18
天津天保财务有限公司	20	7	8	2	3	12	8	0	5	15	0	1	6	3	10

续表

项目 机构	人员合计	年龄结构				性别结构		文化结构				职称结构			
		30岁以下	30岁至40岁	40岁至50岁	50岁以上	男	女	博士	硕士	本科	专科及以下	高级	中级	初级	其他
亿利集团财务有限公司	16	5	9	2	0	13	3	0	1	15	0	1	2	0	13
厦门海翼集团财务有限公司	20	10	6	2	2	9	11	0	3	16	1	2	7	2	0
中信财务有限公司	24	7	10	7	0	13	11	0	15	7	2	2	4	2	16
浙江省交通投资集团财务有限责任公司	27	9	13	3	2	13	14	0	6	20	1	6	10	9	0
南车财务有限公司	26	5	15	6	0	15	11	3	11	12	0	9	9	8	0
中国北车集团财务有限公司	26	12	11	3	0	11	15	0	6	20	0	4	7	9	6
中国电子科技财务有限公司	32	17	11	4	0	13	19	1	18	13	0	3	4	9	16
重庆机电控股集团财务有限公司	28	14	9	3	2	10	18	0	7	20	1	4	6	3	0
河北建投集团财务有限公司	29	9	13	4	3	17	12	0	17	10	2	4	5	5	4
太钢集团财务有限公司	28	7	7	13	1	13	15	0	5	19	4	5	7	16	0
大同煤矿集团财务有限责任公司	56	28	15	10	3	26	30	0	7	43	6	10	18	7	21
贵州茅台集团财务有限公司	20	9	7	2	2	12	8	0	4	13	3	1	4	0	15
海亮集团财务有限责任公司	35	25	8	2	0	12	23	0	3	22	10	0	3	3	29
中材集团财务有限公司	27	12	6	7	2	15	12	1	8	16	2	6	4	5	12
贵州盘江集团财务有限公司	16	4	5	3	4	9	7	0	0	7	9	2	5	3	2
北京首都旅游集团财务有限公司	25	5	10	9	1	15	10	1	9	13	2	5	4	2	14
广西交通投资集团财务有限责任公司	36	17	11	8	0	20	16	1	8	21	6	1	15	6	14
徐工集团财务有限公司	25	12	6	6	1	15	10	0	7	18	0	1	8	15	1
百联集团财务有限责任公司	18	4	7	4	3	7	11	0	3	12	3	2	5	5	0
中交财务有限公司	74	6	41	20	7	41	33	1	21	41	8	23	18	5	8
山东黄金集团财务有限公司	29	10	14	5	0	14	15	1	8	19	1	6	10	1	12

续表

项目 机构	人员合计	年龄结构				性别结构		文化结构				职称结构			
		30岁以下	30岁至40岁	40岁至50岁	50岁以上	男	女	博士	硕士	本科	专科及以下	高级	中级	初级	其他
中开财务有限公司	27	12	7	5	3	16	11	0	11	14	2	2	8	3	14
中国平煤神马集团财务有限责任公司	30	8	12	9	1	19	11	0	2	28	0	8	15	7	0
四川长虹集团财务有限公司	28	10	11	6	1	12	16	0	3	23	2	2	5	9	12
创维集团财务有限公司	24	25	5	3	0	13	11	1	5	25	3	0	5	4	2
江苏国泰财务有限公司	20	6	7	6	1	8	12	0	3	14	3	1	9	2	0
亨通财务有限公司	20	5	11	2	2	11	9	0	3	12	5	0	7	4	0
珠海华发集团财务有限公司	36	11	15	10	0	10	26	0	9	25	2	0	17	4	15
北京金隅财务有限公司	19	6	10	2	1	8	11	0	9	10	0	0	10	2	7
云南云天化集团财务有限公司	22	2	13	5	2	10	12	0	4	14	4	3	6	3	10
北京控股集团财务有限公司	22	4	11	6	1	11	11	1	14	7	0	4	9	0	0
陕西延长石油财务有限公司	31	12	9	8	2	16	15	0	17	13	1	6	17	0	8
山东能源集团财务有限公司	21	5	13	3	0	12	9	0	7	14	0	9	3	3	6
鄂尔多斯财务有限公司	24	11	7	5	1	13	11	0	3	17	4	1	11	0	12
伊利财务有限公司	28	15	8	5	0	9	19	0	0	22	6	0	1	2	25
大冶有色金属集团财务有限责任公司	18	8	7	3	0	11	7	0	3	15	0	3	4	0	11
巨化集团财务有限责任公司	22	3	5	10	4	13	9	0	1	17	4	2	12	7	1
供销集团财务有限公司	28	13	14	1	0	16	12	0	7	19	2	0	3	3	0
中铁财务有限责任公司	31	13	10	6	2	21	10	0	16	15	0	10	8	13	0
重庆力帆财务有限公司	23	5	8	7	3	13	10	0	1	18	4	2	8	0	13
中煤财务有限责任公司	14	3	8	3	0	9	5	0	1	13	0	3	5	0	6
安徽省皖北煤电集团财务有限公司	25	6	13	5	1	16	9	0	3	21	1	2	16	7	0

续表

项目 / 机构	人员合计	年龄结构				性别结构		文化结构				职称结构			
		30岁以下	30岁至40岁	40岁至50岁	50岁以上	男	女	博士	硕士	本科	专科及以下	高级	中级	初级	其他
淮北矿业集团财务有限公司	34	1	13	18	2	13	21	0	3	17	14	9	21	4	0
湖南出版投资控股集团财务有限公司	23	9	8	3	3	10	13	0	5	15	3	2	6	6	9
四川省宜宾五粮液集团财务有限公司	31	10	9	12	0	15	16	0	2	22	7	1	12	3	15
山东晨鸣集团财务有限公司	29	8	11	3	7	15	14	0	2	27	0	2	8	4	15
河北港口集团财务有限公司	22	2	10	9	1	7	15	0	3	15	4	4	13	2	3
中节能财务有限公司	28	15	11	2	0	13	15	0	20	8	0	3	5	3	0
青岛港财务有限责任公司	17	7	10	0	0	11	6	0	7	10	0	3	4	5	5
上海上实集团财务有限公司	19	6	10	3	0	6	13	0	6	11	2	2	4	1	1
重庆市能源投资集团财务有限公司	22	3	14	4	1	11	11	0	4	15	3	9	8	1	3
光明食品集团财务有限公司	18	6	5	5	2	5	13	0	3	12	3	1	9	0	8

注：此表为193家财务公司，不含广东省交通、忠旺、西门子3家财务公司。

大事记

中国财务公司协会2014年大事记

1月

2014年1月，中国财务公司协会专职常务副会长王岩玲、副秘书长李清军、陈文俊及秘书处相关同志先后赴8家财务公司进行调研，了解财务公司的最新经营状况和发展需求，听取会员单位对协会工作的建议。

2015年1月19—20日，中国财务公司协会组织财务公司参加在香港会议展览中心举办的“第八届亚洲金融论坛”。

2月

2014年2月28日，中国财务公司协会第八届九次常务理事会、第八届六次理事会、第八届六次监事会在京召开。会长张华、专职常务副会长王岩玲、监事长刘传东等6名常务理事或授权代表、27名理事或授权代表、4名监事或授权代表参加了会议。

2014年2月25—27日，中国财务公司协会组织召开2014年宏观经济形势分析暨企业运营环境研讨会。来自能源电力、钢铁有色、机械制造、交通运输、外贸旅游等行业的27家财务公司负责人参加了座谈。

3月

2014年3月19—21日，中国财务公司协会在上海举办“财务公司资金集中管理培训班”，共有102家财务公司191人参加培训。

2014年3月28日，中国财务公司协会在京举办“财务公司外汇资金集中运营管理研讨会”，中国银监会、国家外汇管理局、北京银监局的相关人员应邀出席，来自92家财务公司的166名代表参加本次会议。

2014年3月21日，中国财务公司协会副秘书长李清军应邀参加大冶有色财务公司开业庆典。

2014年3月26日，中国财务公司协会专职常务副会长王岩玲应邀参加中煤财务公司开业庆典。

2014年3月27日，中国财务公司协会组织召开“财务公司办公室主任暨通讯员工作会”，来自114家财务公司的170位代表参加了会议。

2014年3月28日，中国财务公司协会组织召开“财务公司外汇资金集中运营管理研讨会”。中国银监会、国家外汇管理局、北京银监局的相关人员以及来自92家财务公司的166名代表参加会议。

4 月

2014 年 4 月 24—25 日，中国财务公司协会“财务公司风险管理培训班”在京举办。共有 123 家财务公司 207 人参加培训，培训班邀请了中核财务公司总法律顾问刘文菁、光大银行计财部副总经理周红红、中国电力财务公司资金部王景进行授课。

5 月

2014 年 5 月 5—6 日，全国企业集团财务公司 2014 年年会在武汉举行。中国人民银行副行长刘士余、国务院国资委副主任孟建民、中国银监会主席助理杨家才发表重要讲话。相关政府部门和来自各地方银监局、同业协会、企业集团、财务公司、媒体的 400 余名代表出席会议并参加分组讨论。

2014 年 5 月 28 日，中国财务公司协会第九届理事会、监事会换届选举北京选区候选单位推荐会议暨财务公司管理创新交流会在京召开。北京选区 42 家会员单位全部出席了会议。中国财务公司协会副会长、中国华电集团财务有限公司总经理陈宇主持会议，中国财务公司协会专职常务副会长王岩玲到会并讲话。

6 月

2014 年 6 月 26—27 日，中国财务公司协会第八届理事会调研组分别赴北京和上海进行专题调研。中国财务公司协会专职常务副会长王岩玲带队，理事及理事单位代表共 68 人次参加调研。

2014 年 6 月 26—27 日，中国财务公司协会“财务公司基础业务培训班”结算业务培训和信贷业务培训在京举办。培训班邀请中石化财务公司结算部经理邓群伟和武钢财务公司信贷部经理夏力进行授课，全国共有 93 家财务公司 378 人次参加培训。

2014 年 6 月 28 日，为加强人才队伍建设，中国财务公司协会秘书处市场招聘工作正式启动。

7 月

2014 年 7 月 3 日，中国财务公司协会第九届理事会、监事会换届选举北方选区候选单位推荐会议暨财务公司创新与发展交流会在山西太原召开。中国财务公司协会副会长、中航工业集团财务有限责任公司副总经理贾福青主持会议，中国财务公司协会专职常务副会长王岩玲到会并讲话。

2014 年 7 月 15 日，“财务公司应对利率市场化交流研讨会”在京召开，160 余家财务公司的 260 余名代表参加了会议。

2014 年 7 月 18 日，中国财务公司协会第九届理事会、监事会换届选举华南选区候选单位推荐会议暨财务公司产业链金融交流会在云南昆明召开。中国财务公司协会副会长、武汉钢铁集团财务有限责任公司总经理姚文中主持了会议，中国财务公司协会专职常务副会长王岩玲到会并讲话。

2014 年 7 月 26—27 日，中国财务公司协会在京举办“票据业务培训班、会计核算及 1104 报表填报培训班”，共有 107 家财务公司 474 人次参加了培训。

2014 年 7 月 28 日，中国财务公司协会第九届理事会、监事会换届选举华东选区候选单位推荐会议暨财务公司外汇业务创新交流会在山东泰安召开。中国财务公司协会副会长、海尔集团财务有限责任公司总经理李占国主持会议，中国财务公司协会专职常务副会长王岩玲到会并讲话。

2014年7月30日，中国财务公司协会专职常务副会长王岩玲会见了国际财资管理人士协会总裁兼首席执行官詹姆斯·凯茨先生一行。中国银监会非银部财务公司非现场处处长金淑英、副处长秦蓁共同参加了会见。

2014年7月31日，中国财务公司协会专职常务副会长王岩玲应邀参加中节能财务公司开业庆典。

2014年7月，中国财务公司协会官方网站改版上线。

8月

2014年8月13—14日，中国财务公司协会监事会调研组赴哈尔滨、长春进行了走访调研。调研组由中电投、中远、西电、鞍钢和东方电气财务公司五家监事单位组成，中国财务公司协会专职常务副会长王岩玲参加了本次调研。哈电财务公司、东方财务公司、吉林森工财务公司以及一汽财务公司的相关负责人出席了调研座谈会。

9月

2014年9月26日，中国财务公司协会在京组织召开同业业务座谈会，人民银行金融稳定局陈建新处长，银监会银行监管一部苗林栋、非银部金淑英处长和秦蓁副处长应邀出席，中国财务公司协会专职常务副会长王岩玲出席会议并作总结讲话，20家财务公司的32名代表参加了本次座谈会。

2014年9月28—30日，第一期“财务公司高管研修班”在南宁举办。银监会非银部副主任张电中出席研修班并做重要讲话，非银部金淑英处长、秦蓁副处长，政策研究局文竹博士、人民银行营业管理部货币信贷管理处周丹副处长进行了授课，中国财务公司协会专职常务副会长王岩玲主持了开班仪式。此次研修班共有北方片区、北京片区64家财务公司的69名高管参加。

10月

2014年10月28日，由国资委、银监会联合发文的《关于中央企业进一步促进财务公司健康发展的指导意见》正式出台。

11月

2014年11月27日，中国财务公司协会2014年会员大会暨资金管理国际研讨会在京召开。中国银监会非银部主任李伏安、国资委监督与考核评价局局长沈莹莅临会议，北京银监局、北京市金融工作局、北京市西城区金融办等相关部门的领导及189家会员单位的近400名代表出席会议。新华社、中国证券报、人民网、经济日报等15家主流媒体参加会议。

2014年11月，中国财务公司协会组织年度优秀通讯员评选活动，十家财务公司的通讯员获优秀通讯员称号。

12月

2014年12月16日，中共中国财务公司协会委员会成立。

2014年12月22—24日，中国财务公司协会在南京举办了2014年第二期“财务公司高管研修班”。此次研修班共有华东片区、华南片区55家财务公司的72名高管参加。中国财务公司协会秘书长李茅斗主持开班仪式，中国银监会非银部副主任毛宛苑进行授课并做重要讲话。

附　　录

2014年度财务公司行业受表彰情况

东风汽车财务有限公司

东风汽车财务有限公司被武汉市政府授予“金融支持武汉经济社会发展贡献奖”，被武汉经济技术开发区评为“十大纳税企业”，被东风汽车公司党委评为“模范党支部”。

上海锦江集团财务有限责任公司

上海锦江集团财务有限责任公司获得中国人民银行上海分行2013年度上海市非银行金融机构企业征信系统建设工作A等考评。

一汽财务有限公司

一汽财务有限公司被长春市国家税务局、长春市地方税务局评为“吉林省纳税信用等级A级纳税人”。

西电集团财务有限责任公司

西电集团财务有限责任公司获得由金融时报社和中国社科院金融研究所联合举办的“2014年中国金融机构金牌榜年度最佳风险管理财务公司”奖项。

中国石化财务有限责任公司

中国石化财务有限责任公司被全国银行间同业拆借中心评为2014年度银行间本币市场交易100强。

中国石化财务有限责任公司报送的《企业集团财务公司客户信用评级体系建设》荣获第二十一届国家级企业管理现代化创新成果二等奖。

中国石化财务有限责任公司被中央企业团工委评为2013—2015年中央企业五四红旗团委创建单位。

中国石化财务有限责任公司被北京市国税局、地税局授予“纳税信用A级企业”称号。

中国石化财务有限责任公司被中国人民银行营业管理部评为“北京地区金融统计工作A类机构”。

中国石化财务有限责任公司三项管理创新成果分别荣获集团公司第二十三届管理现代化创新成果一、二、三等奖。

中国石化财务有限责任公司被评为中国石油化工集团公司2014年度财务管理先进单位。

中国石化财务有限责任公司三项管理创新成果荣获集团公司第二十三届管理现代化创新成果奖，一项成果荣获第二十一届全国企业管理现代化创新成果二等奖。

中国航油集团财务有限公司

中国航油集团财务有限公司1人论文入选《北京银行业高管谈合规论文选编》，2人被选拔进入财政部会计领军人才培养项目。

宝钢集团财务有限公司

宝钢集团财务有限公司凭借依托电商平台深化产业链金融服务的良好表现，荣膺金融时报社和中国社科院金融研究所联合颁发的“2014 中国金融机构金牌榜——年度最具创新力财务公司”奖项。

五矿集团财务有限责任公司

2014 年 6 月，五矿集团财务有限责任公司被人民银行征信中心评为“2013 年度企业征信系统数据质量工作优秀机构”，信贷业务部 1 人被人民银行征信中心评为“2013 年度企业征信系统数据质量工作优秀个人”。

武汉钢铁集团财务有限责任公司

武汉钢铁集团财务有限责任公司在“中国金融机构金牌榜·金龙奖”评选活动中，荣获“2014 年度最佳财务公司”荣誉称号。

上海汽车集团财务有限责任公司

上海汽车集团财务有限责任公司 LOGO 被评为“上海市著名商标”，成为本次获评的仅有五家金融类企业之一。

上海汽车集团财务有限责任公司“车辆合格证远程监管”项目荣获上海市 2014 年度“金融创新三等奖”。

上海汽车集团财务有限责任公司再次荣获“上汽集团业绩优异奖”，近八年第七次获得此荣誉，1 人同时第七次被授予个人金牌。

上海汽车集团财务有限责任公司在金融时报社和中国社科院金融研究所联合举办的“2014 中国金融机构金牌榜·金龙奖”颁奖盛典上，荣获“年度最具创新力财务公司”称号。

上海汽车集团财务有限责任公司凭借 2014 年的突出贡献，再次成功入榜上海市 2014 年度第三产业税收百强名单。

上海电气集团财务有限责任公司

2014 年 1 月，上海电气集团财务有限责任公司被人民银行上海分行评为“2013 年度上海市中资法人金融机构二等奖”。

2 月，上海电气集团财务有限责任公司被中国银监会上海监管局评为“2013 年上海银行业金融机构监管统计工作综合考评二等奖”；被人民银行上海分行评为“2013 年度上海市企业征信工作考评 A 等”。

4 月，上海电气集团财务有限责任公司被上海市总工会授予“上海市 2014 年全国五一劳动奖状”；被上海市企业诚信创建活动组委会授予“2014 年度诚信创建企业”。

5 月，上海电气集团财务有限责任公司项目融资部在上海电气（集团）总公司授予“2013 年度上海电气‘李斌式班组’荣誉称号”。

8 月，上海电气集团财务有限责任公司被中国机械工业联合会评为“2014 年度全国机械行业文明单位”。

12 月，上海电气集团财务有限责任公司在“2014 中国金融机构金牌榜·金龙奖”评选活动中被评为“年度最佳财务公司”。

中国能源建设集团葛洲坝财务有限公司

2014 年，中国能源建设集团葛洲坝财务有限公司共获得荣誉称号 12 项，其中省部级荣誉 3 项；累计有 20 人次获得表彰，获得“湖北省守合同、重信用企业”称号。

西门子财务有限责任公司

由于在司库管理方面的出色表现，西门子财务有限责任公司 2014 年获得了多个司库管理相关奖项。

国家外汇管理局跨国公司外汇资金集中管理试点的西门子项目组荣获欧洲金融2014年颁发的陶朱奖之“最佳战略流程再造奖”，西门子财务有限责任公司同时获得“年度最佳资金管理团队重点推荐”奖。

西门子财务有限责任公司在金融时报社和中国社科院金融研究所联合举办的2014中国金融机构金牌榜·金龙奖评选活动中获得“年度最佳资金管理财务公司”称号。

中广核财务有限责任公司

由中广核财务有限责任公司完成的美元/兰特远期交易项目即《创新金砖国家外汇交易机制》获中国电力企业联合会2014年度管理创新二等奖。

上海浦东发展集团财务有限责任公司

2014年2月，上海浦东发展集团财务有限责任公司《关于建立BT项目融资财务预警应急系统的研究》课题荣获上海市金融学会2013年度重点课题三等奖。

上海浦东发展集团财务有限责任公司被上海市浦东新区人民政府授予“浦东新区军民共建社会主义精神文明先进集体”荣誉称号。

6月，上海浦东发展集团财务有限责任公司获得人民银行上海分行颁发的非银行金融机构会计报表综合优胜奖。

航天科工财务有限责任公司

航天科工财务有限责任公司获得中国航天科工集团公司2013年度优秀领导班子称号。

航天科工财务有限责任公司获得中国航天科工集团公司管理提升活动先进单位称号。

航天科工财务有限责任公司1人被中国航天科工集团公司评为2013年度所属单位综合考核“优秀”的领导人员。

吉林森林工业集团财务有限责任公司

经吉林省工商行政管理局、吉林省信用评价认证中心评估审核，吉林森林工业集团财务有限责任公司被评为吉林省2011年至2012年度“守合同、重信用”AAA级企业，被长春市消防支队授予“2013年长春市消防工作先进单位”荣誉称号。

中国大唐集团财务有限公司

2014年1月，中国大唐集团财务有限公司被北京市国税局、北京市地税局授予2013—2014年纳税信用A级企业；被集团公司授予“特殊贡献单位”荣誉称号。

6月，中国大唐集团财务有限公司第二党支部被集团公司党组授予2013年度先进基层党组织。

8月，中国大唐集团财务有限公司被北京市西城区人民政府授予2013年度发展区域经济突出贡献奖。

11月，中国大唐集团财务有限公司企业管理成果获得中国电力企业联合会“2010—2013年全国电力行业企业管理创新经典案例”一等奖。

12月，中国大唐集团财务有限公司金融业务创新工作室被集团公司授予“职工技术创新工作室”。

浙江省能源集团财务有限责任公司

2014年2月，浙江省能源集团财务有限责任公司被浙江银监局授予2013年杭州辖内银行业金融机构监管统计工作竞赛三等奖、

2013年杭州辖内银行业金融机构非现场监管报表考核二等奖。

4月，浙江省能源集团财务有限责任公司被浙江省能源集团有限公司授予“浙能集团2013年度优秀企业”。

TCL 集团财务有限公司

TCL 集团财务有限公司荣获金融时报社和中国社科院金融研究所联合颁发的“2014 中国金融机构金牌榜——年度最佳服务财务公司”荣誉称号。

湖南华菱钢铁集团财务有限公司

湖南华菱钢铁集团财务有限公司领导班子对照检查材料受到湖南省委教育实践活动办公室的通报表扬；教育实践活动在全体员工的民主测评中获得 100% 满意度；党支部获得集团“2014 年优秀党支部”称号。

潞安集团财务有限公司

潞安集团财务有限公司荣获长治市政府授予的“纳税先进单位”称号。

潞安集团财务有限公司荣获潞安集团授予的 2013 年度“先进单位”称号。

中化集团财务有限责任公司

2014 年 3 月，中化集团财务有限责任公司被中国人民银行评为“2013 年金融统计与分析优秀集体”。

8 月，中化集团财务有限责任公司被北京市西城区人民政府授予“2013 年度发展区域经济突出贡献奖”；荣获中化集团公司“学习贯彻习近平总书记系列重要讲话精神网上答题竞赛”活动“优秀组织奖”。

12 月，中化集团财务有限责任公司《发挥金融平台作用，做集团产业发展助推器》社会责任案例，荣获中国中化集团公司优秀社会责任案例“品质服务奖”。

国联财务有限责任公司

国联财务有限责任公司获得 2013 年度无锡市银行业监管统计工作“专项监测及临时报表”单项奖。

国联财务有限责任公司被评为 2012—2013 年度 A 级纳税信用等级。

国联财务有限责任公司被评为 2014 年度无锡市劳动保障诚信企业。

河南能源化工集团财务有限公司

河南能源化工集团财务有限公司鼓励员工积极参与河南银监局政策研究课题的撰写，并获“河南银监局2014 年度政策研究优秀课题”三等奖。

冀中能源集团财务有限责任公司

冀中能源集团财务有限责任公司课题《以票据业务为引导提高财务公司融资服务能力》获得河北省煤炭行业企业管理现代化创新应用成果一等奖、河北省企业联合会评选的企业管理成果一等奖。

山西焦煤财务公司

山西焦煤财务公司被山西省总工会直属基层工会工作委员会授予“五一劳动奖状”。

阳泉煤业集团财务有限责任公司

2014 年 3 月，阳泉煤业集团财务有限责任公司荣获中国人民银行阳泉市中心支行“2013 年度阳泉市金融统计工作考核团体第二名”。

5 月，阳泉煤业集团财务有限责任公司荣获中共阳泉市矿区区委、阳泉市矿区人民政府“矿区模范单位”称号。

11 月，阳泉煤业集团财务有限责任公司在阳泉市金融学会开展的“转变经营理念，改进金融服务，助力经济发展”征文活动中荣获“优秀组织奖”。其中，一名员工荣获三等奖，两名员工荣获优秀奖。

晋煤集团财务有限公司

晋煤集团财务有限公司获晋煤集团颁发的“先进单位”荣誉称号。

晋煤集团财务有限公司获中国人民银行晋城市中心支行颁发的“反洗钱工作先进单位”荣誉称号。

美的集团财务有限公司

美的集团财务有限公司荣获中国人民银行佛山市中心支行颁发的“2013 年度佛山市辖内金融机构金融统计工作考评二等奖”。

美的集团财务有限公司荣获“佛山市顺德区 2013 年度纳税超 5000 万元企业”。

铜陵有色金属集团财务有限公司

2015 年 4 月，铜陵有色金属集团财务有限公司荣获 2014 年度银行间外汇市场优秀会员最大进步会员奖。

中建财务有限公司

2014 年度，1 人获得集团劳动模范称号，1 人获得集团青年岗位能手称号。

包钢集团财务有限责任公司

包钢集团财务有限责任公司参加包头市金融学会“2014 年度青年课题”征集活动，获二等奖和三等奖各一个；团支部先后获得包钢公司级“青年文明号”等荣誉称号。

青岛啤酒财务有限责任公司

青岛啤酒财务有限责任公司被中国人民银行青岛市中心支行评为“青岛市金融稳定工作和重大事项报告工作先进单位”。

被中国人民银行青岛市中心支行授予“金融统计工作先进单位”三等奖。

被青岛市财政局授予“市直地方金融企业财务报表工作优秀单位”荣誉称号。

马钢集团财务有限公司

马钢集团财务有限公司受股份公司委托完成的《大型钢铁企业以现金流为中心的资金管理》一文被评为第 20 届国家级企业管理创新成果二等奖；根据集团公司及马鞍山市金融学会要求完成的《金融创新支持实体经济发展相关问题探究》荣获金融学会优秀学术论文二等奖。

北京汽车集团财务有限公司

北京汽车集团财务有限公司《企业集团财务公司操作风险管理体系构建与实施》荣获北京市第二十九届企业管理现代化创新成果二等奖。

开滦集团财务有限责任公司

2014 年 6 月，开滦集团财务有限责任公司荣获唐山市金融贡献奖；

11 月，开滦集团财务有限责任公司荣获河北省国有资产监督管理工作协会全面深化改革调研活动一等奖。

西部矿业集团财务有限责任公司

西部矿业集团财务有限责任公司荣获青海省政府“金融支持地方发展先进地区单位”称号，获得中国人民银行西宁中心支行“2014 年度青海省金融机构反洗钱工作 A 级单位”。

江苏交通控股集团财务有限公司

江苏交通控股集团财务有限公司荣获 2014 年度南京市金融统计工作考核评价三等奖。

山东钢铁集团财务有限公司

山东钢铁集团财务有限公司参加人民银行

"银行业金融机构重大事项报告制度业务竞赛"，在49家参赛单位中进入前十名，参赛财务公司第一名，获得团体二等奖；参加山东银监局"银行业金融机构从业人员案防法规知识竞赛"，在54家参赛机构中获得第三名，参赛财务公司第一名。

陕西煤业化工集团财务有限公司

陕西煤业化工集团财务有限公司统计工作在人民银行西安分行受到了表彰。

上海华谊集团财务有限责任公司

在第三届"陶朱奖"评选中，上海华谊集团财务有限责任公司获得由欧洲金融公司（Eurofinance）与特许公认会计师公会（ACCA）联合颁发的2014年度"陶朱奖"之"年度最佳财务公司"。

浙江省交通投资集团财务有限责任公司

2014年10月，由中国内部审计协会组织的审计法和内部审计准则知识竞赛获奖名单出炉，浙江省交通投资集团财务有限责任公司共有六名员工获奖，一、二、三等奖分别有二人摘得。

浙江省交通投资集团财务有限责任公司在中国人民银行杭州中心支行举办的"2014年度浙江省银行业金融机构金融统计业务竞赛"中荣获地方法人金融机构三等奖。

浙江省交通投资集团财务有限责任公司获杭州市江干区四季青街道2014年度突出贡献企业称号。

中国北车集团财务有限公司

中国北车集团财务有限公司先后荣膺"2014中国金融机构金牌榜·金龙奖——年度最具成长性财务公司"奖项、北京银监局"金融统计奖"、中国北车股份有限公司"2014年度突出贡献奖"等多个奖项。

河北建投集团财务有限公司

河北建投集团财务有限公司荣获河北省政府颁发的2013年度"金融创新奖"和河北银监局授予的"无案件机构"荣誉称号。

太钢集团财务有限公司

太钢集团财务有限公司获得由中国人民银行太原中心支行颁发的"2014年各金融机构金融统计工作考核先进集体"一等奖。

大同煤矿集团财务有限责任公司

2014年7月，大同煤矿集团财务有限责任公司党支部获得中共山西省国资委委员会"纪念建党93周年党史知识竞赛优胜奖"。

大同煤矿集团财务有限责任公司获得大同市银行业协会"2014年大同市银行业'庆七一'职工趣味运动会团体总分二等奖"。

12月，大同煤矿集团财务有限责任公司被大同市银行业协会授予"文明服务星级单位"。

中交财务有限公司

中交财务有限公司荣获中国交建"2013—2014年度中国交建财务工作先进集体"称号。

珠海华发集团财务有限公司

珠海华发集团财务有限公司荣获"华发集团2013—2014年度先进党支部"称号，1人被授予"华发集团2013—2014年度优秀党务工作者"的称号，1人被授予"华发集团2013年先进高管"称号、4人被授予"华发集团2013年度先进中干"称号、3人被授予"华发集团2013年度先进员工"称号。

珠海华发集团财务有限公司获得珠海市银

行业 2014 年趣味运动会团体总分三等奖。

珠海华发集团财务有限公司获得珠海银行业 2014 年趣味运动会暨广播操比赛精神文明奖。

北京金隅财务有限公司

北京金隅财务有限公司获得北京银监局辖内银行业金融机构非现场监管统计工作考核评比优秀奖。

云南云天化集团财务有限公司

2014 年 9 月，云南云天化集团财务有限公司获得由全球知名的欧洲金融公司（Eurofinance）与特许公认会计师公会（ACCA）联合颁发的2014 年度“陶朱奖”之“年度最佳财务公司重点推荐奖”。

2014年度财务公司行业履行社会责任情况

中国一拖集团财务有限责任公司

中国一拖集团财务有限责任公司积极参加各项集团活动、社会活动及公益活动，通过日常的宣传教育，增强员工作为“一拖人”的荣誉感和社会责任感，并以实际行动来回报一拖、回报社会。2014年，公司号召全体员工及党员加入到爱心帮扶活动中来，再次向“国机爱心基金”注入捐款19430元和一个月党费，通过爱心捐助活动的不断开展，将爱心传递下去，关心更多需要帮助的人。

五矿集团财务有限责任公司

义务植树、植树造林是全社会的共同责任。2014年4月，五矿集团财务有限责任公司组织员工赴北京市房山区河北镇参加植树活动。

中远财务有限责任公司

中远财务有限责任公司积极开展社会公益事业，向中远慈善基金会捐款人民币320万元，定向援助集团扶贫点和资助中远慈善基金会“远航追梦”项目，并派出扶贫干部赴湖南沅陵开展帮扶工作；组织无偿献血、奉献爱心活动，到北京红十字血液中心进行无偿献血。

上海汽车集团财务有限责任公司

2014年，上海汽车集团财务有限责任公司工会继续向井冈山畔田希望小学进行每年4万元的常规捐助，另外又增加一次专项捐助，用于援建食堂及图书馆，进一步改善山区孩子们的学习生活条件。同时，通过上海市静安区红十字会，定向对井冈山畔田希望小学进行一次性捐赠23万元，用于该校操场建设工程。

为表达对上海“最美司机”13路公交车驾驶员刘银宝同志敬业精神的敬佩，并进行人道主义救助，公司通过上海市静安区红十字会，向刘银宝同志一次性定向捐赠人民币5万元，以帮助其及家属渡过难关，体现国有企业的社会责任。

中核财务有限责任公司

2014年，中核财务有限责任公司向核工业特困救助基金捐款300万元。

上海浦东发展集团财务有限责任公司

2014年，上海浦东发展集团财务有限责任公司以加强团队建设为导向，通过坚持地铁值勤、开展扶贫帮困、联系结对助学、进行敬老慰问和深入同创共建等志愿活动，实现了社会责任意识和团队凝聚力的同步提升。

3月5日，积极参与陆家嘴社区“3·5学雷锋”义卖活动，并将现场募集善款捐至陆家嘴志愿者协会。

7月3日，与共建街道共同开展了旨在美化环境和净化空气的清洁家园活动。

8月30日，参加了浦东新区金融青年联谊会举办的“支援鲁甸灾后重建”联合捐暨陆家嘴八佰伴义卖专场活动。

年内，为将履行市级文明单位的社会责任转化为真切的行动，进一步激发员工服务社会的意识，浦发财务公司志愿者服务队，按月定期开展“与文明同行 做可爱的上海人”的地铁志愿值勤活动。

航天科工财务有限责任公司

航天科工财务有限责任公司向云南省富源县捐赠资金50万元。武汉分公司工会组织员工参加植树节义务植树活动和义务献血活动。

吉林森林工业集团财务有限责任公司

2014年，吉林森林工业集团财务有限责任公司组织员工向成员企业困难群体捐献日用品及衣物，公司向集团扶贫济困基金捐资5万元。

万向财务有限公司

万向财务有限公司组织全体员工参与2014年度“送温暖献爱心”捐款活动，自发组织员工开展捐书、捐衣活动，为困难员工和贫困山区儿童献上一份温暖和爱心；号召员工踊跃参加无偿献血活动，公司员工以自己的行动体现了金融从业人员的优良素质。

潞安集团财务有限公司

2014年，潞安集团财务有限公司坚持以服务集团为根本，在取得良好经济效益的同时，为地方经济发展、社会公众服务作出了积极贡献。一是坚持谨慎稳健，以全面风险管理为抓手，保证了公司全年风险事件可控、资产质量优良，履行了维护地区金融系统稳定的义务；二是加大金融工具创新力度，在为集团成员单位提供优质金融服务的同时，取得了优良的经营业绩，有力支持了地方经济发展；三是开展“金融知识进万家”活动，受众达到2000余人次；四是主动支持社区建设，向所在社区捐赠了计算机和办公设备，进一步促进了公司与社区的协调发展；五是开展了助残捐助、社区共驻共建及“美化环境、人人有责”等志愿者服务活动。

中化集团财务有限责任公司

中化集团财务有限责任公司始终将履行企业社会责任寓于公司日常经营管理工作之中，强化责任意识，发挥专业能力，积极承担产业经济、金融创新、依法合规、优质服务、社会发展五方面的责任，构建具有公司特色的全面社会责任管理体系。2014年，公司《发挥金融平台作用，做集团产业发展助推器》社会责任案例，荣获中国中化集团公司优秀社会责任案例“品质服务奖”。

国联财务有限责任公司

为响应无锡市国资委开展的“文明交通我参与”志愿服务活动，2014年1月11日，国联财务有限责任公司的志愿者们前往滨湖区湖滨路与梁清路路口参加了交通维护服务工作，对市民进行交通安全宣传和不文明行为劝导，以实际行动为无锡创建文明城市贡献自己的一份力量。

1月28日，国联财务有限责任公司的三位青年志愿者前往无锡市中心血站义务献血。公司三分之二以上的员工有义务献血的经历，体现了国联财务员工热心公益、乐于助人的良好素质。

阳泉煤业集团财务有限责任公司

2014年，阳泉煤业集团财务有限责任公司坚持“送温暖、献爱心”活动，全体员工捐款共计2080元。同时，定期给予两名贫困学生以经济资助，对社会慈善事业作出了自己的贡献。

阳煤集团财务有限责任公司员工自发救助流浪犬，体现了公司员工的爱心及社会责任感。

青岛啤酒财务有限责任公司

青岛啤酒财务有限责任公司在2014年积极履行社会责任，开展公益活动，不断强化社会责任感及企业公民意识。

3月，组织员工参加由青岛市市南区绿化办组织的植树活动；9月，组织员工进行青岛啤酒关爱基金募捐活动，筹得关爱资金2500元；12月，开展“给西部孩子送温暖”活动，向青海省大通回族土族自治县小学生募捐衣物近百件。

江苏交通控股集团财务有限公司

2014年10月12日，江苏交通控股集团财务有限公司员工参加了2014“阳光助残”江苏南京长跑节活动。长跑结束后，员工随即投身到“爱心义卖”、“活力派对”等嘉年华活动中，在奉献爱心、参与游戏中尽情抒发运动激情、青春活力，通过慈善、健身与奉献的有机结合，为江苏省青少年发展基金会的“阳光助残”青年志愿服务公益专项基金贡献了一份力量。

国药集团财务有限公司

2014年，国药集团财务有限公司积极响应和参与国药集团定点扶贫项目，向吉林省靖宇县捐赠2万元用于道路修建；向贵州省贞丰县捐赠10万元用于当地生产、生活条件的改善，体现了公司在承担企业社会责任方面的积极性和担当精神。

上海华谊集团财务有限责任公司

2014年，上海华谊集团财务有限责任公司为华谊集团救济救难基金捐款人民币60万元。

2014年底，华谊财务公司党政工团代表赴上海市徽宁路第三小学开展了以“助福儿童”为主题的帮困助学活动。党支部书记为学生授课；青年员工和学生们一起开主题班会，与学生互动交流，教导学习方法；同时，为该校五年级近150名农民工子弟学生捐助了笔记本、水彩笔、画板等多种学习用品。

浙江省交通投资集团财务有限责任公司

2014年1月26日，浙江省交通投资集团财务有限责任公司全体员工为浙江省委省政府开展的“五水共治”（治污水、防洪水、排涝水、保供水、抓节水）捐款，为保护水资源贡献力量。

7月11日，公司5位员工前往位于杭州市河坊街的献血站为杭州“7·5公交纵火案”中的受伤群众无偿献血。

8月，公司与环保组织“绿色浙江”合作，在浙江交通集团大楼内引进大熊猫衣物回收箱，推广“衣物重生”，倡导低碳生活。

河北建投集团财务有限公司

河北建投集团财务有限公司2014年积极参与河北省农村面貌改造提升行动（基层建设年活动）。为承德市兴隆县安子岭乡双炉台村共计捐款30.79万元，其中，公司捐款30万元，全体员工捐款0.79万元。为双炉台村进行基础设施改造，调整经济结构，增强村民致富本领作出了贡献。

公司党支部积极配合集团组织开展各种党员志愿者服务活动。2014 年，公司的党员志愿者在工作时间之外开展了南小街清扫的志愿服务活动，赢得了广大人民群众的一致好评，提升了公司形象。

太钢集团财务有限公司

2014 年 9 月，太钢集团财务有限公司积极开展“金融知识进万家活动”，使银行业金融知识“进社区、进工厂”。在太钢周边社区开展宣传活动，引导居民树立风险意识，了解和正确选择金融产品，合理享受金融服务；在太钢厂区开展宣传活动，组织产融结合互动式座谈，引导职工丰富金融知识，增强风险意识；在财务公司一楼设立宣传点，设置咨询台，向公众发放宣传资料，安排咨询员开展答复咨询及集中宣传活动；在十八广场设置咨询台，向太钢职工群众发放宣传资料，安排咨询员现场解答群众疑问，受到了广大职工群众的一致好评。

2014 年 11 月 17 日，根据《中华人民共和国公益事业捐赠法》及太钢集团公司的倡议，举行了财务公司职工慈善一日捐活动。公司全体员工积极响应并捐款，体现出凝聚社会爱心，帮扶困难群体，充分发挥慈善事业在完善社会保障体系中的补充作用。

大同煤矿集团财务有限责任公司

2014 年，大同煤矿集团财务有限责任公司高度重视企业社会责任，积极开展金融机构“金融知识进万家”宣传活动，广泛开展综合治理宣传月活动，公司团组织多次开展“送温暖，献爱心”走访慰问活动，切实让受助者感受到了企业的温暖、组织的关怀。

海亮集团财务有限责任公司

海亮集团财务有限责任公司在服务集团、成员企业，创造自身价值的基础上，重视企业承担的社会责任，认真履行各项义务。推崇诚信企业文化，打造阳光团队，制定出台员工诚信守则，与每一位员工签订诚信协议；定期征集并充分听取员工对公司发展、治理提出的合理意见、建议；保障员工享有的各项权利，关爱员工，定期开展体检；积极参加海亮慈善基金会组织的各项慈善公益活动。

广西交通投资集团财务有限责任公司

2014 年 10 月 29 日，广西交通投资集团财务有限责任公司党委在广西平南县大鹏镇思洪小学发起了“金秋送暖，爱心助学”活动，向思洪小学捐赠了一批教学设备和文具，以实际行动践行中华民族传统美德，支持农村教育事业发展。

珠海华发集团财务有限公司

珠海华发集团财务有限公司积极响应“广东扶贫济困日”活动，倡议并组织公司全体员工踊跃捐款。

珠海华发集团财务有限公司在七一党的生日前夕，开展部队慰问活动，为边防部队送去慰问品，积极践行社会责任。

云南云天化集团财务有限公司

2014 年 8 月，云南云天化集团财务有限公司组织全体员工大力发扬中华民族“一方有难、八方支援”的传统美德，向昭通市鲁甸县地震灾区人民献爱心，捐款共计 4 400 元，以实际行动为抗震救灾贡献一份力量。

2014 年度财务公司机构名录

序号	公司全称	通信地址	邮政编码	高管人员	控股股东	控股比例	英文名称	公司网址
1	东风汽车财务有限公司	湖北省武汉市经济技术开发区东风大道 10 号	430056	董事长　福寿 总经理　马华 副总经理　张利军	东风汽车集团股份有限公司	100.00%	Dongfeng Motor Finance Co., Ltd.	www.df-finance.com.cn
2	中国重汽财务有限公司	山东省济南市无影山东路 39 号	250031	董事长　宋其东 副董事长、总经理　韩文杰 党总支副书记、工会主席　刘其贵 副总经理　刘敬斌 总会计师 刘德英	中国重汽（香港）有限公司	80.05%	Sinotruk Finance Co., Ltd.	www.cnhtc.com.cn
3	中国华能财务有限责任公司	北京市西城区复兴门南大街丙 2 号天银大厦 C 段西区 8 楼	100031	党组书记、董事长　丁益 总经理、党组副书记　龚卫中 副总经理、党组成员　肖健 副总经理、党组成员　孙丽英 副总经理、党组成员　马洪潮 党组成员、纪检组长　林立清	中国华能集团	52.00%	China Huaneng Finance Co., Ltd.	www.hnf.com.cn
4	锦江国际集团财务有限责任公司	上海市延安东路 100 号 27 楼	200002	董事长　陈文君 总经理　陈月明	上海锦江国际酒店（集团）股份有限公司	90.00%		www.jinjianghotels.com
5	一汽财务有限公司	吉林省长春市净月高新技术产业开发区生态大街 3688 号	130118	董事长　滕铁骑 总经理　于平	中国第一汽车股份有限公司	70.80%	First Auotomobile Finance Co., Ltd.	www.faf.com.cn

续表

序号	公司全称	通信地址	邮政编码	高管人员	控股股东	控股比例	英文名称	公司网址
6	西电集团财务有限责任公司	陕西省西安市大庆路511号	710077	董事长　田喜民 总经理　毋浩民 副总经理　赵真	中国西电电气股份有限公司	80.21%	XD Group Finance Co., Ltd.	www.xdcwgs.com
7	中国石化财务有限责任公司	北京市朝阳区朝阳门北大街22号	100728	董事长　刘运 总经理、党委书记　张保龙 副总经理　史立明 副总经理　高中元 党委副书记、纪委书记、工会主席　谢东	中国石油化工集团公司	51.00%	Sinopec Finance Co., Ltd.	www.sfc.sinopec.com
8	东方电气集团财务有限公司	四川省成都市高新西区西芯大道18号	611731	董事长　文利民 总经理　冯勇 副总经理　彭宗洲 副总经理　王成密	中国东方电气集团有限公司	100.00%		www.dongfang.com
9	宝钢集团财务有限责任公司	上海市浦东新区浦电路370号9楼	200122	董事长　朱可炳 总经理　曾杰 副总经理　曾健飞 总经理助理　张波 总经理助理　吴瑛	宝山钢铁股份有限公司	62.10%	Baosteel Group Finance Company Ltd.	www.baofinance.com/cwgs/index.jsp
10	中国一拖集团财务有限责任公司	河南省洛阳市涧西区建设路154号	471003	董事长　王二龙 总经理　陆志华 副总经理　施卫平 总经理助理　尹振鸰 总经理助理　曹鸿晔 总经理助理　韩峰	第一拖拉机股份有限公司	88.60%	Yto Group Finance Co., Ltd.	www.ytcwgs.com
11	五矿集团财务有限责任公司	北京市海淀区三里河路5号五矿大厦A座	100044	董事长　任珠峰 总经理　柴山 副总经理　史磊 副总经理　张福红 副总经理　闫风	中国五矿股份有限公司	92.50%	Minmetals Finance Co., Ltd.	cwgs.minmetals.com.cn
12	武汉钢铁集团财务有限责任公司	湖北省武汉市友谊大道999号武钢集团办公大楼B座11—13层	430080	董事长　邓崎琳 监事长　赵蕴智 总经理　姚文中 副总经理　龙林生 总经理助理　陈庆丰	武汉钢铁（集团）公司	51.25%	Wuhan Iron and Steel Group Finance Limited Liability Company	

续表

序号	公司全称	通信地址	邮政编码	高管人员	控股股东	控股比例	英文名称	公司网址
13	中远财务有限责任公司	北京市西城区月坛北街2号月坛大厦A座19层	100045	董事长　孙月英 副董事长　邓黄君 监事长　李西贝 总经理、董事　刘超 副总经理　应海峰 副总经理　李娟	中国远洋运输（集团）总公司	43.13%	COSCO Finance Co., Ltd.	www.coscofinance.com
14	江铃汽车集团财务有限公司	江西省南昌市苏圃路111号	330006	董事长　朱毅 总经理　陈东红 副总经理　丁莉红 副总经理　方忠英 总经理助理　杨峰毅 总经理助理　杜健	江铃汽车集团公司	87.45%	JMCG Finance Company	www.jlcwgs.com
15	中国航空集团财务有限责任公司	北京市朝阳区霄云路36号国航大厦19层	100027	董事长　曹建雄 总经理　廖伟 党委委员　沈洁 副总经理　向丽 党委副书记　陈健	中国航空集团公司	75.54%	China National Aviation Finance Co., Ltd.	www.airchinaf.com
16	天津渤海集团财务有限责任公司	天津市和平区大理道30号	300050	董事长　赵金泉 总经理　肖京喜	天津渤海化工集团有限责任公司	39.34%	Tianjin Bohai Group Finance Co., Ltd.	www.bcig.cn
17	深圳市有色金属财务有限公司	广东省深圳市福田区车公庙中国有色大厦20楼	518040	董事长　张水鉴 总经理　龚子奇 常务副总经理　唐建西 副总经理　吴隆旺	深圳市中金岭南有色金属股份有限公司	75.17%		www.nonfemet.com
18	中国南航集团财务有限公司	广东省广州市白云区航云南街17号	510405	董事长　王建军 总经理、党委书记　立新 副总经理　徐燕青 副总经理　赵秀峰 副总经理　胡艳苹	中国南方航空集团公司	65.50%	China Southern Air Group Finance Co., Ltd.	www.csnfs.com.cn
19	上海汽车集团财务有限责任公司	上海市静安区康定路1199号	200042	董事长　谷峰 监事会主席　周郎辉 总经理　沈根伟 副总经理　周鹏	上海汽车集团股份有限公司	98.59%	Shanghai Automotive Group Finance Corporation Limited	www.saicfinance.com
20	振华集团财务有限责任公司	贵州省贵阳市新添大道北段222号	550018	董事长　倪敏 总经理　令狐建强 副总经理　唐要斌 副总经理　阮英铁	中国振华电子集团有限公司	65.00%	Finance Company Ltd. Zhenhua Group	

续表

序号	公司全称	通信地址	邮政编码	高管人员	控股股东	控股比例	英文名称	公司网址
21	东方集团财务有限责任公司	黑龙江省哈尔滨市南岗区花园街235号1202室	150001	董事长 吕廷福 总经理 姜建平 副总经理 闫铁红 副总经理 张志刚 副总经理 张锐	东方集团实业股份有限公司	43.70%	Orient Group Finance Co., Ltd.	
22	东航集团财务有限责任公司	上海市闵行区吴中路686号D座东航金融中心15楼	201103	董事长 林福杰 副总经理 徐春 总经理助理 金路 总经理助理 吴斌	中国东方航空集团公司	53.75%	CES Finance Co., Ltd.	www.cesfinance.com
23	中油财务有限责任公司	北京市东城区东直门北大街9号A1112	100007	董事长 王国樑 总经理 兰云升 副总经理 梁萍 副总经理 王永发 副总经理 廖筱燕 总经理助理 吴林才 总经理助理 王增业 总经理助理 郝宾宾	中国石油天然气集团公司	51.00%	China Petroleum Finance Company Limited	www.cnpc.com.cn/cpf
24	上海电气集团财务有限责任公司	上海市江宁路212号8楼	200041	董事长 胡康 总经理 秦怿 党委书记 周秋红 副总经理 李林 副总经理 吕彤 项目融资总监 张林德 信息管理总监 郑涛 创新投资总监 姚剑明 风险管理总监 袁凯	上海电气集团股份有限公司	73.38%	Shanghai Electric Group Finance Co., Ltd.	www.shanghai-electric.com
25	中国能源建设集团葛洲坝财务有限公司	湖北省宜昌市石子岭路3号	443002	董事长 崔大桥 总经理、副董事长、党总支副书记 邹定波 党总支书记、副总经理 杨福先 副总经理 李云志 副总经理 赵小东	中国葛洲坝集团股份有限公司	50.01%	Gezhouba Finance Co., Ltd. of China Energy Engineering Group	www.gzbfcl.com
26	西门子财务服务有限责任公司	北京市朝阳区望京中环南路7号	100102	公司法人、董事长 约翰娜斯·施密特 总经理、执行董事 安康妮	西门子（中国）有限公司	99.88%	Siemens Financial Services Co., Ltd.	

续表

序号	公司全称	通信地址	邮政编码	高管人员	控股股东	控股比例	英文名称	公司网址
27	兵工财务有限责任公司	北京市东城区青年湖南街19号	100011	董事长　罗乾宜 总经理、党委书记　史艳晓 副总经理　张绛义 总会计师　韩颖 副总经理　吕哲龙 党委副书记、纪委书记　温健	中国兵器工业集团公司	14.76%	North Industries Group Finance Co., Ltd.	www.norfico.com.cn
28	三峡财务有限责任公司	北京市海淀区玉渊潭南路1号B座三峡大厦3楼	100038	董事长　杨亚 总经理、党委副书记　谢峰 党委书记、副总经理　李镇光 副总经理　毕家俊 副总经理　朱建军	中国长江三峡集团公司	58.90%	Three Gorges Finance Co., Ltd.	tgf.ctgpc.com.cn
29	中广核财务有限责任公司	广东省深圳市福田区上步中路1001号科技大厦4楼	518031	董事长　胡焰明 总经理　梁开卷 副总经理　何武强 财务总监　杨凌浩	中国广核集团有限公司	100.00%	China General Nuclear Power Finance Co., Ltd.	www.cgnfc.com.cn
30	中船财务有限责任公司	上海市浦东新区浦东大道1号	200120	董事长　曾祥新 总经理　李朝坤 副总经理　管见礼 总会计师　陈小东	中国船舶工业集团公司	85.00%	Zhongchuan Finance Company Limited	zcfc.cssc.net.cn
31	中核财务有限责任公司	北京市西城区三里河南四巷一号中核集团综合办公楼6—7层	100045	董事长　李季泽 副总经理（主持工作）　李宗英 党委副书记（主持工作）、总审计师　张天瑞 副总经理　凌晓哲	中国核工业集团公司	53.49%	CNNC Finance Company	www.cnncfc.com.cn
32	上海浦东发展集团财务有限责任公司	上海市浦东南路256号34—35楼	200120	董事长、总支书记　王鸿 总经理、总支副书记　杨明 总经理助理、总支委员（批复中）　王蔚 总经理助理（批复中）　经长忠	上海浦东发展（集团）有限公司	56.80%	Shanghai Pudong Development Group Finance Co., Ltd.	www.pdcw.com.cn
33	鞍钢集团财务有限责任公司	辽宁省鞍山市铁东区和平路8号	114003	董事长　于万源 总经理　都兴开 副总经理　董炜 副总经理　陈镇	鞍钢集团公司	70.00%	Finance Company Ltd. of Ansteel Group	

续表

序号	公司全称	通信地址	邮政编码	高管人员	控股股东	控股比例	英文名称	公司网址
34	中国电力财务有限公司	北京市东城区建国门内大街乙18号院英大国际大厦	100005	董事长　盖永光 总经理　侯培建 副总经理　张传菊 纪检组长、工会主席　阎竞红 副总经理　侯燕梅 副总经理　侯文捷 副总经理　丁琪 总会计师　董树梓	国家电网公司国网英大集团	98.8 %	China Power Finance Co., Ltd.	www.cpfc.sgcc.com.cn
35	神华财务有限公司	北京市东城区安定门西滨河路26号北京汉华国际饭店写字楼10层	100011	董事长　张克慧 总经理　韩维平 党委书记　梅雪艳 副总经理　车建明 副总经理　张映 首席风险控制官　屈建中	中国神华能源股份有限公司	81.43%	Shenhua Finance Co. Ltd.	cwgs.shenhuagroup.com.cn
36	中国电子财务有限责任公司	北京市海淀区中关村东路66号世纪科贸大厦A座	100190	董事长　邓向东 董事、总经理　田伟 副总经理　张凯 副总经理　金涯 副总经理　许海东 副总经理　黄刚	中国电子信息产业集团有限公司	41.97%	China Electronics Finance Corp. Ltd.	www.cec-f.com.cn
37	航天科技财务有限责任公司	北京市西城区平安里西大街31号	100035	董事长　吴艳华 总经理　李海东 副总经理　赵立军 财务总监　陈瑛 副总经理　石明磊 党委副书记兼纪委书记　王笑妍	中国航天科技集团公司	30.20%	Aerospace Science and Technology Finance, Co., Ltd.	www.astfc.com
38	航天科工财务有限责任公司	北京市海淀区紫竹院路116号嘉豪国际中心B座12层	100097	董事长　马岳 总裁　刘晓东 总会计师　杨淑飞 副总裁　王小红 副总裁　何宏华	中国航天科工集团公司	40.40%	Aerospace Science & Industry Finance Corp.	www.cwgs.casic.cn
39	中船重工财务有限责任公司	北京市海淀区昆明湖南路72号中船重工科研大厦3层	100097	董事长　姜仁锋 副董事长、总经理　王兴林 副总经理　郑建良 副总经理　王革 副总经理　马一川	中国船舶重工集团公司	50.78%	CSIC Finance Co., Ltd.	

续表

序号	公司全称	通信地址	邮政编码	高管人员	控股股东	控股比例	英文名称	公司网址
40	中海石油财务有限责任公司	北京市东城区朝阳门北大街25号中国海油大厦7楼	100010	董事长　吴孟飞 总经理　黄晓峰 副总经理　刘成荔 副总经理　李学敏 总经理助理　杨楠	中国海洋石油总公司	62.90%		www.cnooc.com.cn
41	海尔集团财务有限责任公司	山东省青岛市崂山区海尔路1号海尔工业园K座	266101	董事长　张瑞敏 副董事长、总经理　李占国 总经理助理　温淑惠 总经理经理　赵晓燕 总经理助理　赵丽丽	青岛海尔电子有限公司	53%	Haier Finance Co., Ltd.	www.haierfin.com
42	吉林森林工业集团财务有限责任公司	吉林省长春市延安大街1399号	130021	董事长　李建伟 总经理　李文艳 财务总监　王友 副总经理　马德华 副总经理　乔永洁 副总经理　姚义辰	吉林森林工业集团有限责任公司	48.00%	Jilin Forest Industry Group Finance Co., Ltd.	www.jlsgcwgs.com
43	万向财务有限公司	浙江省杭州市庆春路225号西湖时代广场7楼	310006	董事长　管大源 总裁　傅志芳	万向集团公司	66.08%	Wanxiang Finance Co., Ltd.	www.wxcw.cn
44	中粮财务有限责任公司	北京市朝阳区朝阳门南大街8号中粮福临门大厦19层	100020	董事长　马王军 总经理　孙彦敏 常务副总经理　李德罡 总经理助理　刘倩 总经理助理　阳晓明	中粮集团有限公司	82.74%	COFCO Finance Corporation Limited	
45	苏州创元集团财务有限公司	江苏省苏州市工业园区苏桐路37号创元大楼6层	215021	董事长　陈子京 总经理　陆惠章 副总经理　邱卫东 副总经理　朱胜祥	苏州创元投资发展（集团）有限公司	90.00%	Suzhou Chuang Yuan Group Finance Co., Ltd.	
46	珠海格力集团财务有限责任公司	广东省珠海市前山金鸡路901号	519070	董事长　董明珠 总经理　张蓓蕾 副总经理　肖旭武 助理总经理　陈坚	珠海格力电器股份有限公司	88.31%	Zhuhai Gree Group Finance Company Ltd.	www.greefinance.com
47	国机财务有限责任公司	北京市海淀区丹棱街3号A座8层	100080	董事长　李家俊 总经理　李慧玲 副总经理　夏国靖 副总经理　李智军 总经理助理　殷建邦	中国机械工业集团有限公司	20.37%		www.sinomach.com.cn

续表

序号	公司全称	通信地址	邮政编码	高管人员	控股股东	控股比例	英文名称	公司网址
48	海航集团财务有限公司	北京市朝阳区霄云路甲26号海航大厦22层	100125	董事长　赵权 副董事长兼总经理　汤亮 副董事长兼副总经理　邓瑶 副总经理　赵玉芹 副总经理　甘雪丽 副总经理　田建军 总经理助理　关宇	海航集团有限公司	9.63%	HNA Group Finance Co., Ltd.	
49	中国华电集团财务有限公司	北京市西城区宣武门内大街2号中国华电大厦B座10层	100031	董事长　褚玉 总经理、党组成员　陈宇 党组书记、纪检组长　余建华 副总经理、党组成员　李文峰 副总经理、党组成员　刘蒴 风险总监　张学云	中国华电集团公司	36.15%	China Huadian Finance Corporation Limited	www.chdc.com.cn
50	中国大唐集团财务有限公司	北京市西城区菜市口大街1号院1号楼	100052	董事长　胡绳木 总经理、党组副书记　刘光明 党组书记、副总经理　姜进明 副总经理、党组成员、纪检组长　杨娅	中国大唐集团公司	64.50%	China Datang Finance Co., Ltd.	www.cdt-cw.com
51	南方电网财务有限公司	广东省广州市天河区黄埔大道西76号盈隆广场31楼	510623	董事长　杨璐 总经理　胡伏秋 副总经理　邹志敏 副总经理　黄有为 纪检组长　王发兴	中国南方电网有限责任公司	24.00%	Southern Power Grid Finance Co., Ltd.	fc.csg.cn
52	中电投财务有限公司	北京市西城区西直门外大街18号金茂大厦C1座	100044	董事长　王振京 总经理、党组副书记　梁玉丰 党组书记、副总经理　张培康 党组成员　马宝军 党组成员、副总经理　赵长利 党组成员、纪检组长、工会主任　刘新涛	中国电力投资集团公司	79.80%	China Power Investment Finance Co., Ltd.	www.cpioorp.com.cn

续表

序号	公司全称	通信地址	邮政编码	高管人员	控股股东	控股比例	英文名称	公司网址
53	国电财务有限公司	北京市西城区西直门外大街18号金贸大厦D座4层	100044	董事长 栾宝兴 总经理、党组副书记 孙宝东 党组书记、副总经理 李政文 副总经理、总会计师、党组成员 杨元顶 副总经理、党组成员 黄文强 风险管理总监 郑础宏	中国国电集团公司	77.65%	Guodian Finance Corporation	www. gdfcl. com. cn
54	华联财务有限责任公司	北京市西城区金融大街33号通泰大厦B428室	100033	董事长 郭丽荣 总经理 丁险峰 副总经理 施保成 副总经理 徐艳 总经理助理 梁国桓	北京华联集团投资控股有限公司	34.00%	Hualian Finance Co., Ltd.	www. hualianfc. com
55	兵器装备集团财务有限责任公司	北京市海淀区车道沟10号院中国兵器装备集团大楼5层	100089	董事长 李守武 总经理 崔云江 党委书记 刘志岩 副总经理 马洪 党委副书记 董仲贤 副总经理 冯长军 总经理助理、总稽核 李志榕 总经理助理 唐自强 总经理助理 印凤	中国兵器装备集团公司	22.90%	China South Industries Group Finance Co., Ltd.	www. bzhcw. cn
56	京能集团财务有限公司	北京市朝阳区永安东里16号CBD国际大厦23层	100022	总经理 张伟 副总经理 祖连成 副总经理 刘颖 总经理助理 杨建 风险总监 张艳 投资总监 倪婷	北京能源集团有限责任公司	98%	BEIH Finance Co., Ltd.	www. beihf. com. cn
57	浙江省能源集团财务有限责任公司	浙江省杭州市环城北路华浙广场一号楼9层	310006	董事长 王莉娜 总经理 方闽 副总经理 汪汝姚 副总经理 马青 首席投资（证券）分析师 朱战	浙江省能源集团有限公司	61.00%	Zhejiang Provincial Energy Group Finance Co., Ltd.	
58	广东粤电财务有限公司	广东省广州市天河区天河东路2号粤电广场南塔12—13楼	510640	董事长兼总经理 周志坚 党支部书记兼副总经理 袁素杰 副总经理 张文 副总经理 李葆冰	广东省粤电集团有限公司	60.00%	Guangdong Yudean Finance Co., Ltd.	

续表

序号	公司全称	通信地址	邮政编码	高管人员	控股股东	控股比例	英文名称	公司网址
59	TCL 集团财务有限公司	广东省惠州市仲恺高新区惠风三路17号TCL科技大厦21楼	516006	董事长　黄旭斌 总经理　杜娟 副总经理　黎健 总经理助理　邓燕婵	TCL 集团股份有限公司	82.00%	TCL Finance Co., Ltd	fc. tcl. com/cn/index. aspx
60	湖南华菱钢铁集团财务有限公司	湖南省长沙市天心区湘府西路222号华菱园写字楼5、6楼	410004	董事长　舒良勇 总经理　饶璞 副总经理、财务总监　康向君 副总经理　赖邦传 副总经理　张卓 工会主席　田艺	湖南华菱钢铁集团有限责任公司	30.00%	Hunan Valin Iron & Steel Group Finance Co. Ltd	www. chinavalin. com
61	江西铜业集团财务有限公司	江西省南昌市东湖区二七北路527号	330077	董事长　甘成久 总经理　吴金星 副总经理　谢国藩 副总经理　许芳 副总经理　周敏辉	江西铜业股份有限公司	85.68%	JCC Finance Co., Ltd.	cwgs. jxcc. com
62	天津港财务有限公司	天津市塘沽区津港路99号	300461	董事长　郑庆跃 总经理　窦广清 副总经理　马洁	天津港（集团）有限公司	52.00%		www. ptacn. com
63	松下电器（中国）财务有限公司	上海市浦东新区陆家嘴环路1000号7楼	200120	董事长　山下健次 总经理　吉村太作	松下电器（中国）有限公司	100.00%	Panasonic Finance Co., Ltd.	
64	中航工业集团财务有限责任公司	北京市朝阳区东三环中路乙10号艾维克大厦18层	100022	董事长　刘宏 总经理　刘蓉 党委书记　王宏伟 高级专务、副总经理　贾福青 副总经理、财务总监　刘敏 副总经理　汤跃辉 副总经理　许海翔 总经理助理　刘海儒	中国航空工业集团公司	47.12%	AVIC Finance Co., Ltd.	www. avicfinance. com. cn
65	中冶集团财务有限公司	北京市朝阳区曙光西里28号	100028	董事长　邹宏英 总经理　周小杰 副总经理　朱柏林 总经理助理　丛蓉	中国冶金科工股份有限公司	86.12%	MCC Finance Corporation Ltd.	www. mccfc. com
66	申能集团财务有限公司	上海市浦东新区陆家嘴环路958号10楼	200120	董事长　王鸿祥 总经理　张芊 副总经理　杜心红 投资总监　刘弦 运营总监　李争浩	申能（集团）有限公司	65.00%	Shenergy Group Finance Co., Ltd.	www. shenergy. com. cn

续表

序号	公司全称	通信地址	邮政编码	高管人员	控股股东	控股比例	英文名称	公司网址
67	潞安集团财务有限公司	山西省长治市城西路2号	046011	董事长、党支部书记　杨建林 总经理　李霞 常务副总经理　刘天义 副总经理　王月亲 副总经理　胡晓军	山西潞安矿业（集团）有限责任公司	66.67%	Lu'an Group Finance Co., Ltd.	
68	淮南矿业集团财务有限公司	安徽省淮南市洞山东路上东锦城商业街21栋18号	232001	董事长　李雪莲 总经理、书记　方泰峰 副总经理　王小波 风险总监、副书记　陈学忠	淮南矿业（集团）有限责任公司	91.50%		www.hnmine.com
69	日立（中国）财务有限公司	上海市茂名南路205号瑞金大厦1908室	200020	董事长　西冈宏明 总经理　水流孝一 副总经理　陈庆锴	日立（中国）有限公司	100.00%	Hitachi (China) Finance Co., Ltd.	www.hitachi.com.cn
70	保利财务有限公司	北京市东城区朝阳门北大街1号8C	100010	董事长　彭碧宏 总经理　赵晋 副总经理　王一夫 副总经理　耿跃华 总经理助理　郭华	中国保利集团公司	35.00%	Poly Finance Company Limited	www.polyfinance.com.cn
71	深圳能源财务有限公司	广东省深圳市福田区深南中路2068号华能大厦32楼	518031	董事长　周群 总经理　李新威 副总经理　李春晖 副总经理　李瑞	深圳能源集团股份有限公司	70.00%	Shenzhen Energy Finance Co., Ltd.	www.sec.com.cn
72	中化集团财务有限责任公司	北京市复兴门内大街28号凯晨世贸中心中座F3层	100031	董事长　杨林 总经理　刘剑 副总经理　张小康 副总经理　付建军 副总经理　张亚蔚 财务总监　石力 总经理助理　杨毅 总经理助理　王慧霞 总经理助理　施暄	中国中化股份有限公司	100.00%	SINOCHEM Finance Co., Ltd.	www.sinochemfinance.com
73	海信集团财务有限公司	山东省青岛市东海西路17号海信大厦	266071	董事长　周厚健 总经理　黄金萍 副总经理　王曙光 副总经理　杨国利	青岛海信通信有限公司	56.99%	Hisense Finance Co., Ltd.	www.hisense.com
74	国联财务有限责任公司	江苏省无锡市滨湖区金融一街8号18楼	214121	董事长　杨静月 总经理　朱文波 总经理助理　史亦言	无锡市国联发展（集团）有限公司	30.00%	Guolian Finance Co., Ltd.	www.glcw.com.cn

续表

序号	公司全称	通信地址	邮政编码	高管人员	控股股东	控股比例	英文名称	公司网址
75	首都机场集团财务有限公司	北京市首都国际机场四纬路9号中国服务大厦B区3层	100621	董事长 赵璟璐 总经理 王玫 副总经理 刘浩洋 副总经理 李剑 财务总监 张宇辉 总经理助理 薛浩荣	首都机场集团公司	80.00%		www.cah.com.cn
76	红豆集团财务有限公司	江苏省无锡市锡山区东港镇锡港东路2号	214199	董事长 周海燕 总经理 胡国梁 副总经理 孙东明	红豆集团有限公司	63.00%	Hongdou Group Finance Co., Ltd.	
77	海马财务有限公司	海南省海口市金盘工业区金牛路2号	570216	董事长 赵树华 总经理 刘卫 副总经理 薛安萍 副总经理 刘予建 总经理助理 田渊 总经理助理 马昕	海马汽车集团股份有限公司	47.37%	Haima Finance Co., Ltd.	
78	南山集团财务有限公司	山东省龙口市南山工业园南山南路4号	265706	董事长 隋政 副董事长兼总经理 曲丽华 副总经理 郭芸	南山集团有限公司	55.00%	Nanshan Finance Co., Ltd.	
79	国投财务有限公司	北京市西城区西直门南小街147号9层	100034	董事长 张华 总经理 兰如达 副总经理 苏日庆 副总经理 张伟明 总经理助理 李樱	国家开发投资公司	35.60%	SDIC Finance Co., Ltd.	www.sdicfinance.com
80	河南能源化工集团财务有限公司	河南省郑州市郑东新区CBD商务外环路6号国龙大厦1727	450046	董事长 张毅 总经理 张汇臣 副总经理 沈扬	河南能源化工集团有限公司	63.70%	Henan Energy and Chemical Industry Group Finance Co., Ltd.	www.hnccgc.com.cn
81	中国化工财务有限公司	北京市海淀区北四环西路62号	100080	董事长 冯益民 副总经理 陈峻伟 副总经理 程山 副总经理 郭学军 副总经理 曹巍 总会计师 胡立福	中国化工集团公司	49.41%	ChemChina Finance Co., Ltd.	
82	紫金矿业集团财务有限公司	福建省上杭县紫金大道1号14楼	364200	董事长 林红英 董事兼总经理 罗福金 副总经理 梁祥斌 副总经理 刘志洲 副总经理 余德琳	紫金矿业集团股份有限公司	95.00%		www.zjky.cn

续表

序号	公司全称	通信地址	邮政编码	高管人员	控股股东	控股比例	英文名称	公司网址
83	江苏华西集团财务有限公司	江苏省江阴市滨江开发区香山路29号华西金融楼	214434	董事长　包丽君 总经理　卞三荣 副总经理　曹红玉 副总经理　虞金华	江苏华西集团公司	90.00%	Jiangsu Huaxi Group Finance Co., Ltd.	
84	冀中能源集团财务有限责任公司	河北省石家庄市体育北大街125号	50015	董事长　王社平 副董事长　李笑文 总经理　李艳芳 副总经理　总会计师　王玉江 副总经理　张建平	冀中能源集团有限责任公司	45.00%	Jizhong Energy Group Finance Co., Ltd.	
85	山西焦煤集团财务有限责任公司	山西省太原市新晋祠路一段1号	030024	董事长　张树茂 总经理　夏苏萍 副总经理　贺海柱 副总经理　郎晓华	山西焦煤集团有限责任公司	80.00%	Shanxi Coking Coal Group Finance Co., Ltd.	
86	阳泉煤业集团财务有限责任公司	山西省阳泉市北大西街29号	045000	董事长　廉贤 总经理　王玉明 副总经理　魏晓光 副总经理　赵守刚 首席风险官　樊宗莉	阳泉煤业（集团）有限责任公司	50.00%	Yangquan Coal Industry Group Finance Co., Ltd.	www.ymcwgs.com.cn
87	晋煤集团财务有限公司	山西省晋城市北石店镇	048006	董事长　郑绍祖 总经理　段建勋 副总经理　苗见阳 副总经理　赵春洁 副总经理　韩军	山西晋城无烟煤矿业集团有限责任公司	92.00%	Jincheng Anthracite Mining Group Finance Co., Ltd.	
88	云南冶金集团财务有限公司	云南省昆明市五华区小康大道399号冶金大厦10楼	650224	董事长　张自义 董事、总经理　李旻昊 党支部书记、副总经理　罗胜 副总经理　晏元川 总会计师　赵洪湘 副总经理　刘洁	云南冶金集团股份有限公司	80.00%	Yunnan Metallurgical Group Finance Co., Ltd.	
89	中海集团财务有限责任公司	上海市虹口区东大名路670号5楼	200080	董事长　苏敏 总经理　孙晓斌 副总经理　项晓兰 副总经理　李晟	中国海运（集团）总公司	25.00%	China Shipping Finance Co., Ltd.	www.csfinance.com.cn
90	中集集团财务有限公司	广东省深圳市蛇口望海路166号招商局广场11F	518067	总经理　张力 财务总监　杨晓玲 风控总监　方继勋 市场总监　夏鹏	中国国际海运集装箱（集团）股份有限公司	100.00%	CIMC Finance Company Ltd.	www.cimcfinance.com

续表

序号	公司全称	通信地址	邮政编码	高管人员	控股股东	控股比例	英文名称	公司网址
91	沙钢财务有限公司	江苏省张家港市锦丰镇永新路239号	215625	董事长 沈彬 总经理 倪云山 常务副总经理 沈涛 总经理助理 方梅	江苏沙钢集团有限公司	60.00%	Shagang Finance Co., Ltd.	www.sha-steel.com
92	美的集团财务有限公司	广东省佛山市顺德区北滘镇美的大道6号美的总部大楼B区6楼	528311	董事长 袁立群 总经理 汪勇 副总经理 温蓉 副总经理 陈利坚	美的集团股份有限公司	95.00%	Midea Group Finance Co., Ltd.	finance.midea.com.cn
93	宁波港集团财务有限公司	浙江省宁波市北仑区明州路301号宁波港大厦	315800	董事长 李令红 副董事长 王峥 总经理 王甬明 副总经理 邱纪道 副总经理 夏光辉	宁波港股份有限公司	75.00%	Ningbo Port Group Finance Co., Ltd.	nbpfc.nbport.com.cn
94	兖矿集团财务有限公司	山东省邹城市凫山南路329号	273500	董事长 张胜东 总经理 孟宪强 副总经理 王以春 副总经理 李井良	兖矿集团有限公司	70.00%	Yankuang Group Finance Co., Ltd.	www.ykjt.cn
95	哈尔滨电气集团财务有限责任公司	黑龙江省哈尔滨市香坊区三大动力路7号3楼	150040	董事长 刘智全 总经理 吴彤 副总经理 陈茂义 副总经理 曲为民 风险总监 李煜	哈尔滨电气股份公司	55.00%		
96	北大方正集团财务有限公司	北京市海淀区成府路298号中关村方正大厦9层	100871	董事长 陈刚 总经理 崔勇 副总经理 李莉 助理总经理 李清军 助理总经理 海澜	北大方正集团有限公司	50%	PKU Founder Group Finance Co., Ltd.	www.founderf.com
97	通用技术集团财务有限责任公司	北京市丰台区西三环中路90号通用技术大厦6层	100055	董事长 卿虹 总经理 李虎俊 副总经理 刘嵘	中国通用技术（集团）控股有限责任公司	95.00%		www.gtfc.com.cn
98	铜陵有色金属集团财务有限公司工资	安徽省铜陵市长江西路171号	244000	董事长 吴国忠 总经理 黄天珊 副总经理 束昊生	铜陵有色金属集团控股有限公司	70.00%	Tongling Nonferrous Metals Group Finance Corporation Ltd.	www.tnmg.com.cn/cwgs
99	中建财务有限公司	北京市海淀区三里河路15号中建大厦A座7层	100037	董事长 曾肇河 总经理 孔卫湘 总经理助理 徐明 总经理助理 付玉 总经理助理 牛学丽 副总会计师 赵国旺	中国建筑股份有限公司	80.00%	China State Construction Finance Company Limited	cscfc.cscec.com

续表

序号	公司全称	通信地址	邮政编码	高管人员	控股股东	控股比例	英文名称	公司网址
100	江苏省国信集团财务有限公司	江苏省南京市山西路128号和泰大厦11层	210008	董事长　王家宝 总裁　丁锋 副总裁　周俊淑	江苏省国信资产管理集团有限公司	60.00%	Jiangsu Guoxin Finance Co., Ltd.	www.jsgxfc.com
101	重庆化医控股集团财务有限公司	重庆市北部新区高新园星光大道70号天王星A1座2楼	401121	董事长　王平 董事、总经理　王凤艳 副总经理　曾子珂 董事、副总经理　王剑	重庆化医控股（集团）公司	63.00%	Chongqing Chemical & Pharmaceutical Holding Group Finance Co., Ltd.	www.ccphc.com.cn
102	金川集团财务有限公司	甘肃省兰州市城关区天水南路525号5楼	730000	董事长　刘世超 总经理　郭明君 副总经理　杜志环	金川集团股份有限公司	92.30%	Jinchuan Group Finance Co., Ltd.	
103	新希望财务有限公司	四川省成都市高新南区天府大道中段天府三街19号新希望国际大厦A座26楼	610041	董事长　黄代云 总裁　王　征 副总裁　龚纯黎 总裁助理　罗治国	新希望集团有限公司	42.00%	New Hope Finance Co., Ltd.	www.nhgfc.com
104	酒钢集团财务有限公司	甘肃省嘉峪关市雄关东路10号诚信广场5008室	735100	董事长　江飚 总经理　王丽华 监事长　康厚新 副经理　刘捷 副经理　龚睎伟	酒钢集团公司	60.00%	Jiugang Group Finance Co., Ltd.	www.jiugangfc.com
105	包钢集团财务有限责任公司	内蒙古包头市昆区白云路39号	014010	董事、董事长　周秉利 监事长　李春龙 董事　郝润宝 董事　邢斌 董事　王晔 董事　白连富 董事（外部董事）　元伟 董事　刘金毅 董事、总经理　谢美玲 副总经理　张莘	包头钢铁（集团）有限责任公司	60.00%	Baotou Group Finance Co., Ltd.	
106	新奥财务有限责任公司	河北省廊坊市经济技术开发区华祥路31号新奥集团总部南院C区	65001	董事长　于建潮 总经理　姚卫东 常务副总经理　姜波 副总经理　梁宏玉 总经理助理　李玉军 运营总监　鲍洁 风险总监　陈绍利	新奥（中国）燃气投资有限公司	45.00%	ENN Finance Co., Ltd.	www.ennfinance.com

续表

序号	公司全称	通信地址	邮政编码	高管人员	控股股东	控股比例	英文名称	公司网址
107	中外运长航财务有限责任公司	北京市海淀区西直门北大街甲43号金运大厦B座18层	100082	董事长　黄必烈 总经理　张少军 总会计师　罗丹丹 副总经理　黄文祥	中国外运长航集团有限公司	55.00%	Sinotrans & CSC Finance Co., Ltd.	
108	青岛啤酒财务有限责任公司	山东省青岛市市南区东海西路35号4栋青岛啤酒大厦9层	266071	董事长　孙明波 总经理　徐振声 副总经理　张德志 财务总监　冯雪峰	青岛啤酒股份有限公司	100.00%	Tsingtao Brewery Finance Co., Ltd.	
109	上海复星高科技集团财务有限公司	上海市普陀区江宁路1158号友力国际大厦1902A. B. C. +1903A	200060	董事长　张厚林 总经理　何霄 总经理助理　陈丽娜 总经理助理　闻敏	上海复星高科技（集团）有限公司	82.00%	Fosun Group Finance Corporation Limited	
110	中铝财务有限责任公司	北京市海淀区西直门北大街62号中铝大厦7层	100082	董事长　刘才明	中国铝业公司	100.00%	Chinalco Finance Company Limited	www.chinalcof.com
111	中兴通讯集团财务有限公司	广东省深圳市南山区科技园科技南路55号中兴通讯大厦A座2楼	518057	董事长　韦在胜 副董事长　石春茂 总经理　张帆 常务副总经理　王宇彪 副总经理　洪志斌 副总经理　杜丹丹	中兴通讯股份有限公司	100.00%	ZTE Group Finance Company Limited	www.zte-finance.com
112	国核财务有限公司	北京市西城区金融大街17号中国人寿中心9层	100032	董事长　王益华 总经理　李云峰 副总经理　汪恒海 副总经理　张国华 副总经理　王清伟	国家核电技术有限公司	60.00%	State Nuclear Power Finance Corporation Ltd.	www.snpfc.com.cn/default.aspx
113	福建省能源集团财务有限公司	福建省福州市五四路239号物资大厦3楼	350003	董事长　卢范经 书记、副董事长　罗振文 总经理　王金新 副总经理　王盛银	福建省能源集团有限责任公司	90.00%	Fujian Energy Group Finance Company Limited	www.fjegfc.com
114	湖南高速集团财务有限公司	湖南省长沙市开福区三一大道500号17楼	410003	董事长　吴国光 总经理　肖华 副总经理　张祺 副总经理　彭正辉 财务总监　张晓青 总稽核师　谢新兴	湖南省高速公路建设开发总公司	60%		

续表

序号	公司全称	通信地址	邮政编码	高管人员	控股股东	控股比例	英文名称	公司网址
115	马钢集团财务有限公司	安徽省马鞍山市九华西路8号	243000	董事长　苏鉴钢 总经理　伍生林 风险总监　汪冬妹 副总经理　盛重乐	马鞍山钢铁股份有限公司	91.00%	MaGang Group Finance Co., Ltd.	www.cwgs.mg
116	湖北宜化集团财务有限责任公司	湖北省宜昌市沿江大道52号	443000	董事长兼总经理　柴国志 总经理助理　邬轶材	湖北宜化集团有限责任公司	80.00%	Hubei Yihua Group Finance Co., Ltd.	
117	北京汽车集团财务有限公司	北京市丰台区汽车博物馆东路6号院G座17—19层	100160	董事长　马传骐 总经理　李荣荣 副总经理　周雪辉 副总经理　续颖 副总经理　孙夕振 总经理助理　周巍 总经理助理　刘勇	北京汽车集团	56.00%		www.baicgroup.com.cn
118	大连港集团财务有限公司	辽宁省大连市中山区人民路68号宏誉大厦902室	116001	董事长　惠凯 总经理　石春兰 副总经理　田原	大连港集团有限公司	60.00%	Dalian Port Group Finance Company Limited	
119	大唐电信集团财务有限公司	北京市海淀区学院路40号一区大唐电信集团主楼5层	100191	董事长　郭光莉 总经理　吴殷强 副总经理　周少锋 副总经理　韩卫刚 总经理助理　廖系民 风险总监　何佳乐	电信科学技术研究院	100.00%	Datang Telecom Group Finance Co., Ltd.	www.dtdxcw.com
120	开滦集团财务有限责任公司	河北省唐山市路南区新华东道70号	063018	董事长　张文学 总经理　董养利	开滦（集团）有限责任公司	51.00%	Kai Luan Group Finance Co., Ltd.	
121	中国航油集团财务有限公司	北京市顺义区后沙峪镇安富街6号3层	101318	董事长　赵寿森 总经理　师建桥 副总经理　张鹏	中国航油集团公司	90.00%	China National AviationFuel	www.cnaf.com
122	海南农垦集团财务有限公司	海南省海口市滨海大道115海垦国际金融中心23层	570105	董事长　彭富庆 总经理　邓文杰 副总经理　周菊芝	海南省农垦集团有限公司	80.00%	Hainan State Farms Group Finance Co., Ltd.	
123	西部矿业集团财务有限公司	青海省西宁市城西区微波巷1号	810001	董事长　韩留卿 监事长　金作清 总经理　王永宁 风险总监　姚栩	西部矿业股份有限公司	60.00%		www.westmining.com

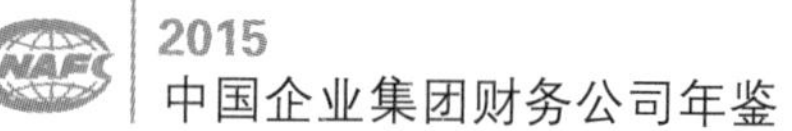

续表

序号	公司全称	通信地址	邮政编码	高管人员	控股股东	控股比例	英文名称	公司网址
124	江苏交通控股集团财务有限公司	江苏省南京市中山东路291号汉府大厦3—4层	210002	董事长　杜文毅 总经理　王展 副总经理　陈凤艳 副总经理　盈晓红	江苏交通控股有限公司	80%	Jiangsu Communications Holding Group Finance Co., Ltd.	www. jchgfc. com
125	中国移动通信集团财务有限公司	北京市西城区丰盛胡同20号丰铭国际大厦B座12层	100032	董事长　薛涛海 副董事长　朱敏 总经理　朱毅 运营总监　潘文彬 财务总监　向华翔	中国移动通信集团公司	100.00%	China Mobile Finance Company Limited	
126	山东钢铁集团财务有限公司	山东省济南市舜华路2000号舜泰广场4号楼山钢大厦	250101	董事长　陶登奎 总经理　李凤强 总支书记、副总经理　闵宪金 总经济师　杨再昌	山东钢铁集团有限公司	67.50%	Shandong Iron & steel Group Financial Co., Ltd.	
127	国药集团财务有限公司	北京市海淀区知春路20号中国医药大厦7层	100191	董事长　邓金栋 总经理　梁红军 副总经理　曹桂春 财务总监　李慧	中国医药集团总公司	80.00%	Sinopharm Group Finance Co., Ltd.	
128	郑州宇通集团财务有限公司	河南省郑州市郑东新区CBD商务外环路8号世博大厦11层04、05、06室	450018	董事长　朱中霞 总经理　李飞月 副总经理　殷文斌 财务总监、董事会秘书　张丁元	郑州宇通集团有限公司	85.00%	Zhengzhou Yutong Group Finance Co., Ltd.	
129	中国铁建财务有限公司	北京市海淀区复兴路40号院1号楼中国铁建大厦10层	100855	董事长　庄尚标 总经理　冀涛 副总经理　王龙沙	中国铁建股份有限公司	94.00%	CRCC Finance Company Limited	www. crccfc. com. cn
130	山东省商业集团财务有限公司	山东省济南市历下区山师东路4号	250014	董事长　李明 总经理　张志强 副总经理　马玉义 副总经理　王金栋 总会计师　吕元忠 总审计师　高振斌 总经理助理　周卫民	山东省商业集团有限公司	100.00%	Shandong Commercial Group Finance Co., Ltd.	
131	深圳华强集团财务有限公司	广东省深圳市福田区深南中路华强路口华强集团一号楼7层	518031	董事长　李曙成 总经理　赖强 副总经理　郑德镇 副总经理　黄清华	深圳华强集团有限公司	100.00%	Shenzhen Huaqiang Group Finance Co., Ltd.	www. szhq. com

续表

序号	公司全称	通信地址	邮政编码	高管人员	控股股东	控股比例	英文名称	公司网址
132	诚通财务有限责任公司	北京市南四环路188号总部基地17号楼7层	100070	董事长 徐震 总经理 赵洪武 副总经理 张志海 副总经理 何仕彬	中国诚通控股集团有限公司	71.00%	China Chengtong Finance Co., Ltd.	www.nhgfc.com
133	山东重工集团财务有限公司	山东省济南市历下区燕子山西路40－1号山东重工大厦	250014	董事长 申传东 总经理 吴汝江 副总经理 庄新亭 副总经理 张珉 财务总监 黄震	山东重工集团有限公司	35.00%	Shandong Heavy Industry Group Finance Co., Ltd.	
134	湖北能源财务有限公司	湖北省武汉市徐东大街20号福星惠誉国际城8栋1单元6楼	430062	董事长 张国勇 副董事长、总经理兼党支部书记 邹正 副总经理 卢希文 副总经理兼首席风险官 蔡奕鲲	湖北能源集团股份有限公司	88.00%	Hubei Energy Finance Co., Ltd.	www.hbny.com.cn/cwgs
135	港中旅财务有限公司	深圳市福田区深南大道4011号港中旅大厦29楼	518048	董事长 张逢春 总经理 胡银龙 副总经理 陈丽 财务总监 庞勇	中国港中旅集团公司	70.00%	China National Travel Service (HK) Finance Company Limited	www.hkcts.com
136	陕西煤业化工集团财务有限公司	陕西省西安市锦业一路2号陕煤化集团大楼709室	710065	董事长兼总经理 邓晓博 （注：董事长职务待银监局批准） 副总经理 王晓刚 副总经理 徐明 副总经理 孟延平 副总经理 刘旭春	陕西煤业化工集团有限责任公司	45%	Shaanxi Coal and Chemical Industry Group Finance Co., Ltd.	www.shccig－ebank.com
137	上海华谊集团财务有限责任公司	上海市浦东南路1271号华融大厦15楼	200122	董事长 刘训峰 副董事长 秦健 副董事长 常清 监事长 陈耀 总经理 郭牧 副总经理 陆敏	上海华谊（集团）公司	70.00%	Shanghai Huayi Group Finance Co., Ltd.	
138	河北钢铁集团财务有限公司	河北省石家庄市裕华区体育南大街385号10层	050000	董事长 于勇 总经理 唐建君 财务总监 许鹏贵	河北钢铁集团有限公司	51.00%	Hebei Iron & Steel Group Finance Company Limited	
139	安徽省能源集团财务有限公司	安徽省合肥市马鞍山路76号	230011	总经理 龚旭东 副总经理 莫玲莉 副总经理 杜建军 风控总监 程敏	安徽省能源集团有限公司	51.00%	Anhui Energy Group Finance Co., Ltd.	

续表

序号	公司全称	通信地址	邮政编码	高管人员	控股股东	控股比例	英文名称	公司网址
140	中化工程集团财务有限公司	北京市东城区东直门内大街2号中国化学工程大厦13层	100007	董事长　刘毅 总经理　周竞 副总经理　代萍 总经理助理　陶湘宁	中国化学工程股份有限公司	90.00%	China National Chemical Engineering Group Corporation Finance Co., Ltd.	www.cncecfc.com
141	天津天保财务有限公司	天津市空港经济区西五道35号	300308	董事长　尹宏海 副董事长　韩华 总经理　李军 副总经理　刘征	天津保税区投资控股集团有限公司	100.00%	Tianjin T&B Finance Co., Ltd.	
142	亿利集团财务有限公司	北京市复兴门内大街28号凯晨世贸中心东座6层	100031	董事长　王文治 总经理　孔骞 副总经理　郭平 总经理助理　孙永强	亿利资源集团有限公司	100.00%	Elion Finance Company Limited	www.elion.com.cn
143	厦门海翼集团财务有限公司	福建省厦门市思明区厦禾路668号海翼大厦B座26层	361004	董事长　刘艺虹 总经理　曾国元 副总经理　杨瑾 首席风险控制官　朱胜先	厦门海翼集团有限公司	70.00%	Xiamen CCRE Group Finance Co., Ltd.	www.ccregroup.com
144	中信财务有限公司	北京市朝阳区新源南路6号京城大厦低层栋B座2层	100004	董事长　居伟民 副董事长　赵小凡 董事总经理　张云亭 董事常务副总经理　次晓丽 副总经理　王海波	中国中信股份有限公司	80.00%	CITIC Finance Co., Ltd.	www.citic.com
145	浙江省交通投资集团财务有限责任公司	浙江省杭州市江干区五星路199号明珠国际商务中心2号楼8层	310020	董事长　傅哲祥 总经理　陶明辉 副总经理　张雪芬 副总经理　芦文伟	浙江省交通投资集团有限公司	40.00%	Zhejiang Communications Investment Group Finance Co., Ltd.	www.cncico.com
146	南车财务有限公司	北京市海淀区西四环中路16-5号	100036	党委书记、董事长　徐伟锋 总经理　黄建东 副总经理　刘学文 财务总监　郝志军 风险总监　张世东	中国南车股份有限公司	91.00%	CSR Finance Corporation Limited	
147	中国北车集团财务有限公司	北京市芳城园一区15号楼中国北车大厦14层	100078	董事长　时景丽 总经理　徐汝君 副总经理　廖新义 副总经济师　王晓璐 副总会计师　刘改平	中国北车股份有限公司	91.66%	China CNR Finance Co., Ltd.	

续表

序号	公司全称	通信地址	邮政编码	高管人员	控股股东	控股比例	英文名称	公司网址
148	中国电子科技财务有限公司	北京市海淀区复兴路17号国海广场A座16层	100038	董事长　张登洲 总经理　刘维用 副总经理　刘盼盼	中国电子科技集团公司	55.00%	CETC Finance Co., Ltd.	www.cetcf.com.cn
149	重庆机电控股集团财务有限公司	重庆市北部新区黄山大道中段60号	401123	董事长　王玉祥 总经理　陈永强 副总经理　方光强 首席财务官　徐亚莉 一级资深经理　杨一川	重庆机电股份有限公司	51.00%	Chongqing Machinery and Electronics Holding Group Finance Company Limited	www.cqcmefc.com
150	河北建投集团财务有限公司	河北省石家庄市裕华西路9号裕园广场A座2楼	050051	袁雁鸣　董事长 周雪松　总经理 魏增然　副总经理 窦志强　副总经理 单宝驹　风险总监 师晨圆　总会计师	河北建设投资集团有限责任公司	60.00%	Hebei Construction & Investment Group Finance Co., Ltd.	
151	太钢集团财务有限公司	山西省太原市尖草坪区解放北路83号	30003	董事长　韩珍堂 副总经理　郭浦 监事长　郭文斌 副总经理　李志强 副总经理　田俊东	太原钢铁（集团）有限公司	51.00%	Taiyuan Iron & Steel Group Finance Co., Ltd.	
152	大同煤矿集团财务有限责任公司	山西省大同市恒安新区平德路鹏程广场6-8号	o37003	董事长、党支部书记　王团维 总经理　王力佳 监事会主席　李永久 财务总监　高志 副总经理　狄炎 副总经理管　世忠 党支部副书记　田亮 总法律顾问　赵东清 总经理助理　刘杰	大同煤矿集团有限责任公司	80%	Datong Coal Mine Group Finance Co., Ltd.	
153	贵州茅台集团财务有限公司	贵州省贵阳市盐务街2号茅台大厦	550004	董事长　袁仁国 副总经理（主持工作）　吴志军	茅台股份公司	51.00%		www.china-moutai.com
154	海亮集团财务有限责任公司	浙江省诸暨市店口镇解放路386号	311814	董事长　季丹阳 总经理　穆绿燕 副总经理　马兰英 总经理助理　傅建群	海亮集团有限公司	51.00%	Hailiang Finance Co., Ltd.	

续表

序号	公司全称	通信地址	邮政编码	高管人员	控股股东	控股比例	英文名称	公司网址
155	中材集团财务有限公司	北京市朝阳区望京北路16号中材国际大厦2层	100102	董事长　徐卫兵 总经理、党委书记　刘成 副总经理　杨青 党委副书记、纪委书记　V银虹 财务总监　汪允杰	中国中材集团有限公司	70.00%	Sinoma Group Finance Company Limited	www. sinoma. cn
156	贵州盘江集团财务有限公司	贵州省贵阳市观山湖区林城西路95号盘江集团总部大楼2楼AB区	550081	董事长　尹新全 总经理　王安义 常务副总经理　李运寿	贵州盘江投资控股（集团）有限公司	51.00%	Guizhou Panjiang Group Finance Company Limited	
157	北京首都旅游集团财务有限公司	北京市朝阳区广渠路38号一轻大厦9层	100022	董事长　白凡 总经理　胡义军 副总经理　金豪庆 副总经理　吴子维	北京首都旅游集团有限责任公司	100.00%	Beijing Tourism Group Finance Co., Ltd.	www. btg. com. cn
158	广西交通投资集团财务有限责任公司	广西南宁市金浦路22号名都大厦14层	530028	董事长　李东 党委书记、副董事长　余丕团 党委副书记、总经理　覃虹 监事长、工会主席　赵就亮 副总经理　彭湖 副总经理、风险总监　方冰然	广西交通投资集团有限公司	100.00%	Guangxi Communications Investment Group Finance Co., Ltd.	
159	徐工集团财务有限公司	江苏省徐州市经济技术开发区驮蓝山路26号	221004	董事长　吴江龙 总经理　刘丽军 副总经理　顾世英 总经理助理　邵珠华	徐工机械	100.00%	XCMG Finance Co., Ltd.	fc. xcmg. com
160	百联集团财务有限责任公司	上海市中山南路315号8楼	200010	董事长　吕勇 党支部书记　鲍正翰 总经理　梁庆云 副总经理　张礼琦 风险总监　林大泳	百联集团有限公司	60.00%	Bailian Group Finance Co., Ltd.	
161	中交财务有限公司	北京市西城区德胜门外大街83号德胜国际中心B座16层	100088	董事长　傅俊元 总经理　游华 党委书记　李青岸 副总经理　陶涛 党委副书记、纪委书记　朱吉祥 副总经理　孙杨 工会主席　薛立容	中国交通建设股份有限公司	95.00%	CCCC Finance Company Ltd.	www. ccccfc. com

续表

序号	公司全称	通信地址	邮政编码	高管人员	控股股东	控股比例	英文名称	公司网址
162	山东黄金集团财务有限公司	山东省济南市舜华路2000号舜泰广场三号楼黄金大厦4楼	250101	董事长　汪晓玲 总经理　吴晨 常务副总经理　齐宗弟 副总经理　王述曦 副总经理　于志强	山东黄金集团有限公司	70.00%	Shandong Gold Group Finance Co., Ltd.	www. sd - gold. com
163	中开财务有限公司	广东省深圳市南山区赤湾石油大厦13楼	518068	董事长　田俊彦 副董事长　范肇平 总经理　郭颂华 副总经理　李海燕 副总经理　顾曰滇 副总经理　王华	中国南山开发（集团）股份有限公司	40.00%	China Development Finance Company Limited	www. cndfc. com. cn
164	中国平煤神马集团财务有限责任公司	河南省平顶山市矿工中路21号	467099	董事长　余清海 总经理　杨军 副总经理　刘晓军	中国平煤神马能源化工集团有限责任公司	51.00%	China Pingmei Shenma Group Finance Co., Ltd.	
165	四川长虹集团财务有限公司	四川省绵阳市高新区绵兴东路35号	621000	总经理　邱昊 总经理助理　刘建华 总经理助理　胥勋畅 总经理助理　古晓彤	四川长虹电子集团有限公司	50.00%	Sichuan Changhong Group Finance Co., Ltd.	
166	创维集团财务有限公司	广东省深圳市南山区高新南四道18号创维半导体设计大厦东座21楼	518057	董事长　杨东文 董事总经理　吴晓光 副总经理　邓良毅 副总经理　刘俊明 财务总监　谭新艳	创维集团有限公司	100.00%	Skyworth Group Finance Co., Ltd.	fw. skyworth. com
167	江苏国泰财务有限公司	江苏省张家港市人民中路国泰大厦29楼	215600	董事长　张子燕 总经理　张爱兵 副总经理　唐莹 副总经理　刘晖	江苏国泰国际集团有限公司	90.01%	Jiangsu Guotai Finance Co., Ltd.	
168	亨通财务有限公司	江苏省苏州市吴江区中山北路2288号	215200	董事长　钱建林 总经理　马耀明 副总经理　曹卓峻 副总经理　沈振祥	江苏亨通光电股份有限公司	70.00%	Hengtong Finance Co., Ltd.	www. hengtonggroup. com. cn
169	珠海华发集团财务有限公司	广东省珠海市横琴金融产业服务基地18号	519015	董事长　许继莉 总经理　封光 总经理助理　唐慧敏 总经理助理　徐志强	珠海华发集团有限公司	50.00%	Zhuhai Huafa Group Finance Co., Ltd.	www. cnhuafag. com
170	北京金隅财务有限公司	北京市东城区北三环东路36号环球贸易中心B座2102	100013	董事长　王洪军 总经理　姜在国 副总经理　朱灼见 副总经理　潘宝侠	北京金隅股份有限公司	100.00%	BBMG Finance Co., Ltd.	

续表

序号	公司全称	通信地址	邮政编码	高管人员	控股股东	控股比例	英文名称	公司网址
171	云南云天化集团财务有限公司	云南省昆明市滇池路1417号2号楼3楼	650228	董事长　他盛华 副董事长　张嘉庆 总经理　彭科 副总经理　陈晓 风险总监　荣晓寅	云天化集团有限责任公司	44.00%	Yunnan Yuntianhua Group Finance Co., Ltd.	
172	北京控股集团财务有限公司	北京市朝阳区东三环北路38号院4号楼10层	100026	董事长　鄂萌 副董事长　姜新浩 总经理　王立华 副总经理　张勇 副总经理　王朝晖 财务总监　张素芳 总稽核　常学琳	北京控股集团有限公司	41.00%	Beijing Enterprises Group Finance Co., Ltd.	www.begfc.com
173	陕西延长石油财务有限公司	陕西省西安市光泰路1号延长石油安全培训中心2层	710075	董事长　康永智 总经理　沙春枝 副总经理　樊战军	陕西延长石油（集团）有限责任公司	78.00%	Shaanxi Yanchang Petroleum Finance Co., Ltd.	cwgs.sxycpc.com
174	鄂尔多斯财务有限公司	内蒙古呼和浩特市金桥开发世纪六路宇泰商务广场A座9层	10040	董事长　王林祥 总经理　赵玉福 副总经理　屈燕南 总经理助理　冯俊锋	内蒙古鄂尔多斯羊绒集团有限责任公司	55.00%	Erdos Finance Co., Ltd.	
175	伊利财务有限公司	内蒙古呼和浩特市金川开发区汇金大道一号伊利新工业园3楼	10080	董事长　王瑞生 总经理　谢沃德勒夫 风险总监　杨道	内蒙古伊利实业集团股份有限公司	100.00%	Yili Finance Company Limited	www.yili.com
176	供销集团财务有限公司	北京市西城区宣武门外大街甲1号环球财讯中心C座2层	100052	董事长　邢宏伟 副总经理　张芷芷 财务总监　薛晔	中国供销集团有限公司	100.00%	Co-op Group Finance Co., Ltd.	www.coopfn.com
177	中铁财务有限责任公司	北京市海淀区复兴路69号中国中铁广场C座5层	100089	党委书记、董事长　林鑫 党委副书记、总经理　王建军 副总经理、纪委书记　杨凯利 副总经理、工会主席　肖尧 党委副书记　秦永虎	中国中铁股份有限公司	95.00%		www.crfc.com.cn

续表

序号	公司全称	通信地址	邮政编码	高管人员	控股股东	控股比例	英文名称	公司网址
178	重庆力帆财务有限公司	重庆市江北区洋河北路2号	400000	董事长　尹明善 总经理　周幼清 副总经理　裴丹 副总经理　陈林宁	重庆力帆控股有限公司	51.00%	Chongqing Lifan Finance Co., Ltd.	
179	中煤财务有限责任公司	北京市朝阳区黄寺大街1号中煤大厦6层	100120	董事长　翁庆安 总经理　曹群 副总经理　陈敏宏 总经理助理　李风涛 总经理助理　刘俊光	中国中煤能源股份有限公司	91.00%	China Coal Finance Co., Ltd.	
180	安徽省皖北煤电集团财务有限公司	安徽省宿州市西昌南路东侧18号	234000	董事长　葛家德 副董事长　马咏清 总经理　李明 副总经理　吴涛 风险总监　陈凤	安徽省皖北煤电集团有限责任公司	40.00%		
181	淮北矿业集团财务有限公司	安徽省淮北市淮海中路78号	235000	董事长　王明胜 总经理　蒋宁 副总经理　毛师达 风险总监　孙斌	淮北矿业（集团）有限责任公司	100.00%	Huaibei Mining Group Finance Co., Ltd.	www.cw.hbmg.cn
182	湖南出版投资控股集团财务有限公司	湖南省长沙市营盘东路38号电子大厦3楼	410005	董事长　龚曙光 总经理　王丽波 监事长　王芳郴 党支部书记　余璐 副总经理　杨星	湖南出版传媒集团股份有限公司	70.00%	Hunan Publishing Investment Holding Group Finance Co., Ltd.	
183	四川省宜宾五粮液集团财务有限公司	四川省宜宾市岷江西路150号	644000	董事长　唐桥 总经理　邓香全 副总经理　吴涛 副总经理　敬梅 财务总监　陈作容 工会主席兼总经理助理　唐进 总经理助理　陈晓虎 总经理助理　王兴友	宜宾五粮液集团有限公司	37.50%	Wu Liang Ye Group Finance Co., Ltd.	cw.wuliangye.com.cn
184	中节能财务有限公司	北京市西城区平安里西大街26号新时代大厦803室	100034	董事长　安宜 总经理　杜乐 副总经理　章全明 风险总监　韩巍 总经理助理　单纯	中国节能环保集团公司	100.00%	CECEP Finance Co., Ltd.	www.finance.cecep.cn

续表

序号	公司全称	通信地址	邮政编码	高管人员	控股股东	控股比例	英文名称	公司网址
185	青岛港财务有限责任公司	山东省青岛市市北区港华路7号	266000	董事长　郑明辉 总经理　杨倩 财务总监　王伟强 副总经理　贾卓鹏	青岛港国际股份有限公司	70.00%	Qingdao Port Finance Co., Ltd.	
186	上海上实集团财务有限公司	上海市黄浦区淮海中路98号金钟广场30楼	200021	董事长　徐波 总经理　周亚栋 副总经理　师淑琴 风控总监　朱浩良	上海上实（集团）有限公司	40.00%	SIIC Group Finance Co., Ltd.	
187	重庆市能源投资集团财务有限公司	重庆市渝北区洪湖西路12号	401121	董事长　冯跃 总经理　杨东旗 副总经理　王燕宁 财务总监　李云齐	重庆市能源投资集团有限公司	85.00%	Chongqing Energy Investment Group Finance Co., Ltd.